日本思想大系36

荻生徂徠

吉川幸次郎
丸山真男
西田太一郎
辻達也

岩波書店刊行

荻生徂徠

上

オリジナル本を二分冊としております。

目次

凡例……三
弁道……西田太一郎 校注……九
弁名……西田太一郎 校注……三七
学則……西田太一郎 校注……一八七
原文（弁道・弁名・学則）……一九九
政談……辻　達也 校注……二五九
太平策……丸山真男 校注……四四七
徂徠集……西田太一郎 校注……四八七
補注……五四七
荻生徂徠年譜……六〇七

解　題……………………………………………………………………………………六一九

解　説

徂徠学案……………………………………………………………吉川幸次郎……六二九
「政談」の社会的背景…………………………………………辻　達　也……七四一
「太平策」考…………………………………………………丸山真男……七八七

凡例

底本

一、本書に収録したものの底本は、次の通りである。

弁道　寛政元年刊本
弁名　寛政元年刊本
学則　元文五年刊「徂徠集」巻十七
政談　安政六年刊本
太平策　東京大学史料編纂所本
徂徠集　元文五年刊本

本文

弁道・弁名・学則

一、「弁道」「弁名」「学則」は、通読の便をはかり、訓読による書き下し文を本文とし、原文を別に掲げた。

一、「弁道」「弁名」「学則」には、門人らによる注釈付きの訓点本(解題参照)があり、参照はしたが、必ずしもそれらに従わず、校注者独自の見解によって訓読した。

一、各条の初めにつけた算用数字による番号は、読者への便宜上、校注者がつけたものである。
一、書き下し文には、適宜、段落を設け、句読点・並列点を施し、また、引用文などに「　」をつけた。句読点は、書き下し文としたために生じる理解の誤りを避けるためにつけた場合もあり、必ずしも底本の句読点と一致しない。
一、書き下し文は、本文・振りがなともに、歴史的かなづかいによった。
一、漢字のうちの若干のものは、かな書きにした。
一、漢字は、原則として、当用漢字を用い、異体字・俗字などは正字または通行の文字に改めたが、若干のものは底本のままとした。
一、誤字は、正字に改め、その旨を注記した。
一、文中の□印は、底本で一字空白であることを示す。

（原　文）

一、漢字は、まぎれなく原字に復原できるもののみを当用漢字に改め、また若干の異体字・俗字を正字または通行の文字に改めたほかは、すべて底本のままである。したがって、予・豫、余・餘、弁・辨・辯・辦、芸・藝、虫・蟲、糸・絲などは、すべて底本のままである。また底本で、たまたま効・效、視・眎などのように二様になっているものも、そのままに存した。
一、誤字は、その右側に•印をつけ、書き下し文でそれを正した。
一、句読点は、底本では句点を字の右横に施してあるが、右下に施した。底本ではすこし誤りや不統一があるが、すべてもとのままである。大きな誤りについては注記した。
一、底本で文字を空白にしてあるところは□印で明示した。

一、本文のかなづかいは、すべて底本のままとした。かな・漢字書きも底本のままとしたが、便宜上かなを漢字に直した場合、原かなを（ ）の中に入れ、振りがなの形でのこした。

一、漢字は新字体を使用し、あきらかな誤字は正し、俗字・古字・略字などは原則として通行の字体に改めた。かなの古体・変体・略体・合字なども通行の字体に改めた。

一、適宜、段落（改行）を設けた。

一、句読点や並列点を施し、清濁点を統一した。ただし「太平策」のうち、特殊な言葉で、諸本異同のあるものは改めない。

一、振りがなについては、次のようにした。

1　底本の振りがなは元のまま片かなとした。

2　平がなによる振りがなは、校注者の付したものである。これは歴史的かなづかいによった。「太平策」の本文は、底本・諸本ともかなづかいは不統一なのに、校注者の附したかなづかいを、いわゆる歴史的かなづかいにすることは、校注者の意には副わないが、本巻の体裁上、他の収録作品と揃えることとした。

3　底本の送りがなや助詞の不足を補った場合がある。

一、文中の漢文体の部分については、原則として底本通りとしたが、返り点・送りがなを補ったところもある。

一、闕字・平出は行わなかった。

一、宛字や慣用字については底本のままとした。

一、反復記号は底本のままとしたが、漢字の反復に用いられる「〻」「ㄟ」は「々」に改めた。

一、底本の朱訂、重ね書きの朱はそれに従って、一々注記しない。ただ諸本の系統を明らかにする点で参考になると思われる朱訂は、底本の原字句を注記した。なお底本上欄の朱書は本文では採用しなかった。（太平策）

徂徠集

一、「徂徠集」は、主要なものを抜粋し、原文に校注者の見解による返り点・送りがなを施し、これを本文とした。句点はもとから施してあるが、省略や脱落のあるところは、最少限度において、読点で補った。

注

一、注を施した語句には＊印をつけた。「弁道」「弁名」「学則」「政談」は頭注とし、「太平策」「徂徠集」については段落毎に注した。

一、補注は専門的な事項や、頭注欄に収められなかったものについて記した。

（太平策の注記について）

解説でのべたような理由から、この「太平策」の注記は他の所収本に比してアンバランスに詳しくなったので、ここであらためて注記についての方針を形式的な側面から列記しておく。

一、底本の脱字・脱文を本文で補った場合は、すべて注記した。その際、「底本は…を欠く」、もしくは「底本…なし」とあって、何本によって補ったかを記していないものは、底本もしくは、他の一、二の本を除いて、大多数の照合本が一致して本文の通りになっている場合として理解されたい。

一、底本以外の照合本については、(イ)諸本に、ある程度共通する脱字・脱文、(ロ)本文解釈に影響を与えるような諸本間の表現上の相異、(ハ)実質的な意味は大してちがわない場合でも、諸本相互間の親縁関係の推定に役立つと思われるような文章上のバラつき、(ニ)徂徠の基本観念に関連し、しかも当時の語法を示すうえに参考となる表現上のヴァライエティ（例えば、立替ル→たてかへる、たてかふる、たてかゆる）といった諸点に着目して、諸本の類別をその都度指摘した。

一、右の方針で同系の本を一括して掲げた場合でも、片かな・平かなの区別は無視し、最初にあげた本のかな書きに従った。同系のなかの送りがな及び漢字・かなのちがいについては、一々の本で示さず、括弧で明らかにした(例えば、「風俗の化を乱るやから(族)」)。

一、類別化されないような照合本それぞれの異同・脱落は一々記さないが、次のような場合は一本でもあげた。

(イ) ある本だけフレーズがちがっていて、多少とも本文の解釈の上に参考となる場合

(ロ) 底本もしくは底本をふくむ多数の本がかな書きで、ある本が漢字になっており、漢字をもあわせ示した方が理解を確実にする場合(例えば、ヒキカヱ—南葵本「引替」)

一、対校本の略称はつぎの通りである(略称を二字にしたのは、略称だけによっても諸本の系統や地理的分布が窺えるように、という便宜的配慮からである)。

無窮会織田文庫所蔵本　→無窮
尊経閣文庫所蔵本　→尊経
東京都立日比谷図書館蔵「加賀文庫」本　→加賀
金沢市立図書館蔵「大島文庫」本　→大島
金沢市立図書館蔵「稼堂文庫」本　→稼堂
静嘉堂文庫所蔵本　→静嘉
東京大学図書館蔵「南葵文庫」本　→南葵
東京大学図書館蔵二巻一冊本　→東乙
早稲田大学所蔵本　→早大
東北大学図書館蔵「狩野文庫」本　→狩野
宮城県立図書館蔵「青柳館文庫」本　→青柳
米沢市立図書館蔵「興譲館文庫」本　→興譲
滋賀大学図書館蔵彦根藩旧蔵本　→彦根
京都大学図書館所蔵「谷村文庫」本　→京甲
京都大学図書館所蔵乾坤二冊本　→京乙
天理大学図書館所蔵本　→天理

＊

本書の執筆分担者はそれぞれの所に記した通りであるが、他の部分についても相互に参考意見を忌憚なく述べあった。ただし、最終責任は各分担者にある。

＊

本書の成るに当り、底本使用及び校合のため便宜を計らっていただいた諸研究機関に厚く謝意を表する。

弁道

西田太一郎 校注

弁　道

日本　物茂卿　著

1 道は知り難く、また言ひ難し。その大なるがための故なり。後世の儒者は、おのおの見る所を道とす。みな一*端なり。それ道は、先王の道なり。*思《し》・孟《まう》よりしてのち、降《くだ》りて*儒家者流となり、*すなはち始めて*百家と衡を争ふ。みづから小にすと謂《い》ふべきのみ。

かの子思の中庸を作るを観るに、老氏と抗する者なり。*老氏は聖人の道を偽と謂へり。故《ゆゑ》に*性に率《したが》ふをこれ道と謂ひて、以て吾《わ》が道の偽に非ざるを明らかにす。ここを以てその言《げん》つひに*誠に帰す。中庸なる者は、徳行の名なり。故に「*択ぶ」と曰ふ。子思借りて以て道を明らかにして、老氏の、中庸に非ざるを斥《しりぞ》く。後世つひに中庸の*道を以てする者は誤れり。古《いにしへ》の時、*作者をこれ聖と謂ふ。しかうして*孔子は作者に非ず。故に*至誠を以て聖人の徳となし、しかもまた*三重の説あり。主意の在る所は、*孔子のために嘲《あざけ》りを解く者なること見るべし。然れども誠なる者は、聖人の一徳にして、あに以てこれを尽くすに足らんや。

孟子の性善に至りても、また子思の流なり。*杞柳《きりう》の喩《たと》へは、告子《こくし》これを尽くせり。*孟子のこれを折《くじ》く者は過《あやま》てり。けだし子思の本意も、また、聖人、人の性に率《したが》ひて以て道を立つと謂ふの*み。*人人《ひとびと》性に率はば、自然にみな道に合《がつ》すと謂ふには非ざるなり。*宅木《たぼく》は栝棬《はいけん》はあに杞柳の性に栝棬あり。然りといへども、栝棬はあに杞柳の

1 **一端** 道の一部分。**思孟** 子思(孔子の孫。孔伋。中庸の作者とされている)と孟子(名は軻)。**儒家者流** ↓補。**すなはち**… そこで始めて。**百家**… 諸学派と勢力を争う。↓学則六「諸子百家九流」

老氏… ↓補。**性に**… 子思は中庸で「天命之謂㆑性、率㆑性之謂㆑道」といって。**誠に**… 誠に帰着する。子思は中庸で誠を説いているが、これは老子が聖人の道を偽(作為されれた不自然なもの)だといったのに反対して誠だといったのだ。**択ぶ** 中庸の「人皆曰㆓予知㆒択㆓乎中庸㆒、…」、「回之為㆑人也、択㆓乎中庸㆒得㆓一善㆒、…」に基づく。↓補。**中庸の道**… 朱子や仁斎が中庸を道とすることの誤りを説く。↓補。**作者**… 礼記・楽記。文物制度をはじめて作り出した人を聖人という。↓弁道5「制作の一端」、および弁名・聖 **孔子は作者に非ず** 論語・述而「述而不㆑作、信而好㆑古」に基づく。**至誠**… ↓補。**三重** ↓補。**孔子**… ↓補

杞柳の喩へ ↓補。**孟子のこれを折く**… ↓補。**のみ** ↓補。**人人性に率はば**… ↓補。**它木** 他木。

自然ならんや。*惻隠《そくいん》・羞悪《しうを》は、みな仁義の、性に本づくことを明らかにするのみ。その実は、惻隠は以て仁を尽くすに足らず、しかうして羞悪はいまだ必ずしも義ならざる者あるなり。言を立つること一たび偏すれば、*毫釐《がうり》も千里なり。後世の心学*は、ここに胚胎《はいたい》す。荀子なる者は、思*・孟の忠臣なり。*荀子《じゅんし》のこれを非とする者は是《ぜ》なり。故に思・孟なる者は、聖門*の禦侮なり。

然れどもこの時に当りて、孔子を去ることいまだ遠からず、風流*なほ存し、名物*爽《たが》はず。唐の*韓愈《かんゆ》出づるに及びて、文章大いに変ず。これよりしてのち、程朱*の諸公は、豪傑*の士なりといへども、古文辞を識らず。ここを以て六経*を読みてこれを知ること能はず。ひとり中庸・孟子の読み易きを喜ぶや、つひにその外人*と争ふ者の言を以て、聖人の道もと然りとなす。また今文を以て古文を視、しかうしてその物に味《くら》く、物*と名と離れ、しかるのち義理孤行*す。ここにおいてか先王・孔子の教法また見るべからず。近歳《きんさい》、伊氏*もまた豪傑にして、*頗《すこぶ》るその似たる者を窺ふ。然れどもその孟子*を以て論語を解し、今文を以て古文を視るは、なほ程朱の学のごときのみ。これに加ふるに公然として先王*・孔子の道を岐《わか》ちてこれを二つにし、六経を黜《しりぞ》けてひとり論語を取る。またいまだ和語もて華言《くわげん》を視るを免れず。我その為《つく》る所の古義*なる者を読むに、あに古ならんや。ああ、先王の道、降りて儒家者流となれば、ここに荀・孟あり、すなはちまた朱・陸*あり。朱・陸已《や》まず、また一党を樹《た》て、ますます分れますます争ひ、ますます繁くますます小なり。あに悲しからずや。

*不佞《ふねい》、天の寵霊*に藉《よ》り、王*・李《り》二家の書を得て以てこれを読み、始めて古文辞あるを識

惻隠羞悪… ↓補。 **毫釐も千里** 最初の極めて小さい誤りも最後は極めて大きい誤りとなる。↓補。 **心学** 人間の本性や心を学問の中心課題とする宋明の学をいう。 **荀子** ↓補。 **聖門の禦侮** 諸聖人の学説に対する外部からの攻撃を防いだ者。↓補。 **思孟の忠臣** 子思・孟子の学説に対して忠告を行なった者。

風流 なごり。 **名物爽はず** ↓補。 **韓愈** ↓補。 **程朱** 程顥(ていこう 一〇三二—一〇八五)、字は伯淳、号は明道。その弟の程頤(ていい 一〇三三—一一〇七)、字は正叔、号は伊川。朱熹(しゅき 一一三〇—一二〇〇)、字は元晦、号は晦庵。 **豪傑の士** 傑出した人物。 **六経** ↓補。 **外人** 他学派の者。 **物と名** ↓「名物爽はず」。 **義理孤行** 理論だけが先走る。 **伊氏** 伊藤仁斎。 **頗る…** 聖人の教えらしいものをかなりかいま見ている。 **孟子を以て…** ↓補。 **先王孔子…論語を取る** ↓補。 **古義** 仁斎の論語古義・孟子古義。 **陸** 宋の陸九淵(一一三九—一一九二)、字は子静、号は象山。

不佞 不才の意で、拙者というがごとし。 **寵霊** お恵み。↓補。 **王李** 明の王世貞(一五二六—一五九〇)、字は元美、号は鳳洲、また弇州(えんしゅう)山人。李攀竜(りはんりょう 一五一四—一五七〇)、字は于鱗、号は滄溟(そうめい)。

る。ここにおいて*稍稍《せうせう》六経を取りてこれを読む。年を歴るの久しき、稍稍、物と名との合するを得たり。物と名と合して、しかるのち訓詁始めて明らかに、六経得て言ふべし。六経は*その物なり。*礼記・論語は*その義なり。義は必ず物に属《つ》き、しかるのち道定る。*すなはちその物を舎《す》てて、ひとりその義を取らば、その*泛濫自肆《はんらんじし》せざる者は*幾希《すくな》し。これ韓・*柳・程・朱以後の失なり。予《われ》五十の年すでに過ぎたり。ここにしてみづから力《つと》めず、*宛《えん》としてそれ死せば、すなはち天命それ何と謂はん。故に暇日*すなはち論著する所ありて、以て天の寵霊に答ふ。しばらくその綱要なる者数十を録し、以て入門の士に示す者のみ。

2 孔子の道は、先王の道なり。先王の道は、天下を安んずるの道なり。孔子は、平生、*東周をなさんと欲す。その、弟子を教育し、おのおのその*材を成さしむるは、まさに以てこれを用ひんとするなり。そのつひに位を得ざるに及んで、しかるのち六経を脩《をさ》めて以てこれを伝ふ。六経はすなはち先王の道なり。故に近世、*先王・孔子その教へ殊なりと謂ふ者あるは非《ひ》なり。天下を安んずるは*身を脩むるを以て本となす。然れども、必ず、天下を安んずるを以て心となす。これいはゆる仁なり。思・孟よりしてのち、儒家者流立ち、すなはち師道を尊ぶを以て務めとなし、妄意すらく、*聖人は学んで至るべし、すでに聖人となるときは、すなはち*挙げてこれを天下に措《お》かば、天下自然に治らんと。これ老・荘の*内聖外王の説にして、*外を軽んじて重きを内に帰す。大いに先王・孔子の旧に非ざるなり。故に儒者、*処《を》りては弟子を教育して以てその材を成すこと能はず、*出でては国家を*陶鋳《たうちう》して以てその俗を成すこと能はず。*体ありて用なきの誚《そし》りを免るること能はざる所以の者は、

稍稍 しだいに。 **その物** 先王の道を知るための具体的条件。 **礼記** 周末から秦漢にかけての、礼に関する学説を、前漢の戴聖が編集した書物。四十九篇。 **義** 物が先王の具体的な文物制度を書いたものに対し、義はその意義・精神を書いたもの。 **すなはち** それにもかかわらず。 **泛濫自肆** 本筋から離れ、かってきままなことをいう。 **幾希し** ↓補。 **柳** 柳宗元(七七三―八一九)、字は子厚、唐宋八大家の一人。↓弁道1「韓愈」。 **宛として…** ころりと死んだら。詩経・唐風・山有枢。 **すなはち** そのたびにいつも。

2 東周… 東方の魯の国(孔子の生国で、政治・教育に従事した国、今の山東省にあった)に周の理想政治を実現する。↓補。 **材** 才能。 **先王孔子…** ↓弁道1 **身を脩む…** 大学の語。 **聖人は学んで至るべし** ↓補。 **挙げて…** 修得の成果を全部用いて天下に実施する。↓補。 **内聖外王** 荘子・天下篇に見える語。道の体得者が聖人であり、道の実践者が帝王であるとする説。↓補。 **外を軽んじ…** ↓補。 **処りては** 民間にあっては。 **出でては** 君主に仕えては。 **陶鋳** 自分の理想とする形に作りあげる。 **体ありて用なき** 明の謝肇淛の五雑組・事部「宋儒有レ体而無レ用、議論繁而実效少」。

またその道となす所の者に差《たが》ひあるが故なり。

3 道なる者は統名なり。礼楽刑政凡《およ》そ先王の建つる所の者を挙げて、合せてこれに命《なづ》くるなり。礼楽刑政を離れて別にいはゆる道なる者あるに非ざるなり。「賢者はその大なる者を識り、不賢者はその小なる者を識る。文武の道あらざることなし」と曰《い》ふがごとき、また、武城の絃歌に、孔子、牛刀の誚《そし》りありて、子游《しいう》、君子・小人の、道を学ぶを引くがごとき、見るべきのみ。孔安国の註に、「道は礼楽を謂ふなり」と。古時の言語、漢儒はなほその伝を失はざるかな。

後世の、精を貴び粗を賤しむの見は、濂渓《れんけい》に昉《はじま》る。濂渓はすなはち易の道・器の言に淵《えん》源《げん》す。殊に知らず、道は易道を謂ふなり、形は奇偶の象《しやう》を謂ふなり、器は制器を謂ふなり、易はおのづから卜筮《ぼくぜい》の書にして、它《た》経《けい》と一視すべからざることを。宋儒の、道を訓じて事物当行の理となすがごときは、これその格物窮理の学にして、学者をして己《おの》が意を以てかの当行の理を事物に求めて、これを以て礼楽刑政を造らしめんと欲す。それ先王なる者は聖人なり。人人にして先王の権を操《と》らんと欲するは、僭《せん》に非ずんばすなはち妄にして、またみづから揣《はか》らざるの甚だしきなり。

近世また専ら中庸・孟子に拠《よ》りて、孝弟・五常を以て道となす者あり。殊に知らず、いはゆる「天下の達道は五」なる者は、もと、先王の道の以て天子・庶人に達すべき者五あるを謂ふことを。五者以て先王の道を尽くすべしと謂ふには非ざるなり。「堯舜の道は、孝弟のみ」も、また中庸の「高きに登るには必ず卑《ひく》きよりす」の意にして、堯舜の道、孝

3 **統名** 総合的な名称。↓弁名・道1 **礼楽刑政** ↓補。 **賢者…** 論語・子張。 **文武** 文王・武王。 **武城…** ↓補。 **孔安国** 前漢の武帝時代の学者。書経・論語・孝経の注があるが、すべて偽書といわれる。次の注は何晏の論語集解に見える。↓「武城…」

精を貴び… ↓補。 **濂渓** 周敦頤(とんい 一〇一七―一〇七三)、字は茂叔、濂渓はその号。通書・太極図説を著す。 **濂渓は…** 周濂渓の説は易経・繫辞伝上「形而上者謂二之道一、形而下者謂二之器一」の道と器ということばから出てきている。↓補。 **形…** 右の易経の形とは⚋(偶・陰)⚊(奇・陽)のシンボルを意味し、器とは作られた器物を意味する。なお器については↓弁名・理気人欲3 **它経と…** 他経に同じ。↓補。 **事物当行の理** ↓補。 **格物窮理** ↓補。 **僭** 身のほど知らず。 **みづから揣らざる** 自分の能力を考えない。

近世… 以下、仁斎に対する批判。 **孝弟五常…** ↓補。 **天下の達道は五** ↓補。 **堯舜の道…** 前々注「孝弟五常…」参照。 **高きに登る…** ここでは、だれでも行なうことのできる孝悌から始めて、しだいに聖人の道を学び仁に達することをいう。

弟に尽くと謂ふには非ざるなり。また中庸*を以て道となすがごときも、また己が意*を以ていはゆる中庸なる者を択ばんと欲す。いやしくも先王の道を学ばずんば、すなはち中庸ははた何をか準とせんや。また「往来して已《や》まず」*といふを以て道となすがごときは、これその人自負する所の死活*の説なるも、なほしかく精を貴び粗を賤しむの流なるかな。凡そこれみな道*の統名たることを識らざるに坐するが故のみ。

4 先王の道は、先王の造る所なり。天地自然*の道に非ざるなり。けだし先王、聡明睿知《えいち》*の徳を以て、天命を受け、天下に王たり。その心は、一《いつ》に、天下を安んずるを以て務めとなす。ここを以てその心力*を尽くし、その知巧を極《きは》め、この道を作為して、天下後世の人をしてこれに由りてこれを行はしむ。あに天地自然にこれあらんや。

*伏羲《ふくき》・神農・黄帝もまた聖人なり。その作為する所は、なほかつ利用厚生*の道に止《とどま》る。*顓頊《せんぎょく》・帝嚳《ていこく》を歴《へ》て、堯《げう》・舜《しゅん》に至り、しかるのち礼楽始めて立つ。*夏《か》・殷《いん》・周《しう》よりしてのち粲然《さんぜん》として始めて備る。これ数千年を更《へ》、数聖人の心力知巧を更《へ》て成る者にして、また一聖人一生の力の能く弁ず*る所の者に非ず。故に孔子*といへどもまた学んでしかるのち知る。しかるに天地自然にこれありと謂ひて可ならんや。

中庸に「性に率《したが》ふをこれ道と謂ふ」と曰ふがごときは、この時に当りて、老氏の説興り、*聖人の道を貶《おとし》めて偽となす。故に子思、書を著して、以て吾が儒*を張り、また、先王、人の性に率ひてこの道を作為すと謂ふなり。天地自然にこの道ありと謂ふに非ざるなり。また、人の性の自然に率ひて作為を仮らずと謂ふにも非ざるなり。辟《たと》へば木を伐りて宮室*を

中庸を以て… ↓弁道1「中庸の道…」。**己が意を…** 仁斎・中庸発揮「択二乎中庸一者、辨二善悪之所一レ在、以求二所謂中庸者一也」。**往来して已まず…** 仁斎・語孟字義・天道第一条「道猶レ路也、人之所二以往来通行一也、…以二一陰一陽往来不一レ已、故名レ之曰二天道一、…一陰一陽往来不レ已者、便是道」。**死活の説** ↓補。**道の統名たる…** ↓補

4 天地自然の道 朱子説に対する批判。↓補。**聡明睿知** 易経・繫辞伝上および中庸の語。**心力を尽くし** 孟子・梁恵王上の語。

伏羲… ↓補。**利用厚生** 書経・大禹謨の語。日用品を便利にし、人民生活を豊かにする。**顓頊…** ↓補。**夏殷周…** 礼記・礼器「三代之礼一也、民共由レ之、或素或青、夏造殷因」、論語・八佾「子曰、周監二於二代一、郁郁乎文哉」。**弁ず** 処置して設ける。**孔子といへども…** ↓補

聖人の道を貶め… ↓弁道1「老氏…」。**吾が儒を張り** われわれの儒教を拡大発展させ。**宮室** 建物。

作るがごとし。また木の性に率ひて以てこれを造るのみ。然りといへども、宮室はあに木の自然ならんや。大氐《たいてい》、自然にして然る者は、天地の道なり。営為運用する所ある者は、人の性なり。後儒察せず、すなはち*天理自然を以て道となす。あに*老・荘の帰ならずや。

5 先王の聡明睿知《えいち》の徳は、これを天性に稟《う》く。*凡人の能《よ》く及ぶ所に非ず。故に古者《いにしへ》は*学んで聖人となるの説なきなり。けだし先王の徳は、衆美を兼備し、名づくるを得べきこと難し。しかるに命《なづ》けて聖となす所の者は、これを*制作の一端に取るのみ。*先王、国を開き、礼楽を制作す。これ一端なりといへども、先王の先王たる所以は、またただこれのみ。もしただその已に在るの徳を以てするのみならば、すなはち天子の*分なし。もし天下を平治するの仁を以てこれに命《なづ》くるときは、すなはち後の賢王みなしかり。礼楽を制作するは、これその大なる者、故に以て先王の徳に命《なづ》けしのみ。その実は聖もまた一徳なり。*書に「すなはち聖すなはち文」と曰ひ、*詩に「聖敬日《ひび》に躋《のぼ》る」と曰ひ、および*周礼の六徳、聖その三に居《を》るがごとき、これあに先王の徳の全《すべ》てならんや。然れどもすでに以て先王の徳に命《なづ》けたれば、これよりののち、聖人の名は、*以てこれに尚《くは》ふるなし。

子思に至りて、孔子の聖たるを推せども、*孔子に制作の迹《あと》なく、また道は人の性に率ふことを極言したれば、すなはち聖人は学んで至るべしと言はざるを得ず。故に*誠を以て聖を語りしなり。孟子に至りて、斉・梁の王に勧め、*周の命を革《あらた》めんと欲したれば、すなはち*聖人を以てみづから処《を》らざるを得ず。聖人を以てみづから処れども、堯・舜・*文・周は、及ぶべからざるに嫌《きら》ひあり。故に旁《ひろ》く*夷《い》・恵《けい》を引きて、みな以て聖人となせしなり。子思

天理自然 中庸・第四章の朱子章句に「道者、天理之当然」とあり、孟子・公孫丑上の朱子注に「道者、天理之自然」(→4「天地自然の道」)とあるから、天理を道としていることがわかるが、上文に「天地自然」が三度現れるから、あるいは天理は天地の誤か。 **老荘の帰** →補

5 **凡人** 一般の人々。 **学んで聖人となる** →弁道2 **制作の一端** 礼楽をはじめて作り出したという一点。礼記・楽記「故知二礼楽之情一者能作、識二礼楽之文一者能述。作者之謂レ聖、述者之謂レ明、明聖者、述作之謂也」。 **先王国を開き** 易経・師卦「大君有レ命、開レ国承レ家」。 **分** 資格。 **書** 書経・大禹謨「乃聖乃神、乃武乃文」。 **詩** 詩経・商頌・長発。 **周礼の六徳…** 周礼・地官・大司徒の六徳(知仁聖義忠和)では、聖は六徳の三番目に位置する。 **以てこれに…** 論語・里仁の語。その上につけ加えるべきものがない。聖人の名称は最高だ。 **孔子に制作…** →補。 **誠を以て…** 中庸「誠者不レ勉而中、不レ思而得、従容中レ道、聖人也」、そのほか「天下の至誠」という語で聖人について述べる個所が多い。 **周の命を革めんと…** 孟子が周王室の現状に失望し、新たに王道の実現を説いたことをいう。→補。 **聖人を以て…** →補。 **文周** 文王・周公。 **夷恵…** →補

流風 なごり。 **顧忌** 気がね。 **神明不測** 神秘的で測り知れない。↓補。 **一不義**…↓補。 **斟酌** 手加減。 **論を持するに急** あまりせっかちに自分の意見を固く主張し。 **辞気**… ことば遣いの勢いで、聖ということばの昔の意味がそれがために伝わらないようになった。

後王 荀子にしばしば見える語。

礼楽刑政 ↓弁道3

6 後儒…↓補。 **極** 準拠となるもの。↓弁名・極。 **漢儒**… 書経・洪範「建二用皇極一」の偽孔安国伝「極、中也」、周礼・六官序「惟王建レ国…以為二民極一」の鄭玄注「極、中也」。 **礼なる者**… 礼記・仲尼燕居「子曰、礼乎礼、夫礼所二以制一レ中也」。 **中庸の書**…「中也者天下之大本也」の鄭玄注「中為二大本一者、以下其含二喜怒哀楽一、礼之所二由生一、政教自レ此出上也」。 **しかり** このようである。 **先王礼を制し**…↓補。

は孔子を去ること遠からず、流風*いまだ泯《ほろ》びず。その言になほ顧忌*あり。故にその聖人を称するは、神明不測*の意あり。孟子のごときはすなはち「一不義*を行ひ一不辜《こ》を殺して天下を得るはなさざるなり」と言ふに止《とどま》る。これただ仁人のみ。聖人に非ざるなり。これを要するに孟子もまた孔子を去ること甚だしくは遠からず。その言になほ斟酌*ある者《こと》かくのごとし。ただ二子は論を持するに急*にして、時を救ふに勇みたれば、辞気*抑揚の間、古義藉《よ》りて以て伝《つたは》らず。嘆ずべきかな。

けだし後王*・君子は、先王の礼楽を奉じてこれを行ひ、敢《あ》へて違背せず。しかうして礼*楽刑政は、先王これを以て天下を安んずるの道を尽くせり。これいはゆる仁なり。後王・君子も、またただ先王の礼楽の教へに順《したが》ひて、以て仁人たることを得しのみ。これ聖人は学んで至るべからず、仁人は学んで能《よ》くすべし。孔子、人に教ふるに仁を以てし、いまだかつて聖と作《な》るを以てこれに強《し》ひざりしは、これがための故なり。大氐《たいてい》、後人は思・孟・程・朱を信ずること、先王・孔子に過ぐ。何ぞその謬《あやま》れるや。

6 後儒*多くは学者に強《し》ふるに、高妙精微、凡人のなすこと能はざる所の者を以てし、しかも聖人これを以て極*を立つと曰《い》ふなり。妄なるかな。先王、極を立つとは、礼を謂ふなり。漢儒*は極を訓じて中となす。礼なる者*は中を教ふる所以なり。また中庸*の書を解して、子思、礼の意を説くと謂ふ。その説いまだ当らずといへども、これを要するに古《いにしへ》を去ることいまだ遠からず、師弟の伝授する所、古義のなほ存する者しかり*。けだし先王*、礼を制し、賢者は俯してこれに就き、不肖者《ふせう》は企《つまだ》ちてこれに及ぶ。これいはゆる極なり。これ凡人の能くなす所の者なり。しからずして、務めて凡人のなすこと能はざる所の者を以てこれに強《し》ふるは、これ天下の人をして望みを善に絶たしむるなり。あに先王の天下を安んずるの道ならんや。故にいはゆる「*事理当然の極」、および「*気質を変化す」、「*学んで聖人となる」の類は、みな先王・孔子の教への旧に非ず。近世、伊氏能くその是《ぜ》に非ざるを知れども、すなはち*孝弟仁義を以て謂ひて*規矩準縄《じゅんじょう》となす。果してかくのごとくならんか、すなはち人人みづからその意を以て孝弟仁義となすなり。また何の準とする所ぞや。*無寸の尺、無星の称と謂ふべきのみ。

7 孔門の教へは、仁を至大となす。何となれば、能く*先王の道を挙げてこれを体する者は仁なればなり。先王の道は、天下を安んずるの道なり。その道は*多端なりといへども、要は天下を安んずるに帰す。その本は天命を敬するに在り。天、我に命じて天子となり諸侯となり大夫となれば、すなはち臣民の在ることあり。士となれば、すなはち*宗族《そうぞく》妻子の在ることあり。みな我を待ちてしかるのち安んずる者なり。かつや士大夫はみなその君と*天職を共《とも》にする者なり。故に君子の道は、ただ仁を大なりとなす。かつや相親しみ相愛し相生じ相成し相輔《あひたす》け相養ひ相匡《ただ》し相救ふ者は、人の性然りとなす。故に孟子曰く、「*仁なる者は人なり。合してこれを言へば道なり」と。荀子称すらく、「*君なる者は群するなり」と。故に人の道は、一人を以て言ふに非ざるなり。必ず億万人を合して言をなす者なり。今試みに天下を観るに、孰《たれ》か能く孤立して群せざる者ぞ。士農工商は、相助けて食《くら》ふ者なり。かくのごとくならずんば、すなはち存すること能はず。盗賊といへども必ず*党類あり。

事理当然の極 大学・経第一章「在レ止二於至善一」の朱子章句「至善則事理当然之極也」。 **気質**… 中庸・第二十章「果能二此道一矣、雖レ愚必明、雖レ柔必強」の朱子章句「呂氏曰、君子所二以学一者、為三能変二化気質一而已」」、王陽明・従吾道人記「夫君子之学、求三以変二化気質一焉爾」。 **学んで**… ↓弁道2 **孝弟仁義**… ↓補。 **規矩準縄** 準拠とすべきもの。規はコンパス、矩はさしがね、準はみずもり、縄はすみなわ。 **無寸**… 目盛りのないものさしやはかり。太極図説の朱子の論の語。

7 先王の道… 先王の道をすべて具体化する。 **多端** 多方面。 **宗族** 父系の親類一族。 **天職を共にす** 孟子・万章下「弗三与共二天位一也、弗三与治二天職一也、弗三与食二天禄一也」、趙岐注「王公尊レ賢、当三与共二天職一也」。 **仁なる者は人**… ↓補。 **君なる者は群**… 君を類似音の群で説明したもの。荀子・王制「君者善群也、群道当、則万物皆得二其宜一」、君道「君者何也、曰、能群也」。つまり君主とは集団・社会生活を組織・指導する能力のある人。 **党類** なかま。

かくのごとくならずんば、すなはちまた存すること能はず。故に能く億万人を合する者は君なり。能く億万人を合して、その親愛生養の性を遂《と》げしむる者は、先王の道なり。先王の道を学びて徳を我に成す者は、仁人なり。然りといへども、士、先王の道を学びて以て徳を我に成さんと欲するに、しかも先王の道もまた多端なり。人の性もまた多類なり。いやしくも能く、先王の道、要は天下を安んずるに帰することを識りて、*力を仁に用ひば、すなはち人《ひとびと》おのおの*その性の近き所に随ひて、以て道の一端を得ん。*由の勇、賜の達、求の芸のごときは、みな能く一材を成し、以て仁人の徒となり、これを天下を安んずるの用に*共《きょう》するに足れり。しかうしてその徳の成るや、*夷・斉の清、恵の和、尹《いん》の任のごときは、みな必ずしもその性を変ぜざるも、また仁人たるを害せず。もし或いは力を仁に用ふることを識らずんば、すなはちその材と徳とは、みな成すこと能はず。しかうして諸子百家これに由りて興る。これ孔門の、仁を教ふる所以なり。

*孟子の惻隠は、愛を以て仁を語る。これその性善の説、必ずこれを人心に本づく、故に愛を以てこれを言はざるを得ざるのみ。人を愛するの心ありといへども、*沢、*物に及ばずんば、あに以て仁となすに足らんや。故に孟子といへどもまた*仁政の説あり。*後儒すなはち孟子実は世を勧むるの言をなしたることを識らずして、力を仁に用ふるは孟子より切なるはなしと謂ふや、*すなはちその惻隠の心を推して以て聖人の仁を成さんと欲す。妄意してみづから揣《はか》らざるの甚だしきと謂ふべきのみ。その学を主張する者、つひに「*仏には仁ありて義なし」と謂ふに至るなり。それ仏には天下を安んずるの道なし。あに以て仁となすに足らんや。*墨子はすなはち、先王の道、仁以てこれに尚《くは》ふることなきを見ることあり、

力を仁に用ひば 論語・里仁「有三能一日用二其力於仁一矣乎、我未レ見二力不レ足者一」。 **その性の近き所** ↓補。 **由の勇**… 仲由(字は子路)の勇敢、端木賜(字は子貢)のものわかりのよいこと、冉求(字は子有)の多才。論語・雍也では「由也果」とあるが、孔子家語・六本では「由之勇」とあり、子路の勇は周知のこと。 **共する** 供する。 **夷斉の清**… 孟子・万章下「伯夷、聖之清者也、伊尹、聖之任者也、柳下恵、聖之和者也」に基づく。任は何事も引き受ける義侠心のあること。夷斉は伯夷・叔斉、同種の人物だから叔斉を付加したものと思われるが、弁道考注は「斉字可レ刪」という。 **孟子の惻隠** 公孫丑上「惻隠之心、仁之端也」、告子上「惻隠之心、仁也」。 あわれみいたむ心だから愛という。 **沢** 政治的恩恵。 **物** 人々。 **仁政の説** 離婁上「堯舜之道、不レ以二仁政一、不レ能レ平二治天下一、今有二仁心仁聞一、而民不レ被二其沢一、不レ可レ法二於後世一者、不レ行二先王之道一也」。 **後儒**… ↓補。 **すなはち** ↓補。 **仏には仁あり**… 仁斎の童子問・下第二七章「仏以二慈悲済度一為レ主、至二於禅一、則一向棄去、説レ理至高、必不レ得レ不レ到二於此一、其主二慈悲済度一似二乎仁一、然不レ知レ義則一也、殊不レ知義者天下之大路、不レ可二一日離一也」。 **墨子**… 墨子は兼愛(すべての人を平等

つひに仁は以て一切を尽くすに足ると謂《い》ふ。殊に知らず、*天地の大徳を生と曰ひ、仁もまた聖人の大徳なり、然りといへども、また一徳なることを。もし天地、*生に一《いつ》ならば、すなはち何を以て夏秋冬あらんや。聖人、仁に一ならば、すなはち何を以て勇智信義あらんや。*孟子義を挙げてこれを折《くじ》く者は是《ぜ》なり。然れども仁義並べ言ひて、仁これに由りて小なり。いづくにか在るその大徳たることや。宋儒はまた二者の異を合せんと欲し、すなはち*専言・偏言の*目《もく》を造る。専言は以て一切を尽くすに足り、偏言は以て衆徳と対立するに足り、以て孔孟の教へ並び行はれて相悖《あひもと》らざるに足るに庶《ちか》からんとなり。これその*理学の説にして、*言語の間に瞭然たらんことを欲する者のみ。いづくんぞ以て先王・孔子の道を知るに足らんや。

先王の道は*多端なり。しばらくその*尤《いう》なる者を挙げてこれを言はば、政は暴を禁じ、兵刑は人を殺す。これを仁と謂ひて可ならんや。然れども要は天下を安んずるに帰するのみ。先王の教へは多端なり。智はおのづから智、勇はおのづから勇、義はおのづから義、仁はおのづから仁にして、あに混合すべけんや。然れども必ず天下を安んずるの道と相悖《あひもと》らずして、しかるのちこれを智・勇と義と、と謂はんのみ。孔子の「*徳に拠《よ》り、仁に依る」と曰ふがごときは、人おのおのその性の徳に拠りてこれを失はず。性の徳は多端なりといへども、みな仁に害あらず。ただいまだ養ひてこれを成すこと能はず、故に道に悖《もと》る。養ふの道は、「*仁に依り、芸に游《あそ》ぶ」に在り。「依る」とは、「*声《せい》は永《えい》に依る」の「依る」のごときなり。楽声は必ず詠歌と相依り、*清濁これを以てし、*節奏これを以てす。「依る」の謂《い》ひなり。「仁に依る」もまたしかり。人おのおのその徳に拠るといへども、また必ず先

無差別に愛する)交利(たがいに利益を与えあう)を唱えたので、徂徠はこのようにいう。

天地の大徳… 易経・繫辞伝下「天地之大徳曰レ生」。 **生に一** もっぱら万物を生じさせることだけをする。

孟子義を挙げて… 滕文公下「楊朱墨翟之言盈二天下一、…楊氏為レ我、是無レ君也、墨氏兼愛、是無レ父也、無レ父無レ君、是禽獣也、…楊墨之道不レ息、孔子之道不レ著、是邪説誣レ民、充二塞仁義一也」。 **専言偏言** →補。

目 部類分け。 **理学** 宋の程朱の学は、天理・人性や理気を中心課題とするので、理学・性理学・理気学などという。 **言語の間**… 政治的実践を無視して、ことばの上の説明だけで意味が明らかになることを望む。

多端 多種多方面にわたっている。

尤なる者 特異的なもの。 **徳に拠り**… 論語・述而「志二於道一、拠二於徳一、依二於仁一、游二於藝一」。 **仁に**… 前注参照。 **声は永に依る** 声(宮商角徴羽の五声の音階)は永(ことばを長く引き延ばした歌)に依拠して離れない。書経・舜典「詩言レ志、歌永レ言、声依レ永、律和レ声」。 **清濁** 澄んだ音やにぶい音。 **節奏** 音楽の調子の抑揚緩急。

王の天下を安んずるの道に和順し、敢《あ》へてこれに違《たが》はず、然るのち以ておのおのその徳を成すに足る。これ孔門の教へなり。大氐《たいてい》、先王・孔子の道は、みな運用営為する所あり。しかうしてその要は養ひて以て成すに在り。然るに後人の*迫切の見は、急《しきり》に仁を以て一切を尽くさんと欲す。ここを以て*跳《と》びて理に之《ゆ》かざるを得ず。しかうしてその説を究《きは》むるに、すなはち*浮屠《ふと》の法身偏一切《ほっしんへんいっさい》の帰に過ぎず。悲しいかな。

8 多くは謂《おも》へらく、*人に仁義あるは、なほ天に陰陽あるがごときなりと。つひに仁義を以て道の総《すべ》となす。これ後世の言なり。先王・孔子の時に当りて、あに一言以て道を尽くすことを求めんや。一言以て道を尽くすことを求むる者は、務めて聖人の道を*標異する者なり。先王・孔子の時、あにこれあらんや。古者《いにしへ》は*礼義対言するのみ。仁なる者は聖人の大徳にして、あに礼義の倫《たぐひ》ならんや。故に孔門の教へは、仁をこれ上なりとなす。孟子に至りて仁義を並べ言ふ。これを以てして楊・墨の非を*弁ずるは可なり。以て学者に教ふるは不可なり。仁義礼智のごときも、また孔子の時のなき所にして、*孟子始めてこれを言ふ。また楊・墨のあらざる所の者を備へて、以て吾が道の備れるを見《あらは》すのみ。その実は*礼義は人の大端なれども、*仁はこれよりも大なりとなす。知のごとき者は、人《ひとびと》喜びて才智を以てみづから高しとす。これその情なり。故に聖人はいまだかつて知を以て教へとなさず。*知者・仁者と曰ふがごときは、*成徳の名にして、おのおのその性の稟《う》くる所に因りて殊なり。かの仁義礼智、一人の身に就きてこれを言ふ者のごときは、いまだこれをかつて聞かざるなり。*漢儒以て五行に属し、或いは智を土となし、信を水となし、或いは智を火とな

迫切の見 せっかちな考え方。 **跳びて…** 一足飛びに理論に走る。王元美の贈㆓李于鱗㆒序「古之為㆑辞者、理苞塞、不㆑喩、仮㆓之辞㆒、今之為㆑辞者、辞不㆑勝、跳而匿㆓諸理㆒」に基づく。 **浮屠の…** 仏教徒の、法身が一切の万物にゆきわたっているというのと同じだ。法身は、宇宙の理法そのもので、同時に仏陀の本体と考えられる最高最大の存在。

8 人に仁義あるは… ↓補。 **標異** 目だたせて、他と区別する。 **礼義対言** たとえば論語・学而「信近㆓於義㆒、言可㆑復也、恭近㆓於礼㆒、遠㆓恥辱㆒也」、衛霊公「君子義以為㆑質、礼以行㆑之」などその例が多い。 **弁ず** 明らかにする。 **孟子始めて…** 告子上「仁義礼智、非㆓由㆑外鑠㆑我也、我固有㆑之也」など。 **礼義は人の大端** 礼記・礼運「礼義也者、人之大端也」。大端はおおもと。 **仁はこれよりも大…** 原文の「仁於㆑斯為㆑大」は、書経・泰誓中、孟子・滕文公下「于㆑湯有㆑光」と同じく比較の句法。 **知者仁者** 論語・里仁「仁者安㆑仁、知者利㆑仁」、雍也「知者楽㆑水、仁者楽㆑山、知者動、仁者静、知者楽、仁者寿」、子罕「知者不㆑惑、仁者不㆑憂」など。 **成徳** 徳を完成した人。 **漢儒…** ↓補

し水となし、いまだ定説あらず。古道に非ざるを見るべきのみ。論語しばしば「*仁を好む」「*義を好む」「*礼を好む」「*徳を好む」「*善を好む」「*学を好む」「*古を好む」を以て言をなせども、いまだかつて「*知を好む」「*信を好む」を以て教へとなさず。故にそれ孔門の旧に非ざるなり。*荀子、子思・孟子の五行を造るを譏《そし》る。あに*誣《ふ》ならんや。

9 仁なる者は、養ひの道なり。故に国家を治むるの道は、*直《なほ》きを挙げてこれを枉《まが》れるに錯《お》けば、能く枉れる者をして直からしむ。身を脩むるの道も、またその善を養ひて悪おのづから消ゆ。先王の道の術なり。後世の儒者は、先王の道を識らず、すなはちその私智を逞《たくま》しくし、以謂《おも》へらく、*善をなして悪を去り、天理を拡《ひろ》めて人欲を遏《とど》むと。この見《けん》一たび立つや、世は*唐・虞に非ず、人は聖人に非ず、必ず悪多くして善少ければ、すなはち殺気天地に塞《ふさが》る。故に*通鑑《つがん》の、治国における、*性理の、脩身における、人と我とみなその苛刻に勝《た》へず。つひに世人をして儒者は喜びて人を攻むと謂はしむ。あに悲しからずや。大氐《たいてい》、*商鞅《しやうあう》ののち、ただに朝廷のみならず、*庠序《しやうじよ》といへどもまたその*法を用ふ。宜《うべ》なりその三代に及ばざること。

10 先王の道は、天下を安んずるの道なり。後世、*経済を言ふ者、祖述せざるはなし。然れども後世、*封建を更《あらた》めて郡県とし、しかうして先王の道は、世の*贅旒《ぜいりう》となる。故に、世の、先王を称する者は、すなはちいはゆる「*経術を以て吏治を縁飾する」ことこれのみ。大氐《たいてい》、封建の道は、その、民におけるは、なほかつ*家人父子の意あり。郡県に至りては、

仁… 里仁。 **義…** 顔淵・子路。 **礼…** 学而・憲問など。 **徳…** 子罕など。 **善…** 論語にない。ただし顔淵に「善を欲す」の語がある。 **学…** 公冶長・泰伯など。 **古…** 述而。 **知を好む** →補。 **信を好む** →補。 **荀子…譏る** →補。 **誣** 無実の告発。

9 直き…直からしむ 論語・顔淵。→弁名・公正直3 **善をなして…** →補。 **唐虞** 唐は堯の国名。虞は舜の国名。 **通鑑** ここでは朱子の通鑑綱目。五十九巻。国家の治乱、君臣の得失を論じたもの。 **性理** 性理大全。七十巻。明の太宗の勅を奉じて胡広らの編。理気・鬼神・性理・道統など十三類に分けて宋儒の学説を集めたもの。 **商鞅** 戦国時代、秦の孝公に仕えた法家の政治家。信賞必罰、軍功による賞罰を重んじ、隣保・連座・密告の制度を設け、軍事的功過により賞罰を行ない身分を上下させ、農を重んじ商工を抑圧した。 **庠序** 学校。 **その法を用ふ** →補

10 経済 →補。 **封建…** →補。 **贅旒** お添え物。飾り物。 **経術…** 経書の学説を利用して官吏としての政務を飾りたてる。→補。 **家人父子** 一般庶民の親子。史記・高祖紀「高祖五日一朝二太公一、如二家人父子礼一」。

すなはちただ法にのみこれ伎《よ》り、＊截然《せつぜん》として太公、また恩愛なし。これに加ふるに隋唐《ずゐたう》のち、＊科挙の法興り、士習大いに変じ、務むる所は＊紙列にして、詳備＊明鬯《めいちやう》なること、これその至れる者のみ。士その世に生れ、＊法家の習ひ、骨髄《こつずゐ》に淪《しづ》む。故にその道を談じ経を解するも、またその中より来《きた》る。これいづくんぞいはゆる＊道術なる者を知らんや。宋儒の貴ぶ所は、＊綱目ことごとく挙げ、巨細つぶさに尽くすことにして、あに以て先王の道となすに足らんや。

11 先王の道は、＊その大なる者を立つれば、小なる者おのづから至る。故に子夏曰く、「＊大徳は閑《のり》を踰《こ》えず、小徳は出入するも可なり」と。けだしかくのごとくならずんば、以て道に進むべからざるなり。子貢曰く、「＊賢者はその大なる者を識《し》り、不賢者はその小なる者を識る」と。故に大を識る者を賢となし、小を識る者を不賢となす。後人の不賢なるは、ただ小をのみこれ見る。＊銖銖《しゆしゆ》にしてこれを称《はか》れば、石《せき》に至りては必ず差《たが》ひ、寸寸にしてこれを度《はか》れば、丈に至りては必ず過つ。その論、務めて精微の極を窮めんと欲し、＊蚕糸を析《さ》き、牛毛を剖《さ》けども、その大なる者すでにまづこれを失へることを知らざるなり。これ何ぞ能く人才を養ひ国家を安んぜんや。その、聖人を論ずるも、また＊渾然たる天理にして、「＊一毫《いちがう》の人欲の私なしと謂ふ。これまた一己の見を以て聖人を窺ふ者なり。＊伝に曰く、「＊一張一弛は、＊文武の道なり」と。孔子曰く、「＊以て大過なかるべし」と。子思曰く、「＊聖人といへども知らず能《よ》くせざる所あり」と。しからずんば、＊堯《げう》の鯀《こん》を用ひて舜《しゆん》のこれを殛《きよく》したる、＊舜の三苗を征して禹《う》の師を班《かへ》したる、＊周公の管・蔡《さい》を殺したる、＊孔子の三都を堕《こぼ》ちて

截然として太公　きっぱりとして非常に公平。**科挙**　官吏登用試験。**紙列**　紙に文字を書き並べるの意であろう。**明鬯**　論旨が明らかでよく通ること。**法家**　政治の手段として法律・刑罰を重んじる学派。**道術**　→弁名・道11　**綱目**　大綱と細目。

11その大…　→補。**大徳**…　論語・子張。→補。**賢者**…　論語・子張。**銖銖**…　漢書・枚乗伝の「諫㆓呉王㆒書」の文。漢代では、銖は〇・六七グラム、石はその四六〇八〇倍。寸は二・二五センチメートル、丈はその一〇〇倍。**蚕糸**…　きわめて微細な究明をするたとえ。蚕糸は絹糸。→補。**渾然たる天理**　中庸・第二十章章句「聖人之徳、渾然天理、真実無妄」。**一毫**…　大学・経第一章章句「尽㆓夫天理之極㆒、而無㆓一毫人欲之私㆒」。**伝**　→補。**一張一弛**…　礼記・雑記下。**文武**　文王・武王。**以て大過**…　論語・述而「加㆓我数年㆒、五十以学㆑易、可㆔以無㆓大過㆒矣」。**聖人と**…　中庸の文の要約。**堯**…　→補。**舜**…　→補。**周公**…　→補。**孔子の三都を**…　→補

克《か》つ能はざりしこと、吾その何を以て嘲《あざけ》りを解くかを知らざるなり。*孔子の薑《きやう》を撤せざりしは、そのこれを嗜《この》みしを以てなり。*伝の載する所にては、文王は昌歜《しやうさん》を嗜みしも、*なんぞ傷《やぶ》らんや。朱子、「*神明を通ずる」を引くは、あに*傅会《ふくわい》の甚だしきならずや。大氐《たいてい》、聖人の徳は、天地と相似《あひに》たり。聖人の道は、含容広大にして、要は養ひてこれを成すに在り。まづその大なる者を立つれば、小なる者おのづから至る。後人の迫切の見は、みなその識る所の小なるが故なり。

12 徳を脩《をさ》むるに術あり。その大なる者を立つれば、小なる者おのづから至る。これ孔門の、*力を仁に用ひし所以なり。悪を去るに術あり。*童牛の牿《こく》のごとく、豶豕《ふんし》の牙《きば》のごとし。今人《きんじん》はすなはち一日にして衆善これを身に傅《つ》けんことを欲するや、*襲ひてこれを取り、矜《ほこ》りて以てこれを持す。これを*苗を揠《ひ》くに譬《たと》ふ。あに*油然《いうぜん》として以て生ずるの道を知らんや。また一日にして*衆慝滌《しゆうとくあら》ふがごとからんことを欲するや、*抉《あぐ》りてこれを剔《のぞ》き、*毛を吹きて疵《きず》を求む。これを*庸医の疾を治むるに譬ふ。あに*標本の道を知らんや。何ぞいはんや化の道をや。

13 性を言ふは*老・荘より始まる。聖人の道のなき所なり。いやしくも道に志あらんか、性善を聞けばすなはちますます勧《つと》め、性悪を聞けばすなはち矯《た》めんことを力《つと》む。いやしくも道に志なからんか、性悪を聞けばすなはち棄ててなさず、性善を聞けばすなはち恃《たの》みてなさず。故に*孔子の、習ひを貴ぶなり。子思・孟子はけだしまた老・荘の言に屈することあ

孔子の薑を… 孔子は食事のときに、はじかみを取り除かないで食べた。論語・郷党「不レ撤レ薑食」。 **伝の載する所**… 呂氏春秋・遇合、韓非子・難四に見える。昌歜は菖蒲の根のあえもの。 **なんぞ傷らんや** 聖人であることになんらさしつかえない。原文の「庸何」は二字とも「なんぞ」の意。 **神明**… ↓補。 **傅会** こじつけ。

12 **力を仁に用ふ** ↓弁道7 **童牛の牿**…**豶豕の牙**… ↓補。 **襲ひて**… 外部にあるものを不意打ちをするようにして取ってわがものとする。つけやきばする。 孟子・公孫丑上「非二義襲而取一レ之也」。 **苗を揠く** 苗の生長の遅いのを憂えて、根がゆるむほど苗を引っぱり、かえって枯らす。孟子・公孫丑上。↓補。 **油然**… むくむくとわきあがるように自然に善心が生じる。↓補。 **衆慝滌ふ**… 多くの悪事が洗い去るようになくなる。 **抉りて**… ↓補。 **毛を**… むりやりに欠点を探しだす。漢書・中山靖王伝。 **庸医** やぶ医者。 **標本** ↓補

13 **老荘より始る** ↓補。 **孔子の習ひを**… 孔子が習慣を重視したのだ。論語・陽貨「性相近也、習相遠也」、孔子家語・七十二弟子解「孔子曰、然少成則若レ性也、習慣若二自然一也」などをさす。

り。故に性善を言ひて以てこれに抗するのみ。*荀子はすなはちかの性善の説の必ず礼楽を廃するに至らんことを慮《おもんぱか》る。故に性悪を言ひて以てこれに反するのみ。みな時を救ふの論なり。あに至理ならんや。*欧陽子謂《い》へらく「性は学者の急とする所に非ず。聖人の罕《まれ》に言ふ所なり」と。卓見と謂ふべし。

14「*気質を変化す」とは、宋儒の造る所にして、中庸に淵源《ゑんげん》す。先王・孔子の道のなき所なり。*伝にいはゆる「*変」なる者は、その習ひを変ずるを謂ふなり。それ先王・孔子の道は、天下を安んずるの道なり。天下を安んずるは、一人の能くなす所に非ず。必ず衆力を得て以てこれを成す。これを春夏秋冬備りて、しかるのち*歳功成すべく、*椎鑿刀鋸《つゐさくたうきよ》備りて、しかるのち*匠事なすべく、*寒熱補瀉《ほしや》備りて、しかるのち医術施すべきに辟《たと》ふ。錐《きり》はその*鋭ならんことを欲し、椎《つち》はその鈍ならんことを欲し、*石膏は大寒、附子は大熱なり。*しからずんば、先王、天下を治むるに、その材を用ふる所あることなきなり。然りといへども、*石膏は煆《や》き附子《ぶし》は煨《や》く。これすなはち礼楽に在るかな。石膏は煆くといへども、その大寒の性を損せず。附子は煨くといへども、その大熱の性を減ぜず。故に、気質を変化するの説の非《ひ》なることを知る。かつ気質なる者は天の性なり。人力を以て天に勝ちてこれに反せんと欲するも、必ず能はず。人に強《し》ふるに人の能くせざる所を以てせば、その究《きはみ》は、必ず、天を怨みその父母を尤《とが》むるに至る。聖人の道は必ずしからず。孔門の、弟子を教ふるは、おのおのその材に因りて以てこれを成せしこと、以て見るべきのみ。ただ「*君子は器ならず」のごときは、仁人の謂《い》ひなり。*君相の器なり。*これを匠者と医とに比す。或い

荀子 ↓弁道1　**欧陽子**… 欧陽修(一〇〇七―一〇七二)、字は永叔。欧陽文忠公集・巻四七の答㆓李翊㆒第二書に見える。そのうち「聖人の罕に言ふ所」は、論語・公冶長「夫子之言㆔性与㆓天道㆒、不㆑可㆓得而聞㆒也」の意をとっていう。

14 気質を変化す ↓弁道6、弁名・性情才1　**伝** ↓弁道11　**変** 中庸「動則変、変則化」、易経・繋辞伝上「化而裁㆑之、謂㆓之変㆒」、革卦象伝「大人虎変」、「君子豹変」など。　**歳功成すべく** 一年間という期間の成果がなしとげられる。　**椎**… つち・のみ・はもの・のこぎり。　**匠事** 大工やさしもの師の仕事。　**寒熱**… ひやす、暖める、滋養物を与える、吐瀉させる。　**鋭ならん**… 鋭いことが望ましい。　**石膏**… 石膏(天然の含水硫酸カルシウム)は非常に冷たい性質で下熱剤に用い、附子(植物トリカブトの子根。主根は烏頭(うず)といい、いずれも毒物)は非常に熱い性質で体を暖めるのに服用する。　**しからずんば** 人々にもこのように種々の性質の者がいなければ。　**石膏は煆き**… 石膏は火で焼き、附子は粉をねって包み、灰の中で焼き、極端な作用を中和させる。このように人々の性質を中和させるのは礼楽の力だ。　**君子は器ならず** 論語・為政。↓補。　**君相の器** 君主や宰相の器量。　**これを**… 大工が種々の道具を使いこな

は「舟*なるべく車なるべし」と謂ふ者は、万万この理なし。徳*に拠《よ》り、仁に依り、おのおのその性の近き所に随ひて、以てその徳を成す。いやしくも能《よ》くその大なる者を得ば、みな以て仁人となるに足る。「器ならず」の謂ひなり。

15 思・孟以後の弊は、説くことの詳しくして聴く者をして喩《さと》り易からしめんと欲するに在り。これ訟*者の道なり。速かにその説を粥《う》らんと欲する者なり。権*の彼に在る者なり。権の我に在る者なり。何*となればすなはち君*師の道なればなり。故に善く人を教ふる者は、必ずこれを吾が術中に置き、*優游《いういう》の久しき、その耳目を易《か》へ、その心思を換ふ。故に吾が言を待たずして、彼自然に、以てこれを知ることあり。なほ或いは喩らざるや、一言して以てこれを啓《ひら》けば、*渙然《くわんぜん》として氷釈し、言の畢《をは》るを待たず。故に教*ふる者は労せず、しかうして学ぶ者は深く喩る。何となればすなはち吾《われ》言はざるの前、思*ひすでに半ばに過ぐるが故なり。先王・孔子はこれを以てす。故に先王の教へは、礼楽は言《ものい》はざれば、行*事を挙げて以てこれを示す。孔子は、憤*せずんば啓せず、悱《ひ》せずんば発せず。あに然らざらんや。孟子に至りては、すなはち強弁して以てこれを聒《かまびす》しくして、これを以て人を服せんと欲す。それ言*を以て人を服する者は、いまだ人を服すること能はざる者なり。けだし教へなる者は、我を信ずる者に施す。先王の民は、先王を信ずる者なり。孔子の門人は、孔子を信ずる者なり。故にその教へは入ることを得。孟子はすなはち我を信ぜざるの人をして我が言に由りて我を信ぜしめんと欲するなり。これ戦国游説《いうぜい》の事にして、人を教ふるの道に非ず。予《われ》故に曰く、思・孟なる者は外*人と争ふ者な

し、医者が種々の薬剤を使いこなすのと同様で、君主や宰相は種々の才能の官吏を使いこなすのだ。 **舟なるべく…** →補。 **徳に拠り仁に依り** →弁道7

15 訟者 訴訟をする人。 **権の…** 受け入れるか受け入れないかの決定権の相手側にあるもの。 **何となれば…** 底本の「何則。」の句読点は本来はつけるべきでない。 **君師** 君主および教化者。 **優游** あくせくしないでのんびりする。 **渙然として氷釈** 氷のとけるように疑いがさらりと解ける。→補。 **教ふる者…** 礼記・学記「善学者、師逸而功倍」。 **思ひ…半ばに過ぐ** 易経・繫辞伝下。 **行事** 実際的事実。史記・太史公自序「我欲レ載二之空言一、不レ如下見二之於行事一之深切著明上也」。 **憤せずんば…** 論語・述而。→補。 **言を以て…** 孟子・公孫丑上「以レ力服レ人者、非二心服一也、力不レ贍也、以レ徳服レ人者、中心悦而誠服也、如三七十子之服二孔子一也」、離婁下「以レ善服レ人者、未レ有三能服レ人者一也」の表現を利用している。 **外人** →弁道1

りと。後儒は*すなはちその外人と争ふ者の言を以てこれを*学者に施さんと欲す。*類を知らずと謂ふべきのみ。

16 後儒の説は、*天理人欲、*致知力行、*存養省察、粲然《さんぜん》として明らかに備れり。我を以て孔門の諸子を観るに、けだしいまだかつてその説を知らざる者あり。これ何ぞその*儱侗《ろうとう》たるや。孔子の教へも、けだしまたいまだかつてその詳《つまびら》かなるに及ばざる者あり。これ何ぞその*鹵莽《ろまう》なるや。然るに先王・孔子、*彼を以てして此を以てせざりし者は、教への道はもとかくのごとくなるべからざればなり。後世すなはち思・孟・程・朱を信ずること、先王・孔子に過ぐるは、何ぞや。

けだし先王の教へは、*物を以てして理を以てせず。教ふるに物を以てする者は、必ず*事を事とすることあり。教ふるに理を以てする者は、言語詳かなり。物なる者は衆理の聚《あつま》る所なり。しかうして必ず事に従ふ者これを久しうして、すなはち心《こころ》実にこれを知る。何ぞ言を仮《か》らんや。言の尽くす所の者は、僅僅乎として理の一端のみ。かつ身、事に従はずして、能く*立談に瞭然たるは、あに能く深くこれを知らんや。*釈氏すらなほ「*水を飲んで冷煖おのづから知らるるがごとし」と謂ふ。*すなはち先王を釈氏にも及ばずと謂《おも》へるか。故にこれに先んずるに事を以てせずして能く成すことある者は、天下に鮮《すくな》し。ただに先王の道のみならず、*凡百の技芸みなしかり。

17 古者《いにしへ》は道これを文と謂ふ。礼楽の謂ひなり。*物相雑《あひまじ》るを文と曰ふ。あに一言の能く尽

すなはち 無造作に。他の個所もすべて同じ。**学者** 学ぶ者。**類を知らず** 教育と説得との区別を知らない。孟子・告子上の語。

16 **天理人欲** もと礼記・楽記に見える。↓弁名・理気人欲5　**致知力行** 大学および中庸に見える。↓弁名・学3　**存養省察** 孟子・尽心上「存㆓其心㆒養㆓其性㆒」に基づく内省的修養法。↓弁名・心志意3　以上三項は宋学での重要課題。**儱侗** 未熟。**鹵莽** 粗略。**彼を以てし**… 礼楽刑政、安民の道を説いて、天理人欲・致知力行・存養省察を説かなかったのは。

物 礼楽刑政の具体的事実。↓弁名・物。**事を事とす** 事実に努める。書経・説命中「惟事㆑事乃其有㆑備」。**立談** 立ち話。精しく論じ尽くさないこと。**釈氏** 仏教徒。**水を飲んで**… 景徳伝燈録・巻四の道明禅師の条に見える。**すなはち** なんとまあ。意外の気持ちを表わす。論語・八佾「曾謂㆓泰山不㆑如㆓林放㆒乎」の表現を借りる。**凡百** あらゆる。

17 **物相雑る**… 易経・繋辞伝下「物相雑、故曰㆑文」。

くす所ならんや。古は「儒*者の道は、博くして要寡《すくな》し」と謂ふ。道の本体は然りとなす。後世は簡*を貴び要を貴ぶ。それ直*情径行する者は、戎狄《じゅうてき》の道なり。先王の道は然らず。孔子曰く、「文*王すでに没し、文ここに在らずや」と。後*儒は謙辞と謂ふ。それ文なる者は文王の文なり。たとひ孔子みづから謙《へりくだ》るとも、文王を謙らしめんや。これおのづから理*学者流の精*粗を二つにするの見のみ。

また文*質の説あり。文なる者は道なり。礼楽なり。質なる者は学ぶ者の質なり。忠*信を貴ぶ者は、教へを受くるの質を謂ふのみ。忠信にして文なくんば、郷*人たるを免れず。故に、孔子は、十*室の邑にも、忠信を貴ばずして、学を好むを貴びしなり。後儒は僅かに能く、精*粗本末、一以てこれを貫くことを言へども、その意の郷《むか》ひ往く所を察すれば、すなはちまたただ内を重んじ外を軽んじ、精を貴び粗を賤しみ、簡を貴び要を貴び、明白を貴び斉整を貴ぶのみ。これより以往、先王の道、藉《よ》りて以て衰*颯枯槁《すゐさつこかう》し、粛*殺の気、宇宙に塞《ふさが》る。その究《きはみ》は必ず戎狄の道に馴*致《じゅんち》してしかるのち已《や》む。けだし、古の時、道これを文と謂ひ、しかうしてその教へは養ひて以て徳を成すに在りしことを知*らざるに坐するが故なり。

18 善悪はみな心を以てこれを言ふ者なり。孟子曰く、「心*に生じて政に害あり」と。あに至理ならずや。然れども心は形なきなり。得てこれを制すべからず。故に先王の道は、礼*を以て心を制す。礼を外にして心を治むるの道を語るは、みな私智妄作なり。何となれば、これを治むる者は心なり。治*むる所の者は心なり。我が心を以て我が心を治むるは、

儒者の道 史記・太史公自序「儒者博而寡㆑要」。 **簡を貴び要を貴ぶ** →補。 **直情**… 感情のおもむくままに、節度文飾を設けないで行なう。礼記・檀弓下「有㆓直㆑情而径行者㆒、戎狄之道也、礼道則不㆑然」。 **文王**… 論語・子罕。 **後儒**… 朱注の「道之顕者、謂㆓之文㆒、蓋礼楽制度之謂、不㆑曰㆑道而曰㆑文、亦謙辞也」を徂徠は道即文の立場から非難する。→補。

理学者 宋学者。→弁道7「理学」。

精粗を二つにす →補

文質の説 →弁名・文質体用本末2

忠信を貴ぶ者は 忠信を貴ぶのは。礼記・礼器「忠信之人、可㆓以学㆒㆑礼、苟無㆓忠信之人㆒、則礼不㆓虚道㆒、是以得㆓其人㆒之為㆑貴也」。 **十室**… →補。 **郷人** いなかの者。無知の俗人。

精粗本末… 論語・子張「子夏之門人小子」章の集注「若夫始終本末、一以貫㆑之、則惟聖人為㆑然、…(程子)曰、聖人之道、更無㆓精粗㆒、…貫通只一理」。 **衰颯枯槁** 落ちぶれ、枯れひからびる。 **粛殺** 厳しくて、元気をなくさせる。 **馴致** しだいしだいに到達する。 **知らざるに坐す** 知らないことが原因であやまちを犯す。

18 **心に生じて**… 孟子・公孫丑上「生㆓於其心㆒、害㆓於其政㆒」。 **礼を以て心を制す** 書経・仲虺之誥。 **治むる所の者** 治める対象。つまり治められるもの。

譬《たと》へば狂者みづからその狂を治むるがごとし。いづくんぞ能くこれを治めん。故に後世の心を治むるの説は、みな道を知らざる者なり。

19 理は形なし。故に準*なし。理学者流、中庸*を以て精微の極となすがごときは、その言は誠に然り。然れどもその人もしまづ先王の道を識りて、しかるのちこれを賛嘆して、これ中庸なりと謂はば、すなはち可なり。もしその人いまだかつて先王の道を識らずして、独り己《おの》が意を以て中庸の理を択びて、これ先王の道と殊ならずと謂はば、すなはち不可なり。また、道*を訓じて当行の理となすがごときも、また以て先王の道を賛嘆するときは、すなはち可なり。もし独り己が意を以ていはゆる当行の理を事物に求めて、先王の道に合すとならば、すなはち不可なり。これ它《た》なきなり。理は形なし。故に準なし。その以て中庸となし当行の理となす者は、すなはちその人の見る所のみ。見る所は人人殊なり。人人おのおのその心を以て「これ中庸なり」「これ当行なり」と謂ふ、かくのごときのみ。人*《じん》間《かん》、北より看《み》れば南と成る。また何の準とする所ぞや。また天理・人欲の説のごときは、精微と謂ふべきのみ。然れどもまた準なきなり。辟《たと》へば両郷の人の地界を争ふがごとし。いやしくも官の以てこれを聴《さば》くことなくんば、はた何の準とする所ぞや。故に先王・孔子は、みなこの言なし。宋儒これを造る。無用の弁なり。これを要するにいまだ堅白*の帰たるを免れざるのみ。

20 先王の道、古者《いにしへ》これを道術*と謂ふ。礼楽これなり。後儒はすなはち術の字を諱《い》みてこ

19 **準** 一定の標準。 **中庸を以て…** 中庸・第二章朱子章句「中庸者、不偏不倚、無二過不及一、而平常之理、乃天命所ㇾ当ㇾ然、精微之極致也、唯君子為二能体一ㇾ之、小人反ㇾ是」。 **道を訓じて…** →弁道3「事物当行の理」。 **人間…** 黄山谷・次二韻王荊公題一西太一宮壁一詩「真是真非安在、人間北看成ㇾ南」。人間は世の中の意。 **堅白の帰** 堅白異同の弁と同一になる。堅い白い石は、触れると堅さはわかるが白さはわからず、見ると白さはわかるが堅さはわからない。だから堅い白い石は同時に成り立ちえないという中国古代の一種の詭弁。戦国時代の公孫竜が唱えた。史記・平原君列伝「公孫竜善為二堅白之辯一」。なお堅白については他に諸説がある。荘子・斉物論の陸徳明の音義を参照。

20 **道術** →弁名・道11

れを言ふを難《はばか》る。殊に知らず、先王の治は、天下の人をして日《ひび》に*善に遷りてみづから知らざらしめ、その教へもまた学者をして日《ひび》にその知を開き月《つきづき》にその徳を成してみづから知らざらしむることを。これいはゆる術なり。「*楽正、四術を崇《たっと》び」、「春秋に教ふるに礼楽を以てし、冬夏に教ふるに詩書を以てす」とは、これの謂ひなり。後世のいはゆる*格物窮理、*克治持敬のごときは、その意は美ならざるに非ず。ただその*不学無術、*事古《いにしへ》を師とせず、*襲ひてこれを取り、驟《には》かにこれを己に有せんと欲す。*強《し》ふと謂ふべきなり。大氏《たいてい》、*人物、*その養ひを得ればすなはち長じ、その養ひを得ざればすなはち死す。ただに身のみならず、才知徳行もみなしかり。故に聖人の道は、養ひて以てこれを成すに在り。天地の道は、往来して已《や》まず、感応すること神のごとし。此《ここ》になして彼《かしこ》に験あり、今に施して後《のち》に成る。故に聖人の道は、みな施設の方あり。備るを目前に求めずして、成るを它日に期す。*日計足らざるも、歳計余りあり。歳計足らざるも、*世計余りあり。その君子をして以て自然に知を開き材を養ひて以てその徳を成すことあり、小人をして以て自然に善に遷り悪に遠ざかりて以てその俗を成すことあらしむ。これ、その道、天地と相《あひ》流通し、人物と相生長し、能く広大を極めて、窮り已むことなき者なり。

*近世、すこぶる、宋儒の非を言ふ者あり。しかるにその道徳となす所の者を顧れば、すなはちまた言語講説の間、僅かに能くその已甚《はなはだ》しき者を削りて、やや傅《つ》くるに温柔の旨を以てするを出でざるのみ。ああ、つひにいまだ*五十歩の誚《そし》りを免れざるかな。

21 先王の道は、*天を敬し*鬼神を敬するに本づかざる者なし。これ它《た》なし。仁を主とする

善に遷り… 孟子・尽心上「民日遷ㇾ善、而不ㇾ知㆓為ㇾ之者㆒」、礼記・経解「使㆔人日徙ㇾ善遠ㇾ罪而不㆓自知㆒也」。 **楽正**… 礼記・王制「楽正崇㆓四術㆒、立㆓四教㆒、順㆓先王詩書礼楽㆒以造ㇾ士、春秋教以㆓礼楽㆒、冬夏教以㆓詩書㆒」。楽正は音楽担当官の長官で教育を掌る。四術は詩書礼楽。 **格物窮理** ↓弁道3 **克治持敬** 私心や感情を克服し、心身の敬の状態を保持する。↓補。 **不学無術** 学識がなく道を知らない。漢書・霍光伝「光不学亡術、闇㆓於大理㆒」。 **事**… 書経・説命下。 **襲ひて**… ↓弁道12 **強ふ** 無理をする。 **人物** 人や物。 **その養ひ**… 孟子・告子上「…故苟得㆓其養㆒、無㆓物不ㇾ長、苟失㆓其養㆒、無㆓物不ㇾ消」。 **日計**… 荘子・庚桑楚「今吾日計ㇾ之而不ㇾ足、歳計ㇾ之而有ㇾ餘」、文子・精誠「日計不ㇾ足、歳計有ㇾ餘」。 **世計** 一世代三十年で計算する。 **近世**… 仁斎をさす。 **五十歩の誚り** 宋儒と比べてほとんど同じだという非難。↓補

21 天を敬し 書経・益稷「勅㆓天之命㆒」、仲虺之誥「欽㆓崇天道㆒」、詩経・大雅・板「敬㆓天之怒㆒」、周頌・我将「畏㆓天之威㆒」など。↓弁名・天命帝鬼神。 **鬼神を敬す** 論語・雍也「敬㆓鬼神㆒而遠ㇾ之」、礼記・表記「事ㇾ鬼敬ㇾ神而遠ㇾ之」など。

が故なり。後世の儒者は、知を尚《たつと》び、理を窮むるを務めて、先王・孔子の道壊《くづ》れぬ。理を窮むるの弊は、天と鬼神と、みな畏るるに足らずとし、しかうして已はすなはち傲然《がうぜん》として天地の間に独立するなり。これ後世の儒者の*通病にして、あに*天上天下唯我独尊ならずや。かつ茫茫《ばうばう》たる宇宙、果して何ぞ窮極せん。理はあに窮めてこれを尽くすべけんや。その我ことごとくこれを知ると謂ふ者も、また妄なるのみ。故にその説をなす所は、みな陽《あらは》に先王・孔子を尊びて、陰《ひそ》かにすでにこれに悖《もと》る。その意みづから謂《おも》へらく、能く古聖人のいまだ発せざる所の者を発すと。しかもみづから、その先王・孔子に勝ちて以てこれを上《しの》がんことを求めたるを知らず。それ聖人の教へは至れり。あに能く勝ちてこれを上《しの》がんや。凡そ聖人の言はざる所の者は、すなはちまさに言はざるべき所の者のみ。もしまさに言ふべき所の者あらば、すなはち先王・孔子すでにこれを言ひしならん。あにいまだ発せざる者ありて後人を待たんや。また思はざるのみ。

22 *先王の四術は、詩書礼楽にして、これ、三代の、*士を造りし所以なり。孔氏の伝ふる所はこれのみ。然れども其の*以て教へとなす所の者は、経ごとにおのおの殊なり。後儒はすなはち*一概の説を以てこれを解す。*すなはち奚《なん》ぞ四を以てなさんや。けだし書なる者は、先王の*大訓・*大法にして、*孔子の畏《おそ》るる所、聖人の言、これなり。古の時、これを舎《お》きてはすなはち書なし。書はただこれのみ。後王・君子の尊信する所、学者の誦読する所にして、先王の天下を安んずるの道はこれに具れり。後儒は*すなはち以て*樸学《ぼくがく》となして、它《た》に高妙精微なる者を求む。*その病《へい》は思はざるに坐するのみ。古の聖人の一言の微は、みな天

通病 共通の欠点。 **天上天下唯我独尊** 釈迦が生まれたときに発したといわれることば。西域記・巻六などに見える。

22 先王の四術 →弁道20「楽正…」。 **士を造りし所以** 官吏を養成したてだて。 **以て教へとなす所…** 教えの内容は六経それぞれ異なる。→補。 **一概の説** 一様におしなべての解釈。→補。 **すなはち奚ぞ…** それならばどうして詩書礼楽と四つも必要であろうか。 **大訓** 偉大な教え。書経・顧命の語。 **大法** 偉大な法則。荀子・儒効の語。 **孔子の畏るる…** 論語・季氏「君子有三畏、畏天命、畏大人、畏聖人之言」。 **すなはち** それにもかかわらず。 **樸学** 素朴な学問。いなか学問。→補。 **その病…** その欠点は、よく考えないことが原因になっているのだ。

疏通… ↓補。 **孟子は書を信ぜず** ↓補。 **その堯舜を**… ↓補

諷詠 言いたいことをほのめかして歌う。 **孔子これを刪る**… ↓補。 **辞を修む** ことば遣いを美しく整える。易経・乾卦文言伝「脩ㇾ辞立ニ其誠一、所ニ以居ㇾ業也」。 **詩を学ばずんば**… 論語・季氏。 **書** 書経。 **勧善懲悪**… ↓補。 **鄭衛の淫奔の詩**… ↓補。 **その傳くる所の**… ↓補。 **なんぞ**… ↓補。 **詩序** 現在の詩経(毛詩)は、各篇の初めに簡単な解説がついており、これを序という。ただ最初の関雎の序だけは長い。そこで関雎の序の初めの一部分を他の篇の序と同様に小序といい、残りの、詩全体にわたる解説の部分を大序といっている。 **大序** 前注参照。 **敷衍** ひきのばす。

廟堂 天子が政治をする所。朝廷。 **委巷** 曲がりくねった通り道。しもじもの民間。 **得て**… 観察することができる。 **婉柔** おだやかでものやわらか。 **零砕猥雑** きれぎれで、ごたごたとしている。 **矜持** 四角張る。身をひきしめてきちんとする。 **宵人** 小人。しもじもの者。荘子・列禦寇の語。

下の大《だい》に繫《つなが》り、盛衰治乱の由りて起る所なり。*疏通し遠きを知る者に非ずんば、これを読むこと能はず。*孟子は書を信ぜず。*その堯舜を称述するは、はた何の賭記《とき》する所ぞ。宜《うべ》なりその先王の天下を安んずるの道に昧《くら》きことや。

詩はすなはちこれに異なり。*諷詠の辞は、なほ後世の詩のごとし。*孔子これを刪《けつ》るは、辞に取るのみ。学者これを学ぶも、また以て*辞を修むるのみ。故に孔子曰く、「*詩を学ばずんば、以て言ふことなし」と。後世はすなはち*書を読むの法を以てして詩を読み、これ*勧善懲悪の設けなりと謂ふ。故にその説は*鄭《てい》・衛の淫奔の詩に至りて窮せり。かつ*その傳《つ》くる所の義理の訓は、僅僅乎として掬《きく》に盈《み》たず。果してその説のごとくんば、聖人*なんぞまた別に訓戒の書を作らずして、この迂遠《うえん》の計を以てするをなすや。故にみな詩を知らざる者の説なり。*詩序のごときは、すなはち古人一時その意を以て詩を解するの言にして、その事由を叙べて、意おのづから見《あらは》る。何ぞ訓詁を仮らん。然れども詩はもと定義なし。何ぞ必ずしも序の言ふ所を守りて以て不易の説となさんや。*大序のごときはすなはち関雎《くわんしょ》の解にして、古人たまたま関雎において*敷衍《ふえん》して以てこれを長くするのみ。後儒は事を解せず、析《さ》きて大小序となす。笑ふべきの甚だしきなり。

大氐《たいてい》、詩の言たる、上《かみ》は*廟堂《べうだう》より、下は*委巷《ゐかう》に至り、以て諸侯の邦《くに》に及ぶまで、貴賤男女、賢愚美悪、何のあらざる所ぞ。世変邦俗、人情物態、*得て観るべし。その辞は*婉柔《ゑんじう》にして情に近く、諷詠は感ぜしめ易し。しかれどもその事はみな*零砕猥雑《れいさいわいざつ》にして、自然に*矜持《きようぢ》の心を生ぜず。ここを以て君子は以て*宵人《せうじん》を知るべく、丈夫は以て婦人を知るべく、朝廷は以て民間を知るべく、盛世は以て衰俗を知るべき者は、ここにおいて在り。かつそ

の義たる、*典要とならざるも、*美刺みな得《え》、ただ意の取る所のままなり。*引きてこれを伸《のば》し、類に触れてこれを長ぜば、窮り已《や》むことあることなし。故に古人の、*意智を開き、*政事に達し、*言語を善くし、*隣国に使して専対酬酢《しうさく》する所以の者は、みなここにおいて得《う》。書は*正言たり。詩は*微辞たり。書はその大なる者を立つ。詩は細物を遺《のこ》さず。*日月の代るがはる明らかなるがごとく、陰陽の並び行《めぐ》るがごとし。故に二経を合してこれを*義の府と謂ふなり。

もしそれ礼楽なる者は、*徳の則《のり》なり。*中和なる者は、徳の至りなり。精微の極にして、以てこれに尚《くは》ふるなし。然れども中和は形なく、意義の能く尽くす所に非ず。故に*礼は以て中を教へ、楽は以て和を教ふ。*先王の、中和に形づくれるなり。礼楽は言《ものい》はざれども、能く人の徳性を養ひ、能く人の心思を易《か》ふ。心思一たび易れば、見る所おのづから別る。故に*知を致すの道は、礼楽より善きはなし。かつ先王の、天下を*紀綱し*生民の極を立つる所以の者は、専ら礼に存す。知者は*思ひて得、愚者は知らずして由る。*賢者は俯して就き、不肖者は企《つまだ》ちて及ぶ。その或いは一事をなし一言を出《いだ》すや、必ずこれを礼に稽《かんが》へて、その先王の道に合すると否《いな》とを知る。故に*礼の言たる、体なり。*先王の道の体なり。然りといへども、礼の守りは太《はなは》だ厳なり。いやしくも楽《がく》以てこれに配せずんば、またいづくんぞ能く楽しみて以て生ぜんや。故に*楽なる者は生ずるの道なり。天下を鼓舞し、その徳を養ひて以てこれを長ずるは、楽より善きはなし。故に礼楽の教へは、天地の生成のごとし。君子は以てその徳を成し、小人は以てその俗を成し、天下これに由りて平治し、国祚《こくそ》これに由りて霊長なり。先王の教への術は、*神なるかな。*四術の、教へを尽くせばなり。

典要 不変の原理。↓補。 **美刺みな得** ほめたりそしったりすることがみなうまく行なわれている。 **引きて…長ぜば** 拡張解釈・類推解釈をして意味を展開させる。易経・繫辞伝上。 **意智を開き** ↓補。 **政事に達し** ↓補。 **言語を善くし** ↓補。 **隣国…** ↓補。 **正言** ありのままの叙述。 **微辞** 微妙なことばづかいをしたもの。 **日月…ごとく** 中庸。 **義の府** 義が多く収められている倉。左伝・僖公二七年「詩書、義之府也、礼楽、徳之則也」。↓弁名・義5 **徳の則** 徳を身につける上での準則。前注参照。 **中和** ↓補。 **礼は以て中を教へ…** ↓補。 **先王の…** 礼楽というものは、先王が形のない中和に形をつけたものである。 **知を致す** 英知を身につける。↓補。 **紀綱** 統べ治める。 **生民の極** 人民の守るべき準則。↓弁名・極。 **思ひて得…由る** 孟子・告子上「心之官則思、思則得レ之、不レ思則不レ得也」、論語・泰伯「民可レ使レ由レ之、不レ可レ使レ知レ之」をふまえる。 **賢者…** ↓弁道6 **礼の言たる体なり** ↓補。 **先王の道の体** 先王の道を完全に具現したもの。 **楽なる者…** 礼記・楽記「致レ楽以治レ心、則易直子諒之心油然生矣」。 **神** 神秘的。 **四術の…** 詩書礼楽が先王の教えを全部備えているからである。↓弁道20「楽正…」

23「*吾が道一以てこれを貫く」は、あにただ参《しん》・賜のみならんや、孔門の諸子は、みな聞きてこれを知れり。宋儒は思・孟を推尊して、またこれを*曾子《そうし》に推本す。これその*道統の説なり。あに拠《よ》るべけんや。*或いは*一理を以てこれを言ひ、或いは*一心を以てこれを言ひ、或いは*誠を以てこれを言ふ。一理を以てこれを言ふ者は、*天地・人物みなしかり。*浮《ふ》屠《と》の法身偏一切の見《けん》のみ。一心を以てこれを言ひ誠を以てこれを言ふ者は、重きを聖人の徳に帰するを知れども、重きを先王の道に帰するを知らず。孔子は「吾が道」と明言す。吾が道なる者は、先王の道なり。故に孔子曰く、「*文王すでに没し、文ここに在らずや」と。それ先王の道は、天下を安んずるの道なり。天下を安んずるの道は仁に在り。故に曰く、「一以てこれを貫く」と。何を以て「これを貫く」と謂ふや。仁は一徳なり。然れどもまた大徳なり。故に能く衆徳を貫くべし。先王の道は多端なり。ただ仁のみ以てこれを貫くべし。辟《たと》へば*繦《きやう》の銭を貫くがごとく然り。故に「貫く」と曰ふ。一理や一心や誠やのごときは、すなはち*一なるのみ。何ぞ必ずしも「貫く」と曰はん。故に*曾子曰く、「忠恕《ちゆうじよ》のみ」と。忠恕は仁をなすの方なるが故なり。「*のみ」と曰ふ者は、なほ「*堯舜の道は孝弟のみ」のごとし。孝弟はあに堯舜の道を尽くさんや。すなはち*忠恕はあに道を尽くさんや。然れどもこれに由りて以てこれを求めば、以てこれを尽くすに足るに庶《ちか》し。古人の言語はみなかくのごとし。後世の理学者流は、運用営為の意あることなく、急《しきり》にその理を目前に尽くさんことを欲するなり。故に忠恕は理の*虚象たりて、*天の忠恕、聖人の忠恕、学者の忠恕の種種の説あり。あに曾子の時の語意ならんや。

23 **吾が道**… 孔子が参(曾参、字は子輿、曾子と呼ばれる)・賜(端木賜、字は子貢)に告げたことば。↓補。 **曾子に推本す** 子思・孟子の学説が曾子から出たとする。 **道統の説** ↓補。 **或いは**… 以下「一以てこれを貫く」の一についての諸説をあげる。 **一理を**… ↓補。 **一心を**… ↓補。 **誠を**… ↓補。 **天地人物**… 天・地・人・物はすべて理であるということになる。 **浮屠**… ↓弁道7 **文王**… ↓弁道17「文王…」「後儒…」。 **繦** ぜにさし。銅銭の孔に通してひとまとめにするひも。 **や** だの。やら。列記を表わす助字。 **一なるのみ** ↓補。 **曾子曰く**… 論語・里仁。 **のみ** 朱注は「竭尽而無レ餘之辞也」(忠恕だけでそれ以外はない)というが、徂徠は「…こそが肝要なのだ」という意の断定の辞とする。 **堯舜の道**… 孟子・告子下。↓弁道3「孝弟五常…」。 **忠恕**… 仁斎の論語古義に「曾子以為忠恕足三以尽二夫子之道一也」とあるのに対する批判。 **虚象** 具体的な行為規範でなく、実体のないまぼろし。次の補注参照。 **天の忠恕**… ↓補

24 後世の人は古文辞を識らず。故に今言を以て古言を視る。聖人の道の明らかならざるは、*職としてこれにこれ由る。しばらくその大なる者を挙げてこれを言はん。

易の「太極」は、聖人の易を作るにこの太極あるを謂ふのみ。故に曰く、「*易に太極あり」と。初より天地を以てこれを言はず。「*窮理」「研幾」は、みな聖人の易を作るを賛するのみ。後儒以て*学者の事となすは、誤れり。「*天」なる者は上天なり。「性」なる者は性質なり。「貞」なる者は変ぜざるの謂ひなるに、正と訓じてこれを智に属する者は、強ふるなり。「*嘉会」なる者は婚姻・賓客の事のごとし。「合礼」は、なほ*楽を合すの合のごとし。婚姻・賓客の事は、大いに*礼を合する所以なり。「利物」なる者は、*用を利にす、*器を利にすの類、「和義」は義に和順するを謂ふなり。*義の、宜しき処に合すと謂ふ者は非なり。*その守りを変ぜざるは、すなはち*事に幹たる所以にして、*あに智ならんや。故に下文に曰く、「*この四者を行ふ」と。故に、元亨利貞、これを*仁義礼智に配する者は、傅会《ふくわい》の甚だしきなり。「*これに継ぐ者は善」とは、*天に継ぐの継のごとく、「善」なる者は善人を謂ふなり。*流行と訓ずる者は、継の字義を失せり。「これを成す者は性」とは、人おのおの性の近き所に随ひて務めを成すを謂ふなり。

凡そ「徳」と言ふ者は、*怨みに対して言ふ者あり、*財に対して言ふ者あり。その単言する者は、みな性の徳なり。しからずんば、「*徳に拠る」とは、何ぞその*荒唐なるや。「*人心」なる者は、民心なり。*朽索の馭《ぎょ》のごとし。故に「危」と曰ふ。「道心」なる者は、民心を導くなり。その機甚だ微なり。故に「微」と曰ふ。

24 **職として** 主として。

易に… 繋辞伝上。→弁名・極2

窮理研幾 →補。 **学者の事** 一般に学問をする者の務め。 **天なる者**… 乾卦彖伝「大哉乾元、万物資始、乃統ㇾ天、…乾道変化、各正二性命一、保二合大和一、乃利貞」の天・性・貞についていう。→弁名・元亨利貞 **嘉会**… 乾卦文言伝「元者善之長也、亨者嘉之会也、利者義之和也、貞者事之幹也、君子体ㇾ仁、足三以長二ㇾ人、嘉会足三以合二ㇾ礼、利ㇾ物足三以和二ㇾ義、貞固足三以幹二ㇾ事、君子行二此四徳一者、故曰、乾元亨利貞」について説く。嘉会は、徂徠の説では、めでたい会合。 **楽を合す・礼を合す・用を利にす・器を利にす・義の宜しき…・その守り・事に幹たる・あに智ならんや・この四者・仁義礼智に配す** →補。 **これに継ぐ**… 繋辞伝上の「一陰一陽之謂ㇾ道、継ㇾ之者善也、成ㇾ之者性也」について述べる。 **天に継ぐ** →補。 **流行と訓ず**… →補

怨み… →補。 **財に**… →補。 **徳に**… →補。 **荒唐** とりとめがない。 **人心**… 書経・大禹謨「人心惟危、道心惟微」について説く。→補。 **朽索の馭** →補

「*大学」なる者は、古の大学に*養老・序歯等の礼あり、*これその義なり。「*明徳」なる者は、君徳なり。*左伝諸書稽《かんが》ふべし。「明らかにす」とは、挙げてこれを明らかにするなり。磨きてこれを明らかにするの謂ひに非ざるなり。すなはち養老・序歯の事を謂ふなり。*人倫上《かみ》に明らかにして、小民下《しも》に親しむ。故に「親民」と曰ふ。何ぞ必ずしも「*新民」に改めん。「新民」は*康誥《かうかう》に出で、革命の事なり。大学の教へは、あにこれを以てせんや。「*物」なる者は、*礼の善物なり。「格」なる者は、これを来《きた》すなり。「致」なる者は、これをして来り至らしむるなり。極致の謂ひに非ざるなり。礼の善物至りて、吾の知自然に明らかなり。先王の教への術然りとなす。*朱子、易の窮理を引くは、字義を成さず。強ふるなり。*陽明は「正」と訓じ、「君の心の非を格《ただ》す」を引く。殊に知らず、格にみな*感格の意あることを。また誤れり。「*敬」なる者は、*天を敬するを本となす。君を敬し、民を敬し、身を敬するはみな然り。あに*徒然として敬を持せんや。「*克己」なる者は、*約身の解是《ぜ》なり。克はなほ*克家の克のごとし。しからずんば、「*克己」「由己」は、字義相犯《あひをか》す。凡そこの類、みな古義を失するの大なる者なり。

25 *六経残欠す。たとひそれ完存すとも、また古時の言なり。いづくんぞ能く一一その義の謬《あやま》らざるを得んや。故に後の六経を解する者は、みな*牽強のみ。大氐《たいてい》、後儒は*一物識らざるを以て恥となす。殊に知らず、古のいはゆる知なる者は、*仁を知るを貴びしことを。孔子はいまだかつて*知を好むを以て教へとなさず。今の学者はまさに古言を識るを以て要となすべし。古言を識らんと欲せば、古文辞を学ぶに非ずんば能はざるなり。前漢は孔子

大学 礼記の大学篇、すなわち四書の一つの大学。次の大学は学校の名称。 **養老序歯** →弁名・学9 **これその義** 大学篇は養老序歯の礼の意義・精神を述べたものだ。 **明徳…** 大学「大学之道、在レ明二明徳一、在レ親レ民」について説く。→補。 **左伝諸書** →弁名・徳6 **人倫…** →補。 **新民** →補。 **康誥** →補。 **物…** 以下、大学の格物致知について述べる。 **礼の善物** →補。 **朱子…** →補。 **湯明…** →補。 **感格** 感応してやって来る。 **敬…** 朱子学で主張する持敬について述べる。→弁名・恭敬荘慎独2 **天を…** 国語・周語下「言レ敬必及レ天」。 **徒然** 敬する対象もなしに。 **克己…** 論語・顔淵「克レ己復レ礼為レ仁」について述べる。 **約身** わが身を引き締め、つつましくする。何晏集解に引く馬融の注。 **克家** 家事をよく治める。易経・蒙卦九二爻辞。 **克己由己** →補

25 六経残欠 詩・書・礼・楽・易・春秋の六経が不完全になったり、なくなったりした。史記・儒林伝「及二至秦之季世一、焚二詩書一、阬二術士一、六藝従レ此缺焉」。 **牽強** こじつけ。 **一物識らざる…** 揚子法言・君子「聖人之於二天下一、恥二一物之不一レ知」。 **仁を知る…** 論語・里仁「子曰、里レ仁為レ美、択不レ処レ仁、焉得レ知」に基づく。→弁名・智1 **知を好む…** →弁道8

の時を去ることいまだ遠からず。故に経を解するに伝授の説多し。後漢に至りて漸《やうや》く古義を失す。然れども*韓愈いまだ出でず、文章いまだ変ぜず、古言は、なほ、存する者あり。故に博く秦漢より六朝に至るまでの書を読み、*熟読玩味して以てこれを求めば、或いはこれを得るに庶《ちか》きかな。然れども吾もまた学者の吾が言に因りて以て宋儒および諸家の説を廃することを欲せざるなり。古今遼《はる》かなり。六経残欠す。要は理を以てこれを推さざるを得ず。理を以てこれを推す者は、宋儒これが*嚆矢《かうし》たり。ただその理のいまだ精《くは》しからざるや、ここを以て理に滞る。これを精しくしまたこれを精しくせば、あに宋儒および諸家の過ちあらんや。かつ学問の道は、*思ふことを貴ぶ。思ふの時に方《あた》りて、老・仏の言といへども、みな吾が助けとなるに足る。何ぞいはんや宋儒および諸家の説をや。

*享保丁酉《きやうほうていいう》秋七月*望　　物茂卿

韓愈 →弁道1　**熟読玩味** 朱子の小学・嘉言「凡看二語孟一、且須下熟読玩味、将二聖人之言語一切上己」。　**嚆矢** さきがけ。　**思ふことを貴ぶ** →弁名・思謀慮1

享保丁酉 享保二年(一七一七)。　**望** 陰暦の十五日。

弁名

西田太一郎校注

○各題目の下に記した（ ）内の数字は、書き下し文の所在頁である。

弁名上目録

道　十二則　（四一）
徳　六則　（四八）
仁　四則　（五三）
智　二則　（五八）
聖　四則　（六二）
礼　三則　（六九）
義　八則　（七五）
孝・悌　一則　（八四）
忠・信　三則　（八六）
恕　一則　（九〇）
誠　一則　（九二）
恭・敬・荘・慎独　六則　（九五）
謙・譲・遜・不伐　一則　（一〇〇）
勇・武・剛・強・毅　五則　（一〇一）
清・廉・不欲　一則　（一〇三）
節・倹　二則　（一〇三）
公・正・直　三則　（一〇五）
中・庸・和・衷　八則　（一〇七）
善・良　三則　（一一三）

弁名下目録

元・亨・利・貞　四則　（一一五）
天・命・帝・鬼・神　十七則　（一二〇）
性・情・才　七則　（一三六）
心・志・意　九則　（一四四）
思・謀・慮　二則　（一四八）
理・気・人欲　五則　（一五〇）

陰陽・五行 二則 (一五八)
五常 一則 (一六一)
極 二則 (一六二)
学 九則 (一六四)
文質・体用・本末 八則 (一七二)
経・権 四則 (一七六)
物 一則 (一七九)
君子・小人 二則 (一八一)
王覇 一則 (一八二)

目録終り

弁名上

日本　物茂卿　著

*生民より以来、*物あれば名あり。名は故《もと》より常人の名づくる者あり。これ物の形ある者に名づくるのみ。物の形なき者に至りては、すなはち常人の睹《み》ること能はざる所の者にして、*聖人これを立ててこれに名づく。然るのち常人といへども見てこれを識るべきなり。これを*名教と謂ふ。故に*名なる者は教への存する所にして、君子これを慎む。孔子曰く、「*名正しからざればすなはち言順ならず」と。けだし一物*紕《ひ》繆《ひう》すれば、民、その所を得ざる者あり。慎まざるべけんや。

孔子すでに*殁《ぼつ》して、*百家*坌涌《ふんよう》し、おのおのその見る所を以てして以てこれに名づけ、*物始めて舛《たが》へり。ひとり*七十子の徒、慎みてその師説を守りて以てこれを伝ふ。

漢代に迨《およ》んで、*人ごとに経を異にし、経ごとに家を異にす。その言は人人殊《こと》なりといへども、要するにみな七十子の徒の伝ふる所なり。舛《たが》ふ者ありといへども、これの失ふ所は、彼或いは存する者もまたこれあり。彼此《ひし》を参《まじ》へて以てこれを求めば、名と物と舛はざるに庶《ちか》からんか。旧《ふる》きを伝ふるが故なり。*馬融・鄭玄《ちやうげん》は、旁《ひろ》く諸家に通じ、稽定する所あれば、ここに擯斥《ひんせき》する所あり。ここにおいてか*顓門《せんもん》の学廃して、名と物と舛《たが》へる者、また得て識るべからず。伝へざる所の者多きが故なり。あに惜しからずや。

それより以降、*世は言を載せて以て移る。唐に*韓愈《かんゆ》ありて、文、古今殊《こと》なり。宋に*程朱

生民より以来　人類発生以来。孟子・公孫丑上。　**物あれば**…　物事があればその名称がある。詩経・大雅・烝民「天生二烝民一、有レ物有レ則」の表現を借りる。　**これを立てて**…　形のない物を明確にして…。↓補。　**名教**　↓補。　**名なる者は**…　杜預・左伝序「其教之所レ存」の孔穎達疏に「教之所レ存、謂三名教善悪、義存二於此事一」。　**名正し**…　論語・子路。　**紕繆**　誤る。礼記・大伝「五者一物紕繆、民莫レ得二其死一」。　**殁**　歿に同じ。死ぬ。　**百家**　↓学則六「諸子百家九流」。　**坌涌**　多くのものが盛んに起こる。　**物始めて舛へり**　物と名とにくいちがいが生じた。　**七十子の徒**　孔子の直弟子たち。↓補　**人ごとに**…　前漢時代には、経書の研究は主として一経専門であり、かつ一つの経書についても師承によって説を異にした。漢書・芸文志および儒林伝。　**馬融鄭玄**…　↓補。　**顓門**　専門に同じ。　**世は言を**…　時代の変遷に伴って言語も変遷した。↓学則二。　**韓愈**　↓弁道1　**程朱**　↓弁道1

ありて、学、古今殊なり。この数君子の者は、みな*豪傑《がうけつ》の資を稟《う》け、一世に雄視し、慷慨《かうがい》自奮し、*すなはち聖人の道を以て己《おの》が任となす。然れども*その心を秉《と》るの鋭き、能く*その世を論ずるに遑《いとま》あらんや。すなはち*意もてみづからこれを理に取りて、聖人の道ここに在りと謂《い》へり。殊に知らず、今言は古言に非ず、*今文は古文に非ず、吾*その中に居りて、これを以てこれを古《いにしへ》に求めば、すなはち能くその名を得る者の*幾希《すくな》きことを。かつ理なる者は、*適《ゆ》かざることなき者なり。吾我《われ》が意を以てみづからこれを取らば、これいづくんぞ能く*聖人の物となす所の者を得んや。名と物と失へり。しかも能く聖人の道を得る者は、いまだこれあらざるなり。故に程朱の名となす所も、またそのみづから見る所のみ。七十子の徒の伝ふる所の孔子の道に非ざるなり。すなはちまた古先聖王の道にも非ざるなり。故に聖人の道を求めんと欲する者は、必ずこれを六経に求めて、以てその物を識り、これを秦漢以前の書に求めて、以てその名を識り、名と物と舛《たが》はずして、しかるのち聖人の道、*得て言ふべきのみ。故に弁名を作る。

道　十二則

1 道なる者は*統名なり。*由《よ》る所あるを以てこれを言ふ。けだし古先聖王の立つる所にして、天下後世の人をしてこれに由りて以て行はしめ、しかうして己《おのれ》もまたこれに由りて以て行ふなり。これを人の道路に由りて以て行くに辟《たと》ふ。故にこれを道と謂ふ。孝悌仁義より、以て*礼楽刑政に至るまで、合せて以てこれに名づく。故に統名と曰ふなり。先王は聖人なり。故に或いはこれを「*先王の道」と謂ひ、或いはこれを「*聖人の道」と謂ふ。凡そ

豪傑の資 衆にぬきんでた生まれつき。 **すなはち** 無造作に。 **その心を秉る**… 彼らは余りに主観的であったので。 **その世**… 歴史的考察をする。 **意もて**… 自分の主観で物事を理によって決め、聖人の道は理にあるといった。 **今文** いまの文章。漢代の経書の書体による今文・古文の意でない。 **その中** 今言・今文の習わしの中。 **幾希き** ↓弁道1 **適かざる**… どこでも存在する。 **聖人の物となす所** 聖人が物(礼楽刑政などの具体的な文物制度)として制定したもの。↓物。 **得て言ふべきのみ** 論じることができるのだ。

◇道
1 統名 多くを総括した名称。性理大全・巻三四「朱氏曰、道是統名、理是細目」。 **由る**… 論語・雍也「子曰、誰能出不レ由レ戸、何莫レ由二斯道一也」。 **礼楽刑政** ↓弁道3 **先王の道** 論語・学而「先王之道、斯為レ美」、孟子・滕文公上「今也南蛮鴃舌之人、非二先王之道一」など。 **聖人の道** 中庸「大哉聖人之道、洋洋乎発二育万物一、峻極二于天一」。

君子たる者は務めてこれに由る。故にまたこれを「*君子の道」とも謂ふ。孔子の伝ふる所は、儒者これを守る。故にこれを「*孔子の道」と謂ひ、またこれを「*儒者の道」とも謂ふ。その実は一なり。然れども先王は*代ごとに殊《こと》なり。故に先王の道と曰ふ者は、*夏《か》は夏を以てし、*商は商を以てし、周は周を以てす。みなその代に在るの辞なり。孔子と称して以て它《た》人に別ち、儒者と称して以て百家に別つ。*対あれば*ここに小なり。故に君子は*時ありてかこれを言ふ。*恒言に非ざるなり。

それ道なる者は、上古の聖人の時より、すでに由る所あり。堯舜《げうしゆん》に至りてしかるのち道立ち、殷《いん》・周を歴てしかるのちますます備る。これ数千歳・数十聖人を更《へ》、その心力智巧を尽くして以てこれを成す。あに一聖人一生の力の能くなす所ならんや。故に孔子の*堯舜を祖述し、*文武を憲章し、*古を好み、*学を好みしは、これがための故なり。*宋儒は中庸・孟子の書を誤読し、すなはち謂《おも》へらく、人の性は善、故に道は人の性に率《したが》へば自然にこれありと。殊に知らず、その時に当りて*老氏の徒盛んにして、仁義を以て偽となす、故に子思は、聖人、人の性の自然に率ひて以て道を立つと謂ひしのみなることを。あに人己《おのれ》の性に率へばすなはち自然に道ありと謂はんや。*孟子は、仁義の、性に根ざすことを謂ひしのみ。善もまた大概にこれを言ふ。*あに人人聖人に殊ならずと謂はんや。つひに道を以てこれを人人に属して、これを聖人に属せず。その究《きはみ》は、必ず、礼楽刑政を以て*粗迹となすに至る。殊に知らず、道は精粗となく本末となく一以てこれを貫くことを。*その解に曰く、「道なる者は当行の理」と。この言や、以て道を賛すとならば、すなはちなほ可なり。然れどもまた僅かに以て人に道を行ふを勧むるに足るの言のみ。*道に由ればすなはち*坦然たれども

君子の道　易経・繫辞伝上「百姓日用而不レ知、故君子之道鮮矣」、論語・公冶長「子謂二子産一、有二君子之道四一」、中庸「君子之道費而隠」。**孔子の道**　孟子・滕文公下「揚墨之道不レ息、孔子之道不レ著」。**儒者の道**　孟子・滕文公上「夷子曰、儒者之道、古之人若レ保二赤子一、此言何謂也」。**代**　王朝。↓補。**夏は夏を…**　夏王朝に先王の道というときは、夏王朝の先王の道を意味する。**商**　殷王朝の本来の名称。**対**　対立するもの。**ここに**「すなはち」に同じ。**時ありて…**　孔子の道とか儒者の道とかは時々しか言わない。**恒言**　常にいうことば。

堯舜…憲章し　中庸の文。**文武**　文王・武王。**古を好み**　論語・述而「子曰、述而不レ作、信而好レ古」。**学を好み**　論語・公冶長「十室之邑、必有二忠信如レ丘者一、焉不レ如二丘之好レ学也」。**宋儒…**　↓補。**老氏…**　↓弁道1　**孟子…**　尽心上「君子所レ性、仁義礼智根二於心一」。**あに人人…**　孟子・滕文公上「孟子道二性善一、言必称二堯舜一」の朱注「人与二堯舜一、初無二少異一」。**粗迹**　粗雑な事。**その解…**　宋儒の解説。中庸・第一章「道也者不レ可二須臾離一也」の朱子章句「道者、日用事物当レ行之理」。**道に…由らざらんやと**　↓補。**坦然**　平坦なこと。易経・履卦「履レ道坦坦」。

り、道に由らざればすなはち*蓁棘《しんきょく》を冒《をか》し*険巇《けんき》を蹈《ふ》む、なんぞこれに由らざらんやと。これ何ぞ以て道を尽くすに足らんや。もし当行の理をその*臆に取りて、これ聖人の道なりと謂はば、すなはち妄の甚だしき者なり。果してその言の是《ぜ》ならんか、孔子なにをか学ばん。彼のその聖人の智を以てせば、何の知らざる所ぞ。また思はざるの甚だしきなり。

大氏《たいてい》、先王の道は、迂なるがごとく遠きがごとし。常人の知ること能はざる所なり。故に曰く、「*民はこれに由らしむべし。これを知らしむべからず」と。また曰く、「*この詩を為《つく》る者は、それ道を知るか」と。道の知り難きを以てなり。また曰く、「*吾が道は一以てこれを貫く」と。しかうして*何を以てこれを貫くかを言はず。その言ふべからざるを以てなり。その言ふべからざるを以てや、故に先王は*言と事とを立てて以て*これを守らしめたり。詩書礼楽は、これその教へなり。この故に*顔子の知を以てするも、なほかつ博く文を学び、これを約するに礼を以てし、しかるのち、その立つ所卓爾《たくじ》たるものあるがごときを見る。もし道をして一言に瞭然たらしめば、すなはち先王・孔子すでにこれを言ひしならん。万万この理なし。あに妄の甚だしきならずや。

*仁斎先生、*易の大伝の一陰一陽に拠《よ》りて、往来する所以を以て解をなすがごときは、殊に知らず、いはゆる一陰一陽なる者はもと易道を語れることを。大伝にまた曰く、「*一闔《いっかふ》一闢《いっぺき》はこれを変と謂ふ。往来して窮らざるはこれを通と謂ふ」と。その変通を以て言をなすは、あに易道に非ずや。何を以て先王の道を尽くさんや。かつ*その言や、意を以てその精微を論説する者なり。それ意を以てその精微を論説する者は、またこれをその臆に取る者なり。*その人宋儒を譏《そし》れどもその轍《てつ》を蹈《ふ》み、聖人の言ふこと能はざる所の者を以て一言

蓁棘 いばらのしげみ。 **険巇** 険しい所。 **その臆**… 自分の主観で決めて。

民はこれに… 論語・泰伯。↓補。

この詩を… 孟子・公孫丑上、告子上。

吾が道… 論語・里仁。衛霊公には「予一以貫レ之」ともいう。 **何を以て** 原文の「以何」は「何以」でなければならない。 **言と事** 言は詩・書、事は礼・楽。 **これを**… 底本「使守之」は弁名考注本では「使人守之」になっている。 **顔子**… 論語・子罕「顔淵喟然歎曰、仰レ之弥高、鑽レ之弥堅、瞻レ之在レ前、忽焉在レ後、夫子循循然善誘レ人、博レ我以レ文、約レ我以レ礼、欲レ罷不レ能、既竭二吾才一、如レ有二所レ立卓爾一、雖レ欲レ従レ之、末レ由也已」、また雍也「君子博学二於文一、約レ之以レ礼、亦可二以弗レ畔矣」。

仁斎先生… ↓補。 **易の大伝**… 繋辞伝上「一陰一陽之謂レ道」。なお繋辞伝のことを大伝ということは史記・太史公自序に見える。 **一闔一闢** 閉じたり開いたり。 **その言や**… 仁斎のことばは、推量で道の精微を…。 **その人宋儒を譏れども**… ↓補

に瞭然たらしめんと欲す。*これを均《ひと》しくするにまた宋儒の*遺のみ。あに後世の能く及ぶ所ならんや。*孔安国、論語を解して曰く、「*道は礼楽を謂ふなり」と。あに後世の能く及ぶ所ならんや。

また孝経を解して曰く、「*道なる者は、万物を扶持し、おのおのその性命を終へしむる者なり。人に施せばすなはちその行ひを変化して正理に之《ゆ》かしむ。故に、道、身に在れば、すなはち言おのづから順にして、行ひおのづから正しく、君に事《つか》へてはおのづから忠、父に事へてはおのづから孝、人とともにしてはおのづから信、物に応じてはおのづから治る。一人これを用ふれば、余りあるを聞かず、天下これを行へば、足らざるを聞かず、小《すこ》しくこれを取れば小しく福を得《え》、大いにこれを取れば大いに福を得、天下にこれを行へば天下服す」と。その言浅しといへども、またなほ古意を失はずとなす。

けだし先王のこの道を立つるや、その心は天下後世を安んずるに在り。故に書に曰く、「*放勲欽明文思安安」と。これの謂ひなり。故に先王の徳は、仁これより大なるはなし。孔門の教へは、*仁に依るを以て務めとなす。故に先王は、人みな相愛《あひ》し相養ひ相輔《たす》け相成すの心、運用営為の才あるに因《よ》り、この道を立てて天下後世をして由りて以てこれを行ひ、おのおのその*性命を終へしむ。これその意あに人みな聖人となることを欲せんや。またあに人人をしてみなこれを知らしむることを求めんや。またあに知り難く行ひ難き者を以てこれを人人に強《し》ひんや。要は民を安んずるに帰するのみ。学者それこれを思へ。

2　また「*夏《か》の道」と曰ひ、「殷《いん》の道」と曰ひ、「周の道」と曰ふ者あり。けだし道なる者は、堯舜の立つる所にして、万世これに因る。然れどもまた、時に随ひて変易《へんえき》する者あり。

これを… いずれにしても同じく。
遺 なごり。
孔安国 前漢の武帝のときの博士。
道は礼楽… 陽貨「君子学ㇾ道則愛ㇾ人、小人学ㇾ道則易ㇾ使也」の集解に引く。 **道なる者は**… 古文孝経・開宗明誼章の「至徳要道」の孔安国伝。なおこの文は、「道なる者」から「おのづから治る」までは管子の形勢解の文、「一人」より以下は白心篇の文である。なお孔安国の論語の注も孝経の伝も書経の孔安国伝と同様に偽書であるとされている。
放勲… 書経・堯典の文。偽孔安国伝によれば「勲(いさお)に放(よ)り、欽明文思にして、安んずべきを安んず」(上世の功化にのっとって教化を施し、つつしみ深く、思慮深く、聡明で、経綸の才があり、天下の安んずべき者を安んじた)の意。なお放勲を堯の字とするもの、欽明文思について僅かながら説明を異にするものもあるが、ここでは天下を安んじるという点のみが重要。 **仁に依る** いつも仁に依拠して離れない。論語・述而。→弁道7「声は永に依る」。
性命 ここでは生命と同義であるが、もとは天から与えられた本性と貴賤天寿の命の意。易経・乾卦「乾道変化、各正㆓性命㆒」。
2 夏の道… →補

故に*一代の聖人は、更定する所あり、立てて以て道となし、しかうして一代の君臣これに由りて以て行ふ。これ必ずしも前代の道にいまだ足らざる所ありてこれを更改するに非ざるなり。また必ずしも前代の道をすでに至れりとなすに、我ことさらに更改し、天下の耳目を新たにせんと欲するにも非ざるなり。また必ずしも万世これに因る者を道の至りとなし、しかうして時に随ひて更易する者を次となすにも非ざるなり。すなはち一代の聖人には、数百歳の後を前知して、これを以て世運を維持し、遽《には》かには衰へに趨《おもむ》かざらしむる所の者の存することあり。聖人の智に非ざるよりは、いまだその更改する所以の意を与《あづか》り知ること能はざる者なり。凡そもろもろの、*伝記に雑見する者、「*某は善なり」、「某はいまだ善ならず」、および「*夏《か》は忠、殷《いん》は質、周は文」のごときの類は、みな、孔子、礼楽を論ずるの*緒言《しょげん》にして、また*その時を以てこれを言ふ。その時まさに制作の秋《とき》に値《あた》るが故なり。孔子その道を優劣するに非ず。*顔淵に四代の礼楽を告ぐるがごときも、また*学者以て万世不易の制となす者は非《ひ》なり。

3 また「*天の道」と曰ひ、「地の道」と曰ふ者あり。けだし日月星辰ここに繋《かか》り、風雷雲雨ここに行はれ、寒暑昼夜、往来して已《や》まず。深玄や測るべからず、*杳冥《えうめい》や度《はか》るべからず。*万物資《と》りて始る。吉凶禍福は、その然るを知らずして然る者あり。静かにしてこれを観れば、またその由る所の者あるに似たり。故にこれを天道と謂ふ。*華嶽を載せて重しとせず、河海を振《をさ》めて洩《も》らさず。*旁礴《はうはく》にして窮むべからず、深厚にして尽くすべからず。*万物資りて生ずれども、乏しとなさず、死してみな*帰蔵すれども、増せりとなさず。親しく

一代 一王朝。→1「代」

伝記 六経の補助になる古文献。 **某は善**… たとえば論語・八佾「子謂㆑韶、尽㆑美矣、又尽㆑善矣、謂㆑武、尽㆑美矣、未㆑尽㆑善也」など。 **夏は忠**… →補。 **緒言** いいかけて全部いっていないことば。 **その時** 夏・殷・周それぞれの王朝。 **顔淵に四代の礼楽**… 論語・衛霊公「顔淵問㆑為㆑邦、子曰、行㆓夏之時㆒、乗㆓殷之輅㆒、服㆓周之冕㆒、楽則韶舞」。→補。 **学者以て**… →補

3 天の道… 易経・説卦伝「立㆓天之道㆒、曰陰与㆑陽、立㆓地之道㆒、曰柔与㆑剛」㆒、中庸「天地之道、可㆓一言而尽㆒也」。 **杳冥** はるかで見えにくいこと。 **万物資りて始る** 易経・乾卦彖伝。 **華嶽**…**洩らさず** 中庸の文。華嶽は華山ともいう。陝西省華県の西にあり、秦嶺山脈中の高峰。 **旁礴** 広く行きわたること。 **万物資りて生ず** 易経・坤卦彖伝。 **帰蔵**… 大地に帰ってその中に収まるが、大地が増えたことにならない。

して知るべし。しかも知るべからざる者あり。徐《おもむ》ろにしてこれを察せば、またその由《よ》る所の者あるに似たり。故にこれを地道と謂ふ。みな聖人の道あるに因りて、借りて以てこれを言ふのみ。

4 「*小人の道長ず」と曰ひ、「*戎狄《じゅうてき》の道」と曰ふ者あり。みなその由りて俗を成す所、おのづから一道あるに似たるを以て、故にこれを言ふ。

5 「*善人の道」と曰ひ、「*父の道を改むることなし」と曰ふ者あり。またその由る所を言ふのみ。必ずしも先王の道ならず。凡そその意は、これを以て道となしてこれに由る者なり。

6 「*この道や何ぞ以て臧《よ》しとするに足らん」と曰ふ者あり。詩書礼楽は、みな先王の道なり。故に*一言半句といへども、また称して道となすのみ。

7 「*一変して道に至る」と曰ふ。先王の道これを世に行ふを謂ふなり。「*ともに道に適《ゆ》くべし」と曰ふ。身の先王の道に合するを謂ふなり。

8 「*至道」と曰ひ、「*大道」と曰ふ。先王の道を尊ぶの辞なり。

4 **小人の道**… 易経・否卦彖伝「小人道長、君子道消也」。 **戎狄の道** 礼記・檀弓下「有二直レ情而径行者一、戎狄之道也」(戎狄は未開部族)。

5 **善人の道** 論語・先進「子張問二善人之道一、子曰、不レ践レ迹、亦不レ入レ室」。 **父の道**… 論語・学而「父在観二其志一、父没観二其行一、三年無レ改二於父之道一、可レ謂レ孝矣」。

6 **この道や**… 論語・子罕「不レ忮不レ求、何用不レ臧、子路終身誦レ之、子曰、是道也何足二以臧一」。 **一言半句**… 右の孔子が「この道」といった「不レ忮不レ求、何用不レ臧」という語は詩経・邶風・雄雉の句。詩書礼楽は先王の道であるから、その一言半句をも孔子は道といったのだ。

7 **一変して**… 論語・雍也「斉一変至二於魯一、魯一変至二於道一」。 **ともに道に**… 論語・子罕「子曰、可二与共学一、未レ可二与適一レ道、可二与適一レ道、未レ可二与立一、可二与立一、未レ可二与権一」。

8 **至道** →補。 **大道** →補

9「*道に志す」と曰ひ、「*朝《あした》に道を聞く」と曰ひ、「*天下に道あり」と曰ひ、「*国に道あり」と曰ひ、「国に道なし」と曰ひ、「*無道の君」と曰ひ、「*有道に就きて正す」と曰ふ。凡そ道と単言する者は、みな先王の道を以てこれを言ふ。「無道」なる者は、先王の道全く亡《な》きなり。「有道」なる者は、必ずしも全くは有せざるなり。「*有道の士」のごときは、身に*道芸あるを以てこれを言ふ。先王の道は外《そと》に在り。*六芸もまた先王の道なり。故に古《いにしへ》は、道・芸を以て並べ称す。大小の分のみ。その人《ひと》徳ありといへども、然れども先王の道を知らずんば、すなはち有道の士と称することを得ず。後世、道・徳の名混ぜり。学者それこれを審《つまびら》かにせよ。

10「*大学の道」と曰ひ、「*父の道」と曰ひ、「母の道」と曰ひ、「*臣の道」と曰ひ、「*子の道」と曰ひ、「*神道」と曰ふ。みな先王の道にして、その別を以てこれを言ふ。

11「*上に獲《え》らるるに道あり」と曰ひ、「朋友に交るに道あり」と曰ひ、「*財を生ずるに大道あり」と曰ふ。みな術を謂ふなり。術なる者は、これに由《よ》りて以て行はば、自然にしてその至るを覚えざるを謂ふなり。「*民はこれに由らしむべし」のごときは、この意あり。けだし先王の道は、みな術なり。これもまたただその別を以てこれを言ふ。また*詩書礼楽を四術となすがごときも、またこれに由りて以て学ばば、自然にしてその徳を成すを覚えざるを謂ふなり。後世に詐術盛んに興るに及んでのち、*道学先生はみな術の字を諱《い》む。苟《じゆん》子《し》に「*道術」を大《たっと》ぶことあり、漢書に霍光《くわくくわう》の「*不学無術」を譏《そし》るがごとき、その時、古に

9 **道に志す** 論語・里仁「士志二於道一、而恥二悪衣悪食一者、未レ足二与議一也」。**朝に道を**… 同「朝聞レ道、夕死可矣」。**天下に道**… →補。**国に道**… →補。**無道の君** 管子・四称「昔者無道之君、大二其宮室一、高二其臺榭一」。**有道に就きて**… 論語・学而「君子食無レ求レ飽、居無レ求レ安、敏二於事一而慎二於言一、就二有道一而正焉、可レ謂レ好レ学也已」。**有道の士** 呂氏春秋・下賢「有道之士、固驕二人主一」。**道芸** 周礼・地官・郷大夫「察二其道藝一」。**六芸** 周礼・地官・大司徒「…三曰六藝、礼楽射御書数」。

10 **大学の道**… 以下全部 →補

11 **上に獲らるる**…**朋友に**… 中庸および孟子・離婁上。**財を生ずるに**… 大学。**民は**… 論語・泰伯。**詩書礼楽を四術**… 礼記・王制「楽正崇二四術一、立二四教一、順二先王詩書礼楽一以造レ士」(楽正は音楽担当官の長官で、教育をつかさどる)。**道学先生** 宋学者、転じて、道徳的修養をやかましく説く学者。道学の名は宋代に始まり、もと聖人の道の正統を継承した学問(→弁道23「道統の説」)という意味で付けられた名称で、宋史には儒林伝のほかに特に道学伝が設けられている。**道術** →補。**不学無術** 漢書・霍光伝賛「…然光不学亡術、闇二於大理一」(亡は無と同じ)。

近く、なほいまだ術の字を諱《い》まざりし者《こと》見るべきなり。「*要道」と曰ふがごときも、また要術のみ。

12「*達道」と曰ふ者は、先王の道の、貴賤・智愚・賢不肖を通じて、みな由るべき者を謂ふなり。它《た》の「*天子の道」、「諸侯の道」のごときは、みな、人人の行ふことを得る者に非ず、「*君子の道」のごときも、また民の行ふことを得る所の者に非ざれば、すなはちこれと殊なり。鄭玄《ちやうげん》は以て*百王通行の道となす。*後儒はまたこれに因りて五者を以て聖人の道を概す。誤れり。「*達孝」のごときも、また、武王・周公能くその孝を推してこれを天下に達し、天下の人をしてその孝心を伸べしめしを謂ふ。故に*上文に「父、士たり、子、大夫たらば、葬るには士を以てし、祭るには大夫を以てす」とあり。達字の義、以て見るべきのみ。後儒はこれを知らず、また、*天下みなその孝を称すといふを以てこれを解す。ああ、天下みなその孝を称するは、何ぞ必ずしも武王・周公のみならんや。

徳　六則

1 *徳《とく》なる者は得《とく》なり。人《ひとびと》おのおの道に得《う》る所あるを謂ふなり。或いはこれを性に得《え》、或いはこれを学に得《う》。みな性を以て殊《こと》なり。性は人人殊なり。故に徳もまた人人殊なり。それ道は大なり。聖人に非ざるよりは、いづくんぞ能く身《み》道の大なるに合せんや。故に先王、徳の名を立てて、学者をしておのおのその*性の近き所を以て、*拠りてこれを守り、*脩めてこれを崇《たか》くせしむ。*虞《ぐ》書《しょ》の九徳、*周官の六徳、および伝にいはゆる仁・智・孝・弟・忠・

要道 孝経・開宗明義章「先王有㆓至徳要道㆒、以順㆓天下㆒」。

12 達道 中庸「天下之達道五、…曰君臣也、父子也、夫婦也、昆弟也、朋友之交也、五者天下之達道也」。**天子の道**…↓補。**君子の道** 中庸「君子之道費而隠」、そのほか多し。**百王通行の道** 中庸の「達道」の鄭注の「達者常行、百王所㆑不㆑変也」をさす。**後儒**…↓補。**達孝** 中庸「子曰、武王・周公、其達孝矣乎」。**上文**…↓補。**天下**… 中庸・第一九章章句「達、通也、…武王周公之孝、乃天下之人、通謂㆓之孝㆒、猶㆓孟子之言㆓達尊㆒也」。

◇徳

1 徳なる者は得… 徳を得の音と意味とで説明したもの。礼記・楽記「礼楽皆得、謂㆓之有徳㆒、徳者得也」。**その性の近き所** ↓弁道7 **拠りて**… 論語・述而「拠㆓於徳㆒」。**脩めてこれを崇く**… 論語・述而「徳之不㆑脩、学之不㆑講、聞㆑義不㆑能㆑徙、不善不㆑能㆑改、是吾憂也」、顔淵「子張問㆓崇㆑徳弁㆑惑、子曰、主㆓忠信㆒、徙㆑義、崇㆑徳也、…」。**虞書の九徳** 書経・皐陶謨「寛而栗、柔而立、愿而恭、乱而敬、擾而毅、直而温、簡而廉、剛而塞、彊而義」。**周官の六徳** 周礼・地官・大司徒「一曰六徳、知・仁・聖・義・忠・和」。

信・恭・倹・譲・不欲・剛・勇・清・直のごときの類は、みなこれなり。けだし人の性の殊なるは、*これを草木の*区して以て別あるに譬《たと》ふ。聖人の善教といへども、またこれを強《し》ふること能はず。故におのおのその性の近き所に随ひ、養ひて以てその徳を成す。徳立ちて材成り、然るのちこれを官にす。その材の成るに及んでや、聖人といへどもまた及ぶこと能はざる者あり。*后夔《こうき》の、楽《がく》における、*禹《う》の、水を行《や》るにおける、稷《しょく》の、芸殖におけるがごときは、みな堯舜の及ぶこと能はざる所なり。故に、孔子の、七十子におけるも、また*その材に因りてこれを篤《あつ》くす。*子路に告ぐるに勇を以てし、*曾子に孝を以てするがごとき、以て見るべきのみ。その徳の成るに及んでや、*四科、および「賜や達、由や果、求や芸」のごとき、以て見るべきのみ。そのこれを養ひこれを篤《あつ》くする所以《ゆゑん》の者は、すなはち礼楽に在り。楽記《がくき》に曰く、「礼楽みな得る、これを有徳と謂ふ」と。論語に曰く、「*臧武仲《さうぶちゆう》の知、公綽《こうしやく》の不欲、卞荘子《べんさうし》の勇、冉求《ぜんきう》の芸のごときは、これを文《かざ》るに礼楽を以てすれば、また以て成人たるべし」と。礼楽を学びて以てその徳を成せば、すなはち四子みな成人たるべきを謂ふなり。成人とは徳を成したるなり。これを文《かざ》るとは、徳成りて光輝あるを謂ふなり。外より*丹雘《たんわく》を傅《つ》くるに非ざるなり。*これみな一徳を以てこれを言ふ。必ずしも衆徳を兼ねざるなり。聖人の心は、あに人人衆徳を兼ぬるを欲せざらんや。*書に曰く、「日《ひび》に三徳を宣《の》べ、夙夜《しゆくや》より明を浚《ま》たば家を有《たも》たん。日《ひび》に厳にして六徳を*祇敬《しけい》し、寀《こと》に亮《まこと》ならば邦《くに》を有たん」と。すなはち大夫・諸侯の徳にして、以て汎《ひろ》く人人に責むべからざる者《こと》審《つまびら》かなり。これ上古の聖人、徳の名を立てて以て人を教へし所以なり。

*朱子解して曰く、「徳《とく》の言たる得《とく》なり。道を行ひて心に得《う》ることあるなり」と。それ道

これを…譬ふ　論語・子張。**区して以て別ある**　区別がある。**后夔…**　夔が音楽に秀でたことは書経の舜典・益稷に見える。**禹…芸殖における**　書経・益稷や孟子・滕文公上に見える。**その材に因りて…**　中庸「天之生レ物、必因ニ其材一而篤焉」。**子路に…**　↓補。**曾子に…**　↓補。**四科…**　↓補。**臧武仲…**　憲問。**丹雘**　赤いえのぐ。**これみな…**　前述の憲問「臧武仲…」の朱注に「言兼ニ此四子之長一、則知足ニ以窮レ理、廉足ニ以養レ心、勇足ニ以力行一、藝足ニ以泛応一、…」というのに対する反論。**書に…**　書経・皐陶謨。「日々に三徳（九徳のうちの三つ）を広め、夜早くからこのことを熟思し夜明けになるや実行するならば、卿大夫となりわが家を保つであろう。日々に慎み深くし、慎んで六徳（九徳のうちの六つ）を行ない、政治にまことを以て当たるならば、諸侯となり国も保つことができよう」。解釈は種々あるが偽孔伝によった。ここでは三徳と卿大夫、六徳と諸侯の関係に重点がある。**祇敬**　↓補

朱子…　論語・為政「為レ政以レ徳」の注。

なる者は先王の道なり。*伝に曰く、「いやしくもその人に非ずんば、道は虚《むな》しくは行はれず」と。すなはちその徳いまだ成らずんば、いづくんぞ能く道を行はんや。これ*その意、道を以て*当然の理となす。故にこの解あるのみ。かつ徳はもとより心を離れて言ふべからず。然れども僅かに心を以てこれを言ふのみならば、いづくんぞ以て徳となすに足らんや。*郷飲酒の義に曰く、「徳なる者は身に得るなり」と。*朱子は意に謂《おも》ひしならん、心と言はずして身と言ふは、なほ浅しと。古言を知らざるの失のみ。古《いにしへ》は身・心を以て対言する者なし。凡そ身と言ふ者は、みな己《おのれ》を謂ふなり。己はあに心を外にせんや。*孟子曰く、「その色に生ずるや*睟然《すゐぜん》たり、面に見《あらは》れ、背に盎《あふ》れ、四体に施《ゆきわた》る。四体は言《ものい》はざれども喩《さと》る」と。これ徳を*状するの言なり。あにただ心に得るの謂ひならんや。それただ*その言を巧みにしその色を令《よ》くするのみなるは、もとより以て徳となすべからず。然れどもただ心に得るのみならば、その失は均《ひと》し。かつ礼楽を以てせずして心を以てす。これこれを不学無術と謂ふ。先王・孔子の人を教ふるの道に循《したが》ふことを知らざるが故なり。

仁斎先生、徳を知るを以て自負するがごときは、すなはち*性と徳との名を争ふのみ。また孟子を誤読して、*四端を拡充して以て徳を成すと謂ふに至りては、すなはち朱子と何ぞ別たん。*すでにこれを先王に属せず、また徳は性を以て殊なることを知らず、徒《いたづ》らに、*薬に治病の徳あるがごとく、火に*烹飪《はうじん》の徳あるがごとしと謂ふ。これその争ふ所は、*養ひの後に全きと性の初に全きとに在るのみ。故にそのいはゆる徳なる者は、みなその*いまだ成らざるに当りてこれを言ひ、名ありて実なし。また*宋儒の帰なるかな。

伝に曰く… 易経・繋辞伝下。あとの「宋儒の帰」を参照。 **その意** 朱子の考えでは。 **当然の理** 論語・里仁「朝聞レ道」の朱注「道者、事物当然之理」、中庸・第四章章句「道者、天理之当然」。 **郷飲酒の義** 礼記・郷飲酒義。↓補。 **朱子は意に**… 朱子語類・巻二三「問、集注云、徳者行レ道而有レ得二於身一也、後改レ身作レ心、如何、曰、凡人作二好事一、若只做二得一件両件一、亦只是勉強、非二是有レ得、所謂得者、謂二其行之熟而心安一二於此一也」、「古人製レ字皆不レ苟、如二徳字中間従レ心、便是暁二此理一」。 **孟子曰く**… 尽心上。 **睟然** いろつやがあること。 **状す** 具体的に形容する。 **その言を**… 書経・皐陶謨および論語・学而「巧言令色」。 **性と徳との名**… 仁義礼智を朱子は性とし、仁斎は徳とすること。↓補。 **四端を拡充**… ↓補。 **すでに**…だけでなく。 **薬に**… ↓補。 **烹飪** 煮る。 **養ひの後**… 修養してのちに完全になるという説と、天から性を受けた初めから完全だという説との相違。「四端を拡充…」の補注を参照。 **いまだ成らざる**… ↓補。 **宋儒の帰** ↓補

2 徳を以てす 論語・為政「為レ政以レ徳」、「道（みちびくに）レ之以レ徳」。 **徳を尚ぶ** 論語・憲問「尚レ徳哉若人」。 **徳を知る** 論語・衛霊公「知レ徳者鮮矣」。 **徳孤ならず** 論語・里仁「徳不レ孤、

2 「*徳を以てす」と曰ひ、「*徳を尚《たっと》ぶ」と曰ひ、「*徳を知る」と曰ひ、「*徳孤ならず」と曰ひ、「*徳を懐《おも》ふ」と曰ひ、「*徳を好む」と曰ひ、「*徳を乱る」と曰ふの類あり。みな*有徳の人を指すなり。

3 また、怨みに対して言ふ者あり。「*徳を以て怨みに報ゆ」と曰ひ、「*徳色あり」と曰ふがごときは、みな*恩恵を指してこれを言ふ。

4 *達徳なる者は、徳の人人を通じてみなこれある者を謂ふなり。子思のこの言は、孔子のいはゆる「*君子の道なる者三」に本づく。然れどもまた*夫婦の愚不肖の与《あづか》り知り能く行ふ所を以てこれを言へば、すなはち微乎として微なり。あに孔門の旧ならんや。子思にこの言あるに因りて、孟子はまた「*仁義礼智は、人みなこれあり」と言ふ。みな老氏と仁義の偽に非ざるを争ふ所以なり。しかうして*道・徳の名紊《みだ》る。*思・孟はみな*邪説を闢《しりぞ》くるを以て主となす。失する所以なり。学者これを思へ。

5 *至徳なる者は、徳の至れる者を謂ふなり。孔子は泰伯を称するにその譲を以てし、周を称するにその恭を以てし、*書は「允《まこと》に恭《うやうや》しく克《よ》く譲る」といふを以て堯を称す。その至徳たること知るべきのみ。然れども聖人の恭譲に*非ざるよりは、すなはちいまだ以て至徳となすに足らず。泰伯の譲は天下を以てし、周の恭は天下を以てす。これその、至りとなす所以なり。*孝を以て至徳となす者は、その*仁をなすの本たるを以てなり。*周官の至徳な

必有ㇾ隣」㆒、易経・坤卦文言伝「君子敬以直ㇾ内、義以方ㇾ外、敬義立而徳不ㇾ孤」。**徳を懐ふ** 論語・里仁「君子懐ㇾ徳、小人懐ㇾ土」。**徳を好む** 論語・子罕「吾未ㇾ見㆓好ㇾ徳如ㇾ好ㇾ色者㆒也」。**徳を乱る** 論語・衛霊公「巧言乱ㇾ徳」。**有徳の人** ↓補

3 **徳を以て怨みに**… 論語・憲問「以ㇾ徳報ㇾ怨何如、子曰、何以報ㇾ徳、以ㇾ直報ㇾ怨、以ㇾ徳報ㇾ徳」。**徳色あり** 漢書・賈誼伝「借㆓父耰鉏㆒、慮有㆓徳色㆒」(父に農具を貸しても、おおむね、おなさけで貸してやるという顔つきをする)。**恩恵**… 論語・憲問・何晏注「徳、恩恵之徳也」。

4 **達徳**…・**君子の道**…・**夫婦の愚**… ↓補。**仁義礼智**… 告子上「惻隠之心、人皆有ㇾ之、…仁義礼智、…我固有ㇾ之也」。**道徳の名**… ↓補。**思孟** 子思・孟子。**邪説**… 孟子・滕文公下「世衰道微、邪説暴行有(また)作」、「揚墨之道不ㇾ息、孔子之道不ㇾ著、是邪説誣ㇾ民、充㆓塞仁義㆒也」。

5 **至徳**… 論語・泰伯。↓補。**書** 書経・堯典。**非ざるよりは** でない限りは。**孝を以て**… 孝経・開宗明義章「先王有㆓至徳要道㆒、以順㆓天下㆒」。**仁をなすの本** 論語・学而「孝弟也者、其為ㇾ仁之本与」㆒(徂徠は仁を仁政と解する)。**周官**… 周礼・地官・師氏「以㆔三徳㆒教㆓国子㆒、一曰至徳、以為㆓道本㆒、二曰敏徳、以為㆓行本㆒、三曰孝徳、以知㆓逆悪㆒」。

る者は、聖人の徳、万世の標準たるを謂ふなり。*敏徳なる者は、徳の性を以て殊なる者を謂ふなり。

6 明*徳なる者は、*顕徳なり。その徳著明にして、衆のみな見る所を謂ふなり。故に多くは以て*在上の徳を称す。左伝に、*成鱄《せいせん》、詩の「その徳克《よ》く明らかなり」を引きてこれを釈して曰く、「四方に照臨するを明と曰ふ」と。*斉侯、来《きた》りて三国を成《たひら》げしことを告げしむ。公、衆仲をして対《こた》へしめて曰く、「敢《あ》へて君の明徳を承受せざらんや」と。*宮之奇《きゆうしき》曰く、「もし晋《しん》、虞《ぐ》を取り、しかうして明徳以て*馨香《けいかう》を薦《すす》めば、神それこれを吐かんや」と。*臧《ざう》文仲曰く、「先王の明徳も、なほ難しとせざることなきなり、懼《おそ》れざることなきなり。いはんや我が小国をや」と。*大史克曰く、「顓頊《せんぎよく》氏に不才の子あり、教訓すべからず、*話言を知らず。*これに告ぐればすなはち頑、これを舎《お》けばすなはち嚚《ぎん》にして、明徳に傲狠《がうこん》し、以て天常を乱る」と。*臧武仲曰く、「かつそれ大、小を伐たば、その得る所を取りて、以て*彝器《いき》を作り、その功烈を銘し、以て子孫に示す。明徳を昭らかにして無礼を懲すなり」と。*晏《あん》平仲曰く、「晋君その明徳を諸侯に宣《の》べ、その患《うれ》ひを恤《うれ》へてその闕《けつ》を補ひ、その違《たが》へるを正してその煩を治む。盟主たる所以なり」と。これみな泛《ひろ》く君徳を称するのみ。必ずしも明の字に拘《こだは》らず。

*王孫満曰く、「*桀《けつ》、昏《こん》徳あり、鼎《かなへ》、商に遷る。*徳の休明なる、*小なりといへども重きなり。*その奸回昏乱なる、大なりといへども軽きなり。天、明徳に祚《さいはひ》すれば、*底止する所あり」と。*劉子《りうし》曰く、「美なるかな禹《う》の功、明徳遠*し。禹なかりせば吾それ魚*ならんか」と。

敏徳 前注を参照。

6 明徳 以下、大学の明徳についての宋儒の説を批判するために説く。 **顕徳** 国語・楚語上「教㆓之詩㆒、而為㆑之導㆓広顕徳㆒、以耀㆓明其志㆒」。 **在上** 君主。 **成鱄**… 昭公二八年。引く所の詩は大雅・皇矣。 **斉侯**… 隠公八年。底本の句読によれば「斉侯の使来り、三国を成げしことを告ぐ」と読んだようである。 **宮之奇**… 僖公五年。 **馨香**… よい香いの供え物をするならば、神は受け入れるであろう。 **臧文仲**… 僖公二二年。 **大史克**… 文公一八年。 **話言** 善言。ためになるよい言葉。 **これに告ぐ**… 教えてやると頑固で受け入れず、捨てておくと忠信のことばを口にせず、明徳の君主に無礼を働き、天の秩序を乱す。 **臧武仲**… 襄公一九年。 **彝器** 祭に供える青銅製の酒つぼ。 **晏平仲**… 襄公二六年。 **王孫満**… 宣公三年。 **桀** 夏王朝の桀王。 **商** 殷。 **徳の休明なる** 徳がりっぱである場合には。 **小なり**… かなえが小さくても重くて移動しない。 **その奸回**… 徳がよこしまで乱れている場合には。 **底止**… かなえがその国に落ち着いて移動しない。 **劉子**… 昭公元年。 **遠し** 遠く後世に及ぶ。 **魚**… 洪水におぼれて魚になっていたかも知れない。

*孟僖子《まうきし》曰く、「聖人、明徳ある者は、もし*世に当らずんば、その後に必ず達人あらん」と。みな汎《ひろ》く聖人の徳を称するのみ。必ずしも明の字に拘らず。然れどもまた、その徳顕明にして衆のみな知る所を以てこれを言ふ。

朱子の「*虚霊不昧」は、心学を主とし、古《いにしへ》のなき所なり。仁斎先生、*聖人の徳の*光輝発越するを以て解をなす。僅かに以て中庸に*詩の「予《われ》明徳を懐《おも》ふ」を引くを解するに足るのみ。みな*これを求むること太《はなは》だ深きの失なり。左伝は*僻書に非ず。*二家いまだこれを考へざるは、果して何の謂ひぞや。

仁 四則

1 仁なる者は、*人に長となり*民を安んずるの徳を謂ふなり。これ聖人の大徳なり。*天地の大徳を生と曰ふ。聖人これに則《のっと》る。故にまたこれを「*生を好むの徳」と謂ふ。聖人なる者は、古の、天下に君たる者なり。故に君の徳は*これに尚《くは》ふるなし。ここを以て伝に曰く、「*人の君となりては仁に止《とどま》る」と。聖人なる者は得て学ぶべからず。後の君子、聖人の道を学んで以てその徳を成す者は、仁を至れりとなす。故に孔子曰く、「*君子、仁を去りて、いづくにか名を成さん」と。言ふこころは君子と命《なづ》くる所以の者は、仁を以てなり。故に孔門の教へは、必ず*仁に依る。その心の聖人の仁と相離れざるを謂ふなり。故に仁なる者は、聖人の大徳にして、君子の以て徳となす所なり。

けだし聖人の徳は、備らざるはなし。何ぞただ仁のみならん。故に仁なる者は聖人の一徳なり。然れども聖人の聖人たる所以の者は、その天下後世に仁なるを以てなり。故に仁

孟僖子… 昭公七年。 **世に当らず**… 君主の地位に就かなければ、その子孫に才知通達の人が必ず現われるであろう。

虚霊不昧 大学・経第一章章句「明徳者、人之所レ得二乎天一、而虚霊不昧、以具二衆理一而応二万事一者也」。 **聖人の徳**… ↓補。 **光輝発越** かがやき発散する。 **詩** 大雅・皇矣。↓補。 **これ**… 明徳の意味を深く考えすぎるための誤り。 **僻書** めずらしい書物。 **二家** 朱子と仁斎。

◇仁

1 人に長となり 人のかしらになる。人のかみに立つ。易経・乾卦文言伝「君子体レ仁、足二以長一レ人」。 **民を安んず** 書経・皐陶謨「都(ああ)、在レ知レ人、在レ安レ民」。 **天地**… 易経・繋辞伝下「天地之大徳曰レ生」。 **生を好むの徳** 書経・大禹謨「好レ生之徳、洽二于民心一」。 **これに尚ふるなし** これ以上のものがない。 **人の君**… 大学。 **君子**… 論語・里仁。 **仁に依る** 論語・述而「子曰、志二於道一、拠二於徳一、依二於仁一、游二於藝一」。↓弁道7「声は永に依る」

なる者は聖人の大徳なり。聖人の道は、衆美の*会萃《くわいすゐ》する所にして、また何ぞただ仁のみならん。人の、聖人の道を学ぶ者は、徳は性を以て殊なれば、また何ぞみな仁ならん。然れども聖人の道は、要は民を安んずるに帰するのみ。衆美ありといへども、みな*仁を輔《たす》けてこれを成す所以なり。人の性は殊なりといへども、然れども知愚賢不肖となく、みな、相《あひ》愛し相養ひ相輔け相成すの心、運用営為の才ある者《こと》は一なり。故に治を君に資《と》り、養ひを民に資《と》り、農工商賈《こ》、みな相資《と》りて生をなす。その群を去りて無人の郷に独立すること能はざる者は、ただ人の性のみ然りとなす。それ*君なる者は群なり。*これその、人を群してこれを統一する所以の者は、仁に非ずんばいづくんぞ能くせん。学んで徳を成す者は、おのおの性を以て殊なりといへども、その学ぶ所の者はみな聖人の道なり。聖人の道は、要は民を安んずるに帰す。故に君子いやしくも仁に依らずんば、何を以て能く聖人の道に和順して以てその徳を養成せんや。これを、人に啗《くら》はしむるに五穀を以てせざるに辟《たと》ふ。また瘠《や》せて死せんのみ。かつ君のこの民をして学んで以てその徳を成さしむるは、まさにいづくにこれを用ひんとするか。またおのおのその材に因りて以てこれを官にし、以てこれを民を安んずるの職に供せんと欲するのみ。故に聖人の徳は備れりといへども、君子の徳は殊なりといへども、みなかの仁を輔《たす》くる所以なり。かつ、先王、*聡明睿知《えいち》の徳あり、礼楽を制作し、この道を立て、天下後世をしてこれに由らしめ、しかうして後の君子奉じて以てこれを行ふ。これ聡明睿知の徳ありといへども、まさにいづくにこれを用ひんとするか。かつ先王のこの道を立つるや仁を以てす。故に礼楽刑政は、仁に非ざる者なし。ここを以ていやしくも仁人に非ずんば、何を以て能く先王の道に任じて以て天下の民を安んぜ

会萃　集まる。**仁を輔け**　論語・顔淵「君子以レ文会レ友、以レ友輔レ仁」。論語では友人との交際で仁の修養を助けるの意であるが、ここでは他の諸徳が仁を助けて完成させるの意で用いている。**君なる者は群なり**　君の意味を類似音の群の字で説明したもの。君主とは、人々の集団・社会生活を組織・指導するものだ。荀子・王制「君者善群也」、君道「君者何也、曰、能群也」。**これその…**　してみると君主が人々を集団生活へと組織して…。**聡明睿知**　易経・繋辞伝上および中庸に見える語。

孟子曰く…　尽心下。徂徠は中庸の「仁者人也」の解で、孟子のこの文を引き、「合群する点からいえば道ということになる」といっているが(→弁道7)、ここでは、わが徳が先王の道に合一するの意で述べていて、

んや。故に孔門の教へは、仁を以て至れりとなし、仁に依るを以て務めとなす。しかうしてまた聖人たることを求めざる者は、古の道しかりとなす。*孟子曰く、「*仁なる者は人なり。合してこれを言へば道なり」と。それ道は先王に属し、徳は我に属す。ただ仁に依りてしかるのち道は我と得て合すべし。これ古来相伝の説なり。

後世の儒者は聖人の道を知らず。ここを以て仁を知らず。その説に曰く、「*専言愛の理、心の徳なり」と。また曰く、「*人欲浄尽して、天理流行す」と。また曰く、「*専言なる者あり、偏言なる者あり」と。これその見る所、*仏老に根ざす。故にその学は理を主とし、心を主とす。また中庸・孟子を誤読して、*仁を以て性となす。性は人人殊なれば、すなはちまた以為《おも》へらく、*その殊なる者は気質のなす所にして、理は聖人と一なりと。*これその意に謂《おも》へらく、*仁者は人を愛す。然れども愛なる者は情のみ。その静かなるに方《あた》りてや、いづくんぞかのいはゆる愛なる者を見んや。然れども愛の理のごときは、すなはちこれを天より稟《う》けて心に具《そなは》る。これすなはち仁にして、心の徳しかりとなす。人生るるの初は、聖人と殊ならず。ただ気質・人欲の錮《こ》する所にして、仁すなはち全からず。学成りて人欲尽き気質化するに及んでは、すなはち適《ゆ》くとして仁に非ざるはなしと。*またその意に謂《おも》へらく、天地の道は、生生として已《や》まず。これを人に稟けて仁となる。故に流行を以て生生の意を見《あらは》すのみと。またその意に謂へらく、*仁は心の全徳たり。故に義礼智信を兼ぬ。これ専言の仁なり。その義礼智信と対言する者は、偏言の仁なりと。殊に知らず、仁なる者は徳なり、*性に非ざるなり、いはんや理をや。「*仁以てこれを愛す」とは、ただその一端を言ふのみ。いづくんぞ仁を尽くすを得んや。かつ*孔子のいはゆる「人を愛す」と

「合」に関して説に相違がある。**仁なる者は愛の…** 論語・学而「其為レ人也孝弟」章の朱注。**人欲浄尽…** 論語・顔淵「顔淵問レ仁」章の朱注「私欲浄尽、天理流行」。**専言…** ↓弁道7 **仏老** 仏教や老荘思想。**仁を以て性となす** 論語・学而「孝弟也者、其為レ仁之本与」の集注「程子曰、…蓋仁是性也、孝弟是用也、性中只有二箇仁義礼智四者一而已」。孟子・公孫丑上「惻隠之心、仁之端也、…」の朱注「惻隠羞悪辞譲是非、情也、仁義礼智、性也」。**その殊なる…** ↓補。**これその意…** ↓補。**仁者は人を愛す** 孟子・離婁下「仁者愛レ人、有レ礼者敬レ人」。**またその意に…** ↓補。**仁は心の全徳…** 論語・泰伯「仁以為二己任一」の朱注「仁者、人心之全徳」、顔淵「顔淵問レ仁」の朱注「仁者本心之全徳」。**性に非ざる…** 朱子が仁を性とし理とすることへの批判。性とすることについてはすでに注釈ずみ。理とすることについては、孟子・尽心下「仁也者人也」の朱注「仁者、人之所二以為一レ人之理也、然仁理也、…」、論語・八佾「人而不仁、如レ礼何」の集注「程子曰、仁者、天下之正理」、また既出の「仁者、愛之理」など。**仁以てこれを愛す** 礼記・楽記「仁以愛レ之、義以正レ之」。**その一端** 仁の一部分。**孔子のいはゆる…** 論語・顔淵「樊遅問レ仁、子曰、愛レ人」。

は、*民の父母となるを謂ふなり。いやしくも民を安んずるに非ずんば、いづくんぞ以て民の父母となるに足らんや。宋儒は心を主とす。心を主として愛を語らば、すなはち釈迦《しやか》もまた仁人のみ。その、民を安んずるの徳なきは、すなはち吾がいはゆる仁に非ざるなり。*気質は変ずべけんや。人欲は*尽くすべけんや。何の徳か心に非ざる。いやしくも仁を以て全徳となさば、あにいはゆる衆徳あらんや。専言・偏言は、あに妄に非ずや。みな、ほしいままにその理を言ひていまだかの道を睹《み》ざるの失なり。

仁斎先生すなはち曰く、「*慈愛の徳、遠近内外、充実通徹し、至らざる所なし」と。これまた孟子に泥《なづ》みて、惻隠の心を拡充して以て仁を成さんと欲し、これを先王に属せずして、これを人人に属し、これを民を安んずるに帰することを知らずして、徒《いたづ》らに慈愛を以てこれを言ふ。故にその弊、つひに*釈迦を以て仁人となすに至る。あに謬《あやま》りならずや。かつ孟子のいはゆる「*四端を拡充す」とは、*論説の言のみ。初より*仁を成すの方を語るに非ざるなり。これを*一星の火、原を燎《や》くに至り、一寸の苗、天に参するに至るに辟《たと》ふ。いやしくも*揠《ひ》きてこれを長じ、引きてこれを伸ばさ*しめば、すなはち火滅し苗槁《か》れんのみ。仮すに風を以てしてこれを*鼓し、仮すに雨露を以てしてこれを灌漑し、然るのち以て原を燎き天に参するの盛んなるに馴致すべきなり。人もまたかくのごとし。礼楽以てこれを養ひ、然るのち仁徳を成すなり。知らざる者はすなはち謂《おも》へらく、礼楽は外物なり、我に在る者に非ずと。これ聖人の教へを信ぜずして、その私智を以て仁を成さんと欲する者なり。いづくんぞ知らん、風と雨露とはこれを外より仮れどもその功かくのごとくそれ大なることを。礼楽の道は、*識らず知らず、帝の則《のり》に順ふ。なほ風雨の天よりこれを祐《たす》くるがごとき

民の父母　詩経・小雅・南山有台「楽只君子、民之父母」、書経・泰誓上「元后作二民父母一」など。**気質**…　→性情才1　**尽くす**　全部なくする。

慈愛の徳…　語孟字義・仁義礼智第一条。仁を定義したことば。**釈迦を以て**…　童子問・下第二七章「仏以二慈悲済度一為レ主、…其主二慈悲済度一似二乎仁一」をさす。**四端**…　公孫丑上。**論説の言**　→補。**仁を成すの方**…　仁斎が孟子古義や語孟字義・仁第二条で「拡而充レ之、則成二仁義礼智之徳一」というのを批判するのであろう。→3「仁を成すの方…」。また徂徠の四端説は→心志意5　**一星の火**　一つのちらりと燃える火。→補。**揠きて**…　速く生長させようとして苗の根がゆるむほど引っぱって、かえって苗を枯らしたという説話に基づく（孟子・公孫丑上）。→弁道12　**しめば**　仮定を表わす。**鼓し**　吹きあおる。**識らず**…**順ふ**　詩経・大雅・皇矣。帝の則は天帝の法則。徂徠はこの詩を借りて、礼楽が、いつの間にか人々を仁へ導くことを述べる。

か。仁斎と宋儒とは、これを均しくするに不学無術のみ。

2　仁人を称して仁と曰ふ者あり。*三仁の、徳を以てするがごとき、*管仲の、功を以てするがごときは、二者みな民を安んずるを以てこれを言ふ。*宋儒は仁を心に求む。故にその説、管仲に至りて窮せり。*仁斎もまたこれを心に求む。その宋儒に異なる所以の者は、ただ天理・人欲を言はざるのみ。故にその説もまた管仲に至りて窮せり。その謬《あやま》り見るべきのみ。

3　仁政を称して仁と曰ふ者あり。「*知これに及び、仁能くこれを守る」と曰ひ、「*民の、仁におけるや、水火より甚だし」と曰ひ、「*仁に当りては師にも譲らず」と曰ひ、および*諸子仁を問ふがごとき、みなこれなり。大氏《たいてい》、*政を問ふと仁を問ふとは相類す。政を問ふ者は、一邑の政なり。みなその人、*宰となりて、今日の行ふ所を問ふ。仁を問ふ者は、一国の政なり。みなその它《た》日或いは一国の政をなすことを得るがためにして預《あらかじ》め問ふ。孔子の顔子・子張に告ぐるに、直ちに*天下を以てこれを言ひしがごとき、以て見るべきのみ。

仁政を行ふは、身を脩《をさ》むるを以て本となす。身いやしくも脩らずんば、仁政を行ふといへども、民これに従はず。中庸に*九経を挙げて身を脩むるを首《はじめ》とするも、またこの意なり。故に孔子の答ふる所は、みな身を脩むるの事なり。後儒はこれを知らず、誤りて以て*仁を成すの方を語るとなす。謬《あやま》りの大なる者なり。それ先王の教へは、詩書*礼楽のみ。礼楽は言《ものい》はざれば、習ひて以て徳を成す。あにこれを外《ほか》にして別にいはゆる仁を成すの方あらん

2 三仁　論語・微子「微子去レ之、箕子為二之奴一、比干諫而死、孔子曰、殷有二三仁一焉」。**管仲**…　論語・憲問「子路曰、桓公殺二公子糾一、召忽死レ之、管仲不レ死、曰、未レ仁乎、子曰、桓公九二合諸侯一、不レ以二兵車一、管仲之力也、如（しかんや）二其仁一、如二其仁一」（朱子・仁斎・徂徠ともに「誰も管仲の仁に及ばない」と解する）。**宋儒は仁を心に求む**…　↓補。**仁斎もまた**…　↓補

3 知これに及び…・民の仁におけるや…・仁に当りては…　すべて論語・衛霊公。**諸子仁を問ふ**　孔子の諸弟子が仁を問うことで、雍也・顔淵・子路・陽貨等の篇に見える。↓補。**政を問ふ**　顔淵・子路等の篇に見える。↓補。**宰**　市町村長のような地方長官。**天下を以て**…　顔淵・子張が仁を問うたのに対し、孔子が天下ということばを用いて答えていること。↓補

九経　九つの根本原理。「凡為（をさむるに）二天下国家一有二九経一、曰、脩レ身也、尊レ賢也、親レ親也、敬二大臣一也、体二群臣一也、子二庶民一也、来二百工一也、柔二遠人一也、懐二諸侯一也」。**仁を成すの方**…　↓補。**礼楽**…　↓礼1

や。かつ先王の道は、もと民を安んずるがためにこれを立つ。故に、その、身を脩むるを言ふ者も、またみな以て仁を行ふの本となすのみ。あにただ*己を成すのみならんや。後儒は荘周の*内聖外王の説を狃《な》れ聞きて、天下国家に、*挙げてこれを措《お》くと謂ふ。ここを以て、その、仁を解するに、或いは天理を以てし、或いは愛を以てし、専ら重きを内に帰して、己を成すに止《とど》まる。あに悲しからずや。

4 道芸を論説してこれ仁なりと曰ふ者あり。これ先王の徳を称するに非ざるなり。また仁人と仁政とを称するにも非ざるなり。すなはち道の徳を賛する者のみ。後儒は察せず、混じてこれを一つにす。詳しきは*下の仁義に見ゆ。

智　二則

1 智もまた聖人の大徳なり。聖人の智は、得て測るべからず。また得て学ぶべからず。故に岐《わか》ちてこれを二つにす。聖と曰ひ智と曰ふ、これなり。故に凡そ経にいはゆる智は、みな君子の徳を以てこれを言ふ。「*礼を知る」、「言を知る」、「道を知る」、「命を知る」、「人を知る」のごとき、これなり。「道を知る」とは、先王の道を知るなり。これその全《すべて》を統べてこれを言ひ、包まざる所なし。故にその人を*難《かた》んず。孔子曰く、「この詩を為《つく》る者は、それ道を知るか」とは、難んずるの辞なり。「礼を知る」とは、先王の礼を知るなり。「言を知る」とは、先王の*法言を知るなり。*この二者は、道の分なり。分ちてこれを言ふは、学者に便する所以なり。先王の教へは、*詩書礼楽にして、詩書は言なり、*義の府なり。言

己を成す 自己を完成する。中庸「誠者、非三自成レ己而已一也、所三以成レ物也。成レ己、仁也、成レ物、知也」。 **内聖外王の説** →弁道2 **挙げて…** 精神修養の成果を全部用いて、天下国家の政治に実施する。徂徠は、何よりもまず民を安んじる政治をするのが仁であるという立場から反対する。→弁道2

4 下の仁義 →義8

◇智

1 礼を知る… 論語・堯曰「孔子曰、不レ知レ命、無三以為二君子一也、不レ知レ礼、無三以立一也、不レ知レ言、無三以知レ人也」、孟子・公孫丑上「詩云、迨三天之未二陰雨一、徹(とり)二彼桑土一、綢二繆牖戸一、今此下民、或(あらんや)二敢侮レ予、孔子曰、為二此詩一者、其知レ道乎、能治二其国家一、誰敢侮レ之」、告子上「詩曰、天生二蒸民一、有レ物有レ則、民之秉レ彝、好二是懿徳一、孔子曰、為二此詩一者、其知レ道乎、…」、書経・皐陶謨「皐陶曰、都(ああ)、在レ知レ人、在レ安レ民」など。 **難んず** めったにないとする。左伝・襄公一三年「晋侯難二其人一」。 **法言** 道にかなった典拠あることば。孝経・卿大夫章「非二先王之法言一不二敢道(いは)一」。 **この二者** 礼と言。 **詩書礼楽** →弁道20「楽正…」。 **義の府** →弁道22

を知ればすなはち義を知る。礼と義とを知れば、すなはち道は以て尽くすべきに庶幾《ちか》し。楽を言はざる者も、またその人を難んず。*孔子称すらく、臧《さう》文仲は、不智なる者三ありと。みなその礼を知らざるを謂ふ。古者《いにしへ》は礼を知らざるを以て不智となせしことを見るべきのみ。孟子の「*言を知る」も、また先王の法言を知るを謂ふなり。いやしくも能く先王の法言を知らば、すなはち*規矩は我に在り、以て人の言を知るに足る。故に*下《しも》に詖・淫・邪・遁《とん》を以てこれを言ふのみ。*後儒は道を知らず。故に直ちに、孟子は人の言を知ると謂ふなり。「*訟《うつた》へを聴くは吾なほ人のごときなり」と。これ孔子といへども敢へてみづから人の言を知ると道《い》はず。いはんや孟子にしてこれを能くせんや。故に*詖・淫・邪・遁も、また弁を好むの過ちなり。然れどもまた毎《つね》に*規矩を以て言をなせば、すなはち、その「言を知る」もまた先王の法言を知ることを謂ふを知るのみ。

「命を知る」とは、天命を知るなり。天の命ずる所何如《いか》なるかを知るを謂ふなり。先王の道は、天に本づき、天命を奉じて以てこれを行ふ。君子の、道を学ぶも、また以て天職を奉ぜんと欲するのみ。我、道を学び徳を成せども爵至らざるは、これ、天、我に命じて以て道を人に伝へしむるなり。君子は*教学以て事となし、*人知らざれども慍《いきどほ》らず。これをこれ命を知ると謂ふ。凡そ人の力は、及ぶことあり、及ばざることあり。強《し》ひてその力の及ばざる所を求むる者は、不智の大なる者なり。故に曰く、「*命を知らずんば、以て君子たることなきなり」と。後儒或いは「*その然る所以の理を知る」と曰ひ、或いは「*吉凶禍福を知る」と曰ひ、或いは「*名利得失、毫《がう》も心を動かさず」と曰ふ。みな道を知らざる者の言なるのみ。

孔子称すらく… 左伝・文公二年「仲尼曰、臧文仲、其不仁者三、不知者三、下二展禽一、廃二六関一、妾織レ蒲、三不仁也、作二虚器一、縦二逆祀一、祀二爰居一、三不知也」。 **言を知る** 公孫丑上「何謂レ知レ言、曰、詖辞知二其所一レ蔽、淫辞知二其所一レ陥、邪辞知二其所一レ離、遁辞知二其所一レ窮」。 **規矩** コンパスと定規。準拠になるもの。 **後儒**… 孟子の「言を知る」の朱子注「知レ言者、尽レ心知レ性、於二凡天下之言一、無レ不レ有丁以究二極其理一、而識丙其是非得失之所乙以然甲也」。 **下に**… 前の「言を知る」参照。 **訟へを聴く**… 論語・顔淵「子曰、聴レ訟、吾猶レ人也、必也使レ無レ訟乎」。 **詖**… 孟子が「詖辞はその蔽はるる所を知る…」といっているのも、彼が論争好きであったための言いすぎである。前の「言を知る」参照。 **規矩**… 規矩ということを口ぐせにする。↓補。

教学 教えることと学ぶこと。↓補。 **人…慍らず** 論語・学而。為政者が自分の行政的才能を認め任用してくれなくても、むしゃくしゃしない(論語徴の説)。 **命を知らずんば**… 論語・堯曰。 **その然る**… 論語・為政「五十而知二天命一」の朱子注「天命、即天道之流行而賦二於物一者、乃事物所二以当一レ然之故也」。 **吉凶禍福**… ↓補。 **名利得失**… ↓補

「人を知る」とは、*仁賢を知るを謂ふなり。これ智の大なる者なり。*書に曰く、「人を知るに在り、民を安んずるに在り」と。これ皐陶《かうえう》、*智・仁の二徳を立てて、以て万世の法となす。けだし礼楽を制作する者は、聖人の智にして、*下に通ずる者に非ず。然れどもその天下を平治する所以の者に至りては、すなはち*この二言を出でざるなり。後世の君、*霸を雑《まじ》ふるの主といへども、またこの二者に非ずんば、すなはちその分に随ふの治を成すこと能はざるなり。*至れるかな言や。*孔子曰く、「己《おのれ》を脩《をさ》めて以て百姓を安んずるは、堯舜もそれなほこれを病《や》めり」と。*禹《う》曰く、「みなかくのごときは、これ帝もそれこれを難んず」と。これ堯舜といへどもまたこの二者を能くせざる所ありしなり。あに至言に非ずや。かつ先王の道は、民を安んずるがために設けたれば、すなはち*宜《よろ》しく民を安んずるより大なる者なきがごとかるべきに、しかも人を知ることこれに先んず。孔子、智仁を称するにも、また*智は仁に先んず。これ它《た》なし。民を安んずるの道は、人を知るに非ずんばすなはち行ふこと能はざるが故なり。古より聖賢の君を賛するに、必ず、その賢人を得てこれを臣とすることを言ひて、その它《た》の善政はこれに及ぶに遑《いとま》あらざりし者は、これがための故なり。故に*智の徳たる、人を知るより大なるはなし。ただいはゆる「人を知る」とは、世儒多くは、人の智愚賢不肖、その長ずる所、その短なる所、*妍媸《けんし》ことごとく照らして、毫《がう》釐《り》も遺《のこ》さざるを謂ふ。これ謬《あやま》りの大なる者なり。大氏《たいてい》、古《いにしへ》のいはゆる「人を知る」とは、その長ずる所を知るに在りて、その短なる所は必ずしも知らず。その至れる者に及んでは、すなはち必ず、能く仁賢の人を知ることを称して、これを「人を知る」と謂ふ。故に、*樊《はん》遅《ち》は「人を知る」の義に達せざりければ、すなはち子夏これを釈して曰く、「舜《しゅん》は皐陶《かうえう》を

仁賢… 仁者・賢者。孔子家語・王言解「智者莫レ大二乎知一レ賢」。**書に曰く**… 皐陶謨。**智仁** 人を知るのが智。民を安んずるのが仁。**下に通ず** しもじもの者にまで共通する。**この二言**…「人を知る」と「民を安んず」との二つのことばの範囲を出ない。**霸を雑ふるの主** 覇道を取り入れている君主。**至れるかな言や** このことばは完全であるなあ。**孔子曰く**… 論語・憲問。**禹曰く**… 書経・皐陶謨「皐陶曰、都(ああ)在レ知レ人、在レ安レ民、禹曰、吁(ああ)咸若レ時、惟帝其難レ之」、偽孔伝「言帝堯亦以二知レ人安一レ民為レ難、故曰レ吁」。**宜しく** 原文の「宜若」は孟子にしばしば見える語法。この場合の「宜」を劉淇の助字弁略は「意計而未レ定之辞」といい、王引之の経伝釈詞は「殆」(ほとんど)と同義という。**智は仁に先んず** ↓補。**智の徳たる**… 孔子家語・弟子行「…故君子之言曰、智莫レ難二於知一レ人」。**妍媸** 美醜。**樊遅**… 孔子の弟子、樊須、字は子遅、つねに樊遅として見える。**子夏**は、姓は卜、名は商、子夏はその字、孔門十哲のひとり。この話は論語・顔淵に見える。↓公正直3「直きを…」

ただ聖のみ… 礼記・中庸「苟不下固聡明聖知、達二天徳一者上、其孰能知レ之」の鄭玄注「言唯聖人乃能知二聖人一也」。

相倍蓰… 他の人と比べて二倍・五倍・十倍・百倍・千倍・万倍。 **高宗**… 殷の高宗が傅説の賢を知り、土塀作りの賤しい身分から登用して大臣にしたこと。書経・説命(えつめい)、史記・殷本紀。 **桓公**… 春秋時代、斉の桓公が、仇であった管仲の賢を知り、登用して大臣にしたこと。左伝・僖公二三・二四年、国語・斉語、史記・斉世家・管晏列伝。 **堯の**… ↓弁道11 **藻鑑** 人物識別の目。 **曹孟徳**… 三国魏の太祖曹操、字は孟徳。魏志・武帝紀建安二五年遺令の注に引く魏書に「太祖…知レ人善察、難レ眩以レ偽」。 **是非の心**… 公孫丑上。 **天下の理**… 仁斎の語孟字義・仁義礼智第一条。

択んで… 論語・里仁「子曰、里(をる)レ仁為レ美、択不レ処レ仁、焉得レ知」。 **知者**… 里仁「子曰、不仁者不レ可二以久処レ約、不レ可二以長処レ楽、仁者安レ仁、知者利レ仁」。 **仁のこれに**… 知とは仁が最高であることを知ることだ。論語徴「択不レ処レ仁、焉得レ知、与二知者利一レ仁、其義相発、孔子曰、道二、仁与二不仁一而已矣、故聖人之道、仁莫レ尚焉、知レ之而不レ疑、是謂レ知」。 **天下の理を窮尽して**… 文字どおりにこのようにいっている者はないが、知に関する宋儒の考え方に基づいていう。↓補。 **窮理** ↓弁道24 **格物** ↓弁道24

挙げ、湯《たう》は伊尹《いゐん》を挙ぐ」と。見るべし古の道しかりとなすことを。

それ人の人を知るは、おのおのその倫《ともがら》においてす。*ただ聖のみ聖を知り、賢のみ賢を知る。人の才たる、*相倍蓰《あひばいし》し、相什佰千万《あひじふひやく》すれば、すなはち賢者の知り難きは、あに宜《うべ》ならずや。いはんや我その賢に及ばずして能くこれを知ること、*高宗の、傅説《ふえつ》における、*桓公の、管仲におけるがごときは、難しと謂はざるべけんや。しからずんば、*堯《げう》の、鯀《こん》における、ただその才を知るのみにしてその悪を知らざりしは、これを人を知らずと謂ひて可ならんや。故に堯の人を知るは、舜を知るに在りて、鯀を知るに在らず。古の道しかりとなす。後の学者はこの義に昧《くら》くして、ことごとくその長短得失を知りて、その*藻鑑《さうかん》を逃るる所なからんことを欲す。これ*曹孟徳の尚《たつと》ぶ所のみ。あに古の道ならんや。然れどもそのこれを失する所以を求むるに、すなはち孟子に昉《はじま》るか。孟子曰く、「*是非の心は、智の端なり」と。その意もまた、聖人の道は人の性に率ひてこれを立てしことを謂ふ。ただ弁を好むの甚だしき、その言に弊あるを覚えざるのみ。後儒はこれを察せず、すなはち、「*天下の理、暁然として洞徹《どうてつ》し、疑惑する所なし」といふを以て解をなす。殊に知らず、これ世俗のいはゆる智にして、先王の道の尚《たつと》ぶ所に非ざることを。

孔子曰く、「*択んで仁に処《を》らずんば、いづくんぞ知たるを得ん」と。また曰く、「*知者は仁を利とす」と。これその意に謂《おも》へらく、*仁のこれに尚《くは》ふることなきを知ると。知らざる者はすなはちまた謂《おも》へらく、*天下の理を窮尽して、しかるのち仁のこれに尚ふることなきを知ると。故に宋儒に格物窮理の説あり。また、*窮理はもと聖人の易を作りしを賛するの言にして、学者の事に非ざることを知らざるなり。大学のいはゆる*格物なる者は、その事に習ふの久しき、自然に、得る所あり、得る所ありてしかるのち知る所始めて明らかなることを謂ふ。故に曰く、「物格《きた》りてしかるのち知至る」と。あに天下の理を窮尽するの謂ひならんや。いやしくも先王の教へに遵《したが》ひて、その事に習ふの久しきに非ずんば、すなはち知る所はみな世俗の知なり。何を以て能く仁の尚《たっと》ぶべきことを知らんや。故に孔子のいはゆる「礼を知る」「言を知る」「道を知る」「命を知る」「人を知る」は、みな先王の道を以てこれを言ふ者なり。宋儒のいはゆる格物窮理、*是を是とし非を非とするの類は、みな世俗の智を以てこれを言ふ者なり。ただ*小人は力を役し、君子は心を役す。ここを以て世の君子みづからその智を用ふるを喜びて、先王の道に遵《したが》ふを肯ぜざる者は、*比比としてみな然り。故に孔子毎《つね》に「仁を好む」「徳を好む」「礼を好む」「義を好む」と称して、いまだかつて「*智を好む」と称せざりし者は、これがための故なり。また曰く、「*学を好むは知に近し」と。見るべし先王の道に遵はずんば、すなはちその智を成すこと能はざることを。学者それこれを思へ。

2　孟子に「*徳慧《けい》術知」の文あり。これ古言なり。孟子の創《はじ》むる所に非ざるなり。慧は徳に由りて生じ、智は道術に由りて生ずるを謂ふ者なり。古のいはゆる知なる者は、必ず道術を学び以てその徳を成して知慧《ちゑ》至る。格物致知は、これの謂ひなり。知の、徳・術に由りて来らざる者は、以て知となすに足らず。古の道しかりとなす。

聖　四則

是を是…　陳淳・性理字義・仁義礼智信第八条「知ニ得是ㇾ是非ㇾ非、恁地確定、是智」。**小人…**　左伝・襄公九年「君子労ㇾ心、小人労ㇾ力、先王之制也」、孟子・滕文公上「有ニ大人之事一、有ニ小人之事一、…労ㇾ心者治ㇾ人、労ㇾ力者治ニ於人一」。**比比として**　おしなべて。**智を好む…**　↓弁道8

学を好むは…　中庸。

2 徳慧術知　尽心上「人之有ニ徳慧術知一者、恒存ニ乎疢疾一」。後文にあるように、「慧」は人格的な英知、「知」は先王の道を学ぶことから生じる才知。徂徠はこの二つの一体になったものを真の知とする。

◇聖

1 作者　文物制度を初めて制作する人。**楽記**　礼記の篇名。**表記**　礼記の篇名。**虞帝**　舜。虞はその国名。**天地の道…**　中庸「唯天下至誠、為ニ能尽ニ其性一、能尽ニ其性一、則能尽ニ人之性一、能尽ニ人之性一、則能尽ニ物之

1 聖なる者は*作者の称なり。*楽記《がくき》に曰く、「作者をこれ聖と謂ひ、述者をこれ明と謂ふ」と。*表記に曰く、「後世、作者ありといへども、*虞帝には及ぶべからざるのみ」と。古の天子は、聡明睿智《えいち》の徳あり、*天地の道に通じ、人物の性を尽くし、制作する所あり、功、*神明に侔《ひと》しく、*利用厚生の道、ここにおいてか立ち、しかうして万世その徳を被らざるはなし。いはゆる伏羲《ふくき》・神農・黄帝は、みな聖人なり。然れどもその時に方《あた》りて、*正徳の道いまだ立たず、礼楽いまだ興らず、後世、得て祖述することなし。堯舜《げうしゆん》に至りて、礼楽を制作し、しかうして正徳の道始めて成り、君子は以て徳を成し、小人は以て俗を成し、*刑措《お》きて用ひず、天下大いに治り、王道ここに肇《はじま》る。これその*人倫の至りにして、*造化を参賛し、以て*天地の道を財成し、天地の宜《ぎ》を輔相することあり、しかうして立てて以て万世の極となす。*孔子、書を序するに、唐虞《たうぐ》より断ちし所以の者は、これがための故なり。三代の聖人も、またみな堯舜の道に遵《したが》ひ、礼楽を制作し、以て一代の極を立つ。けだし歳月反らず、人亡び世遷り、風俗日《ひび》に漓《うす》く、以て汚れ以て衰ふ。これを川流滔滔《たうたう》として、得て挽《ひ》くべからざるに辟《たと》ふるなり。三代の聖人、そのかくのごときを知り、すなはち*前代の礼楽に因りて、損益する所あり、以て数百年の風俗を維持し、それをして遽《には》かには衰へに趨かざらしめし者は、ここにおいてか存す。それ堯・舜・禹・湯・文・武・周公の徳、その広大高深にして、備らざる者なきは、あに名状すべけんや。ただその*事業の大なる、*神化の至れるは、制作の上に出づる者なきを以て、故にこれに命《なづ》けて聖人と曰ふのみ。

孔子に至りては、すなはち生るること時に遭《あ》はず、制作の任に当ること能はず。しかうしてその時に方《あた》りて、先王の道は、廃壊すでに極れり。すなはち先王の道に非ずして命《なづ》け

性㆒、能尽㆓物之性㆒、則可㆔以賛㆓天地之化育㆒、可㆔以賛㆓天地之化育㆒、則可㆘以与㆓天地㆒参㆖矣」。 **神明** 神。 **利用厚生** 人民の日常使用物を不自由のないようにし人民生活を豊かにする。書経・大禹謨「禹曰、於、帝念哉、徳惟善政、政在㆑養㆑民、水火金木土穀惟修、正㆑徳利㆑用厚㆑生惟和」。 **正徳** 徳を正す。りっぱな徳をそなえて民を治めること。前注参照。 **刑措きて用ひず** →補。 **人倫の至り** 人間なかまの最高者。孟子・離婁上「聖人、人倫之至也」。 **造化を参賛し** 参加し助ける。前の「天地の道…」の注を参照。 **天地…輔相す** 財成は裁成に同じ、ほどよく切りもりして成しとげる。輔相は手助けする。易経・泰卦象伝。 **孔子…** 孔子が書経を編次するのに堯舜から始めたわけは。史記・孔子世家「序㆓書伝㆒、上紀㆓唐虞之際㆒、下至㆓秦繆㆒」、孔安国・尚書序「断㆑自㆓唐虞㆒、以下訖㆓于周㆒」。 **前代の礼楽…** 論語・為政「子曰、殷因㆓於夏礼㆒、所㆓損益㆒可㆑知也、周因㆓於殷礼㆒、所㆓損益㆒可㆑知也、其或継㆑周者、雖㆓百世㆒可㆑知也」。 **事業** 易経・繋辞伝上「挙而措㆓之天下之民㆒、謂㆓之事業㆒」。 **神化** 霊妙な作用を及ぼし感化する。易経・繋辞伝下「神農氏没、黄帝堯舜氏作、通㆓其変㆒、使㆓民不㆑倦、神而化㆑之、使㆓民宜㆑之」、孟子・尽心上「夫君子所㆑過者化、所㆑存者神」。

て以て先王の道となす者あり、先王の道にして黜《しりぞ》けて以て先王の道となさざる者あり、是非淆乱《かうらん》して、得て識るべからざるなり。孔子、四方に訪求して、*釐《をさ》めてこれを正し、然るのち*道大いに孔子に集り、しかうして六経ここにおいてか書せらる。故に*中庸に曰く、「いやしくも至徳ならずんば、至道凝《あつま》らず」と。これの謂ひなり。かつその一二、*門人と礼楽を言ふ所の者もて、制作の心は、得て窺《うかが》ふべし。故に当時の高第《かうだい》の弟子、*宰我・子貢・有若の如き、すでに称して以て聖人となす者は、ただにその徳を以てするのみならず、また制作の道の存するがための故なり。仮りに孔子なからしめば、すなはち先王の道の亡ぶること久しかりしならん。故に千歳の後、道これを先王に属せずして、これを孔子に属す。邪説・異教の徒といへども、また、孔子を聖人に非ずと謂ふ者あることなければ、すなはち宰我・子貢・有若の言は、果して今日に*徴あるのみ。それ孔子の徳は至れり。然れども宰我・子貢・有若・子思の言なからしめば、すなはち吾いまだ敢へてこれを聖人と謂はざるなり。吾《われ》聖人に非ずして聖人を知ること能はざるを以てなり。それ我吾が見る所を以てその聖人たるを定むるは、*僭なるのみ。僭はすなはち吾あに敢へてせんや。我*姑《しばら》く衆人の言を以てその聖人たることを定むるは、*特操なき者のみ。特操なきはすなはち吾あに敢へてせんや。然りといへども、古の聖人の道は、孔子に藉《よ》りて以て伝る。孔子なからしめば、すなはち道の亡ぶること久しかりしならん。千歳の下《もと》、道つひにこれを先王に属せずして、これを孔子に属するときは、すなはち我もまたその*堯舜より賢《まさ》れるを見るのみ。けだし孔子の前に孔子なく、孔子の後《のち》に孔子なし。吾は聖人に非ざれば、何を以て能くその名を定めんや。故に且《しばら》くこれを古の作者に比して、聖人を以てこれに命《なづ》くるのみ。

釐めてこれを正し　孔穎達・毛詩正義序「先君宣父、釐二正遺文一、緝二其精華一」。**道大いに孔子に集り**　孟子・万章上「孔子之謂二集大成一」。**中庸に**…　徂徠の中庸解「至徳、謂二孔子一也、至道、即古聖人之道、凝、聚也」。**門人と礼楽を言ふ所**…　↓補。**宰我子貢有若**…　孟子・公孫丑上「子貢曰、学不レ厭、智也、教不レ倦、仁也、仁且智、夫子既聖矣乎」、「宰我・子貢・有若、智足三以知二聖人一、汙不レ至レ阿二其所一レ好、宰我曰、以レ予観二於夫子一、賢二於堯舜一遠矣、子貢曰、見二其礼一而知二其政一、聞二其楽一而知二其徳一、由二百世之後一、等二百世之王一、莫三之能違二也、自二生民一以来、未レ有二夫子一也、有若曰、…出二於其類一、抜二乎其萃一、自二生民一以来、未レ有レ盛二於孔子一也」。**徴**…　実証されているのだ。**僭**　せんえつ。身のほどをわきまえないこと。**姑く**　かりそめに。とりあえず。**特操**　自主性。**堯舜より賢れる**「宰我子貢有若…」を参照。

2　*周礼の六徳に、智と曰ひ、聖と曰ふ。これ聖人の徳を岐《わか》ちてこれを二つにし、以て君子の徳となす。けだし人の性は同じからず。故にその智は、能く政治の道に通ずる者あり。これに命《なづ》けて智と曰ふ。能く礼楽鬼神の道に通ずる者あり。これに命《なづ》けて聖と曰ふ。故にそのいはゆる聖も、また聖人の徳のごときに非ず。*唐虞《たうぐ》の九官には、すなはち*九徳あり。*周の六官には、すなはち六徳あり。徳は性を以て殊なり。徳成りてこれを官にす。故に虞・周の官制の異は、その徳を立つること同じからざる所以なり。故に智なる者は冢宰《ちようさい》の材なり。仁なる者は司徒の材なり。聖なる者は宗伯《そうはく》の材なり。義なる者は司馬の材なり。忠なる者は司寇《しこう》の材なり。和なる者は司空の材なり。*冢宰は邦治を掌《つかさど》り、人を知るを以て要務となす。司徒は邦教を掌り、職は民を親しましむるに在り。宗伯は邦典を掌り、すなはち礼楽鬼神の事なり。司馬は*邦政を掌り、すなはち賞罰・*黜陟《ちゆつちよく》・*軍旅・*田猟の事にして、義に非ずんばすなはち何を以てその宜しきを得んや。司寇は邦刑を掌り、懇篤詳悉にして能くその心を尽くす者に非ずんば能くせざるなり。司空は*邦事を掌り、水土の性に順《したが》ひ、百工の業を和す。これを以てこれを観れば、聖・智の分、見るべきのみ。*詩に曰く、「具《とも》に予《われ》を聖なりと曰《い》ふ。誰か烏《からす》の雌雄を知らん」と。*左伝に、臧《さう》武仲、雨行し、人その聖人に非ざるを譏《そし》る。これ古来みな智の微妙なる者を称して以て聖となせしなり。

3　*後儒には湯武は聖人に非ずと謂ふ者あり。これ忌憚《きたん》なきの甚だしき者なり。その説は、*孔子の「武はいまだ善を尽くさず」、*孟子の「これを性にす」「これを身にす」を誤解する

2 周礼の六徳　周礼・地官・大司徒「以二郷三物一教二万民一、而賓二興之一、一曰六徳、知・仁・聖・義・忠・和、…」。**唐虞**…　堯舜の時代。書経・舜典に、伯禹は司空、棄は后稷、契は司徒、皐陶は士、垂は共工、益は虞、伯夷は秩宗、夔は典楽、竜は納言に任じられたことが見える。↓補。　**九徳**　↓徳1　**周の六官**　次の注を参照。　**冢宰は邦治を掌り**…　書経・周官「冢宰掌二邦治一、統二百官一、均二四海一、司徒掌二邦教一、敷二五典一、擾(やんず)二兆民一、宗伯掌二邦礼一、治二神人一、和二上下一、司馬掌二邦政一、統二六師一、平二邦国一、司寇掌二邦禁一、詰二姦慝一、刑二暴乱一、司空掌二邦土一、居二四民一、時二地利一」。↓補。　**邦政**　不正を正す行政。　**黜陟**　官の任免昇降。　**軍旅**　軍隊。　**田猟**　狩猟。　**邦事**　国家の作業・工作。　**詩に曰く**…　詩経・小雅・正月。　**左伝に**…　臧武仲は知識に富んでおり、当時の人から聖人といわれていたが、旅行の途中、雨に会ったので、人が、雨の降るのが予測できぬような聖人はだめだとそしった話。襄公二二年。

3 後儒　蘇軾をさす。その武王論に「武王非二聖人一也」という。　**孔子の**…　論語・八佾「子謂レ韶、尽レ美矣、又尽レ善矣、謂レ武、尽レ美矣、未レ尽レ善也」(韶は舜の音楽、武は武王の音楽)。　**孟子の**…　尽心上「孟子曰、堯舜性レ之也、湯武身レ之也」。

に本づく。殊に知らず、孔子は楽を語れどもいまだ舜武の徳に*及ばず、孟子はただ堯舜は生知にして、湯武はすなはち堯舜の道を学びて以てその徳を成せしことを言ふのみなることを。あに*優劣の論ならんや。けだし堯・舜・禹・湯・文・武・周公は、*作者七人にして、その制作する所の礼楽政教は、君子これを学ぶ。故にこれを学に祀《まつ》る。伝に曰く、「*先聖・先師に*釈奠《せきてん》す」と。また曰く、「*天子まさに出でて征せんとすれば、上帝に*類し、*社に*宜し、*禰《でい》に*造し、征する所の地に*禡《ば》し、命を*祖に受け、*成を学に受く。出でて征すれば、*有罪を執《とら》へて反り、学に釈奠し、*訊馘《じんくわく》を以て告ぐ」と。これ学に、祀る所の神なくんば、何の成を受くる所ぞ、何の告ぐる所ぞ。*詩に曰く、「すでに*泮宮《はんきゆう》を作る。*淮夷《わいい》の服する攸《ところ》、*矯矯《けうけう》たる虎臣、泮に在りて馘《くわく》を献ず、*淑《よ》く問ふこと皐陶《かうえう》のごとき、泮に在りて囚を献ず、泮に在りて*功を献ず」と。これその事なり。*明堂位に曰く、「*米廩《べいりん》は*有虞氏《いうぐし》の*庠《しやう》なり。*序は夏后氏の序なり。*瞽宗《こそう》は殷《いん》の学なり。*頖宮《はんきゆう》は周の学なり」と。*祭義に曰く、「天子、四学を設く」と。これ天子の大学は、四代の制を兼ね、四代の聖人を合祀する者審《つまびら》かなり。

それ古者《いにしへ》は*祖を祭りてこれを天に配したれば、すなはち祖宗と天とは一なり。これ天子大事を興すに、その命を受くる所は、ただ天と先聖とのみ。故に曰く、「*君子に三畏《さんゐ》あり。天命を畏《おそ》れ、大人《たいじん》を畏れ、聖人の言を畏る」と。これ君子の畏るる所も、またただ天と先聖とのみ。これ異代の聖人といへども、これを尊崇することかくのごとくそれ至れるなり。いはんや、夏《か》の、禹《う》における、商の、湯における、周の、文武におけるは、みな開国の太祖、道のよりて出づる所にして、天下、貴賤となく、その礼楽法制を奉じ、敢へてこれに

及ばず 論及しない。 **優劣** 堯舜と湯王・武王との徳の優劣。 **作者七人** 論語・憲問。 **先聖…** 礼記・文王世子。 **釈奠** 供え物をして祭る儀式。 **天子…** 礼記・王制。 **類・宜・造・禡** 祭りの名称。 **社** 国土神。 **禰** 父の廟。 **祖** 祖先の廟。 **成** 兵略。 **有罪…** 礼記注疏では「執二有罪一、反釈二奠于学一」と読むことになっている。 **訊馘** 訊問すべき捕虜と、切り取ってきた敵の左耳。 **詩に曰く…** 魯頌・泮水。 **泮宮** 大学の別名。 **淮夷…** 淮水地域の未開部族が徳化に服する。 **矯矯…** たけだけしい勇士。 **淑く問ふ…** 訴訟をじょうずにさばく皐陶のような人々が学校で捕虜を献上する。 **功** 戦功。 **明堂位** 礼記の篇名。 **米廩・庠・序・瞽宗・頖宮** 大学の別名。 **有虞氏** 舜。 **祭義** 礼記の篇名。

祖を祭りて… 孝経・聖治章「昔者周公郊二祀后稷一以配レ天、宗二祀文王於明堂一、以配二上帝一」。 **君子に…** 論語・季氏。

違《たが》はず。しかるを奚《なん》ぞ議するをなさん。古の道しかりとなす。故に孔子よりして上《かみ》は、聖人の徳を優劣する者あることなし。

それ聖人もまた人のみ。人の徳は性を以て殊なり。聖人といへどもその徳あに同じからんや。しかるに均《ひと》しくこれを聖人と謂ふ者は、制作を以ての故なり。ただ制作の迹《あと》のみ見るべし。その見るべきに就きて以てこれに命《なづ》けて、敢へてその徳を論ぜざるは、尊ぶの至りなり。古の道しかりとなす。後儒の精を貴び粗を賤しむの見は、*内に主となる。故に、礼楽これを道と謂ふことを知らざるなり。また、聖人の称の制作に因りてこれに命《なづ》くることを知らざるなり。徒《いたづ》らにその徳を以てのみこれを論じ、しかうして徳は性を以て殊なれども、徳の殊なるは以てその聖たるを病ましむるに足らざることを知らざるなり。妄意して謂へらく、聖人の徳は宜《よろ》しく一なるべしと。しかうしてその殊なることあるを睹《み》れば、すなはち曰く、*孔子は堯舜より優《まさ》ると。曰く、湯武は聖人に非ずと。あに忌憚なきの甚だしき者に非ずや。

その禍端を尋ぬるに、また子思・孟子に昉《はじま》るのみ。子思の時に方《あた》りて、老氏の徒盛んにして、孔子を聖人に非ずと謂ふ者あり。故に子思は中庸の書を作りて、専ら孔子の徳を賛す。孔子は先王の道を学びし者なり。故に子思は、*学べば以て聖人に至るべきことを言ひて、ただ生知をのみ聖人とはなさず。孔子は作者に非ず。故にただその徳を以てのみこれを言ふ。然れども子思は孔子の孫にして、孔子を親見す。その伝ふる所のいまだ渝《かは》らざるや、故に、その、道を論ずるには、必ず*礼儀三百、威儀三千を以てし、その孔子を論ずるには、必ず、*善なりといへども位なければ礼楽を制作すること能はずといふを以てす。古

内に主となる 心の中で先入主になっている。 **孔子は堯舜より優る** 孟子・公孫丑上「宰我曰、以レ予観二於夫子一、賢二於堯舜一遠矣」、朱子の中庸章句序「若二吾夫子一、則雖レ不レ得二其位一、而所下以継二往聖一開中来学上、其功反有下賢二於堯舜一者上」。

学べば…聖人とはなさず 中庸の「或生(うまれながらにして)而知レ之、或学而知レ之、或困(くるしんで)而知レ之、及二其知一レ之、一也」に基づいていう。 **礼儀…** 中庸「礼儀三百、威儀三千、待二其人一然後行、故曰、苟不二至徳一、至道不レ凝焉」。 **善なり…** 中庸「下焉者、雖レ善不レ尊」、「雖レ有二其徳一、苟無二其位一、亦不三敢作二礼楽一焉」。

の道存するが故なり。

孟子の時に至りて、*墨翟《ぼくてき》・*鄒衍《すうえん》・*刑名の流、みな創作する所ありて、おのおの以て道となす。これ孔子のいはゆる「*知らずしてこれを作る者」なり。故に*孟子もまたただ徳を以てのみ聖を言ひて、また制作に及ばず。然れどもその意に謂《おも》へらく、古の聖人はみな作者なり、孔子は作者に非ざるなりと。故に孔子を以て古の聖人に比するは、言をなすことを難《はばか》る。ここにおいてか旁《ひろ》く*古の賢人の徳行の高き者を引き、これを孔子に比し、以て孔子の盛んなるを見《あらは》すなり。これその*夷・恵を以て聖人となすは、古のなき所にして、孟子これをその臆に取りて、以て一時の弁を済《な》し、またその後災あるを顧みざる者は、その罪に非ずといへども、またその過ちなるのみ。

それ聖人の聡明睿《えい》智の徳は、これを天に受く。あに学んで至るべけんや。その徳の*神明にして測られざるは、あに得て窺ふべけんや。故に古の学んで聖人となりし者は、ただ湯・武・孔子のみ。故に古の善く聖人を学ぶ者は、必ず聖人の教へに遵《したが》ひ、礼楽以て徳を成す。子思の言ふ所はこれのみ。孟子は言は礼楽に及ばずといへども、然れども*そのいはゆる「人は以て堯舜たるべし」といふ者も、またただ「堯の服を服し、堯の言を誦し、堯の行ひを行ふ」ことを謂ふのみ。必ずしも聖人となることを求めざるなり。後儒はすなはち二子の言ふ所以の意を察せず、妄意に聖人となることを求む。ここにおいてか詳《つまび》らかに聖人の徳を論じて以て学者の標準となさんと欲し、つひに「*聖人の心は渾《こん》然《ぜん》たる天理」、「*陰陽、徳を合す」、「*不偏不倚《い》」の説あり。これその、心を操《と》るの鋭き、聖智を以て自ら処《を》りて、喜びてその測るべからざる者を測りて、学ぶべからざる者を以てこれを人人に強《し》

墨翟・鄒衍・刑名 ↓補。 **知らずして**… 論語・述而「子曰、蓋有二不レ知而作レ之者一、我無レ是也」。 **孟子も**… 公孫丑上「子貢曰、学不レ厭、智也、教不レ倦、仁也、仁且智、夫子既聖乎」。 **古の賢人**… 万章下に伯夷・伊尹・柳下恵の言行を列記し、「伯夷、聖之清者也、伊尹、聖之任者也、柳下恵、聖之和者也、孔子、聖之時者也」といっているのを指す。 **夷恵** 伯夷や柳下恵。前注参照。

神明… 神秘的で、はかり知ることができない。易経・繫辞伝上「神二明其徳一」、「陰陽不レ測、謂二之神一」。 **そのいはゆる**… 孟子・告子下「曹交問曰、人皆可三以為二堯舜一、有レ諸、孟子曰、然、…子服二堯之服一、誦二堯之言一、行二堯之行一、是堯而已矣」。 **聖人の心**… 中庸・第二〇章の朱子章句「聖人之徳、渾然天理、真実無妄、不レ待二思勉一而従容中レ道、則亦天之道也」。 **陰陽徳を合す** 易経・繫辞伝下の語。性理大全・太極図説注「人性雖レ同、稟レ気不レ能レ無二偏重一、…唯陰陽合レ徳、五行全備、然後中正而為二聖人一也」。 **不偏不倚** 中庸・第二章の朱子章句に「中庸者、不偏不倚、…」とあるが、後儒が聖人の徳そのものを不偏不倚という例は未詳。

ふ。その究《きはみ》は必ず徳の至れる者を立てて以てこれを律するときは、すなはちその古の聖人の徳を優劣するも、また勢ひの必ず至る所なり。その説、孟子に根ざすといへども、然れども*附益する所は、あに小小ならんや。これを要するに不学の過ちなるのみ。あに悲しからずや。

4 聖人・賢人の名も、古《いにしへ》はまたいまだこれを*階級する所あらざるなり。ただ聖人は以て作者に命《なづ》く。しかうして賢人なる者は材徳を以てこれを言ひ、その*萃《すゐ》より抜くの名なり。それ聖人もまたその萃より抜く者なり。故に*差してこれを降せば、賢者もまた数あり。*宰我曰く、「予《われ》を以て夫子を観れば、堯舜より*賢なること遠し」と。*易の大伝に曰く、「久しかるべきはすなはち賢人の徳、大なるべきはすなはち賢人の業」と。仮りに*後人をして辞を措《お》かしめば、必ず聖人と曰ひしならん。故に、賢人は*泛称《はんしょう》なることを知るのみ。*揚子雲に至りて始めて曰く、「聖人の言は天のごとく、賢人の言は地のごとし」と。これよりの後、聖・賢はつひに階級の名となりしなり。*孔子を大聖、顔子を亜聖《あせい》、*孟子を亜聖の次と謂ふに至りては、すなはちまた窃かに*浮屠《ふと》・如来・菩薩《ぼさつ》・補処の称に倣《なら》ふ。戯れに近しと謂ふべきのみ。

礼 三則

1 礼なる者は、道の名なり。先王制作する所の*四教・*六芸、*これその一に居る。いはゆる*経礼三百、威儀三千、これその*物なり。六芸、書・数は*庶人在官者・府・史・胥《しょ》・徒の

附益 附加する。尾ひれをつける。

4 階級する 等級づける。 **萃より抜く** 多くの者から抜きんでる。孟子・公孫丑上の語。 **差して**… 等級づけて下へ区別して行くと。 **宰我曰く**… 孟子・公孫丑上。 **賢なる** ↓補。 **易の大伝に**… 易経・繫辞伝上。 **後人をして**… 後世の人が自分のことば遣いで文章を書いたとしたら。 **泛称** 広い名称。 **揚子雲** 揚雄。字は子雲、前五三―後一八。その著の法言の五百篇に「聖人之言、遠如レ天、賢人之言、近如レ地」と見える。 **孔子を大聖**… 近思録・観聖賢類「仲尼、元気也、顔氏、春生也」の葉采注「夫子大聖之資、顔子亜聖之才」。 **孟子を**… 孟子集注序説「程子曰、…孟子大賢、亜聖之次也」。 **浮屠**… 浮屠は仏陀に同じ。以下仏教界でのさとりの深さに基づく等級。

◇礼

1 四教 詩書礼楽の教え。礼記・王制。 **六芸** 礼楽射御書数。周礼・地官・大司徒。 **これ** 礼。 **経礼**… 経礼は根本的な礼。威儀は細目的な礼。↓補。 **物** 具体的内容。 **庶人**… 下級諸役人の名称。↓補

専務、*御もまた士の職とする所、*射は諸侯に通ずといへども、そのいはゆる射は、礼楽を以てこれを行ふ。民の射の*皮を主とする者のごときの比に非ず。ただ礼・楽はすなはち芸の大なる者にして、君子の務むる所なり。しかれども楽は*伶《れい》官に掌《つかさど》られ、君子は以て徳を養ふのみ。礼に至りてはすなはち*君子はこれを以て*顓《せん》業《げふ》となす。ここを以て*孔子は少《わか》きとき礼を知るを以て称せらる。周に之《ゆ》きて礼を老聃《らうたん》に問ふ。郯《たん》に之き杞《き》に之き宋に之き、ただ礼をのみこれ求む。*子夏の記す所、*曾子の問ふ所、七十子みな礼に*齗齗《ぎんぎん》たりしこと、*檀《だん》弓《ぐう》諸篇に見ゆ。三代の君子の礼に務めしこと、以て見るべきのみ。

けだし先王は言語の以て人を教ふるに足らざるを知るや、故に礼楽を作りて以てこれを教ふ。*政刑の以て民を安んずるに足らざるを知るや、故に礼楽を作りて以てこれを化す。*礼の体たるや、*天地に蟠《わだかま》り、細微を極め、物ごとにこれが則をなし、*曲ごとにこれが制をなして、道はここに在らざることなし。君子はこれを学び、小人はこれに由る。学ぶの方は、習ひて以てこれに熟し、*黙してこれを識る。黙してこれを識るに至りては、すなはち知らざる所あることなし。あに言語の能く及ぶ所ならんや。これに由ればすなはち化す。化するに至りては、すなはち*識らず知らず、帝の則《のり》に順《したが》ふ。あに不善あらんや。これあに政刑の能く及ぶ所ならんや。

それ人は、言《ものい》へばすなはち喩《さと》る。言はざればすなはち喩らず。礼楽は言はざるに、何を以て言語の人を教ふるに勝《まさ》れるや。化するが故なり。習ひて以てこれに熟するときは、いまだ喩らずといへども、その心志身体、すでに潜《ひそ》かにこれと化す。つひに喩らざらんや。かつ言ひて喩すは、人以てその義これに止《とどま》るとなし、またその*余を思はざるなり。これそ

御… 馭に同じ。馬車の操縦。↓補。
射は… ↓補。 **皮を主とす** ↓補。
伶官 音楽を世襲的につかさどる宮廷音楽師。 **君子**「射は…」の注を参照。 **顓業** 専業。専門の任務。
孔子… 孔子が若くして礼を好んだことや周に行って礼を老子に問うたことは、史記・孔子世家、大戴礼・観周に、郯に行ったことは大戴礼・致思に、杞・宋に行ったことは礼記・礼運に見える。また左伝・定公一〇年「犂弥言ニ於斉侯一曰、孔丘知レ礼而無レ勇」。 **子夏**… 儀礼の喪服篇に子夏伝という解説文がある。 **曾子**… 礼記に曾子問篇がある。 **齗齗** 熱心に討論するさま。 **檀弓諸篇** 礼記の檀弓などの諸篇。
政刑 法令刑罰。論語・為政「子曰、道レ之以レ政、斉レ之以レ刑、民免而無レ恥」、礼記・楽記「礼楽刑政、四達而不レ悖、則王道備矣」。 **礼の体たるや** 礼というもののあり方は。 **天地**… 蟠は充満する意。礼記・楽記「及下夫礼楽之極ニ乎天一而蟠ニ乎地一、行ニ乎陰陽一而通中乎鬼神上、窮レ高極レ遠而測ニ深厚一」。 **曲** こまごましたこと。 **黙して**… 論語・述而。 **識らず…順ふ** ↓仁1
余 言外の意味。
のみ 断定の意で用いている。 **礼楽**

の害は、人をして思はざらしむるに在るの*み。*礼楽は言はざれば、思はざれば喩らず。それ或いは思ふといへども喩らざるや、また*これを如何ともすることなければ、すなはち旁《ひろ》く它《た》の礼を学ぶ。*学ぶことの博き、*彼是《ひし》の切劘《せつま》する所、自然に、以て喩ることあり。学ぶことのすでに博き、故にその喩る所は、遺《のこ》す所あることなきのみ。かつ言の喩す所は、詳《つまびら》かにこれを説くといへども、またただ一端のみ。*礼は物なり。衆義の苞塞《はうそく》する所なり。巧言ありといへども、また以てその義を尽くすこと能はざる者なり。これその益は黙してこれを識るに在り。先王の教へ、これその至善たる所以なり。これ礼楽の教へは、黙してこれを識るに在りといへども、然れども人の知るは、至ることあり、至らざることあり。故に孔子は時ありてか*一隅を挙げて以てその義を語《つ》ぐ。義なる者は、先王の、礼を制する所以の義にして、*戴記の載する所はみなこれのみ。ただ人の知るは、至ることあり、至らざることあり。故に七十子の先王を信ずる者は、孔子の先王を信ずるに及ばざるなり。その人の七十子を信ずる者も、また七十子の孔子を信ずるに及ばざるなり。故に、その、人を喩さんと欲するの急なる、その義を論説するの已《や》まざる、日《ひび》に以て*蔓衍《まんえん》し、以て戦国の時に至りて、義つひに礼より離れて孤行し、また礼に就きてその義を言はず。孟子の書を観れば見るべきのみ。これよりその後、古《いにしへ》を去ることますます遠く、義理の説ますます盛んにして、*囂然《がうぜん》として以て天下を乱り、先王・孔子の教へ、*蕩乎《たうこ》として尽く。悲しいかな。

*漢儒の仁義礼智を以て性となすがごときは、すなはち*孟子の「仁義礼智は性に根ざす」に本づく。然れども孟子はあにこれを以て性となさんや。仁智は徳なり。礼義は道なり。先王、人の性に率《したが》ひて以て道・徳を立つ。故に孟子は「性に根ざす」ことを謂ふのみ。た

…：礼や音楽はものを言って教えるのでないから、人々は思索しなければその教えをさとることができない。**これを如何**… 論語・子罕および衛霊公の「吾末ニ如レ之何一也已矣」に基づく。**学ぶことの博き** 学ぶことが広いから。**彼是の切劘する所** あれこれといろいろの礼で研究を重ねて行くと。切劘は、切磋琢磨すること。**礼は物**… 礼は教えの具体的な条件である。そのなかに多くの礼の精神が包まれ満ちふさがっている。**一隅を挙げて** 一部分だけを示して。論語・述而「…挙ニ一隅一、不下以ニ三隅一反上、則不レ復也」。**戴記** 前漢の学者の戴徳(戴聖に対して大戴という)が編集した大戴礼と、戴徳の兄の子の戴聖(戴徳に対して小戴という)が編集した小戴礼(いわゆる礼記)。いずれも礼に関する学説をのせる。**蔓衍** はびこり広がる。**囂然** かまびすしい。**蕩乎** 洗い流したように。**漢儒の**… 白虎通・情性に仁義礼智信の五常を五性といい、詩経・大雅・烝民の鄭箋に「天之生ニ衆民一、其性有ニ物象一、謂ニ五行仁義礼智信一也」、中庸「天命之謂レ性」の鄭注に「天命、謂下天所ニ命生一レ人者上也、是謂ニ性命一、木神則仁、金神則義、火神則礼、水神則信、土神則知」とあるなどをさす。**孟子の**… 尽心上に「君子所レ性、仁義礼智根ニ於心一」とあるから、徂徠の引用は不正確。

だその弁を好み、*外人と争ふや、口は言を択ばず、これを臆に取りて以てこれを言ひ、その旨のつひに晦《くら》きを致すなり。

*程子の礼楽を解するに至りては、専ら序和を以て言をなす。これその意、礼楽を以て*粗迹となし、その理を以て精微となす。故に序和を以てこれを言ふ。あに老荘の*遺ならずや。もしその言の是《ぜ》ならんか、先王の、序和を以て教へとなさずして、ことさらに礼楽を作りしは、これその智、程子に及ばず。しからずんば、また喜びてことさらに人を難《なや》ましむるなり。かつ序はあに礼を尽くすに足りて和は楽を尽くさんや。*鹵《ろ》莽《ばう》と謂ふべきのみ。

朱子は礼を釈して曰く、「*天理の節文、人事の儀則」と。これその意もまた礼の先王の礼たることを識らざるに非ず。然れどもすでに以て性となせば、すなはち*その言に難んず。故に天理を以てこれを*弥《び》縫《ほう》す。しかうして謂《おも》へらく、礼は*彼に在りといへども、その理は我に具れば、すなはち礼は以て性となすべきに庶《ちか》しと*しかいふと。また仏氏の*事理無《む》礙《げ》の説のみ。これみな善く孟子を読まざるの失なり。試みに孟子を観るに、すでに「*恭敬の心は、礼なり」と曰ひ、しかもまた「*辞譲の心は、礼の端なり」と曰へば、すなはち知る、その心、*内外を争ふに急にして、また言を択ばず、口に任せてこれを言ひ、故に或いは恭敬を以てし、或いは辞譲を以てし、初より定説なきことを。それ恭敬・辞譲の以て礼を尽くすに足らざることは、孟子といへどもあにこれを知らざらんや。ただ、礼を行ふの心を以てこれを言ふのみにして、礼の義に及ばざれば、*すなはちまた、先王、人の性に率ひて以て道を立てしことを*謂ひて、直ちに以て性となさざりし者《こと》は、あに*章章ならざらんや。

*仁斎先生の仁義礼智を以て徳となすがごときも、また性と徳との名を争ふのみ。その実

外人 他学派の人。

程子… 論語・陽貨「子曰礼云礼云」章集注「程子曰、礼只是一箇序、楽只是一箇和、只此両字、含㆓蓄多少義理㆒、天下無㆔一物無㆓礼楽㆒、且如㆑置㆓此両椅㆒、一不㆑正、便是無㆑序、無㆑序便乖、乖便不㆑和」。**粗迹** 粗雑なものごと。**遺** なごり。**鹵莽** 程子の説は粗略だといってよい。

天理… 論語・学而「有子曰礼之用和為貴」章集注「礼者、天理之節文、人事之儀則也」。**その言**… 自分のことばに難点が生じた。**弥縫** とりつくろう。**彼に在り** 客観的に存在する。**しかいふ** ↓弁道1「のみ」。**事理無礙** 相対・差別的な現象界と絶対・平等的な理法とを究極的に同一視する華厳宗の立場。**恭敬**… 告子上。**辞譲**… 公孫丑上。**内外** 礼が各人に内在してそなわっているものか客観的存在かということ。**すなはち** してみると。**謂ひて** 意味しているのであって。**章章** 明白。

仁斎先生… 宋儒が仁義礼智を性とするのに対し仁斎が徳とすること。語孟字義・徳第一条「徳者、仁義礼智之総名」。

はまた宋儒の見を出でざるなり。故に、その、礼を釈するに曰く、「*尊卑上下、等威分明にして、少しも踰越《ゆえつ》せず」と。その、先王の礼を舎《お》きてこの言をなすは、あに宋儒に勝ちてこれを上《しの》がんや。かつその言はただ*外に在る者を以てこれを言ふのみにして、孟子の恭敬・辞譲の心と相応《あひ》ぜず、またおのづから、その以て徳となす者とも相盭《あひもと》る。何ぞいはんや以て先王の礼を尽くすに足らんや。

ああ、先王の思ひは深遠なり。千載の上に在りて、すでに言語の教への以て道を尽くすに足らざることを知る。この故に礼楽を制作して以て人を教ふ。しかるに後の学者はなほかつその教へを舎《す》てて、ただ言語にのみこれ務む。それその礼を舎てて学ばしめずして、己の言を以てかの先王の礼を尽くさんと欲す。*まさにその量を知らざるを見るのみ。これをかの*規矩 準縄《じゆんじよう》を舎てて用ひずして、「汝いやしくも吾が言を用ひば、すなはち規矩準縄を舎《す》つといへども、また以て方円曲直をなすに足る」と曰ふに辟《たと》ふ。あに妄ならずや。

2 *書に曰く、「天秩《つい》でて礼あり」と。これ堯舜の、礼を制するや、天道を奉じて以てこれを行ふ。その教へを*神《しん》にする所以なり。三代の天子の、一政を出《いだ》し一事を興すがごときも、またみな*祖宗を祀《まつ》りてこれを天に配し、しかうして*天と祖宗との命を以てこれを出《いだ》し、*卜筮《ぼくぜい》を以てこれを行ふ。古の道しかりとなす。後儒はその意を識らず、しかうして以為《おも》へらく、*天なる者は自然なりと。自然にこの礼ありと謂ふなり。これその天理の節文の本づき自《よ》る所なれども、殊に知らず、天を以て自然となす者は、老荘の意にして、古《いにしへ》のなき所なることを。もし果して礼をして自然にこれあらしめば、すなはち*三代のその礼を殊に

尊卑… 語孟字義・仁義礼智第一条。また学第二条「尊卑貴賤、品節有レ等之謂レ礼」。等威は、地位の順次的高下による身のふるまいかたの意で、身分というほどの意味。左伝・宣公一二年に見える。 **外に在る者**… 徂徠によると、仁斎は礼の客観的側面のみをいって、礼を行なう心の側面をいわないから、孟子の説と応ぜず、礼を徳とする仁斎自身の説とも矛盾するというのである。

まさに… まさに身のほど知らずだということがわかるのだ。論語・子張「多見二其不一レ知レ量也」。多は祇(し)と古音が通じる。 **規矩準縄** コンパス、定規、みずもり(水平測定器)、すみなわ。

2 書… 皐陶謨。天が秩序を設けて礼があるようにした。 **神にす** 神秘化する。 **祖宗**… ↓聖3「祖を祭りて…」。 **天と祖宗**… 書経・康誥「天乃大命二文王一、殪二戎殷一、誕受二厥命二」、礼記・王制「天子将二出征一、類二乎上帝一、宜二於社一、造二乎禰一、禡二於所レ征之地一、受二命於祖一、受二成於学一、…」。 **卜筮を以て**… ↓補。 **天なる者は自然**… ↓補。 **三代**… 夏・殷・周の三王朝。礼記・楽記「三王異レ世、不三相二襲礼一」。

したるがごときは、それこれを何と謂はん。故にその究《きはみ》は、天理を以て精微となし、礼を以て粗迹となさざるを得ず。いやしくもその精微を得ば、すなはちその粗迹のごときは、これを左にするもまた可なり、これを右にするもまた可なるなり。然らばすなはち「*先王、礼を制す。しかうして敢へて過ぎざるなり」、「先王、礼を制す。敢へて至らずんばあらず」と曰ふがごときも、また何ぞその粗迹を守ることかくのごとくそれ厳なるや。故にその究《きはみ》は、また三代の礼を外《ほか》にして別に*一定不易の礼を立てざるを得ず。故に程子曰く、「*成王の賜へる、伯禽の受くるは、みな非《ひ》なり」と。それ周礼《しうれい》なる者は、周公の立つる所にして、成王・伯禽は親しくこれを周公に受く。しかるにすでに礼に非ずとなさば、すなはち程子のいはゆる礼は、あに周礼《しうれい》を外にして別にこれあるに非ずや。ああ、先王の礼を外にして別に己《おの》がいはゆる礼を立つ。その僭妄にして道を乱るの極なること、以て見るべきのみ。

3 *周礼《しゆらい》に「礼を以て中《ちゆう》を教ふ」と。これ或いは*釈者の言、誤りて経文に入りし者のみ。然れどもまた古の言なり。けだし*先王、礼を立て、以て民の*極となす。極とは中なり。賢者をして俯してこれに就き、不肖者をして企《つまだ》ちてこれに及ばしむ。故にこれを中と謂ふ。人をして*過不及なきの理を求めて以て礼となさしむるに非ざるなり。*書に曰く、「民の心は中なし。ただ爾《なんぢ》の中」と。これいはゆる中なる者は、聖人の独り知る所にして、衆人の及ぶ所に非ず。故に礼を立てて以て民の極となすなり。後世、*義理の学盛んにして、儒者はただ義理をのみこれ視、礼に就きて以てその中を求むることを知らず。徒《いたづ》らに中をその臆に取りて、これ以て礼に合すべしと謂ふ。*周子の、中正を以て礼智に易ふるがごとき、

先王…　礼記・檀弓上「子夏既除㆑喪而見、予㆓之琴㆒、和㆑之而不㆑和、弾㆑之而不㆑成㆑声、作而曰、哀未㆑忘也、先王制㆑礼、而弗㆓敢過㆒也、子張既除㆑喪而見、予㆓之琴㆒、和㆑之而和、弾㆑之而成㆑声、作而曰、先王制㆑礼、不㆓敢不㆒㆑至焉」。　**一定不易の礼**…　論語・衛霊公「顔淵問㆑為㆑邦」章の集注「程子曰、…蓋三代之制、皆因㆑時損益、及㆓其久㆒也、不㆑能㆑無㆑弊、周衰、聖人不㆑作、故孔子斟㆓酌先王之礼㆒、立㆓万世常行之道㆒、…」。　**成王の賜へる**…　↓補

3 **周礼に**…　地官・大司徒「以㆓五礼㆒防㆓万民之偽㆒而教㆓之中㆒、以㆓六楽㆒防㆓万民之情㆒而教㆓之和㆒」。　**釈者の言**…　↓補。　**先王**…　↓弁道6　**極**　準則。　**過不及なきの理**…　中庸・第二章章句「中庸者、不偏不倚、無㆓過不及㆒、而平常之理」。　**書に曰く**…　書経・君牙。　**義理の学**　宋学をいう。義理は理論。　**周子の**…　周敦頤の通書・道第六に「聖人之道、仁義中正而已矣」とあり、朱子の注に「中即礼、正即智、…」といい、また太極図説に「聖人定㆑之以㆓中正仁義㆒」とあり、朱子の注に「問、周子不㆑言㆓礼智㆒、而言㆓中正㆒、如何、曰、礼智説得猶寛、中正則切而実矣、且謂㆓之礼㆒、尚或有㆓不㆑中㆑節処㆒、若謂㆓之中㆒、則無㆓過不及㆒、無㆓非礼之礼㆒、乃節文恰好処也、謂㆓之智㆒、尚或有㆓

正不正一、若謂二之正一、則是非端的分明、乃智之実也」という。**人間**… →弁道19　**文** 文飾。ものごとをはでにすること。

これなり。*人間《じんかん》北より看《み》れば南と成り、東家の西は、西家は東となす。ほしいままにその意を以てこれを言ひて、中ここにおいてか移り、極ここにおいてか壊《くづ》る。あに悲しからずや。かつ聖人の、礼を立つるや、世の日《ひび》に*文に趨《おもむ》くを慮るなり。故にその以て中となす者は、あに必ずしも、過不及なきの謂ひならんや。学者これを思へ。

義　八則

1 義もまた先王の立つる所にして、道の名なり。けだし先王の、礼を立つるや、その教へたることまた周《あまね》きかな。然れども礼は一定の体あり、しかうして天下の事は窮りなし。故にまた義を立つ。*伝に曰く、「*詩書は義の府なり。礼楽は徳の則《のり》なり」と。礼・楽は*相須《ま》つ。楽はいまだ礼を離れて孤行する者あらず。故に曰く、「*礼義なる者は、人の大端なり」と。*礼は以て心を制し、義は以て事を制す。礼は以て常を守り、義は以て変に応ず。この二者を挙ぐれば、先王の道は、以てこれを尽くすに足るに庶《ちか》し。故に古者《いにしへ》、礼・義を以て対言すること多きは、これがための故なり。人多くは礼の先王の礼たることを知れども、義もまた先王の義たることを知らず。故にその解みな通ぜず。

けだし義なる者は*道の分なり。千差万別、おのおの宜しき所あり。故に曰く、「*義なる者は宜なり」と。先王すでにその千差万別なる者を以て、制して以て礼となす。学者はなほその制する所以の意を伝ふ。これいはゆる*礼の義なり。しかうしてその*空言を以て伝ふる者、これいはゆる義なり。故に礼義はみな古よりこれを伝ふ。あに先王の義に非ずや。韓退之《かんたいし》曰く、「*行ひてこれを宜しくするをこれ義と謂ふ」と。朱子曰く、「*義なる者は、心

◇義

1 **伝** 経書の補助的・解説的な書物。**詩書**… 左伝・僖公二七年。**相須つ** 両方揃って成り立つ。**礼義**… 礼記・礼運。大端はおおもと。**礼は以て**… 書経・仲虺之誥「王懋昭二大徳一、建二中于民一、以レ義制レ事、以レ礼制レ心、垂二裕後昆一」。**道の分** 道から派生した個別的なもの。**義なる者**… 中庸。義を同音の宜の字で説明したもの。**礼の義** 儀礼に士昏礼・郷飲酒礼・郷射礼・燕礼・大射・聘礼の諸篇があり、礼記に冠義・昏義・郷飲酒義・射義・燕義・聘義の諸篇がある。前者が具体的な礼を記しているのに対し、後者は礼の意義・理論を記しているので礼の義という。**空言** 具体的内容をともなわない抽象的なことば。**行ひて**… 原道の文。**義なる者**… 孟子・梁恵王上「亦有二仁義一而已矣」の朱注。

の制、事の宜」と。これみな義の先王の義たることを知らず、すなはちこれを臆に取りて以て義となすなり。それこれを臆に取りて以て義となすは、これ*非義の義の由つて生ずる所なり。朱子は孟子の「*義内」の説に本づく。然れども孟子の意も、また、先王、人の性に率ひて以て道を立つ、故に義は人心に合する所あるを謂ふのみ。あに義を以て性となさんや。それ先王に在りては、誠にまた*これをその心に取るのみ。然れども先王の意は、もと民を安んずるがための故なり。かつその聰明睿智《えいち》の徳は、天地の道に通じ、*人物の性を尽くす。故に立てて以て義となす所の者は、千差万別にして、おのおのその宜しきに合す。これあに人人の能くする所ならんや。かつ義は民を安んずるを以て本となすことを知らず、徒《いたづ》らに宋儒の説に抛《よ》りて、これをその臆に取りて以て義となす。これ後世の説、観るべきがごとしといへども、しかもその先王の道に盭《もと》る所以の者は、これがための故なり。また*裁割決断を以て義となすがごときも、また先王の義を執りて、これを以て裁割決断するのみ。いやしくも先王の義を知らずんば、すなはちなほ空手もて物を裁《た》つがごとし。いづくんぞこれを能くせんや。

また人多くは義・理を以て並べ言ふ。程子の「*物に在るを理となし、物を処するを義となす」と曰ふがごとき、これなり。これまた義を知らざる者の言なり。仮りに*日行百里なるべくして、二百里なるべからざるがごときは、これ理なり。必ずその二百里ならんことを求むるは、これ理に非ざるなり。一日にして百里、二日にして二百里、これこれを理に合すと謂ふのみ。いまだこれを義に合すと謂ふを得ず。*これを猶《ひと》しうするに百里を行く。*諸侯、天子に朝するには、日を見て行き、日に逮《およ》んで舎して奠《てん》す。大夫使ひすれば、日を

非義の義　孟子・離婁下「非礼之礼、非義之義、大人弗㆑為也」。孟子・告子上に見える。たとえば人を敬う場合、対象が外部にあって敬を引き出すのだとして、告子が義外を説いたのに対し、こちらが敬うべきかどうかを判断して敬うのだとして、孟子は義内を説いた。**これを**…義を自分の心で決めたのだ。**人物**　人と物。**裁割決断**　裁ち切る。是非善悪を裁ち切るように判別すること。朱子語類・巻六「義有㆓裁制割断意㆒」、陳淳・性理字義・仁義礼智信第五条「義就㆓心上㆒論、則是心裁制決断処」。**物に在るを**…　孟子・告子上「富歳子弟多㆑頼」章末の集注。**日行百里**　一日の行程が百里(周代の百里は約四〇キロメートル)。礼記・奔喪「日行百里、不㆘以㆑夜行㆖」。**これを**…いずれにしても同じく一日に百里を行くのだ。**諸侯…奔る者とのみ**　礼記・曾子問の文に基づく。日を見て云々は、日が出ると出発し日没になると宿舎に入ること。奠は、供え物をして旅行安全の神を祭ること。罪人の葬式は、荀子・礼論に「刑餘罪人之喪…不㆑得㆓昼行㆒、以㆑昏殣(むつ)」とあり、よる星が出てから行なうことになっており、父母の死の知らせを聞いて郷里へ帰る者は、急がねばならないので、礼記・奔喪に「唯父母之喪、見㆑星而行、見㆑星而舎」と

見て行き、日に逮んで舎す。星を見て行く者は、ただ罪人と父母の喪に奔《はし》る者とのみ。これいはゆる礼なり。*父母の邦《くに》を去るときは、遅遅として吾行く。*あに日の力を窮めんや。これいはゆる義なり。故に理は学ばずといへども知るべし。しかうして礼と義とのごときは、君子に非ずんば、すなはちこれを知ること能はず。故に人の非理の事をなさざるは、いまだ以て君子となすに足らず。ただ非礼と非義とをなさずして、然るのち以て君子となすべきなり。故に義・理を以て並べ言ふ者は、義を知らざる者の言なり。

人に恒《つね》の言《ことば》ありて曰く、これ某詩の義なり、これ某字の義なりと。これあに裁割断制の意あらんや。また古来相伝ふる者を以て命《なづ》けて義となすのみ。*詩に六義あるがごときも、またあに裁割断制の意ならんや。以て、詩を用ふるの道、古来相伝へて、この差別あるを謂ふのみ。また老子のいはゆる「*道を失ひてしかるのち徳、徳を失ひてしかるのち仁、仁を失ひてしかるのち義、義を失ひてしかるのち礼」のごときは、これ聖人の道を譏《そし》るといへども、また、古人の、古言を以てこれを言ひしことを見るべし。その意は仁・義・礼を以て先王の造る所となし、自然の道に非ずとなす。故にこの言あるのみ。*告子の「義外」の説もまた然り。もし告子をして果して義を知らざらしめば、すなはち孟子は必ずこれを弁ぜしならん。孟子のしかせずして、ただその内外を弁ずるのみなるを観れば、すなはち告子の言の謬《あやま》らざるを知るなり。これ老子・告子・孟子は、みな先王の義を以て義となすなり。孟子曰く、「*羞悪《しゅうを》の心は、義の端なり」と。また曰く、「*人みななさざる所あり、これをそのなす所に達す。しかうして義は用ふるに勝《た》ふべからざるなり」と。これ裁割断制の説の本づく所なり。それ人はみな羞悪の心あり。この故に*匹夫匹婦もみづから溝瀆《こうとく》に経《くび》

あり、朝早く星のあるうちに出発し、日が暮れ星が出てから宿泊することになっていた。

父母の邦… 孟子・万章下「孔子之去レ斉、接レ淅而行、去レ魯曰、遅遅吾行也、去二父母国一之道也」。**あに日の力**… 一日の旅行能力の限りをつくして旅を急ぐようなことはしない。孟子・公孫丑下「予豈若二是小丈夫一然哉、諫二於其君一而不レ受則怒、悻悻然見二於其面一、去則窮二日之力一而後宿哉」。

詩に六義… 毛詩序「詩有二六義一、一曰風、二曰賦、三曰比、四曰興、五曰雅、六曰頌」。**道を失ひて**… 老子・第三八章。老子によると、宇宙万物の根本原理は無為自然の道であり、この道が守られなくなった結果、作為的な儒教の道徳学説が生じたとする。**告子の義外**… まえの「義内」の注を参照。告子と孟子とは、義の内外の相違はあるが、義そのものについては理解の一致があり、両者とも義と認める標準を先王の義に置いていると、徂徠はいうのである。**羞悪**… 公孫丑上。**人みな**… 尽心下「人皆有レ所レ不レ為、達二之於其所一レ為、義也、…人能充下無二穿窬一之心上、而義不レ可レ勝レ用也」。**匹夫**… しもじものつまらぬ人間が自殺してみぞの中に死体をさらす。論語・憲問「豈若下匹夫匹婦之為レ諒也、自経二於溝瀆一而莫中之知上也」をふまえる。

りて以て死す。これあに義ならんや。かつ人のなさざる所の者は、あにみな義に合せんや。孟子にしてこれを以て義となさば、また妄なるのみ。故に孟子の意の必ずしからざるを知るなり。古の君子は、一事を行ひ、一謀を出《いだ》すにも、これをその臆に取らずして、必ずこれを古《いにしへ》に稽《かんが》へ、先王の礼と義とを援《ひ》きて以てこれを断ず。ここを以て古人論説する所あれば、必ず詩・書を引く者は、この道を以てなり。

また仁斎先生、*義を以て徳となすがごとき、その言に曰く、「*そのまさになすべき所をなして、そのまさになすべからざる所をなさざるをこれ*義と謂ふ」と。これ孟子の言に拠《よ》りてこの解をなす。然れどもそのいはゆる「まさになすべき所」、「まさになすべからざる所」なる者は、吾、みづからこれをその臆に取るか、はたこれを先王の義に取るかを知らず。もしみづからこれをその臆に取らば、すなはちまた朱子の意にしてその辞を易《か》ふる者のみ。もしこれを先王の義に取らば、すなはち*あに以て徳となすべけんや。その謬《あやま》り見るべきのみ。ああ、*先王の、義を制するは、誠にまた上稽《かみかんが》ふる所なくして、独りこれをその心に取れり。これその聖人たる所以なり。後の君子、学んでその徳を成す者、その或いは一二これをその心に取る者も、また何ぞこれなからん。然れどもこれまた人人の能《よ》くする所に非ず。*規矩なきが故なり。後儒の、人を教ふるは、*すなはち先王の義を舎《す》てて、みづからこれをその臆に取らしむ。あに謬《あやま》らずや。これ它《た》なし。孟子の言のみな*ためにする所ありてこれを言ひしことを知らずして、必ず、その言を援《ひ》きて以て解をなさんと欲するが故なり。これを医の薬を以て病を治め、病愈《い》ゆる後なほその薬を服して已《や》まざるに辟《たと》ふ。惑ひの甚だしき者なり。

義を以て徳となす 語孟字義・徳第一条「徳者、仁義礼智之総名」。 **そのまさに…** 語孟字義・仁義礼智第一条。 **これ義と謂ふ** 底本の「之謂義」の上の句読点は誤りで、つけるべきでない。 **あに以て徳となすべけんや** どうしてこれを徳ということができようか。道というべきである。 **先王の…** 先王が初めて義を制作した場合には、なるほど、それ以前に参考にすべき資料がないので、ひとりで自分の心で考えて制定したのは事実である。 **規矩** 準拠とすべきもの。 **すなはち** それにもかかわらず。 **ためにする…** 反対説を論破するという特別の目的があって。

2　古《いにしへ》はいまだ義を以て徳の名となす者あらず。ただ*周礼の六徳にこれあり。けだし大司馬の材を以て*これを言ふなり。大司馬は賞罰・*黜陟《ちゆつちよく》・*軍旅・*田猟の事を掌る。しかうして賞罰・黜陟は、義に当るを以て貴しとなす。軍旅・田猟は、みな、*当ることを急遽《きふきよ》の際に取る。故に先王の義に熟し変に応じて謬《あやま》らざる者に非ずんば能くせざるのみ。然れどもこれ士君子の*本業にして、凡そ仕ふる者はみな然り。故に它《た》書には以て徳となす者あることなきなり。「*義士なり」と曰ひ、「*義人なり」と曰ふがごときは、みなそのなすところ義に合するを以て、*つひにその人を賛するの言なり。みな一事を以てこれを言ふ。その実、*以て徳の名となすに非ざるなり。

3　「*君臣、義あり」と曰ふがごときは、臣を主としてこれを言ふ。けだし君はその全《すべて》を統ぶる者なり。先王の道は、民を安んずるに在り。ここを以て仁人に非ずんば、すなはち道に任ずること能はず。故に曰く、「*人の君となりては仁に止《とど》る」と。臣もまた先王の道に任ずる者なり。然れども君はその全を統べ、しかうして臣はその分に任じ、おのおの*官守あり、おのおの事とする所あり、千差万別なれば、義に非ずんばすなはち能くせず。故に義を以て臣の道となすなり。「*子に教ふるに義方を以てす」といふがごときも、また臣の道を教ふるを謂ふなり。*おのおの官守ありて、彼はこれに通ぜず。これをこれ方と謂ふ。ただ義のみしかりとなす。論語に曰く、「*君子の仕ふるや、その義を行はんとするなり」と。また曰く、「*義を行ひて以てその道を達す」と。仕へて以てその学ぶ所の先王の義を

2 **周礼**… 地官・大司徒「以二郷三物一教二万民一、一曰六徳、知仁聖義忠和、…」。**これ** 義。**黜陟** しりぞけると、のぼすと。官位の昇降任免。**軍旅** 軍隊。**田猟** 狩猟。**当る**… 適切な処置をとっさの場合に決める。**本業** 本来の職務。**義士** 左伝・桓公二年・僖公一九年、戦国趙策、荀子・王覇篇などに見える。**義人** 史記の伯夷伝・豫譲伝などに見える。**つひに** かくて。**以て**… 義を徳の名としたのではないのだ。

3 **君臣**… 孟子・滕文公上。**人の君**… 大学。**官守** 官職上の責務。孟子・公孫丑下「有二官守一者、不レ得二其職一則去」。**子に教ふるに**… 左伝・隠公三年「石碏諫曰、臣聞、愛レ子、教レ之以二義方一、弗レ納二于邪一」。**おのおの**… 臣の道は、それぞれ官職上の責務があるから、甲の職責は乙の職責に共通しない、これを方(正しいけじめ)という。ただ義によってのみ方が成り立つのである。**君子の**… 微子。**義を行ひて**… 季氏。論語徴「達二其道一者、達二其道於天下一也」。

行ふを謂ふなり。

4 *易の大伝に曰く、「何を以て民を聚むる、曰く財。財を理《をさ》め辞を正し、民の非をなすを禁ずる、曰く義」と。論語に曰く、「*利を見ては義を思ふ」と。また曰く、「*君子には*義に喩《さと》し、小人には利に喩す」と。これ民は生を営むを以て務めとなす。故に財利を以て心となす者は、民の業しかりとなす。君子は先王の道を学び、仕へて以て天職に*共す。故に義を以てその道となすなり。「財を理《をさ》め辞を正し、民の非をなすを禁ず」といふも、また仕ふる者の務むる所の官守の事を略挙してこれを言ふ。*財を理むとは、冢宰《ちようさい》・司徒・司空の事、辞を正すとは、宗伯《そうはく》の事、民の非をなすを禁ずとは、司馬・司寇《しこう》の事なり。

5 古《いにしへ》は*詩・書を以て義の府となす。*書なる者は帝王の*大訓にして、万世奉じて以て道となす。しかうしてその*片辞隻言は、援《ひ》きて以て事を断ずるに足る。故にこれを義の府と謂ふ者は、また然らずや。詩の義の府たるに至りては、すなはち人多くはその解を難んず。それ古の詩は、なほ今の詩のごときなり。その言は人情を主とす。あに*義理の言ふべきことあらんや。後儒の以て*勧善懲悪の設けとなす者は、みなその解を得ざる者の言のみ。けだし先王の道は、人情に縁《よ》りて以てこれを設く。いやしくも人情を知らずんば、いづくんぞ能く天下に*通行して、*窒碍《ちつがい》する所あることなからんや。学者能く人情を知りて、しかるのち書の義は*神明変化す。故に詩を以て義の府となす者は、必ず書を併せてこれを言ふのみ。これ先王の教への、妙たる所以なり。あに浅智の能く知る所ならんや。

4 易の大伝… 易経・繋辞伝下。なお、繋辞伝のことを大伝というのは、史記・太史公自序に見える。 **利を見ては**… 憲問。 **君子には**… 里仁。読み方は論語徴「…喩レ人之道、於二君子一則以レ義、於二小人一則以レ利」による。 **義に喩し** 義でさとし。 **共す** 供す。 **財を理む**… ↓補

5 詩書… 左伝・僖公二七年「詩書、義之府也」(詩経と書経とは、義がたくさん貯蔵されている宝庫である)。 **書** 書経。 **大訓** 偉大な教え。書経・顧命「嗣二守文武大訓一、無二敢昏逾一」。 **その片辞隻言**… その例は↓道6 **義理** 理論。 **勧善懲悪の設け** ↓弁道22 **通行し** あまねく行なわれる。 **窒碍** 行きづまる。 **神明変化す** 神秘的な働きをし、変化して応用される。

6 **徳義の経** 左伝・僖公二四年「富辰曰、心不ㇾ則二徳義之経一為ㇾ頑」。**徳の則**… 左伝・僖公二七年「詩書、義之府也、礼楽、徳之則也」。

7 **天の経**… 左伝・昭公二五年「夫礼、天之経也、地之義也、民之行也」。**経緯** 織物のたて糸とよこ糸。

8 **道芸** 道は先王の道、芸は六芸（礼楽射御書数）で、六芸は道のなかに含まれ、大小の区別があるが、同じく客観的なもので人の学ぶべきものであるから並べていう。周礼・地官・郷大夫「攷二其徳行一、察二其道藝一」。→道9　**趣** 自分の心がそれに向かって行くこと。**いよいよ** 原文の悆は愈の意。**道の汚隆** 衰えることと栄えること。盛衰。礼記・檀弓上「子思曰、昔者吾先君子無ㇾ所ㇾ失ㇾ道、道隆則従而隆、道汚則従而汚」。**礼運**… 礼記の篇名。「故聖王脩二義之柄、礼之序一、以治二人情一、故人情者、聖王之田也、脩ㇾ礼以耕ㇾ之、陳ㇾ義以種ㇾ之、講ㇾ学以耨ㇾ之、本ㇾ仁以聚ㇾ之、播ㇾ楽以安ㇾ之、故礼也者、義之実也、協二諸義一而協、則礼雖二先王未二之有一、可二以ㇾ義起一也」とあって、徂徠の引用文はこれに続く。**説卦伝** 易経に付加された解説文の十翼の一つ。

6「*徳義の経」と曰ふ者あり。徳は人を以てこれを言ひ、義は事を以てこれを言ふ。故に古にこの言あり。「*徳の則」「義の府」のごときも、また徳・義を以て対言す。

7「*天の経、地の義なり」と曰ふものあり。礼を賛するの言なり。経なる者は、礼の大なる者、能く衆義を持すること、*経緯の経の如きを謂ふ。義なる者は、礼の細なる者、おのおのその宜しきを制するを謂ふ。これを天地と謂ふ所以の者は、賛辞のみ。

8仁・義並べ称するは、六経・論語に、この言あることなし。行ひを主とするが故なり。七十子よりして後は、*道芸を論説するを以て務めとなす。論説の已《や》まざる、日《ひび》その*趣を見、*いよいよますますみづから憙《よろこ》びて以てこれを言ひ、またみづから、その先王の道を玩《もてあそ》ぶに流るることを覚えざるなり。これ勢ひの必ず至る所にして、*道の汚隆ここに繋《かか》る。ここにおいてか仁・義を以て並べ言ひ、つひに以て先王の道に命《なつ》くるに至るのみ。然れどもその初は聖人を去ることいまだ遠からず、故にその言もまた道に盭《もと》らず。*礼運に「義なる者は芸の分、仁の節なり。芸に協《かな》ひ、仁に講《やはら》ぐ。これを得る者は強し。仁なる者は義の本なり、順の体なり。これを得る者は尊し」と曰ひ、*説卦伝に「人の道を立つ、曰く仁と義と」と曰ふがごとき、これなり。それ先王の道は博《ひろ》しといへども、民を安んずるに帰せざる者なし。これいはゆる仁なり。然れども仁は言を以て尽くすべからず。故に礼楽を作りて以てこれを教ふ。これいはゆる芸なり。義もまた先王の立つる所にして、詩・書の載する所これなり。先王の教へは、礼*・義を立てて以て人の大端となす。故に書*・論語・中庸は、みな礼・義を以て並べ言へども、仁・義を以て並べ言はず。何となればすなはち仁なる者は大徳なり。義の倫《たぐひ》に非ざるなり。礼・義はみな道なり。徳に非ざるなり。仁・義並べ言ふときは、すなはちその倫に非ざるものを比《なら》べて礼を遺《わす》る。故に古の教へは然らず。

然れども道芸を論説するに至りては、すなはち時ありてか仁・義を以て並べ言ふ。礼*運・説卦の言のごとし。礼運の論説する所の者は礼に在るなり。故に仁・義を以て礼の徳を賛するのみ。先王の礼は繁《しげ》しといへども、民を安んずるに帰せざる者なければ、すなはち仁はその統なり。経*礼三百、威儀三千は、みな義ありて存す。これ仁はその全を統べて、義はその細を分つ。故に「芸の分、仁の節なり」と曰ふ。衆義を集めて礼立ち仁成る。故に「芸に協《かな》ひ、仁に講《やはら》ぐ」と曰ふ。「講」は「講《やはら》*ぐこと画一のごとし」の「講」のごとし。説卦の論説する所の者は、易に在るなり。故にまた以て易の徳を賛するのみ。陽は大にして統べざるはなし。故に喩《たと》ふるに仁を以てす。陰は小にして別るる所あり。故に喩ふるに義を以てす。陰・陽は相須《ま》*ちて、得て離るべからず。渾渾淪淪《こんこんろんろん》*として、いづくに往くとして仁に非ざらん。差差別別として、いづくに往くとして義に非ざらん。これ易・礼運はみな仁・義を以て並べ言ふといへども、然れどもいまだかつて仁・義を岐《わか》ちてこれを二つにせず。その、道に盭《もと》らざる所以なり。

また楽記《がくき》*に「仁は以てこれを愛し、義は以てこれを正す」、「春は作*し夏は長ず、仁なり。秋は斂《をさ》め冬は蔵す、義なり」と曰ひ、大*伝に「仁*を自《もち》ひて親《おや》に率《したが》ひ、等《とう》してこれを上《のぼ》して祖に至る。名づけて軽と曰ふ。義を自《もち》ひて祖に率ひ、順《したが》ひてこれを下して禰《でい》に至る。名づ

礼義… 礼記・礼運「故礼義者、人之大端也」(大端はおおもと)。**書**… 書経・仲虺之誥「以レ義制レ事、以レ礼制レ心」、論語・子路「上好レ礼、則民莫二敢不一レ敬、上好レ義、則民莫二敢不一レ服」、衛霊公「子曰、君子義以為レ質、礼以行レ之」など。なお中庸には礼義並言の例はなく、かえって「仁者人也、…義者宜也」と仁義並言の例がある。

礼運説卦の言 前頁本文および注参照。 **経礼**… ↓礼1「経礼…」。 **講ぐこと**… 漢書・曹参伝の語。顔師古注「講、和也、画一、言二整斉一也」。 **相須ちて** 両方が揃って始めて成り立つものであって。 **渾渾淪淪** 未分化のさま。

楽記 礼記の篇名。 **作し** 耕作し。

大伝 礼記の篇名。 **仁を自ひて**… ↓補

けて重と曰ふ」と曰ひ、*郷飲酒の義に「天地厳凝の気は、西南に始りて、西北に盛んなり。これ天地の尊厳の気なり。これ天地の義気なり。天地温厚の気は、東北に始りて、東南に盛んなり。これ天地の盛徳の気なり。これ天地の仁気なり」と曰ふがごとき、凡そこの類も、またみな道芸を論説するの言なりといへども、然れども*すでに仁義を岐《わか》ちてこれを二つにし、以て孔門の旧に盭《もと》ることある者なり。その末流に及んで、聖人の*沢まさに斬《た》えんとし、儒者の道日《ひび》に卑《ひく》く、紛然として百家と*衡を戦国の際に争ふ。ただ*輔頬舌《ほけふぜつ》に咸《かん》ずるをこれ務め、また先王の法言を道《い》はず、みづからこれをその臆に取りて以て勝たんことを求む。*墨氏は仁を尚《たっと》び、*楊氏および*刑名の諸家は、仁を無《な》みしまた義を無みしたれば、*つひに仁義を以てこれを聖人の道に命《なづ》け、以てこれに別つことあり、しかうして礼を遺《わす》れたることを知らず。*表記のいはゆる「仁に厚き者は義に薄く、親しけれども尊からず。義に厚き者は仁に薄く、尊けれども親しからず」、および、*孟子の、惻隠《そくいん》の心を以て仁となし、羞悪《しうを》の心を義となすがごとき、これなり。これその意は、民を救ふを以て仁となし、*乱賊を誅するを義となす、*日月の代るがはる照すがごときなり、刑賞の迭《たがひ》に用ひらるるがごときなり、然るのち道備りて偏《かたよ》らずと。その言は*井然《せいぜん》として条理あるがごとく、*粲然《さんぜん》として聴くべきがごとくなれども、しかもみづからその先王・孔子の道と背馳せることを知らざるなり。

それ天地に生殺あり、人に善悪あり。故に聖人はもとより善を好みて悪を悪《にく》む。刑賞ここにおいてか生ず。然れども聖人の善を好み悪を悪み、これを賞しこれを刑する所以の者は、仁なるのみ。故にその礼義を立つるやこれを以てし、君子の礼義を行ふやまたこれを

郷飲酒の義 礼記・郷飲酒義篇。徂徠がこれを「郷飲酒之義」ということについては、→義1「礼の義」。**すでに** 原文の「既已」は同義語の二字並列。**沢** 恩沢。恩恵。孟子・離婁下「君子之沢、五世而斬」。**衡** 勢力関係。**輔頬舌に咸ず** 易経・咸卦上六「咸二其輔頬舌一」。輔(うわあご)、頬(ほお)および舌は言語の道具。輔頬舌に咸ず(感応する)とは、口もとがむずむずとして大いにしゃべりまくること。**墨氏…** →補。**楊氏** →補。**刑名** →聖3「刑名」、および王霸「刑名の学」。**つひに…** その結果、儒家の学者は聖人の道を仁義と名づけて、墨氏・楊氏・刑名の徒の説と区別した。**表記** 礼記の篇名。**孟子…** 告子上「惻隠之心、仁也、羞悪之心、義也」。**乱賊** 国家・社会を乱し、人の身体・財産に害を与える者。**日月…** 中庸「如二日月之代明一」。**井然** すじみちの立っていること。荀子・儒效「井井兮其有レ理也」。**粲然** 明白なさま。

以てす。故に仁義の並べ言ふ者は非なり。孟子・諸家の意も、またかの義に差別あるに従ひて、その*なさざる所あるの意を見、またこれを人心に推して、以て悪を悪むの心の義たるを見、つひにこれを仁に配して以て道に命《なづ》く。けだしその初、仁義を以て礼を賛するときは、すなはち*物なほ在り。その卒《つひ》に直ちに仁義を以てこれを道に命《なづ》くるときは、すなはちつひにその物を失ふ。学者ただ仁義の名を以て道を求むるが故なり。またその時、論説まさに盛んにして、喜びてその精微を言ふに由《よ》りて、義は礼より離れて孤行す。古言漸《やうや》く廃するが故のみ。これよりの後、仁義の道は、つひに千万世儒者の常言となる。またこれを古《いにしへ》に稽《かんが》へざるの失なり。

かの後世の君子、宋の諸老先生のごとき者を観るに、その、学を語るや、務めて、*善を脩《をさ》めて悪を去り、天理を拡《ひろ》めて人欲を遏《とど》むることを言へども、先王の教へはただその善を導きて悪おのづから消ゆることを知らざるなり。その、治を語るや、務めて、*君子を賞して悪人を罰することを言へども、先王の道は、ただ*仁者を挙げて不仁者おのづから遠ざかるに在ること知らざるなり。その、人を論ずるや、務めてその*長短得失を備ふれども、先王の道は、ただその長を用ひて天下に*棄才なきに在ることを知らざるなり。その源を察するに、またいまだ必ずしも孟子よりこれを導かずんばあらず。すなはち*毫釐《がうり》千里の差、あに忽《ゆるがせ》にすべけんや。学者これを審《つまびら》かにせよ。

孝・悌　一則

孝悌は解を待たず、人のみな知る所なり。ただ古《いにしへ》*至徳と称する者三あり。泰伯の譲、

なさざる…　孟子・尽心下「人皆有レ所レ不レ忍、達二之於其所一レ忍、仁也、人皆有レ所レ不レ為、達二之於其所一レ為、義也」。　**物**　具体性。

善を脩めて…人欲を遏む　↓弁道9

君子を賞して…　性理大全・治道総論「朱子曰、…有レ功者必賞、有レ罪者必刑」。　**仁者を挙げて…**　論語・顔淵「舜有二天下一、選二於衆一、挙二皐陶一、不仁者遠矣、湯有二天下一、選二於衆一、挙二伊尹一、不仁者遠矣」。　**長短得失を備ふ**　↓補。　**棄才**　才能がありながら採用されないでいる人物。　**毫釐千里の差**　↓弁道1

◇孝悌

至徳…　↓徳5

父母…　↓補。　**強壮…**　三、四十歳。

文王の恭、および孝を至徳要道と称する、これなり。人、貴賤となく、父母あらざるはなく、*父母これを膝下に生ず。它《た》の百行のごときは、或いは*強壮にしてすなはち能くこれを行ふ。ただ孝のみは、幼より行ふべし。它の百行は、或いは学ぶに非ずんば能くこれを行ふことなし。ただ孝のみは、心に誠にこれを求めば、学ばずといへども能くすべし。*親《おや》なる者は身の本、身なる者は親の枝なり。故に人君は、必ず、*その志を継ぎその事を述ぶるを以て孝の至りとなす。臣下は、必ず、*身を立て名を揚げその父母を顕《あらは》すを以て孝の至りとなす。ただ孝のみ以て*神明に通ずべし。ただ孝のみ以て天地を感ぜしむべし。これその至徳たる所以なり。*天下を和順するは、必ず孝弟より始む。故に*先王、宗廟・養老の礼を立てて、以て躬《みづか》ら天下に教ふ。これその要道たる所以なり。*孝弟忠信は、孔門けだしこれを中庸と謂ふ。その甚だしくは高からず人みな行ふべきの事たるを以て、故に先王の道を学ぶには、必ず孝弟より始む。これを*高きに登るに必ず卑《ひく》きよりし、遠きに行くに必ず邇《ちか》きよりするに辟《たと》ふ。*孟子曰く、「堯舜の道は、孝弟のみ」とは、これの謂ひなり。その以て仁賢の徳に*馴致すべきを謂ふなり。然りといへども、後儒、論説を喜ぶの甚だしき、つひに*仁・孝を以てこれを一つにす。非《ひ》なり。孝はおのづから孝、仁はおのづから仁なり。君子は*一を挙げて以て百を廃するを悪《にく》む。仮りに一孝にして足らしめば、すなはち*江革・王祥はすでに聖人たりしならん。故に孔子曰く、「*行ひて余力あらば、すなはち以て文を学ぶ」と。言ふこころは、孝弟ありといへども、学ばずんばいまだ*郷人たるを免れずとなり。これまた学者のまさに知るべき所なり。然りといへども、*周官、師氏すでに至徳・敏徳を立て、以て一切を尽くすに足るに、更《さら》に孝徳を立てて以てこれを教ふ。見るべし它《た》の

礼記・曲礼上「人生十年曰㆑幼、学、二十曰㆑弱、冠、三十曰㆑壮、有㆑室、四十曰㆑強、仕、…」、孟子・梁恵王下「夫人幼而学㆑之、壮而欲㆑行㆑之」。**親なる者**… 礼記・哀公問「身也者親之枝也、敢不㆑敬与、不㆑能㆑敬㆓其身㆒、是傷㆓其親㆒、傷㆓其親㆒、是傷㆓其本㆒、傷㆓其本㆒、枝従而亡」。**その志**… 中庸「子曰、武王周公、其達孝矣乎、夫孝者、善継㆓人之志㆒、善述㆓人之事㆒者也」(述も受け継ぐの意)。**身を立て**… 孝経・開宗明義章「立㆑身行㆑道、揚㆓名於後世㆒、以顕㆓父母㆒、孝之終也」。**神明に**… 神に届いて神を感応させる。孝経・感応章「孝悌之至、通㆓於神明㆒、光(ちみ)㆓于四海㆒、無㆑所㆑不㆑通」。**天下を和順**… ↓補。**先王**… ↓補。**孝弟忠信**… ↓補。**高きに**… 中庸「君子之道、辟(たとへば)如㆓行㆑遠必自㆑邇、辟如㆓登㆑高必自㆑卑」。**孟子曰く**… 告子下。**馴致** しだいに到達させる。**仁孝を以て**… ↓補。**一を挙げて**… 孟子・尽心上「所㆑悪㆑執㆑一者、為㆓其賊㆑道也、挙㆑一而廃㆑百也」。**江革王祥** 江革は後漢書に、王祥は晋書に伝があり、それぞれ二十四孝のひとりで、孝行で有名。**行ひて**… 論語・学而。**郷人** いなか者。無知な俗人。孟子・離婁下「我由(ほな)未㆑免㆑為㆓郷人㆒也」。**周官**… 周礼・地官・師氏「師氏…以㆔三徳㆒教㆓国子㆒、一曰至徳、以為㆓道本㆒、二曰敏徳、以為㆓行本㆒、三曰孝徳、以知㆓逆悪㆒」。

不善ありといへども、いやしくも孝徳あらば、すなはち先王の取る所なることを。先王の孝を重んずることかくのごときかな。

忠・信　三則

1　忠なる者は、*人のために謀り、或いは人の事に代りて、能《よ》くその*中心を尽くし、視ること己の事のごとくし、懇到詳悉、至らざることなきなり。或いは*君に事《つか》ふるを以てこれを言ひ、或いは専ら*訟を聴くを以てこれを言ふ。訟を聴くもまた君に事へ官に居るの事なり。然れども*五刑の属は三千、至りて繁細となす。しかうして*民の詐を懐くや、*獄訟の情得《え》難く、彼此《ひし》怨みを構ふ。いやしくも能くその情を体するに非ずんば、すなはちその平を得ず。故に*周礼の六徳、忠は司寇の材たり。*左伝に「小大の獄、察すること能はずといへども、必ず情を以てす。忠の属なり」と。以て見るべきのみ。「*子は四を以て教ふ、文・行・忠・信」と。*忠は政事の科たり。政事なる者は、君の事に代る。故に忠を以てこれに命《なづ》く。

2　信なる者は、言に必ず*徴あるを謂ふなり。世多くは*言に欺詐なきを以てこれを解す。いやしくも言に必ず徴あるを以て心となさば、すなはち欺詐なきこと道《い》ふに足らず。*「信、義に近ければ、言*復《ふ》むべきなり」のごときは、これその言、徴ありといへども、必ず、先王の義に合せんことを欲す。もし言、義に合せずんば、すなはちその言を践《ふ》まんと欲すといへども、また、得べからざる者あり。その究《きはみ》はつひに徴なきに至るなり。朱子は「*約信

◇忠信

1 **人のために**…　論語・学而「曾子曰、…為レ人謀而不レ忠乎、…」。**中心**　心のまんなか。心の奥底。忠を字形の上から説明したもの。周礼・地官・大司徒の六徳の鄭玄注「忠、言以二中心一」、論語・里仁「忠恕而已矣」の皇侃義疏「忠謂レ尽二中心一」。**君に事ふ**…　論語・八佾「君使レ臣以レ礼、臣事レ君以レ忠」、左伝・宣公一二年「林父之事レ君也、進思レ尽レ忠、退思レ補レ過」。**訟を聴く**…↓補。**五刑の属**…↓補。**民の詐を懐くや**　人民は偽りを懐くものだから。**獄訟の情**　裁判事件の真相。**周礼**…↓聖2　**左伝に**…　荘公一〇年。**子は四を以て**…　論語・述而。**忠は政事の科**　↓補

2 **徴**　証拠。実証。**言に欺詐なき**…↓補。**信**…　論語・学而。**復む**　実行する。**約信を誓と曰ふ**　礼記・曲礼下の文。朱子は学而の「信近二於義一、…」に「信、約信也」と注する。約信とは約束のこと。

を誓と曰ふ」を引きて、信を訓じて約となす。これその解を知らざるのみ。

また「*民、信なくんば立たず」のごときは、民その上《かみ》を信ずるを謂ふなり。*その号令を慎みて、敢へて民を欺かずんば、すなはち民これを信ず。然れどもこれを信じて畏るるは、これを信じて懐《なつ》くにしかず。故に必ず能《よ》く民の父母となりて、しかるのち民これを信ずること至れり。它《た》の「*人にして信なくんば、その可なるを知らざるなり」、および「*言は忠信、行ひは篤敬ならば、*蛮貊《ばんばく》といへども行はれん」のごときは、*みな信ぜらるるがためなることを主としてこれを言ふ。大氐《たいてい》、先王の道は、民を安んずるがためにこれを立つ。故に君子の道は、みな人に施すことを主とす。いやしくも人に信ぜられず、民に信ぜられずんば、すなはち道は、はたいづくにかこれを用ひん。然れども信ぜられざるの本は我に在り。君子の、信を貴ぶ者は、これがための故なり。「*朋友と交りては、言ひて信あり」のごときも、また朋友の交りは、「*親に事へては力を竭《つ》くし、君に事へては身を致す」がごときの比に非ず、故に*浅乎《せんこ》としてこれを言ふといへども、然れども朋友なる者は、その*声誉を游揚《いうやう》して、これを上《かみ》に達する所以の者なり。故に中庸に曰く、「*上に獲《え》らるるに道あり。朋友に信ぜられずんば、上に獲られず」と。これ先王の、朋友の道を立ててこれに命《なづ》けて信となす所以の故なり。後の君子は、或いは*その求むる所ありてこれをなすに嫌《きら》ひあり、故にただその信を責むるのみにし、信ぜらるるの意に及ばず。その弊は、或いは独立して*物を絶ちて以て高しとなすに至るなり。*枉《まが》れるを矯《た》むるの言にして、つひに先王の「*道をなして人に遠からず」の意に非ず。学者これを察せよ。

また「*文・行・忠・信」のごときは、*信は言語の科たり。言語の道は、徴あるを貴ぶ。

民信なく… 論語・顔淵。論語徴は、君主に信がなければ、民が動揺すると解釈する。　**その号令を慎み**　むやみやたらなお触れを出さない。　**人にして**… 論語・為政。　**言は忠信**… 衛霊公。　**蛮貊**… 南方や北方の未開部族に対しても、何ごともうまく行なわれるであろう。なお論語では「蛮貊之邦」とある。　**みな**… ↓補。

朋友と交りて… 学而「子夏曰、賢㆑賢易㆑色、事㆓父母㆒能竭㆓其力㆒、事㆑君能致㆓其身㆒、与㆓朋友㆒交、言而有㆑信、雖㆑曰㆑未㆑学、吾必謂㆓之学㆒矣」。　**親に事へて**… 前注参照。　**浅乎として**　軽く。あっさりと。　**声誉**… 名声を世に広める。漢書・季布伝「曹丘至則揖㆑布曰、…且僕与㆓足下㆒倶楚人、使㆔僕游㆓揚足下名於天下㆒、顧不㆑美乎」。　**上に獲らる**　めうえの人に認められて挙用される。　**その**… 人に信じられるということは功利的意図で行なうのとまぎらわしいと考え…。　**物を絶ちて**… 人と交わりを絶って、それをすぐれた態度だとする。　**枉れるを矯む**　ここでは、間違いを正そうとして、かえって行きすぎるの意。漢書・諸侯王表「可㆑謂㆔撟㆑枉過㆓其正㆒矣」。　**道をなして**… 中庸「子曰、道不㆑遠㆑人、人之為㆑道而遠㆑人、不㆑可㆓以為㆒㆑道」。

文行忠信・信は言語の科　↓忠信1「忠は政事の科」

故に信を以てこれに命《なづ》く。「*言に物あり」と曰ふがごときは、これ君子の言の、徴ある所以の故なり。後世の諸儒のごときは、議論は美なりといへども、空言にして徴なし。*あに敢へて宰我・子貢の言語の科を望まんや。

3 忠・信の連言するも、また人のために謀り人と言ふ者を以てこれを言ふ。「*忠信を主とす」のごときも、またこれを以て主となすなり。「*忠信の人」も、またこれを能《よ》くするの人を謂ふなり。曰く、「忠信を主として義に徙る」と。曰く、「忠信の人は、以て礼を学ぶべし」と。礼義なる者は、先王の道なり。*忠信なる者は、中庸の徳なり。*高きに登るには必ず卑《ひく》きよりし、遠きに行くには必ず邇《ちか》きよりす。故に先王の道を学ぶには、必ず忠信を以て基となす。易の*文言に「忠信は、徳を進むる所以なり。辞を脩《をさ》めてその誠を立つるは、業に居《を》る所以なり」と曰ふがごとき、「辞を脩む」とは、詩・書を学ぶを謂ふなり。「その誠を立つ」とは、礼・楽を学ぶを謂ふなり。*詩・書なる者は義の府なり。故に「義に従《うつ》る」「以て礼を学ぶべし」と、その意*相《あひ》発す。孔子曰く、「*十室の邑《いふ》にも、必ず、忠信なること丘のごとき者あらん。いづくんぞ丘の学を好むにしかざらんや」と。すなはち忠信ありといへども、学ばずんばいまだ*郷人たるを免れざるなり。ただ先王の道を学ぶに、中庸の徳に依らずんば、すなはち*基の立たざる、遠きに行き高きに登らんと欲するも、また得《う》べからず。これ孔門の、忠信を貴ぶ所以の意なり。*孝悌忠信は、均《ひと》しく中庸の徳たり。*すなはち*孝悌を舎《お》きて、独り忠信を以てこれを言ふ者は、けだしその人いまだ学ばずして能《よ》く孝悌なるは、これこれを*性に得る者なり。その人或いは*内に厚くして外に薄きときは、

言に物あり 物は具体的内容、事実、証拠。易経・家人象伝「君子以言有㆑物、而行有㆑恒」、礼記・緇衣「言有㆑物而行有㆑格也」。 **あに敢へて…** 宰我や子貢が言語の分野ですぐれていたのに、背のびをしても及ばない。

3 忠信を主とす 論語・学而「君子不㆑重、則不㆑威、学則不㆑固、主㆓忠信㆒、無㆑友㆓不㆑如㆑己者㆒、過則勿㆑憚㆑改」、顔淵「主㆓忠信㆒徙㆑義、崇㆑徳也」。 **忠信の人** 礼記・礼器「忠信之人、可㆓以学㆑礼、苟無㆓忠信之人㆒、則礼不㆓虚道㆒、是以得㆓其人㆒之為㆑貴也」。 **忠信なる者…** →孝悌「孝弟忠信…」。 **高きに登る…** 中庸の文に基づく。 **文言** 易経付属の解説文の十翼の一つ。乾卦に編入されている。 **詩書…** 左伝・僖公二七年「詩書、義之府也」。 **相発す** たがいに明らかにしあう。 **十室の邑…** 論語・公冶長。→弁道17 **郷人** いなか者。無知の俗人。 **基の立たざる** 基礎が確立しないから。 **孝悌忠信…** →孝悌。 **孝悌を舎きて…** 前引の論語に「忠信なること丘のごとき…」といって、孝悌を言わないのは。 **すなはち** それに。 **性に得る** 天性として備えている。 **内に厚く…** 家族には行き届いたことをし、外部の人には無関心。

すなはちいまだ以て人に施すべからず。先王の道は、民を安んずるがためにこれを設く。故に多くは人に施す者を主としてこれを言ふ。忠信はみな人に施す者なり。かつ、它《た》人の事を以て己《おの》が任となすの意あり。故に特に忠信を以てこれを言ふ者は、道に近ければなり。

程子曰く、「*己を尽くすをこれ忠と謂ひ、実を以てするをこれ信と謂ふ」と。これ、かの「忠信を主とす」等の言を見て、ただ人のために謀り人と言ふ者を以てこれを言ふは狭きに嫌《きら》ひありと謂《おも》ひ、故にこの解をなす。また、先王の道の民を安んずるがためにこれを設けたることを知らずして、ややもすればこれを*己に求むるが故のみ。かつ「己を尽くす」は、いまだ以て忠字の義を尽くすに足らず。今人の宋儒の学をなす者は、人のために謀りて聴かれずんば、すなはち多くはみな舍《す》て去りて、またこれを顧みず、曰く、我すでに我の心を尽くせりと。これ忠字に*懇到周悉の意あるを知らざるが故なり。「実を以てす」もまた信字の義に非ず。程子はややもすればこれを心に求む。故にこの解をなすのみ。古はただ言語の上に就きてこれを言ふ。あに必ずしもこれを心に求めんや。

仁斎先生曰く、「*凡そ人と説くに、有ればすなはち有りと曰ひ、無ければすなはち無しと曰ひ、多ければ以て多しとなし、寡《すくな》ければ以て寡しとなし、一分も増減せざる、方《まさ》にこれ信」と。すなはち*宋儒の説なり。また、古《いにしへ》はただ人に施す者を以てこれを言ひしことを知らず、故に「*信、義に近し」、「*信賞必罰」の類に至りては、すなはち別に約信の解をなす。*蔓《まん》と謂ふべきのみ。仁斎先生また曰く、「忠信はみな人に接するの上に就きて言ふ」と。これ*措辞のいまだ善からざるなり。忠は君に事へおよび人のために謀るに在り。あにただ交際のみならんや。また曰く、「忠信は、朴実にして文飾を事とせざるの意あり」と。

己を尽くす…↓補。**己に求む** 相手に施すことを念頭に置かないで、わが身に徳の備わることだけを求める。**懇到周悉** 行き届き、漏れなく気を配る。

凡そ人と説くに… 以下、仁斎の説はすべて語孟字義・忠信第一条。**宋儒の説** 朱子語類・巻二一にも「循レ物無レ違謂レ信、物之大曰レ大、小曰レ小、此之謂ニ循レ物無レ違」とある。**信**… 論語・学而「有子曰、信近ニ於義一、言可レ復(ふく)也」。仁斎の古義「朱氏曰、信、約信也」、また語孟字義・忠信第一条「論語集註曰、信、約信也、古人有下信如ニ四時一、信賞必罰等語上、皆此意」。**信賞必罰** 漢書の宣帝紀賛・芸文志などに見える。**蔓** まとまりがない。**措辞** 文章のことば遣い。

先儒の…　↓補

◇恕

この八字　「己所レ不レ欲、勿レ施二於人一」の八字。↓補。**文においては**…　字の成り立ちでは如と心との組み合わせで、自分の心の欲するように人に対処するのが恕である。周礼・地官・大司徒「六徳」の孔穎達疏、また論語・里仁「夫子之道、忠恕而已矣」の集注「或曰、中心為レ忠、如心為レ恕」。**人心**…　左伝・襄公三一年「人心之不レ同、如二其面一焉」。**能く近く**…　論語・雍也「子貢曰、如有下博施二於民一而能済上レ衆、何如、可レ謂レ仁乎、子曰、何事二於仁一、必也聖乎、堯舜其猶病レ諸、夫仁者、己欲レ立而立レ人、己欲レ達而達レ人、能近取レ譬、可レ謂二仁之方一也已」。**仁者は**…　前注参照。**仁の方**　前々注参照。この論語の文の「仁」を朱子および仁斎は単に仁と解するが、徂徠の論語徴は仁人と解する。「方」については徂徠の説明はないが、古注には道といい、朱子・仁斎は術といい、いずれも同じで、徂徠によれば、仁人となる方途をいう。

これまたかの「忠信の人は、以て礼を学ぶべし」といふを見て妄《みだ》りに解する者なり。従ふべからず。*先儒の忠信を以て形影のごとしとする者に至りては、すなはち仁斎先生これを駁すること是《ぜ》なり。

恕　一則

恕の解は論語に見ゆ。曰く、「己の欲せざる所は、人に施すことなかれ」と、これなり。*この八字は、一たびは仲弓に答ふるに見ゆ。これ正文なり。再びは子《し》貢《こう》に答ふるに見ゆ。これ註の正文に入りしなり。上文に曰く、「それ恕か」と。論語を伝ふる者、すなはちこの八字を以て恕の字を解するのみ。故に中庸に曰く、「忠恕は道を違《さ》ること遠からず。これを己に施して願はずんば、また人に施すことなかれ」と、これなり。ただ恕は*文においては、如心を恕となす。故に己の欲する所、以て人に施すも、また恕なり。然れどもその事は広大にして、学ぶ者の能《よ》くする所に非ず。かつ*人心は同じからず、欲する所は或いは殊なり。故にただ「己の欲せざる所」を以てこれを言ふのみ。孔子曰く、「*能く近く譬へを取る、仁の方と謂ふべきのみ」と。近くこれを己が心に譬ふ、これ恕なり。「*仁者は己立たんと欲して人を立て、己達せんと欲して人を達せしむ」と。これすなはちいまだこれを立てこれを達せしむること能はずんば、すなはち僅かにその欲せざる所を施さざるのみ。故に「*仁の方」と曰ふなり。忠・恕の連言する者は、忠もまた恕を以てこれを行ひ、人のために謀り人の事に代る者も、また近くこれを己が心に譬へて、しかるのち能く人の事を視ること己の事のごとくすればなり。

*程子は「己を推す」を以て解をなす。不可なる者なし。ただ「己の欲せざる所は、人に施すことなかれ」は、これ古来相伝の説にして、何ぞ更《さら》に解をなさん。しかるに程子の更に解をなす者は、すなはち、そのただ欲せざる所を言ふのみにして、欲する所を言はざれば、その義窄《せま》きに似たるに嫌《きら》ひあるが故のみ。然れども概して己を推すを以て説をなすときは、すなはち或いは*小人の腹を以て君子の心を窺ふに至る者もまたこれあり。ただ明白斉整を務むるのみにして、深長にこれを思ふこと能はず。宋儒の*病《へい》はみなしかり。

*仁斎先生曰く、「寛宥《くわんいう》の意あり、また忖度《そんたく》の意あり。言ふこころは、毎《つね》に人の心を忖度して、刻薄を以てこれを*待せず」と。すなはち書札中の恕宥・恕察等の文を引く。然れどもその義はみな「己の欲せざる所は、人に施すことなかれ」の八字の中に尽きたり。かついはゆる寛宥にして刻薄ならずといふ者は、先王の道、民を安んずるがためにこれを設けて、これを長じこれを成しこれを輔《たす》けこれを養ふの意は、往くとして在らざることなければ、すなはちただ恕の字のみ然りとなさざるのみ。すなはち宋儒の刻薄の弊に懲り、故にこの説あるのみ。*また論語には注の正文に入る者多きことを知らず、故に「それ恕か」と曰ひ、「己の欲せざる所は、人に施すことなかれ」と曰ふにおいて、その意の重複せるを疑ひしなり。*子貢のいはゆる「我もまたこれを人に加ふることなからんことを欲す」といふを引くに至りては、すなはちまたみづから、*宋儒の誤りを踵《つ》ぐことを知らざるなり。大《たい》氐《てい》、忠信は僅かに学問の基たるに足り、しかうして忠恕はすなはち*仁に依るの方たり。故に古人の忠恕を言ふ者は、忠信よりも大なり。学者これを思へ。

程子… 論語・里仁「夫子之道、忠恕而已矣」の集注「程子曰、以レ己及レ物、仁也、推レ己及レ物、恕也」。

小人の腹… 左伝・昭公二八年「願下以二小人之腹一為中君子之心上」、世説新語・雅量「庾子嵩曰、以二小人之慮一、度二君子之心一」。 **病** 欠点。

仁斎先生曰く… ↓補。 **待せず** 取り扱わない。 **また論語**… 語孟字義・忠恕第二条で、「恕」と「己所レ不レ欲、勿レ施二於人一」とを意味の上で区別しているのに対する批判。↓補。

子貢の… 論語・公冶長「我不レ欲三人之加二諸我一也、吾亦欲レ無レ加二諸人一、子曰、賜也、非二爾所レ及也」。 **宋儒の誤りを踵ぐ** ↓補。 **仁に依るの方** 仁に寄りそうようにして離れないための方法。論語・述而「志二於道一、拠二於徳一、依二於仁一、游二於藝一」。「依る」については↓弁道7

誠一則

誠なる者は、*中心より発して、思慮*勉強を待たざる者を謂ふなり。纔《わづ》かに誠ならんと欲するときは、すなはち思慮勉強に渉《わた》る。故に誠なる者は得てなすべからざる者なり。故に先王・孔子の教へは、忠信ありて誠なし。その以て教へとなすべからざるを以てなり。その*伝記に見ゆる者は、*曲礼に曰く、「禱祠祭祀して、鬼神に供給するに、礼に非ずんば、誠ならず荘ならず」と。これ誠なる者は天地の徳なり。鬼神の徳なり。故に禱祠祭祀は誠を貴ぶ。然れども誠なる者は得てなすべからざる者なり。礼に由《よ》りてこれを行へば、自然に誠至る。故に*しかいふ。*檀弓《だんぐう》に曰く、「*伯高の喪に、孔氏の使者いまだ至らず。*冉子《ぜんし》、束帛・乗馬を摂《か》りてこれを将《おこな》ふ。孔子曰く、異《い》なるかな、徒《いたづ》らに我をして伯高に誠ならざらしむ」と。これ伯高すでに死し、死者は知ることなし。故に孔子は誠ならざるを悪《にく》む。*また曰く、「喪は三日にして*殯《ひん》す。凡そ身に附する者は、必ず誠にし必ず信にして、これを悔ゆることあることなからんのみ。三月にして葬《はうむ》る。凡そ棺に附する者は、必ず誠にし必ず信にして、これを悔ゆることあることなからんのみ」と。これ言ふこころは凡そ我が*中心より発してなさんと欲する所の者あらば、すなはちこれをなしてまた顧慮することなし、これ誠なり。信は疑はざるを謂ふなり。凡そ心に、安んぜざる所の者あらば、すなはちなさず、これ信なり。みな死者を*待するの道なり。*郊特牲に曰く、「犢《とく》を用ふるは、誠を貴ぶなり」と。これ*天を祭ると、天子の諸侯に適《ゆ》くとは、膳にみな犢を用ふ。犢は*知ることなき者なればなり。天の徳は誠なり。故にこれを用ふ。天子を尊ぶこと天に比す。故にまたこれを用ふ。*僅かにこの類のみ。

◇誠

中心 心のまんなか。心の奥底。**勉強** 努力。**伝記** 本来の経書(六経)に関する補説・解説の書物。今では十三経に含まれ経書として認められているものもある。春秋三伝や礼記などがこれ。**曲礼** 礼記・曲礼上。**しかいふ** →弁道1「のみ」。**檀弓** 礼記・檀弓上。**伯高** 孔子と交わりのあった人物ということ以外は不明。**冉子**… 孔子の弟子冉求(字は子有)は、孔子からの弔問の使者がまだ来ないので、人から一たばねの絹と四頭の馬を借りて香典として贈って弔礼を行なった。孔子は形式的な贈り物より誠を重んじたのでこのようにいった。**また曰く**… 檀弓上。**殯** 死体を納棺し、埋葬まで家にとどめておく儀式。**中心** 心の奥底。**待する** 取り扱う。**郊特牲**… 礼記・郊特牲「郊特牲、而社稷大牢、天子適二諸侯一、諸侯膳用レ犢、諸侯適二天子一、天子賜レ之礼大牢、貴レ誠之義也、故天子牲孕弗レ食也、祭レ帝弗レ用也」。**天を祭る**… 郊(祭天)の供え物と、天子が諸侯をおとずれ諸侯が天子に奉る膳とに犢(子牛)を用いる(→前注)。その理由は鄭玄の注に「犢者誠愨、未レ有二牝牡之情一」という。**知ることなき者** ここでは性欲がまだないこと(→前注)。**僅かに** 古書に誠の語の見える例は…。

*老氏の徒、先王の道を謂ひて偽となすに及んで、子思、中庸を作り、誠を言ふ者始めて盛んなり。然れどもその意に謂《おも》へらく、誠なる者は天地の徳なり、鬼神の徳なり、性の徳なり、聖人の徳なりと。天地・鬼神は、みな思慮勉強の心なき者なり。故に誠を以てその徳となす。*匹夫匹婦の愚不肖といへども、その性に得る所の者は、みな思はずして知り、勉めずして能《よ》くす。故に「*性の徳なり」と曰ふ。*性なる者は人の天に得る所、故に「*誠なる者は天の道なり」と曰ふ。*聖人の、道におけるは、みな思はずして得、勉めずして中《あた》る。故に至誠を以てこれを称す。「*これを誠にす」とは、先王の道を学んで、久しうしてこれと化し、*習慣、天性のごとくなるときは、すなはちその初、知らず能くせざりし所の者も、今はみな思はずして得、勉めずして中るを謂ふ。これ学習の力に出づ。故に「これを誠にする者は人の道なり」と曰ふ。道は外に在り、性は我に在り。習慣、天性のごとくなるときは、道と性と合して一つとなる。故に「*外内を合するの道なり」と曰ふ。故にその大要は、学んで以て徳を成すに在り。徳を成せばすなはち能く誠なり。これ中庸に誠を言ふの大略なり。

*大学の「意を誠にす」もまたしかり。*物格《きた》ればすなはち知至りて自然に意誠なるを謂ふなり。その、功を用ふるは、全く「物を格《きた》す」に在り。しかうして「知至る」以下は、みなその効のみ。*文言にいはゆる「辞を修めてその誠を立つ」も、また礼楽を学んで以て徳を成すを謂ふのみ。宋儒は古言に昧《くら》く、*加ふるに好尚の偏を以てす。故にその*二書を解するは、みな文義を失す。*或いは誠を以て実理となし、実心となし、真実無妄となす。種種の解、ますます精《くは》しくますます*鑿《うが》つ。みな辞に得ざるの失なり。

老氏…↓弁道1 **匹夫匹婦**…↓補。
性の徳 中庸「誠者非㆓自成㆑己而已㆒也、所㆔以成㆑物也、成㆑己仁也、成㆑物知也、性之徳也、合㆓外内㆒之道也、故時措㆑之宜也」。 **性なる者は**… 中庸「天命之謂㆑性」。 **誠なる者**… 中庸「誠者天之道也、誠㆑之者人之道也、誠者不㆑勉而中、不㆑思而得、従容中㆑道、聖人也、誠㆑之者、択㆑善而固執㆑之者也」。 **聖人の**… 前注参照。 **これを誠に**… 前々注参照。
習慣… 漢書・賈誼伝「少成若㆓天性㆒、習貫如㆓自然㆒」(孔子家語・七十二弟子解、顔氏家訓・教子も同様)に基づく。 **外内を合す**…「性の徳」の注を参照。外内は、鄭玄は上下すなわち天地と解し、朱子は己と物(人)とするが、徂徠の説はこれらと異なる。
大学 礼記の大学篇。宋代では大学・中庸・論語・孟子を四書として特に重視した。 **物格れば**… 大学「物格而后(のち)知至、知至而后意誠」。「格」を「きたる」「きたす」と解することについては↓弁道24 **文言** 易経・乾卦文言伝。 **加ふるに**… そのうえに好みが片寄っている。 **二書** 大学と中庸。 **或いは誠を**…↓補。 **鑿つ** 重箱のすみをほじくるように、こまごまときわめる。孟子・離婁下「所㆑悪㆓於智㆒者、為㆓其鑿㆒也」に基づく。

仁斎先生の*誠意と誠身とを以てその優劣を争ふがごときは、殊に知らず、身なる者は我なることを。凡そ身・心の相対するは、仏書に出づ。吾が聖人の教へのごときは、*凡そ身と言ふ者は、みな道芸に対してこれを言ふ。道芸は外に在りといへども、これに習ひて熟するときは、すなはち徳を我に成す。これ「身を誠にす」と謂ふ。徳成るときはすなはち知おのづから至る。知至るときは、すなはち*その仁を好むは、好色を好むがごとく、悪臭を悪《にく》むがごとし。その、功を用ふるは、全く道芸に習ひてこれに熟するに在り。大学・中庸、あに*異義あらんや。「*中《うち》に誠なれば外に形《あらは》る」といふがごとき、*学者その解を難んずる者は、孟子の*性善の錮《こ》する所に縁《よ》るのみ。中庸のいはゆる「*生知安行」なる者は、何ぞただ聖人のみならんや。匹夫匹婦も、みな、生知安行する所あり。饑《う》ゑて食《くら》ひ渇《かつ》えて飲むがごときは、みな思はずして得、勉めずして能くす。また生知安行なり。故に悪に習ひて性と成る者は、悪もまた誠なり。これ誠はもと先王の以て教へとなせし所の者に非ず。子思、老氏を闢《しり》ぞけんと欲するがために、故に始めてこの義を発す。あに必ずしも執りて以て美徳となさんや。

また*仁斎先生の無妄・無偽を以てその優劣を争ふがごときも、また朱子の意は虚妄なきことを謂へるを知らざるのみ。そのいはゆる「春はまさに温かなるべくして反つて寒く、夏はまさに熱かるべくして反つて冷《ひやや》かに、夏に霜あり、冬に雷あり、*桃李《たうり》華《はな》さき、五星逆行し、日月度を失ふの類」は、あに虚妄となすべけんや。*東坡《とうは》のいはゆる「*人は至らざる所なし。ただ天のみ偽りを容《い》れず」とは、その人の偽りを容れざるを謂ふのみ。天の偽らざるを謂ふに非ざるなり。ああ、天はあに偽不偽を以て言ふべけんや。これその今言にお

誠意と誠身… ↓補。 **凡そ身と言ふ者**… ↓補。 **その仁を好むは**… 好色は美色、美人。論語・子罕「子曰、吾未レ見二好レ徳如レ好レ色者一也」、大学「所謂誠二其意一者、毋二自欺一也、如レ悪二悪臭一、如レ好二好色一、此之謂二自謙一」。 **異義** 異なった意味。 **中に誠なれば**… ↓補。 **学者その解を**… ↓補。 **性善の錮する所** 性善説に束縛される。 **生知安行** 中庸「或生而知レ之、或安而行レ之」。

仁斎先生… 誠についての朱子の代表的定義「誠者、真実無妄之謂」(中庸「誠者、天之道也」の朱子章句)に対し、仁斎は、誠の反対は偽であるから「真実無偽」という方がよいといったことを指す。もっとも朱子も孟子・離婁上「誠者、天之道也」の注で「誠者、理之在レ我者、皆実而無レ偽、天道之本然也」といっている場合もある。↓補。 **桃李**… ↓補。 **東坡** 蘇軾の号。 **人は至らざる**… ↓補

けるもなほいまだこれを知らず、いはんや古言においてをや。

恭・敬・荘・慎独　六則

1 恭なる者は、徳の名なり。みづから高しとせざるを謂ふなり。*倨の反なり。*宋儒にすなはち「恭は容を主とし敬は心を主とす」の説ある者は非《ひ》なり。凡そ貌に見《あらは》るる者は心に本づく。いまだ、心に恭敬なくして能《よ》く貌の恭敬なる者はあらず。故に恭敬はみな心に在りて、みな貌に見《あらは》る。恭・敬の分は、恭は己を主とし、敬は必ず*敬する所あること、異《こと》なりとなすのみ。故に敬には「*これを敬す」と曰ひ、恭には「これを恭す」とは曰はず。*堯《げう》の「允《まこと》に恭」、*舜《しゆん》の「己を恭にす」は、みな、みづから高しとせず、みづから聖とせず、敢へて人を軽視せざるを謂ふなり。*堯の、鯀《こん》の命に方《そむ》き族を圮《やぶ》ることを知りたれども、四岳「試みて可なり。すなはち已《や》めん」と曰へば、すなはちこれを用ひ、礼楽を作らんと欲しては、すなはち舜を登庸したるがごときは、これ恭なり。*舜の問ふことを好み、好んで邇言《じげん》を察したるがごときは、これ恭なり。孔子の子産を称して「*その己を行ふや恭、その上に事ふるや敬」と曰ひたるがごとき、恭・敬の分、以て見るべきのみ。

孟子曰く、「*難きを君に責むる、これを恭と謂ふ。善を陳《の》べ邪を閉づる、これを敬と謂ふ」と。またその君を軽視せざるを以て恭となし、その事を敬するを以て敬となす。孟子の「*交際は何の心ぞやと。曰く、恭なりと。曰く、これを*却《しりぞ》くるを不恭となすは何ぞやと。曰く、尊者これに賜ふに、そのこれを取る所の者は義か不義かと曰ひて、しかるのちこれを受くるは、これを以て不恭となす、故に却けざるなり」といふも、また人を軽視せざる

◇恭敬荘慎独

1倨の反　おごるの反対。　**宋儒…**↓補。　**敬する所**　敬する対象。　**これを敬す**　詩経・周頌・敬之「敬レ之敬レ之、天維顕思」、論語・公冶長「子曰、晏平仲善与レ人交、久而敬レ之」など。　**堯の…**　書経・堯典「文思安安、允恭克譲、光二被四表一、格二于上下一」。　**舜の…**　論語・衛霊公「子曰、無レ為而治者、其舜也与、夫何為哉、恭レ己正南面而已矣」、書経・舜典「温恭允塞」。　**堯の…舜を登庸し**　書経・堯典の文に基づく。↓補。　**舜の…邇言を察し**　中庸の文に基づく。　邇言は高遠でなくて卑近なことば。　**その己…**　論語・公冶長。

難きを…　離婁上。　**交際は…**　↓補。

却　底本の郤は卻(却の古字)の誤り。

なり。孟子は*柳下恵を不恭と称するなり。恵の意に謂《おも》へらく、天下に有道の君なしと。故に曰く、「*いづくに往くとして三たび黜《しりぞ》けられざらん」と。その、郷人を視るは、*蜾蠃《くわら》の螟蛉《めいれい》におけるがごとし。故に曰く、「爾《なんぢ》いづくんぞ能《よ》く我を浼《けが》さんや」と。これみな人を軽視するの甚だしき、故にこれを不恭と謂ふ。恭字の義、以て見るべきのみ。

2 敬なる者は、尊崇する所ありて敢へて忽《ゆるがせ》にせざるを謂ふなり。*天を敬し、鬼神を敬し、君を敬し、上を敬し、父母を敬し、兄を敬し、賓客を敬すのごときは、みな敬する所あるを以てこれを言ふ。*仁斎先生、宋儒の持敬を駁《ばく》する者は是《ぜ》なり。ただ六経を歴観するに、その敬を言ふ者*多きに居る。*祇《し》・粛・斉・荘・寅《いん》・恭・欽《きん》・畏《ゐ》のごとき、その言は殊《こと》なりといへども、みな敬なり。その然る所以の故を究むるに、けだし先王の道は、天を敬するを以て本となし、天道を奉じて以てこれを行ふ。人の先王の道を奉ずるは、まさに以て天職に供せんとするなり。*人はただ天を以て本となし、父母を以て本となす。先王の道、*祖考を祭りてこれを天に配す。これ天と父母とを合してこれを一つにす。これ*本を一つにすと謂ふ。君なる者は先王の嗣なり。*天に代る者なり。故にこれを敬す。*民なる者は天の我に命じてこれを治めしむる所以の者なり。故にこれを敬す。*身なる者は親の枝なり。故にこれを敬す。これ、先王の道、天を敬するを本となす所以の故なり。先王の道は、天を敬するを本となす。故に君子の心は、*敬せざることなし。故に経伝に恭敬を言ふにも、また敬する所を言はざる者あり。「*居処、恭」、「*敬に居りて行ふこと簡」、「*己を脩めて以て敬す」のごとき、これなり。居と云ひ居処と云ふ者は、「*仁に居る」の「居」の如く、また

柳下恵… 公孫丑上「柳下恵不レ羞二汚君一、不レ卑二小官一、進不レ隠レ賢、必以二其道一、遺佚而不レ怨、阨窮而不レ憫、故曰、爾為レ爾、我為レ我、雖四袒二裼裸三裎於我側一、爾焉能浼レ我哉、故由由然与レ之偕、而不二自失一焉、援而止レ之而止、援而止レ之而止者、是亦不レ屑レ去已、孟子曰、伯夷隘、柳下恵不恭、隘与二不恭一、君子不レ由也」。

いづくに… 論語・微子「柳下恵為二士師一三黜、人曰、子未レ可二以去一乎、曰、直レ道而事レ人、焉往而不三三黜一、枉レ道而事レ人、何必去二父母之邦一」。

蜾蠃… 養ひ親の養子に対するような冷淡な態度。→学則一「冥令」

2 天を敬し… ↓補。 **仁斎先生宋儒の持敬を駁す** ↓補。 **多きに居る** 多くを占めている。 **祇粛斉荘**… ↓補。 **人はただ天を**… 史記・屈原伝「夫天者、人之始也、父母者、人之本也」。 **祖考を祭りて**… 考は死去した父。↓補。 **本を一つにす** 孟子・滕文公上「且天之生レ物也、使二之一一レ本」。 **天に代る者** ↓補。 **民なる者**… 前注参照。また書経・高宗肜日「王司(つかさどる)レ敬レ民」。 **身なる者**… 礼記・哀公問「身也者、親之枝也」。 **敬せざることなし** 礼記・曲礼上の冒頭の文。 **居処恭** 論語・子路「樊遅問レ仁、子曰、居処恭、執レ事敬、与レ人忠、雖レ之(ゆく)二夷狄一、不レ可レ棄也」。↓補。 **敬に居りて**… 雍也。 **己を脩めて**… 憲問。 **仁に居る** 孟子・尽心上「居

身を敬に居《お》くを謂ふなり。

宋儒の学は、理を主とし知を貴ぶ。故にその六経に敬を言ふこと多きに居るを見れども、その説を得ざれば、すなはちこれを心に帰す。*持敬の説の生ずる所以なり。けだし理を主とし知を貴ぶ者は、鬼神を信ぜず、天を敬せず。以為《おも》へらく、*天は理なり、*鬼神は陰陽の霊なり、*理は我に在り、いやしくも能く理を尽くさば、則ち天は我に在りと。これその心すでに傲然《がうぜん》として不恭なり。これを以てして敬の説を求むるは、その解を得ざる所以なり。故に徒《いたづ》らにその心を持し、出入せしめず、これを命《なづ》けて敬と曰ふ。それその心を持する者もまた心なり。心を以て心を持せば、両者こもごも戦ひて已《や》まず。これ*浮屠の下《げ》なる者もなほかつなさざる所なり。故に徒らに敬を持せんと欲する者は、いまだ能《よ》く成す者あらず。朱子は*晩にその非を悟り、すなはち曰く、「*畏《おそ》るる所ありて然《しか》す」と。然れどもいまだその理を主とし知を貴ぶの非を悟らざれば、すなはち悟るといへどもなほ悟らざるがごとし。あに哀しからずや。仁斎先生は英邁《えいまい》の資を負ひ、特見の智を抱く。然れどもその古文辞を知らざるや、ここを以て六経を読むこと能はず。すなはち、天を敬し鬼神を敬するは、先王の道これを以て本となすことを知らず。故に能《よ》く朱子の持敬の非を知れども、みづからそのなほいまだ宋儒の域を離れざることを知らざるなり。なほかつ傲然《がうぜん》としてみづから高しとし、独りその臆に任せて、*先王・孔子の道を岐《わか》ちてこれを二つにす。これその敬を論じて「*ただ、民事を敬するを謂ふ」と曰ふ者は、通ぜざる所ある所以なり。あに惜しからずや。学者これを察せよ。

㆑仁由㆑義、大人之事備矣」。

持敬の説　たとえば朱子語類・巻一二「問、二程専教㆓人持敬㆒、持敬在㆓主一㆒、浩(弟子名)熟㆓思之㆒、若能毎㆑事加㆑敬、則起居語黙、在㆓規矩之内㆒、久久精熟、有㆘従㆓心所㆑欲不㆑踰㆑矩之理㆖、顔子請㆑事㆓四者㆒、亦只是持敬否、曰、学莫㆑要㆓於持敬㆒…顔子止是持敬」。**天は理なり**　論語・八佾「王孫賈問曰」章の朱注「天即理也」。**鬼神…**　中庸・第一六章章句「張子曰、鬼神者、二気之良能也、愚謂以㆓二気㆒言、則鬼者陰之霊也、神者陽之霊也、以㆓一気㆒言、則至而伸者為㆑神、反而帰者為㆑鬼、其実一物而已」。**理は我に…**　↓補。**浮屠**　仏教徒。**晩**　晩年。**畏るる所…**　↓補。**先王孔子の道…**　↓弁道1　**ただ民事を敬するを謂ふ**　論語・憲問「子路問㆓君子㆒、子曰、脩㆑己以敬、…」の古義に「曰㆓脩㆑己以敬㆒、曰㆓居㆑敬而行㆑簡㆒、皆以㆑敬㆓民事㆒言、未㆑有㆓無㆑事而徒言㆑敬者㆒也、若㆓後世之言㆑敬者異哉」(また語孟字義・敬第一条参照)。徂徠の論語徴は「脩㆑己以敬、不㆑言㆑所㆑敬、敬㆑天也、仁斎曰、敬㆓民事㆒、君子豈無㆓王事㆒乎、要㆑之民事王事皆天職也、故敬㆑天為㆑本、…」と反論する。

3 按ずるに経伝の言ふ所に、「*その衣冠を正し、その*瞻視《せんし》を尊《たか》くし、儼然《げんぜん》として人望みてこれを畏《おそ》る」と曰ひ、「*斉明《さいめい》盛服して、礼に非ざれば動かず」と曰ふ者あり。これ宗廟・朝廷の上にて大礼を行ふを主としてこれを言ふ。「*居《を》るには容《かたち》づくらず」、「*申申夭夭《えうえう》」に至りては、すなはち必ずしも然らざる者あり。宋儒は*一張一弛の道を知らず、専ら*矜持《きようち》を務め、人情に近からざる者あるに至る。また敬の天を敬するに本づくことを知らずして、徒らにその敬を持するが故のみ。それ先王の道は、天を敬するを本となす。詩書礼楽、みな然らざるはなし。故に学者いやしくもこの意を識らば、すなはち学習の久しき、おのづから然るを期せずして然る者あり。何ぞ必ずしも*持するをなさん。もし或いは*念念天を敬するを以てこれを言はば、すなはちまた持敬と何ぞ択ばんや。

4 慎独なる者は、徳を己に成すを務むるを謂ふなり。大氏《たいてい》、先王の道は外に在り、その礼と義とは、みな多くは人に施す者を以てこれを言ふ。学者視て以て*道芸となして、徳を己に成すを務めざる者衆《おほ》し。故にまた「独りを慎む」の言あり。その伝に見ゆる者は、ただ*大学・中庸・礼器にのみこれあり。「独」なる者は人に対するの名、「慎」なる者は心を留《とど》むるの謂ひなり。言ふこころは道は外に在りといへども、然れどもまさに心を我に在る者に留めて、我の徳を成さんことを務むべし。これ「独りを慎む」の義なり。もと*敬の謂ひに非ず。また*未発・已発の説あるに非ず。宋儒の、聖人の道を学ぶを知らずして、直ちに聖人を学ばんと欲するや、かの「*至誠息《や》まず」といふを見て、急《しき》りにこれを学ばんと欲し、つひに未発・已発の目《もく》を立て、その*間断なからんことを欲す。故に戒懼《かいく》・慎独の説あ

3 その衣冠を正し… 論語・堯曰。 **瞻視を尊くし** 視線を目の高さより上へ向ける。 **斉明盛服…** ものいみをし身心を清らかにし、衣服をりっぱに整える。礼記・中庸。 **居るには容づくらず** 日常の家庭生活では威儀をいかめしく整えない。論語・郷党。 **申申夭夭** 述而「子之燕居、申申如也、夭夭如也」(孔子の日常生活は、のびやかで、やわらいでいた)。 **一張一弛** 緊張したりのんびりしたりする。礼記・雑記下。 **矜持** わが身を慎しみ抑える。四角張る。 **持す** 敬を持す。 **念念…** 瞬時も天を敬することを忘れないことが敬だというならば、宋儒の持敬と区別がなくなる。

4 道芸 →道9 **大学中庸礼器** 礼記・大学「此謂下誠二於中一形中於外上、故君子慎二其独一也」、中庸「莫レ見二乎隠一、莫レ顕二於微一、故君子慎二其独一也」、礼器「礼之以レ少為レ貴者、以二其内一心者也、徳産之致也精微、観二天下之物一、無下可三以称二其徳一者上、如レ此則得レ不二以レ少為一レ貴乎、是故君子慎二其独一也」。 **敬の謂ひに非ず** →補。 **未発已発…** →補。 **至誠息まず** 中庸・第二六章の語。その章句に「既無二虚仮一、自無二間断一」。 **間断…** 前注および「未発已発…」注参照。

り。またその専らこれを心に求むるや、故に「独*」を以て「人知らずして我独り知る者」となして、急《しき》りに一念の微に就きて以てその力を施さんことを欲す。これみな杜《づ》撰妄説《さんまうせつ》にして、先王・孔子の道のなき所なり。その意はけだし動容周旋*の礼に中《あた》る者を以て聖人となす。これあに以て聖人となすに足らんや。仮りにそれをして果して聖人たらしむるも、然れどもその動容周旋の礼に中る所以の者も、また習ひて以て徳を成せば、すなはち然るを期せずして然る者あるのみ。あに直ちに心に就きてその工を施すを容《い》れんや。それ先王の教へは、化*工の物を生ずるがごとく、習慣は天性のごとし。あに力を容れんや。宋儒の教へは、工人の器を作るがごとし。それ玉石土木は、攻《をさ》めて以て器となすべし。心はあに玉石土木の倫《たぐひ》ならんや。故に先王の教へは、ただ礼*の以て心を制することあるのみ。これを外にして妄作するは、あに杜撰ならずや。これその未発・已発・戒懼《かいく》・慎独の説は、みづから以て動静遺《のこ》さず精密の至りとなせども、しかもつひにその教へに遵《したが》ひて以て聖人の域に造《いた》る者あることなきこと、以て知るべきのみ。

5 諸書にまた恭*・敬の連言する者あり。またその義の相関するが故なり。先王の道は、天を敬するを本となす。故に敢へてみづから高しとせず。これ恭・敬の連言する所以の故なり。けだし堯舜の敢へてその下《しも》を軽視せざる所以の者は、天意の知るべからざるがための故なり。天*或いはその衷《ちゆう》を誘《いざな》はば、すなはち*鮌《こん》・驩兜《くわんとう》は何ぞ必ずしも昔日の鮌・驩兜ならんや。*芻蕘《すぜう》の言、*あに必ずしも我が下に出でんや。孔子の天下を軽《かるがる》しく棄てざりしも、また天意の知るべからざればなり。故に聖人の恭は、天を敬するの至りなり。

独…↓補。**動容周旋**… 態度や動作。孟子・尽心下「動容周旋中レ礼者、盛徳之至也」。**化工**… 造化の巧みが物を生じる。史記・賈誼伝・服賦「且夫天地為レ炉兮造化為レ工、陰陽為レ炭兮万物為レ銅」。弁名考注は「二程全書、易説繫辞部、程子曰、如二繫辞之文一、後人決学不レ得、譬二之化工生一レ物、且如(かり)生二出一枝花一、或有二剪裁為一レ之者、或有二絵画為一レ之者、看時雖二自相類一、然不レ若二化工所一レ生、自有二一般生意一」というのを引くが、易説繫辞にはない。また二程全書には見当たらない。**礼の以て**… 書経・仲虺之誥「以レ義制レ事、以レ礼制レ心」。

5 恭敬の連言 礼記・曲礼上「是以君子恭敬撙節、退譲以明レ礼」、孟子・告子上「恭敬之心、礼也」。**天或いは**… 天の神がもし人の心の奥底にある正しいものを導き出すならば。「天誘二其衷一」は左伝の僖公二八・成公一三・襄公二五・定公四・哀公一六年に見える。**鮌驩兜** 帝堯の臣で非行のあった者。**芻蕘** 身分の低い草かりと、しばかり。詩経・大雅・板「詢(はか)二于芻蕘一」。**あに**… 我々より劣っているとは限らない。

6 *荘は専ら容を主とし、下に臨むを以てこれを言ふ。*上天照臨し、日月星辰*森如たり。人の上たる者これに法《のっと》る。これ荘なり。

謙・譲・遜・不伐　一則

謙は恭と相似《あひに》たり。ただ恭は敢へて高しとせざるなり。卑の意あり。謙は敢へて当らざるなり。退の意あり。*陳子禽の「子《し》は恭をなすなり」と曰ふがごときは、すなはち謙なり。譲は争の反にして、推して以て人に与ふるなり。辞・譲は相似たり。辞なる者は受けざるのみ。遜は争はざるなり。柔順の意あり。多くは*言を出《いだ》すを以てこれを言ふ。その言柔順にして、物と忤《さから》はざるなり。*遜位・*揖遜《いふそん》のごときはすなはち譲なり。*不伐なる者は、功あれどもその功に伐《ほこ》らざるなり。みな盛徳の事なり。君子、礼楽を学びて以てその徳を成せば、すなはち*和順中《うち》に積りて、その英華外《そと》に発する者かくのごとし。それ不伐なる者は、*禹《う》の徳なり。譲なる者は、*堯《げう》・舜《しゅん》・泰伯の徳なり。*禹《う》の功は*万世に頼《さいはひ》すれども伐らず、大なるかな。堯は舜に譲り、舜は禹に譲り、*徳を正すの道、ここにおいてか成る。しかうして万古帝王の道立つ。大なるかな。*泰伯譲りて、*文武の沢《めぐみ》一代に被《かうむ》らす。また大なるかな。これみな一己の節を以てするに非ざるなり。聖人に非ずんば、それ孰《たれ》かこれを能《よ》くせんや。*孟子弁を好み、*重きを舜禹の受に帰《き》してよりして、堯舜の譲は明らかならず。悲しいかな。

6荘 ↓補。 **上天照臨** 詩経・小雅・小明「明明上天、照二臨下土一」。 **森如** 身がひきしまるようにおごそか。

◇謙譲遜不伐

陳子禽… 論語・子張「陳子禽謂二子貢一曰、子為レ恭也、仲尼豈賢二於子一乎、…」。 **言を出すを**… 論語・憲問「子曰、邦有レ道、危レ言危レ行、邦無レ道、危レ行言孫」（孫は遜に同じ）。 **遜位** 史記・太史公自序「唐堯遜レ位」（遜位は譲位と同じ）。 **揖遜** 申鑒・政体「垂拱揖遜、而海内平」。 **不伐** 書経・大禹謨「帝曰、来禹、…汝惟不レ伐、天下莫二与レ汝争一レ功」、論語・雍也「孟之反不レ伐、奔而殿、将レ入レ門、策二其馬一曰、非二敢後一也、馬不レ進也」。 **和順**… 礼記・楽記「和順積レ中、而英華発レ外」。 **禹の徳** 前の「不伐」の注を参照。 **堯舜泰伯の徳** 堯が舜に、舜が禹に帝位を譲ったこと、および論語・泰伯「泰伯其可レ謂二至徳一也已矣、三以二天下一譲、民無二得而称一焉」。 **禹の功** 禹が洪水を治めたなどの事績。 **万世**… 書経・大禹謨「万世永頼、時乃功（これなんぢのこう）」。 **徳を正す** 書経・大禹謨「禹曰、於（ああ）帝念哉、徳惟善レ政、政在レ養レ民、水火金木土穀惟修、正レ徳利レ用厚レ生惟和」。 **泰伯譲りて**… ↓補。 **文武** 文王・武王。 **孟子弁を好み** 孟子・滕文公下「公都子曰、外人皆称二夫子好一レ辯」。 **重きを舜禹の受**… ↓補

勇・武・剛・強・毅　五則

1 勇もまた聖人の大徳なり。天下の事において懼《おそ》るる所なきを謂ふなり。けだし聖人の徳は、その大なる者を挙ぐれば、仁・智これを尽くせり。しかるにまた勇を挙げて以てこれを参にする者は、君子は武備なかるべからざるを以てなり。故に経においては*商書に在りて、湯《たう》の徳を賛するに、始めて勇智の称あり。以て見るべきのみ。周官に*大司馬あり、*六卿《りくけい》、事ありて出づれば、みな将軍となる。*兵を農に蔵し、*射を礼楽に文《かざ》り、*男子生るれば弧を懸け、三代の君子はみな*剣を帯ぶ。*詩に曰く、「*文武なる*吉甫《きつぽ》」と。*孔子曰く、「文事ある者は、必ず武備あり」と。*伝に曰く、「国の大事は、*祀《し》と戎《じゅう》とに在り」と。あに然らざらんや。然れば君子なる者は将となる者なり。その勇はあに武夫・兵卒の比《たぐひ》ならんや。これその、勇を養ひその徳を成す所以の者は、必ず仁においてし、必ず礼義においてす。故に孔子曰く、「*仁者は必ず勇あり」と。*子路、勇を上《たつと》ぶを問へば、すなはち答ふるに義を上ぶを以てし、また曰く、「*勇にして礼なければすなはち乱す」と。晋《しん》、将を選ぶに、*郤縠《げきこく》は詩・書に敦《あつ》きを以て選ばる。*伝に曰く、「勇敢にして強く力ある者は、天下に事なければ、すなはちこれを礼義に用ひ、天下に事あれば、すなはちこれを戦勝に用ふ。これを戦勝に用ふればすなはち敵なく、これを礼義に用ふればすなはち順治す。外に敵なく、内の順治する、これをこれ盛徳と謂ふ」と。古の道しかりとなす。

子思、中庸を作るに及んで、*知・仁・勇を以て三達徳となし、専らこれを学問の道に用ふ。*これ或いは一道なり。戦国よりして後、*文武その術を殊にし、秦漢よりして後、*文武その官を殊にし、唐宋よりして後、また*その政を殊にす。故に今の学者は習ひて以て常と

◇勇武剛強毅

1 **商書**… 書経・仲虺之誥「天乃錫(たまひ)二王勇智一、表二正万邦一、纘二禹旧服一」。 **大司馬** 軍事担当の長官。↓補。 **六卿** 周の六官の長官。↓補。 **兵を農に蔵し** ↓補。 **射を礼楽に文り** 礼記・射義「古者天子以レ射選二諸侯卿大夫士一、射者男子之事、因而飾レ之以二礼楽一也」。 **男子生るれば**… 礼記・内則「子生、男子設二弧於門左一、女子設二帨於門右一」(弧は弓、帨はハンカチ)。 **剣を帯ぶ** ↓補。 **詩** 詩経・小雅・六月。 **文武** 文と武とを備えている。 **吉甫** 周の宣王の臣の尹吉甫。 **孔子曰く**… 史記・孔子世家、孔子家語・相魯。 **伝** 左伝・成公一三年。 **祀と戎** 祭祀と軍事。 **仁者**… 論語・憲問「仁者必有レ勇、勇者不二必有一レ仁」。 **子路**… ↓補。 **勇にして**… 論語・泰伯。 **郤縠**… 底本の郤は郤の誤り。左伝・僖公二七年「作二三軍一、謀二元師一、趙衰曰、郤縠可、臣亟聞二其言一矣、説二礼楽一、而敦二詩書一」。 **伝に曰く**… 礼記・聘義。

知仁勇…**学問の道に用ふ** ↓補。 **これ或いは**… 孟子・公孫丑下の語。 **文武その術を殊にし** 術は道、原理・原則の意。↓補。 **文武その官を殊にし** ↓補。 **その政を殊にす** ↓補

なし、武は*逢掖《ほうえき》の事に非ずと謂ひて、古意隠れたり。つひに子思の言を執りて、儒者の勇は専らこれを学問に用ふと謂ふ者は、これ*一を執りて百を廃する者なり。学者これを察せよ。

2　武は乱に裁《か》つを以てこれを言ふ。乱に裁つは常にはあらず。故に多くは勇を言ひて武を言はず。

3　強・勇は相似たり。強は弱の反にして、勇は怯《けふ》の反なり。強・弱は意広くして、勇・怯は義窄《せま》し。故に*子路の、強を問ふ者は、勇なり。*大象《たいしやう》に曰く、「君子以て自強して息《や》まず」と。強なる者は勉強なり。上声《じやうしやう》を是《ぜ》となす。*陸氏以て平声《ひやうしやう》となす者は、けだし古来、*乾《けん》を以て聖人の徳となし、しかうしてその意に聖人は勉強する所なしと謂《おも》ひしが故なり。ああ、聖人もまた人のみ。あに勉強する所なからんや。また聖人を知らざるのみ。かつ自強、平声ならば、言を成さざるなり。

4　剛は柔の反にして、強・勇と義を殊にす。辟《たと》へば木と金とのごとし。木は柔にして金は剛なり。水に至りてはすなはち至柔にして、しかも物能くこれと争ふなし。これ強なり。剛に非ざるなり。剛・強の分、以て見るべきのみ。*朱子曰く、「勇なる者は剛の発、剛なる者は勇の体」と。孔子すでに剛・勇を以て*六言の二つとなせば、その二徳たる者《こと》審《つまびら》かなり。*妄と謂ふべきのみ。けだしその人となり果敢烈烈として、これを干《をか》すべからざる、

逢掖　儒者の着る大きいたもとの着物。転じて、儒者。礼記・儒行の鄭注「逢猶レ大也、大掖之衣、大袂禅衣也、此君子有二道藝一者所レ衣也」。**一を執りて**…　孟心・尽心上「所レ悪レ執レ一者、為二其賊一レ道也、挙レ一而廃レ百也」。

3 子路の強を問ふ…　↓補。**大象**　易経・乾卦象伝「天行健、君子以自強不レ息」。**陸氏**…　唐の陸徳明。その著の経典釈文に「自強其良反」とあり、平声の発音になる。強は平声では「つよい」、上声では「しいる、つとめる」である。**乾を以て聖人の徳となし**　↓補

4 朱子曰く…　論語・陽貨「子曰、由也、女聞二六言六蔽一矣乎、…好レ仁不レ好レ学、其蔽也愚、好レ知不レ好レ学、其蔽也蕩、好レ信不レ好レ学、其蔽也賊、好レ直不レ好レ学、其蔽也絞、好レ勇不レ好レ学、其蔽也乱、好レ剛不レ好レ学、其蔽也狂」の集注。**六言**　前注の論語の仁・知・信・直・勇・剛。**妄と謂ふべきのみ**　朱子が勇を剛の発動、剛を勇の本体とするのはでたらめだということができる。

子房の勇　子房は張良のあざな。漢書・張良伝賛「聞二張良之智勇一、以為二其貌魁梧奇偉一、反若二婦人女子一」。したがって張良の場合は剛とはいえない。**弁**　区別。**易の剛柔**…**語る**　卦とは☰☰(乾)☷☷(坤)など、六十

これ剛なり。*子房の勇のごときは、あに然らんや。これ以て剛・勇の*弁を知るべきなり。*易の剛柔のごときは、以て卦爻《くわかう》の徳を語る。しかうして易の道は*その象《しやう》を玩《もてあそ》ぶことを尚《たつと》ぶ。象を玩びて以てこれを求むれば、*包む所甚だ広し。故にそのいはゆる剛柔は、它《た》書と同じからず。宋儒混じてこれを一つにす。故にこの失あるのみ。学者これを察せよ。

5 *毅《き》もまた剛の類、その力堪《た》ふる所あるを以てこれを言ふ。

清・廉・不欲 一則

清なる者は悪の汚す所とならざるを謂ふなり。*伯夷・*陳文子のごとき、以て見るべきのみ。*不欲なる者は、*寡欲なり。財利に汚れざるを謂ふなり。廉なる者は*廉隅の義、故に*取舎の分弁の截然《せつぜん》たるを謂ふなり。後世つひに*財利に汚れざるを以て廉となす。後世の廉は、すなはち古《いにしへ》の不欲なり。学者これを察せよ。

節・倹 二則

1 節なる者は、礼義の節なり。礼義はみな、限りて踰《ゆ》越《ゑつ》すべからざる所の者あり、これをこれ節と謂ふ。「*これを節す」と云ふ者は、その限を守りて敢へて踰越せざるなり。「*大節」なる者は、すなはち礼義の大限を謂ふなり。みな道の目《もく》なり。「*聖は節に*達し、次は節を守る」の言ありしよりして、後世つひに節士・節婦の称あり、以てその人の徳に命《なづ》くるのみ。

四卦がある(もとは三爻ずつ並べ八卦であった)。爻とは各卦において それぞれの位置を占める ━ および ╍。それらの剛柔は各卦爻の性質を示している。↓補。 **その象を玩ぶ**… 易の卦や爻は何らかの象徴であるが、その辞(説明)は簡単で、意味する所が複雑であるので、その象徴をあれこれとよく玩味することを貴ぶ。↓補。 **包む所** 包含する範囲。

5 毅 論語・子路「剛毅木訥、近レ仁」、泰伯「士不レ可三以不二弘毅一」。

◇清廉不欲

伯夷・陳文子 ↓補。 **不欲** ↓補。 **寡欲** 欲望が少ない、または、少なくする。 **廉隅** 廉も隅も、物のへり、かどの意、転じて、筋目の正しいこと。↓補。 **取舎**… 取捨。受け取るべきか受け取らざるべきかのけじめがはっきりしている。 **財利に汚れざる**… 司馬遷・報二任少卿一書「臨レ財廉、取与義」、漢書・黄霸伝「銭穀計、簿書正、以レ廉称」がその例。

◇節倹

1 これを節す ↓補。 **大節** 論語・泰伯「曾子曰、可三以託二六尺之孤一、可三以寄二百里之命一、臨二大節一而不レ可レ奪也、君子人与、君子人也」、国語・魯語上「男女之別、国之大節也」、「夫祀、国之大節也」。 **聖は節**… 左伝・成公一五年「前志有レ之、曰、聖達レ節、次守レ節、下失レ節」。 **達し** 通暁し。

2 倹なる者は、節用なり。*温良恭倹譲のごとき、宋儒誤りて以て聖人の威儀となし、ついに倹は節用に止《とどま》らずと謂ふ者は、非なり。けだし倹なる者は、仁人の道なり。王者の大徳なり。*尭舜は茅茨《ぼうし》剪《き》らず、*土階三尺なり。*禹《う》は衣服を悪しくし、飲食を菲《うす》くし、宮室を卑《いや》しくす。あに然らざらんや。孟子のいはゆる「*民に仁にして物を愛す」は、けだし古言なり。物を愛惜するを謂ふなり。孟子にまた*愛牛の説あるに因《よ》りて、*宋儒誤りて以て慈愛の愛となす者は、非なり。「*数罟《そくこ》、洿池《をち》に入らず、斧斤《ふきん》、時を以て山林に入る」とは、みな*天物を暴《そこな》はざるの義なり。もしただ慈愛を以てこれを言ふのみならば、すなはち浮屠《ふと》の殺を戒むるにいづれぞや。孟子の、*仁術もてこれを言ふ所以の者は、以て斉王を誘はんと欲す。その弁を好むの失は、おほむねかくのごときのみ。「*礼はその奢《おご》らんよりはむしろ倹なれ」のごときも、また用を節するを謂ふなり。「*今や純なるは倹なり」といふを観れば、以て見るべきのみ。また曰く、「*富めども礼を好む」と。*子路曰く、「傷ましきかな貧や。生きては以て養ひをなすことなく、死しては以て礼をなすことなきなり」と。*曾子曰く、「国に道なければ、君子は礼を盈《みた》すことを恥づ。国奢《おご》ればすなはちこれに示すに倹を以てし、国倹なればすなはちこれに示すに礼を以てす」と。*子思曰く、「その礼あれどもその財なければ、君子は行はざるなり。その礼ありその財あれどもその時なければ、君子は行はざるなり」と。けだし礼は必ず物を備ふ。貧しければすなはち備ふべからず。貧しからずといへども、然れどもその用を節して必ずしも礼を盈《みた》さざるは、これ倹なり。必ず物を備へんと欲してその用を侈《おご》るは、これ奢なり。後儒はこれを古言に本づくることを知

2 **温良恭倹譲**…↓補。 **尭舜は**…↓補。 **土階三尺**↓補。 **禹は**… 論語・泰伯「禹吾無ニ間然一矣、菲ニ飲食一而致ニ孝乎鬼神一、悪ニ衣服一而致ニ美乎黻冕一、卑ニ宮室一而尽ニ力乎溝洫一、禹吾無ニ間然一矣」。 **民に仁**… 孟子・尽心上。↓補。 **愛牛** 梁恵王上「斉国雖ニ褊小一、吾何愛ニ一牛一」。 **宋儒**…↓補。 **数罟**… 目のこまかい網で池の魚を取らず、木を切るべき時期にだけ山林の木を切る。孟子・梁恵王上。 **天物**…↓補。 **仁術**…↓補。 **礼は**… 論語・八佾。 **今や純**…↓補。 **富めども**… 論語・学而「子貢曰、貧而無レ諂、富而無レ驕、何如、子曰、可也、未レ若ニ貧而楽、富而好レ礼者一也」(論語徴は礼記・坊記の文に基づき、「貧而楽」は「貧而好レ楽」の好の字を脱したものとする)。 **子路曰く**… 礼記・檀弓下。貧乏はいたましいなあ。親が生きているときはじゅうぶんな孝養ができず、親の死んだときはじゅうぶんな葬式ができない。 **曾子曰く**…・**子思曰く**… 礼記・檀弓下。

倹なる者は… 論語・八佾「礼与ニ其奢一也寧倹、喪与ニ其易一也寧戚」の朱子注「礼貴レ得レ中、奢易則過ニ於文一、倹戚則不レ及而質」に基づいて

らず、徒《いたづ》らに「*佞なる者は及ばざるの謂《い》ひ」と謂《い》ひて、礼に就きて過不及を争はんと欲す。その論つひに通ぜざるを致す。学者これを察せよ。

公・正・直 三則

1 公なる者は私の反なり。衆の同じく共にする所、これを公と謂ふ。己の独り専らにする所、これを私と謂ふ。君子の道は、衆と共にする者あり、独り専らにする者あり。*書に曰く、「偏なく党なく、王道蕩蕩《たうたう》。党なく偏なく、王道平平《へいへい》」と。大学に曰く、「天下を平らかにす」と。中庸に曰く、「天下国家は均《ひと》しくすべきなり」と。*論語に曰く、「寡《すくな》きを患《うれ》へずして均しからざるを患ふ」と。*また曰く、「公なればすなはち説《よろこ》ぶ」と。これ均*・平はみな公なり。*内則《だいそく》に曰く、「命士より以上は、父子みな宮を異にす」と。その私を全うする所以なり。論語に曰く、「*父は子のために隠し、子は父のために隠す」と。*孟子曰く、「吾これを聞くなり、君子は天下を以てその親に倹せず」と。*八議に議親あり。みな私なり。これ公・私はおのおのその所あり。君子といへどもあに私なからんや。ただ天下国家を治むるに公を貴ぶ者は、人の上たるの道なり。故に孔子曰く、「*三無私を奉じて、以て天下を労《ねぎら》ふ」と。聖人の天道に法《のつと》るを言ふなり。

宋儒の「*天理の公、人欲の私」を以て説を立つるに及んで、すなはち*これを求むること太《はなは》だ深く、*恩なきに幾《ちか》し。*仁斎先生これを譏る者は是《ぜ》なり。然れどももつひに*論語の公の字を併《あは》せてこれを刪《けづ》らんと欲するに至りては、すなはちまた*羹《あつもの》に懲りて*韲《なます》を吹くの類のみ。学者これを察せよ。

いう。

◇公正直

1 書に曰く… 書経・洪範。蕩蕩は偽孔伝は「言二開闢一」(開放的)、蔡伝は「広遠也」。平平は偽孔伝はベンベンと読み「言二辯治一」、蔡伝は「平易也」、徂徠は公平と解する。 **論語に曰く**… 季氏。↓補。 **また曰く**… 堯曰「寛則得レ衆、信則民任焉、敏則有レ功、公則説」。 **均平はみな公なり** 徂徠の大学解に「天下而曰レ平者、所謂強不レ犯レ弱、衆不レ暴レ寡、雖レ有二強弱衆寡一、猶レ亡(なきが)レ之、辟下諸地無レ有二嶮岨一坦坦然上、故謂二之平一」、中庸解に「均二天下国家一者、制二財賦一之事」という。 **内則に曰く**…↓補。 **父は子のために**…↓3 **孟子曰く**… 君子は天下のためだとて自分の親に対して葬式を倹素にはしない。公孫丑下。 **八議**…↓補。 **三無私**…↓補 **天理**… 朱子・中庸章句序「人莫レ不レ有二是形一、故雖二上智一不レ能レ無二人心一、亦莫レ不レ有二是性一、故雖二下愚一不レ能レ無二道心一、二者雑二於方寸之間一、而不レ知三所二以治一レ之、則危者愈危、微者愈微、而天理之公、卒無三以勝二夫人欲之私一矣」。 **これ** 公。 **恩** 愛情・人情。 **仁斎先生**…↓補。 **論語の公の字**…↓補。 **羹** 吸い物。 **韲** 野菜をきざみ、酢・醬油または香辛料を入れてまぜたもの。楚辞・九章・惜誦「懲二熱羹一而吹レ韲兮」。

2 正なる者は邪の反なり。先王の道に循《したが》ふ、これ正と謂ふ。先王の道に循はざる、これ邪と謂ふ。*邪謀・*邪説のごとき、以て見るべきのみ。これを規矩準縄《じゆんじよう》に辟《たと》ふ。正をなす所以の器なり。規に循《したが》へばすなはち円なる者正しく、矩に循へばすなはち方なる者正しく、準縄に循へばすなはち平直なる者正し。先王の道は、規矩準縄なり。故に先王の道に循ひてしかるのち正となる。*曾子《そうし》曰く、「吾《われ》正を得て斃《たふ》るればここに已《をは》らん」と。大夫の簀《さく》の礼に非ざるを以てなり。*経解に曰く、「礼の国を正すにおける、なほ衡の軽重における、縄墨の曲直における、規矩の方円におけるがごときなり」と。*詩に曰く、「その儀忒《たが》はず、この四国を正す」と。*孔子曰く、「その身正しければ、令せざれども行はれ、その身正しからざれば、令すといへども従はれず」と。みな礼を以てこれを言ふ。

後世、理学興り、先王の礼を舎《す》てて、理を以てこれを言ふ。理を以てこれを言ふ者は、その臆に取るのみ。その臆に取りて正となすは、これ人《ひとびと》みづから正となす。妄と謂ふべし。易に「*中正」あり。その義、它《た》書と同じからず。*宋儒はけだしこれを混ず。これその失する所以なり。また大学の「正心」のごときも、また心の礼に一なるを謂ひて正となす。*その書はもと養老の礼の義を説く。その礼を行ふ時に方《あた》りて、*先に忿懥《ふんち》・恐懼《きようく》・好楽《かうらく》・憂患の事あれば、すなはち心は礼に一なるを得ず、故に曰く、「心その正を得ず」と。養老は飲食の礼なり、故に曰く、「食《くら》へどもその味を知らず」と。宋儒は礼を以てこれを解することを知らず。誤れり。*仲虺之《ちゆうきし》誥《かう》に曰く、「礼を以て心を制す」と。古の道しかりとなす。仁斎先生つひに大学の「*正心」を以て仏老の帰となす。みな古言を知らざるが故なり。

2 **邪謀** 漢書・鄒陽伝「呉王以㆓太子事㆒怨望、称㆑疾不㆑朝、陰有㆓邪謀㆒」。**邪説** 孟子・滕文公下「邪説暴行有作(またおこる)」。**曾子曰く…** 孔子の弟子曾子は魯の家老季孫氏から賜った大夫用の簀(寝台用の敷物)を用いていたが、病気が危篤になったとき、大夫でない自分がこれを用いたまま死ぬのは礼に反するとして、「自分は正しい道に従って死ぬならば一生の事は終わる」といって、簀を取り換えさせ、その直後に死んだという話。↓補。 **経解** 礼記の篇名。 **詩に曰く…** 詩経・曹風・鳲鳩。 **孔子曰く…** 論語・子路。

中正 易の卦は陰╍陽━の六爻で成立し、そのうち下の三爻を内卦、上の三爻を外卦という。内卦・外卦それぞれのまんなか(つまり下から二番目と五番目)を「中」という。また下から奇数番目は陽、偶数番目は陰の位置で、陽位に陽爻が、陰位に陰爻があることを「正」という。 **宋儒はけだしこれを混ず** ↓補。 **その書** 大学をいう。 **先に忿懥…** ↓補。 **仲虺之誥** 書経の篇名。 **正心を以て…** ↓補

3 直なる者は曲の反なり。その、徳におけるは、己の義を伸《のば》して人に曲従せざるを謂ふなり。「道を直くす」とは、その道を枉《ま》げざるを謂ふなり。「*三代の、道を直くして行ふ所以なり」のごとき者は、*道に低昂《ていかう》する所なきを謂ふなり。*仁斎先生、喜びて直の字を言ひ、すなはち偽らざるを以て直となす。*倭人《わじん》の陋《ろう》なり。けだし「*父は子のために隠し、子は父のために隠す。直きことその中に在り」を誤解せり。これ葉公《せふこう》は「*訐《あば》く」を以て直となす、故に孔子は「隠す」を以てこれを言ふ。*史魚の直のごときは、あに隠すことなきの義ならんや。「*直きを挙げてこれを枉《まが》れるに錯《お》く」は、これ材を積むの道を以て喩《たと》へとなす。材木は直きを以て良となし、枉れるを以て不良となす。故に直は以て善人に喩へ、枉は以て不善人に喩ふ。しからずんば、*皐陶《かうえう》・伊尹《いゐん》の徳は、あに史魚の倫《たぐひ》ならんや。孟子の「*尺を枉げて尋を直くす」は、もと出処の義を語るのみ。仁人君子、道大にして徳宏《ひろ》き者も、その行ふ所はすなはち枉れるに似、汚れたるに似たる者あり。*孔子の猟較《れふかう》したる、*陽貨に見《あ》ひたる、*仏肸《ひつきつ》・*公山不狃《ふぢう》に適《ゆ》かんと欲したるがごときは、みな然り。後儒は*狭中小量にして、*孟子の言を固執し、これを一切に推す。非なり。大氐《たいてい》、直は美徳なりといへども、また一徳なり。*伯玉の「巻きてこれを懐にす」のごときは、その必ずしも直ならざる者《こと》知るべし。故に君子は一を挙げて百を廃することを悪《にく》む。

中・庸・和・衷　八則

1 中なる者は過不及なきの謂ひなり。或いは以て道の名となし、或いは以て徳の名とな

3 三代の… ↓補。 **道に低昂する所なき** 道にまっすぐに従ってはずれないこと。 **仁斎先生喜びて…** ↓補。 **倭人の陋** 日本人の悪いくせ。 **父は子のために…** ↓補。 **訐くを以て直となす** 前注参照。 **史魚の直…** 史魚は春秋時代の衛国の大夫で史官。蘧伯玉を用い弥子瑕を退くべきことを述べ、死を以て君主を諫めた(孔子家語・困誓)。だから彼の直は、自分の信念を守って曲げなかったことで、人の悪事を隠すことなくあばいたという意味ではない。論語・衛霊公「直哉子魚、邦有レ道如レ矢、邦無レ道如レ矢」。 **直きを…** ↓補。 **皐陶伊尹…** ↓補。 **尺を枉げて…・孔子の猟較…・陽貨・仏肸・公山不狃** ↓補。 **狭中小量** 小さい心で包容力が少ない。 **孟子の言** 「枉レ尺而直レ尋」を否定した孟子のことば。「尺を枉げて…」の注を参照。 **伯玉…** 衛の大夫蘧瑗(きよえん)、字は伯玉。乱れたときは自分の才知を隠して仕えなかった。論語・衛霊公に「君子哉蘧伯玉、邦有レ道則仕、邦無レ道、則可ニ巻而懐レ之」といって、直とはいっていないことを指す。

◇中庸和衷

し、或いは以て性の名となす。*舜《しゅん》のその中を民に用ひたる、*湯《たう》の中を民に建てたるがごときは、これ道の名なり。その解は*君牙に見ゆ。曰く、「民の心は中なし。ただ爾《なんぢ》の中」と。けだし天下の理は、過不及なきを以てその至りとなす。故に人は賢知となく、愚不肖《ふせう》となく、ただ中をのみこれ求む。生民より以来然りとなす。然れども人《ひとびと》その性を殊にし、見る所は性を以て殊なり。人《ひとびと》その*居を殊にし、見る所は居を以て殊なり。しかうして中は定らず。天下の乱るる所以なり。

ここにおいて*先王、中を建てて以て*極となし、天下の民をしてみなこれに由りて以て行はしむ。故に「極」は或いは「中」と訓ず。これ中なる者は、聖人の独り知る所にして、衆人の能く知る所に非ざるなり。凡そ先王の建つる所、礼楽徳義、*百爾《ひやくじ》の制度は、これみな中なり、これみな極なり。然れども先王の以て中となす所の者も、また、己の見る所を以て、ことさらにかの*不《ふ》偏《へん》不《ふ》倚《い》、過不及なくして精微なるの理を建て、以て天下の民に強ひて我が好む所に従はしめしに非ざるなり。またこの極を建てて、学者をしてこれに由りて以てかの不偏不倚、過不及なくして精微なるの理を求めしめしにも非ざるなり。ただそれ天下を安んずるを以て心となす。故にこの中を建てて以て極となし、天下の人をしてみなこれに由りて以て行はしむ。然るのち天下は得て統一して乱れざるべきのみ。故に先王の建つる所は、甚だしくは高からずして人みな*勉強してこれを行ふべき者に非ざるはなし。*賢知者は俯してこれに就き、愚不肖者は企《つまだ》ちてこれに及ぶ。これいはゆる中なり。辟《たと》へば都を建つるがごとし。これを東に建つればすなはち西の諸侯これを便とせず、これを西に建つればすなはち東の諸侯これを便とせず。ただこれを*中土に建て、しかるのち天下の諸

1 **舜のその中を**… 中庸「子曰、舜其大知也与、舜好レ問、而好察二邇言一、隠レ悪而揚レ善、執二其両端一、用二其中於民一、其斯以為レ舜乎」。 **湯の中を**… 書経・仲虺之誥「王懋昭二大徳一、建二中于民一」。 **君牙** 書経の篇名。周の穆王が君牙という者を大司徒に任命するときの詔勅に、民の従うべきものはただなんじの中のみだとあるから、中は道の名だとわかるという。 **居** おり場所。境遇・地位・立場。 **先王**… 書経・仲虺之誥「王懋昭二大徳一、建二中於民一」、洪範「皇建二其有極一」。 **極** 準則。↓極1 **百爾** もろもろの。詩経・邶風・雄雉「百爾君子」。 **不偏**… 中庸「君子中庸、小人反二中庸一」の朱子章句「中庸者、不偏不倚、無二過不及一、而平常之理、乃天命所レ当レ然、精微之極致也」。 **勉強**… 努力して行なうことのできるもの。 **賢知者**… ↓弁道6「先王礼を制し…」。 **中土** 天下の中央。書経・召誥「自服二于土中一」、偽孔伝「躬自服二行教化於地勢正中一」、洛誥「其自二時中一乂、万邦咸休」、偽孔伝「其当下用二是土中一為レ治、使丙万国皆被乙美徳甲」、公羊伝・僖公元年何休注「王者封二諸侯一、必居二土中一」、荀子・大略「欲レ近二四旁一、莫レ如二中央一、故王者必居二天下之中一、礼也」。中土は土中と同じで、昔から天子は天下の中央に都を置くべきだとされていた。また、周礼・天官「惟王建国」の注疏

侯、道路均《ひと》し。道路は均しといへども、あに能く一一均しからんや。一一均しからずといへども、然れどももまた甚だしくは相遠からずして、人《ひとびと》みな勉強して以て至るべし。故に先王の道は、*人に遠からずといへども、以て勉強せざるべからざる者は、中の謂ひなり。

ただ先王の知大にして仁至り、しかうしてその思ふことの深遠なる、ただに安きを今に図るのみならず、また必ずこれを養ひこれを成して、以て永《とこしへ》にこれに*安んじて傾かざらしむるなり。その道となす所は、すなはちまた、迂遠にして人情に近からず、*幽眇乎《いうべうこ》として識り易からざるがごとき者あり。これ聖人の窺測《きそく》すべからずとなす所以なり。後世の儒者は、その智は小に、その思ひは浅く、しかもその志を操るは鋭し。ここを以て先王の道に遵《したが》ひ、以て徳を己に成し、治を民に成すを務むること能はず、顧《かへ》つて言語を以てこれを尽くさんことを求む。その程朱二先生の不偏不倚、過不及なく、以て精微の至りを極めんとしたる、仁斎先生のただ*行ひ易き者を取りて中となして、*先王の道に択ぶ所ありたるがごとき者は、みなこの病に坐するが故なり。

2 中庸・*中和と曰ふがごときは、みな徳の名なり。中庸なる者は、甚だしくは高からずして常に行ふべき者を謂ふ。*孝弟忠信のごときこれなり。孔子の時、*礼楽興らずして、*民は中庸の徳あること鮮《すくな》し。故に孔門の学は、中庸を以て要となす。これを*遠きに行くに必ず邇《ちか》きよりし、高きに登るに必ず卑《ひく》きよりするに辟《たと》ふ。いはゆる*高明精微広大なる者は、みな中庸よりこれを導く。故に子思曰く、「*中庸より道《みちび》く」と。中庸の徳ありといへども、いやしくも道を学ばずんば、すなはち以て君子となすに足らず。故に孔子は*民を以てこれ

参照。

人に遠からず 中庸「道不レ遠レ人、人之為レ道而遠レ人、不レ可三以為二レ道」。

安んじて… 論語・季氏「安無レ傾」。

幽眇乎 幽妙に同じ。かすかで見えにくく精微なこと。 **行ひ易き…** →補。 **先王の道…** →補

2 中和 中庸「喜怒哀楽之未レ発、謂二之中一、発而皆中レ節、謂二之和一、中也者、天下之大本也、和也者、天下之達道也、致二中和一、天地位焉、万物育焉」。 **孝弟忠信…** →孝悌。 **礼楽…** 論語・子路「礼楽不レ興、則刑罰不レ中」。 **民は中庸の徳…** 論語・雍也「中庸之為レ徳也、其至矣乎、民鮮久矣」、中庸「中庸其至矣乎、民鮮レ能久矣」。 **遠きに…** 中庸の文に基づく。 **高明精微広大** →補。 **中庸より道く** →補。 **民を以て…** 「民鮮久矣」、「民鮮レ能久矣」と、民ということばを用いて言っている。

を言ふ。また「*小人の中庸」、および「中庸を択ぶ」の文あり。戦国の時、また「*その材、中庸に及ばず」の言あり。世俗流伝し、その本義に非ずといへども、また以て古言なるを見るべきのみ。庸の字のごときは、*楽の徳にもまた祗《し》・庸あり。これを神祇《じんぎ》に用ふる者を祗《し》となし、これを民に用ふる者を庸となす。書にいはゆる「*庸庸祗祗」もまた然り。*民の功を庸と曰ふ。あに*不易《ふえき》の義ならんや。宋儒は辞に昧く、務めて精微の解をなし、また以て聖人の道に命《なづ》く。誤れり。

3　中和なる者は、礼楽の徳なり。周礼に、*礼を以て中を教へ、楽を以て和を教ふと。和なる者は和順の謂《い》ひなり。*先王の、礼を制するや、賢者をして俯してこれに就き、不肖をして企《つまだ》ちてこれに及ばしむ。これ中なり。その、楽を制するや、*八音五声、*相《あひ》和して以て相済《な》すこと、なほ*五味の和するがごとく、以て人の徳を養ひ、以て天地の和気を感召す。また人情の悦《よろこ》ぶ所に率《したが》ひて、和順して以てこれを導き、以て天下の人をして*道徳に和順して以てその俗を成さしむ。これ和なり。周礼にまた*楽の六徳あり、孝・友・祗・庸・中・和なり。これ楽にまた兼ねて中・和あり。けだし八音五声、相和し相済せば、すなはち自然に過不及の病なきなり。中庸に「喜怒哀楽のいまだ発せざる、これを中と謂ふ。発してみな節に中《あた》る、これを和と謂ふ」と曰《い》ふがごときも、また中・和は相因《よ》る。

いはゆる中なる者は、性の徳なり。人の稟質《ひんしつ》は、もと禽獣の偏《かたよ》れるがごときに非ず。*知愚賢不肖の、異《い》ありといへども、みな相生じ相長じ相輔《たす》け相養ふの心、運用営為の才あり。しかうしてその習ふ所に随ひ、能《よ》く*これに移化す。なほ中に在る者の以て左すべく以て右

小人の中庸… いずれも中庸の語。 **その材**… ↓補。 **楽の徳**… 周礼・春官・大司楽「以二楽徳一教二国子一、中和祗庸孝友」。↓補。 **庸庸祗祗** 書経・康誥「克明レ徳慎レ罰、不三敢侮二鰥寡一、庸レ庸祗レ祗、威レ威顕レ民」(偽孔伝に「用レ可レ用、敬レ可レ敬…」という。徂徠の解では、民に対する功績を用い行ない、鬼神に対する敬いを敬い行なうの意か)。 **民の功**… 后稷が民に農業を教えたような民に対する功績。周礼・夏官・司勲の文。 **不易の義** 中庸章句の冒頭「子程子曰、不レ偏之謂レ中、不レ易之謂レ庸」。

3 礼を以て… ↓礼3 **先王の**… 礼記・檀弓上「先王之制レ礼也、過レ之者俯而就レ之、不レ至焉者跂而及レ之」。 **八音五声** 八種の材料の楽器と、五つの音階。周礼・春官・大師「皆文レ之以二五声一、宮商角徴羽、皆播レ之以二八音一、金石土革糸木匏竹」。 **相和し**… 左伝・昭公二〇年「宰夫和レ之、斉レ之以レ味、済二其不レ及、…先王之済二五味一、和二五声一也、以平二其心一、成二其政一也」。 **五味** 礼記・礼運注「酸(すっぱい)・苦(にがい)・辛(ぴりりとからい)・鹹(しおからい)・甘(あまい)」。 **道徳に和順**… 易経・説卦伝「和二順於道徳一而理二於義一」。 **楽の六徳** ↓2「楽の徳」

知愚… 知愚賢不肖に相違があるけれども。 **これに** 習ふ所。

すべく以て前すべく以て後すべきがごとし。故にこれを中と謂ふ。「*人は天地の中を受けて以て生る」と曰ふがごときも、またこれなり。「*喜怒哀楽のいまだ発せざる」とは、その生るるの初、*侗然《とうぜん》として無知なるの時に方《あた》りて、すでに*この徳あるを謂ひて、以て人の性の能く先王の道と相応ずる所以の故を見《あらは》すのみ。その不偏不倚にして聖人と殊ならざるを謂ふに非ざるなり。これを「*天下の大本」と謂ふ者は、すなはち聖人の、道を建つるは、すなはち人にこの性あるに率ひてこれを立て、天下の万事これに本づかざることなきを謂ふのみ。「*発してみな節に中《あた》る」とは、礼楽の教へは、人の徳を養ふを以て、故に能く喜怒哀楽の発するものをしてみな節に中らしむることを謂ひて、以て先王の道の人の性と相和順して悖《もと》らざるを見《あらは》すのみ。故に曰く、「*和なる者は、天下の達道なり」と。すなはち「*性に率ふをこれ道と謂ふ」の意にして、*喜怒哀楽の節に中るを謂ひて和となすに非ざるなり。宋儒は古言に昧《くら》く、また古《いにしへ》の道を知らず。故にその解はみな誤れり。学者これを察せよ。

4 *周礼の六徳の和のごとき者は、徳の名なり。言ふこころは人学びて以て徳を成すに、この六徳の別あるなり。*柳下恵の和のごときもまた同じ。みな、その、物と相和順して忤《ご》違《ゐ》せざるを謂ふなり。以て*司空の材となす者は、司空は水土百工の事を掌る。百工はみな金木皮革百物の性に順ひて以てその器を作る。故に*巽順《そんじゆん》相入れて、能《よ》く物の性を和するに非ずんば、すなはちその事を掌ること能はざるなり。

人は天地の中… 左伝・成公一三年「劉子曰、吾聞レ之、民受二天地之中一以生、所謂命也」。 **喜怒**… 中庸「喜怒哀楽之未レ発、謂二之中一、発而皆中レ節、謂二之和一、中也者、天下之大本也、和也者、天下之達道也」。 **侗然として無知** 知能未発達で知恵がついてない。 **この徳** 中という徳。 **天下の大本** 前の「喜怒…」注参照。 **発して**… 同上。 **和なる者**… 同上。 **性に率ふ**… 中庸の文。 **喜怒哀楽**… ↓補

4 周礼の六徳 地官・大司徒「知仁聖義忠和」。 **柳下恵の和** 孟子・万章上「柳下恵、聖之和者也」。 **司空の材** ↓聖2 **巽順相入れ** へりくだって逆らわず、相手を受け入れる。易経・巽卦「巽小亨」の疏「巽者、卑順之名、説卦云、巽、入也、蓋以二巽是象レ風之卦、風行無レ所レ不レ入、故以レ入為レ訓、若施二之於人事一、能自卑巽者、亦無レ不レ容、然巽之為レ義、以二卑順一為レ体、以二容入一為レ用」。

5 「*允《まこと》にその中を執る」と曰ふがごとき者は、天子の事を行ふを謂ふなり。古《いにしへ》は中を執るを以て人君の道となす。故にまた天子の事を行ふを称して「中を執る」となす。しからずんば、*尭曰《げうえつ》・禹謨《うぼ》は、文意みな協《かな》はず。

6 「*中は不中を養ふ」と曰ふがごとき者は、美質を称して中となす。けだし世俗の言なり。

7 「*時に中す」と曰ふ者は、時を以て進退し、礼義の宜しきに合せんことを求むるを謂ふなり。「*時にこれを措《お》いて宜し」と意を同じうす。*中は去声にして、中和・中庸の中に非ざるなり。

8 衷《ちゆう》なる者は正なり。書に曰く、「*上帝、衷を下民に降す。恒《つね》あるの性に若《したが》ふ」と。また曰く、「*天、下民を佑《たす》け、これが君を作り、これが師を作る」と。言ふこころは、天、君師を立て、以てその民に*表正し、民その教へに順《したが》へば、すなはち恒心を失はざるなり。「*降」なる者は、*礼運の「祖廟より降る」、「山川より降る」、「五祀より降る」、*内則の「后《きみ》、徳を衆兆民に降す」の降のごとし。君師のその民に表正するを称してこれを天に帰する者は、*天叙・天秩の天のごとく、天道を奉じて以てこれを行ふ。古の道しかりとなす。它《た》の「*天その衷を誘《いざな》ふ」のごときは、「*天これが魄《はく》を奪ふ」と相反す。その人忽《たちま》ち悟りて善をなし、驚きて以為《おも》へらく、殆ど天意かと。故に「*天これが正を引く」と言ふなり。「*孔子

5 **允にその中を執る** 書経・大禹謨「惟精惟一、允執㆓厥中㆒」、論語・尭曰「尭曰、咨爾舜、天之暦数在㆓爾躬㆒、允執㆓其中㆒」(論語徴「蓋執㆑中猶㆑云㆑執㆑樞」)。 **尭曰禹謨** 論語と書経の篇名。前注を参照。

6 **中は不中**… 孟子・離婁下「孟子曰、中也養㆓不中㆒、才也養㆓不才㆒、故人楽㆑有㆓賢父兄㆒也」。

7 **時に中す** 中庸「君子之中庸也、君子而時中」。徂徠は時中の「中」を「あたる」の意とし、去声に読む。仁斎の中庸発揮が「随㆑時処㆑中」と「なか」(平声)の意に解するのに対する批判。 **時にこれを措いて宜し** ↓補。 **中は去声** 前々注「時に中す」を参照。

8 **上帝**… 書経・湯誥「惟(これ)皇上帝降㆓衷于下民㆒、若㆓有㆑恒性㆒」。 **天下民を佑け**… 書経・泰誓上。 **表正** 模範となって正す。書経・仲虺之誥「天乃錫㆓王勇智㆒、表㆓正万邦㆒、纘㆓禹旧服㆒」。 **降** 上文の「衷を下民に降す」の降について述べる。 **礼運** 礼記の篇名。 **内則の**… 礼記・内則「后王命㆓冢宰㆒、降㆓徳于衆兆民㆒」。 **天叙**… 書経・皐陶謨「天叙有㆑典、勅㆓我五典㆒五惇哉、天秩有㆑礼、自㆓我五礼㆒、有㆑庸哉」。↓礼2 **天その衷**… 天が人の正しい心をさそい出す。左伝・僖公二八年。 **天これが魄**… 魄は、たましい。左伝・宣公一五年。 **天これが正**…「天その衷を誘ふ」を

に折衷す」といふも、また正を孔子に取るなり。孔子の言を以て正となすを謂ふなり。

善・良 三則

1 善なる者は悪の反《はん》なり。泛《ひろ》くこれを言ふ者なり。その解は孟子に見ゆ。曰く、「欲*すべきをこれ善と謂ふ」と。先王の道に非ずといへども、凡そ以て人を利し民を救ふべき者は、みなこれを善と謂ふ。これ衆人の欲する所なるが故なり。先王の道は、善の至れる者なり。天下*これに尚《くは》ふるなし。故に至*善なる者は、先王の道を賛するの辞なり。また人を以て言ふ者あり。「ただ*善のみ以て宝となす」と曰ひ、「善*なればすなはちこれを得、不善なればすなはちこれを失ふ」と曰ひ、「善*を挙げて不能を教ふ」と曰ふがごときは、みな善人を指してこれを言ふ。聖人に非ずといへども、然れども能く法を立て制を定め、以て国を治め民を安んずべき者は、みな善人と称するを得。

2 美に対して言ふ者あり。美はその光輝ありて観るべきを以てこれを言ふ。善はその義に当り宜しきに合するを以てこれを言ふ。「美*を尽くす」「善を尽くす」のごとき、これなり。み*な楽《がく》を以てこれを言ふ。旧説謬《あやま》れり。「先*王の道、これを美となす」、および孟子の善*・信・美・大・聖・神のごとき、みな以てその字義を観るべきのみ。

3 良なる者は、瑕疵《*かし》なきを謂ふなり。その材を以てこれを言ふ。良*相・良医・良材・良馬・三良・器の精良のごとき、以て見るべきのみ。朱*子は易直《いちょく》と解するなり。これ易*直慈

訓詁的に説明したもの。**孔子に折衷す** 史記・孔子世家「太史公曰、…中国言ニ六藝一者、折ニ中於夫子一」。折衷は折中と同じ。

◇善良

1 欲すべき… 孟子・尽心下。**天下…** 天下でこれ以上のものはない。**至善** 大学「大学之道、在レ明ニ明徳一、在レ親レ民、在レ止ニ於至善一」。**ただ善のみ…** 大学「楚書曰、楚国無ニ以為一レ宝、惟善以為レ宝」。**善なれば…** 大学「康誥曰、惟命不レ于レ常、道(いふ)ニ善則得レ之、不善則失一レ之矣」。**善を挙げて…** 善人を挙用し、能力のない者を教化する。論語・為政「子曰、臨レ之以レ荘則敬、孝慈則忠、挙レ善而教ニ不能一則勧」。

2 美を尽くす… 論語・八佾「子謂レ韶、尽レ美矣、又尽レ善也、謂レ武、尽レ美矣、未レ尽レ善也」(韶は舜の音楽、武は武王の音楽)。**みな楽を以て…** →補。**先王の道…** 論語・学而「有子曰、礼之用和為レ貴、先王之道斯為レ美、小大由レ之、有レ所レ不レ行、知レ和而和、不ニ以レ礼節一レ之、亦不レ可レ行也」。→補。**善信美…** →補

3 瑕疵 きず。欠点。**良相・良医…精良** →補。**朱子は…** 論語・学而「夫子温良恭倹譲以得レ之」の朱注「良、易直也」。**易直慈良** 礼記・楽記および祭義に「致レ楽以治レ心、則易直子諒之心油然生矣」とあるのに基づく。→補

良をして… 良が易直という意味であったら、古人が易直慈良と重複していうはずがないとの意。**良知良能** 孟子・尽心上「孟子曰、人之所㆓不㆑学而能㆒者、其良能也、所㆓不㆑慮而知㆒者、其良知也」。**王氏**… 明代の学者、王守仁、字は伯安、世に陽明先生と称する。↓補

良の字あるを見て、妄りにこれが解をなすのみ。果して*良をして易直たらしめば、すなはち古人何ぞ易直慈良と言はんや。また*良知・良能のごとき者は、人その材質に随ひておのおの自然の知能あることを謂ふなり。惻隠《そくいん》・羞悪《しうを》・辞譲・是非の心を指してこれを言ふに非ず。孟子すでに惻隠・羞悪・辞譲・是非の心を言ひて、以て先王の道は人の性に率《したが》ひてこれを立つることを明らかにし、しかうしてまたこれを言ひて、以てただに四端のみならず、人おのおのその材質の近き所に随ひて、自然に、知り能くする所あることを明らかにするのみ。みな道の人に遠からざるを語る所以なり。*王氏これを知らず、すなはち「良知を致す」の工夫《くふう》を立て、専らこれを已に求むる者は謬《あやま》れり。

弁名 下

日本 物茂卿 著

元・亨・利・貞 四則

1 元・亨《かう》・利・貞なる者は、*卦徳の名なり。*諸儒以て天にこの四徳ありとなす者は謬《あやま》れり。*乾《けん》を天となすがごときも、また後人その象《しやう》を取りてしかいふ。その実は乾はおのづから乾、天はおのづから天、あに混ずべけんや。「*易に天道あり、人道あり、地道あり」と曰ふがごときも、また後人その象を玩《もてあそ》べば、すなはち易に*三才の道あるを見るのみ。あに必ずしも天道ならんや。大氐《たいてい》、易の書たる、占筮《せんぜい》を主とす。故にその辞を設くるは它《た》書と同じからず。これを読むの道も、また它書と同じからず。「*観る」と曰ひ、「玩ぶ」と曰ひ、「典要となすべからず」と曰ふ、以て見るべきのみ。故に乾の元亨利貞は、まさに易を以てこれを観るべし。必ずしも天道および聖人の道を引きてこれを解せざれ。そのこれを用ふるに至りては、すなはち以て天道となすもまた可なり。以て地道となすもまた可なり。以て聖人の道となすもまた可なり。以て君子の道となすもまた可なり。以て庶人の道となすもまた可なり。故に「典要となすべからず」と曰ふなり。

元なる者は、*首なり。「*元首、明なるかな」、「*勇士はその元《かうべ》を喪《うしな》ふを忘れず」、「牛には*一元大武と曰ふ」のごとき、みな然り。君の即位の年を以て元年となすも、また首の義にして、首転じて始めとなるなり。乾坤《けんこん》の二卦は、易の頭たり。故に乾元・坤元と曰ひ、乾

◇**元亨利貞**

1 卦徳の名 それぞれの卦のもちまえを表わす名称。 **諸儒**… 易経・乾卦文言伝・孔疏「但乾卦象㆑天、故以㆓此四徳㆒皆為㆓天徳㆒」、朱子の小学題辞「元亨利貞、天道之常」。 **乾を天**… 易経・説卦伝「乾、天也」。 **易に天道**… 繫辞伝下「易之為㆑書也、広大悉備、有㆓天道㆒焉、有㆓人道㆒焉、有㆓地道㆒焉、兼㆓三才㆒而両㆑之、故六、六者非㆑它也、三才之道也」。 **三才** 天地人。 **観る**… 繫辞伝上「是故君子居則観㆓其象㆒而玩㆓其辞㆒、動則観㆓其変㆒而玩㆓其占㆒」、同下「易之為㆑書也不㆑可㆑遠、為㆑道也屢遷、変動不㆑居、周㆓流六虚㆒、上下无㆑常、剛柔相易、不㆑可㆑為㆓典要㆒、唯変所㆑適」。

首 あたま。かしら。 **元首明なるかな** 殿様は聡明であらせられることよ。書経・益稷。 **勇士**… 勇士はいつ首を取られて戦死してもよいと覚悟している。孟子・滕文公下。 **一元大武** 一つの頭で大きい足跡の意。礼記・曲礼下「凡祭㆓宗廟㆒之礼、牛曰㆓一元大武㆒」。

と坤とを以て*六十二卦の元となすなり。故に「*大なるかな乾元」、「至れるかな坤元」は、みな乾・坤に連ねて以てこれを言ふ。亨・利・貞はすなはちしからず。以て見るべきのみ。「*元なる者は善の長なり」とは、これ聖人の道を引きて解をなす。*元なる者は徳の名なり。「*一人元良」のごときこれなり。けだし人に君たるの徳を謂ふなり。*また首の象なり。人に君たるの徳、堯《げう》の「*蕩蕩乎《たうたうこ》として民能く名づくるなし」のごときは、これその至れる者なり。堯の「*允《まこと》に恭にして克《よ》く譲る」を以て、これを*舜《しゆん》の智に任ぜられ、禹《う》の功に任ぜられしに比ぶれば、すなはち以て君の徳となす所以の者を見るべし。湯《たう》は伊尹《いゐん》を師としたれば、すなはちまた伊尹に及ばず、武王は*周公の多材多芸に及ばず、これより下《くだ》る者はすなはち桓公《かんこう》は*管仲の仁に及ばず、高祖は*三傑の能に及ばず、しかもみな能《よ》くこれが君となる。これ人に君たるの徳は別にこれあり。しかうしてこれを命《なづ》けて元と曰ふのみ。

然らばすなはち何を元と謂ふや。書に曰く、「元首、明なるかな」と。能く人を知りてこれに*任ずるを謂ふなり。その能く善人を知りてこれに任ずるは、以て衆善人の長となるに足る。故に曰く、「元なる者は善の長なり」と。然れども善人は知り難し。いやしくも民を安んずるの徳を躬《み》にするに非ずんば、則ちこれを知ること能はず。故に「*仁を体すれば以て民に長たるに足る」と曰ふなり。これみな*義を元に取りて、*引きてこれを伸《の》し、類に触れて以てこれを長ずる者なり。故に*仁を以て元となす者は非なり。人君の徳は、庶務を知るに在らずして、善人を知るに在り。身これを親《みづか》らするに在らずして、善人に任ずるに在り。これ知の大なる者なり。故に易の伝にみな*元を訓じて大となすは、これがための故なり。

六十二卦 易の六十四卦のうち乾・坤を除いた残りの卦をいう。 **大なるかな…坤元** 乾卦・坤卦の彖伝。 **元なる者は善の長なり** 乾卦文言伝。 **元なる者は徳の名** →補。 **一人…** 書経・太甲下「一人元良、万邦以貞」(一人は天子)。 **また首の象** この点でも、元はかしらの象徴である。 **蕩蕩乎** →補。 **允に…** 書経・舜典。 **舜の智…禹の功…** →補。 **周公の多材多芸** 書経・金縢「乃(なんぢ)元孫不レ若ニ旦多材多藝一、不レ能レ事ニ鬼神一」(乃元孫は武王を指す。旦は周公の名)。 **管仲の仁** →仁2 **三傑** →補

任ず 仕事をまかせる。 **仁を体すれば…** 乾卦文言伝「君子体レ仁、足ニ以長一レ人」。 **義を…** 意味を元からとって。 **引きて…長ず** 拡張解釈・類推解釈をする。繋辞伝上。 **仁を以て元となす** 乾卦文言伝の孔疏「元則仁也、亨則礼也、利則義也、貞則信也」や近思録・道体類「四徳之元、猶ニ五常之仁一、偏言則一事、専言則包ニ四者一」など。 **元を訓じて大となす** 屯卦「屯、元亨利貞、…彖曰、屯、剛柔始交而難生、動ニ乎険中一、大亨貞」の疏「大亨即元亨也、不レ言レ利者、利属ニ於貞一、故直言ニ大亨貞一」など。

2 亨なる者は、その道盛んに行はれて、*擁閼《ようあつ》する所なきを謂ふなり。*元亨なる者は、大者の道行はるるなり。*小亨なる者は、小者の道行はるるなり。辟《たと》へば物を烹《に》るがごとし。水火の気は、達せざる所なし。辟《たと》へば*聘享《へいかう》の礼のごとし。*信を講じ睦を脩むるの道は、通ぜざる所なし。亨《かう》はもと聘享《へいかう》の享《かう》にして、借りて以てその通ずるを言ふなり。けだし聘享の礼行はれて、*諸侯至らざる者なし。通ずるの盛んなるなり。*後世誤りて聘享《へいかう》の享《かう》を音して食饗《しよくきやう》の饗《きやう》となす。然れども聘礼に*享と饗とあり、音同じく*許両《きよりやう》の反《かへし》ならば、当時は何を以て別たんや。故に聘享《へいかう》の享《かう》、元亨《げんかう》の亨《かう》は、みな*許庚《きよかう》の反、食享《しよくきやう》の享《きやう》は、すなはち許両の反なり。その*文における、聘享《へいかう》を亨《かう》に*作るときは、すなはち食饗は享《きやう》に作り、聘享《へいかう》を享《かう》に作るときは、すなはち食饗を饗に作る。聘享《へいかう》にはただ*璧《へき》・馬を献じ、食饗にはすなはち宴す。故に*易に曰く、「公用《もつ》て天子に亨《かう》す」、「王用て西山に亨《かう》す」と。みな亨《かう》に作る。以て見るべきのみ。

3 利に数義あり。「*君子には義に喩《さと》し、小人には利に喩す」と曰ひ、「*利に放《よ》りて行ふ」と曰ひ、「*利を見て義を思ふ」と曰ふがごときは、みな生を営みて得る所あるを謂ふ。これ財利の利なり。「*用を利し生を厚くす」と曰ひ、「*器を利にす」と曰ふがごときは、みな善くその器を治めて、これを用ふるに軽便ならしむるを謂ふ。*用もまた器なり。これ鋭利の利なり。易に「*往く攸《ところ》あるに利あり」、「*大川を渉《わた》るに利あり」と曰ふがごときは、みなその事を作《な》して成功あるを謂ふ。これ吉利の利なり。「*物を利す」、「*天下を利す」のごと

2 **擁閼** 壅閼に同じ。ふさがり止まる。 **元亨** 坤・大有・蠱・升の卦に見える。 **小亨** 旅・巽の卦に見える。 **聘享** →補。 **信を…脩む** 礼記・礼運。 **諸侯…** あとの「易に曰く…」の補注参照。 **後世誤りて…** →補。 **享と饗** →補。 **許両の反** 反切という発音表示法で(k)yo+l(yau)=(kyau)キャウ(新表記キョウ)の上声の発音。 **許庚の反** (k)yo+k(au)=(kau)カウ(新表記コウ)の平声。乾卦釈文「元亨、許庚反、卦徳也、訓レ通也」。 **文における** 文字では。 **作る** 書く。 **璧馬** →前の「聘享」補注。 **易に曰く…** 大有九三爻辞と随上六爻辞。→補

3 **君子には…** 論語・里仁。→義4 **利に放りて…** 里仁。 **利を見て…** 憲問。 **用を利し…** 書経・大禹謨。 **器を利にす** 論語・衛霊公「子曰、工欲レ善二其事一、必先利二其器一」、老子・第三六章「国之利器、不レ可三以示二人一」。 **用** 前に引く「用を利し生を厚くす」の用(日用使用品の意)。また左伝・昭公一七年「利二器用一」の用も同じ。 **往く攸…** 賁卦・復卦の象辞、无妄六二爻辞。 **大川…** 需・大畜・蠱卦の象辞。 **物を利す** 乾卦文言伝「利レ物足二以和一レ義」。 **天下を利す** 繫辞伝下「舟楫之利、以済レ不レ通、致レ遠以利二天下一」。

きは、それをして益を得《え》、*沢《たく》を被らしむるを謂ふ。これ利益の利なり。故に易の亨・利は、その義相似たり。亨はその道の行はるるを主としてこれを言ひ、利はその事を行ひて成功あるを主としてこれを言ふ。これその異のみ。たとへば聘享《へいかう》を以てこれを言ふときは、すなはちこれに藉《よ》りて諸侯和順し、国その福を被る。これ利なり。故に経の文は利を受くる者を主としてこれを言ひ、しかうして*文言に「物を利す」と曰ふに至りては、すなはち利を施す者を主としてこれを言ふ。「物を利す」とは、万物を利益す。これ仁なり。必ず義を以てこれを済《な》して、しかるのち物は得て利益すべし。故に曰く、「*物を利するは以て義に和するに足る」と。和なる者は、*五味相和《あひわ》するの和のごとし。異を以て同を済《な》すを謂ふなり。仁は大なり。いやしくも義の以てこれを差別するに非ずんば、すなはち仁は成すべからず。これ文言はみな君子の道を以て易を解するのみ。

4 貞なる者は、*中《うち》に存する者変ぜざるなり。「*物を開きて務めを成す」と曰ひ、「*天下の亹亹《びび》を成す」と曰ふ。これ卜筮《ぼくぜい》の道は、もと人をして能くその事に勤めて怠らざらしむるに在るなり。凡そ天下の事は、人力その*半ばに居りて、天意その半ばに居る。人力の能《よ》くする所は、人能くこれを知る。しかうして天意の在る所は、すなはちこれを知ること能はず。知らざればすなはち疑ふ。疑へばすなはち怠りて勤めず。怠りて勤めざれば、すなはちその*人力を併せてこれを用ひず。事の壊《やぶ》る所以なり。故に聖人は卜筮を作りて、以てその*疑ひを稽《かんが》へ、これに藉《よ》りて人《ひとびと》かの天意の在る所を知るを得《え》、亹亹《びび》としてこれをなして已《や》まず。事の成る所以なり。故に「務めを成す」と曰ひ、「亹亹を成す」と曰ふ。これの

沢 恩沢。恩恵。 **文言** 易の文言伝。
物を利するは… 前の「物を利す」を参照。 **五味** →中庸和衷3

4 中に存する者 人の徳や心構えなどを指す。 **物を開きて**… 万物の志を通じさせ天下の人々の努めを成就させる。易経・繋辞伝上。 **天下の亹亹**… 天下の人々がみな努め励んでいるのを達成させる。繋辞伝上。 **半ばに居りて** 半ばを占めていて。 **人力を併せて**… 天意を疑うだけでなく、人力をも用いない。 **疑ひを稽へ** 書経・洪範の九疇の第七に稽疑があり、卜筮のことが述べられているのに基づく。

謂ひなり。然れどもその人の、中《うち》に存する者渝《かは》れば、すなはちつひにまた怠らんのみ。故に諸卦みな「貞に利あり」と曰ふは、変ぜざる者の必ず成るを謂ふなり。「*その徳を恒にせざれば、或いはこれが羞《はぢ》を承《う》く。孔子曰く、「占はざるのみ」と」も、またこの意なり。它《た》の「*変ずるには悔と曰ひ、変ぜざるには貞と曰ふ」、「*貞にして勝つ」、「貞にして観《しめ》す」、「貞にして明らか」、「かの一に貞なり」、および「*君子は貞にして*諒《りやう》ならず」、および*貞女の貞のごときも、みな変ぜざるの義なり。

また伝に多く*貞を訓じて正となす者のごときは、もと*位の当るを謂ひて正となす。陽は陽の位に居り、陰は陰の位に居る、これなり。陽の陰の位に居り、陰の陽の位に居るは、魚鼈《ぎよべつ》を山に移し、草木を河海に植うるがごとし。すなはち必ずその*性を失はんのみ。凡そ天下の物は、ただ性のみ変ずべからず。故に曰く、「*利貞なる者は性情なり」と。然れども物と位と当らざれば、必ずその性を失ふに至る。性を失へばすなはち変じ、貞となすことを得ず。これ貞を訓じて正となすの義なり。志挫《くじ》けざれば、すなはち百事みな成すべし。故に*文言に曰く、「貞固は以て事に幹たるに足る」と。また君子の道を以て易を解する者なり。

元或いは首となし、或いは大となす。亨《かう》或いは通となし、或いは聘亨《へいかう》となす。利或いは以て我その利を得となし、或いは以て人を利すとなす。貞或いは以て変ぜずとなし、或いは以て位に当るとなす。これ易の「典要となすべからず」といふものにして、他書と殊なる所以なり。然れども*後世の儒者の傅会《ふくわい》するに天道を以てし、また仁義礼智を以てこれに配するに至りては、すなはち*牽強遷就にして、文意を成さず。妄なることまた甚だしきか

その徳…↓補。**変ずるに**…書経・洪範の稽疑の貞悔について、蔡沈は「有下以二遇卦一為レ貞、之卦為上レ悔」といい、徂徠はこれに基づいているらしい。遇卦とは筮で出たそのままの卦、之卦は筮で出た卦の一部分の爻の陰陽を転じて他に変化した卦。**貞にして勝つ**…繫辞伝下「吉凶者、貞勝者也、天地之道、貞観者也、日月之道、貞明者也、天下之動、貞二夫一一者也」。**君子**…論語・衛霊公。**貞諒**　わずらわしく信を守ること。**貞女**　史記・田単伝「忠臣不レ事二二君一、貞女不レ更二二夫一」。**貞を訓じて**…師卦彖伝「師、衆也、貞、正也、能以レ衆正、可二以王一矣」など。**位の当る**　あるべき位置にあること。易では奇数が陽、偶数が陰に属し、奇数の位(陽位、すなわち六爻の下から数えて一・三・五番目)に陽爻**⚊**が、偶数の位(陰位、二・四・六番目)に陰爻**⚋**があるのを、位に当たるという。**性を失はんのみ**　もちまえがそこなわれるのだ。**利貞**…乾卦文言伝。**文言に曰く**…乾卦文言伝。幹の意味については↓弁道24

後世の儒者…**仁義礼智**…↓1「仁を以て元となす」。**牽強遷就**　こじつけ。

な。

天・命・帝・鬼・神　十七則

1 天は解を待たず。人のみな知る所なり。これを望めば*蒼蒼然《さうさう》、*冥冥乎《めいめいこ》として得てこれを測るべからず。*日月星辰ここに繫《かか》り、風雨寒暑ここに行はる。万物の命を受くる所にして、百神の宗なる者なり。至尊にして比なく、能く踰《こ》えてこれを上《しの》ぐ者なし。故に古より聖帝・明王、みな天に法《のつと》りて天下を治め、天道を奉じて以てその政教を行ふ。ここを以て聖人の道、六経の載する所は、みな天を敬するに帰せざる者なし。これ聖門の第一義なり。学者まづこの義を識りて、しかるのち聖人の道、得て言ふべきのみ。後世の学者は、私智を逞《たくま》しくし*自ら用ふるを喜び、その心敖然《がうぜん》として自ら高しとし、先王・孔子の教へに遵《したが》はず、その臆に任せて以てこれを言ひ、つひに「*天はすなはち理なり」の説あり。その学は理を以て第一義となす。その意に謂《おも》へらく、聖人の道は、ただ理のみ以てこれを尽くすに足れりと。*このその見る所を以てして、「天はすなはち理なり」と曰ふときは、すなはち*宜《よろ》しく以てその天を尊ぶの至りとなすべきがごとかるべし。然れども理はこれをその臆に取れば、すなはちまた「*天は我これを知る」と曰ふ。あに不敬の甚だしきに非ずや。故にその説を究むれば、必ず、「*天道は知ることなし」に至りて極る。*程子曰く、「天地は心なくして化あり」と。*あに然らざらんや。易に曰く、「*復はそれ天地の心を見るか」と。天の心あるは、あに彰彰《しやうしやう》として著明ならずや。故に書に曰く、「*これ天は親しむことなし、克《よ》く敬するにこれ親しむ」と。また曰く、「*天道は善に福し淫に禍す」と。*易に曰く、「天

◇天命帝鬼神

1 蒼蒼然　荘子・逍遥遊「天之蒼蒼、其正色邪」。**冥冥乎**　遠くて測り知れないさま。揚子法言・問明「鴻飛ニ冥冥ニ」、蘇軾・喜雨亭記「太空冥冥」。**日月…繫り**　中庸。**自ら用ふ**　自分の才知を用いる。**天はすなはち理なり**　論語・八佾「獲ニ罪於天一、無レ所レ禱也」の朱注。**このその…**　この彼らの見解に基づいて。**宜しく…**　↓智1　**天は我これを知る**「知レ天」の語は中庸・孟子にも見えるが、ここでは3の末に「諸老先生、聖知もてみづから処り、天を知るを以て自負す」とあるのをさす。**天道は知ることなし**　↓補。**程子曰く**　朱子語類・巻一「伊川曰、天地無レ心而成レ化」。**あに然らざらんや**　天道は知ることなしということになるではないか。**復は…**　復卦彖辞。復は本来的なものに復帰することで、それによって天地の心がわかるとの意。**これ天…**　天はえこひいきがなく、敬を行なうことのできる者をだけ親愛する。書経・太甲下。**天道は善に…**　書経・湯誥。**易に曰く…**　謙卦彖伝。

道は盈《み》てるを虧《か》きて謙なるに益す」と。孔子曰く、「*罪を天に獲《え》ば、禱る所なきなり」と。あに天の心を以てこれを言ふに非ずや。

*仁斎先生の宋儒を駁《ばく》する者《こと》至れり。然れどもその学はこれを猶《ひと》しくするに後世の学なり。その言に曰く、「有心を以てこれを視れば、すなはち*災異に流る。漢儒のごときこれなり。無心を以てこれを視れば、すなはち虚無に陥る。宋儒のごときこれなり」と。善く調停をなす者と謂ふべきのみ。果してその説の是《ぜ》ならんか、すなはち天なる者は有心無心の間なる者なり。妄と謂ふべきのみ。それ天の人と倫《たぐひ》を同じくせざるや、なほ人の禽獣と倫を同じくせざるがごとし。故に人を以て禽獣の心を視れば、あに得べけんや。然れども禽獣に心なしと謂ふは不可なり。ああ、天はあに人の心のごとくならんや。けだし天なる者は、得て測るべからざる者なり。故に曰く、「*天命、常なし」、「*これ命、常においてせず」と。古の聖人、*欽崇敬畏《きんすうけいゐ》にこれ遑《いとま》あらざりしこと、かくのごとくそれ至れる者は、その得て測るべからざるを以ての故なり。

漢儒の災異の説は、これを猶《ひと》しうするに古の遺*なり。然れども、その、*日食は若何《いかん》、地震は若何と謂ふ者は、これ私智を以て天を測る者なり。宋儒の「天はすなはち理なり」と曰ふ者も、また私智を以て天を測る者なり。仁斎先生のいはゆる「*まさにこれを冥冥《めいめい》の中に求むべし。おのづから*陰隲《いんしつ》の理あり」といふ者もまた然り。それ陰隲なる者は天の心なり。あに理を以てこれを言ふべけんや。故にその説つひに有心無心の間を以てこれに命《なづ》くるに帰す。悲しいかな。

罪を天に… 論語・八佾。
仁斎先生… 語孟字義・天道第六条。
災異 天変地異を天の人類に対する罰や戒めとする思想。 **天命…** 詩経・大雅・文王。 **これ命…** 書経・康誥。 **欽崇** うやまいたっとぶ。書経・仲虺之誥「欽㆓崇天道㆒」。

遺 なごり。災異説は特に漢代に盛んであったが、すでに春秋三伝にもその例があり、荀子・天論にも災異説の誤りが指摘されている。 **日食**… 個々の天変地異を個々の政治問題などに対する天の戒めや罰として説明する例は、漢書・五行志などに多く見える。 **まさにこれを…** 弁名考注によれば、語孟字義の旧刻本の天道第六条にこの文があったが、今本にはない。 **陰隲** 天がひそかに人類を安んじること。書経・洪範「惟天陰隲㆓下民㆒」。

2 *詩に曰く、「これ天の命、ああ*穆《ぼく》として已《や》まず」と。もと、天の、大命を周に降す所以の者、深遠にして見るべからずといへども、また*滾滾《こんこん》として底止する所なきを言ふのみ。子思は「*至誠息《や》むことなし」を以て天を論ず。これ*その特に発する所にして、古書になき所、故に借りて*この詩を引きて以て証となす。あに詩の本旨ならんや。宋儒これを察せず、つひに*以て天道の本体となすも、またその見る所しかりとなす。それ誠なる者は天の一徳にして、あに以て天を尽くすに足らんや。

3 *朱子曰く、「陰陽は道に非ず。陰陽する所以の者これ道」と。*仁斎先生曰く、「陰陽は道に非ず。一陰一陽、往来して已《や》まざる者これ道」と。*説卦伝に曰く、「天の道を立つ。曰く陰と陽と」と。これ陰陽はあに道に非ざらんや。それ聖人は陰陽を立てて道となす。しかるに二先生すなはち聖人に勝ちてこれを上《しの》がんと欲す。あに妄ならずや。余を以てこれを観るに、そのいはゆる「陰陽する所以の者」も、また陰陽のみ。「往来して已《や》まざる者」も、また陰陽のみ。二先生みな精粗を岐《わか》ちてこれを二つにす。故にみな「陰陽は道に非ず」と曰ふ。それ*道は精粗となく、本末となく、一以てこれを貫く。故に子思は誠を以てこれを論ず。かつ*大伝にいはゆる「一陰一陽をこれ道と謂ふ」とは、もと易道を語るなり。故にまた曰く、「*戸を闔《と》づるはこれを坤《こん》と謂ふ。戸を闢《ひら》くはこれを乾《けん》と謂ふ。一闔《かふ》一闢《べき》はこれを変と謂ふ。往来して窮らざるはこれを通と謂ふ」と。あに易道に非ざらんや。かつ天道はあに一言を以て尽くすべけんや。然れば古《いにしへ》は*善に福し淫に禍するを以て天道を論じて、その他に及ばざりし者は、教への道しかりとなす。諸老先生、聖知もてみづから

2 詩に曰く… 周頌・維天之命。**穆** 詩の毛伝は「大哉」、鄭箋は「美哉」と解するが、徂徠は深遠と解する。**滾滾…** 水の盛んに流れるようで、とどまるところがない。**至誠…** 中庸。**その特に…** 彼が独自でいいだしたことで。**この詩…** ↓補。**以て…** 「至誠息むことなし」ということを天道の本体とする。↓補

3 朱子曰く… 朱子語類・巻七四「一陰一陽之謂㆑道、陰陽是気、不㆓是道㆒、所㆔以為㆓陰陽㆒者乃道也」。**仁斎先生曰く…** 語孟字義・天道第一条に朱子説を批判していう「陰陽固非㆑道、一陰一陽往来不㆑已者、便是道」。**説卦伝** 易経の十翼の一つ。**道は精粗となく…** ↓弁道17 **大伝** 易の繋辞伝の別名(史記・太史公自序に見える)。次の文は繋辞伝上に見える。**戸を…** 繋辞伝上。**善に福し…** ↓1

処《を》り、天を知るを以て自負す。故に喜びて精微の理、古聖人の言はざる所の者を言ふ。道に戻《もと》るの甚だしき者と謂ふべきのみ。

4 宋儒曰く、「*生死聚散《しゅうさん》は、理これが主宰となる」と。これ天を知るを以て自負する者なり。*仁斎先生曰く、「天地の道は、生ありて死なく、聚ありて散なし。死はすなはち生の終り、散はすなはち聚の尽くるなり。天地の道は*生に一なるが故なり」と。これまた天を知るを以て自負する者なり。それ「聚あり散あり」といふ者は、その説必ず*十二元会に至りて極る。「生に一なり」といふ者は、その説必ず「*今日の天地はすなはち万古の天地なり」に至りて極る。これみな喜びて己が見る所を推して以て己が見ざる所を言ひて、人の己を信ぜんことを求むる者なり。それ孰《たれ》かこれを信ぜんや。これみなみづから聖とする者なり。古聖人を信ぜざる者なり。天を敬せざる者なり。

それ天なる者は、知るべからざる者なり。かつ聖人は*天を畏《おそ》る。故にただ「*命を知る」と曰ひ、「*我を知る者はそれ天か」と曰ひて、いまだかつて天を知ることを言はざるは、敬の至りなり。*子思・孟子に至りて、始めて「天を知る」の言あり。然れども僅かに、人の性の天に命ぜらるることを言ひ、故に*誠を以て性の徳となす、これのみ。孟子もまた僅かに*天の善に与《くみ》することを知るを言ふ、これのみ。然れども二子の天を知るの言一たび出でて、しかるのち諸老先生囂然《がうぜん》として以て天を言ふ。あに先王・孔子の天を敬するの意ならんや。また二子の弁を好むの流弊なり。易の伝に「*天を統ぶ」「天を御す」の文あり。みな*帝を称して*しかいふ。「*天に先んじて天違《たが》はず、天に後《おく》れて天の時を奉ず」と。みな

4 生死聚散… ↓補。 **仁斎先生曰く…** 語孟字義・天道第四条。 **生に一** 終わり尽きるものがあっても、天地の道はつぎつぎに万物を生みだすことばかりをする。一は専一。 **十二元会** ↓補。 **今日の天地…** 語孟字義・天道第五条「夫四方上下曰㆑宇、古往今来曰㆑宙、知㆓六合之無㆒㆑窮、則知㆓古今之無㆒㆑窮、今日之天地、即万古之天地、万古之天地、即今日之天地、何有㆓始終㆒、何有㆓開闢㆒、此論可㆔以破㆓千古之惑㆒」。 **天を畏る** ↓補。 **命を知る** 論語・尭曰「不㆑知㆑命、無㆔以為㆓君子㆒也」、易経・繫辞伝上「楽㆑天知㆑命」。 **我を知る…** 論語・憲問「子曰、不㆑怨㆑天、不㆑尤㆑人、下学而上達、知㆑我者其天乎」。 **子思孟子に…** 中庸「思㆑事㆑親、不㆑可㆓以不㆒㆑知㆑人、思㆑知㆑人、不㆑可㆓以不㆒㆑知㆑天」、「質㆓諸鬼神㆒而無㆑疑、知㆑天也」。孟子・尽心上「尽㆓其心㆒者、知㆓其性㆒也、知㆓其性㆒、則知㆑天矣」。 **誠を以て…** ↓誠。 **天の善に与する…** ↓心志意7「天道…」。 **天を統ぶ…** 易経・乾卦彖伝「大哉乾元、万物資始、乃統㆑天、…時乗㆓六竜㆒以御㆑天」。 **帝** 天帝のことであるが、徂徠がここの文をどのように解したかは未詳。 **しかいふ** ↓弁道1「のみ」。 **天に先んじて…** 乾卦文言伝。

聖人の徳を賛するのみ。大氐《たいてい》、後世の君子、*すでに傲然《がうぜん》として聖人たらんことを求むるに、*またまた古文辞を知らず、古書を読むこと能はず、みな*遷就して以て己に従ふが故のみ。学者これを思へ。

5 命なる者は、天の我に命ずるを謂ふなり。或いは*生あるの初を以てこれを言ひ、或いは*今日を以てこれを言ふ。中庸に曰く、「天命をこれ性と謂ふ」と。これ生あるの初を以てこれを言ふ者なり。*書に曰く、「これ命、常においてせず」と。これ今日を以てこれを言ふ者なり。*仁斎先生、子夏・孟子の言を引きて、必ず、命は生あるの初に定ると以《おも》へる者は非なり。殊に知らず、子夏・孟子は、みな彼《かしこ》に在る者を以て天となし、ここに至る者を以て命となせども、その実はすなはち命はこれ天の命ずる所にして、天と命とはあに岐《わか》つべけんや。これに因りてつひに「*五十にして天命を知る」を以て、*天と命とを知るとなす。あにこれあらんや。かつ孟子のいはゆる「*これを致すことなくして至る」といふ者も、また貧賤を以てこれを言ふのみ。孔子曰く、「*富と貴とは、これ人の欲する所なり。その道を以てせずしてこれを得れば、処《を》らざるなり。貧と賤とは、これ人の悪む所なり。その道を以てせずしてこれを得れば、去らざるなり」と。これ富貴を得るの道は仁にして、貧賤を得るの道は不仁なり。君子は仁を行ひて以て命を致す。故に書に曰く、「*天の永命を祈《もと》む」と。易に曰く、「*命を致し志を遂《と》ぐ」と。また曰く、「*位を正して命を凝《な》す」と。ただ君子のみ貧賤を致すの道なし。故に孟子*しかいふ。

すでに ここでは「…だけでなく」の意。 **またまた** 原文の亦復は後漢以後に多く用いられる。ここでは史記にも見える又復の方がよいと思われる。 **遷就…** こじつけて自分かってな考えで説を立てる。

5 生あるの初 各個人が生まれた当初。 **今日** 各個人の現在。 **書** 書経・康誥。 **仁斎先生、子夏…** →補。 **五十にして…** 論語・為政。 **天と命とを知る** 「仁斎先生、子夏…」の注を参照。 **これを致す…** 孟子・万章上「其子之賢不肖、皆天也、非三人之所二能為一也、莫二之為一而為者、天也、莫二之致一而至者、命也」(致すは、招く、こさせる)。孟子はここでは天子の位を得るか得ないかをいうのであって、徂徠が貧賤というのは適切でない。 **富と貴とは…** 論語・里仁。論語徴「不レ以二其道一而得二富貴一、是求二富貴一者也、故不レ処、不レ以二其道一而得二貧賤一、是不レ求而自至者也、故不レ去」。 **天の永命…** 書経・召誥。 **命を致し…** 困卦象伝。 **位を正して…** 鼎卦象伝。 **しかいふ** 上述の孟子の「これを致すことなくして至る(のが命だ)」ということばを指す。「しかいふ」の読み方については→弁道1「のみ」

6 *仁斎先生曰く、「何をか命を知ると謂ふ。安んずるのみ。何をか安んずと謂ふ。疑はざるのみ。もと声色臭味の言ふべきものあるに非ず。けだし一毫《がう》の尽くさざることなく、これに処して泰然、これを蹈《ふ》みて坦然《たんぜん》、弐《うたが》はず惑はずして、方《まさ》にこれを安んずと謂ふ。方にこれを知ると謂ふ。あに見聞の知ならんや。*伊川云ふ、「命を知るとは、命あるを知りてこれを信ずるなり」と。これ知の字を視ること太《はなは》だ浅し。いはゆる「命を知る」とは、死生存亡窮通栄辱の際に処して、泰然坦然、煙銷《えんせう》氷釈し、一毫の心を動かすこともなく、しかるのちこれを「命を知る」と謂ふ。いはゆる「命あるを知りてこれを信ず」とは、*これ君子たるを待たずして能くこれを知るなり」と。これ仁斎先生得意の言なり。然れども予を以てこれを観るに、また伊川と*何ぞ択ばんや。ただその言を敷衍《ふえん》すると否との異のみ。かつ孔子のいはゆる「*命を知らずんば以て君子たることなきなり」とは、もと天の我に命ずるにこの道を以てするを知ることを謂ふなり。先王の、民を安んずるを心となしこの道を立つる所以の者も、また天命を知るを以てなり。故にこれを知るに非ずんば、すなはち以て君子たることなきなり。宋の諸老先生は、先王の道の、天を敬し民を安んずるを以て本となすことを忘れて、専らこれを己に求め、つひに荘周の*内聖外王の説に陥る。これより以来、*俊民ありといへども、迷ひて悟らず。仁斎先生の聡敏のごときも、また*その余習の痼《こ》する所となる。故にその見る所を究むるに、あに*達磨《だるま》・恵能《ゑのう》と相遠からんや。惜しむべきの至りなり。

7 孔子は「*五十にして天命を知る」と。天の孔子に命じて先王の道を後《のち》に伝へしむるこ

6 仁斎先生曰く… 語孟字義・天命第七条。今本と文に小異がある。 **伊川云ふ…** 論語・堯曰「不レ知レ命、無三以為二君子一也」の集注に「程子曰、知レ命者、知レ有レ命而信レ之也、人不レ知レ命、則見レ害必避、見レ利必趨、何以為二君子一」とあり、朱子の論語精義は伊川の語としている。ただし程氏遺書・第二一に程明道の語として「知レ命者、知レ有レ命而信レ之者爾、不レ知レ命、無三以為二君子一、是矣」ともある。 **これ君子…** ↓補。 **何ぞ択ばんや** どうして区別があろうか。 **命を知らずんば…** 「伊川云ふ…」の注を参照。 **内聖外王の説** ↓弁道2 **俊民** 書経・君奭「明二我俊民一」。偽孔伝は賢人と解する。 **その余習の…** 宋儒の風習のなごりに束縛される。 **達磨恵能と…** 禅宗と余り異ならない。達磨はインドから中国へ来た人で、禅宗の開祖(—五二八)。恵能(慧能)は中国人で、禅宗の第六祖(六三八—七一三)。

7 五十にして… 論語・為政。

とを知るなり。孔子また曰く、「*下学して上達す。我を知る者はそれ天か」と。これ孔子みづから言ふ、我能く下学して上達す、故に天の我に命ずるに道を伝ふるの任を以てする者は、我を知るがためなりと。它《た》の*儀の封人の言のごときもまたしかり。孔子は先王の道を学びて、以て天命を待つ。*五十にして爵禄至らず。故に、天の命ずる所は、道を当世に行ふに在らずして、これを後世に伝ふるに在ることを知るのみ。しからずんば、孔子の天命を知るは、何ぞ五十を待たんや。後儒の解は、直ちにその事を斥《さ》すこと能はずして、徒《いたづ》らにその心を論ず。仁斎先生の「疑はざるのみ」、「安んずるのみ」のごとき、これなり。ああ、聖人の心は、いづくんぞ窺ふべけんや。かつ仁斎の説のごとくんば、ただ名利を以てその心を動かさざるを言ふのみ。ああ、名利を以てその心を動かさざるは、あに以て聖人を尽くすに足らんや。また己の心を以て聖人を窺ふのみ。*陋《ろう》なるかな*僭《せん》なるかな。僭なるかな陋なるかな。

8 帝もまた天なり。漢儒は*天神の尊き者と謂ふ。これ古来相伝の説なり。*宋儒曰く、「天は理を以てこれを言ひ、帝は主宰を以てこれを言ふ」と。その意、*理を以て主宰となさば、すなはち帝・天何ぞ別たん。またその解を難くするのみ。けだし上古の*伏羲《ふくぎ》・神農・黄帝・顓頊《せんぎょく》・帝嚳《ていこく》、その制作する所の畋漁《でんぎょ》・農桑・衣服・宮室・車馬・舟楫《しうしふ》・書契の道は、万古に亘《わた》りて墜《お》ちず、民日《ひび》にこれを用ひ、視て以て人道の常となし、しかもまたその由りて始る所を知らず。*日月の照す所、霜露の墜つる所、蛮貊夷狄《ばんぱくいてき》の邦《くに》も、*視傚《しかう》流伝し、その徳を被らざるはなし。万世の後といへども、人類いまだ滅びずんば、*これを能く廃す

下学… 論語・憲問。論語徴「下学而上達者、下謂レ今、上謂レ古也、謂下学二先王之詩書礼楽一、而達中於先王之心上也」。 **儀の封人**… 儀は春秋時代の衛国の町の名。封人は関所役人。論語・八佾「儀封人請レ見曰、君子之至二於斯一也、吾未二嘗不一レ得レ見也、従者見レ之、出曰、二三子、何患二於喪一乎、天下之無レ道也久矣、天将下以二夫子一為中木鐸上」。 **五十にして**… 礼記・王制「五十而爵」。 **陋** 学識がせまい。 **僭** 身のほどを知らない。

8 **天神の尊き者** ↓補。 **宋儒**… 朱子の「天即理也」(論語・八佾「王孫賈問曰」章「獲二罪於天一」注)、伊川の「以二形体一謂二之天一、以二主宰一謂二之帝一」(乾卦程伝)をまとめて言ったものか。ただし朱子も天について「有下説二蒼蒼一者上也、有下説二主宰一者上也、有二単訓一レ理時一」といい、また「帝是理為レ主」、「所謂主宰者、即是理也」(朱子語類・巻一)というから、明確な区別はない。 **理を以て**… 前注参照。 **伏義…書契の道** 易経・繋辞伝下の文に基づく。↓弁道4 **日月…墜つる所** 中庸の文。中庸では墜が隊になっているが同義。 **視傚流伝** 見ならい広く伝わる。 **これを**… 原文「莫之能廃者」は「莫能廃之者」の誤り。

る者なし。これその天地と功徳を同じうし、広大悠久なること、孰《たれ》か得てこれに比せん。故に後世の聖人は、これを祀《まつ》りてこれを天に合し、名づけて帝と曰ふ。*月令《ぐわつりやう》に載する所の五帝の名のごとき、これなり。それ人死すれば、*体魄《たいはく》は地に帰し、魂気は天に帰《き》す。それ神なる者は測るべからざる者なり。何を以て能く彼是《ひし》を別たんや。いはんや五帝の徳は天に侔《ひと》しく、祀りて以てこれを合し、天と別なし。故に詩書に*天と称し帝と称し、識別する所あることとなき者は、これがための故なり。*堯舜以下、作者七人のごときは、すでにこれを学に祀《まつ》り、万世替《すた》れず。しかも五帝の徳かくのごときの大なる、あに*泯泯乎《びんびんこ》として祀られざらんや。先王の道は、断乎として然らず。いはゆる「*その始祖を祀り、これを自《よ》りて出づる所の帝に配す」といふ者は、*すなはち五帝なり、すなはち上帝なること、知るべきのみ。漢儒、上帝を以て天神の尊き者となし、また*五帝に就きて五行の神と人帝とを別つに至りては、すなはち臆説のみ。大氐《たいてい》、古《いにしへ》の礼は、*后土を祀るに、*禹を以て配し、祖先を祀るに、すでに*主を立て、また*尸《し》を立つ。*天を祀るもまた然り。これ先王の道、天・人を合してこれを一つにす。故に*伝に曰く、「鬼と神とを合するは、教への至りなり」と。礼を制するの意はかくのごときかな。かつ帝の名は*奚《なに》に昉《はじま》るや。もしこれ天子の名にして、推して以てこれを天に命《なづ》くとならば、すなはち*先王天を尊ぶの至り、必ず敢へてせず。もしこれ天の名にして、推して以てこれを天子に命《なづ》くとならば、すなはち先王の恭なる、必ず敢へてせず。これを以てこれを観れば、帝はこれ五帝にして、これを天に合するなり。聖人を尊ぶの至り、あに然らざらんや。

月令… 礼記の篇名。↓補。 **体魄**… 礼記・郊特牲「魂気帰二于天一、形魄帰二于地一」。 **天と称し**… たとえば詩経・大雅・文王「商之子孫、其麗(かず)不レ億、上帝既命、侯(ここ)于レ周服、侯于レ周服、天命靡レ常」、書経・洪範「帝乃震怒、不レ畀(あたへ)二洪範九疇一、…禹乃嗣興、天乃錫二禹洪範九疇一」など。小島祐馬博士「古代中国研究」にその例を多く載せる。 **堯舜以下**… ↓聖3 **泯泯乎として** 消え去るさま。 **その始祖**… 礼記・喪服小記および大伝「王者禘二其祖之所一レ自出一、以二其祖一配レ之」。 **すなはち五帝**… ↓補。 **五帝に就きて**… ↓補。 **后土** 土地神。↓補。 **禹を以て配し** ↓補。 **主** 位牌にあたるもの。↓補。 **尸** かたしろ。祭られる神や祖先の代わりになる人。礼記・郊特牲「尸、神象也」(祭られる神のシンボル)。 **天を祀るも**… ↓補。 **伝に曰く**… 礼記・祭義。鬼は人鬼、神は天神であるので、「天・人を合してこれを一つにす」の証拠としてこの文を引く。次の9を参照。 **名** 名称。 **先王**… 先王は非常に天を尊ぶから。

9 鬼神なる者は、天神・人鬼なり。*天神・地示《ちぎ》・人鬼は、周礼《しゆらい》に見ゆ。古言なり。*地示を言はざる者は、天神に合せてこれを言ふ。凡そ経伝に言ふ所はみな然り。後世、*鬼を陰に属し神を陽に属する所以の者は、*易にこれあるを以てなり。これ易を知らざる者なり。古人、疑ひあれば、これを*天と祖考とに問ひ、*蓍亀《しき》はみな鬼神の命を伝ふ。これ易の鬼神を言ふ所以なり。後儒はすなはち*命を蓍亀に稟《う》くと謂ふ。蓍亀は霊なりといへども、また*白鯗《はくしやう》大王のみ。聖人にしてあにかくのごとくそれ陋ならんや。この義明らかならず、つひに易の鬼神を以て*陰陽の霊、造化の迹《あと》となす。人鬼を外にして言をなすは、謬《あやま》りの甚だしき者なり。

10 *仁斎先生曰く、「凡そ天地・山川・宗廟・五祀の神、および一切の、神霊ありて能く禍福をなす者は、みなこれを鬼神と謂ふなり」と。*これを得たり。ただ*宋儒の謬《あやま》りに沿《よ》りて、鬼神の名を正すこと能はざるは、非なり。また曰く、「今の学者、風雨・霜露・日月・昼夜を以て鬼神となす者は誤れり」と。またこれを得たり。然れどもこれみな神のなす所なり。故に*伝に曰く、「神気は風霆《ふうてい》なり」と。*説卦に曰く、「*神なる者は万物に妙にして言をなす者なり」と。下文に*つひに*雷・風・火・沢・水・艮《ごん》を言ふ。以て見るべきのみ。

11 鬼神の説、紛然として已《や》まざる所以の者は、*有鬼・無鬼の弁のみ。*それ鬼神なる者は、聖人の立つる所なり。あに疑ひを容れんや。故に、鬼なしと謂ふ者は、聖人を信ぜざる者なり。そのこれを信ぜざる所以の故は、すなはち見るべからざるを以てなり。見るべから

9 天神… 春官・大宗伯「掌下建二邦之天神人鬼地示之礼一、以佐レ王建中保邦国上」。地示は地祇に同じ。**地示を言はざる者は** 鬼神といい地祇をいわないのは。**鬼を陰**… ↓補。**易にこれある**… 繋辞伝上に「精気為レ物、遊魂為レ変、是故知二鬼神之情状一」と、鬼神の語がある。**天と祖考とに問ひ**… ↓補。**蓍亀** 蓍はめどぎ、のちには筮竹を用いる。亀はかめの甲、これを火であぶって裂け方で占う。**命を蓍亀に**… ↓補。**白鯗大王** ↓補。**陰陽の霊**… 前の「鬼を陰…」の補注を参照。

10 仁斎先生曰く… 語孟字義・鬼神第一条。あとの「今日の学者…」も同じ。**これを得たり** 正しい。**宋儒の謬り**… 上の「…鬼神と謂ふなり」にすぐ続けて仁斎は「朱子曰、鬼者陰之霊、神者陽之霊、…可レ謂二固儒者之論一也」といい、朱子の説にそのまま従っていることを指す。**伝に曰く**… 礼記・孔子閒居「天有二四時一、春秋冬夏、風雨霜露、無レ非レ教也、地載二神気一、神気風霆、風霆流レ形、庶物露生、無レ非レ教也」(霆は、いなずま)。**説卦** 易経・説卦伝。**神なる者**… 神というのは、万物に霊妙な働きをする点から言ったものである。↓補。**つひに** かくて。**雷**…「神なる者…」の補注参照。

11 有鬼無鬼の弁 弁(辨)は区別。鬼

ざるを以てしてこれを疑はば、あにただに鬼のみならんや。天と命とみな然り。故に学者は聖人を信ずるを以て本となす。いやしくも聖人を信ぜずして、その私智を用ひば、すなはち*至らざる所なきのみ。

12 凡そ鬼神を言ふ者は、易より善きはなし。その言に曰く、「*仰いで以て天文を観、俯して以て地理を察す。この故に幽明の故《こ》を知る。始めを原《たづ》ね終りに反《かへ》す。故に死生の説を知る。精気、物となり、游魂《いうこん》、変をなす。この故に鬼神の情状を知る」と。この三者はみな易を賛するの言なり。*人みなその鬼神を言ふことを知りて、易を賛することを知らず、すなはち易を舎《す》ててこれが解をなす。故にその義を失するのみ。

けだし易なる者は、*伏羲《ふくき》、仰いで観、俯して察して以てこれを作る。前に因《よ》る所なく、直ちにこれを天地に取る。これ礼楽いまだ作《おこ》らざるの先に在るなり。「*幽明の故」なる者は、鬼神と人との礼を謂ふなり。礼と曰《い》はずして故《こ》と曰ふは、なほ*故実の故のごとし。上世相伝ふる者を謂ふなり。堯舜いまだ礼を制せざるの前に、けだしすでにその故《こ》あり。堯舜もまたこれに因りて制作するのみ。学者いやしくも易に明らかならば、すなはち制作する所以の意はこれを天地に取りしことを知らん。故に「幽明の故を知る」と曰ふ。宋儒*すなはち*人と鬼神との然る所以の理を知ると謂ふ者は、非なり。「始めを原《たづ》ね終りに反す」といふ者も、また易道然りとなす。始ればすなはち終り、終ればすなはち始り、*循環して端なし。易なる者は*来を知る所以なり。故にその始めを原ねて、以てこれをその終りに反す。故に来を知る。学者いやしくも能く人の始めを原ねて、以てこれをその終りに反せば、

神の有無についての論は三世紀ごろから盛んに行なわれた。晋の阮瞻(せん)は無鬼論を主張したが、ある日、未知の客人と議論し屈服させた。するとその客人は怒って「おれは鬼だ」といって鬼の姿に変わって消えたので、阮瞻は気分が悪くなり、一年余りで死んだ、という話もある。↓補。 **それ鬼神なる者**… 経書に鬼神のことが書いてあるのに基づいていう。

至らざる… どんなことでもいいかねない。

12 **仰いで**… 易経・繋辞伝上。このあとに続く徂徠の解説を参照。 **人みな**… 程子・朱子ともに右の文の解釈には多少の相違があるが、徂徠がいうほどの極端な事実はない。 **伏羲**… 易経・繋辞伝上「仰以観㆓於天文㆒、俯以察㆓於地理㆒」、下「古者包犠氏之王㆓天下㆒也、仰則観㆓象於天㆒、俯則観㆓法於地㆒」(包犠は伏犠に同じ)。 **幽明の故**… 前引繋辞伝上の文。また礼記・楽記「明則有㆓礼楽㆒、幽則有㆓鬼神㆒」。 **故実** 昔の実例。昔のしきたり。国語・周語上「樊穆仲曰、賦㆑事行㆑刑、必問㆓于遺訓㆒、而咨㆓于故実㆒」。 **すなはち** それにもかかわらず。 **人と鬼神との然る所以の理** ↓補。 **循環** 史記・高祖本紀賛「三王之道若㆓循環㆒、終而復始」、田単伝賛「如㆓環之無㆑端」。 **来** 由来。↓学則四

すなはち幽明の礼の説を知るなり。*死生・幽明は、その文を互ひにするのみ。「説」はなほ「*禘の説」と云ふがごとし。「故」もまた礼の説を謂ふなり。

それ*人は天地の中《ちゅう》を受けて以て生る。詩に曰く、「*天、烝民を生ず」と、これなり。故に聖人、鬼に事《つか》ふるの礼を作るにも、また始めを原《たづ》ね以てこれを終りに反《かへ》してこれを天に帰《き》す。故に詩に曰く、「*文王*陟降《ちょくこう》して、帝の左右に在り」と。人死して*復するときは、すなはち屋に升る。祭に*降神あり。凡そ伝に「*某神、某に降《くだ》る」と謂ふ者は、みな天に在るの辞なり。聖人は、功徳、天のごとし。故にこれを天に配す。群下はすなはち配せざるのみ。孔子曰く、「*鬼神を敬してこれを遠ざく」と。*祭るには妻といへどもこれを拝す。凡そ「*死に事ふること生に事ふるがごとくす」とは、その心を語る。しかうして礼はすなはち殊なる者は、みなそのこれを天に帰するを以てなり。ただ天や知るべからず。ただ鬼神や知るべからず。*詩に曰く、「神の格《いた》るは、度《はか》るべからず。いはんや射《いと》ふべけんや」と。*伝に曰く、「彼《かしこ》においてするか、此《ここ》においてするか」と。*礼、或いは「これを陽に求め」、或いは「これを陰に求む」。みなその知るべからざるを謂ふなり。敬の至りなり。天か鬼か、*一か二か、これいまだ知るべからざるなり。故に*聖人、礼を制するに、これを天に帰すと曰ふといへども、またいまだ敢へてこれを一つにせず。敬の至りなり。教への術なり。仏氏、*諸天・餓鬼および地獄・天堂の説を以てこれを溷《みだ》してより、しかるのち人始めて天と鬼神とを軽視するなり。鬼神有無の説の興る所以なり。宋儒は聖人の天を尊ぶの至れるを見るや、すなはち陰《ひそか》に*法身如来《ほっしんにょらい》を以てこれに擬して、「天は理なり」と謂ひて、その鬼神を軽視すること自若たり。*仁斎先生は、すなはち「これを遠ざく」の言を固執して、

死生幽明…↓補。 **禘の説** 論語・八佾「或問二禘之説一、子曰、不レ知也、知二其説一者之於二天下一也、其如レ示二諸斯一乎、指二其掌一」。 **人**… 左伝・成公一三年「民受二天地之中一以生、所謂命也」。 **天**… 詩経・大雅・烝民。 **文王**… 詩経・大雅・文王。 **陟降** 天にのぼったり天からくだったりする。 **復する** 人が死ぬと、家族が屋根の上へ登って、死者の名を呼んで、たましいを呼び返すこと。たまよばい。礼記・礼運「及二其死一也、升レ屋而号、告曰、皐某復(ああなにがしかへれ)」。 **降神** 論語・八佾「子曰、禘自二既灌一而往者」の孔安国注「灌者、酌二鬱鬯一灌二於太祖一以降レ神也」。 **某神**… 左伝・荘公三二年「有レ神降二于莘一」など。 **鬼神を**… 論語・雍也。 **祭る**… ↓補。 **死に事ふる**… 礼記・中庸。また祭義「事二死者一如レ事レ生」。 **詩に曰く**… 大雅・抑。原文の各句末の「思」は口調を整える助字。 **伝に曰く**…↓補。 **礼** 祭礼において。↓前の補注。 **一か二か** 一は魄(はく)、二は魂。以上、死者を祭る場合、祭られるものが何であるか、またどこにいるかもわからないことをいう。↓補。 **聖人**…↓補 **諸天**…↓補。 **法身如来** 宇宙の理法そのものであり、同時に仏陀の本体とされる最高の存在。 **仁斎先生**… 語孟字義・鬼神第二条で、三代の

一切、鬼神を棄絶せんと欲す。みな先王の礼の意を以てこれを易に求むることを知らざるが故なり。「精気、物となり、游魂《いうこん》、変をなす」といふ者は、すなはちいはゆる「幽明の故」、「死生の説」なり。鬼神の情状は、祭ればすなはち聚《あつま》り、聚ればすなはち見るべく、祭らざればすなはち散じ、散ずればすなはち見るべからず、見るべからざればすなはちなきに幾《ちか》し。「精気、物となる」とは、聚りて物あるがごときを謂ふなり。「游魂、変をなす」とは、魂気游行して*厲《れい》をなすを謂ふなり。これが*壇墠《だんせん》を立て、これが宗廟《そうべう》を立て、祭祀して以てこれを奉ずれば、*儼然《げんぜん》として在るがごとし。これ「物となる」と謂ふ。然れどもそのこれを祭るや、「*これを迎ふ」と曰ひ、「これを送る」と曰ひ、「彼《かしこ》においてするか、此《ここ》においてするか」と曰ふ。これあに必ずしもそのここに在るならんや。また聖人その物を立つるのみ。これ鬼神を言ふといへども、然れども易にもまたこれあり。*大伝にまた曰く、「乾《けん》は陽物なり。坤《こん》は陰物なり」と。六十二卦、孰《いづ》れか陰陽に非ざる。聖人特にこれが物を立てて乾坤と曰ふ。*天地位して造化行はれ、*乾坤立ちて易道行はる。乾坤毀《やぶ》るるときは、すなはち以て易を見ることなし。鬼神の道もまた然り。故に*伝に曰く、「明《たつと》びて鬼神と命《なづ》けて以て*黔首《けんしゆ》の則《のり》となす」と。聖人のその物を立つるや、これ教への術なり。故に易を知れば、すなはち鬼神の情状を知るなり。聖人は能く鬼神の情状を知る。故に幽明生死の礼を立つ。これまた「仰いで以て天文を観る」以下、その義の相因《よ》る所以の者*しかり。*京房の易に帰魂・遊魂の卦あり。これ「游魂、変をなす」も、また易にその義ありて、古来相伝ふるなり。後儒、先王の礼と易とに就きて以て鬼神の情状を知ることを求めずして、直ちにこれを鬼神に求む。あに能くこれを知らんや。*まさにその量を知らざるを見るのみ。

聖王は天下の心を以て心としたから、民が鬼神を尊べば自らも尊んだが、孔子は、「敬二鬼神一而遠レ之」(論語・雍也)といい、人道に努め鬼神に惑うなと説いて、三代の聖王とは異なるといい、「鬼神之説、当下以二論語所レ載夫子之語一為上正、…凡記礼等書、称二子曰一、或称二孔子曰一、諸論二鬼神一之言、皆出二於漢儒之仮託偽撰一、而非二夫子之言一、彰彰明矣」というのを指す。**厲** たたり。**壇墠** …祭場を設けて。**儼然** おごそかに。**これを迎ふ**… 礼記・祭義「楽(たのしんで)以迎レ来、哀以送レ往、故禘有レ楽(がく)、而嘗無レ楽」。**大伝** 易経・繫辞伝下。**天地**… 中庸「天地位焉、万物育焉」。**乾坤立ちて**… 繫辞伝上「乾坤成レ列、易立二乎其中一矣、乾坤毀、則无二以見一レ易」。**伝に曰く**… 礼記・祭義。**黔首の則** 人民ののっとるべきもの。黔は黒、首は頭の意。人民は冠を着ず黒髪の頭のままだからとも、黒い頭巾を着ていたからともいう。**しかり** このようである。**京房** 前漢の学者。その説は漢書・五行志に見える。また別に京氏易伝が現存する(ただし偽書説がある)。この京氏易伝に游魂・帰魂の語があるが、具体的内容は未詳。**まさに**… 論語・子張。まさしく、身のほど知らずだということがわかる。

13 *鬼神の徳は、中庸は誠を以てこれを言ひ、*左伝は聡明正直を以てこれを言ふ。その言は殊《こと》なりといへども、その義は一なり。みなその思慮勉強の心なきを謂ふなり。天地は思慮勉強の心なし。故に必ず聖人の*参賛を待ちて、しかるのち*天地位《くらゐ》し万物育《いく》す。鬼神は思慮勉強の心なし。故に必ず聖人これが礼をなしこれが極を立つるを待ちて、しかるのち游魂は変をなさず。

14 易にまた曰く、「*聖人これを以て心を洗ひ、*密に退蔵し、吉凶、民と患《うれひ》を同じうす」と。これ卜筮《ぼくぜい》を言ふ者なり。*君陳に曰く、「爾《なんぢ》に*嘉謀嘉猷《いう》あらば、すなはち入りて*爾の后《きみ》に内に告げ、爾すなはちこれに外に順《したが》ひて曰《い》へ、この謀この猷は、これ我が后《きみ》の徳と。ああ、臣人みなかくのごとくんば、これ良顕なるかな」と。それ聖人はあに嘉謀嘉猷なからんや。然れどもその心を洗ひ、密に退蔵し、すなはちこれに外に順ひて曰く、これ鬼神の命なりと。「その心を洗ふ」とは、*ことごとくこれを鬼神に致して、敢へて留《とど》めて以て己が謀猷となさざるなり。「密」とは、外に洩《も》らさざるを謂ふなり。これその意、吉凶、民と患を同じうするが故なり。その仁は至れるかな。*鬼神、謀を合すれば、吉、利ならざることなし。その知は至れるかな。

15 *仁斎先生曰く、「三代の聖王の、天下を治むるや、民の好む所を好み、民の信ずる所を信じ、天下の心を以て心となし、しかうしていまだかつて聡明を以て天下に先だたず。

13 **鬼神の徳**… 中庸「鬼神之為レ徳、其盛矣乎、…詩曰、神之格(いたる)思、不レ可レ度思、矧可レ射思(いはんやいとふべけんや)、夫微之顕、誠之不レ可レ揜(おほふ)如レ此夫」(詩は大雅・抑。思は句調を整える助字)。 **左伝**… 荘公三二年「国将レ興聴二於民一、将レ亡聴二於神一、神聡明正直而壱者也」。 **参賛** 加わり手助けする。中庸「与二天地一参」、「賛二天地之化育一」。 **天地**… 中庸「致二中和一、天地位焉、万物育焉」。

14 **聖人**… 繫辞伝上。 **密に退蔵** 人に洩れないように秘密にしておく。 **君陳** 書経の編名。 **嘉謀嘉猷** よいはかりごと。 **爾の后**… なんじの君主に人々に知られないように告げ、なんじはそれから人々の前でそのはかりごとに従い行なって…。 **ことごとく**… これと同じ思想が礼記・祭義に「昔者聖人建二陰陽天地之情一、立以為レ易、易抱レ亀南面、天子巻冕北面、雖レ有二明知之心一、必進断二其志一焉、示レ不二敢専一、以尊レ天也、善則称レ人、過則称レ己、教二不伐一、以尊レ賢也」と述べられている。 **鬼神**… 鬼神が聖人に加勢してはかりごとを立てる。易経・繫辞伝下「人謀鬼謀、百姓与レ能」。

15 **仁斎先生曰く**… 語孟字義・鬼神第二条。文に小異がある。 **及び至りて** 仁斎自身も「至るに及んでは」と読んでいるらしいが、ここでは同義語の並列(いわゆる連文とか連語

故に民鬼神を崇《たつと》べばすなはちこれを崇び、民卜筮《ぼくぜい》を信ずればすなはちこれを信ず。故にその卒《をは》りやまた弊なきこと能はず。孔子に*及び至りて、すなはち専ら教法を以て主となし、しかうしてその道を明らかにし、その義を暁《さと》し、民をして従ふ所に惑はざらしむ。孟子のいはゆる「堯舜より賢《まさ》れること遠し」とは、正《まさ》にこれを謂ふのみ」と。これその臆度《おくたく》の見にして、道に盭《もと》るの甚だしき者なり。*何となればすなはち、鬼神なる者は、先王これを立つ。先王の道は、これを天に本づけ、天道を奉じて以てこれを行ひ、その祖考を祀《まつ》り、これを天に合す。道の由《よ》りて出づる所なればなり。故に曰く、「*鬼と神とを合するは、教への至りなり」と。故に詩書礼楽は、これを鬼神に本づけざる者あることなし。仁斎の意、けだし謂《おも》へらく、三代の聖王も、その心はまた鬼神を尚《たつと》ばず、ただ民の好む所を以てして、姑且《しばらく》これに従ふと。妄なるかな。これ道を知らざる者の言なり。これ或いは「*孔子猟較《れふかう》す」の類を見て、妄りにこの言をなすのみ。それ聖王といへども、その位に即くの初は或いは然らん。その化の成るに及んでや、*陶鋳して以てこれを出《いだ》すがごとし。果して*その言の是《ぜ》ならんか、すなはち聖王の、民におけるも、またこれを若何《いかん》ともすること能はざるのみ。聖人の道は、あにかくのごとく*孱《せん》ならんや。かつ*三代の道、これを弊ありと謂ふ所以の者は、すなはちその*損益する所を謂ふのみ。それ聖王の鬼神を尊ぶは、三代みな然り。もしこれを弊ありと謂はば、すなはちその因《よ》る所の者、弊ありとなすなり。果して因る所の者をして弊あらしめば、*すなはちいづくにか在るその聖人たることや。*王安石の三不畏を観れば、すなはち*そのいはゆる「その道を明らかにしその義を暁す」といふ者は、あに弊なからんや。かつそのいはゆる「孔子は教法を以て主となす」といふ者は、口諄《じゆん》諄《じゆん》と

とかいわれるもの)である。たとえば史記・伯夷列伝「及二至西伯卒一、武王載二木主一、号為二文王一、東伐レ紂」、呉志・陸遜伝「及三至破レ備、計多出レ遜」一(備は劉備)。 **何となればすなはち** 原漢文の「何則。」の句読点は、本来は施さない。 **鬼と神と…** 礼記・祭義。 **孔子猟較す** 孟子・万章下「孔子之仕二於魯一也、魯人猟較、孔子亦猟較」、趙岐注「時俗所三尚(たつとびて)以為二吉祥一、孔子不レ違而従レ之、所三以小二同於世一也」。徂徠は聖人も民の好む所に従うの例として引いている。猟較については→公正直3 **陶鋳…** 陶器や鋳物を作ると同様に自分の欲するように形づくり作り出す。 **その言の是ならんか** 仁斎のことばが正しいとしたら。 **孱** よわよわしい。 **三代の道…** →補。 **損益…** 文物制度を部分的に廃止したり増加したりした点をいうのである。論語・為政「子張問十世可レ知也、子曰、殷因二於夏礼一、所二損益一可レ知也、周因二於殷礼一、所二損益一可レ知也、其或継レ周者、雖二百世一可レ知也」。 **すなはち…** それでは聖人たる資格はどこにあろうか。 **王安石の三不畏** 三不足の誤り。宋史・王安石伝「安石伝二経義一、出二己意一、辯論輒数百言、衆不レ能レ詘、甚者謂二天変不レ足レ畏、祖宗不レ足レ法、人言不レ足レ恤(うれふるに)」。 **そのいはゆる…** 前掲の仁斎の語孟字義の文。

してこれを言ふを以て教へとなすのみ。陋《ろう》なるかな。これ*講師の事なり。あに孔子にしてかくのごとくならんや。かつその言に曰く、「その道を明らかにしその義を暁《さと》し、民をして従ふ所に惑はざらしむ」と。その言はすなはち是《ぜ》にして、その意はすなはち非なり。もし先王の道を明らかにし、先王の義を暁り、一意、先王の教へに従ひて、*他岐の惑ひなからしめば、すなはち可なり。然れども先王の教へは、礼のみ。いま先王の礼に遵《したが》はずして、言語を以てその理を明らかにせんと欲せば、すなはち*君子すらなほ能くせず。いはんや民にして戸《こ》ごとにこれを説き、その理を喩《さと》りて鬼神に惑はざらしむるは、これ百孔子といへどもまた能くせざる所なり。すなはちその理学の錮する所となりて、みづからその言の非を覚《さと》らざる者は、あに悲しからずや。漢以来、仏老の道、天下に満ちて、これを能く廃することなき者は、先王の鬼神の教へ壊《くづ》れたるが故なり。これあに理学者流の能く知る所ならんや。

16 仁斎先生また曰く、「*卜筮《ぼくぜい》の説は、世俗の多く悦《よろこ》ぶ所なれども、甚だ義理に害あり。何となれば、義に従へばすなはち必ずしも卜筮を用ひず、卜筮に従へばすなはち義を舎《す》てざるを得ず。義としてまさに生くべければすなはち生き、義としてまさに死すべければすなはち死するは、*己に在るのみ。何ぞ卜筮を待ちてこれを決せんや。君子の去就進退、*用舎行蔵は、*ただ義の在る所のままなり。奚《なん》ぞ利不利を問ふをなさん」と。

それ卜筮なる者は、鬼神の言を伝ふる者なり。鬼神なければすなはち卜筮なし。鬼神あればすなはち卜筮あり。すでに鬼神を尊ぶを以て孔子の意に非ずとなすときは、すなはち

講師 書物の講釈をする者。政談の四四二頁参照。**他岐の惑ひ** 他のわき道へそれる惑い。**君子すら…** 相手が君子であっても不可能だ。まして相手が一般人民である場合に一軒ずつ説いて回り…。「戸ごとに説く」は史記・貨殖列伝の語。

16卜筮の説は… 語孟字義・鬼神第三条の文で、省略がある。**己に在るのみ** 自分の自主的判断で決まるのだ。**用舎行蔵** 君主に用いられることと、見捨てられていること、および、道を天下に行なうことと、才能を隠しておくこと。あとの「宋儒…」の注の論語の文を参照。**ただ義の…** ただ義が存することによってのみ決まる。孟子・離婁下の語。

宋儒… 語孟字義・天命第九条に、論語・述而「用レ之則行、舎レ之則蔵」

ト筮を廃するもまたその所なり。ただその言ふ所を観るに、専ら己を以てこれを言ふ。これ予のいはゆる、後儒は先王・孔子の道の民を安んずるの道たることを忘れて、ややもすればこれを己に求むといふ者にして、あに然らざらんや。*宋儒の「まさに義を言ふべくして、命は道《い》ふに足らず」と謂ふは、すなはち仁斎先生これを譏《そし》る。そのみづから説をなすに至りては、すなはちまたただ義を言ふのみ。すなはちその「*命を知る」の説を問へば、すなはちただ「心を動かさず」といふを以てのみこれを言ふ。孟子の闢《しりぞ》くる所の「*楊氏は我がためにす」といふ者は、*あに它《た》ならんや。大氐《たいてい》、後儒は知を貴び、これを言ふを主とす。先王・孔子の道は然らず。道を行ひ民に施すを主とす。大氐、民の事をなすや、天の知るべからざるに*疑沮《ぎそ》する者は、人情しかりとなす。故にト筮禱請、万古に亘《わた》りて廃すること能はざる者も、また人情しかりとなす。*聖人は能く人の性を尽くす。故に*人の性に率《したが》ひて、立てて以て道となす。あに己のためにしてこれを設けんや。学者それこれを思へ。

17 孟子に「*天吏」あり。乱世の辞なり。天下に君あれば、すなはち人《ひとびと》君を以て*天となし、ただ君のみ天命を奉じて以てこれを行ふ。天下に君なければ、すなはち命を稟《う》くる所なし。故に*君子は直ちに天命を奉ず。これ天吏と謂ふ。湯《たう》の桀《けつ》を伐ち、武王の紂《ちう》を伐つに、みな*天を称するがごときは、すなはちこの義なり。故に孔子の時はなほこれを称せず。六経ただ*胤征《いんせい》にのみ天吏あり。すなはち*義和《ぎくわ》を指す。その*天官たるを以ての故なり。しからずんば、*逸徳は解すべからず。*旧注に以て天子の吏となす者は非《ひ》なり。

の集注の「尹氏曰、用舎無ㇾ与二於己一、行蔵安二於所ㇾ遇、命不ㇾ足ㇾ道也」を引き、「其意以為学問当ㇾ言ㇾ義、而命不ㇾ足ㇾ道、此不二深考一耳」というのを指す。**命を知る**… ↓天命帝鬼神6 **楊氏は我がためにす** 楊朱は自己中心主義の行動をする。孟子・滕文公下。**あに它ならんや** 徂徠の論語徴は、為政「五十而知二天命一」について、先王の道を後世に伝えよとの天の我に対する命令を知ることだという。徂徠はこの立場から、命を知るとは個々人が自分の心を動かさないようにすることだとする仁斎の説を批判し、楊朱の自己中心主義は、ほかでもなく仁斎のことをいったものだ、という。**疑沮**… まよいひるむのは。**聖人は**… 中庸「唯天下至誠、為三能尽二其性一、能尽二其性一、則能尽二人之性一」。**人の性に率ひて**… 中庸「率ㇾ性之謂ㇾ道」。

17 天吏 公孫丑上「無ㇾ敵二於天下一者、天吏也」。公孫丑下「為二天吏一則可二以伐一ㇾ之」。**天** 尊び頼る対象。**君子** この場合は、君主と区別された諸侯や士大夫を指す。**天を称す** ↓補。**胤征** 書経・胤征「天吏逸徳」。**義和** 義氏・和氏。堯の時代から天文をつかさどった家がら。↓補。**天官** 天文をつかさどる官。**逸徳** ↓補。**旧注**… 胤征の偽孔伝に天吏を「天王之吏」としているのは間違いだ。

性・情・才 七則

1 *性なる者は、生の質なり。宋儒のいはゆる気質なる者これなり。その、*性に本然あり気質ありと謂《い》ふ者は、けだし学問のための故に設く。また*孟子を誤読して、*人の性はみな聖人と異ならず、その異なる所の者は気質のみと謂ひ、つひに気質を変化して以て聖人に至らんと欲す。もしただ本然のみにして気質なからしめば、すなはち人人聖人なり。何ぞ学問を用ひん。またもしただ気質のみにして本然の性なからしめば、すなはち学ぶといへども益なし。何ぞ学問を用ひん。これ宋儒の本然・気質の性を立つる所以の意なり。然れども*胚胎《はいたい》の初、気質すでに具はれば、すなはちそのいはゆる本然の性なる者は、ただこれを天に属すべくして、人に属すべからざるなり。また以て理は*局せらるる所あることなく、気質の局する所といへども、実は局せられざる所の者の存することありとなさば、すなはち禽獣と人と何ぞ択ばんや。故にまたこれを*正通・偏塞《へんそく》の説に帰す。しかうして本然の説つひに立たず。妄説と謂ふべきのみ。

*書に曰く、「これ人は万物の霊」と。*伝に曰く、「人は天地の中《ちゅう》を受けて以て生る」と。*詩に曰く、「天、*烝民《じょうみん》を生ず、物あれば則《のり》あり。民の、*彝《い》を秉《と》る、この*懿徳《いとく》を好む」と。*孔子これを釈して曰く、「物あれば必ず則あり。民の、彝を秉るや、故にこの懿徳を好む」と。*文言に曰く、「利・貞なる者は性情なり」と。*大伝に曰く、「これを成す者は性」と。これみな古人の、性を言ふ者なり。合してこれを観れば、明らかなること火を観るがごとし。けだし*霊は*頭の反なり。然れどもまた宋儒の*虚霊不昧の謂《い》ひに非ず。*中は偏の対なり。然れどもまた宋儒の*不偏不倚《ふい》の謂ひに非ず。みな人の性の善く*移るを指してこれを言ふな

◇**性情才**

1 **性なる者**… 漢書・董仲舒伝の語。仁斎も語孟字義・性第一条に引く。 **性に**… 本然の性は、天命の性、本源の性、本来の性、性の本然、性の本体などともいわれ、程伊川は極本窮源の性、反本窮源の性ともいう。これは先天的なもので、人の善の根源である。気質の性は気稟ともいわれ、後天的なもので、人によって清濁の差がある。 **孟子を誤読**… 孟子・滕文公上「孟子道(ひ)二性善一、言必称二堯舜一」、告子下「人皆可三以為二堯舜一」などを誤読したとする。 **人の性…聖人に至らんと欲す** ↓補。 **胚胎** 母体にはらまれること。 **局せらる** 拘束される。 **正通偏塞の説** ↓補 **書に曰く**… 書経・泰誓上。 **伝に曰く**… 左伝・成公一三年。 **詩に曰く**… 詩経・大雅・烝民。孟子・告子上にこの詩を引き、次の孔子の語をのせる。 **烝民** 衆民。 **彝**… 常道をかたく守る。 **懿徳** 美徳。 **孔子これを**… 孟子・告子上。 **文言に曰く**… 易経・乾卦文言伝。 **大伝に曰く**… 易経・繫辞伝上。 **霊は**… 前掲の「これ人は万物の霊」の霊について述べる。 **頑の反** 「かたくな」の反対。 **虚霊不昧** 大学章句「明徳者、人之所レ得二乎天一、而虚霊不昧、以具二衆理一而応二万事一者也」。 **中は**… 前掲の「人は天地の中を受けて生る」の

り。これを中に在る者の以て左すべく以て右すべく以て前すべく以て後すべきに辟《たと》ふるなり。*物なる者は美なるを謂ふなり。美なれば必ず*倣効《ほうかう》す。これ人の性なり。これまたその善く移るを言ふなり。孔子また曰く、「*上知と下愚とは移らず」と。またその*它《た》のみな善く移るを言ふなり。*貞なる者は変ぜざるなり。人の性の変ずべからざるを謂ふなり。「これを成す者は性」とは、その成就する所おのおの性に随ひて殊なるを言ふなり。人の性は*万品にして、剛柔・軽重・遅疾・動静は、得て変ずべからず。然れどもみな善く移るを以てその性となす。善に習へばすなはち善、悪に習へばすなはち悪なり。故に聖人は人の性に率ひて以て教へを建て、学んで以てこれに習はしむ。その徳を成すに及んでや、剛柔・軽重・遅疾・動静も、またおのおのその性に随ひて殊なり。ただ下愚は移らず。故に曰く、「*民はこれに由らしむべし。これを知らしむべからず」と。故に気質は変ずべからず、聖人は至るべからず。しかうして*虞《ぐ》の九徳、*周の六徳は、おのおのその性を以て殊なり。あに然らざらんや。

先王の教へ、詩書礼楽は、辟《たと》へば*和風甘雨の万物を長養するがごとし。万物の品は殊《こと》なりといへども、その、*養ひを得て以て長ずる者はみな然り。竹はこれを得て以て竹を成し、木はこれを得て以て木を成し、草はこれを得て以て草を成し、穀はこれを得て以て穀を成す。その成るに及んでや、以て*宮室・衣服・飲食の用に供して乏しからず。なほ人の先王の教へを得て、以てその材を成し、以て*六官・*九官の用に供するがごときのみ。そのいはゆる善に習ひて善なりといふも、またその養ひを得て以て材を成すを謂ふ。これを豊年の穀の食《くら》ふべきに辟《たと》ふ。悪に習ひて悪なりといふも、またその養ひを失ひて以て成らざるを

中について述べる。**不偏不倚** 中庸・第一章章句「無レ所ニ偏倚一、故謂ニ之中一」、第二章章句「中庸者、不レ偏不レ倚、無ニ過不及一、而平常之理」。**移る** ↓補

物なる者… 前掲の「物あれば則あり」の物について述べる。**倣効** まねる。**上知と下愚とは移らず** 論語・陽貨。↓補。**その它** 上知・下愚以外の者。**貞なる者**… 前掲の「利・貞ある者は性情なり」の貞について述べる。**万品** 万種。いろいろさまざま。**民はこれに**… 論語・泰伯。↓道1 **虞の九徳** ↓徳1「虞書の九徳」。**周の六徳** ↓聖2「周礼の六徳」

和風甘雨 おだやかな風、めぐみの雨。**養ひ**… 孟子・告子上「故苟得ニ其養一、無ニ物不レ長」。**宮室** 建物。**九官** ↓聖2「唐虞…」 **六官** ↓聖2「周の六官」。

謂ふ。これを凶歳の秕《ひ》の食《くら》ふべからざるに辟《たと》ふ。すなはち何ぞ必ずしもその気質を変じて以て聖人に至らんことを求めんや。これ它《た》なし。宋儒は聖人の教へに循《したが》はずして、妄意に聖人たらんことを求め、また先王の教への妙を知らず、すなはちこれをその臆に取りて、「持敬」「窮理」「天理を拡《ひろ》め人欲を去る」の種種の工夫を造作して、つひに以てその本然・気質の説を立てしのみ。仁斎先生の*活物・死物の説は、誠に千歳の卓識なり。ただいまだ先王の教へを知らず、区区として*孟子の争弁の言を守り、以て学問の法となす。故にその言つひにいまだ明鬯《めいちやう》ならざる者は、あに惜しからずや。

2　孔子曰く、「*性相近きなり。習ひ相遠きなり」と。もと学を勧むるの言にして、性を論ずる者に非ず。けだし君子と民とは、そのいまだ学ばざるに方《あた》りては、甚だしくは相遠からず、先王の道に習ひて以て君子の徳を成すに及んで、しかるのち*その民における、霄《せう》壌《じやう》の異《い》あるを見ることを言ふのみ。故にそのいはゆる「性相近し」なる者も、また中人を語るのみ。中庸に曰く、「性に率《したが》ふをこれ道と謂ふ」と。もと老氏の徒、先王の道を以て偽《ぎ》となすがために、故に子思は、先王、人の性に率ひて以て道を立てしにして、*これを強《し》ひしに非ざることを言ふのみ。また、性に率へばすなはち自然に道ありと謂ふにも非ざるなり。孟子の性善も、また子思の意のみ。その「*堯《げう》の服を服し、堯の言を誦し、堯の行ひを行はば、これ堯のみ」と曰ふを観れば、すなはちいはゆる「*人みな以て堯舜たるべし」といふ者も、また聖人は学んで至るべしと謂ふに非ず。「*仁義礼智は心に根ざす」と曰へば、すなはちいはゆる性善も、また人の性はみな聖人と同じと謂ふにも非ず。ただ*告子の

活物死物の説　語孟字義・心第四条で、宋儒が明鏡止水を説くのを批判し、「夫草木生物也、流水活物也、…故孟子之論レ心、毎以二流水萌蘖一為レ比、而未下嘗以二明鏡止水一為中譬、何者可下以二生物一比中生物上、而不レ可下以二死物一喩中生物上也」というのを指す。

孟子の争弁の…　語孟字義・学第二条「…故性之善可レ貴焉、学問之功大矣、是孔子所下以不二以レ率レ性為レ言、専以二学問一教中人、而孟子所下以屢道二性善一、而以二拡充之功一為中其要上也」というのを指す。徂徠は、孟子の性善説は告子と論争し、相手の出方に応じての一時的な説にすぎないとする。

2　**性相近き…**　論語・陽貨。**その民に…**　君子は民と比べて天地の相違があることがわかる。**これを強ひし…**　道をむりに押しつけた。**堯の服…**　孟子・告子下。**人みな…**　告子下。**仁義礼智…**　尽心上。**告子の杞柳の喩へ**　↓弁道1

杞《き》柳《りう》の喩へのごときは、その説甚だ美なり。*湍水《たんすゐ》の喩へも、また人の性の善く移るを言ふ。孟子すなはち極言してこれを折《くじ》き、以て*内外の説を立つ。これその弁を好むの甚だしき、つひに宋儒の謬《あやま》りを基づく。それと荀子の性悪とは、みな門戸を立つるの説にして、一端を言ひて一端を遺《わす》るる者なり。*子雲の「善悪混ず」、*退之の「性に三品あり」は、あに理に悖《もと》らんや。*蘇《そ》子《し》瞻《せん》の「善悪なし」に至りては、すなはち*仏氏の意なり。*欧陽子の「性は聖人の先にする所に非ず」と謂ふは、卓見なるかな。

*仁斎先生、孟子の性善を釈して曰く、「人の生質は、万不同ありといへども、然れどもその善を善とし悪を悪とするの心は、古今となく聖愚となく一なり」と。善く孟子を説くと謂ふべきのみ。然れども善を善とし悪を悪とするの心ありといへども、あに必ずしも善をなさしむべけんや。その人必ず曰はん、吾《われ》*好色を好むといへども、いまだ*宋朝たること能はずんば、すなはちまた何の益あらんやと。いやしくも能く先王の道を信ぜば、すなはち性善を聞きてはますます勧《つと》め、性悪を聞きてはますます勉めん。いやしくも先王の道を信ぜずんば、すなはち性善を聞きては*みづから用ひ、性悪を聞きては自棄せん。故に荀《じゅん》・孟《まう》はみな無用の弁なり。故に聖人の言はざる所なり。その*病《へい》はみな言語を以て我を信ぜざるの人を喩して、それをして我を信ぜしめんと欲するに在り。ただにそれをして我を信ぜしむること能はざるのみならず、*すなはち千古紛紛の論を啓《ひら》く。*言語の弊は、あに大ならずや。学者なほかつこれを先王の教へに求むること能はずして、ただ議論をのみこれ務む。悲しいかな。

湍水の喩へ ↓補。 **内外の説** ↓義1「義内」。 **子雲** 揚雄(前五三—後一八)、子雲は字。その著の揚子法言・脩身「人之性也善悪混、脩㆓其善㆒則為㆓善人㆒、脩㆓其悪㆒則為㆓悪人㆒、気也者、所㆑適㆓善悪㆒之馬也歟」。 **退之** 韓愈(七六八—八二四)、退之は字。原性「性之品有㆓上中下三㆒、…上焉者、善焉而已矣、中焉者、可㆓導而上下㆒也、下焉者悪焉而已矣」。 **蘇子瞻** ↓補。 **仏氏の意** ↓補。 **欧陽子** 欧陽修(一〇〇七—一〇七二)の答㆓李詡㆒第二書「夫性、非㆓学者之所㆑急、而聖人之所㆓罕言㆒也」。

仁斎先生… 語孟字義・性第一条。

好色 美人。 **宋朝** 孔子と同時代の、宋国の公子の名。宋から衛君にとついだ夫人南子の愛人で、好色漢であった。左伝・定公一四年、論語・雍也に見える。ここの前後は、善を善とし悪を悪とする心があっても、色を好む心があっても、条件がともなわなければ実践は不可能だとの意。次に述べられる先王の道という条件を引き出す前提。 **みづから用ひ** 自分の考えだけで行動し。 **病** 欠点。 **すなはち** かえって。 **言語の弊** 言語で教えこもうとするやりかたの弊害。

3 *楽記《がくき》に曰く、「人生れて静かなるは、天の性なり」と。宋儒の本然*・復性の説はこれに本づく。石梁王氏*、および仁斎先生*は、みな以て老氏の意にして、孔門の言に非ずとなすなり。けだし楽《がく》なる者は、性情を理《をさ》むるの道なり。先王の教へ、能く人の性を養ひて以てその徳を成す者は、これに*尚《くは》ふるなし。かつその教へたる*、義理の言ふべきなく、思慮の用ふべきなく、識らず*知らず、帝の則《のり》に順《したが》ふ。故に性情の説は、古《いにしへ》はただ詩と楽とにのみこれあり。喜怒哀楽も、また人の必ずある所の者なり。然れどもその動き*の偏勝して節に中《あた》らざるときは、すなはち必ず、中和の気を傷《そこな》ひて、以てその恒性を失ふに至る。徳の成り難き所以なり。故に楽を立てて以てこれを教ふ。性なる者は人の天より受くる所にして、いはゆる中これなり。故にその*嬰孩《えいがい》の初、喜怒哀楽のいまだ事*を用ひざるの時を以てこれを言ふ。いはゆる「人生れて静か」といふ者これなり。これ必ず嬰孩の初に復《かへ》らんことを求むと謂ふには非ざるなり。また静虚を以て至れりとなすと謂ふにも非ざるなり。楽は能くその躁動《さうどう》を制し、その過甚を防ぐがために、故にそのいまだ甚だしからざる時を以てこれを言ふのみ。中庸の未発*の中のごときも、また未発の時を以て大本となし功*を施すの地となすに非ず。ただ、人の性は、天地*の中を稟《う》く、故に先王*の道は、人の性に率《したが》ひて以てこれを立てしことを謂ふのみ。後儒は古言を知らず、古文辞を知らず、また先王の教への術を知らず、妄りに以て*本然の徳となし、務めて義理を以てこれを説き、つひに宋儒の陋《ろう》を成す。王氏・伊藤氏また宋儒の解に拠りて古文辞を読み、その孔門の言に非ざるを識《し》る者は何ぞや。大氐《たいてい》、性と習ひとは得て別つべからざる者なり。故に古《いにしへ》者性を語るに、多く*嬰孩《えいがい》の初を以てこれを言ひしのみ。あに嬰孩を以て貴しとなさんや。また孟子の「大*

3 **楽記** 礼記の篇名。 **本然復性** ↓補。 **石梁王氏** ↓補。 **仁斎先生**… ↓補。 **これに**… 音楽以上のものはない。 **その教へたる** 音楽の、教えとしてのあり方は。 **識らず…順ふ** 詩経・大雅・皇矣。知らないうちにいつのまにか感化されるの意として、徂徠はつねにこの詩句を用いる。 **その動きの**… 喜怒哀楽の動きが一方的に強くなって。 **嬰孩** ちのみご。 **事を用ひざるの時** 機能として発動しないとき。 **未発の中** ↓恭敬荘慎独4「未発已発…」。 **功を施すの地** 努力を施す基盤。 **天地の中を稟く** 左伝・成公一三年「民受㆓天地之中㆒以生」。 **先王の道**… 中庸「率㆑性之謂㆑道」。 **以て本然の徳となし** 前の文から考えると、中を本然の徳とするの意らしいが、誰の説であるか未詳。 **嬰孩の初** 前に引く礼記・楽記「人生而静、天之性也」や、次に引く孟子の文に基づく。なお老子には「常徳不㆑離、復㆓帰於嬰児㆒」(二八章)など、嬰児の状態を理想とする思想が多く述べられている。 **大人**… 離婁下。

人なる者はその赤子の心を失はざる者なり」と曰ふがごときも、また宋儒の*復初の説の本づく所なり。殊に知らず、*大人はすなはち大舜の誤りのみ。

4 *仁義礼智を性となすは、漢儒に昉《はじま》りて、宋儒に成る。五行の説に縁《よ》るなり。然れども孟子もまた曰く、「*君子の性とする所は、仁義礼智、心に根ざす」と。また曰く、「*口の味におけるや、目の色におけるや、耳の声におけるや、鼻の臭《にほひ》におけるや、四肢の安佚《あんいつ》におけるや、性なり。命あり。君子は性と謂はざるなり。仁の父子におけるや、義の君臣におけるや、礼の賓主におけるや、智の賢者におけるや、聖人の天道におけるや、命なり。性あり。君子は命と謂はざるなり」と。これその祖述する所なり。*仁斎先生、務めて仁義礼智の性に非ざることを言ふや、善く孟子の意を獲《え》たりと謂ふべきのみ。孟子はもとより仁義礼智の心に根ざすを以て性となす。仁義礼智を以て性となすに非ず。然れどもその説はもと*内外を争ひ門戸を立つるに出づ。その告子とこれを争ふを観るに、議論泉のごとく湧《わ》き、口は言を択ばず、務めて人を服せしめてしかるのち已《や》む。その心はまたいづくんぞ後世に宋儒の災あるを知らんや。これその*褊心《へんしん》のせしむる所にして、すなはちその責めを辞すること能はざる者あり。それ仁智は徳なり。礼義は道なり。みな先王の立つる所なり。孟子もまた、先王、人の性に率ひて以て道・徳を立つることを謂ふのみ。仁斎先生は、*四者を以て徳となす。また非なり。

5 情なる者は、喜・怒・哀・楽の心、思慮を待たずして発する者にして、おのおの性を

復初 ↓補。 **大人はすなはち大舜の誤り** 礼記・坊記「子云、父母在、不ㇾ称ㇾ老、言ㇾ孝不ㇾ言ㇾ慈、閨門之内、戯而不ㇾ歎」の鄭注に「戯謂二孺子言笑者一也、孟子曰、舜年五十而不ㇾ失二其孺子之心一」とある。徂徠はこれを孟子・離婁下「大人者不ㇾ失二其赤子之心一者也」に当たるとし、大人を大舜の誤りとしたのであろう。

4 仁義礼智を性となす ↓礼1 **君子の性とする…** 尽心上。 **口の味におけるや…** 尽心下。 **仁斎先生…** あとの「四者を以て徳となす」の注を参照。 **内外を争ひ** 告子の義外説に対し孟子が義内説を主張して論争したこと。↓義1「義内」。 **褊心** せまい心。 **四者を以て徳となす** 語孟字義・仁義礼智第三条で「仁義礼智四者、皆道徳之名、而非二性之名一」といい、性とする宋儒の説に反対する。なお、ここでは「道徳の名」というが、同条でもしばしば「仁義礼智之徳」といい、また徳第一条で「徳者、仁義礼智之総名」という。

以て殊なるなり。七情の目《もく》は、*医書に曰く、「喜・怒・憂・思・悲・驚・恐」と。これその五蔵より発する者に就きてこれが名を立つ。*儒書には「喜・怒・哀・懼《く》・愛・悪《を》・欲」と曰ひ、*或いはただ「喜・怒・哀・楽」の四者を言ふ。これみな好悪《かうを》の両端を以てこれを言ふ。大氐《たいてい》、心・情の分は、その思慮する所の者を以て心となし、思慮に渉《わた》らざる者を以て情となす。七者の発すること性に関せざるを以て心となし、性に関する者を情となす。凡そ人の性はみな欲する所あり。しかうして思慮に渉《わた》れば、すなはち或いは能くその性を忍ぶ。思慮に渉らざれば、すなはちその性の欲する所に任す。故に心は能く*矯飾《けうしょく》する所あり、しかうして情は矯飾する所あることなし。これ心・情の説なり。凡そ人の性はみな欲する所あり。しかうして欲する所は或いはその性を以て殊なり。故に七情の目《もく》は、欲を以て主となす。その欲に順《したが》ふときは、すなはち喜・楽・愛なり。その欲に逆《さから》ふときは、すなはち怒・悪・哀・懼なり。これ性はおのおの欲する所の者ありて情に見《あらは》る。故に「*情欲」と曰ひ、「*天下の同情」と曰ふがごときは、みな欲する所を以てこれを言ふ。性はおのおの殊なる所の者ありてまた情に見《あらは》る。故に「*万物の情」と曰ひ、「*物の斉《ひと》しからざるは、物の情なり」と曰ふがごときは、みな性の殊なる所を以てこれを言ふ。また孟子に「*これあに人の情ならんや」と曰ふがごときは、直ちに以て性となす。また「*訟情」と曰ひ、「*軍情」と曰ひ、「*その情を用ふ」と曰ふがごときは、みなその内実を匿《かく》さざるを以てこれを言ふ。いはゆる「*実と訓ず」とはこれなり。また*情は矯飾する所あることなきを以ての故に転用するのみ。かつ訟情・軍情も、また*おのおの一種の態度あり。しかうしてこれを得ればすなはち瞭然《れうぜん》たる者も、また情の性を以て殊なるがごとし。故にこの言あり。宋

5 **医書に曰く**… 元の孫允賢の医方大成論の気の条に、喜と心、怒と肝、憂と肺、思と脾、悲と心胞、恐と腎、驚と胆というように、七情と内臓との関係を述べている。 **儒書には**… 礼記・礼運「何謂二人情一、喜怒哀懼愛悪欲、七者弗レ学而能」(懼は恐れ、悪は憎しみ)。 **或いは**… 中庸「喜怒哀楽之未レ発、謂二之中一」。 **矯飾** 修正して整える。 **情欲** 論衡・物勢「情欲動而合、合而生レ子」。列子・楊朱「人不二昏宦一、情欲失レ半」。 **天下の同情** 論語・里仁「惟仁者能好レ人、能悪レ人」の集注「游氏曰、好レ善而悪レ悪、天下之同情」。 **万物の情** 易経・繫辞伝下「於レ是始作二八卦一、以通二神明之徳一、以類二万物之情一」。 **物の斉しからざる**… 孟子・滕文公上。 **これあに**… 告子上。 **訟情** →補。 **軍情** →補。 **その情を用ふ** →補。 **実と訓ず** 論語・子路「上好レ信…」の孔安国注「情、情実也」。大学「無レ情者不レ得レ尽二其辞一」の鄭玄注「情猶レ実也」。 **情は**… 情は矯飾する所がない、つまりありのままだから、転じて「実」という意味に用いるのだ。 **おのおの**… それぞれの場合に個別的な様態がある。

儒の性を以て理となせしよりして、字義つひに晦《くら》く、性・情の相《あひ》属する所以の者、その解を得ず。*仁斎先生に至りてしかるのち始めて明らかなり。

6 仁斎先生曰く、「*心においてはすなはち「存す」と曰ひ、「尽くす」と曰ふ。性においてはすなはち「養ふ」と曰ひ、「忍ぶ」と曰ふ。志にはすなはち「持す」と曰ひ、「尚《たか》くす」と曰ふ。情と才とのごときは、みな必ずしも工夫を用ひず。先儒に「情を約す」の語あるは、非なり」と。これその人*専ら孟子を守りて、先王の礼楽の教へを知らず。故に以為《おも》へらく、*情は理《をさ》めずして可なりと。その*顔子の怒りを遷さざるを論じて、「舜は四凶を殛《きよく》するも、なほまさに余怒あるべし」と曰ふを観るに、*あに然らざらんや。それ情なる者は思慮に渉らざる者なり。楽《がく》の教へたる、義理の言ふべきなく、思慮の用ふべきなし。故に性・情を理《をさ》むるに楽《がく》を以てす。これ先王の教への術なり。あに理学者流の能く知る所ならんや。*伊川先生のいはゆる「情を約して中に適《かな》はしむ」とは、その言あに非ならんや。然れどもまたこれを約する所以の方を知らずして、情の上に就きて功を用ひんと欲するは、すなはち過《あやま》てり。

7 才・材は同じ。人の、材あるは、これを木の材に譬ふ。或いは以て*棟梁《とうりやう》となすべく、或いは以て*宗桷《ばうかく》となすべし。人はその性の殊なる所に随ひて、おのおの能くする所あり。これ材なり。孟子のいはゆる「*才の罪に非ず」、「天の、才を降《くだ》す」、「その才を尽くすこと能はず」のごときは、みな性を謂ふなり。*仁斎先生、「性の能」と訓ずるは、是《ぜ》となす。*高

仁斎先生に至りて… 語孟字義・情第一・二条の説を指していう。

6 **心においては**… 語孟字義・情第三条。文に省略がある。**専ら孟子を**… 前述の語がすべて孟子に基づくことを指す。すなわち、存心・尽心・養性・尚志は尽心上、忍性は告子下、持志は公孫丑上。**情は理めずして可なり** 前の情第三条の「若二情字才字一、皆不三必用二功夫一、何者以下養二其性一則情自正、存二其心一則才自長上也」をふまえていう。**顔子の怒りを**…→補。**あに然らざらんや** 仁斎の説は「情は理めずして可なり」ということになるではないか。**伊川先生**… 論語・雍也「哀公問、弟子孰為レ好レ学」章の集注「程子曰…情既熾而益蕩、其性鑿矣、故学者約二其情一使レ合二於中一、正二其心一養二其性一而已、然必先明二諸心一知レ所レ往、然後力行以求レ至焉」。

7 **棟梁** むなぎ・はり。**宗桷** はり（一説にむなぎ）・たるき。**才の罪**… 三つとも告子上の語。**仁斎先生**… 語孟字義・才条「才者、性之能也」。**高陽氏**… 左伝・文公一八年に、むかし高陽氏・高辛氏に才子があり、帝鴻氏・少皞氏・顓頊・縉雲氏に不才子があったとあるから、高陽氏は帝鴻氏か何かの誤り。

陽氏に不才子あるがごときは、すなはち棄材*と云ふがごときなり。その用ふべからざるを謂ふなり。またただ「能」と訓ずる者あり。周公*の「多材多芸」、*盆成括《ぼんせいくわつ》の「小《すこ》しく才あり」のごとき、これなり。後世、才の字は、みなただ「能」と訓ずるのみ。

心・志・意　九則

1　心*なる者は、人身の主宰なり。善をなすは心に在り、悪をなすもまた心に在り。故に先王の道を学びて以てその徳を成すは、あに心に因らざる者あらんや。これを国の君あるに譬ふ。故に君子*は心を役し、小人は形を役す。君、君たらずんば、すなはち国は得て治むべからず。国に君あればすなはち治り、君なければすなはち乱る。人の身もまたかくのごとし。心存すればすなはち精しく、心亡《うしな》はるればすなはち昏《くら》し。然れども君あるも桀紂《けっちゅう》のごとくんば、国あに治らんや。心存すといへども正しからずんば、あに貴ぶに足らんや。かつ心なる者は動く物なり。故に孔子*曰く、「*操《と》ればすなはち存し、舎《す》つればすなはち亡《うしな》はる。出入時《とき》なく、その郷*を知るなしとは、ただ心の謂ひか」と。これ言ふこころは、操ればすなはち存すといへども、これを操ること久しかるべからざるときは、舎てざるを得ず、舎つればすなはち亡はれ、これを操るも存するに益なしとなり。何となればすなはち心なる者は二つにすべからざる者なり。それその心を操らんと欲するに方《あた》りてや、そのこれを操らんと欲する者もまた心なり。心みづから心を操る、その勢ひあに能く久しからんや。故に六経・論語は、みな「心を操る」「心を存す」の言なし。書に曰く、「礼*を以て心を制す」と。これ先王の妙術にして、心

棄材 役に立たない者。**周公の多材多芸** 書経・金縢。**盆成括**… 孟子・尽心下「盆成括仕₂於斉₁、孟子曰、死矣盆成括、盆成括見ㇾ殺、門人問曰、夫子何以知₂其将ㇾ見ㇾ殺、曰、其為ㇾ人也小有ㇾ才、未ㇾ聞₂君子之大道₁也、則足₃以殺₂其軀₁而已矣」。

◇心志意

1 心なる者… 荀子・解蔽「心者形之君也」。**君子は心を役し**… 左伝・襄公九年「君子労ㇾ心、小人労ㇾ力、先王之制也」(為政者は精神労働をし、人民は肉体労働をする)。**孔子曰く**… 孟子・告子上。孟子自体の文から見ると、孟子は「操則存、舎則亡、出入無ㇾ時、莫ㇾ知₂其郷₁」という孔子の語を引き、「惟心之謂与」とみずから結論しているように思える。中国人の注はこの点判然としないが、欧訳はみなそうなっている。もし全部が孔子の語ならば、前の四句は古語で最後の一句が孔子の結語か。徂徠は全部を孔子の語として引用しているから、ここでは後者のように訓読した。**操れば**… つかまえていると逃げないで存在する。**郷** あり場所。**礼を以て心を制す** 書経・仲虺之誥「以ㇾ義制ㇾ事、以ㇾ礼制ㇾ心」。

は操ることを待たずしておのづから存し、心は治むることを待たずしておのづから正し。天下の、心を治むるの方を挙ぐるに、*以てこれに尚《くは》ふるなし。後世の儒者は、僅かに心の貴ぶべきことを知れども、先王の道に遵《したが》ふことを知らず、妄りに種種の工夫をなして、以てその心を存せんことを求む。謬《あやま》りの大なる者なり。学者これを思へ。

2 孔子曰く、「*仁に依る」と。また曰く、「*その心、三月仁に違《たが》はず」と。これ孔子、学者を教ふるに、その心をして常に先王の民を安んずるの徳に依りて、相違離《あひゐり》せざらしむるなり。また曰く、「*択んで仁に処《を》らずんば、いづくんぞ知たるを得ん」と。その心を仁に居《お》くを言ふなり。その言は殊なりといへども、その義は実は同じ。けだしみな古語なり。*それ仁なる者は、先王の、礼を制する所以なり。いやしくも礼をなせども礼の制せらるる所以を知らずんば、すなはち徳は成り難し。然れども三代の隆《さか》んなるに当りては、*士学びて成れば、すなはち挙げてこれを用ひたれば、*一世の人、先王の仁に*游泳《いうえい》して、*黙してこれを識れり。あにこれに依らざる者あらんや。春秋の時に及んで、大夫は*官を世《よよ》にし、賢者は用ひられず。先王の仁は、遠くして見るべからざれば、すなはち士の先王の道を学んで*独りその身を善くする者、*比比としてみなこれなり。ここにおいてかつひに*その仁を忘れて、徒《いたづ》らに以て芸となす。徳の成り難き所以なり。故に孔子は教ふるに「仁に依る」を以てす。また衰世の意なり。あに礼の外に出でんや。然れども先王の仁の見るべからざる者《こと》は、その今の世に在りても、また春秋の時より甚だしければ、すなはち仁・礼の二言は、とこしへに千万世心《こころ》を治むるの道となるなり。学者これを思へ。

以てこれに… 礼を以て心を制すという方法以上のものはない。もと論語・里仁「好㆑仁者、無㆓以尚㆒㆑之」に基づき、つけ加えるべきものがないの意。

2 仁に依る 論語・述而「子曰、志㆓於道㆒、拠㆓於徳㆒、依㆓於仁㆒、游㆓於藝㆒」。→弁道7 **その心**… 論語・雍也「子曰、回也、其心三月不㆑違㆑仁、其餘則日月至焉而已矣」。**択んで**… 論語・里仁「里㆑仁為㆑美、択不㆑処㆑仁、焉得㆑知」。**それ仁なる者**… 孔子家語・曲礼子夏問「孔子曰、…夫仁者制㆑礼者也、故礼者不㆑可㆑不㆑省也」。**士学びて**… 礼記・王制に、郷から推薦された優秀な人物を大学に入れ、その優秀者の才能を調査して適材適所に官に任じたことが記されている。**一世の人** その時代のすべての人。**游泳** およぐ意で、ここでは「ひたる」こと。**黙してこれを識れり** 論語・述而。**官を世にし** 官職を世襲し。→補。**独りその身**… 孟子・尽心上「古之人、得㆑志、沢加㆓於民㆒、不㆑得㆑志、脩㆑身見㆓於世㆒、窮則独善㆓其身㆒、達則兼善㆓天下㆒」。**比比**… おしなべてみなそのようである。**その仁を忘れ**… 仁が民を安んずる徳であることを忘れ、単にわが身の修養のために身につけるべきものとした。

3 「*存心」の説は、孟子に昉《はじま》り、「*放心」に対してこれを言ふ。宋儒の*持敬の祖とする所なり。然れども孟子の意を究むるに、またその性善の説のみ。*何となればすなはちそのいはゆる心なる者は、*惻隠《そくいん》・羞悪《しうを》・辞譲・是非の心を謂ふなり。「放心」なる者は、学者、仁義礼智の、心に根ざすことを察せず、つひにこれを失ふを謂ふなり。故に「放つ」と曰ひ「求む」と曰ふは、みな*論説の辞にして、*宋儒の言ふ所のごとき者に非ず。宋儒は*以て工夫となす。*獃《がい》と謂ふべきのみ。*仁斎先生これを弁ずること是《ぜ》なり。

4 「*本心」もまた孟子に出づ。その「郷《さき》」と「今」とを以て対言するを観れば、*その意はただその初時の*意を謂ふのみ。宋儒は以て*心の本然となし、*仁斎先生は以て良心となす。みな辞を知らざる者のみ。

5 *惻隠《そくいん》・羞悪《しうを》・辞譲・是非の心を四端となす。端はなほ*一端と言ふがごときなり。またその微なる者を謂ふのみ。*朱子は以て端緒《たんしよ》となす。その意は、仁義礼智は*性に全くして、*四者はすなはちその端緒外《そと》に発見《はつげん》すと謂ふなり。これ仏書の*覆蔵心の説のみ。*仁斎先生は以て端本となす。その意は、孟子の*拡充の言に拠りて、引きてこれを伸すの意ありと謂ふ。あに然らんや。孟子もまた「*性を養ふ」と曰ふ。これおのづから先王の教法ありて、養ひて以てその徳を成すのみ。その拡充の言のごときも、また「*天は昭昭の多きなり」と曰ふがごときなり。論説の言しかりとなす。孟子といへども、あに必ずしも四端の心を拡充し

3 **存心**　心を保持する。↓補。**放心**　心をゆくえ不明にする。また、ゆくえ不明になった心。↓補。**持敬**　↓恭敬荘慎独2　**何となれば**…　原文の「何則。」の句読点は本来はつけるべきでない。**惻隠…の心**　↓5　**論説の辞**　人に対して説くことば。**宋儒の言ふ所**…　↓補。**以て工夫となす**　間違った意味の「存心」や「求二放心一」を学問の工夫としている。**獃**　ばか。**仁斎先生これを弁ず**　↓補

4 **本心**　↓補。**その意**　その意味。**意**　意思。**心の本然**　↓補。**仁斎先生は以て良心となす**　↓補

5 **惻隠**…　↓補。**一端**　一小部分。**朱子**…　孟子・公孫丑上の朱子注「惻隠羞悪辞譲是非、情也、仁義礼智、性也、心統二性情一者也、端、緒也、因二其情之発一、而性之本然、可二得而見一、猶下有二物在一レ中、而緒見中於外上也」。**性に全く**　天性として完全。**四者**…　↓補。**覆蔵心の説**　悪心をおおい隠していても必ず現われるという説。**仁斎先生**…　↓補。**拡充**　初めの「惻隠…」の補注を参照。**性を養ふ**　尽心上「孟子曰、尽二其心一者、知二其性一也、知二其性一則知レ天矣、存二其心一養二其性一、所三以事レ天也」。**天は昭昭**…　↓補

て以て仁義礼智を成すことを求めんや。しかも固くその拡充の言に泥《なつ》みて、これを以て工夫となし、つひに端本の説あるは、また非なり。

6 宋儒曰く、「*聖人の心は、明鏡止水のごとし」と。これ、心の、動く物たることを知らず。*仁斎先生これを駁する者是《ぜ》なり。また曰く、「*廓然《くわくぜん》として大公、物来《きた》りて順応す」と。*これ或いは一道なり。「*詐《いつは》るを逆《むか》へず、信ぜざるを億《おも》はず」のごときも、またこの意なり。然れども専らこれを以て至れりとなさば、すなはちまた明鏡止水の見のみ。「*虚にして人を受く」のごときも、また人の言を受け人の諫めを納るるの時を以てこれを言ふ。虚なる者はその心を虚にして一物をも有せざるを謂ふなり。*あにその常を語らんや。仁斎先生、*私心なきを以て虚となすは、また非《ひ》なり。仮りに私心なからしむるも、その、人の言を受くるに当りて、先に、見る所のその胸中に横たはることあらば、すなはち必ず入らず。故にその、人の言を受くるに当りては、すなはち必ず心に一物をも有せざるは、これその道なり。あに私心なきの謂《い》ひならんや。

7 孟子曰く、「*その心を尽くす者は、その性を知るなり」と。これその心力を尽くして以てこれを思ふことを謂ふのみ。正《まさ》に梁の恵王のいはゆる「*寡人の、国におけるや、心を尽くすのみ」と同意なり。言ふこころは、ただ人思はざるのみ、これを思へばすなはち能く性の善を知る、性の善を知れば、すなはち*天道の善に与《くみ》するを知ると。孟子の本意は、かくのごときに過ぎざるのみ。宋儒は先王の教法を識らず。故に論語・孟子の字面に就き

6 聖人の心… 近思録・克己類に程伊川の語として「聖人之心、本無㆑怒也、譬如㆓明鏡㆒」、「聖人之心如㆓止水㆒」とある。荘子・徳充符「鑑明則塵垢不㆑止」、「人莫㆑鑑㆓於流水㆒、而鑑㆓於止水㆒」に基づく。 **仁斎先生**… 語孟字義・心第四条。 **廓然として**… 廓然は心をむなしくするさま。 **これ或いは**… 孟子・公孫丑下の語。 **詐るを逆へず**… ↓補。 **虚にして人を受く** 易経・咸卦象伝。 **あに**… 心の平素の状態が虚であるべきだということをいったものではない。 **私心なき** 語孟字義・理第三条「咸卦所謂虚云者、謂㆔中無㆓私心㆒」。

7 その心を… あとの「天道…」の注を参照。 **寡人**… 寡徳の(徳の少ない)人の意で、諸侯の謙称。梁恵王上。 **天道**… 尽心上に「尽㆓其心㆒者、知㆓其性㆒也、知㆓其性㆒則知㆑天矣」とある。この「天を知る」とは、天そのものを知ることでなく、天道が善人に味方することを知るという意味だと徂徠はいう。書経・湯誥「天道福㆑善禍㆑淫」、老子・第七九章「天道無㆑親、常与㆓善人㆒」。

て、以て学問の方を求め、つひに「心を尽くすとは*心の量を尽くすなり」と謂ふ。安なるかな。あにいはゆる心の量なる者あらんや。仁斎先生曰く、「*四端の心を拡充してその極に至るを謂ふなり」と。果してその言の是《ぜ》ならんか、すなはちまさに「*その性を知る者はその心を尽くす」と曰ふべきなり。その言の倒置、あに強ふるに非ずや。また聖人たらんと欲するが故のみ。

8 *志なる者は心の之《ゆ》く所、これ説文の訓なり。これ*字の偏傍を以て説をなす。字学家の言のみ。仁斎先生曰く、「*心の存主する所なり」と。*これを得たり。*医書に「腎《じん》は精と志とを蔵す」と。また見るべきのみ。

9 意なる者は念を起すを謂ふなり。人のなかるべからざる者なり。聖人といへどもまたしかり。「*子、四を絶つ」の「意なし」のごときは、もと孔子礼を行ふを以てこれを言ふ。孔子の心は、礼と一なり。故にその礼を行ふに当りて、全く意を経ざるがごとく然り。これその*動容周旋の礼に中《あた》る者を形容するのみ。後儒は語意の在る所を識らず、或いは*私意なしと謂ひ、或いは*聖人盛徳の至りはおのづから*往来計較《けいかう》の心なしと謂ふなり。みな泥《なつ》めり。大学の誠意のごときは、すなはち好悪を以てこれを言ふ。意の誠なるは、*格物の*功効なり。朱註以来、みな文意を解せず。

思・謀・慮　二則

心の量を尽くす 心の全容量にわたって完全にする。孟子・尽心上「尽㆓其心㆒者…」の朱注「人有㆓是心㆒、莫㆑非㆓全体㆒、然不㆑窮㆑理、則有㆑所㆑蔽、而無㆔以尽㆓乎此心之量㆒」。**四端の心を…** ↓補。**その性を知る者…** ↓補

8 志なる者は心の之く所 ↓補。**字の偏傍…** ↓補。**心の存主する所** 心が集中して中心になっているもの の意か。語孟字義・志第一条。**これを得たり** 正しい解釈である。**医書に…** ↓補

9 子四を絶つ 論語・子罕「子絶㆑四、毋㆑意、毋㆑必、毋㆑固、毋㆑我」。**動容周旋…** 態度や動作。孟子・尽心下「堯舜性者也、湯武反㆑之也、動容周旋中㆑礼者、盛徳之至也」。**私意なし** 論語・子罕の朱注「意、私意也」。**聖人盛徳の至り…** 語孟字義・意第一条「意者、指㆓心之往来計較者㆒言。論語所謂毋㆑意者、蓋言㆔聖人盛徳之至、理明心定、自無㆓往来計較之心㆒也、若作㆑毋㆓私意㆒、則多㆓一私字㆒、尤非㆕所㆔以論㆓聖人㆒也」。**往来計較** あれこれとこまかくはかり考える。**格物** ↓物。**功効** 効果。成果。

◇思謀慮

1 思なる者は思惟なり。論語に曰く、「*学んで思はざればすなはち罔《くら》し」と。子夏曰く、「*切に問ひて近く思ふ」と。中庸に曰く、「博《ひろ》くこれを学び、審《つまび》らかにこれを問ひ、慎んでこれを思ひ、明らかにこれを弁じ、篤《あつ》くこれを行ふ」と。*管子に曰く、「これを思ひこれを思ふ。これを思ひて通ぜずんば、鬼神まさにこれを通ぜんとす」と。これ学問の道は、思ふことを貴しとなすなり。*洪範に曰く、「思には睿《えい》と曰ふ。睿は聖となる」と。これ聖人の徳は、その善く思ふを以てなり。孟子曰く、「*心の官はすなはち思ふ」と。これ人の人たる所以も、またその能く思ふを以てのみ。後儒の、深遠の思ひなき、*すなはち*三思を以て大いに過ぐとなす。妄なるかな。

2 慮もまた思の精しきなり。委曲詳悉の意あり。多くは事を処するを以てこれを言ふ。故にまた危懼《きく》の意あり。然れども「*士は四十にして始めて仕ふ。謀を出《いだ》し慮を発す」と曰ふがごときは、謀は方略を以てこれを言ひ、慮は我が心を主としてこれを言ふ。謀なる者は営為する所あるなり。或いは*人のために謀り、或いは*人に就きて謀る。みな必ず、営為する所の事ありて、その処置する所以の方法を論定するなり。「*嘉謀・嘉猷」および「謀を出《いだ》す」のごときは、みなその処置する所の術を指してこれを言ふ。*孔子曰く、「謀を好んで成る」と。*すなはち聖人の、術を貴ぶなり。後世に*詐謀・詐術の説興りてよりして、儒者は術の字を言ふことを諱《い》み、つひに務めてその理を説きて以て人を喩さんことを欲す。拙なるかな。

1 **学んで**… 為政。 **切に問ひ**… 子張。徂徠の説では、ぎりぎりのところまでよく考えてから問い、卑近なことでもないがしろにしないでよく考えること。→補。 **管子に曰く**… 内業「思レ之思レ之、又重思レ之、思レ之不レ通、鬼神将レ通レ之、非二鬼神之力一也、精気之極也」。 **洪範**… 書経の篇名。→陰陽五行2 **心の官は**… 告子上。官は職能。 **すなはち** なんとまあ。意外の気持ちを表わす。 **三思**… 三度考えることを考えすぎとする。→補

2 **士は四十**… 礼記・内則「四十始仕、方レ物出レ謀発レ慮、道合則服従、不可則去」。 **人のために謀り** 論語・学而「為レ人謀而不レ忠乎」。 **人に就きて謀る** →補。 **嘉謀嘉猷** 書経・君陳「爾有二嘉謀嘉猷一、則入告二爾后于内一」。 **孔子曰く**… 論語・述而「…子路曰、子行二三軍一、則誰与、子曰、暴レ虎馮レ河、死而無レ悔者、吾不レ与也、必也臨レ時而懼、好レ謀而成者也」。 **すなはち**… してみると聖人が術を尊んだのである。 **詐謀詐術の説**… →補

◇理気人欲

1適くとして… どこにでもあるものである。 **伯夷…** 呂氏春秋・異用「仁人之得レ飴、以養レ疾侍レ老也、跖与二企足一得レ飴、以開レ閉取レ楗也」、淮南子・説林訓「柳下恵見レ飴曰、可二以養レ老、盗跖見レ飴曰、可二以黏レ牡、見レ物同而用レ之異」。徂徠が伯夷といっているのは、記憶違いか、語を改めたかであろう。 **盗跖** むかしの盗人の代表者の名。 **枢に沃ぐ** 戸の回転軸の所に飴をそそいで、開くときに音がしないようにする。 **ただ聖人…** 中庸「唯天下至誠、為三能尽二其性一、能尽二其性一、則能尽二人之性一、能尽二人之性一、則能尽二物之性一、能尽二物之性一、則可三以賛二天地之化育一、可三以賛二天地之化育一、則可下以与二天地一参上矣」、易経・乾卦文言伝「夫大人者、与二天地一合二其徳一」。 **極** 守るべき準拠。→極1 **説卦…** 易経・説卦伝「昔者聖人之作レ易也、…窮レ理尽レ性、以至二於命一」。 **老荘の徒…** →補。 **自然** 老子・第一七章「百姓皆謂二我自然一」、第二五章「人法レ地、地法レ天、天法レ道、道法二自然一」など。

理・気・人欲　五則

1 理なる者は、事物にみな自然にこれあり。我が心を以てこれを推度《すいたく》して、その必ずまさにかくのごとくなるべきと、必ずかくのごとくなるべからざるとを見ることあり、これこれを理と謂ふ。凡そ人、善をなさんと欲するときも、またその理のなすべきを見てこれをなし、悪をなさんと欲するときも、またその理のなすべきを見てこれをなす。みな我が心そのなすべきを見てこれをなす。故に理なる者は定準なき者なり。何となればすなはち理なる者は*適《ゆ》くとして在らざることなき者なり。しかうして人の見る所は、おのおのその性を以て殊《こと》なり。辟《たと》へばすなはち飴《あめ》は一なり。*伯夷はこれを見て、「以て老を養ふべし」と曰ひ、*盗跖《たうせき》はこれを見て、「以て*枢《くるる》に沃《そそ》ぐべし」と曰ふ。これ它《た》なし。人《ひとびと》おのおのその見る所を見て、その見ざる所を見ず、故に殊なるなり。故に理はいやしくもこれを窮めずんば、すなはち能く得て一にすることなし。然れども天下の理は、あに窮め尽くすべけんや。*ただ聖人のみ能く我の性を尽くし、能く人の性を尽くし、能く物の性を尽くして、天地とその徳を合す。故にただ聖人のみ、能く理を窮めてこれが*極を立つることあり。礼と義とこれなり。故に*説卦にいはゆる「理を窮む」といふ者は、聖人の事にして、凡人の能くせざる所なり。故に先王・孔子の道は、義を言ひて理を言はず。これあに理を廃するならんや。いやしくも能く先王の義を執りて以てその理を推さば、すなはち見る所に定準ありて理得らるるが故なり。理なる者は人のみな見る所、故にこれを言ふを待たざるなり。*老荘の徒、盛んに理を言ふ者は、先王の道を廃するが故なり。*自然を貴ぶが故なり。孟子もまた弁を好みて、先王・孔子の言はざる所の者を言ひて以て人を喩さんと欲す。故に曰く、「*理義の我が心を悦《よろこ》ばしむるは、なほ*芻豢《すうけん》の我が口を悦ばしむるがごとし」と。ただその義を以て連言する者は、*孔子の沢いまだ斬《た》えざるのみ。宋の諸老先生、千載の後に生るるに及び至りて、その、志を操るの鋭き、*直ちに聖人たらんことを求むれどもその道を得ざるなり。古言に昧《くら》くしてその説を得ざるなり。独り孟子の読み易きがごときを喜びて、これを己の心に求めたれば、すなはちこれをその理に求めざるを得ず。これその理を以て第一義となす者は、勢ひの必ず至る所なり。

それ理なる者は事物にみなこれあり。故に理なる者は纖細なる者なり。宋儒の意、謂《おも》へらく、*その細を合せば以てその大を成すべしと。あにそれ然らんや。*銖銖《しゅしゅ》にしてこれを求むれば、鈞《きん》に至りて差《たが》ひ、寸寸にしてこれを求むれば、丈に至りて差ふ。何となれば、凡人の見る所の者は小にして、聖人の見る所の者は大なればなり。見る所の者大なれば、すなはち小なる者遺《のこ》さず。聖人の及ぶべからざる所以なり。人いやしくも聖人の教へに循《したが》ひてその大なる者を得ば、すなはち小なる者おのづから失はざらん。それ或いはこれを失ふといへども、また大害なし。何となればすなはちその大なる者を失はざるが故なり。大なる者とは何ぞや。礼と義とこれなり。聖人の立つる所の極なり。宋儒の、理を尚《たっと》ぶは、その究《きはみ》は聖人を師とせずして*みづから用ふるに帰す。これその失する所以なり。故に学ばざるの人といへども、いやしくも能く思はば、すなはち非理の事をなさず。かの*非礼の礼、非義の義のごときは、すなはち君子に非ずんばこれを弁ずること能はざる者は、学ばざるが故なり。

世の宋儒の為《まね》する者は、なほかつ以て然りとなさず、必ずまさに曰はんとす、「礼義な

理義の… 告子上。**芻豢** 牛羊犬豚などの肉。芻は草食の畜類、豢は穀食の畜類。**孔子の沢**… 孔子の教えの恩恵。孟子・離婁下「君子之沢、五世而斬」。**直ちに**… 先王の道によらないで、聖人になろうと直接的に求める。

その細を合せば… 朱子語類・巻一「問ニ理与レ気、曰、伊川説得好、曰、理一分殊、合ニ天地万物一而言、只是一箇理、及レ在レ人則又各自有ニ一箇理一」。**銖銖**… 漢書・枚乗伝「夫銖銖而称レ之、至レ石必差、寸寸而度レ之、至レ丈必過」。漢代では、銖は〇・六七グラム、石はその四六〇八〇倍（鈞は銖の一一五二〇倍）、寸は二・二五センチメートル、丈はその一〇〇倍。**みづから用ふ**… 自分の知識だけを用いてものごとを決めるということに帰着する。**非礼の礼**… 孟子・離婁下「非礼之礼、非義之義、大人弗レ為」。

る者は誠に聖人の立てし所なり。然れどもいやしくも聖人の礼義を立てし所以の理を知らずして、徒《いたづ》らにそのいはゆる礼義なる者を守らば、すなはち非礼の礼、非義の義の由《よ》つて生ずる所なり」と。これ宋儒の、窮理を務むるの意のみ。殊に知らず、これその聖人に勝ちてこれを上《しの》がんと欲する者なることを。またみづから揣《はか》らざるの甚だしき者なり。何となれば、これ聖人の教へに循《したが》はずして、まづ聖人の心を獲《え》んと欲する者なればなり。天下あにこれあらんや。

聖人の教へは、詩書礼楽にして、習ひてこれに熟し、黙してこれを識れば、すなはち聖人の礼義を立てし所以の理も、また得てこれを見るべきのみ。然れども人の知は、至れることあり、至らざることあり。いづくんぞ強《し》ふべけんや。その知の至らざる者は、すなはち孔子曰く、「*民はこれに由らしむべし。これを知らしむべからず」と。これ聖人といへども、また*みな知らしむること能はざるなり。いま必ず*学者をしてまづその理を知りてしかるのちこれを行はしめんと欲せば、すなはちまた学者をして人ごとにおのおの聖人の権を操らしめんと欲するなり。これいづくんぞかの聖人を*用ひんや。故に窮理の失は、必ず、聖人を廃するに至るなり。

仁斎先生曰く、「*道は行ふ所を以て言ふ。*活字なり。理は存する所を以て言ふ。死字なり。聖人は道を見るや実、故にその理を説くや活なり。老氏は道を見るや虚、故にその理を説くや死なり」と。また曰く、「*道はもと活字、その生生化化の妙を形容する所以なり。理の字のごときはもと死字にして、*玉に従ひ里に従ひ、玉石の*文理を謂ふ。以て事物の条理を形容すべきも、以て天地の生生化化の妙を形容するに足らざるなり」と。これらの議

民はこれに由らしむべし… 論語・泰伯。→道1 **みな** みなの者に。 **学者** 学ぶ者。学問をする者。他の場合も同様。 **用ひんや** 必要としようか。

道は行ふ所を… 語孟字義・理第二条。
活字 活動的なものを表わす字。→弁道3「死活の説」。 **道はもと活字**… 語孟字義・理第一条。 **玉に従ひ里に従ひ** 文字の構成が玉と里とからできている。ただしこれは語孟字義の旧本に基づくもので、今本では「従ㇾ玉里声」に改められている。
文理 模様。
痴人の夢を説く ばかがとりとめもないことをいう。本来は「痴人前説

論はみな*痴人の夢を説くがごとし。それ道なる者は聖人の立つる所にして、あに「道を見る」を以て言ふべけんや。またあに老氏と対言すべけんや。それ道なる者は民を安んずる所以なり。またあに「生生化化」を以て言ふべけんや。理の玉に従ひ里に従ふも、また*倉《さう》頡《けつ》字を制するの時、しばらくこれを以て記憶に便せしのみ。あに泥《なつ》むべけんや。かつ道もまたこれを道路に本づく。あに死活あらんや。ただ道はこれを行ふを主とし、理はこれを見るを主とす。老荘および宋儒はみなその見る所を主とす。故に喜んで理を言ふのみ。もし死活を以て説をなさば、すなはち老荘もまた道・徳を言ふ。それこれを何と謂はん。これを要するに理はあに廃すべけんや。いやしくも聖人の教へに遵《したが》ひ、礼義を以てこれが極となさば、すなはち理はあに以て病《へい》となすに足らんや。仁斎先生は、*羹《あつもの》に懲りて齏《なます》を吹くと謂ふべきのみ。学者これを思へ。

2　気は古《いにしへ》これを言はず。然れども論説の言には、すなはち或いはこれを言ふ。*易の伝に「陽気潜蔵す」と曰ひ、*礼記に「天地の盛徳の気なり」、「尊厳の気なり」と曰ふがごとき、これなり。理・気の対言する者は、すなはち宋儒より昉《はじま》る。その意に謂《おも》へらく、*陰陽の化、往く者は過ぎ、来《きた》る者は続く、これ気なり、往く者は過ぎ、来る者は続き、しかも万古不易なる者の存することあり、これ理なりと。これ*生滅する者を以て気となし、生滅せざる者を以て理となす。すなはち老氏の*精粗を二つにするの見にして、また仏氏の*色空の説なり。そのいはゆる「万古不易」なる者も、またただ*四徳の貞のみ。さらに元・亨・利あれば、すなはちこれあに以て天道の全《すべて》を尽くすに足らんや。故に能く*黙してこれを識る者は、

㆑夢」「対㆓痴人㆒説㆑夢」(ばかに対してとりとめもない話をする)ということばであったが、のちには「痴人説㆑夢」ともいうようになった。　**倉頡**　蒼頡とも書く。はじめて文字を作ったといわれる伝説上の人物。

羹に懲りて…　↓公正直1

2 易の伝に…　易経・乾卦文言伝。

礼記に…　郷飲酒義「天地厳凝之気、始㆓於西南㆒、而盛㆓於西北㆒、此天地之尊厳気也、此天地之義気也、天地温厚之気、始㆓於東北㆒、而盛㆓於東南㆒、此天地之盛徳気也、此天地之仁気也」。

陰陽の化…　陳淳・性理字義・仏老第三条「蓋天地大気流行、化㆓生万物㆒、前者過、後者続、前者消、後者長、只管運行、無㆑有㆓窮已㆒」、理第一条「万古不易者理也」。

生滅する者…　朱子語類・巻三「聚而生、散而死者、気而已、…若㆑理則亘㆓古今㆒常存、不㆔復有㆓聚散消長㆒也」。

精粗を二つにす　↓弁道3

色空　↓補。

四徳の貞…　宋儒が万古不易といっている理は、易の四徳の元亨利貞のうちの一つの貞に当たるにすぎない。ほかに元・亨・利があるのだから、貞だけで、つまり理だけで天道の全体を尽くすことはできない。陳淳・性理字義・理第一条「万古不易者理也」、性理大全・論生死部「五峯胡氏曰、…理者、万物之貞也」。↓元亨利貞1

黙してこれを識る　論語・述而。

精粗本末、*一以てこれを貫く。何ぞ必ずしも理気を以て説をなさんや。かつその説は、必ず、*天地は積気なり、日月・土石・人物・草木はみな気なりと謂ふに至る。すなはちそのいはゆる気なる者も、また古言に非ず。仁斎先生のいはゆる「*天地の間は一元気のみ」のごときも、これを要するにみな聖人天を敬するの意に非ず。すなはち君子の取らざる所なり。

3 *大伝に曰く、「形よりして上なる者はこれを道と謂ふ。形よりして下なる者はこれを器と謂ふ」と。宋儒の理気の説は、またこの文に拠《よ》り、道を以て理となし、器を以て気となす。大謬《たいびう》と謂ふべきのみ。凡そ大伝のいはゆる器なる者は、みな*器用なり。「*乗なる者は君子の器なり」と曰ひ、「以て器を制する者はその象《しやう》を尚《たつと》ぶ」と曰ひ、「物を備へ用を致し、成器を立てて以て天下の利をなすは、聖人より大なるはなし」と曰ひ、「隼《はやぶさ》なる者は禽《とり》なり。弓矢なる者は器なり。これを射る者は人なり。君子は器を身に蔵《をさ》め、時を待ちて動く」と曰ひ、また「事に象《かたど》りて器を知る」と曰ふがごとき、これあに気の謂ひならんや。「*包犧《はうぎ》氏の網罟《まうこ》を為《つく》りしは、けだしこれを離に取り、神農氏の耒耜《らいし》を為りしは、けだしこれを益に取る」といふがごときは、易にはもと象《しやう》を取りて器を作るの義あり、故にしかいふ。

「形より上なる者」とは、器のいまだ形を成さざる以前、ただ易道あるのみなるを謂ふ。その形を成すの後に至りて、始めてその器あるなり。みな*制器を主としてこれを言ふ。下文に*つひに曰く、「*化してこれを裁するは、これを変と謂ふ。推してこれを行ふは、これ

一以てこれを貫く 論語・里仁。**天地は積気…** →補。**天地の間…** 語孟字義・天道第一条。

3 **大伝に曰く…** 易経・繫辞伝上。
器用 器物・使用品。**乗なる…** 乗は馬車。以下、初めの三文は繫辞伝上、あとの二文は繫辞伝下の文。
包犧氏…益に取る 繫辞伝下の文の省略。包犧は伏犧に同じ。網罟(繫辞伝では罔罟)は鳥獣魚鼈を捕える網。網を用いるには鳥獣魚鼈の住みついている所を知る必要があるから、離卦の離(麗と同じく、「つく」の意)から考えて作った。耒耜は農具のすき。農具は民に利益があるから、益卦の益から考えて作った。

制器 形づくられた器物、また、器物を制作する。**つひに** かくて。
化して… 易経・繫辞伝上。

を通と謂ふ。挙げてこれを天下の民に措《お》くは、これを事業と謂ふ」と。これみな易を賛するの言にして、道・器・変・通・事業は、みな易を以てこれを言ふのみ。*上章に「戸を闔《と》づるはこれを坤《こん》と謂ふ。戸を闢《ひら》くはこれを乾《けん》と謂ふ。一闔一闢《いっかふいっぺき》はこれを変と謂ふ。往来して窮らざるはこれを通と謂ふ。見《あらは》るるはすなはちこれを象《しやう》と謂ふ。形するはすなはちこれを器と謂ふ。制してこれを用ふるはこれを法と謂ふ。利用出入して民みなこれを用ふるはこれを神と謂ふ」と曰ふがごとき、これまた道・器を以て対言せず。その義以て見るべきのみ。あに大謬《たいびう》に非ずや。*仁斎先生、「風を生ずるはこれ扇の道、紙骨の類はこれ器」といふを以てするがごときも、また*「形よりして上下」の文に昧《くら》く、みな、これを辞に求むることを知らざるの失なり。

易を学ぶの道は、もとよりまさに広く一切を推すべく、しかるのち易始めて用を成す。然れどもいやしくもまづその辞の義を明らかにせずして、広く一切を推さんと欲せば、*ややもすればすなはち「これ聖人の道なり」謬《あやま》りの生ずる所以なり。人、道の字を見れば、*ややもすればすなはち「これ聖人の道なり」と曰ひ、「これ天道なり」と曰ふ。「*一陰一陽をこれ道と謂ふ」と曰ふがごとき、これなり。殊に知らず、下文にいはゆる「一闔一闢《いっかふいっぺき》はこれを変と謂ふ、往来して窮らざるはこれを通と謂ふ」とは、あにいはゆる一陰一陽なる者に非ずや。*二者を合してこれを観れば、いはゆる道なる者は、変通の謂ひなり。易道に非ずして何ぞや。そのいはゆる器なる者は、凡そ先王礼楽を制作し、君子学んで以てその材徳を成し、および邦《くに》を治め民を安んずるに、その方略を設くるがごときも、またみな器の喩《たと》へなり。然れどもいやしくもまづ*変通の道たることを明らかにするに非ずんば、すなはち*これをなすこと能はず。これ「形よりし

上章 繫辞伝上の「化してこれを裁する…」の文の前の章。すぐ前でなく、すこし離れて前に次の文がある。
仁斎先生… 語孟字義・道第四条。
形よりして上下 「形よりして上」(形而上)と「形よりして下」(形而下)とをまとめていったもの。
ややもすればすなはち 原文の「動輒」は、「いつも」「いつもすぐ気軽に」の意。**一陰一陽…** 繫辞伝上の「一陰一陽をこれ道と謂ふ」などの場合に、この道を「聖人の道」だとか「天道」だとかいうのは、その一例である。たとえば仁斎の語孟字義・天道第一条に「其謂ニ之天道一者、以ニ一陰一陽往来不レ已、故名レ之曰ニ天道一」とあるなどを指す。**二者** 「一陰一陽…」と「一闔一闢…」の二つの文。**変通の道たることを** 変通が道であることを。**これ** 器。

て上下」の義なり。もと造化を語る者に非ず。それ易を学ぶには、もとよりまさに広く一切を推すべし。然れどもその文はおのおの指す所あり。あに淆《まじ》ふべけんや。故に易道と天道・先王の道とは、指す所おのづから別なり。後世は古言を知らず、理を主とし辞を主とせず。失する所以なり。

4 「*浩然《かうぜん》の気」は、始めて孟子に見ゆ。そのいはゆる気なる者は、天地の気に非ず。また宋儒のいはゆる理気の気のごときにも非ず。すなはち勇気の気なり。史伝にいはゆる「*気を使ふ」「気を恃《たの》む」「気を負ふ」と云ふ者のごときなり。もと*大人に説くを主としてこれを言ふ。家語《けご》に曾子《そうし》の行ひを載せて曰く、「*大人を見るには浩浩《かうかう》たり」と。*これその祖述する所のみ。古の君子は、礼楽以てその徳を成し、自然に*貧賤に隕穫《いんくわく》せず、富貴に充《じゆう》詘《くつ》せず。故に浩然の気を養ふを待たず。孟子の「*集義の生ずる所」といふを観れば、すなはちその時、礼楽すでに壊《くづ》れたれば、故に浩然の気を養ふの説あるなり。孟子は戦国の世に方《あた》りて、*後車数十乗、従者数百人、諸侯に伝食し、臂《ひぢ》を攘《はら》ひ胆を張り、以て百家と衡を争ふ。故に浩然の気もまたその自得する所の者を言ふ。すなはち孟子たる所以なり。学者これを察せよ。

5 「天理」「人欲」は、*楽記《がくき》に出づ。その言に曰く、「この故に先王の、礼楽を制するや、以て口腹耳目の欲を極むるに非ざるなり。まさに以て民に好悪《かうを》を平らかにして人道の正しきに反《かへ》るを教へんとするなり。人生れて静かなるは、天の性なり。物に感じて動くは、性

4 **浩然の気** 孟子・公孫丑上「我善養二吾浩然之気一」。 **気を使ふ…** いずれも、血気にはやる、血気にまかす、まけん気を出すなどというような意味。文心雕竜・方略「阮籍使レ気以命レ詩」、荘子・達生「方虚憍而恃レ気」、顔氏家訓・文章「顔延年負レ気摧黜」など。 **大人に説く** 孟子・尽心下「説二大人一則藐(かろんず)レ之」(えらい人に自分の意見を述べる場合には、相手をなめてかかるべきだ)。また後文を見よ。 **大人を見る…** 孔子家語・弟子行には「其驕二大人一也、常以二浩浩一」とある。 **これその祖述する所** 浩浩は浩然という語が受け継いだもとの語である。 **貧賤…充詘せず** 礼記・儒行。鄭注「隕穫、困迫失レ志之貌也(気落ちする)、充詘、歓喜失レ節之貌(有頂天になる)」。 **集義の生ずる所** 多くの集まった義から自然に生じるもの。公孫丑上「敢問何謂二浩然之気一、曰、難レ言也、其為レ気也、至大至剛、以レ直養而無レ害、則塞二于天地之間一、其為レ気也、配二義与レ道、無レ是餒也、是集義所レ生者、非二義襲而取レ之也」。 **後車…伝食し** 滕文公下。伝食は、行くさきざきで世話になること。
5 **楽記** 礼記の篇名。

の欲なり。物至り知知《ち》り、然るのち好悪《かうを》形《あらは》る。好悪、内に節なく、知、外に誘はれて、躬《み》に反ること能はずんば、天理滅す。それ物の人を感ぜしむること窮りなくして、人の好悪節なきは、すなはちこれ物至りて、人、物に化するなり。人、物に化するなりとは、天理を滅して人欲を窮むる者なり。ここにおいて*悖逆《はいぎやく》詐偽の心あり、*淫泆《いんいつ》作乱の事あり。この故に強者は弱を脅《おびやか》し、衆者は寡を暴《そこな》ひ、知者は愚を詐《いつは》り、勇者は怯《けふ》を苦しめ、疾病は養はれず、老幼*孤独は、その所を得ず。これ大乱の道なり」と。

これ先王の礼楽を制して以て民を治むるの意を論ず。すなはち論説の言なり。いはゆる「人欲」なる者は、すなはち「性の欲」なり、すなはち好悪の心なり。その文意を味ふに、ただ礼楽以て耳目口腹の欲を節してその好悪を平らかにすることを言ふのみ。初より「*人欲の浄尽する」ことを求むるに非ざるなり。いはゆる「天理」なる者は、人の禽獣に殊なる所以の者を指して言ふ。すなはちいはゆる「天の性」なり。また宋儒の言ふ所のごとき者に非ず。「人生れて静か」といふ者は、その嬰孩《えいがい》の初、好悪のいまだかくのごとくそれ甚だしからざるの時を謂ふなり。これ嬰孩の時を貴ぶに非ず。そのいはゆる「静か」といふ者も、また宋儒のいはゆる「*寂然として動かず」といふがごときに非ず。またその好悪のいまだ甚だしからざるの状を指して、以てかの後来の好悪の躁動《さうどう》するを形《あらは》すなり。ただ楽《がく》は性情を道《みちび》く。故に好悪動静を以てこれを言ふ。*下文にいはゆる「楽は中より出づ、故に静かなり。礼は外より作《おこ》る、故に文《あや》あり」のごとき、以て見るべきのみ。これみな先王の礼楽を制作するの意を論説するなり。あに天理・人欲を以て工夫《くふう》の条目となさんや。天理・人欲を以て工夫の条目となす者は、*程子より始る。按ずるに程子は*邵子《せうし》と*善し。

悖逆 道にそむくこと。 **淫泆** 度はずれ、無軌道なこと。 **孤独** みなしごや、身寄りのない老人。

人欲の浄尽 人欲がすっかりなくなる。論語・顔淵「顔淵問ㇾ仁」章の朱注「私欲浄尽、天理流行」(私欲は人欲に同じ)、大学「在ㇾ止㆓於至善㆒」の章句「蓋必其有㆓以尽㆓夫天理之極㆒、而無㆓一毫人欲之私㆒也」。 **寂然として動かず** ↓補。 **下文** 礼記・楽記の下文。

程子より始る ↓補。 **邵子** 邵雍(一〇一一—一〇七七)、字は堯夫、おくり名は康節。観物篇・漁樵問答・皇極経世書などの著がある。 **善し** 親しい。程子兄弟は邵雍より二十歳余り若かったが、友人として親しかった。

しかうしてその聡敏に服す。けだし邵子の「数*、一倍を加ふるの法」を見て、陰《ひそ》かにその術を師として、以て聖人の道を御するのみ。邵子の学は、数なり。易に本づく。易は以て疑ひを稽《かんが》へ幾《きざし》を決す。故に万物の目に触るるを、析《さ》きて両片となすは、もとよりその所なり。程子の学は知を貴び、*これを見るを主とす。しかうしてかの聖人の道の*渾渾爾《こんこんじ》たるに苦しむ。故に邵子の一倍を加ふるの法を借りて、析*きて以てこれを二つにし、これを楽記の文に取りて、以てその言を飾る。これよりの後、つひに後世儒者の常言となりしなり。然れどもその指して以て天理・人欲となす所の者は、すでに楽記の意に非ず。しかうしてその以て工夫の条目となす者も、また大いに先王・孔子の教へに戻《もと》る。けだし先王・孔子の教へは、養ひて以てその徳を成すときは、すなはち悪はみな化して善となる。あに二者の目《もく》あらんや。宋儒の学は、知を貴び、これを見るを主とし、専ら是非の心を以てこれを見る。故に必ず析《さ》きて両片となさんと欲する者も、また勢ひの必ず至る所なり。故に仏氏を闢《しりぞ》けんと欲して、反つて彼の*真如《しんにょ》・無明《むみやう》、菩提《ぼだい》・煩悩《ぼんなう》の説に陥る。あに哀《かな》しからずや。

陰陽・五行　二則

1　陰陽なる者は、聖人、易を作るに、立*てて以て天の道となせし所の者なり。いはゆる極*なり。学者、陰陽を以て準となし、これを以てして天道の流行、万物の自然を観れば、すなはち或いは以てこれを窺ふに足るに庶《ちか》きなり。然れども人事に至りてはすなはち然らず。何となればすなはち聖人はこれを立てて以て人の道となさざるが故なり。後世、陰陽を説く者、その言*曼衍《まんえん》して、つひにこれを人の道に被らしむるに至る。謬《あやま》れり。かつ易は

数一倍を加ふるの法　上蔡語録によると、程明道の名づけた名称で、一・二・四・八・十六・三十二・六十四と加倍する易の展開に関する説明らしいが、詳細不明。**これを見る**　ものごとを観察する。**渾渾爾**　深遠広大で未分化であること。**析きて…**　ものごとを分析して、対立する二つのものにする。↓補。**真如…**　真如は仏教での真実の世界。無明は俗世にとらわれたやみの世界。菩提は悟りの境地。煩悩は俗世的悩みの境地。

◇陰陽五行

1 立てて以て天の道…　易経・説卦伝「立二天之道一、曰陰与レ陽」。**極**　準則。**曼衍**　のびひろがる。**四象…**　繫辞伝上「是故易有二太極一、是生二両儀一、両儀生二四象一、四象生二八卦一」。四象は、金木水火とも、陰陽剛柔とも、太陽・太陰・少陽・少陰ともいうが、徂徠の説については↓極2　**八卦**　陰⚋陽⚊を三つずつ組み合わせた乾☰・兌☱・離☲・震☳・巽☴・坎☵・艮☶・坤☷。**六十四卦**　前記のものを二つずつ組み

占筮《せんぜい》を主とし、以てその疑ひを稽《かんが》へ、以てその幾《きざし》を決す。故に*四象・*八卦《くわ》・*六十四卦・*三百八十四爻《かう》は、*奇偶を出《い》でざれば、すなはちまた陰陽を出でず。判《わか》ちて以て二となすが故なり。聖人の道はこれを行ふを主とす。これを行ふ者は一を貴ぶ。これ*その它経《たけい》と同じからざる所以なり。学者これを察せよ。

2 *五行は始めて虞書《ぐしょ》に見ゆ。水・火・金・木・土・穀、これを六府と謂ふ。これ地上の六物を言ふなり。*用を利し生を厚くするの道は、用ふる所の材、この六者を出《い》でず。然れども五行の名は、すなはち*洪範に至りて始めてこれあり。曰く、「一に五行。一に曰く水、二に曰く火、三に曰く木、四に曰く金、五に曰く土。*水には潤下と曰ひ、火には炎上と曰ひ、木には曲直と曰ひ、金には*従革と曰ひ、土はここに*稼穡《かしょく》す。*潤下は鹹《かん》となり、炎上は苦となり、曲直は酸となり、従革は辛となり、稼穡は甘となる。二に五事。一に曰く貌、二に曰く言、三に曰く視、四に曰く聴、五に曰く思。*貌には恭と曰ひ、言には従と曰ひ、視には明と曰ひ、聴には聡と曰ひ、思には睿《えい》と曰ふ。恭は粛となり、従は乂《がい》となり、明は*晳《せっ》となり、聡は謀となり、睿は聖となる。曰く*休徴。曰く粛なれば時雨若《したが》ひ、曰く乂《がい》なれば*時暘《じちやう》若ひ、曰く晳なれば*時燠《じいく》若ひ、曰く謀なれば時寒若ひ、曰く聖なれば時風若ふ。曰く*咎徴《きうちよう》。曰く狂なれば恒雨若ひ、曰く*僭なれば恒暘若ひ、曰く*豫なれば*恒燠若ひ、曰く*急なれば恒寒若ひ、曰く*蒙なれば恒風若ふ」と。その学を伝ふる者、つひに五行を以てこれを五事の*庶徴に合して、以て人君の徳の天を感ぜしむるの事となすなり。その、五行を以てこれを*五味に配するは、すなはち*伝記にいはゆる*五声・*五臭・*五色の類にして、洪範

合わせたもので、たとえば乾☰☰・履☰☱などの六十四組。**三百八十四爻** 右の場合、各卦は六爻で成り立つから、六十四卦で三百八十四爻。**奇偶を出でず** 奇数偶数の範囲を出ない。**その它経と** 易経が他の経書と。

2 五行 ↓補。**用を利し**… 日常使用品を便利にし、人民生活を豊かにする。書経・大禹謨。**洪範** 書経の篇名。**水には潤下と曰ひ**… 以下それぞれの性質をいう。**従革** 革は改まるの意。人の加工に従って形が変わり器物となること。**稼穡** 種をまくことと収穫すること。**潤下は鹹となり**… 以下、水火木金土を五味に配当していう。↓補。**貌には恭と曰ひ**… ↓補。**晳** 底本、哲に誤る。下の晳も同じ。**休徴** よい事から生じる徴験。**時暘** ほどよい時の晴れ。**時燠** ほどよい時の暖かさ。**咎徴** 悪い事から生じる徴験。**僭なれば**… 君主の行ないが道にはずれるときは、その結果、日照り続きが起こる。**豫** 遊び怠る。**恒燠** 永続的な暖かさ。**急** せっかちで人のことばを聞かない。**蒙** めくらめっぽう。**庶徴** 上述の休徴と咎徴とを合わせていう。**五味** 鹹・苦・酸・辛・甘。前の「潤下は鹹となり…」の注を参照。**伝記** 六経の補助的書物である春秋伝や礼記など。**五声・五臭・五色** ↓補

の時にすでにこれあり。しかうして*いはゆる雨・暘・燠・寒・風も、また始めて天の五気を以てこれを言ふに似たり。

けだし天地の間、物は*算なし。しかも水・火・木・金・土の五者を出《い》でず。動物は算なし。しかもまた*羽・毛・鸁《ら》・鱗《りん》・介《かい》の五者に出でず。声色臭味もまた算なし。しかうして得て*端倪《たんげい》すべからざるなり。聖人おのおの五を以て*その類を紀して以てこれを象《かたど》り、しかるのち人始めて以て別つことを得。日月もまた算なきなり。千支を以てその名を紀し、しかるのち人始めて以て命《なづ》くることを得。物の数は得て窮極すべからざるなり。聖人、一二三四五六七八九十の名を立て、しかるのち人始めて以て算《かぞ》ふることを得。これを以てこれを観れば、五行なる者は聖人の立てて以て万物の紀となす所の者なり。これを富商の記号を以てその貨を別つに辟《たと》ふ。*あに必ずしもその理あらんや。また繁を御するの術のみ。然れども聖人の道は、天命を奉じて以てこれを行ふ。故にその数を立て物を紀するも、また天地に*法象《はふしやう》して、以てその徳を神明にする所あり。これ五行の説の興る所以なり。

ただ洪範の五事の庶徴は、類を以て相感ず。医書の*五運・*六気および*声色臭味、以て人の臓腑《ざうふ》を察するは、みな実にその理ある者に似たり。意《おも》ふに*殷人《いんひと》は鬼《き》を貴び、*巫咸《ふかん》・巫賢、世《よよ》大臣となる。洪範はけだし巫者の伝ふる所にして、そのこれに藉《か》りて人君を*箴《しん》する所以は、必ず別にその術ありしならん。しかも今は伝を失ふなり。医書の五運・六気のごときは、*支干を借りて以て天地の気の人に感じて疾を生ずるを明らかにするのみ。声色臭味も、また五行を借りて以て*蔵府の紀となすのみ。故に医の、五行に拘《かかは》る者は、病を療《いや》すこと能はず。しかるに諸史の五行志は、ただ人をして天道を信ぜざらしむ。あに五行に泥《なづ》むの故

いはゆる… 書経・洪範の雨・暘(晴れ)・燠(暖い)・寒・風も天の五気として言っているようである。

算なし 無数にある。 **羽毛**… ↓補。 **端倪** 知りつくす。 **その類**… その同類のものをとりまとめ、それらを符号化する。 **あに必ずしも**… そのように分類しなければならないという道理があるわけでない。これまた繁雑さを防ぐための方法にすぎないのだ。 **法象** のっとりかたどる。

五運 五行の気の流転。↓補。 **六気** 徂徠集・復㆓芳幼仙㆒およびその「陰陽微甚」の注を参照。 **声色臭味** 五声・五色・五臭・五味。前頁の注を参照。 **殷人は鬼を貴び** 鬼は神と同じ。礼記・表記「殷人尊㆑神、率㆑民以事㆑神、先㆑鬼而後㆑礼」。 **巫咸巫賢** 巫は神おろしをして神の意志を人に伝える人。シャーマン。咸・賢はその人名。巫咸・巫賢が政務をとったことは書経・君奭や史記・殷本紀に見える。 **箴する** 戒める。 **支干** 干支に同じ。十干十二支。 **蔵府の紀** 臓腑のとりまとめ。↓補

に非ずや。また易のごときはもと*二・四・八を以て数を立てて、五行と*相干《あひかん》せず。そのいはゆる「*天数五、地数五」も、またいまだかつて五行を言はず。しかるに*漢儒はすなはち五行を以て傅会《ふくわい》す。謬《あやま》りの甚だしき者なり。後世これを察せず、陰陽・五行は、つひに儒者の常言となる。その説牽強にして、通ずべからざるに殆《ちか》し。

五常 一則

五常は始めて*泰誓に見ゆれども、いまだ何を謂ふかを審《つまびら》かにせざるなり。仁義礼智並べ言ふ者は、始めて*孟子および*喪服四制に見ゆ。然れどもいまだ以て五常となさず。然れども*荀子《じゆんし》に子思・孟子の五行を造ることを譏《そし》れば、すなはち*あに孟子に昉《はじま》るか。*漢儒に至りて、始めて仁義礼智信を以て五常となし、以て*これを元亨利貞、木火土金水に配し、しかうして*宋儒これに因《よ》る。然れども史記の*楽書《がくしよ》は、仁義礼智聖を以て宮商角徴《ち》羽に配して、信なし。*孟子もまた「仁の父子におけるや、義の君臣におけるや、礼の賓主におけるや、知の賢者におけるや、聖人の天道におけるや」と曰へば、すなはち*これと合す。*王弼《わうひつ》は貞を以て信に配して水となせば、すなはち諸家と殊なり。*孔安国は孝経に註して、父は慈、子は孝、兄は友、弟は弟、婦は順なるを以て五常となせば、すなはち大いに殊なり。見るべしみな一時論説の言に出《い》でて、古《いにしへ》の伝へざる所なることを。宋儒に至りては、すなはち元亨利貞、仁義礼智信の、四徳・五常を、儒者の第一義となし、しかうしていまだ敢へてこれを議する者あらず。みな古《いにしへ》を知らざるの失なり。

二四八 繋辞伝上「易有二太極一、是生二両儀一、両儀生二四象一、四象生二八卦一」。 **相干せず** 関係がない。 **天数五地数五** 繋辞伝上に「天一地二、天三地四、天五地六、天七地八、天九地十、天数五、地数五」とあり、一・三・五・七・九の奇数(陽)が五つ、二・四・六・八・十の偶数(陰)が五つあることをいう。 **漢儒…**→補

◇五常

泰誓 書経の篇名。→補。 **孟子**→補。 **喪服四制** 礼記の篇名。「仁義礼知、人道具矣」。 **荀子…**→補。 **あに孟子に…**→補。 **漢儒に至りて…**→補。 **これを元亨利貞…**→補。 **宋儒これに因る**→補。 **楽書は…**→補。 **孟子もまた…** 尽心下。 **これと合す** 史記の楽書の仁義礼智聖は孟子の説と一致する。 **王弼** 三国魏の学者(二二六—二四九)。易・老子の注を書いた。易経・乾卦文言伝の正義が貞を信・水に配しているのを、王弼の注に基づくとしたのであろう。前の「これを元亨利貞…」補注を参照。 **孔安国は孝経に註して…**→補

極 二則

1 極なる者は、先王これを立てて、以て民の準拠する所となす者を謂ふなり。詩に曰く、「*文を思ふに后稷《こうしょく》、克《よ》く彼《か》の天に配す。*我が烝民《じょうみん》に立《りふ》す、爾《なんち》の極に匪《あら》ざるはなし」と。また曰く、「*商邑翼翼たり、四方の極」と。大学に曰く、「この故に君子はその極を用ひざる所なし」と。*周礼に曰く、「以て民の極となす」と。*洪範に曰く、「皇《おほ》いにその有極を建つ」と。*祭義に曰く、「物の精に因りて、制してこれが極となす」と。みなこれなり。漢儒は*極を訓じて中となす。けだし先王これを建て、以て*賢者をして俯して就きて、不肖者をして企《つまだ》ちてこれに及ばしむ。故に極に中の義あり。直ちに中と訓ずるに非ざるなり。*朱子は以て至極の義となす。これその意に、人君躬《みづか》ら人倫の極を行ひ、以て万民の標準となすと謂ふなり。先王の道は、人のみな能くする所の者を立てて教へとなす。あに至極の義ならんや。ただ人のみな能くする所の者は、これより至れるはなし。*すなはちまた見る所の如何《いかん》に在るのみ。然れども極字の義は、準拠を以て主意となす。它はみな傍意なり。北極のごときも、また人の以て準拠となす所なり。

2 *易に太極あり。漢儒は以て*元気となし、宋儒は以て*理の尊称となす。みな非なり。易は六十四卦《くわ》・三百八十四爻《かう》を謂ふなり。太極なる者は、聖人の立てて以て準拠となす所の者を謂ふなり。易の六十四卦・三百八十四爻は、みな民に準拠する所を示すに非ざる者なし。これすなはちまたその*統会する者にして、故に太極と曰ふ。すなはち*説卦伝にいはゆる「天の道を立つ、曰く陰と陽と。地の道を立つ、曰く柔と剛と。人の道を立つ、曰く仁

◇極

1 **文を思ふに**… 周頌・思文。鄭箋「周公思㆘先祖有㆓文徳㆒者㆖」。**我が烝民**… わが衆民に穀食できるようにした。立は粒の意。**商邑**… 商頌・殷武。殷の都は礼儀正しく模範的である。正義「商王之都邑、翼翼然皆能礼譲恭敬、誠可㆓法則㆒」。**周礼に**… 天官・冢宰。**洪範** 書経の篇名。**祭義**… 礼記の篇名。↓補。**極を訓じて中となす** ↓中庸和衷1 **賢者**… ↓弁道6「先王礼を制し…」。**朱子**… ↓補。**すなはちまた**… この文義は明らかでないが「人のみなできることは、これが最上である(だから朱子は極を至極だといったのかも知れない)。してみると、これまた見解のいかんによるのだ。しかし極字の意味は準拠を主要な意味とする」といっているようである。前注参照。

2 **易に太極あり** 易経・繫辞伝上。**元気** 万物のはじめの気。漢書・律暦志上「太極、元気、函㆑三為㆑一、極、中也、元、始也」、「太極、中央元気」。**理の尊称** 性理大全・理気総論「朱子曰、太極非㆔是別為㆓一物㆒、…只是一箇理而已、因㆓其至極㆒、故名曰㆓太極㆒」。**その統会する者** 種々の準拠する所を統一総合したもの。**説卦伝** 易経・説卦伝。

と義と」、これなり。故に*大伝にまた曰く、「六爻の動は、三極の道なり」と。あに然らざらんや。

けだし*伏羲仰いで観て俯して察し、以てかの適《ゆ》くとして陰陽剛柔に非ざる者なきことを見る。*河図の数、*五十有五、かの適くとして奇偶に非ざる者なきことを見る。六十四卦・三百八十四爻は、あに它《た》ならんや。以てかの陰陽剛柔の中に、また剛柔陰陽ありて、窮り尽くることとあることなきを見る。故にこれを画《くわく》するのみ。故にただ陰陽剛柔のみ、易の由《よ》りて出づる所にして、易を読む者も、また必ずこれを以て準拠となさば、以てその義を得《う》べきなり。これに由りて*一画を画する者は二。これ両儀なり。また*二画を画する者は四。これ四象なり。また*三画を画する者は八。これ八卦なり。

老子もまた易を学ぶ者、故に多く*謙損卑退の道を説く。そのいはゆる「*一は二を生じ、二は三を生ず」といふ者も、またこの義なり。その書を解する者すなはち曰く、「*道は天地を生ず。これ一は二を生ずるなり。天地は人を生じて三才立つ。これ二は三を生ずるなり」と。それ道の天地を生ずるは、「一は二を生ず」と言ふことを得。天地の人を生ずるは、あに「*二は三を生ず」と言ふことを得んや。また知らずして妄説するのみ。

漢儒の*両儀を以て天地となすも、またその意なり。しかも傅会《ふくわい》するに*乾元《けんげん》・坤元《こんげん》を以てす。故に曰く、「太極なる者は元気なり」と。それ乾元・坤元は、*伝すでに分ちてこれを言へば、あに一元気あらんや。かつ一元気は*渾渾爾《こんこんじ》たり。何を以てこれを極と謂ふことを得んや。凡そ古のいはゆる極なる者は、みな以て民に示す所なり。必ず然らず。宋儒は精を貴び粗を賤しむ。故に理気の説を立てて、理を以て太極となす。然れども*大伝の三極の

大伝 繋辞伝の別名。繋辞伝上。 **伏羲…察し** 繋辞伝上・下の文に基づく。 **河図** →補。 **五十有五** →補。 **一画を…** ⚊(陽)⚋(陰)の二つ。 **二画を…** ⚌・⚍・⚎・⚏の四つ(これを太陽・少陰・太陰・少陽ということもある)。 **三画を…** ☰(乾)・☱(兌)・☲(離)・☳(震)・☴(巽)・☵(坎)・☶(艮)・☷(坤)の八つ。

謙損卑退… →補。 **一は二を生じ…** 老子・第四二章「道生レ一、一生レ二、二生レ三、三生二万物一」。 **道は天地を…** 右の林希逸の注に「一、太極也、二、天地也、三、三才也」とあるのを徂徠が敷衍したのであろう。三才は天地人。 **二は三を…** 天地が人を生じる場合は、合わせなければ三にならないのでこのようにいう。

両儀を以て天地… 呂氏春秋・大楽「太一出二両儀一、両儀出二陰陽一」の高誘注「両儀、天地也」。 **乾元坤元** 易経・乾卦彖伝「大哉乾元、万物資始」、坤卦彖伝「至哉坤元、万物資生」。この「元」を用いて太極を元気だというのはこじつけであるとする。

伝 易経の彖伝。前注参照。 **渾渾爾** 未分化状態。 **大伝の三極…** 大伝(繋辞伝)上「六爻之動、三極之道也」。三極の道とは天地人の道、つまり説卦伝の「立二天之道一曰陰与レ陽、立二地之道一曰柔与レ剛、立二人之道一曰仁与レ義」にあたる。

文、それ*これを何と謂はん。その妄なること知るべきのみ。大氐《たいてい》、極はみな見易き者を以てこれを言ひ、人をして惑はざらしむ。しかるに諸老先生すなはちその高妙にして見難き者を以てこれを言ひ、人をして惑はしむ。また古言を知らざるが故なり。

学　九則

1 学なる者は、先王の道を学ぶを謂ふなり。先王の道は、詩書礼楽に在り。故に学ぶの方も、また詩書礼楽を学ぶのみ。これこれを*四教と謂ひ、またこれを*四術と謂ふ。*詩書なる者は義の府なり。礼楽なる者は徳の則《のり》なり。徳なる者は己を立つる所以なり。義なる者は政に従ふ所以なり。故に詩書礼楽は、以て士を造るに足る。然れどもその教ふるの法は、*詩には誦と曰ひ、*書には読と曰ひ、*礼楽には習と曰ふ。*春秋に教ふるに礼楽を以てし、冬夏に教ふるに詩書を以てす。仮すに歳月を以てし、陰陽の宜しきに随ひて以てこれを長養し、学者をしてその中に*優柔厭飫《えんよ》し、*これを蔵しこれを脩《をさ》め、ここに息《いこ》ひここに游《あそ》ばしめば、自然に徳立ちて知明らかなり。要は習ひてこれに熟し、久しうしてこれと化するに在るなり。これ古の教法しかりとなす。論語にいはゆる「*博文約礼」なる者これなり。

然りといへども、先王の道は、民を安んずる所以なり。故に先王の道を学べども、その然る所以を知らずんば、すなはち学は得て成すべからず。故に孔門の教へは、必ず*仁に依る。いやしくもその心つねに先王の民を安んずるの徳に依りて、*造次もこれにおいてし、顚沛《てんぱい》もこれにおいてし、終食の間も、敢へてこれと離れずんば、すなはち徳の成るや速かにして、以て先王の心に達すべきなり。然りといへども、先王の民を安んずるの徳は大な

これを何と謂はん 三つの極があるのをどのように説明するつもりか。

◇学

1 四教・四術 礼記・王制「楽正崇二四術一、立二四教一、順二先王詩書礼楽一以造レ士、春秋教以二礼楽一、冬夏教以二詩書一」。**詩書…則なり** 左伝・僖公二七年。**詩には誦…** 礼記・内則「十有三年、学レ楽誦レ詩舞レ勺」。**書には読…** 礼記・文王世子「冬読レ書、典書者詔レ之」。**礼楽には習…** 礼記・月令「孟夏之月、…乃命二楽師一習レ合二礼楽一」。**春秋…** 前の「四教・四術」参照。**優柔厭飫** →補。**これを蔵し…**「これ」は学をいう。礼記・学記「君子之於レ学也、蔵焉…遊焉」。鄭注「蔵、謂レ懐二抱之一、脩、習也、息、謂二作労休止於レ之息一、遊、謂二間暇無事於レ之遊一」。**博文約礼** 雍也「子曰、君子博二学於文一、約レ之以レ礼、亦可二以弗レ畔矣夫」、子罕「顔淵喟然歎曰、…博レ我以レ文、約レ我以レ礼」。**仁に依る** 論語・述而。→弁道7 **造次…** あわただしいときにも仁に依拠し、とりみだしたときにも仁に依拠し、食事を終えるわずかな間も…。論語・里仁「君子無二終食之間違一レ仁、造次必於レ是、顚沛必於レ是」。

り。故に孔門の教へは、また必ず中庸に依る。いはゆる孝*弟忠信これなり。*辟《たと》へば高きに登るに必ず卑《ひく》きよりし、遠きに行くに必ず邇《ちか》きよりするがごとし。これに由りて以て進まば、以て高*明広大の域に馴*致するに庶《ちか》し。その説は論語・中庸に具《そなは》る。学者のまさに力を竭《つ》くすべき所なり。これ孔門の教へは、ことさらに先王の教へに勝たんことを求むるに非ず。けだし世衰へ賢者用ひられず、退きて独*りその身を善くする者、鮮《すくな》しとなさず。すなはち或いは斯道の先王の民を安んずるの道たることを忘るる者は、勢ひの至る所なり。故に孔門の教へは、仁に依るを以て徳を成すの要となす。世衰へて民は興*り行はず。中*庸の徳はすなはち鮮《すくな》し。基の立たざる、何を以てか能く学ばん。故に孔門の教へは、また孝悌忠信を以て徳*を進むるの本となす。ここを以て千万世の後といへども、聖人の道を学ぶ者、必ず詩書礼楽を以て本業となし、仁と中庸とに依るを以て、その徳を成さんことを求むるときは、すなはちまた先王・孔子の教へに畔《そむ》かずとなすのみ。

2 朱子の論語集註に曰く、「学*の言たる効*《かう》なり。後覚者は必ず先覚のなす所に効《なら》ふ」と。仁斎先生曰く、「学*なる者は効なり、覚なり。効*法する所ありて覚*悟するなり。学字の訓は、こ*の二義を兼ねて、しかるのちその義は尽くすことを得たり。いはゆる効なる者は、なほ書を学ぶ者、初めはただ法*帖を臨*摹《りんも》して、その筆意点画に効《なら》ふことを得るがごときなり。しかうしていはゆる覚なる者は、なほ書を学ぶことすでに久しく、しかるのちみづから古人用筆の妙を覚悟するがごときなり」と。これ二先生みな聖人の道を学ぶことを務めずして、聖人を学ぶことを務むる者のみ。故に聖賢の言ふ所、行ふ所に効法して以て聖賢

孝弟忠信これなり ↓中庸和衷2　**辟へば**… 中庸の文に基づく。　**高明広大** 中庸「致二広大一而尽二精微一、極二高明一而道二中庸一」、その他。　**馴致** しだいに到達する。　**独りその身を**… 孟子・尽心上「古之人得レ志、沢加二於民一、不レ得レ志、脩レ身見二於世一、窮則独善二其身一、達則兼善二天下一」。　**興り行はず** 振るい立って行なうことをしない。孝経・三才章「…民興行」、孔安国伝「民起立而行二徳誼一也」、玄宗注「人起レ心而行レ之」。　**中庸の徳** 論語・雍也「中庸之為レ徳也、其至矣乎、民鮮久矣」、中庸「中庸其至矣乎、民鮮レ能久矣」。　**徳を進む** 易経・乾卦九三爻辞「君子進レ徳脩レ業。忠信所二以進一レ徳也」、正義「進二益道徳一」。

2 学の言たる… 学而「学而時習」の集注。文に省略がある。　**効** まねる。↓補。　**学なる者は効**… 語孟字義・学第一条。文に省略がある。　**効法** みならう。まねる。　**覚悟** さとる。　**この二義** 効(まねる)と覚(さとる)の二つの意味。　**法帖** 習字の手本。　**臨摹** そばに置いた手本を見ながら書いたり手本の上に置いて写して書いたりする。

の心を悟らんと欲す。これを、*大匠、人に*規矩を授くれども、その人その規矩に遵《したが》ひて以てこれを学ばずして、すなはち大匠のなす所に効法して、以てその*用斤の妙を悟らんと欲するに辟《たと》ふ。すなはち、その、*手を傷つけ鼻を創《きず》つけざる者は*幾希《すくな》し。あに謬《あやま》らずや。かつ「学の言たる効なり」とは、もと効の音転じて学の音となるを言ふのみ。然れども効は学の*一分《いちぶん》にして、あに即《ただち》に学を以て効となすべけんや。徒《いたづ》らに字義を以て解をなす。いやしくも先王の教法*なからしめば、なほ可なり。いま先王の教法を舎《す》てて、その好む所に従はんと欲し、すなはち旁《かたは》ら字義を援《ひ》きてこれが解をなす。まさに以てその不学の過ちを見るに足るのみ。

かつ孔子の伝ふる所は、六経に非ずや。その時に当りて、またいづくんぞいはゆる論語・孟子なる者あるを知らんや。けだし宋儒は論語・孟子を以てこれを大学・中庸に合せ、命《なづ》けて四書と曰ひ、加ふるに*小学・*近思録の類を以てし、以て一家の学を立つ。その意すでに六経を*弁髦《べんぼう》とす。なほかつ忌憚《きたん》する所ありて、いまだ敢へて*これを明言せず。いま世のその学を伝ふる者を観るに、以て見るべきのみ。

仁斎先生に至りては、すなはち公然と抗言して曰く、「*三代の時、教法いまだ立たず、学問いまだ闢《ひら》けず。直ちに孔子に至りて、始めて*斬新開闢《かいへき》し、なほ*日月の天に麗《かか》りて、万古に墜《お》ちざるがごとし。故に三代以前の書は、まさに三代以前の説を以てこれを求むべし。孔孟の書は、まさに孔孟の旨を以てこれを解すべし」と。果してその説の是《ぜ》ならんか、孔子の心を苦しめて訪《と》ひ求めし所の者は、すなはち*無用の長物となり、しかうして門人孟子の功は、反つて孔子より大なり。あに妄説の甚だしきならずや。故にこれを先王の教法に

大匠 だいく・さしもの師のかしら。**規矩** コンパスと定規。**用斤の妙** 斧(おの)の使い方の巧妙さ。**手を傷つけ**… 老子・第七四章「夫代二大匠一斲者、希レ有レ不レ傷二其手一矣」。荘子・徐無鬼「郢人堊漫二其鼻端一若二蠅翼一、使二匠石斲一レ之、匠石運レ斤成レ風、聴而斲レ之、尽レ堊而鼻不レ傷」。**幾希し** →弁道1 **一分** 一部分。**なからしめば** なかったとしたら。

小学 朱子の指導で門人劉子澄が編集した初学者向きの修養書。六巻。**近思録** 朱子と呂祖謙の共編。周濂渓・程明道・程伊川・張横渠の主要な語を、道体・為学などの十四項目に分けて編集した書物。十四巻。**弁髦とす** 無用のものとして捨てる。弁は黒い麻の冠、髦は子供の垂れ髪。冠礼のときその冠を着て、垂れ髪を収める。儀式がすめば、ともに不要になる。左伝・昭公九年の語。**これ** 六経が無用だということ。**三代の時**… 語孟字義・鬼神第三条。**斬新開闢** あざやかなほどまあたらしく切り開かれる。**日月**… 易経・離卦「日月麗二乎天一」。**無用の長物** 無用の余分な物。世説新語・徳行に見える王恭の「恭作レ人(ひととなり)無二長物一」という語に基づく。

本づけずして、別に学問の方を立つる者は、みな孔子の旨に非ず。学者それこれを思へ。

3 朱子*の知行の説は、「博文約礼*」に本づく。然れども古のいはゆる知行は、博文約礼と、指す所同じからざるなり。「博く文を学ぶ」とは、文は詩書礼楽を謂ふ。故にその学びて知る所の者は、言を知るに在り、礼を知るに在り。言に在りてはすなはちその文義を知るを謂ふのみ。礼に在りてはすなはちその節文度数*を知るを謂ふのみ。必ずしも深く天地万物の理、性命道徳の奥と礼楽の原《みなもと》とを知ることを求めざるなり。「これを約するに礼を以てす」とは、礼を践《ふ》*むを謂ふのみ。その学びて知る所の者は、外に在りて己に在らず。礼を践みて以てこれを行ふに至りて、しかるのちその散じて外に在る者、収斂《しゅうれん》して以てこれを身に帰《き》す。故に「これを約す」と曰ふ。また必ずしもこれを心に求めざるなり。これ*「博文約礼」の先後*の序しかりとなす。知行に至りてはすなはち然らず。知なる者は、真にこれを知るを謂ふなり。行なる者は、力《つと》めてこれを行ふを謂ふなり。力行するの久しく、習熟するの至りて、しかるのち真にこれを知る。故に知は必ずしも先ならず、行は必ずしも後ならず。「知るの艱《かた》*きに非ず、これを行ふことこれ艱し」と曰ふがごときは、行は必ずこれを力む、故に「艱し」と曰ふ。知は力むるを容れず*、黙*してこれを識《し》ることを貴ぶ。故に「艱きに非ず」と曰ふ。古の道しかりとなす。

朱子はまた大学の格物・致知・誠意・正心・脩身に拠りて、以て知先行後の説*を立つ。殊に知らず、大学のいはゆる格物なる者は、またその事に習ひてこれに熟し、自然に、得る所ありてしかるのち知の生ずるを謂ふのみ。孟子の「徳慧《けい》*術知」のごときもまた然り。

3 **朱子の知行の説** 朱子語類・巻九「知行常相須、如二目無レ足不レ行、足無レ目不レ見、論二先後一知為レ先、論二軽重一行為レ重」、「致知力行、用レ功不レ可レ偏」などと、この巻に知行に関する説を多く載せる。 **博文約礼に本づく** 朱子語類・巻九「顔子説博レ我以レ文、謂二致知格物一、約レ我以レ礼、謂二克己復礼一」。つまり朱子は博文を知、約礼を行としている。↓1「博文約礼」。 **節文度数** 礼のこまごまとした具体的形式。 **践む** 実践する。 **これ** してみると。 **先後の序**…先後の順序はこのことばのとおりである。つまり博文が先で約礼があとである。 **知るの艱き**… 書経・説命中。 **力むるを容れず** 努力を必要としない。 **黙してこれを識る** 論語・述而。

知先行後の説 前の「朱子の知行の説」参照。 **徳慧術知** ↓智2

ただ徳のみ慧を生じ、ただ術のみ知を生ず。また古言なり。朱子は窮*理を以て格物を解す。殊に知らず、窮理なる者は、聖*人の易を作りしを賛するの言なることを。あに学者の能くする所ならんや。天下の理は、窮め尽くすべからず。故に一*旦豁然《くわつぜん》の説を立てて以てこれを済《すく》ふ。それ小道小芸も、またみな悟りあり。然れども一事には一事の悟りあり、一*節には一節の悟りあり。さきに知らざる所、いま忽然としてこれを知る、これを悟りと謂ふ。然れどもあにいはゆる大悟なる者あらんや。

浮*屠は生死を出*離するを以て学となす。しかれども生死は出離すべからず。故に大悟の説あり。いま推して以てこれを聖人の道に合す。あ*にこれあらんや。果してその説の是《ぜ》ならんか、行ふの艱《かた》きに非ずして、知るの艱きなり。そ*の、経の文におけるは、あに相反《あひはん》せずや。致知・誠意・正心・脩身は、みな格物の功*効にして、その必ずしも先後を分たざることを見るべきのみ。陽明先生の知*行合一の説は、聡敏の至りと謂ふべし。然れどもまた先王の教へに遵《したが》ふことを知らず。あに惜しからずや。

4 朱子の居*敬・窮理の説は、その過ちは先王の教へに遵《したが》はずして、理を心に求むるに在り。しかるに心昏《くら》ければすなはち理は得てこれを見るべからず。故にまた居敬の説ありて、以てその心を持す。心はあに持すべけんや。みな臆度《おくたく》して以てこれを言ひて、いまだかつて親しくその事をなさざる者なり。故にその説は聴くべきがごとくして、俗人の悦《よろこ》ぶ所となれども、みな私意妄作に出づ。古の道に非ざるなり。

窮理を以て格物を… 大学・経一章章句「格、至也、物猶㆑事也、窮㆓至事物之理㆒、欲㆓其極処無㆑不㆑到也」。 **聖人の…** 易経・説卦伝「昔者聖人之作㆑易也、…窮㆑理尽㆑性、以至㆓於命㆒」。 **一旦豁然の説** いつかあるとき不意にからりと悟りを開くという説。大学・伝五章章句「至㆓於用㆑力之久、而一旦豁然貫通㆒焉、則衆物之表裏精粗無㆑不㆑到、而吾心之全体大用無㆑不㆑明矣、此謂㆓物格㆒、此謂㆓知之至㆒也」。 **一節** 一つの事のなかのひとくぎり。

浮屠 仏教徒。 **出離** 超越する。 **あにこれあらんや** そんな馬鹿な話はない。 **その経の文…** それと「知るの艱きに非ず、これを行ふことこれ艱し」という書経・説命中の文とは、反対ではないか。 **功効** 成果。 **知行合一の説** 伝習録・巻上の「愛(徐愛、王陽明の弟子)因㆑未㆑会㆓先生知行合一之訓㆒…」の条にやや詳しくまとめられている。

4 **居敬窮理の説** 居敬は持敬ともいう。心を敬の状態に保持し理をきわめる。性理大全・為学総論「朱子曰、学者工夫、唯在㆓居敬窮理㆒、此二事互相発、能窮㆑理則居敬工夫日益進、能居㆑敬則窮理工夫日益密」、「持敬是窮理之本、窮得理明、又是養㆑心之助」。

5 **謙辞** へりくだったことば。述而

5 孔子は学を好み、論語にしばしば以てみづから道《い》ふ。宋儒はその義を知らずして、以て*謙辞となす。仁斎先生は以て*古を稽《かんが》へ偏《かたより》を補ふとなす。みな非なり。それ道なる者は、先王の立つる所にして、*天地自然にこれあるに非ず。生民より以来数千載、数十聖人の心力・知巧を更《へ》て成す所にして、一聖人終身の力の能くなす所に非ず。故に聖人といへども、学ばずんば道を知ること能はず。これ孔子の学びし所以なり。後儒は老氏の説を狃《な》れ聞きて、以為《おも》へらく、道なる者は天地自然にこれあり、いやしくも聖徳あらば、すなはち*道は挙げてこれを措《お》くと。故にその説はみな*窒碍《ちつがい》して通ぜず。

6 仁斎先生曰く、「*学問は道徳を以て本となし、見聞を用となす。今人の専ら書冊を読み義理を講ずるを以て学問となす者のごときの比に非ず」と。殊に知らず、学なる者は先王の道を学んで以て徳を己に成さんことを求むるのみなることを。故に道徳の外《ほか》に、あに它《た》あらんや。何の本末かこれあらんや。かつ*子路「何ぞ必ずしも書を読みて、然るのち学ぶとなさん」と曰《い》ひたれば、すなはち孔子はかの佞《ねい》者を悪《にく》めり。いま書冊を読むを以て非となす。世のいはゆる道学先生は、おのづからこの俗態あり。あに醜ならずや。かついはゆる「見聞を用となす」といふ者に、*子張の禄を干《もと》むるを引く。これおのづから禄を干むるの道にして、あに学問の法ならんや。六経を舍《す》ててこれを見聞に求むるときは、その*肆《し》然《ぜん》として自恣《じし》せざる者は幾希《すくな》し。

7 学問の道は、聖人を信ずるを以て先となす。けだし聖人は知大《だい》に仁至りて、その思ふ

「子曰、黙而識レ之、学而不レ厭、誨レ人不レ倦、何有二於我一哉」の朱注「謙而又謙之辞也」、同「若二聖与レ仁、則吾豈敢、抑為レ之不レ厭、…」の朱注「此亦夫子之謙辞也」、公治長「子曰、十室之邑、必有二忠信如レ丘者一、焉不レ如二丘之好レ学也」の大全「勉斎黄氏曰、夫子自言レ好レ学、固是謙辞」。 **古を稽へ偏を補ふ** ↓補。 **天地自然に**… ↓弁道4 **道は挙げてこれを措く** 道をば全部用いて政治に実施する。↓弁道2「挙げて…」。 **窒碍** 行き詰まる。

6 学問は道徳… ↓補。 **子路**… 論語・先進「子路使三子羔為二費宰一、子曰、賊二夫人之子一、子路曰、有二民人一焉、有二社稷一焉、何必読レ書然後為レ学、子曰、是故悪二夫佞者一」。子羔がまだ学問の上達しないうちに費の町長にされたので、孔子が、かの青年に害になるといったところ、子路が政治と祭祀をすることが学問で、書を読むことだけが学問ではないといったので、孔子は口の達者なやつはきらいだといった。 **子張の**… 孔子の弟子の子張が俸給を求める道を学びたいといったのに対し、孔子が「闕レ疑…」と答えたのを(論語・為政)、仁斎が引いているのを指す。「学問は道徳…」の注に引いた語孟字義・学第三条参照。 **肆然として自恣** ほしいままにわがままな言動をする。

こと深遠なり。その立つる所の人を教ふるの法、国を治むるの術は、みな*迂遠にして人情に近からざるがごとき者の存することあり。すなはち後儒は好んでみづからその智を用ひて、聖人を信ずるの深からざる、故にその意に謂《おも》へらく、上古の法は今の世の宜しきに合せずと。つひに別に居敬・窮理・主静・致良知の種種の目《もく》を立つ。これみなその私智浅見のなす所のみ。殊に知らず、道は古今となく一なることを。もし聖人の教へ今の世の宜しきに合せずんば、すなはちまた聖人に非ず。故に学者いやしくも能く一意に聖人の教へに遵《したが》ひ、これに習ふこと久しく、これと化せば、しかるのち能く聖人の教への万世に亘《わた》りて、得て易《か》ふべからざる者あるを見るなり。

8　書を読むの道は、古文辞を識り古言を識るを以て先となす。宋の諸老先生のごときは、その稟質《ひんしつ》聡敏、操志高邁《かうまい》にして、あに漢唐諸儒の能く及ぶ所ならんや。然れども*韓・柳出でてよりしてのち文辞大いに変じ、しかうして言は古今殊《こと》なり。諸先生はそののちに生れ、今文を以て古文を視、今言を以て古言を視る。故にその心を用ふるは勤むといへども、つひにいまだ古の道を得ざる者は、*職としてこれにこれ由る。明《みん》の*滄溟《さうめい》先生に及んで、始めて古文辞を倡《とな》へ、しかうして士頗《すこぶ》る能く古書を読むこと後世の書を読むがごとき者もまたこれあり。ただ*その志す所は、僅かに丘明・子長の間に在りて、六経に及ばず。あに惜しからずや。然れどもいやしくも能くその教へに遵《したが》ひて、古今の文辞の殊なる所以を知らば、すなはち古言識るべく、古義明らかにすべくして、古聖人の道、得て言ふべし。学者それ*意をこれに留《とど》めよ。

7 **迂遠**…　史記・孟子荀卿列伝「梁恵王…則見以為三迂遠而濶二於事情二」。

8 **韓柳**　↓弁道1「韓愈」「柳」。　**職として**　主として。　**滄溟先生**　↓弁道1「王李」。　**その志す所**…　彼らの志すところは左丘明(伝説的に春秋左氏伝の著者とされている)・司馬遷(子長はそのあざな、史記の著者)のすぐれていた文章の方面にあって、古文辞を六経の研究に応用するところまで行っていない。　**意をこれに留めよ**　徂徠はしばしば文末で「これを」「これに」を「諸」で表わしているが、原文の「留意諸」という表現には疑問がある。

9 *大学・小学は、学校の名なり。朱子以て*学問に大小の分ありとなす者は非なり。*賈誼《かぎ》の言ふ所は、ただ大事・小事・大節・小節を以てこれを言ふ。*内則に載する所は、十歳より二十歳に至るまで、その学ぶ所の次第なること、以て見るべきのみ。*六芸もまた終身の業なるに、朱子は以て*小学の事に属し、しかうして別に*格物・致知・誠意・正心・脩身を以て大学の教ふる所となす。あに然らんや。*大学の言ふ所は、工夫《くふう》はただ格物に在り、しかうして致知以下は、みなその効験のみ。*大学は郊に在り、小学は公宮の南の左に在り、しかうして*郷には庠《しやう》と曰ひ、術には序と曰ひ、家には塾と曰ふ。これ小学と庠・序・*校とは殊なり。庠・序・校・塾は、郷・術・州・里の人の*游《あそ》ぶ所たりて、小学はすなはち*世子の礼を習ふ所の処、賈誼の言ふ所も、また世子の礼なれば、すなはち朱子の説は、あに謬《あやま》りに非ずや。

*文王世子に曰く、「凡そ世子及び*学士に*学《をし》ふるには必ず時あり。春夏には*干戈《かんくわ》を学《をし》へ、秋冬には*羽籥《うやく》を学《をし》へ、みな*東序においてす。春には*誦し夏には*弦し、*大師《たいし》これを*瞽宗《こそう》に詔《つ》ぐ。秋には礼を学《をし》へ、*執礼者これを詔《つ》ぐ。冬は書を読み、*典書者これを詔《つ》ぐ。*礼は瞽宗に在り、書は上庠に在り」と。*内則に曰く、「*有虞氏《いうぐし》は*国老を上庠に養ひ、*庶老を下庠に養ふ。夏后氏は国老を東序に養ひ、庶老を西序に養ふ。殷人《いんひと》は国老を右学に養ひ、庶老を左学に養ふ。周人は国老を*東膠《とうかう》に養ひ、庶老を*虞庠《ぐしやう》に養ふ。虞庠は*国の西郊に在り」と。これ庠・序・学・校・瞽宗は、みな習はす所の礼同じからず。故にその*宮室の制もまた異なり。これその、名を殊にする所以なり。大学は庠・序・瞽宗の制を具ふること、また見る

9 **大学小学…** 礼記・王制「天子命ニ之教一、然後為レ学、小学在ニ公宮南之左一、大学在レ郊、天子曰ニ辟廱一、諸侯曰ニ頖宮一」。 **学問に大小…** ↓補。 **賈誼…** ↓補。 **内則…** ↓補。 **六芸** 周礼・地官・大司徒「以ニ郷三物一教ニ万民一而賓ニ興之一、…三曰六藝、礼楽射御書数」。 **小学の事に属し** 六芸を小学で教える教科とし。「学問に大小…」補注参照。 **格物…** 同上。 **大学** 書名。もと礼記の大学篇。 **大学は郊に…** 「大学小学…」参照。 **公宮**は天子の宮殿。 **郷には…** ↓補。 **校** ↓補。 **游ぶ** ↓補。 **世子** 天子・諸侯の嫡子。

文王世子 礼記の篇名。 **学士** ↓補。 **学ふ** ↓補。 **干戈** たてとほことを用いる武の舞。 **羽籥** きじのはねと笛とを用いる文の舞。 **東序** 学校の名称。 **誦** 詩歌を声楽で歌う。 **弦** 弦楽器でかなでる。 **大師** 楽官の長の大楽正の別名。 **瞽宗に詔ぐ** 瞽宗(学校の名称)で告げ教える。 **執礼者** 礼儀作法担当教官。 **典書者** 書経担当教官。↓補。 **礼は瞽宗…** 礼は瞽宗で教え、書は上庠(学校の名称)で教える。 **内則** 礼記の篇名。王制にも同じ文がある。 **有虞氏** 舜の時代。 **国老** 卿大夫の退官者。 **庶老** 士の退官者。 **東膠・虞庠** 学校の名称。 **国** みやこ。 **宮室** 建物。

べきのみ。朱子一概に岐《わか》ちて大小の学となす者は、あに謬《あやま》りに非ずや。

*王制に曰く、「凡そ学に入りては*歯《よはひ》を以てす。まさに*学を出でんとするとき、*小胥・大《たい》胥《しょ》・小楽正、教へに帥《したが》はざる者を簡《えら》び、以て*大楽正《たいがくせい》に告ぐ。大楽正以て王に告ぐ。王、三公・九卿・大夫・元士に命じてみな*学に入れしむ。変ぜざれば、王親しく*学を視る。変ぜざれば、王三日*挙げず、これを遠方に*屛《しりぞ》く」と。これ古のいはゆる「学に入る」とは、学に適《ゆ》くを謂ふなり。後世の生徒を*学に養ふがごとき者に非ざるなり。朱子、古礼に昧《くら》し。みな謬《あやま》れり。

文質・体用・本末　八則

1 文なる者は、道を*状してこれに命《なづ》くる所以なり。*けだし天に在るを文と曰ひ、地に在るを理と曰ふ。*道の大原《たいげん》は天より出づ。古先の聖王、天に法《のっと》りて以て道を立つ。故にその状たるや、礼楽粲然《さんぜん》たり。これをこれ文と謂ふ。論語に曰く、「*文王すでに没し、文ここに在らずや」と。これ直ちに道を指して文となすなり。中庸に曰く、「文王の文たる所以なり」と。これ聖人の徳を形容して、その能く天に法《のっと》るを言ふなり。堯典《げうてん》に曰く、「欽明《きんめい》文思《ぶんし》」と。これ道は古よりこれありといへども、礼楽いまだ立たず、堯の思ふこと深遠にして、すなはち始めて礼楽を作る。故に「文思」と曰ふなり。これ堯舜《げうしゅん》以後のいはゆる道は、みな文なり。「*夏《か》は忠を尚《たっと》び、殷《いん》は質を尚び、周は文を尚ぶ」といふがごとき、世儒は見て以為《おも》へらく、周に至りて始めて文なりと。殊に知らず、これ論説の言にして、礼に就きて三代の殊なる所以を論ずるのみなることを。夏・殷はみな堯舜の道に因《よ》りて、礼楽

王制 礼記の篇名。**歯** 年齢。学内では尊卑によらず年齢によって秩序づける。**学を出でん…** 九年たって卒業しようとするとき。**小胥…** みな楽官で、大楽正に属する。**大楽正** 楽官の長で、天子や貴族・官僚の子の教育を担当する。**学に入れしむ** 親に命じて成績・操行不良の子をもう一度大学に入れさせる。**学を視る** 大学を視察する。**挙げず** 食事のときの音楽を停止する。追放すべきことを悲しむのである。**屛く** 追放する。**学に養ふ** 寄宿舎に入れて給食する。

◇文質体用本末
1 状して 具体的に形容して。**天に…** 易経・繫辞伝上「仰以観二於天文一、俯以察二於地理一」の天文・地理の語による。**道の大原…** 漢書・董仲舒伝の語。**文王すでに…** 子罕。**夏は忠…** →道2

を制作す。故に三代の道は、これを均しくするに文なり。しかうしてその文たる所以の者は、すなはち三者の異あり。これその時、風俗の尚《たつと》ぶ所おのづから同じからず。然れどもその時に当りて、夏は夏の礼を以て文となし、殷は殷の礼を以て文となし、周は周の礼を以て文となす。後人、三代の礼を比並してこれを観しより、すなはちこの言あるなり。あにこの言に拠りて夏・殷に文なしと謂ふべけんや。先儒またこの言に拠りて、以て*文・質は循環のごとく、*夏・殷は唐《たう》・虞《ぐ》の文を損して質となすとなす者は、みなますます非なり。*表記に曰く、「虞《ぐ》・夏《か》の質、殷・周の文は、至れり」と。忠・質・文はもと一定の論に非ざるを見るべきのみ。

また*礼器に「文を以て貴しとなす者あり、素を以て貴しとなす者あり」と曰ふがごときは、これ周公の礼を制する所以の意を論説して、周の礼にこの数者の同じからざることあるを言ふなり。また「*礼に本あり文あり」と曰ふがごときも、これまた礼を制する所以の意を論説して、一礼に就きてこれを言ふ。本なる者は礼の由りて起る所なり。文なる者はこれを脩飾して以て礼を成す者なり。たとへば射は、その由りて起る所は、*弧矢の利、以て天下を威《おど》すに在り。これ本なり。後来、聖人、礼楽を以てこれを文《かざ》る。これ文なり。「*射は皮を主とせず」とは、すなはち聖人の意、専ら礼楽を習ひて以て徳を成すに在り、しかうしてその本意を失ふと否とは、すなはち*問ふに暇《いとま》あらざる者あり。燕饗《えんきやう》の礼のごときも、その始めはまたただこれを飲食するに在るのみ。後来、聖人、礼楽を以てこれを文《かざ》るときは、すなはち*酒清《す》み人渇すれども敢へて飲まざるなり。肉乾《かは》き人饑《う》うれども敢へて食《くら》はざるなり。その意、専ら飲食のためにするに非ざればなり。これいはゆる文なり。こ

文質は循環… 史記・高祖本紀「太史公曰、夏之政忠、忠之敝、小人以野、故殷人承レ之以レ敬、敬之敝、小人以鬼、故周人承レ之以レ文、文之敝、小人以僿、故救レ僿莫レ若レ以レ忠、三王之道若二循環一、終而復始、周秦之間、可レ謂二文敝一矣」、白虎通・三正「王者必一質一文何、以下承二天地一順中陰陽上、陽之道極、則陰道受、陰之道極、則陽道受」、礼記・表記「虞夏之文、不レ勝二其質一、殷周之質、不レ勝二其文一」の孔穎達正義「然案三正記云、文質再而復始、則虞質、夏文、殷質、周文」。 **夏殷**… その説の出所未詳。

表記 礼記の篇名。

礼器 礼記の篇名。 **礼に本あり**… 礼器「先王之立レ礼也、有レ本有レ文、忠信、礼之本也、義理、礼之文也、無レ本不レ立、無レ文不レ行」。 **弧矢の利**… 弓矢の有用性は、それで天下の背く者を威す点にある。易経・繫辞伝下「弦レ木為レ弧、剡レ木為レ矢、弧矢之利、以威二天下一、蓋取二諸睽一」。

射は皮を… まとの皮に命中することを主眼としない。儀礼・郷射礼「礼射不レ主レ皮」、論語・八佾「子曰、射不レ主レ皮、為レ力不レ同レ科、古之道也」(論語徴の読み方)。 **問ふに暇あらざる者あり** わざわざ問題にするほどのこともない。 **酒清み**…**食はざるなり** 礼記・聘義。

れ聖人の意は、全く文に在りて本に在らず。後世の儒者は、老荘の説、精*を貴び粗を賤しむの見《けん》に狃《な》れて、すなはち本*を以て体となし、文を以て用となす。また古言を知らずして、直ちに本を以て質となす。謬《あやま》りと謂ふべし。

2 質に対して言ふ者あり。「質*、文に勝てばすなはち野、文、質に勝てばすなはち史、文質彬彬《ひんぴん》*として然るのち君子なり」と曰ひ、また「文*はなほ質のごときなり。質はなほ文のごときなり」と曰ふがごときは、みな人を以て言ふ。質なる者は質行*なり。孝弟忠信の類を謂ふ。文なる者は、詩書礼楽を学びて、その言辞威儀煥然《くわんぜん》たるを謂ふなり。ただ質のみにして文なきは、郷人*のみ。学びて徳を成し、然るのち君子となる。ただその質行あれども文の足らざる者は、いまだ鄙《ひ》野《や》の誚《そし》りを免れず。文なれども質行なき者は、その学ぶ所、徳を成すこと能はず、ただ記憶するのみ。故に以て史*となすなり。

「行*ひて余力あれば、すなはち以て文を学ぶ」と曰ひ、「十*室の邑にも、必ず忠信なること丘のごとき者あらん。いづくんぞ丘の学を好むにしかざらんや」と曰ふがごときは、みな、質行ありといへども、学ばずんばいまだ郷人たるを免れざるを言ふ。「礼*は後か」と曰ひ、「忠*信は徳を進むる所以」と曰ふがごときは、みな、いやしくも質行なくんば、文を学ぶといへども徳を成すこと能はざるを言ふ。これみな論説の言に非ず。前*に引く所の礼に就きて文質を言ふ者と殊なるなり。また「礼*はその奢《おご》らんよりは寧《むし》ろ倹なれ」と曰ふがごときは、人の礼を行ふを以てこれを言ふ。奢なる者は、務めて物*を備へて用を侈《し》にするなり。倹なる者は、務めて用を節するなり。これその行ふ所の礼に質・文の殊《こと》なりあ

精を貴び粗を賤しむ →弁道3　**本を以て体となし…** →補

2 質文に勝てば… 論語・雍也。**彬彬** 調和のとれているさま。**文はなほ質…** 顔淵。**質行** 素地になる行ない。**郷人** いなか者。**史** 記録担当官。書記。礼楽に関してよく記憶しているが、徳行があるとも限らず、書記に似ているので、「文、質に勝てばすなはち史」という。

行ひて余力… 論語・学而。**十室の邑…** 公冶長。**礼は後か** 論語・八佾「子夏問曰、巧笑倩兮、美目盼兮、素以為レ絢兮、何謂也、子曰、絵事後レ素、曰、礼後乎、子曰、起レ予者商也、始可三与言二詩已矣」。**忠信は…** 易経・乾卦文言伝「子曰、君子進レ徳脩レ業、忠信所三以進二徳也、脩レ辞立二其誠一、所三以居二業也」。**前に引く所の…** 1の後半の部分を指す。**礼は…** 論語・八佾。**物を備ふ** 易経・繋辞伝上「備レ物致レ用」。**今や純なるは倹…** →節倹2　**文質を以て解をなす** 論語・八佾「林放問二礼之本一、子曰、大哉問、礼与二其奢一

るに非ず。均しくこの礼を行ひて、務めて物を備ふる者を奢となし、務めて用を節する者を倹となす。「*今や純なるは倹なり」と曰ふを観れば、すなはちその義おのづから明らかなり。後世の儒者はその辞義の在る所を察せず、*文・質を以て解をなす。失する所以なり。大氐《たいてい》君子の君子たる所以は、すなはち文を以てなり。文はすなはち中なり。文・質の中を取るに非ざるなり。これ聖人の立教の本意しかりとなす。学者これを察せよ。

3 礼に対して言ふ者あり。「*博く文を学んで、これを約するに礼を以てす」と曰ふがごとき、これなり。これ文は詩書礼楽を指してこれを言ふ。然れども詩書礼楽は外に在り。いやしくも徳を己に成さんと欲せば、すなはち礼を以てこれを守るに在り。これ礼はすなはち文中の一物にして、その言は*倫せざるがごとく然れども、古言しかりとなす。「*礼はその奢らんよりは寧《むし》ろ倹なれ。喪《さう》はその易《をさ》めんよりは寧《むし》ろ戚《いた》め」のごときも、また喪はこれ喪礼にして、また*吉凶軍賓嘉の一なり。しかうして礼と喪と対説す。以て見るべきのみ。

4 *武に対して言ふ者あり。武は乱に戡《か》つを謂ふ。しかうして礼楽の治は平日に在り。故にこれを対言す。*後世の文武を岐《わか》ちてこれを二つにする者のごときの比《たぐひ》に非ず。

5 論語の「*夫子の文章」、および「堯《げう》、*煥乎《くわんこ》としてそれ文章あり」のごときは、みな礼楽を指してこれを言ふ。これ聖人の功業なり。

也寧倹、喪与二其易一也寧戚」の朱注「礼貴レ得レ中、奢易則過二於文一、倹戚則不レ及而質、二者皆未レ合レ礼、然凡物之理、必先有レ質、而後有レ文、則質乃礼之本也」、八佾「礼後乎」の朱注「礼必以二忠信一為レ質、猶下絵事必以二粉素一為上レ先」など、もともと文質に関係のないことを文質で説明していることをいう。

3 **博く文を学んで…** 論語・雍也。顔淵にも重出。 **倫せざるが…** 並べていうべきものでないように思われるが。 **礼は…** ↓2 **吉凶軍賓嘉** 吉は祭礼、凶は喪礼、軍は軍礼、賓は国際的会見の礼、嘉は冠・婚・祝賀・宴会などの礼。周礼・地官・大司徒「五礼」鄭司農注。

4 **武に対して…** 書経・大禹謨「帝徳広運、乃聖乃神、乃武乃文」、詩経・小雅・六月「文武吉甫、万邦為レ憲」、史記・孔子世家「有二文事一者、必有二武備一、有二武事一者、必有二文備一」。 **後世の…** 昔の文武兼備に対し、後世に文武の修得・担当が分離したこと。↓勇武剛強毅1

5 **夫子の文章** 論語・公冶長「子貢曰、夫子之文章、可二得而聞一也、夫子之言二性与二天道一、不レ可二得而聞一也」。 **煥乎…** 論語・泰伯「大哉堯之為レ君也、巍巍乎唯天為レ大、唯堯則レ之、蕩蕩乎民無二能名一焉、巍巍乎其有二成功一也、煥乎其有二文章一」。

6 質は文に対せずしてこれを言ふ者あり。「質直*にして義を好む」と曰ふがごときも、またその人となりの愨*《かく》なるを謂ふのみ。

7 本末は、なほ源流のごときなり。凡そいはゆる本なる者は、みなその功を施すの始る所を謂ふなり。「天下の本*は国に在り、国の本は家に在り」のごとき、みなこれなり。後世、本体*・本心*の説あり。古書になき所なり。「孝弟*なる者はそれ仁をなすの本か」のごときも、また仁政を行ふは必ず孝弟より始むるを言ふなり。「喜怒*のいまだ発せざる、これを中と謂ふ。中なる者は天下の大本なり」のごときは、すなはち聖人の、道を立つるは、人の性に率《したが》ひて以てこれを立つることを言ふ。また道の由りて始る所を語るのみ。

8 体・用の説は、古のなき所なり。仁斎先生*これを弁ず。是《ぜ》となす。礼運*に「仁なる者は順の体なり」と曰ひ、燕義*《えんぎ》に「和寧は礼の用なり」と曰ふがごときは、みな「順を体す*」と「礼を用ふ」とを謂ふのみ。

経・権　四則

1 経*なる者は大綱領なり。衆緯を夾持《けふぢ》するを以てこれを言ふ。「経礼*三百、威儀三千」のごときは、経礼なる者は礼の綱にして、その中に兼ねて許多*の節文*威儀*あること、経の緯を持するがごとく然り、故にこれを経礼と謂ふ。「天下*国家を為《をさ》むるに九経あり」のごときは、この九者は天下国家を治むるの大綱領たりて、その中にもまたおのおの許多の方

6 **質直**… 論語・顔淵。 **愨** まじめ。

7 **天下の本**… 孟子・離婁上。 **本体** 大学章句「明徳者、人之所㆑得㆓乎天㆒、而虚霊不昧、以具㆓衆理㆒而応㆓万事㆒者也、但為㆓気稟所㆑拘、人欲所㆑蔽、則有㆑時而昏、然其本体之明、則有㆘未㆓嘗息㆒者㆖」。 **本心** 論語・学而「巧言令色」章の朱注「…人欲肆、而本心之徳亡矣」。 **孝弟**… 論語・学而。 **喜怒の**… 中庸「喜怒哀楽之未㆑発、謂㆓之中㆒…中也者、天下之大本也」。

8 **仁斎先生**… 語孟字義・理第四条および論語古義の学而「礼之用和為貴」章。 **礼運・燕義** 礼記の篇名。 **順を体す**… 徂徠の説では「順をこれ体するなり」、「礼をこれ用ふるなり」と訓読できることになる。しかし礼運には「礼也者、義之実也、…義者、藝之分、仁之節也、…仁者、義之本也、順之体也」とあるから、徂徠の説は疑わしい。体と用との対用は仏教の影響であるが、それには体・用という語それぞれに語義的素因が早くからあったのでなかろうか。

◇**経権**

1 **経** 織物の縦糸、転じて、本筋になるもの、もとじめになるもの。したがって下に「多くの横糸をさしはさみ保持する」という。 **経礼**… ↓補。 **許多** 多くの。 **節文** それぞれに応じたほどよい飾り。 **威儀** こまごました礼式。 **天下**… ↓補

法あり、故にこれを九経と謂ふ。或いは解して、*万世に亘《わた》りて易ふべからずとなす者は、殊に通ぜずとなす。

2 *経国・*経界は、みな法制を以てこれを言ふ。経国なる者は、開国の君の立つる所、大法制・大*矩《く》矱《わく》にして、凡百の礼儀制度、みなこれに藉《よ》りて以て立つこと、また経の緯を持するがごとく然り、故にこれを経と謂ふ。経界もまた*井田の大*界分、故にこれを経と謂ふのみ。

3 経・伝は、後世、*聖経・賢伝の説あり、聖人の作る所を以て経となし、賢人の作る所を伝となす者は、非なり。詩書礼楽は、これを*四教と謂ひ、これを*四術と謂ふ。これ誠に聖人の立つる所なり。然れども書は史官に紀せられ、*詩は或いは田畯《でんしゅん》・紅女に出づ。礼楽はもとより聖人これを作れども、そのこれを書に筆するは、孔門に昉《はじま》る。あにこれを聖人の作る所と謂ふを得んや。漢の諸儒はみなおのおの伝を作る。あにみづから以て賢となさんや。かつ経の名は、古《いにしへ》いまだ聞かざるなり。荘子の*十二経・*墨経の言を観れば、すなはち七十子ののちに昉《はじま》るか。けだし古《いにしへ》は*本業を称して経となす。また衆緯を持するの謂ひなり。経の文は至簡にして、衆義を含蓄す。故に以て名となす。*漢儒は解して常となし、聖人の経は万古不易なりと謂ふ。非なり。*学記に曰く、「一年にして離経を視る」と。説く者謂《おも》へらく、*章句を離析すと。非なり。その始めて業を受くるの時に方《あた》りて、章句すでに析《わか》つ。あに一年の久しきを竢《ま》ちて、それをしてみづから析たしめんや。*離・麗は同じ。*刑

万世に… ↓補

2 **経国** 左伝・隠公一一年「礼、経二国家一、定二社稷一、序二民人一、利二後嗣一者也」、荀子・非十二子「不レ可二以経レ国定レ分」。**経界** 孟子・滕文公上「夫仁政必自二経界一始、経界不レ正、井地不レ鈞、穀禄不レ平」。**矩矱** 規準。矩はさしがね、定規。矱はさし。**井田** ↓補。**界分** 境界。

3 **聖経賢伝** 張華・博物志・巻四「聖人制作曰レ経、賢者著述曰レ伝」、朱子大学章句序「古者大学教レ人之法、聖経賢伝之指、粲然復明二於世一」。**四教・四術** ↓学1 **詩は…** ↓補。**十二経** 荘子・天道「(孔子)於レ是繙二十二経一以説、老聃中二其説一曰、大謾、願聞二其要一、孔子曰、要在二仁義一」。**墨経** 荘子・天下「苦獲・已歯・鄧陵子之属、倶誦二墨経一而倍譎不レ同」。**本業** 根本的な文献。業はもと字を書く木の板、転じて書物。**漢儒…** ↓4 **学記** 礼記の篇名。**章句を離析** 文の区切をわきまえて読む。鄭玄注「離経、章断句絶也」、陳澔注「離経、離二絶経書之句読一」。**離麗** … 発音が共通で、この場合いずれも「つく」「つける」の意。**刑に麗く** ↓補

に麗《つ》くの麗のごとし。法律家は罪名を以て律と相*比附す。学者もまた然り。*義おのおのその取る所に随ひて、経と相比附す。これこれを「経に離《つ》く」と謂ふ。その善く古の*法言を用ふるを視るなり。この文を観れば、すなはちまた古より*これあるに似たるのみ。

伝に至りては、すなはち弟子その師の伝ふる所を記す。故にこれを伝と謂ふ。*春秋に左氏あり、公羊《くやう》あり、穀梁あり、詩に斉あり、魯《ろ》あり、韓《かん》あり、毛《まう》あるがごときは、みな伝ふる所殊なるが故なり。後世、*胡安国《こあんこく》は春秋伝を作り、*程子は易伝を作り、朱子は詩伝を作り、*蔡沈《さいしん》は書伝を作るも、みなこれをその*臆《おく》に取る。果して*何の伝ふる所ぞ。妄と謂ふべきのみ。

4 *権は、漢儒は経を以て対言す。*程子これを非とす。是《ぜ》なり。*仁斎先生は孟子に拠りて、まさに礼を以て権に対すべしと謂ふ。また是《ぜ》なり。これ*漢儒は経を解して常となす、故に誤るのみ。経なる者は、国家、制度を立つるの大綱領なり。それ経にして反すべくんば、あに以て経となすべけんや。礼は*節目甚だ繁し。故にその末節に至りては、すなはち変じて宜しきに従ふのみ。仁斎先生すなはち曰く、「*礼は時に随ひて損益すべし」と。殊に知らず、*孔子のいはゆる損益なる者は、聖人礼を制する時の事なることを。かついはゆる権は、礼にもまたこれあり。*喪服四制に曰く、「喪に四制あり。変じて宜しきに従ふは、これを四時に取るなり。恩あり理あり節あり権あるは、これを人情に取るなり」と。後世の儒者は、*四書に汨没《こつぼつ》す。故に種種の*贅言《ぜいげん》あるのみ。先儒曰く、「*湯武《たうぶ》の放伐し、伊尹《いゐん》の太甲を放ちたるがごときは、これ権なり」と。*仁斎先生曰く、「伊尹の太甲を放ちたるがご

比附 あてはめる。 **義おのおの…** 辞句の意味をば、各自の考えで決めたのに応じて経文とあてはめあい、合否をただす。 **法言** 典拠のあることば。 **これ** 経ということば。

春秋に…毛あるがごときは ↓補。

胡安国 宋代の人(一〇七四—一一三八)、字は康侯、おくり名は文定。 **程子** 程頤、字は正叔、伊川先生。 **蔡沈** 字は仲黙。一一六七—一二三〇。朱子の弟子。朱子が晩年に書経の注釈を作ろうとして果たさず、蔡沈に委託して書集伝を作らせた。 **臆に取る** 思いつきで解釈している。 **何の伝ふる…** 師の伝授学説でないから、伝という名はでたらめだ。↓補

4 権… ↓補。 **程子これを非とす** ↓補。 **仁斎先生…** 語孟字義・権第二条。 **漢儒…** 書経・大禹謨「寧失㆓不経㆒」の偽孔伝「経、常」、詩経・小雅・小旻「匪㆓大猶是経㆒」の毛伝「経、常」、孔安国・古文孝経序「孝経者何、孝者人之高行、経、常也」など。 **節目** 細目。 **礼は…** ↓補。 **孔子の…** 論語・為政「子張問、十世可㆑知也、子曰、殷因㆓於夏礼㆒、所㆓損益㆒可㆑知也、…」。 **喪服四制** 礼記の篇名。 **四書に汨没す** 大学・中庸・論語・孟子におぼれ、夢中になる。 **贅言** むだなことば。 **湯武…** 殷の湯王と周の武王。朱子語類・巻三七「如㆘湯放㆑桀、武王伐㆑紂、伊尹放㆗太甲㆖、此是権也、若日日時時用

ときは、もとよりこれ権なり。湯武の放伐のごときは、これを道と謂ふべし。これを権と謂ふべからず」と。妄なるかな。いはゆる権なる者は、*舜《しゆん》の告げずして娶《めと》りしがごときこれなり。伊尹の太甲を放ちたるは、大臣の道しかりとなす。あにこれを権と謂ふことを得んや。湯武の放伐は、聖人の事なり。聖人なる者は道の出づる所、故に古は湯武を論ずる者なし。後世の儒者は、傲然《がうぜん》としてみづから高しとし、聖智を以てみづから処《を》り、妄意に、*道は天地に先んじて生ずと謂ふ。故にこの妄説あり。あに*僭ならずや。

物　一則

物なる者は、教への*条件なり。古の人は学びて、以て徳を己に成さんことを求む。故に人を教ふる者は教ふるに条件を以てす。学ぶ者もまた条件を以てこれを守る。「*郷の三物」、「*射の五物」のごとき、これなり。けだし六芸にみなこれあり。徳を成すの*節度なり。その事に習ふことこれを久しうして、守る所の者成る。これ「*物格《きた》る」と謂ふ。その始めて教へを受くるに方《あた》りて、物はなほ我に有せず。これを彼《かしこ》に在りて来《きた》らざるに辟《たと》ふ。その成るに及んで、物は我が有となる。これを彼《かしこ》より来り至るに辟ふ。その*力《つと》むるを容《い》れざるを謂ふなり。故に「物格《きた》る」と曰ふ。「格」なる者は「来」なり。教への条件我に得れば、すなはち知自然に明らかなり。これ「知至る」と謂ふ。また力むるを容れざるを謂ふなり。*鄭玄《ぢやうげん》は大学を解し、「格」を訓じて「来」となす。古訓のなほ存する者しかりとなす。*朱子は解して「理を窮む」となす。理を窮むるは聖人の事にして、あにこれを学者に望むべけんや。かつその解に曰く、「物の理に窮め至る」と。これ格物に窮理を加へてしかるの

レ之、則成二甚(なん)世界一了」、「如二堯舜揖遜、湯武征誅一、此是権」。 **仁斎先生**… 語孟字義・権第四条。 **舜の告げず**… 舜の親は舜の弟を愛し舜を憎んで結婚を許さなかったので、舜は親に相談しないで結婚した。 **道は天地に先んじて生ず** →補。 **僭** 身のほど知らず。

◇物

条件 具体的内容・事物。 **郷の三物** 周礼・地官・大司徒「以二郷三物一教二万民一而賓二興之一、一曰六徳、知仁聖義忠和、二曰六行、孝友睦婣任恤、三曰六藝、礼楽射御書数」。 **射の五物** 周礼・地官・郷大夫「…郷老及郷大夫群吏、献二賢能之書于王一、…退而以二郷射之礼五物一詢二衆庶一、一曰和、二曰容、三曰主皮、四曰和容、五曰興舞」。 **節度** 細目。諸項目。 **物格る** 大学の語。下の「知至る」も同じ。 **力むるを**… 努力する必要がない。 **鄭玄**… 後漢の学者(一二七―二〇〇)。字は康成。多くの経書の注釈を著した。→補。 **朱子**… →補

ち義始めて成る。*文外に意を生ずと謂ふべし。あに妄に非ずや。かつ古のいはゆる「知至る」といふ者は、これを身に得てしかるのち知始めて明らかなるを謂ふなり。しかるに朱子は外に在る者を窮めて吾が知を致さんと欲す。*強ふと謂ふべきのみ。

かつ中庸に「己を成すは仁なり。物を成すは知なり」と曰ふがごときも、また学問の道を謂ふなり。学んで徳を己に成すは、その*後来の統会する者を以てこれを言ふ。故に「仁」と曰ふなり。受くる所の教件に成功あるは、これいはゆる「物格《きた》る」なり。物格りてしかるのち知至る。故に「知」と曰ふなり。また孟子曰く、「*万物みな我に備る。身に反《かへ》りて誠ならば、楽しみこれより大なるはなし」と。またこれを謂ふなり。教への条件は、その数甚だ多し。故に「万物」と曰ふ。みな我に有するの事なり。故に「みな我に備る」と曰ふ。習ふことの熟してしかるのち我が有となる。我が有とならば、すなはち*思はずして得、勉めずして中《あた》る。これ「身に反《かへ》りて誠なり」と謂ふ。しからずして、天地間の万物我に備ると謂はば、すなはち孟子の時にあにこの*荒唐の論あらんや。これみな古言を知らざるの失なり。また「*その次は曲を致す」のごときも、また*曲礼を学んでこれを身に有するを謂ふなり。曲礼は*彼《かしこ》に在り、習ふことの久しうして身これを有すること、また彼《かしこ》より来り至るがごとし。故に「致す」と曰ふ。古の学問の道、以て見るべきのみ。

また*大象《だいしやう》伝に「言に物ありて、行ひに恒《つね》あり」と曰ひ、*緇衣《しい》に「言に物ありて、行ひに*格あるなり」と曰ふがごときは、けだし古の君子は、*先王の*法言に非ずんば敢へて道《い》はざるなり。言ふ所みな古言を誦せしことは、左伝の卿大夫の言の「*己を克して礼を復《ふ》む」、「*門を出でては大賓を見るがごとし」の類のごとし。みな孔子の以て教へとなす所なり。

文外に… 原文に書いていないのに勝手に意味を作り出す。　**強ふ** 無理なことをする。

後来の統会… あとからまとめ集めて人格を作りあげるもの。　**万物…** 尽心上。　**思はず…** 中庸「誠者不レ勉而中、不レ思而得、従容中レ道、聖人也」。　**荒唐** とてつもないでたらめ。　**その次は…** 中庸。　**曲礼** こまごました礼式。　**彼** 対象のがわ。

大象伝 易経附属の解説書である十翼(伝説では孔子が作ったということになっている)の一つに象伝があり、象伝のうち、大体からいえば卦全体の説明を大象、各爻の説明を小象という。ここは家人大象伝。　**緇衣** 礼記の篇名。　**格** 鄭玄は「旧法也」と注しているが、徂徠は後文で「きたす(こさせる)」と解している。

先王の法言… 孝経・卿大夫章。　**法言** 孔安国注は「謂ニ孝弟忠信仁誼礼典一也、此八者不易之言也」、鄭玄注は「不レ合ニ詩書一不ニ敢道一」、玄宗注は「謂ニ礼法之言一」という。要するに典拠のあることばをいう。　**己を克して…** →補。　**門を出で…** →補

陽貨*の「日月逝《ゆ》けり。歳、我とともにせず、宝を懐《いだ》きてその邦《くに》を迷はす」と曰ふがごとき、また宋玉*の「口に微辞多きは、師に学ぶ所なり」と曰ふがごとき、見るべし古人詩を学べば、その言の*爾雅《じが》なることかくのごときを。これみないはゆる「言に物あり」なり。その臆*に任せて肆言《しげん》せず、必ず古言を誦して、以てその意*を見《あらは》せしことを言ふのみ。古言相伝りて、宇宙の間に存す。人、古言を記憶して、その胸中に在ること、なほ物あるがごとく然り。故にこれを物と謂ふ。もし臆に任せて肆言せば、すなはち胸中には記憶する所あることなし。一物あることなき、これ物なきなり。「行ひに格あり」と曰ふ者は、言は格《きた》すことを待たず、ただ古言を記憶してこれを言ふのみ。行ひに至りては、すなはち必ず、これを身に得んことを求む。故に「行ひに格あり」と曰ふ。格《きた》すときはすなはち恒久なり。故にまた「行ひに恒あり」と曰ふ。その義は一なり。

君子・小人　二則

1 君子なる者は、上に在るの称なり。子*は男子の美称にして、これに尚《くは》ふるに君を以てす。君なる者は下を治むる者なり。士大夫はみな民を治むるを以て職となす。故に君*これに子を尚へて以てこれを称す。これ位*を以てこれを言ふ者なり。下位に在りといへども、その徳、人の上たるに足れば、またこれを君子と謂ふ。これ徳*を以てこれを言ふ者なり。古の人、学んで徳を成せば、すなはちこれを士に進め、以て大夫に至る。故に曰く、「君*子なる者は成徳の称なり」と。後世の儒者は、老荘の内聖外王*の説、その骨髄《こつずゐ》に淪《しづ》み、つひに先王の道の民を安んずるの道たることを忘る。故にそのいはゆる君子なる者は、多く

陽貨…↓補。 **宋玉**…↓補。 **爾雅** もと、近づいて正しい準拠とするの意、ことば遣いが正しいこと。漢書・儒林伝序「文章爾雅、訓辞深厚」、顔師古注「爾雅、近正也、言詔辞雅正而深厚也」。 **臆に任せて肆言** 思いつきのままに勝手なことをいう。
その意 自分の思っていること。

◇君子小人
1 子は男子の美称 漢書・賈誼伝・服虔注「子者、男子美号」、儀礼・士冠礼・鄭玄注「子、男子之美称」、左伝・閔公二年・杜預注「子者、男子美称」など。 **君これに子を**… 下を治める君という字、これに男子の美称の子という字を加えて、士大夫を君子と称する。 **位を以て**… 論語・里仁「君子懐㆑徳、小人懐㆑土、君子懐㆑刑、小人懐㆑恵」、顔淵「君子之徳風、小人之徳草、草上(くはふれば)㆓之風㆒必偃(ふす)」、陽貨「君子学㆑道則愛㆑人、小人学㆑道則易㆑使也」などがその例。 **徳を以て**… 書経・大禹謨「君子在㆑野、小人在㆑位」、論語・述而「女(なんぢ)為㆓君子儒㆒、無㆑為㆓小人儒㆒」など。 **君子なる者**… 易経・乾卦文言伝「君子以㆓成徳㆒為㆑行」、礼記・文王世子「君子曰㆑徳、徳成而教尊、教尊而官正、官正而国治、君之謂也」、論語・学而「人不㆑知而不㆑慍、不㆓亦君子㆒乎」の朱注「君子、成徳之名」。 **内聖外王** ↓弁道2

は仁を外にして以てこれを言ふ。そのこれを失することの遠きこと甚だし。孔子曰く、「*君子、仁を去りて、いづくにか名を成さん」と。あに然らざらんや。然れどもそのいはゆる仁は、或いは*慈愛を以てこれを言ひ、或いは*人欲浄尽し天理流行することを以てこれを言はば、すなはち孔子の言ありといへども、能くその謬《あやま》りを救ふことなし。あに悲しからずや。学者、論語・諸書の君子を言ひ仁を言ふの諸章を以て、これを古義に求めば、或いは失せざるに庶《ちか》きのみ。大氐《たいてい》、古の学は、詩書礼楽なり。故に君子は*辞を修め*政に達し、*礼楽以てこれを文《かざ》る。これこれを成徳と謂ふ。これを外にして成徳を語り、心を以てし理を以てするは、みな三代に君子を論じたるの義に非ざるなり。

2　小人もまた民の称なり。民の務むる所は、生を営むに在り。故にその志す所は*一己を成すに在りて、民を安んずるの心なし。これこれを小人と謂ふ。その志す所小なるが故なり。上位に在りといへども、その心を操《と》ることかくのごときは、またこれを小人と謂ふ。経伝に言ふ所は、*或いは位を主としてこれを言ひ、或いは徳を主としてこれを言ふ。指す所は同じからざれども、その小人と称する所為《ゆゑん》の意は、みな*これを出《い》でず。後世の諸老先生の道となす所は、みな身を淑《よ》くするの説勝ちて、民を安んずるの心なし。また小人の帰なるかな。学者これを察せよ。

王霸　一則

王霸の*弁は、古《いにしへ》のなき所なり。孔子の、管仲を「*その仁にしかんや」と称し、*書に秦誓

君子… 論語・里仁。　**慈愛**… 仁斎の説。→仁1　**人欲**… 朱子の説。→仁1　**辞を修め** 易経・乾卦文言伝「脩レ辞立二其誠一、所二以居一レ業也」。　**政に達し** 論語・子路「子曰、誦二詩三百一、授レ之以レ政不レ達、使二於四方一、不レ能二専対一、雖レ多亦奚以為」。　**礼楽**… 論語・憲問「子路問二成人一、子曰、若二臧武仲之知、公綽之不欲、卞荘子之勇、冉求之藝一、文レ之以二礼楽一、亦可二以為二成人一矣」。→徳1

2　**一己を成す** 自分一個人を完成する。　**或いは位**… →1「位を以て…」「徳を以て…」。　**これを出でず** この範囲を出ない。

◇王霸

弁 区別。　**その仁**… 桓公を霸者とした管仲を孔子は「だれも彼の仁には及ばない」といっている。論語・憲問「子路曰、桓公殺二公子糾一、召忽死レ之、管仲不レ死、曰、未レ仁乎、子曰、桓公九二合諸侯一、不レ以二兵車一、管仲之力也、如二其仁一、如二其仁一」。　**書に秦誓**… 孟子・告子下に「虞不レ用二百里奚一而亡、秦繆公用レ之而霸」とあり、この霸者である秦の繆公のことばの秦誓を書経に載せている。繆は穆(ぼく)と通用する。

を載するを観れば、すなはち孔子はいまだかつて霸を以て非となさず。王と霸と、その異なる所以の者は、時と位とのみ。春秋の時に当りて、あにいはゆる霸道あらんや。孔子をして時に用ひられしめば、また必ず管仲の為《まね》せしならん。*管・晏《あん》の書はいま在り。その間《かん》、後人の附託する者なくんばあらざれども、*その文辞は較然《かうぜん》としておのづから殊なり。故にその真なる者を択びてこれを読まば、すなはち*儒者何ぞ別たんや。これその時いはゆる霸者の道なる者あることなきこと審《つまびら》かなり。戦国の時に及んで、孔子の徒、*二帝・三王の道を誦説す。時君その*迂遠にして事情に濶《うと》きを厭《いと》ひたれば、すなはち管・晏の説を飾りて進むる者あり。これその人の道にして、真の管・晏の道に非ざるなり。孟子のその人と争ひしも、またその人の称説する所の者を以て霸道となせしのみ。*何となればすなはち孟子曰く、「*力を以て仁を仮《か》る者は霸たり。徳を以て仁を行ふ者は王たり。力を以て人を服する者は、心服するに非ざるなり。力贍《た》らざるなり。徳を以て人を服する者は、*中心悦《よろこ》びて誠に服するなり」と。これ*五霸は徳劣り、故にその道の称説するに足らざることを言ふのみ。何となればすなはち力を以てこれを言ふは、これその諸侯に号令する者を言ひて、民を治むる者を言ふに非ざるなり。いはゆる仁も、またその隣国に仁なる者を言ひて、民に仁なる者を言ふに非ざるなり。かの*方伯たる者は、諸侯を約して共に王室を輔《たす》けんと欲す。徳足らずして力を仮るも、また已《や》むを得ざるの事にして、あに以てその人を罪すべけんや。かつ*湯《たう》は七十里を仮り、文王は百里を仮りて興る。孔子は*尺土の封なければ、すなはち興ること能はず。これ徳ありといへども、あに必ず力を仮らざらんや。故に*桓文《くわんぶん》の罪は、力を以て仁を仮ることに在らずして、王室を尊ぶを名となして以てその*私を済《な》すに在り。し

管晏の書 管仲の管子と晏嬰の晏子春秋。 **その文辞…** その文章やことば遣いは、自著の部分と後人の附託の部分とではっきりしていて相違がある。 **儒者何ぞ別たんや** 儒者と区別はない。 **二帝三王** 堯・舜、および夏・殷・周の三王朝。 **迂遠…濶き** 史記・孟荀伝の語。 **何となれば…** 原文の「何則。」の句読点は本来はつけるべきでない。 **力を以て…** 公孫丑上。 **中心** 心の奥底。 **五霸** 春秋時代の諸侯の間のかしら五人。孟子・告子下「五霸者、三王之罪人也」の趙岐注では、斉の桓公、晋の文公、秦の穆公、宋の襄公、楚の荘王。荀子・王霸篇では斉桓・晋文・楚荘のほかに呉王闔閭、越王勾践を挙げる。**方伯** もと周代の各地方の諸侯の長。ここでは霸者の意で用いている。**湯…** 殷の湯王は七十里平方の領地の力によって…。昔の一里は四〇五メートル。孟子・公孫丑上「湯以二七十里一、文王以二百里一」。 **尺土の封** 猫のひたいほどの領地。 **桓文** 斉の桓公と晋の文公。孟子・梁恵王上「斉宣王問曰、斉桓晋文之事、可レ得レ聞乎、孟子対曰、仲尼之徒、無下道(いふ)二桓文之事一者上」。 **私を済す** 私利を成しとげる。

かも孟子の言はざる者は、戦国の時に在りては王室を尊ぶの事なきが故なり。故に孟子の言は、ただ*これを言ひて以てその道の称述するに足らざることを見《あらは》すのみ。また*宗門を争ふの言なり。後世の儒者は、その文意の在る所を察せず、*囂然《がうぜん》として以謂《おも》へらく、*王覇の弁は儒者の第一義なりと。あに謬《あやま》らずや。甚だしきはすなはち*法術に任ずる者と並び称するに至る。また*倫《たぐひ》を知らざるの甚だしきなり。何となればすなはち法術に任ずる者は、その国を治むることを以てこれを言ふ者なり。力を以て仁を仮る者は、諸侯に号令することを以てこれを言ふ者なり。指す所おのおの殊なり。あに*比並すべけんや。

仁斎先生曰く、「*王者は徳を以て本となす。しかもいまだかつて法なくんばあらず。覇者は徳を仮りて以てこれを行ふ。しかも真にその徳あること能はず。そのますます衰ふるに及んで、専ら法術に任じ、また徳を仮ることを知らず。ここにおいて*刑名の学あり」と。これみな文義を知らざるの言なるのみ。もしその国を治むるの道を論ぜば、すなはち孔子のいはゆる「*これを道《みちび》くに政を以てし、これを斉《ひと》しうするに刑を以てす」、「これを道くに徳を以てし、これを斉しうするに礼を以てす」とは、これ*文武・桓文の弁なり。然れども桓文の時、先王の*沢《たく》いまだ斬《た》えず、先王の礼なほ存し、*その用ふる所もまた人を得。故に政刑を用ふといへども、また*申・韓・商鞅《しやうあう》のごときの比に非ず。ただその先王と殊なる所以の者は、すなはち功利に急なるの意勝ちて、礼楽を用ひざるに在るなり。*孔子、管仲の器を小なりとするも、またこの意のみ。後世の儒者は、口は能く徳を以てこれを化することを言ふといへども、然れどもこれを化する所以の術を知らず。これその過ちは、もと、*道を以て当然の理となして、その民を安んずるの術たることを知らざるに在り。故にまた

これ 覇。 **宗門** 学派。 **囂然** かまびすしく。 **王覇**… 仁斎・語孟字義・王覇第二条「王覇之辨、儒者之急務」。 **法術** 法律刑罰による政治。厳密にいえば、法は公開の制定法、術は君主の秘密の専制術。→補。 **倫** 類。種類分け。 **比並** ならべる。同列に置く。

王者は… 語孟字義・王覇第三条。文に異同・省略がある。 **刑名の学** 法律刑罰を重んじる政治学説。厳密にいえば、刑は形すなわち行為、名は身分・職務・言説で、名と形の一致を臣下に要求し、不一致があれば処罰するという説。戦国時代の申不害が唱えた。 **これを道く**… 論語・為政。論語徴「道レ之以レ徳、謂レ用二有レ徳之人一、…後世不レ知二徳字之義一、以二己之徳一解レ之、非矣」。 **文武桓文の弁** 文王・武王と、斉の桓公・晋の文公との区別。 **沢** 恩恵。孟子・離婁下「君子之沢、五世而斬」。 **その用ふる**… 彼らが臣下として採用していたのもりっぱな人物であった。 **申韓商鞅** 申不害・韓非・商鞅。戦国時代の法家(政治の手段として法律刑罰を重んじる学派)の思想家・政治家。 **孔子**… 論語・八佾「子曰、管仲之器小哉、…管氏而知レ礼、孰不レ知レ礼」。 **道を**… 朱子を批判する。論語・里仁「朝聞レ道」章の朱注「道者、事物当然之理」。

*徳を以て仁義孝悌の類となして、有徳の人を挙用して以て民を導かしむることを知らざるなり。故にその務めて己が徳を以てこれを導かんと欲するは、これその意すでに*急迫にして、*みづから用ひて*術なし。何を以て能く民をしてその*風《ふう》に嚮《むか》はしめんや。また誤りて礼を以て法となし、しかうして「*上下尊卑、*等威の明白にして、少《すこ》しも*差忒《さとく》せず」といふを以て説をなせば、すなはち*名家者流の意を出《い》でず。あに以て先王の天下を*陶鋳するの術となすに足らんや。それ桓文は先王に及ばずといへども、なほその術あり。あに後世の儒者の不学無術の倫《ともがら》のごとくならんや。ああ、古言を知らざるの失、一《いつ》にここに至れり。悲しいかな。

弁名 下

徳を… 仁斎を批判する。↓補。 **急迫** せっかちで余裕がない。 **みづから用ひ** 自分の才知だけを用いる。 **術なし** 道を欠いている。 **風** 風教。教化。 **上下…** 仁斎の語孟字義・仁義礼智第一条「尊卑上下、等威分明、不二少踰越一之謂レ礼」。 **等威** 左伝・宣公一二年「貴有二常尊一、賤有二等威一」の杜注「威儀有二等差一」、左氏会箋は威を畏と解する。いずれにしても社会的地位の段階に応じてのえらさをいう。身分というほどの意味。 **差忒** 間違う。 **名家者流** 身分に応じてそれぞれの礼法を守るべしとする学派。漢書・芸文志「名家者流、蓋出二於礼官一、古者名位不レ同、礼亦異レ数、孔子曰、必也正レ名乎、名不レ正則言不レ順、言不レ順則事不レ成、此其所レ長也」。 **陶鋳** 自分の理想とする形に形成する。

学則

西田太一郎 校注

学則

学則一

*東海、*聖人を出《いだ》さず、*西海、聖人を出さず。*これただ詩書礼楽の、教へたるなり。古《いにしへ》の時、*楚《そ》は大邦なりといへども、その*左史*倚相《いしやう》の誦《しよう》をなす所は、*三墳・五典・九丘・八索の書にして、これを舎《お》いては学をなすことなし。しかうして、後の*豪傑、*陳良の徒より、けだしみな北のかた中国に学ぶと*云《い》ふ。すなはち吾《わ》がロ東方の民、またいづくにか適《ゆ》かん。またただ*言語宜《よろ》しきを異にし、*鐘呂《しようりよ》の、*爰居《あんきよ》を饗するにして、彼《かれ》これを*侏離《しゆり》鴃舌《げきぜつ》と謂《い》ひし者、*吾視ることなほ彼のごとし。たとひ*仲尼《ちゆうぢ》桴《いかだ》に乗り、子路これに従ひて游《あそ》ぶとも、また*これを如何《いかん》ともすることなきのみ。

*黄備《きび》氏といふ者出づることあり、西のかた中国に学び、*和訓を作為して、以て国人に教ふるも、またなほ*乳に易《か》ふるに彀《こう》を以てし、虎はすなはち於菟《をと》にして、*その読みを顚倒《てんたう》し、錯《まじ》へてこれを綜《す》べ、以て二邦の志を通ず。ここにおいてか*吾これを侏離鴃舌と謂ひし者、吾視ることなほ吾のごとし。これすなはち詩書礼楽の、教へたるや、庶《こひねが》はくは以てこれを*海表に被《かうむ》らしむるに足らんか。黄備氏のロ東方に功徳あるは、民今に至るまでこれに頼る。

然りといへども、乳に易ふるに彀を以てし、虎はすなはち於菟にして、その読みを顚倒し、錯へてこれを綜べ、吾これを侏離鴃舌と謂ひし者、吾視ることなほ吾のごとし。吾視

東海 日本。↓補。 **聖人** ↓弁名・聖。 **西海** 中国の西方の諸国。 **これ**… してみるとつまり詩書礼楽だけが教えの役目を果すことになるのだ。 **楚** 春秋戦国時代、揚子江流域を領有していた国。 **左史** 君主の行動を記録する官。↓補。 **倚相** その人名。 **三墳**… 太古の神話的帝王の書物と伝説的に伝えられるもの。↓補。 **豪傑** 傑出した人物。 **陳良** 楚の学者。↓補。 **云ふ** ↓補。 **言語**… ↓補。 **鐘呂** 中国の雅楽の音律。 **爰居** 海の鳥の名(具体的なことは不明)。 ↓補。 **侏離鴃舌** 野蛮人のことばと、もずの鳴き声。ともに異国語を軽んじていう。↓補。 **吾視る**… 中国人が日本語を侏離鴃舌だといっていたのは、日本人から中国語についていっても同様に朱離鴃舌だ。↓補。 **仲尼**… ↓補。 **これを**… ↓補 **黄備氏** 吉備真備(きびのまきび)、六九三—七七五。↓補。 **和訓** 訓読法。 **乳**… ここでは中国語の単語に日本語の単語を当てはめ読み換えるたとえ。↓補。 **その読み**… ↓補。 **吾これを**… われわれが侏離鴃舌だといっていた中国語は、われわれには日本語同様になった。 **海表** 海外。ここでは詩書礼楽の中国から見て日本をいう。

ることなほ吾のごとくなれども、しかも詩書礼楽は、また中国の言たらず。すなはちたとひ仲尼桴に乗り、子路これに従ひて游ぶとも、*これを目にするときはすなはち是《ぜ》、これを耳にするときはすなはち非《ひ》にして、*彼すなはちなほ鐘呂の爰居を饗するがごときのみ。

或いは曰く、一匹の錦、覆《うらがへ》して以てこれを視れば、*背面にして殊《こと》なれども、これを均しくするにこの物にして、なんぞ傷《やぶ》らんやと。すなはちいづくんぞ知らん、かの*中国に象なくして、なほかつこれを象《かたど》り、*江北に橘《たちばな》なくして、或いはこれに仮《か》るに枳《からたち》を以てせんか、これを以てしてかの*楚人の頌《しょう》を誦せば、能くその臭味を忒《たが》へざる者は*幾希《すくな》きことを。それ中国のある所、四海のなき所も、またなほかくのごときか。詩書礼楽は、中国の言にして、吾視ることなほ吾のごとくんば、これその究《きはみ》は必ず詩書を*巴歈《はゆ》にし、その礼楽を*兜昧《とうまい》にするに至らんかな。

*副墨《ふくぼく》の子、洛誦《らくしょう》の孫、執りて以てその祖を廃せば、その可なるを知らず。しかもいはんやこの子この孫、*冥令《めいれい》の肖《に》たるに非ずんば、すなはち*嬴《えい》氏の呂《りょ》なる者をや。これを以てして*觚《こ》を操《と》らんか、*籀斯《ちうし》の迹《あと》、*粲然《さんぜん》として簡に盈《み》つるも、彼は読むべからず、吾も読むべからず。吾必ずかの黄備氏のなす所に従事せば、*句に須《ひげ》あり、丁に尾あり、*纍纍乎《るゐるゐこ》として星羅し、擾擾然《ぜうぜうぜん》として蜉蝣《ふいう》の来集する、しかるのち得て言ふべきのみ。これすなはち黄備氏の詩書礼楽なり。中国の詩書礼楽に非ざるなり。すなはちその禍は侏儒鴃舌より甚だしき者あるに殆《ちか》きかな。

然らばすなはちこれを如何《いかん》せば可《か》ならんか。またただ言語宜しきを異にす。その、黄備氏の業における、*訓じて以て故《こ》すべきも、誦《しょう》して以て伝ふべからず、*暫《しばら》くはすなはち仮れ

これを目… 訓点がついていても原文はもとのままだから、見た場合はわかるが、日本人が訓読するのを聞いた場合は意味がわからない。**彼すなはち**… 孔子や子路にとっては。↓前頁「爰居」の補注

背面にして…傷らん 裏と表とで。↓補。**中国に象**… ↓補。**江北に**… ↓補。**楚人の頌** ↓補。**幾希き** ↓弁道1　**巴歈** ↓補。**兜昧** ↓補

副墨… ↓補。**冥令** ↓補。**嬴氏の呂** ↓補。**觚を**… 文章を書くならば。↓補。**籀斯の迹** 漢字。周の史籀は籀文(大篆ともいう)、秦の李斯は小篆という書体を発明した。**粲然**… みごとに紙いっぱいに書かれていても。**句に…尾あり** 返り点・送りがながついていること。句は釣り針。丁はかえる。↓補。**纍纍乎**… 重なるようにして星のように並び、わずらわしくてうんかが来集するようである。漢文訓読法の繁雑さをいう。↓補

訓じて… ことばを言い換えて解釈する。↓補。**暫く**… しばらくは間に合わせに用いることができるが、久しくなると和訓に拘泥する。

ども、久しければすなはち泥《なず》む。*筌《せん》か筌か、魚を獲て筌を舎《す》つ。口耳用ひず、*心と目と謀り、*これを思ひまた思はば、神それこれを通ぜん。すなはち詩書礼楽、中国の言は、吾まさに*これを聴くに目を以てせんとす。すなはち*彼を彼とし吾を吾とし、有るを有りとし無きを無しとし、*道を直くして以てこれを行はば、以てみなこれを*横目《わうもく》の民に被らしむべし。すなはち以て*天下の志を通ずべし。何ぞただロ東方のみならん。すなはちたとひ仲尼桴に乗り、子路これに従ひて游ぶとも、*旦暮にこれに遇はん。*すなはちこれを東海に聖人を出《いだ》すと謂はんも、良《まこと》に誣《し》ひざるのみ。これこれを*学則と謂ふ。すなはちこれに申《かさ》ぬるに戒めを以てして曰く、なんぢ能く*黄備氏の為《まね》せざる者は、すなはち能く黄備氏の為《まね》する者なり。ああ、なんぢ何ぞ必ずしも黄備氏をこれ為《まね》せん。

二

*宇はなほ宙のごときなり。宙はなほ宇のごときなり。故《ゆゑ》に今言《きんげん》を以て古言を視、古言を以て今言を視れば、これを均《ひと》しくするに朱儁鴂舌なるかな。*科斗・貝多《ばいた》何ぞ択ばんや。*世は言を載せて以て遷り、言は道を載せて以て遷る。道の明らかならざるは、*職としてこれにこれ由《よ》る。*百世の下に処《を》りて、百世の上を伝ふるは、なほ*越裳氏《えつしやうし》の九訳を重ぬるがごときか。*重訳の差は、弁詰《べんきつ》すべからず。万里夐《はる》かなりといへども、なほその世に当れり。*奘《ざう》の身の身毒に游《あそ》びしにいづれぞや。*これを故《こ》してまた故せば、*子孫雲仍《うんじよう》、いづくんぞその祖を識らん。千歳逝《ゆ》きぬ。俗移り物亡ぶ。故《こ》の恃《たの》むべからざるなり。いづくんぞ能く身を仲尼の時に置きて、*游《いう》・夏《か》に従ひ親しく業を受けんや。*宇と宙とは果して殊《こと》なり。

筌か… ↓補。 **心と目と謀り** ↓補。 **これを思ひ…** 繰り返してよく思索するならば、神がわかるようにしてくれるであろう。↓弁名・思謀慮1 **これを聴くに…** ↓補。 **彼を…** 中国語と日本語とは異なるということ、詩書礼楽は中国にあり日本にないということを認識し。 **道を…** ↓補。 **横目の民** 天下の人々。↓補。 **天下の志…** 易経・同人象伝「唯君子為㆔能通㆓天下之志㆒」。志は意志。 **旦暮…** ↓補。 **すなはち** ↓補。 **学則** もと管子・弟子職に見える語。 **黄備氏の為せざる…** ↓補

宇は… 言語の相違の点からいえば、地域的相違と時代的相違とは同様だ。↓補。 **科斗貝多…** 中国の古代文字もインドの古代文字も、朱儁鴂舌である点では全く区別がない。↓補。 **世は…** ↓補。 **職として** 主として。 **百世…** ↓補。 **越裳氏** 周代に今のベトナム南部にいた部族。九種の通訳を重ねて周の成王に朝貢した。史記・周本紀。 **重訳…** いくども通訳を重ねた結果の意味の相違は窮めつくすことができない。 **奘の身…** ↓補。 **これを…** いくども言葉の言い換えを繰り返していくと。 **子孫雲仍…** ↓補。 **游夏** 孔子の弟子の子游・子夏。↓補。 **宇と宙と…** ↓補

不朽なる… ↓補。**管晏…** 管子・晏子春秋・老子・列子も古代の言語としては詩書礼楽と同類である。**道の…** ↓補。**味からざる…** ↓「不朽なる…」の補注。**辞を錯く所以** 文を作るための単語の並べ方。

于鱗 明代の李于鱗(一五一四—一五七〇)、字は攀竜、滄溟と号する。吉川博士の解説参照。**古を…** ↓補。**これと化し** ↓補。**辞気神志** ことばづかいと精神。**何ぞ択ばん** 中国の昔の人と区別がない。**旦莫…** 旦暮に同じ。千年も昔の人に朝晩会っていることになる。↓学則一「旦暮…」。**古と徒となる** 昔の人と同じなかまになる。荘子・人間世の語。

車を… ↓補。**聃の言…** ↓補。**道の…** 老子・第一章。**聃あに…** ↓補。**物** 客観的具体的な事物。↓弁名・物。**徒名…** 名だけで具体的事実がなく、内容のないことばで道を形容している。**臆を以てし** 客観的根拠なしに推量で判断をする。**曼衍…** とりとめがなく、かって気ままで、行きつきとどまるところがない。**その華…** 揚子法言・問明「摭二我華一而不レ食二我実一」。

然りといへども、*不朽なる者は文にして、その書具《つぶさ》に存す。かの世のいまだ言を載せて以て遷らざるに方《あた》りてや、*管・晏《あん》・老・列もまた類なり。何ぞその*道の同じからざるを悪《にく》まんや。これを道に求めずして、これを辞に求む。*味《くら》からざる者は心か。朱儁鴂舌は、何ぞただ言と言と殊なるのみならん。その、*辞を錯《お》く所以の者もまた殊なるのみ。

吾、*于鱗《うりん》氏の教へを奉じて、*古を視て辞を修め、これを習ひこれを習ひ、久しうして*これと化し、しかうして*辞気・神志みな肖《に》たり。辞気・神志みな肖て、しかうして目の視、口の言ふこと、*何ぞ択ばん。それ然るのち、千歳の人、*旦莫《たんぼ》にこれに遇ふ。これをこれ身を仲尼の時に置きて、游・夏に従ひ親しく業を受くと謂ふなり。これをこれ*古《いにしへ》と徒となると謂ふなり。また何ぞかの故《こ》を仮ることをなさん。

三

「*車を数へて車なし」と。しかも車の名あり。古《いにしへ》の道なり。*聃《たん》の言の失せるに非ざるなり。「*道の道とすべきは常の道に非ず」とは、聃の言の失せるなり。それ聖人よりして道の名あり。*聃あに非《ひ》ならんや。ただその知、聖人に及ばず。教への、術なきなり。務めてこれを喩《さと》さんことを求めて、生ずるを竢《ま》たず、すなはち*物を舎《お》きてその名を言ふ。これを言ふこと巧みなりといへども、目もて睹《み》るにいづれぞ。かつや*徒名にして物なく、空言もてこれを状《かたど》る。故にその言いよいよ繁くしていよいよ舛《そむ》く。これを言ふ者*臆を以てし、これを聴く者臆を以てし、*曼衍自恣《まんえんじし》、底止あることなし。徒《いたづ》らに*その華を翫《もてあそ》びて、その実を食《くら》はず。これ它《た》なきなり。聖人の教へを以て足らずとなし、勝ちてこれを上《しの》がんと欲す。

*まさにその量を知らざるを見るのみ。

然りといへども、*聃の、礼を言ふや、*諄諄乎《じゆんじゆんこ》として*度数をこれ遺《のこ》さず。故に「*聖を棄て」「学を絶つ」とは、その本心に非ざる者《こと》、彰彰乎《しやうしやうこ》として明らかなるかな。ただその、*心を操《と》るの鋭なる、務めてこれを言はんことを求めて、その、人におけるや、急《しきり》にこれに知を傳《つ》けんと欲して、生ずるを竢《ま》たざるなり。

それ*六経は物なり。道具《つぶさ》にここに存す。「*これを行事《かうじ》に施して、深切著明なり」とは、聖人の、空言を悪《にく》むなり。「*天何をか言はんや、四時行《めぐ》り、百物生ず」とは、教への術なり。「*憤せずんば啓せず、悱《ひ》せずんば発せず」とは、かの生ずるを竢《ま》つなり。知らざる者は、*これを、愛《を》しむと謂ふなり。生ずればここに禦《とど》むることなし。*外より鑠《しやく》するに非ざるなり。襲ひて取るに非ざるなり。故に聖人の教へ、*格《きた》すことを貴ぶは、これを行ふことを求むる者なり。故に*ただそれ物なり。聃なる者は、務めてこれを言ふ者なり。それこれを言ふ者は、*一端を明らかにする者なり。*一を挙げて百を廃す。害ある所以なり。

後儒は*すなはち聃を非とすれども、その*尤《いう》に倣《なら》ひ、これを言ひて已《や》まず。*名存して物亡ぶ。仁義道徳の説盛んにして、道ますます明らかならず。今の世に方《あた》りて、*滔滔《たうたう》たる者は、天下みな聃の徒なるかな。またいづくんぞ聖人の教への尚《くは》ふるなきことを知らんや。*これあに古今あらんや。故に吾退きてこれを六経に求む。ただそれ物なり。

四

古《いにしへ》は聖人あり、今は聖人なし。故《ゆゑ》に学は必ず古なり。然れども古なければ今なく、今な

まさに 論語・子張。まさしく、身のほど知らずということがわかるのだ。
聃の… 礼記・曾子問、史記・孔子世家に、老子が礼を説いていることが見える。
諄諄乎 くどくどというさま。
度数 詳細な細目。
聖を棄て… 老子・第一九章「絶レ聖棄レ智、民利百倍」、第二〇章「絶レ学無レ憂」。
心を操る… →補
六経 →弁道1
これを行事… 史記・太史公自序の孔子が春秋を著したときのことば。「我欲レ載二之空言一、不レ如下見二之於行事一之深切著明上也」。
天何をか… 論語・陽貨。→補。
憤せずんば… 論語・述而。→弁道15
これを… この態度を、教え惜しみだという。→補。
外より… →補。
格す 勉強すれば、学んだことが向こうからやってきて自分の身につくこと。
ただそれ物なり 六経に書かれた具体的客観的な教えだけが重要なのだ。→補。
一端 ごく一部分。
一を挙げて… →弁名・孝悌
すなはち それにもかかわらず。
尤 あやまち。欠点。左伝・僖公二四年「尤而效レ之、罪又甚レ焉」。
名存して… 抽象的主観的な仁義道徳という名称だけが存在して具体的客観的な礼楽刑政が滅びた。
滔滔… →補。
これあに… 聖人の教えが最高であることは昔も今も同じだ。

ければ古なし。今なんぞ廃すべけんや。*世世相望み、孰《いづ》れか古に匪《あら》ずして孰《いづ》れか今に匪ざる。故に古に通じて以て*極を立て、今を知りて以てこれを*体し、*世世を差して以てその*来を観れば、その、民俗・人情におけるは、なほ*これを掌《たなごころ》に視るがごときか。

それ古今は殊《こと》なり。何を以てかその殊なるを見ん。ただそれ*物なり。物は世を以て殊なり、世は物を以て殊なり。けだし秦漢よりして後は、聖人あることなし。然れどもまたおのおの*建つる所あり。ただその知、物に周《あまね》からず。聖人なき所以なり。然りといへども、*すでに物あれば、必ずこれを*志《し》に徴してその殊《こと》なるを見る。殊なるを以て相映じて、しかるのち以てその世を論ずるに足る。しからずして、*一定の権衡を懸《か》けて、以て百世を*歴詆《れきてい》するは、また易易《いい》たるのみ。これ已《おのれ》を直《なほ》くしてその世を問はず。*すなはち何ぞ史を以てなさん。故に今を知らんと欲する者は必ず古に通じ、古に通ぜんと欲する者は必ず史なり。史は必ず志にして、しかるのち六経ますます明らかなり。六経明らかにして、聖人の道に古今なし。それ然るのち天下は得て治むべし。故に君子は必ず世を論ず。またただ物なり。

五

聖人の道は、なほ*和風・甘雨のごときか。*物その養ひを得て以て生ず。生ずればここに長ず。あに窮り已《や》むことあらんや。*君子は以て徳を成《な》し、小人は以て俗を成す。天下これを*陶鈞《たうきん》の中に錯《お》くは、聖人の道しかりとなす。

故に君子は身を*ここに錯《お》き、*これを蔵しこれを脩《をさ》め、ここに息《いこ》ひここに遊《あそ》び、*道に郷《むか》ひて行《すす》み、道に中して廃す。*徳慧《けい》術知、ここにおいて出《い》で、*博厚高明、ここにおいて至る。

世世相望み 各時代がつぎつぎと続いていて。「冠蓋相望」の「相望む」の意。 **極** 準拠。→弁名・極 **体して** 体得する。身につける。 **世世を差して** 各時代の相違を明らかにして。 **来** 由来。→補。 **これを掌に…** きわめて知り易いこと。→補

物 礼楽刑政の文物制度。 **建つる所** 設けた文物制度。 **すでに…** 文物制度がある以上は。原文の業已は二字同義。 **志** 広義的には記録・文献、狭義的には史書で文物制度を事項別に記した篇。→補。 **一定の権衡…** 固定した標準を設ける。権ははかりの重り。衡ははかりの横ざお。 **歴詆** つぎつぎにそしる。→補。 **すなはち何ぞ史…** そんなことではどうして歴史を必要としようか。

和風甘雨 おだやかな風、恵みの雨。→弁名・性情才1 **物その…** →補。 **君子…** →弁名・君子小人。 **陶鈞…** ろくろを回して陶器を作るように、天下を巧みな造化の中に置く。 **ここ** 聖人の道。 **これを蔵し…游び** 聖人の道を心に抱き、これを修得し、仕事をしたあとではそこで休み、ひまなときにはそこでのんびりする。礼記・学記。 **道に…廃す** →補。 **徳慧術知** →弁名・智2 **博厚高明** 地のように広く厚く、天のように高く明らかな人格。中庸の語。

*日《ひび》に躋《のぼ》り月《つきづき》に烝《すす》みて、然るを知らずして然り。故に曰く、「我*において何かあらんや」と。これを草木を植うるに譬《たと》ふ。枝葉華実、あに一一にしてこれを傅《つ》けんや。務むる所は本根の培のみ。*棘猴《きよくこう》・玉楮《ぎよくちよ》は巧みなりといへども、人人の能くする所に非ざるなり。巧人ありといへども、また物に周《あまね》きこと能はざるなり。故に曰く、「大*徳は閑《のり》を踰《こ》えず、小徳は出入するも可なり」と。また曰く、「本*立ちて道生ず」と。かの生ずるを貴ぶなり。

かの「天*下の理を窮む」と謂《い》ひ、「一念の微を察す」と謂ふは、みな道を知らざるの言なり。故に是非を弁じ、*淑慝《しゆくとく》を別ち、*疏瀹澡雪《そやくさうせつ》し、*剔抉《てきけつ》して以て尽くし、一*毫《がう》の人欲をもこれ存せしめずといふ者は、みな非なり。たとひこれを尽くすとも、いやしくも養ふ所あらずんば、その*介然《かいぜん》として小なる者は、いづくんぞ能く長ぜんや。また旧のみ。無*術の過ちなり。

秦《しん》、功*令を以て天下を治めしより、礼楽泯《ほろ》ぶ。その流*風余烈、百世に被らしめていまだ已《や》まず。申*韓の道、人の耳目を移して、以て今日に至り、長養の道断《と》けて、殺伐の気宇宙に塞《ふさが》る。のちの賢人君子、みなその中に生る。差《たが》ふ所以なり。故に道を学ぶ者は、その*大なる者を立つれば、小なる者これに従ふ。

六

君子は軽《かるがる》しく人を絶たず、また軽《かるがる》しく物*を絶たず。その大を成す所以なり。かの生ずるを睹《み》るのみ。凡《およ》そ天地万物の情*は、*棼緼《ふんうん》交結し、雑《まじ》りて以て文*を成し、陰陽相仍《よ》り、*禅易《ぜんえき》して居らず。これを*糾纆《きうじよう》に辟《たと》ふ。剛柔相苞《つつ》み、*曾曾《そうそう》として尽くることなし。喩《たと》へば*蕉《せう》を剝《さ》

日に… 詩経・商頌・長発「聖敬日躋」、周頌・敬之「日就（なり）月将（すすむ）」。 **我に…** 自分にとっては格別の努力を必要としない。述而「何有㆓於我㆒哉」の論語徴の説。 **棘猴玉楮** 巧妙精緻な細工。↓補。 **大徳…** ↓補。 **本立ちて…** 論語・学而。

天下の理… ↓補。 **淑慝** 善悪。書経・畢命「旌㆓別淑慝㆒」。 **疏瀹…** 心の汚れを洗い流して清める。荘子・知北遊。 **剔抉** 悪い個所をえぐり去る。↓弁道12「抉りて…」。 **一毫の人欲** ↓補。 **介然** ちょっぴり。 **無術** 無方法。道を欠いていること。 **功令** ここでは法令。 **流風余烈** なごりの風習。 **申韓** 申不害と韓非。ともに戦国時代の法家の学者。 **その大なる者…** ↓弁道11

物を絶たず 万物と絶縁しない。 **情** 実情。 **棼緼交結** 入り乱れ結合しあう。 **文を成す** 美しいあや模様を作りあげる。易経・繫辞伝下「物相雜、故曰㆑文」。 **禅易して居らず** 交替して、じっとしていない。 **糾纆** よりあわせたなわ。 **曾曾** 層層に同じ。重なりあう。 **蕉を剝く…** ばしょうの葉をさくようなもので、きわめつくすことができない。

くがごとし。得て窮詰すべからざるのみ。故に*是非淑慝《しゅくとく》、適《てき》もなく莫《ばく》もなし。

大氐《たいてい》、物その養ひを得ざるは、悪なり。その所を得ざるは、悪なり。養ひてこれを成し、その所を得しむるは、みな善なり。人を虎狼に*媲《なら》べ、*稗苐《はいてい》を穀に糅《まじ》ふるは、悪のみ。然りといへども、天地は虎狼を厭《いと》はず、雨露は稗苐を*択ばず。聖人の道も、またなほかくのごときかな。その已《や》むを得ずして、これを去りこれを遠ざけ、これを抶《むちう》ちこれを殺すは、その仁に害あるを悪《にく》めばなり。その悪を悪むに非ざるなり。故に*不仁を悪むの甚だしきは、仁を好むの至らざるなり。*舜《しゅん》、衆より選んで皐陶《かうえう》を挙ぐ。*その四凶を誅《ちゅう》するは、称する所に非ざるなり。聖人の世には、*棄材なく、棄物なし。「*堯舜《げうしゅん》の民、比屋封《ほう》ずべし」とは、あにみな公侯の材ならんや。また*愍《あはれ》みてこれを宥《ゆる》むるに非ず。その治に裨《おぎな》ひあるを謂ふなり。「*邇言《じげん》を察し」、「*芻蕘《すぜう》に釆《と》る」とは、その人あにみな賢ならんや。毒は疾《やまひ》を已《いや》し、*苓《れい》は時ありてか*帝なり。*它《た》山の石は玉を攻《をさ》め、*不善人は善人の資なり。これ聖人のその大を成す所以なり。故に*善悪嗷嗷《けうけう》として、先王の封疆朘《ほうきやうちぢ》まりぬ。邪正誾誾《ぎんぎん》として、仲尼の区域削られたり。みな儒者の罪なり。この故に、*諸子百家九流の言より、以て仏・老の*頗《は》に及ぶまで、みな道の*裂のみ。*また人情に由《よ》りて出でざることあることなし。故に至言あり。

それ聖人の道は、人の情を尽くすのみ。しからずんば何を以て能くこれを治めてこれを安んぜんや。故にいやしくもその大なる者を立て、*撫《ぶ》してこれを有《たも》たば、孰《いづ》れか聖人の道に非ざらんや。

*漢の顓門《せんもん》の学は、人ごとにその説を殊にすれども、また師に聞く所を伝へ、*七十子*より出づ。あに繆誤《びうご》なからんや、失得こもごもこれあり。並べ存してこれを兼ぬるは、道の棄

是非… 是非善悪についても、初めから決めてかかった一方的な態度をとらない。論語・里仁「君子之於二天下一也、無レ適也、無レ莫也、義之与比」。

媲べ 同類視する。 **稗苐** ひえ。 **択ばず** 差別しない。 **不仁を悪む**… 論語・泰伯「人而不仁、疾レ之已甚、乱也」。 **舜…挙ぐ** 論語・顔淵。 **その**… 書経・舜典に舜が共工・驩兜(かんとう)・三苗・鯀(こん)を処罰したとあるのは史実を述べただけで、ほめたたえて述べたものではない。 **棄材** 世にうずもれた人材。↓補。 **堯舜**… 堯舜の人民は、軒なみに諸侯にすることができる。漢書・王莽伝「唐虞之時、可二比屋而封一」。 **愍みて**… ↓補。 **邇言**… 身近なことばをよく考察する。中庸。 **芻蕘**… 薪拾いのような賤しい人の意見をも採用する。詩経・大雅・板「詢(はかる)二于芻蕘一」。 **苓** 薬用植物の名。↓補。 **帝** 主薬。 **它山**… 詩経・小雅・鶴鳴「它山之石、可二以攻一レ玉」。 **不善人**… 老子・第二七章。資は役立つもの。 **善悪**… ↓補。 **諸子百家九流** ↓補。 **頗** 片寄った思想。 **裂** きれはし。 **また** それでもなお。 **撫して** 大切にして。 **漢の顓門の学** 顓は専に同じ。↓弁名・序。 **七十子** 孔子の直弟子。↓弁名・序。 **より出づ** ↓補

穎達… 唐の孔穎達(慣用読み《だつ》〈くよう〉)が太宗の命で諸儒と五経正義を作ったが、易は王弼注、書は偽孔安国伝、詩は毛氏伝鄭玄箋、三礼は鄭玄注、左伝は杜預解のみを用いたから、他の注釈が衰え滅びたことをいう。
明は… 明代に胡広らが太宗(成祖)の命で五経大全・四書大全・性理大全を作り、宋学に統一したこと。
疑はしきを闕き 真偽の疑わしいことを除外して。論語・為政。
命を…なし 論語・堯曰。**天命**… 中庸。**財を…成す** 孟子・尽心上「有㆓成㆑徳者㆒、有㆓達㆑財者㆒」、礼記・学記「玉不㆑琢、不㆑成㆑器」。**得て**… 画一化することができない。**孔門**… ↓弁道7 **時雨の**… ほどよい時に降る雨。孟子・尽心上「君子之所㆓以教㆒者五、有㆘如㆓時雨化㆒㆑之者㆖、…」。**実に**… ↓補。**君子は**… 前掲の「命を知らざれば、以て君子たることなし」に基づく。**人みな聖人**… 孟子・告子下「人皆可㆔以為㆓堯舜㆒」。↓弁道2「聖人は学んで至るべし」。**性易ふべし** 朱子語類・巻四「或問、若是気質不㆑善、可㆓以変㆒否、曰、須㆓是変化而反㆒」。↓弁道14、弁名・性情才。**君子の器**… ↓弁道14「舟なるべく…」。
人の知らん… ↓補
僻邑 かたいなか。

てざるなり。*穎達《えいたつ》は疏を作りて、すなはち一家の言を執る。*明《みん》は大全を作りて、穎達もまた廃せらる。学のますます陋《ろう》なる、古《いにしへ》に及ばざる所以なり。故に学問の道は、いやしくもその大なる者を立て、博《ひろ》きを貴び、雑を厭《いと》はず、むしろ疑*はしきを闕《か》きて、以てかの生ずるを竢《ま》つ。

七

然りといへども、命*を知らざれば、以て君子たることなし。あにただ世に処するのみならんや。学問の道といへども、みな然らざることなきのみ。天命*をこれ性と謂ふ。人ごとにその性を殊《こと》にし、性ごとにその徳を殊にす。財*を達し器を成すは、得*て一にすべからず。孔*門の諸子は、おのおのその性の近き所を得し者にして、あに仲尼の教へに足らざる所あらんや。譬《たと》へば時*雨のこれを化するがごとく、生ぜざることなきのみ。大なる者は大生し、小なる者は小生す。あに小なる者の大生するを欲せざらんや。実*に命同じからず。君子*は命を知る。故にこれを強《し》ひず。器の成るに及んでや、聖人といへども、及ばざる所あり。故に聖人は敢へてこれを強ひず。この故に「人*みな聖人たるべし」といふ者は、非なり。「性*易《か》ふべし」といふ者は、非なり。「君*子の器ならざる、水には舟なるべくして、陸には車なるべし」といふ者は、非なり。

世俗の尚《たつと》ぶ所は人なり。天に非ざるなり。故に世俗の尚ぶ所を務めて、以て人*の知らんことを求むる者は、命を知らざるなり。

それ六経残欠せり。今の世に生れて、孰《たれ》かその全きを見ん。命なり。*僻邑《へきいふ》にして師友なきは、命なり。*家貧しくして書なきは、命なり。然りといへども、*心に誠にこれを求めば、天それこれを佑《たす》けん。*仕へて優ならずして暇《いとま》なきは、命なり。故に己《おのれ》学ぶこと能はざる者は、人の学ぶを喜べよ。力能く人をして学ばしむる者は、人をして学ばしめよ。*学ばずといへども、なほ学ぶなり。何ぞ必ずしも才知徳行これを己より出《いだ》して、しかるのち愉快《ゆくわい》とせんや。故に命なる者は、これを如何ともすべからざる者なり。故に学んでその性の近き所を得るも、またなほかくのごときかな。その財を達し、器を成して以て天職に*共するは、古の道なり。故に学んでむしろ諸子百家*曲芸の士となるも、*道学先生たることを願はず。

家貧しく… ↓補。 **心に誠に**… 大学「心誠求レ之、雖レ不レ中不レ遠矣」、詩経・周頌・我将「天其右レ之」(右は佑と通じる)。 **仕へて**… 論語・子張「仕而優則学、学而優則仕」(優は余力のあること)。 **学ばず**… ↓補。
共する 供する。↓補。 **曲芸** こまごまとした技能。礼記・文王世子の語。
道学 ↓弁名・道11

原文

弁道

弁名

学則

辨　道

日本　物　茂卿　著

1 道難知亦難言。為其大故也。後世儒者。各道所見。皆一端也。夫道。先王之道也。思孟而後。降為儒家者流。乃始与百家争衡。可謂自小已。観夫子思作中庸。与老氏抗者也。老氏謂聖人之道偽矣。故率性之謂道。以明吾道之非偽。是以其言終帰於誠焉。中庸者。徳行之名也。故曰択。子思借以明道。而斥老氏之非中庸。後世遂以中庸之道者誤矣。古之時。作者之謂聖。而孔子非作者。故以至誠為聖人之徳。而又有三重之説。主意所在。為孔子解嘲者可見焉。然誠者。聖人之一徳。豈足以尽之哉。至於孟子性善。亦子思之流也。杞柳之喩。告子尽之矣。孟子折之者過矣。蓋子思本意。亦謂聖人率人性以立道云爾。非謂人人率性。自然皆合乎道也。它木不可為桮棬。則杞柳之性有桮棬。雖然。桮棬豈杞柳之自然乎。惻隠羞悪。皆明仁義本於性耳。其実惻隠不足以尽仁。而羞悪有未必義者也。立言一偏。毫釐千里。後世心学。胚胎于此。荀子非之者是矣。故思孟者。聖門之禦侮也。荀子者。思孟之忠臣也。然当是時。去孔子未遠。風流尚存。名物不爽。及乎唐韓愈出。文章大変。自此而後。程朱諸公。雖豪傑之士。而不識古文辞。是以不能読六経而知之。独喜中庸孟子易読也。遂以其与外人争者言。為聖人之道本然。又以今文視古文。而昧乎其物。物与名離。而後義理孤行。於是乎先王孔子教法不可復見矣。近歳伊氏亦豪傑。頗窺其似焉者。然其以孟子解論語。以今文視古文。猶之程朱学耳。加之公然岐先王孔子之道而二之。黜六経而独取論語。又未免和語視華言。我読其所為古義者。豈古哉。吁嗟。先王之道。降為儒家者流。斯有荀孟。則復有朱陸。朱陸不已。復樹一党。益分益争。益繁益小。豈不悲乎。不佞藉天寵霊。得王李二家書以読之。始識有古文辞。於是稍稍取六経而読之。歴年之久。稍稍得物与名合矣。物与名合。而後訓詁始明。六経可得而言焉。六経其物也。礼記論語其義也。義必属諸物。而後道定焉。乃舎其物。独取其義。其不泛濫自肆者幾希。是韓柳程朱以後之失也。予五十之年既過焉。此焉不自力。宛其死矣。則天命其謂何。故暇日輒有所論著。以答天之寵霊。且録其綱要者数十。以示入門之士者乎爾。

2 孔子之道。先王之道也。先王之道。安天下之道也。孔子平生欲為東周。其教育弟子。使各成其材。将以用之也。及其終不得位。而後脩六経以伝之。六経即先王之道也。故近世有謂先王孔子其教殊者非也。安天下以脩身為本。然必以安天下為心。是所謂仁也。思孟而後。儒家者流立焉。乃以尊師道為務。妄意聖人可学而至矣。已為聖人。則挙而措諸天下。天下自然治矣。是老荘内聖外王之説。軽外而帰重於内。大非先王孔子之旧也。故儒者処焉不能教育弟子以成其材。出焉不能陶鋳国家以成其俗。所以不能免於有体無用之諂者。亦其所為道者有差故也。

3 道者統名也。挙礼楽刑政凡先王所建者。合而命之也。非離礼楽刑政別有所謂道者也。如曰賢者識其大者。不賢者識其小者。莫不有文武之道焉。又如武城絃歌。孔子有牛刀誚。而子游引君子小人学道。可見已。孔安国註。道謂礼楽也。古時言語漢儒猶不失其伝哉。後世貴精賤粗之見。昉於濂渓。濂渓乃淵源於易道器之言。殊不知道謂易道也。形謂奇偶之象也。器謂制器也。易自卜筮書。不可与它経一視焉。如宋儒訓道為事物当行之理。是其格物窮理之学。欲使学者以己意求夫当行之理於事物。而以此造礼楽刑政焉。夫先王者聖人也。人人而欲操先王之権。非僭則妄。亦不自揣之甚。近世又有専拠中庸孟子。以孝弟五常為道者。殊不知所謂天下達道五者。本謂先王之道可以達於天子庶人者有五也。非謂五者可以尽先王之道也。堯舜之道。孝弟而已矣。亦中庸登高必自卑意。非謂堯舜之道尽於孝弟也。又如以中庸為道。亦欲以己意択所謂中庸者。苟不学先王之道。則中庸将何準哉。又如以往来弗已為道。是其人所自負死活之説。猶爾貴精賤粗之流哉。凡是皆坐不識道為統名故耳。

4 先王之道。先王所造也。非天地自然之道也。蓋先王以聡明睿知之徳。受天命。王天下。其心一以安天下為務。是以尽其心力。極其知巧。作為是道。使天下後世之人由是而行之。豈天地自然有之哉。伏羲神農黄帝亦聖人也。其所作為。猶且止於利用厚生之道。歴顓頊帝嚳。至於堯舜。而後礼楽始立焉。夏殷周而後粲然始備焉。是更数千年。更数聖人之心力知巧而成焉者。亦非一聖人一生之力所能辦焉者。故雖孔子亦学而後知焉。而謂天地自然有之而可哉。如中庸曰率性之謂道。当是時。老氏之説興。貶聖人之道為偽。故子思著書。以張吾儒。亦謂先王率人性而作為是道也。非謂天地自然有是道也。亦非謂率人性之自然不仮作為也。辟如伐木作宮室。亦率木性以造之耳。雖然。宮室豈木之自然乎。大氐自然而然者。天地之道也。有所営為運用者。人之性也。後儒不察。乃以天理自然為道。豈不老荘之帰乎。

5 先王聡明睿知之徳。稟諸天性。非凡人所能及焉。故古者無学為聖人之説也。蓋先王之徳。兼備衆美。難可得名。而所命為聖者。取諸制作之一端耳。先王開国。制作礼楽。是雖一端。先王之所以為先王。亦唯是耳。若唯以其在己之徳。則無天子之分矣。若以平治天下之仁命之。則後賢王皆爾。制作礼楽。是其大者。故以命先王之徳爾。其実聖亦一徳。如書曰乃聖乃文。詩曰聖敬日躋。及周礼六徳。聖居其三。是豈先王之徳之全哉。然既已以命先王之徳。自此之後。聖人之名。莫以尚焉。至於子思推孔子之為聖。而孔子無制作之迹。又極言道率人性。則不得不言聖人可学而至矣。故以誠語聖也。至於孟子勧斉梁王。欲革周命。則不得不以聖人自処矣。以聖人自処。而堯舜文周嫌於不可及矣。故旁引夷恵。皆以為聖人也。子思去孔子不遠。流風未泯。其言猶有顧忌。故其称聖人。有神明不測之意。若孟子則止言行一不義殺一不辜而得天下不為也。是特仁人耳。非聖人也。要之孟子亦去孔子不甚遠。其言猶有斟酌者若此。祗二子急於持論。勇於救時。辞気抑揚之間。古義藉以不伝焉。可嘆哉。蓋後王君子。奉先王礼楽而行之。不敢違背。而礼楽刑政。先王以是尽於安天下之道。是所謂仁也。後王君子。亦唯順先王礼楽之教。以得為仁人耳。是聖人不可学而至焉。仁人可学而能焉。孔子教人以仁。未嘗以作聖強之。為是故也。大氐後人信思孟程朱。過於先王孔子。何其謬也。

6 後儒多強学者。以高妙精微凡人所不能為者。而曰聖人以是立極也。妄矣哉。先王立極。謂礼也。漢儒訓極為中。礼者所以教中也。又解中庸書而謂子思説礼意矣。其説雖未当。要之去古未遠。師弟所伝授。古義猶存者爾。蓋先王制礼。賢者俯而就之。不肖者企而及之。是所謂極也。是凡人所能為者也。不爾。務以凡人所不能為者強之。是使天下之人絶望於善也。豈先王安天下之道哉。故所謂事理当然之極。及変化気質。学為聖人類。皆非先王孔子之教之旧矣。近世伊氏能知其非是。而迺以孝弟仁義謂為規矩準繩。果若是乎。則人人自以其意為孝弟仁義也。亦何所準哉。可謂無寸之尺。無星之称已。

7 孔門之教。仁為至大。何也。能挙先王之道而体之者仁也。先王之道。安天下之道也。其道雖多端。要帰於安天下焉。其本在敬天命。天命我為天子為諸侯為大夫。則有臣民在焉。為士則有宗族妻子在焉。皆待我而後安者也。且也士大夫皆与其君共天職者也。故君子之道。唯仁為大焉。且也相親相愛相生相成相輔相養相匡相救者。人之性為然。故孟子曰。仁也者人也。合而言之道也。荀子称。君者群也。故人之道。非以一人言也。必合億万人而為言者也。今試観天下。孰能孤立不群者。士農工商。相助而食者也。不若是則不能存矣。雖盗賊必有党類。不若是則亦不能存矣。故能合億万人者君也。能合億万人。而使遂其親愛生養之性者。先王之道也。学先王之道而成徳於我者。仁人也。雖然。士欲学先王之道以成徳於我。而先王之道亦多端矣。人之性亦多類矣。苟能識先王之道要帰於安天下。而用力於仁。則人各随其性所近。以得道一端。如由之勇。賜之達。求之藝。皆能成一材。足以為仁人之徒。共諸安天下之用焉。而其徳之成。如夷斉之清。恵之和。尹之任。皆不必変其性。亦不害為仁人焉。若或不識用力於仁。則其材与徳。皆不能成。而諸子百家由此興焉。此孔門所以教仁也。孟子惻隠以愛語仁。是其性善之説。必本諸人心。故不得不以愛言之耳。雖有愛人之心。而沢不及物。豈足以為仁哉。故雖孟子亦有仁政之説矣。後儒迺不識孟子実為勧世之言。而謂用力於仁。莫切於孟子也。則輒欲推其惻隠之心以成聖人之仁。可謂妄意不自揣之甚已。主張其学者。遂至謂仏有仁無義也。夫仏無安天下之道。豈足以為仁哉。墨子乃有見先王之道。仁莫以尚焉。遂謂仁足以尽一切矣。殊不知天地大徳曰生。仁亦聖人大徳也。雖然。亦一徳也。若天地一於生。則何以有夏秋冬乎。聖人一於仁。則何以有勇智信義乎。孟子挙義折之者是矣。然仁義並言。而仁由是小矣。安在其為大徳乎。宋儒又欲合二者之異。乃造専言偏言之目。専言足以尽一切。偏言足以与衆徳対立。庶足以孔孟之教並行而不相悖也。是其理学之説。欲瞭然於言語之間者已。安足以知先王孔子之道乎。先王之道多端矣。且挙其尤者言之。政禁暴。兵刑殺人。謂之仁而可乎。然要帰於安天下已。先王之教多端矣。智自智。勇自勇。義自義。仁自仁。豈可混合乎。然必不与安天下之道相悖。而後謂之智勇与義已。如孔子曰。拠於徳。依於仁。人各拠其性之徳而不失之。性之徳雖多端。皆不害於仁。祇未能養而成之。故悖於道。養之道。在依於仁游於藝。依者如声依永之依也。楽声必与詠歌相依。清濁以之。節奏以之。依之謂也。依於仁亦爾。人雖各拠其徳。亦必和順於先王安天下之道。不敢違之。然後足以各成其徳。此孔門之教也。大氐先王孔子之道。皆有所運用営為。而其要在養以成焉。然後人迫切之見。急欲以仁尽一切。是以不得不跳而之理。而究其説。乃不過浮屠法身徧一切之帰。悲哉。

8 多謂人有仁義猶天有陰陽也。遂以仁義為道之総。是後世之言也。当先王孔子之時。豈求一言以尽乎道焉。求一言以尽乎道者。務標異聖人之道者也。先王孔子之時。豈有是哉。古者礼義対言焉耳矣。仁者聖人之大徳。豈礼義之倫乎。故孔門之教。仁是為上。至於孟子並言仁義。以是而辨楊墨之非。可也。以教学者。不可也。如仁義礼智。亦孔子時所無。孟子始言之。亦備楊墨所不有者。以見吾道之備已。其実礼義人之大端。而仁於斯為大。如知者。人喜以才智自高。是其情也。故聖人未嘗以知為教矣。如曰知者仁者。成徳之名。各因其性所稟殊焉。若夫仁義礼智就一人之身言之者。未之嘗聞也。漢儒以属五行。或智為土。信為水。或智為火為水。未有定説。可見非古道已。論語屢以好仁好義好礼好徳好善好学好古為言。而未嘗以好知好信為教。故其非孔門之旧也。荀子譏子思孟子造五行。豈誣乎哉。

9 仁者養之道也。故治国家之道。挙直錯諸枉。能使枉者直矣。脩身之道。亦養其善而悪自消矣。先王之道之術也。後世儒者不識先王之道。迺逞其私智。以謂為善而去悪。拡天理而遏人欲也。此見一立。世非唐虞。人非聖人。必悪多而善少。則殺気塞天地矣。故通鑑之於治国。性理之於脩身。人与我皆不勝其苛刻焉。遂使世人謂儒者喜攻人。豈不悲哉。大氐商鞅之後。不啻朝廷。雖庠序亦用其法。宜其不及三代矣。

10 先王之道。安天下之道也。後世言経済者。莫不祖述焉。然後世更封建而郡県。而先王之道。為世贅旒。故世之称先王者。迺所謂以経術縁飾吏治是已。大氐封建之道。其於民猶且有家人父子意。至於郡県。則唯法是仗。截然太公。無復恩愛。加之隋唐後。科挙法興。士習大変。所務帋列。詳備明悤。是其至者已。士生於其世。法家之習。淪於骨髄。故其談道解経。亦従其中来。是烏知所謂道術者乎。宋儒所貴。綱目悉挙。巨細曲尽。豈足以為先王之道也。

11 先王之道。立其大者而小者自至焉。故子夏曰。大徳不踰閑。小徳出入可也。蓋不若是。不可以進道也。子貢曰。賢者識其大者。不賢者識其小者。故識大者為賢。識小者為不賢。後人之不賢。唯小是見。銖銖而称之。至石必差。寸寸而度之。至丈必過。其論務欲窮精微之極。析蚕絲。剖牛毛。而不知其大者已先失之也。是何能養人才安国家哉。其論聖人。亦謂渾然天理。無一毫人欲之私矣。是亦以一己之見窺聖人者也。伝曰。一張一弛。文武之道也。孔子曰。可以無大過矣。子思曰。雖聖人有所不知不能焉。不爾。堯之用鯀而舜殛之。舜征三苗而禹班師。周公殺管蔡。孔子堕三都而不能克。吾不知其以何解嘲也。孔子不撤薑。以其嗜之也。伝所載。文王嗜昌歜。庸何傷乎。朱子引通神明。豈不傅会之甚乎。大氐聖人之徳。与天地相似焉。聖人之道。含容広大。要在養而成之。先立其大者。而小者自至焉。後人迫切之見。皆其所識小故也。

12 脩徳有術。立其大者而小者自至焉。此孔門所以用力於仁也。去悪有術。如童牛之牿。如豶豕之牙。今人則欲一日而衆善傅諸身也。襲而取之。矜以持之。譬諸揠苗。豈知油然以生之道乎。又欲一日而衆悪如澡也。抉而剔之。吹毛求疵。譬諸庸医治疾。豈知標本之道乎。何況化之道乎。

13 言性自老荘始。聖人之道所無也。苟有志於道乎。聞性善則益勧。聞性悪則力矯。苟無志於道乎。聞性悪則棄不為。聞性善則恃不為。故孔子之貴習也。子思孟子蓋亦有屈於老荘之言。故言性善以抗之爾。荀子則慮夫性善之説必至廃礼楽。故言性悪以反之爾。皆救時之論也。豈至理哉。欧陽子謂性非学者之所急。而聖人之所罕言也。可謂卓見。

14 変化気質。宋儒所造。淵源乎中庸。先王孔子之道所無也。伝所謂変者。謂変其習也。夫先王孔子之道。安天下之道也。安天下。非一人所能為矣。必得衆力以成之矣。辟諸春夏秋冬備。而後歳功可成焉。椎鑿刀鋸備。而後匠事可為焉。寒熱補瀉備。而後医術可施焉。錐欲其鋭。椎欲其鈍。石膏大寒。附子大熱。不爾。先王治天下。莫有所用其材也。雖然。石膏煆附子煨。是則在礼楽哉。石膏雖煆。不損其大寒之性。附子雖煨。不減其大熱之性。故知変化気質之説非矣。且気質者天之性也。欲以人力勝天而反之。必不能焉。強人以人之所不能。其究必至於怨天尤其父母矣。聖人之道必不爾矣。孔門之教弟子。各因其材以成之。可以見已。祇如君子不器。仁人之謂也。君相之器也。比諸匠者与医焉。或謂可舟可車者。万万無此理矣。拠於徳。依於仁。各随其性所近。以成其徳。苟能得其大者。皆足以為仁人焉。不器之謂也。

15 思孟以後之弊。在説之詳而欲使聴者易喩焉。是訟者之道也。欲速弼其説者也。権在彼者矣。教人之道則不然。権在我者矣。何則。君師之道也。故善教人者。必置諸吾術中。優游之久。易其耳目。換其心思。故不待吾言。而彼自然有以知之矣。猶或不喩也。

一言以啓之。渙然氷釈。不待言之畢焉。故教者不労。而学者深喩焉。何則。吾不言之前。思既過半故也。先王孔子以之。故先王之教。礼楽不言。挙行事以示之。孔子不憤不啓。不悱不発。豈不然乎。至於孟子。則強辨以聒之。而欲以是服人。夫以言服人者。未能服人者矣。蓋教者施於信我者焉。先王之民。信先王者也。孔子門人。信孔子者也。故其教得入焉。孟子則欲使不信我之人由我言而信我也。是戦国游説之事。非教人之道矣。予故曰。思孟者与外人争者也。後儒輒欲以其与外人争者言施諸学者。可謂不知類已。

16 後儒之説。天理人欲。致知力行。存養省察。粲然明備矣。以我観於孔門諸子。蓋有未嘗知其説者焉。是何其儱侗也。孔子之教。蓋亦有未嘗及其詳者焉。是何其鹵莽也。然先王孔子以彼而不以此者。教之道本不可若是也。後世迺信思孟程朱。過於先王孔子。何哉。蓋先王之教。以物不以理。教以物者。必有事事焉。教以理者。言語詳焉。物者衆理所聚也。而必従事焉者久之。乃心実知之。何仮言也。言所尽者。僅僅乎理之一端耳。且身不従事焉。而能瞭然於立談。豈能深知之哉。釈氏猶謂如飲水冷煖自知。曾謂先王不及釈氏乎。故不先之以事而能有成焉者。天下鮮矣。不啻先王之道。凡百技藝皆爾。

17 古者道謂之文。礼楽之謂也。物相雑曰文。豈一言所能尽哉。古謂儒者之道博而寡要。道之本体為然。後世貴簡貴要。夫直情径行者。戎狄之道也。先王之道不然。孔子曰。文王既没。文不在茲乎。後儒謂謙辞。夫文者文王之文也。仮使孔子自謙。而謙文王哉。是自理学者流二精粗之見耳。又有文質之説。文者道也。礼楽也。質者学者之質也。貴忠信者。謂受教之質耳。忠信而無文。不免為郷人矣。故孔子十室之邑。不貴忠信。而貴好学也。後儒僅能言精粗本末一以貫之。而察其意所郷往。則亦唯重内軽外。貴精賤粗。貴簡貴要。貴明白貴斉整。由此以往。先王之道。藉以衰颯枯槁。粛殺之気。塞於宇宙。其究必馴致於戎狄之道而後已焉。蓋坐不知古之時道謂之文。而其教在養以成徳故也。

18 善悪皆以心言之者也。孟子曰。生於心而害於政。豈不至理乎。然心無形也。不可得而制之矣。故先王之道。以礼制心。外乎礼而語治心之道。皆私智妄作也。何也。治之者心也。所治者心也。以我心治我心。譬如狂者自治其狂焉。安能治之。故後世治心之説。皆不知道者也。

19 理無形。故無準。如理学者流。以中庸為精微之極。其言誠然。然其人若先識先王之道。而後賛嘆之謂是中庸也。則可矣。若其人未嘗識先王之道。独以己意択中庸之理。而謂是与先王之道不殊。則不可也。又如訓道為当行之理。亦以賛嘆先王之道也。則可矣。若独以己意求所謂当行之理於事物。而合於先王之道也。則不可矣。是無它也。理無形。故無準。其以為中庸為当行之理者。迺其人所見耳。所見人人殊。人人各以其心謂是中庸也是当行也。若是而已矣。人間北看成南。亦何所準哉。又如天理人欲之説。可謂精微已。

然亦無準也。辟如両郷人争地界。苟無官以聴之。将何所準哉。故先王孔子皆無是言。宋儒造之。無用之辨也。要之未免堅白之帰耳。

20 先王之道。古者謂之道術。礼楽是也。後儒乃諱術字而難言之。殊不知先王之治。使天下之人日遷善而不自知焉。其教亦使学者日開其知月成其徳而不自知焉。是所謂術也。楽正崇四術。春秋教以礼楽。冬夏教以詩書。是之謂也。如後世所謂格物窮理。克治持敬。其意非不美矣。祇其不学無術。事不師古。欲襲而取之。驟有諸己。可謂強也。大氐人物。得其養則長。不得其養則死。不啻身已。才知徳行皆爾。故聖人之道。在養以成之矣。天地之道。往来不已。感応如神。為於此而験於彼。施於今而成於後。故聖人之道。皆有施設之方。不求備於目前。而期成於它日。日計不足。歳計有餘。歳計不足。世計有餘。使其君子有以自然開知養材以成其徳。小人有以自然遷善遠悪以成其俗。是其道与天地相流通。与人物相生長。能極広大而無窮已者也。近世頗有言宋儒之非者。而顧其所為道徳者。則亦不出言語講説之間。僅能削其已甚者。而稍傳以温柔之旨云爾。吁終未免五十歩之誚哉。

21 先王之道。莫不本諸敬天敬鬼神者焉。是無它。主仁故也。後世儒者尚知務窮理。而先王孔子之道壊矣。窮理之弊。天与鬼神。皆不足畏。而已迺傲然独立於天地間也。是後世儒者通病。豈不天上天下唯我独尊乎。且茫茫宇宙。果何窮極。理豈可窮而尽之乎。其謂我尽知之者。亦妄已。故其所為説。皆陽尊先王孔子而陰已悖之。其意自謂能発古聖人所未発者。而不自知其求勝先王孔子以上之焉。夫聖人之教至矣。豈能勝而上之哉。凡聖人所不言者。迺所当不言者已。若有所当言者。則先王孔子既已言之。豈有未発者而待後人乎。亦弗思也已。

22 先王四術。詩書礼楽。是三代所以造士也。孔氏所伝是已。然其所以為教者。経各殊焉。後儒輒以一概之説解之。則奚以四為也。蓋書者。先王大訓大法。孔子所畏。聖人之言。是也。古之時。舎此則無書。書唯此耳。後王君子所尊信。学者所誦読。先王安天下之道具是矣。後儒迺以為樸学。而它求高妙精微者。其病坐弗思耳。古聖人一言之微。皆繋乎天下之大。盛衰治乱所由起焉。非疏通知遠者不能読之。孟子不信書。其称述堯舜。将何所睹記。宜其昧於先王安天下之道也。詩則異於是矣。諷詠之辞。猶後世之詩。孔子刪之。取於辞已。学者学之。亦以修辞已。故孔子曰。不学詩。無以言。後世迺以読書之法而読詩。謂是勧善懲悪之設焉。故其説至於鄭衛淫奔之詩而窮矣。且其所傳義理之訓。僅僅乎不盈掬焉。果若其説。聖人盍亦別作訓戒之書。而以是迂遠之計為也。故皆不知詩者之説矣。如詩序。則古人一時以其意解詩之言。叙其事由而意自見焉。何仮訓詁。然詩本無定義。何必守序之所言以為不易之説乎。如大序乃関雎之解。古人偶於関雎敷衍以長之耳。後儒不解事。析為大小序。可笑之甚也。大氐詩之為言。上自廟堂。下至委巷。以及諸侯之邦。貴賤男女。賢愚美悪。何所不有。世変邦俗。人情物態。可得而観。其辞婉柔近情。諷詠易感。而其事皆零砕猥雑。自然不生矜持之心。是以君子可以知宵人。丈夫可以知婦人。朝廷可以知民間。盛世可以知衰俗者。於此在焉。且其為義。不為典要。美刺皆得。唯意所取。引而伸之。触類而長之。莫有窮已。故古人所以開意智。達政事。善言語。使於隣国。専対酬酢者。皆於此得焉。書為正言。詩為微辞。書立其大者。詩不遺細物。如日月之代明。如陰陽之並行。故合二経而謂之義之府也。若夫礼楽者徳之則也。中和者徳之至也。精微之極。莫以尚焉。然中和無形。非意義所能尽矣。故礼以教中。楽以教和。先王之形中和也。礼楽不言。能養人之徳性。能易人之心思。心思一易。所見自別。故致知之道。莫善於礼楽焉。且先王所以紀綱天下立生民之極者。専存於礼矣。知者思而得焉。愚者不知而由焉。賢者俯而就焉。不肖者企而及焉。其或為一事出一言也。必稽諸礼。而知其合於先王之道与否焉。故礼之為言体也。先王之道之体也。雖然。礼之守太厳。苟不楽以配之。亦安能楽以生乎。故楽者生之道也。鼓舞天下。養其徳以長之。莫善於楽。故礼楽之教。如天地之生成焉。君子以成其徳。小人以成其俗。天下由是平治。国祚由是霊長。先王之教之術。神矣哉。四術之尽於教也。

23 吾道一以貫之。豈特参賜乎。孔門諸子。皆聞而知之矣。宋儒推尊思孟。而又推本諸曾子。是其道統之説也。豈可抝乎。或以一理言之。或以一心言之。或以誠言之。以一理言之者。天地人物皆爾。浮屠法身徧一切之見耳。以一心言之以誠言之者。知帰重於聖人之徳。而不知帰重於先王之道焉。孔子明言吾道。吾道者先王之道也。故孔子曰。文王既没。文不在茲乎。夫先王之道。安天下之道也。安天下之道在仁。故曰一以貫之。何以謂貫之。仁一徳也。然亦大徳也。故可能貫衆徳焉。先王之道多端矣。唯仁可以貫之矣。辟如縄貫銭然。故曰貫。若一理也一心也誠也。則一而已矣。何必曰貫。故曾子曰忠恕而已矣。忠恕為仁之方故也。曰而已矣者。猶之堯舜之道孝弟而已矣。孝弟豈尽於堯舜之道乎。則忠恕豈尽於道乎。然由是以求之。庶足以尽之矣。古人言語皆如此。後世理学者流。無有運用営為之意。急欲尽其理於目前也。故忠恕為理之虚象。而有天忠恕聖人忠恕学者忠恕種種之説。豈曾子時語意邪。

24 後世人不識古文辞。故以今言視古言。聖人之道不明。職是之由。且挙其大者言之。易太極。謂聖人作易有此太極耳。故曰易有太極。初不以天地言之。窮理。研幾。皆賛聖人作易耳。後儒以為学者事。誤矣。天者上天也。性者性質也。貞者不変之謂。訓正而属諸智者。強矣。嘉会者如婚姻賓客之事。合礼猶合楽之合。婚姻賓客之事。所以大合礼也。利物者利用利器類。和義謂和順於義也。謂義之合宜処者非也。不変其守。乃所以幹事。豈智哉。故下文曰。行此四者。故元亨利貞配諸仁義礼智者。傅会之甚矣。継之者善。如継天之継。善者謂善人也。訓流行者。失継字義矣。成之者性。謂人各随性所近而成務也。凡言徳者。有対怨言者。有対財言者。

其単言者。皆性之徳也。不爾。拠於徳。何其荒唐。人心者民心也。如朽索之馭。故曰危。道心者導民心也。其機甚微。故曰微。大学者。古大学有養老序歯等礼。是其義也。明徳者君徳也。左伝諸書可稽焉。明者挙而明之也。非磨而明之之謂也。即謂養老序歯之事也。人倫明於上。而小民親於下。故曰親民。何必改新民。新民出康誥。革命之事也。大学之教。豈以之乎。物者礼之善物也。格者来之也。致者使之来至也。非極致之謂也。礼之善物至。而吾之知自然明矣。先王之教之術為然。朱子引易窮理。不成字義。強矣。陽明訓正。引格君心之非。殊不知格皆有感格意。亦誤矣。敬者敬天為本。敬君敬民敬身皆然。豈徒然持敬乎。克己者約身之解是矣。克猶克家之克。不爾。克己由己。字義相犯。凡此類。皆失古義之大者也。

25 六経残缺。縦其完存。亦古時言也。安能一一得其義弗謬乎。故後之解六経者。皆牽強耳。大氐後儒以一物不識為恥。殊不知古所謂知者貴知於仁也。孔子未嘗以好知為教焉。今之学者当以識古言為要。欲識古言。非学古文辞不能也。前漢去孔子時未遠。故解経多伝授之説。至後漢漸失古義。然韓愈未出。文章未変。古言尚有存者。故博読秦漢至六朝之書。熟読玩味以求之。庶或得之哉。然吾亦不欲学者因吾言以廃宋儒及諸家之説也。古今邈矣。六経残缺。要不得不以理推之。以理推之者。宋儒為之嚆矢焉。祇其理之未精也。是以滞乎理。精之又精之。豈有宋儒及諸家之過哉。且学問之道。貴乎思。方思之時。雖老仏之言。皆足為吾助。何況宋儒及諸家之説乎。

享保丁酉秋七月望　　物　茂　卿

辨名上目録

道十二則　德六則
仁四則　智二則
義八則　孝悌一則
聖四則　礼三則
忠信三則　恕一則
誠一則　恭敬荘慎独六則
謙譲遜不伐一則　勇武剛強毅五則
清廉不欲一則　節倹二則
公正直三則　中庸和衷八則
善良三則

辨名下目録

元亨利貞四則　天命帝鬼神十七則
性情才七則　心志意九則
思謀慮二則　理気人欲五則
陰陽五行二則　五常一則
極二則　学九則
文質体用本末八則　経権四則
物一則　君子小人二則
王霸一則

目録終

辨名　上

日本　物　茂卿　著

自生民以来。有物有名。名故有常人名焉者。是名於物之有形焉者已。至於物之亡形焉者。則常人之所不能睹者。而聖人立焉名焉。然後雖常人可見而識之也。謂之名教。故名者教之所存。君子慎焉。孔子曰。名不正則言不順。蓋一物紕繆。民有不得其所者焉。可不慎乎。孔子既歿。百家坌涌。各以其所見以名之。物始舛矣。独七十子之徒。慎守其師説以伝之。迨乎漢代。人異経。経異家。其言雖人人殊。要皆七十子之徒所伝也。雖有舛焉者乎。此之所失。彼或存焉者亦有之。参彼此以求之。庶乎名与物不舛也邪。伝旧故也。馬融鄭玄旁通諸家。有所稽定。斯有所擯斥。於是乎顓門之学廃。而名与物舛焉者。不復可得而識矣。所不伝者多故也。豈不惜乎。自厥以降。世載言以移。唐有韓愈而文古今殊焉。宋有程朱而学古今殊焉。之数君子者。皆稟豪杰之資。雄睎一世。慷慨自奮。輒以聖人之道為己任焉。然其秉心之鋭。能遑論其世哉。迺意自取諸理。而謂聖人之道在是矣。殊不知今言非古言。今文非古文。吾居於其中。而以是求諸古。迺能得其名者幾希。且理者。莫不適者也。吾以我意而自取之。是安能得聖人所為物者哉。名与物失焉。而能得於聖人之道者。未之有也。故程朱所為名。亦其自見耳。非七十子之徒所伝孔子之道也。則亦非古先聖王之道也。故欲求聖人之道者。必求諸六経。以識其物。求諸秦漢以前書。以識其名。名与物不舛而後聖人之道可得而言焉已。故作辨名。

道十二則

1 道者統名也。以有所由言之。蓋古先聖王所立焉。使天下後世之人由此以行。而已亦由此以行也。辟諸人由道路以行。故謂之道。自孝悌仁義。以至於礼楽刑政。合以名之。故曰統名也。先王聖人也。故或謂之先王之道。或謂之聖人之道。凡為君子者務由焉。故亦謂之君子之道。孔子之所伝。儒者守焉。故謂之孔子之道。亦謂之儒者之道。其実一也。然先王代殊焉。故曰先王之道者。夏以夏。商以商。周以周。皆在其代之辞也。称孔子以別它人焉。称儒者以別百家焉。有対斯小。故君子有時乎言之。非恒言也。夫道也者自上古聖人之時。既已有所由焉。至於堯舜而後道立焉。歴殷周而後益備焉。是更数千歳数十聖人。尽其心力智巧以成之。豈一聖人一生之力所能為哉。故孔子祖述堯舜。憲章文武。好古。好学。為是故也。宋儒誤読中庸孟子書。乃謂人性善。故道率人性自然有之。殊不知当其時老氏之徒盛以仁義為偽。故子思謂聖人率人性之自然以立道耳。豈謂人率已性則自然有道乎。孟子謂仁義之根於性耳。善亦大概言之。豈謂人人不殊聖人乎。遂以道属諸人人。而不属諸聖人。其究必至於以礼楽刑政為粗迹焉。殊不知道無精粗無本末一以貫之也。其解曰。道者当行之理。是言也以賛道則猶之可矣。然亦僅足以勧人行道之言耳。由道則坦然。不由道則冒蓁棘蹈険巇。盍由焉乎。是何足以尽道哉。若取当行之理其臆。而謂是聖人之道也。則妄之甚者矣。果其言之是乎。孔子奚学。以彼其聖人之智。何所不知。亦不思之甚也。大氐先王之道。若迂若遠。常人所不能知。故曰。民可使由之。不可使知之。又曰。為此詩者。其知道乎。以道之難知也。又曰。吾道一以貫之。而不言以何貫之。以其不可言也。故先王立言与事以使守之。詩書礼楽。是其教也。是故以顔子之知。猶且博学於文。約之以礼。而後見其如有所立卓爾。若使道瞭然於一言。則先王孔子已言之。万万無此理。豈不妄之甚乎。如仁斎先生拠易大伝一陰一陽而以所以往来為解。殊不知所謂一陰一陽者本語易道也。大伝又曰。一闔一闢謂之変。往来不窮謂之通。其以変通為言。豈非易道邪。何以尽先王之道乎。且其言也以意論説其精微者也。夫以意論説其精微者。亦取諸其臆者也。其人譏宋儒而蹈其轍。欲以聖人之所不能言者使瞭然於一言。均之亦宋儒之遺耳。孔安国解論語曰。道謂礼楽也。豈後世所能及哉。又解孝経曰。道者扶持万物。使各終其性命者也。施於人則変化其行而之正理。故道在身則言自順而行自正。事君自忠。事父自孝。与人自信。応物自治。一人用之。不聞有餘。天下行之。不聞不足。小取焉小得福。大取焉大得福。天下行之而天下服。其言雖浅乎。亦猶為不失古意。蓋先王之立是道也。其心在安天下後世焉。故書曰。放勲欽明文思安安。是之謂也。故先王之徳。仁莫大焉。

孔門之教。以依於仁為務。故先王因人皆有相愛相養相輔相成之心。運用営為之才。立是道而俾天下後世由以行之。各終其性命。是其意豈欲人皆為聖人乎。又豈求使人人皆知之乎。又豈以難知難行者強之人人乎。要帰安民焉耳矣。学者其思諸。

2 又有曰夏之道曰殷之道曰周之道者。蓋道者。堯舜所立。万世因之。然又有随時変易者。故一代聖人有所更定。立以為道。而一代君臣由之以行焉。是非必前代之道有所未足而更改之也。亦非必前代之道已為至。而我故更改欲新天下之耳目也。亦非必万世因之者為道之至。而随時更易者為次也。乃一代聖人有所前知数百歳之後。而以此維持世運。使不遽趨衰者存焉。自非聖人之智。未能与知其所以更改之意者也。凡諸雑見伝記者。如某善。某未善。及夏忠殷質周文之類。皆孔子論礼楽之緒言。亦以其時言之。其時正値制作之秋故也。非孔子優劣其道焉。如告顔淵四代礼楽。亦学者以為万世不易之制者。非矣。

3 又有曰天之道曰地之道者。蓋日月星辰繋焉。風雷雲雨行焉。寒暑昼夜往来不已。深玄也不可測。杳冥也不可度。万物資始。吉凶禍福有不知其然而然者。静而観之。亦似有其所由焉者。故謂之天道。載華嶽而不重。振河海而不洩。旁礴不可窮。深厚不可尽。万物資生。不為乏焉。死皆帰蔵。不為増焉。親而可知。而有不可知焉者。徐而察之。亦似有其所由焉者。故謂之地道。皆因有聖人之道。借以言之耳。

4 有曰小人道長曰戎狄之道者。皆以其所由成俗。自似有一道。故言之。

5 有曰善人之道。曰無改於父之道者。亦言其所由耳。不必先王之道。凡其意以此為道而由之者也。

6 有曰是道也何足以臧者。詩書礼楽。皆先王之道也。故雖一言半句。亦称為道耳。

7 曰一変至於道。謂先王道行之世也。曰可与適道。謂身合於先王之道也。

8 曰至道。曰大道。尊先王之道之辞。

9 曰志於道。曰朝聞道。曰天下有道。曰国有道。曰国無道。曰無道之君。曰就有道而正焉。凡単言道者。皆以先王之道言之。無道者先王之道全亡也。有道者不必全有也。如有道之士。以身有道藝言之。先王之道在外。六藝亦先王之道也。故古以道藝並称。大小之分耳。雖其人有徳。然不知先王之道。則不得称有道之士。後世道徳之名混矣。学者其審諸。

10 曰大学之道。曰父之道。曰母之道。曰臣之道。曰子之道。曰神道。皆先王之道。以其別言之。

11 曰獲於上有道。曰交朋友有道。曰生財有大道。皆謂術也。術者。謂由此以行。自然不覚其至也。如民可使由之。有此意。蓋先王之道。皆術也。是亦特以其別言之。又如詩書礼楽為四術。亦謂由此以学。自然不覚其成徳也。及於後世詐術盛興而後。道学先生皆諱術字。如荀子有大道術。漢書譏霍光不学無術。其時近古。猶未諱術字者可見也。如曰要道。亦要術耳。

12 曰達道者。謂先王之道。通貴賤智愚賢不肖。可皆由者也。它如天子之道。諸侯之道。皆非人人得行者。如君子之道。亦非民之所得行者。則与此殊矣。鄭玄以為百王通行之道。後儒又因之而以五者概聖人之道。誤矣。如達孝。亦謂武王周公能推其孝達諸天下。使天下之人伸其孝心。故上文有父為士。子為大夫。葬以士祭以大夫。達字之義。可以見已。後儒不知之。亦以天下皆称其孝解之。嗚呼天下皆称其孝。何必武王周公已哉。

德六則

1 德者得也。謂人各有所得於道也。或得諸性。或得諸学。皆以性殊焉。性人人殊。故德亦人人殊焉。夫道大矣。自非聖人。安能身合於道之大乎。故先王立德之名。而使学者各以其性所近。拠而守之。脩而崇之。如虞書九德。周官六德。及伝所謂仁智孝弟忠信恭倹譲不欲剛勇清直之類。皆是也。蓋人性之殊。譬諸草木区以別焉。雖聖人之善教。亦不能強之。故各随其性所近。養以成其德。德立而材成。然後官之。及其材之成也。雖聖人亦有不能及者。如后夔之於楽。禹之於行水。稷之於藝殖。皆堯舜所不能及也。故孔子之於七十子。亦因其材而篤焉。如告子路以勇。曾子以孝。可以見已。及其德之成也。如四科。及賜也達。由也果。求也藝。可以見已。其所以養之篤之者。則在礼楽焉。楽記曰。礼楽皆得。謂之有德。論語曰。若臧武仲之知。公綽之不欲。卞莊子之勇。冉求之藝。文之以礼楽。亦可以為成人矣。謂学礼楽以成其德。則四子皆可為成人也。成人者成德也。文之者謂德成而有光輝也。非自外傅丹雘也。是皆以一德言之。不必兼衆德也。聖人之心豈不欲人人兼衆德乎。書曰。日宣三德。夙夜浚明有家。日厳祇敬六德。亮采有邦。則大夫諸侯之德。不可以汎責人人者審矣。是上古聖人所以立德之名以教人也。朱子解曰。德之為言得也。行道而有得於心也。夫道者先王之道也。伝曰。苟非其人。道不虚行。則其德未成。安能行道乎。是其意以道為当然之理。故有是解已。且德固不可離心而言。然僅以心言之。烏足以為德哉。郷飲酒之義曰。德也者得於身也。朱子意謂不言心而言身。猶浅矣。不知古言之失耳。古無以身心対言者。凡言身者。皆謂己也。己豈外心哉。孟子曰。其生色也睟然。見於面。盎於背。施於四体。四体不言而喩。是状德之言也。豈徒得於心之謂哉。夫徒巧其言令其色。固不可以為德。然徒得於心。其失均焉。且不以礼楽而以心。是謂之不学無術焉。不知循先王孔子教人之道故也。如仁斎先生以知德自負。乃争性与德之名耳。亦誤読孟子而至謂拡充四端以成德。則与朱子何別。既不属諸先王。又不知德以性殊。徒謂如薬有治病之德。如火有烹飪之德。是其所争。在全於養之後与全於性之初已。故其所謂德者。皆当其未成而言之。有名而無実。亦宋儒之帰哉。

2 有曰以德。曰尚德。曰知德。曰德不孤。曰懐德。曰好德。曰乱徳之類。皆指有徳之人也。

3 又有対怨而言者。如曰以徳報怨。曰有徳色。皆指恩恵而言之。

4 達徳者。謂徳之通人人皆有之者也。子思此言。本於孔子所謂君子道者三。然亦以夫婦之愚不肖所与知能行言之。則微乎微矣。豈孔門之旧哉。因子思有此言。而孟子又言仁義礼智人皆有之。皆所以与老氏争仁義之非偽也。而道徳之名棼焉。思孟皆以闢邪説為主。所以失也。学者思諸。

5 至徳者。謂徳之至者也。孔子称泰伯以其譲。称周以其恭。書以允恭克譲称堯。其為至徳可知已。然自非聖人之恭譲。則未足以為至徳焉。泰伯之譲。以天下。周之恭。以天下。是其所以為至也。以孝為至徳者。以其為為仁之本也。周官至徳者。謂聖人之徳為万世之標準也。敏徳者。謂徳以性殊者也。

6 明徳者。顕徳也。謂其徳著明。衆所皆見也。故多以称在上之徳焉。左伝。成鱄引詩其徳克明而釈之曰。照臨四方曰明。斉侯使来。告成三国。公使衆仲対曰。敢不承受君之明徳。宮之奇曰。若晋取虞。而明徳以薦馨香。神其吐之乎。臧文仲曰。先王之明徳。猶無不難也。無不懼也。況我小国乎。大史克曰。顓頊氏有不才子。不可教訓。不知話言。告之則頑。舎之則嚚。傲狠明徳。以乱天常。臧武仲曰。且夫大伐小。取其所得。以作彝器。銘其功烈。以示子孫。昭明徳而懲無礼也。晏平仲曰。晋君宣其明徳於諸侯。恤其患而補其闕。正其違而治其煩。所以為盟主也。是皆泛称君徳而已。不必拘明字矣。王孫満曰。桀有昏徳。鼎遷于商。徳之休明。雖小重也。其奸回昏乱。雖大軽也。天祚明徳。有所底止。劉子曰。美哉禹功。明徳遠矣。微禹吾其魚乎。孟僖子曰。聖人有明徳者。若不当世。其後必有達人。皆汎称聖人之徳而已。不必拘明字矣。然亦以其徳顕明衆所皆知言之。朱子虚霊不昧。主心学。古所無也。仁斎先生以聖人之徳光輝発越為解。僅足以解中庸引詩予懐明徳而已。皆求之太深之失也。左伝非僻書。二家未之考。果何謂也。

仁四則

1 仁者。謂長人安民之徳也。是聖人之大徳也。天地大徳曰生。聖人則之。故又謂之好生之徳。聖人者古之君天下者也。故君之徳莫尚焉。是以伝曰。為人君止於仁。聖人也者不可得而学矣。後之君子学聖人之道以成其徳者。仁為至焉。故孔子曰。君子去仁。悪乎成名。言所以命君子者。以仁也。故孔門之教。必依於仁。謂其心不与聖人之仁相離也。故仁者。聖人之大徳。而君子之所以為徳也。蓋聖人之徳。莫不備焉。何唯仁。故仁者聖人之一徳也。然聖人之所以為聖人者。以其仁天下後世也。故仁者聖人之大徳也。聖人之道。衆美所会萃。亦何唯仁。人之学聖人之道者。徳以性殊。亦何皆仁。然聖人之道。要帰安民而已矣。雖有衆美。皆所以輔仁而成之也。人性雖殊乎。然無知愚賢不肖。皆有相愛相養相輔相成之心。運用営為之才者一矣。故資治於君。資養於民。農工商賈。皆相資為生。不能去其群独立於無人之郷者。唯人之性為然。夫君者群也。是其所以群人而統一之者。非仁乎安能焉。学而成徳者。雖各以性殊乎。其所学者皆聖人之道也。聖人之道。要帰安民。故君子苟不依於仁。何以能和順聖人之道以養成其徳乎。辟諸啗人不以五穀。亦瘠而死耳。且君之使斯民学以成其徳。将何用之。亦欲各因其材以官之。以供諸安民之職已。故聖人之徳雖備乎。君子之徳雖殊乎。皆所以輔夫仁也。且先王有聡明睿知之徳。制作礼楽。立是道。俾天下後世由是焉。而後之君子奉以行之。是雖有聡明睿知之徳。将安用之。且先王之立是道也以仁。故礼楽刑政莫非仁者。是以苟非仁人。何以能任先王之道以安天下之民哉。故孔門之教。以仁為至。以依於仁為務。而不復求為聖人者。古之道為爾。孟子曰。仁也者人也。合而言之道也。夫道属先王。徳属我。唯依於仁而後道与我可得而合焉。此古来相伝之説也。後世儒者不知聖人之道。是以不知仁。其説曰。仁者愛之理心之徳也。又曰。人欲浄尽而天理流行。又曰。有専言者。有偏言者。是其所見。根於仏老。故其学主理。主心。又誤読中庸孟子。而以仁為性。性人人殊。則又以為其殊者気質所為。而理与聖人一矣。是其意謂仁者愛人。然愛者情耳。方其静也。安見夫所謂愛者乎。然若愛之理。則稟諸天而具于心。是即仁而心之徳為爾。人生之初。不与聖人殊。祇気質人欲所錮。仁乃不全。及於学成而人欲尽気質化。則無適非仁矣。又其意謂天地之道。生生不已。稟諸人為仁。故以流行見生生之意云爾。又其意謂仁為心之全徳。故兼義礼智信。是専言之仁也。其与義礼智信対言者。偏言之仁也。殊不知仁者徳也。非性也。況理乎。仁以愛之。特言其一端耳。安得尽於仁乎。且孔子所謂愛人者。謂為民父母也。苟非安民。烏足以為民父母乎。宋儒主心。主心而語愛。則釈迦亦仁人耳。其無安民之徳。則非吾所謂仁也。気質可変乎。人欲可尽乎。何徳非心。苟以仁為全徳。豈有所謂衆徳乎。専言偏言。豈非妄乎。皆肆言其理而未睹夫道之失也。仁斎先生乃曰。慈愛之徳。遠近内外。充実通徹。無所不至。是又泥孟子。而欲拡充惻隠之心以成仁。不属諸先王。而属諸人人。不知帰諸安民。而徒以慈愛言之。故其弊遂至以釈迦為仁人。豈不謬乎。且孟子所謂拡充四端者。論説之言耳。初非語成仁之方也。辟諸一星之火。至於燎原。一寸之苗。至於参天。苟使揠而長之。引而伸之。則火滅苗槁已。仮以風鼓之。仮以雨露灌漑之。然後可以馴致燎原参天之盛也。人亦若是焉。礼楽以養之。然後成仁徳也。不知者則謂礼楽外物也。非在我者焉。是不信聖人之教。而欲以其私智成仁者也。烏知風与雨露仮之於外而其功若是其大焉乎。礼楽之道。不識不知。順帝之則。猶風雨自天祐之邪。仁斎与宋儒。均之不学無術已。

2 有称仁人而曰仁者。如三仁以徳。如管仲以功。二者皆以安民言之。宋儒求仁於心。故其説至管仲而窮矣。仁斎亦求諸心。其所以異於宋儒者。唯不言天理人欲已。故其説亦至管仲而窮矣。其謬可見已。

3 有称仁政而曰仁者。如曰知及之。仁能守之。曰民之於仁也。

甚於水火。曰当仁不譲於師。及諸子問仁。皆是也。大氏問政与問仁相類。問政者。一邑之政也。皆其人為宰而問今日所行焉。問仁者。一国之政也。皆為其它日或得為一国之政而預問焉。如孔子之告顔子子張。直以天下言之。可以見已。行仁政。以脩身為本。身苟不脩。雖行仁政。民不従之。中庸挙九経首脩身。亦此意。故孔子所答。皆脩身之事焉。後儒不知之。誤以為語成仁之方。謬之大者也。夫先王之教。詩書礼楽而已矣。礼楽不言。習以成徳。豈外此而別有所謂成仁之方乎。且先王之道。本為安民立之。故其言脩身者。亦皆以為行仁之本已。豈徒成己哉。後儒狃聞荘周内聖外王之説。而謂天下国家挙而措之。是以其解仁。或以天理。或以愛。専帰重於内。而止於成己。豈不悲乎。

4 有論説道藝而曰是仁也者。是非称先王之徳也。亦非称仁人与仁政也。乃賛道之徳者已。後儒不察。混而一之。詳見下仁義。

智二則

1 智。亦聖人之大徳也。聖人之智。不可得而測焉。亦不可得而学焉。故岐而二之。曰聖曰智。是也。故凡経所謂智。皆以君子之徳言之。如知礼。知言。知道。知命。知人。是也。知道者。知先王之道也。是統其全言之。無所不包。故難其人焉。孔子曰。為此詩者。其知道乎。難辞也。知礼者。知先王之礼也。知言者。知先王之法言也。之二者。道之分也。分而言之。所以便学者也。先王之教。詩書礼楽。詩書言也。義之府也。知言則知義。知礼与義。則道庶幾可以尽焉。不言楽者。亦難其人焉。孔子称臧文仲。不智者三。皆謂其不知礼矣。可見古者以不知礼為不智已。孟子知言。亦謂知先王之法言也。苟能知先王之法言。則規矩在我。足以知人之言焉。故下以詖淫邪遁言之耳。後儒不知道。故直謂孟子知人之言也。聴訟吾猶人也。是雖孔子不敢自道知人之言。況孟子而能之乎。故詖淫邪遁。亦好辯之過也。然又毎以規矩為言。則知其知言亦謂知先王之法言已。知命者。知天命也。謂知天之所命何如也。先王之道。本於天。奉天命以行之。君子之学道。亦欲以奉天職焉耳。我学道成徳而爵不至。是天命我以使伝道於人也。君子教学以為事。人不知而不慍。是之謂知命。凡人之力。有及焉。有不及焉。強求其力所不及者。不智之大者也。故曰。不知命。無以為君子也。後儒或曰知其所以然之理。或曰知吉凶禍福。或曰名利得失。毫不動心。皆不知道者之言也已。知人者。謂知仁賢也。是智之大者也。書曰。在知人。在安民。是皐陶立智仁二徳。以為万世法。蓋制作礼楽者。聖人之智。而非通下者焉。然至其所以平治天下者。則不出於是二言也。雖後世之君。雑霸之主。亦非是二者。則不能成其随分之治也。至哉言乎。孔子曰。脩己以安百姓。堯舜其猶病諸。禹曰。咸若時。惟帝其難之。是雖堯舜亦有所不能是二者也。豈非至言哉。且先王之道。為安民設。則宜若莫大於安民者。而知人先之。孔子称智仁。亦智先於仁。是無它。安民之道。非知人則不能行故也。自古賛聖賢之君。必言其得賢人而臣之。而其它善政不遑及之者。為是故也。故智之為徳。莫大於知人焉。祇所謂知人者。世儒多謂人之智愚賢不肖。其所長。其所短。妍媸悉照。毫釐弗遺。是謬之大者也。大氐古所謂知人者。在知其所長。而其所短不必知焉。及其至者。則必称能知仁賢之人。謂之知人焉。故樊遲不達知人之義。則子夏釈之曰。舜挙皐陶。湯挙伊尹。可見古之道為爾。夫人之知人。各於其倫。唯聖知聖。賢知賢。人之為才。相倍蓰。相什佰千万。則賢者之難知。豈不宜乎。況我不及其賢而能知之。如高宗之於傅説。桓公之於管仲。可不謂難乎。不爾。堯之於鯀。徒知其才而不知其悪。謂之不知人可乎。故堯之知人。在知舜。而不在知鯀。古之道為爾。後之学者昧乎斯義。而欲悉知其長短得失。無所逃其藻鑑。是曹孟徳之所尚耳。豈古之道哉。然求其所以失之。則昉於孟子邪。孟子曰。是非之心。智之端也。其意亦謂聖人之道率人性而立焉。祇好辯之甚。不覚其言有弊耳。後儒弗之察。乃以天下之理暁然洞徹莫所疑惑為解。殊不知是世俗所謂智。而非先王之道所尚也。孔子曰。択不処仁。焉得知。又曰。知者利仁。是其意謂知仁莫尚焉。不知者則又謂窮尽天下之理。而後知仁莫尚焉。故宋儒有格物窮理之説。又不知窮理本賛聖人作易之言。而非学者之事也。大学所謂格物者。謂習其事之久。自然有所得。有所得而後所知始明。故曰物格而后知至。豈窮尽天下之理之謂哉。苟非遵先王之教。習其事之久。則所知皆世俗之知也。何以能知仁之可尚乎。故孔子所謂知礼知言知道知命知人。皆以先王之道言之者也。宋儒所謂格物窮理是是非非之類。皆以世俗之智言之者也。祇小人役力。君子役心。是以世之君子喜自用其智而不肯遵先王之道者。比比皆然。故孔子每称好仁好徳好礼好義。而未嘗称好智者。為是故也。又曰好学近乎知。可見不遵先王之道則不能成其智也。学者其思諸。

2 孟子有徳慧術知之文。是古言也。非孟子所創也。謂慧由徳而生。智由道術而生者也。古之所謂知者。必学道術以成其徳而知慧至焉。格物致知、是之謂也。知之不由徳術来者。不足以為知。古之道為爾。

聖四則

1 聖者作者之称也。楽記曰。作者之謂聖。述者之謂明。表記曰。後世雖有作者。虞帝弗可及也已矣。古之天子。有聰明睿智之徳。通天地之道。尽人物之性。有所制作。功侔神明。利用厚生之道。於是乎立。而万世莫不被其徳。所謂伏羲神農黄帝。皆聖人也。然方其時。正徳之道未立。礼楽未興。後世莫得而祖述焉。至於堯舜。制作礼楽。而正徳之道始成焉。君子以成徳。小人以成俗。刑措不用。天下大治。王道肇是矣。是其人倫之至。参賛造化。有以財成天地之道。輔相天地之宜。而立以為万世之極。孔子序書。所以断自唐虞者。為是故也。三代聖人。亦皆遵堯舜之道。制作礼楽。以立一代之極。蓋歳月弗反。人亡世遷。風俗日漓。以汚以衰。辟諸川流滔滔。不可得而挽也。三代聖人知其若是。乃因前代礼楽。有所損益。以維持数百年風俗。使其不遽趨衰者。於是乎存焉。夫堯舜禹湯文武周公之徳。其広大高深。莫不備焉者。豈可名状乎。祇以其事業之大。神化之至。無出於制作之上焉者。故命之曰聖人已。至於孔子。則生不遭時。不能当制作之任。而方其時先王之道廃壊已極。乃有非先王之道而命以為先王之道焉者。有先王之道而黜不以為先王之道焉者。是非淆乱。不可得而識也。孔子訪求四方。釐而正之。然後道大集於孔子。而六経於是乎書。故中庸曰。苟不至徳。至道不凝焉。是之謂也。且其一二所与門人言礼楽者。制作之心。可得而窺矣。故当時高第弟子如宰我子貢有若。既称以為聖人者。不翅以其徳。亦為制作之道存故也。仮使無孔子。則先王之道亡久矣。故千歳之後。道不属諸先王。而属諸孔子。雖邪説異教之徒。亦莫有謂孔子非聖人者。則宰我子貢有若之言。果徴於今日焉耳矣。夫孔子之徳至矣。然使無宰我子貢有若子思之言。則吾未敢謂之聖人也。以吾非聖人而不能知聖人也。夫我以吾所見。定其為聖人。僭已。僭則吾豈敢。我姑以衆人之言。定其為聖人。無特操者已。無特操則吾豈敢。雖然。古聖人之道藉孔子以伝焉。使無孔子。則道之亡久矣。千歳之下。道終不属諸先王。而属諸孔子。則我亦見其賢於堯舜也已。蓋孔子之前。無孔子。孔子之後。無孔子。吾非聖人。何以能定其名乎。故且比諸古作者。以聖人命之耳。

2 周礼六徳。曰智。曰聖。是岐聖人之徳而二之。以為君子之徳。蓋人之性不同。故其智有能通政治之道者。命之曰智。有能通礼楽鬼神之道者。命之曰聖。故其所謂聖。亦非若聖人之徳焉。唐虞九官。乃有九徳。周六官。乃有六徳。徳以性殊。徳成而官之。故虞周官制之異。其立徳所以不同也。故智者冢宰之材也。仁者司徒之材也。聖者宗伯之材也。義者司馬之材也。忠者司寇之材也。和者司空之材也。冢宰掌邦治。以知人為要務。司徒掌邦教。職在親民。宗伯掌邦典。乃礼楽鬼神之事。司馬掌邦政。乃賞罰黜陟軍旅田猟之事。非義則何以得其宜乎。司寇掌邦刑。非懇篤詳悉能尽其心者不能也。司空掌邦事。順水土之性。和百工之業。以此観之。聖智之分可見已。詩曰。具曰予聖。誰知烏之雌雄。左伝。臧武仲雨行。人譏其非聖人。是古来皆称智之微妙者以為聖也。

3 後儒有謂湯武非聖人者。是無忌憚之甚者也。其説本於誤解孔子武未尽善。孟子性之身之焉。殊不知孔子語楽而未及舜武之徳。孟子但言堯舜生知。而湯武乃学堯舜之道。以成其徳耳。豈優劣之論乎。蓋堯舜禹湯文武周公。作者七人。其所制作礼楽政教。君子学焉。故祀諸学。伝曰。釈奠於先聖先師。又曰。天子将出征。類乎上帝。宜乎社。造乎禰。禡於所征之地。受命於祖。受成於学。出征。執有罪反。釈奠于学。以訊馘告。是学無所祀之神。何所受成。何所告。詩曰。既作泮宮。淮夷攸服。矯矯虎臣。在泮献馘。淑問如皐陶。在泮献囚。在泮献功。是其事也。明堂位曰。米廩。有虞氏之庠也。序。夏后氏之序也。瞽宗。殷学也。頖宮。周学也。祭義曰。天子設四学。是天子大学兼四代之制。合祀四代聖人者審矣。夫古者祭祖配之天。則祖宗与天一矣。是天子興大事。其所受命。唯天与先聖已。故曰君子有三畏。畏天命。畏大人。畏聖人之言。是君子所畏。亦唯天与先聖已。是雖異代聖人。尊崇之若是其至也。況夏之於禹。商之於湯。周之於文武。皆開国太祖。道所自出。天下無貴賤。奉其礼楽法制。不敢違之。而奚議為。古之道為爾。故孔子而上。莫有優劣聖人之徳者矣。夫聖人亦人耳。人之徳以性殊。雖聖人其徳豈同乎。而均謂之聖人者。以制作故也。唯制作之迹可見矣。就其可見以命之。而不敢論其徳。尊之至也。古之道為爾。後儒貴精賤粗之見。為主於内。故不知礼楽謂之道也。又不知聖人之称因制作命之也。徒以其徳論之。而不知徳以性殊也。徳之殊。不足以病其聖也。妄意謂聖人之徳宜一焉。而睹其有殊。則曰孔子優於堯舜矣。曰湯武非聖人矣。豈非無忌憚之甚者乎。尋其禍端。亦昉於子思孟子已。方子思之時。老氏之徒盛。而有謂孔子非聖人者。故子思作中庸書。専賛孔子之徳。孔子学先王之道者也。故子思言学可以至聖人。不唯生知為聖人。孔子非作者。故唯以其徳言之。然子思孔子之孫而親見孔子。其所伝之未渝也。故其論道。必以礼儀三百。威儀三千。其論孔子。必以雖善無位不能制作礼楽。古之道存故也。至孟子之時。墨翟鄒衍刑名之流。皆有所創作。各以為道。是孔子所謂不知而作之者也。故孟子亦唯以徳言聖。而不復及制作。然其意謂古之聖人皆作者也。孔子非作者也。故以孔子比古之聖人。難乎為言。於是乎旁引古之賢人徳行高者。比諸孔子。以見孔子之盛也。是其以夷恵為聖人。古所無。而孟子取諸其臆。以済一時之辯。不復顧其有後災者。雖非其罪。亦其過也已。夫聖人聡明睿智之徳受諸天。豈可学而至乎。其徳之神明不測。豈可得而窺乎。故古之学而為聖人者。唯湯武孔子耳。故古之善学聖人者。必遵聖人之教。礼楽以成徳。子思所言是已。孟子雖言不及礼楽。然其所謂人可以為堯舜者。亦唯謂服堯之服。誦堯之言。行堯之行而已矣。不必求為聖人也。後儒乃不察二子所以言之意。妄意求為聖人。於是乎欲詳論聖人之徳以為学者之標準。遂有聖人之心渾然天理陰陽合徳不偏不倚之説。是其操心之鋭。以聖智自処。喜測其不可測者。而以不可学者強之人人。其究必立徳之至者以律之。則其優劣古聖人之徳。亦勢之所必至也。其説雖根於孟子。然所附益豈小小哉。要之不学之過也已。豈不悲乎。

4　聖人賢人之名。古亦未有所階級之也。唯聖人以命作者。而賢人者以材徳言之。拔乎其萃之名也。夫聖人亦拔乎其萃者也。故差而降之。賢者亦有数焉。宰我曰。以予観於夫子。賢於堯舜遠矣。易大伝曰。可久則賢人之徳。可大則賢人之業。仮使後人措辞。必曰聖人。故知賢人泛称已。至於揚子雲始曰。聖人之言如天。賢人之言如地。自是之後。聖賢遂為階級之名也。至謂孔子大聖。顔子亜聖。孟子亜聖之次。則亦窃倣浮屠如来菩薩補処之称。可謂近戯已。

礼三則

1 礼者。道之名也。先王所制作四教六藝。是居其一。所謂経礼三百。威儀三千。是其物也。六藝。書数為庶人在官者府史胥徒専務。御亦士所職。射雖通乎諸侯。其所謂射。以礼楽行之。非若民射主皮者比焉。唯礼楽乃藝之大者。君子所務也。而楽掌於伶官。君子以養徳耳。至於礼則君子以此為顕業。是以孔子少以知礼見称。之周問礼於老聃。之鄒之杞之宋。唯礼之求。子夏所記。曾子所問。七十子皆斷斷於礼。見檀弓諸篇。三代君子之務礼。可以見已。蓋先王知言語之不足以教人也。故作礼楽以教之。知政刑之不足以安民也。故作礼楽以化之。礼之為体也。蟠於天地。極乎細微。物為之則。曲為之制。而道莫不在焉。君子学之。小人由之。学之方。習以熟之。黙而識之。至於黙而識之。則莫有所不知焉。豈言語所能及哉。由之則化。至於化。則不識不知。順帝之則。豈有不善哉。是豈政刑所能及哉。夫人言則喩。不言則不喩。礼楽不言。何以勝於言語之教人也。化故也。習以熟之。雖未喩乎。其心志身体。既潜与之化。終不喩乎。且言而喩。人以為其義止是矣。不復思其餘也。是其害。在使人不思已。礼楽不言。不思不喩。其或雖思不喩也。亦末如之何矣。則旁学它礼。学之博。彼是之所切劘。自然有以喩焉。学之既博。故其所喩。莫有所遺已。且言之所喩。雖詳説之。亦唯一端耳。礼物也。衆義所苞塞焉。雖有巧言亦不能以尽其義者也。是其益在黙而識之矣。先王之教。是其所以為至善也。是礼楽之教。雖在黙而識之。然人之知。有至焉。有不至焉。故孔子有時乎挙一隅以語其義。義者先王所以制礼之義。戴記所載皆是已。祇人之知。有至焉。有不至焉。故七十子之信先王者。不及孔子之信先王也。其人之信七十子者。亦不及七十子之信孔子也。故其欲喩人之急。論説其義之弗已。日以蔓衍。以至於戦国之時。義遂離乎礼而孤行。不復就礼言其義。観孟子書可見已。自此其後。去古益遠。義理之説益盛。囂然以乱天下。先王孔子之教。蕩乎尽焉。悲夫。如漢儒以仁義礼智為性。乃本於孟子仁義礼智根於性。然孟子豈以此為性乎。仁智徳也。礼義道也。先王率人性以立道徳。故孟子謂根於性耳。祇其好辯。与外人争。口不択言。取諸臆以言之。致其旨遂晦也。至於程子解礼楽。専以序和為言。是其意以礼楽為粗迹。以其理為精微。故以序和言之。豈不老荘之遺乎。仮使其言之是乎。先王之不以序和為教。而故作礼楽。是其智不及程子。不爾。亦喜故難人也。且序豈足尽礼而和尽楽乎。可謂鹵莽已。朱子釈礼曰。天理之節文。人事之儀則。是其意亦非不識礼為先王之礼。然既以為性。則難乎其言。故以天理弥縫之。而謂礼雖在彼乎。其理具于我。則礼庶乎可以為性云爾。亦仏氏事理無礙之説耳。此皆不善読孟子之失也。試観孟子。既曰恭敬之心。礼也。而又曰辞譲之心。礼之端也。則知其心急於争内外。不復択言。任口言之。故或以恭敬。或以辞譲。初無定説焉。夫恭敬辞譲之不足以尽礼。雖孟子豈不知之乎。祇以行礼之心言之。而不及礼之義。則亦謂先王率人性以立道而不直以為性者。豈不章章乎哉。如仁斎先生以仁義礼智為徳。亦争性与徳之名耳。其実亦不出宋儒之見也。故其釈礼曰。尊卑上下。等威分明。不少踰越。其舎先王之礼而為是言。豈勝宋儒而上之乎。且其言但以在外者言之。而不与孟子恭敬辞譲之心相応。亦自与其以為徳者相盭。何況足以尽先王之礼乎。嗚呼先王之思深遠也。在千載之上。而既知言語之教不足以尽乎道。是故制作礼楽以教人。而後之学者猶且舎其教。唯言語是務。夫舎其礼而不使学。而欲以己之言尽夫先王之礼。多見其不知量已。辟諸舎彼規矩準縄而不用。曰汝苟用吾言。則雖舎規矩準縄。亦足以為方円曲直焉。豈不妄哉。

2 書曰。天秩有礼。是堯舜之制礼。奉天道以行之。所以神其教也。如三代天子。出一政。興一事。亦皆祀祖宗配之天。而以天与祖宗之命出之。以卜筮行之。古之道為爾。後儒不識其意。而以為天者自然也。謂自然有是礼也。是其天理節文之所本自。殊不知以天為自然者。老荘之意。而古所無焉。若果使礼自然有之。則如三代殊其礼。其謂之何。故其究。不得不以天理為精微。以礼為粗迹。苟得其精微。則若其粗迹。左之亦可。右之亦可也。然則如曰先王制礼。而弗敢過也。先王制礼。不敢不至焉。亦何守其粗迹若是其厳也。故其究。亦不得不外三代之礼而別立一定不易之礼矣。故程子曰。成王之賜。伯禽之受。皆非也。夫周礼者。周公所立。成王伯禽親受之周公。而既為非礼。則程子所謂礼豈非外周礼而別有之乎。嗚呼外先王之礼而別立己所謂礼。其僭妄乱道之極。可以見已。

3 周礼以礼教中。是或釈者之言。誤入経文者已。然亦古之言也。蓋先王立礼。以為民極。極中也。使賢者俯而就之。不肖者企而及之。故謂之中焉。非使人求無過不及之理以為礼也。書曰。民心罔中。惟爾之中。是所謂中者。聖人所独知。而非衆人所及。故立礼以為民極也。後世義理之学盛。而儒者唯義理是視。不知就礼以求其中。徒取中其臆。而謂是可以合礼焉。如周子以中正易礼智。是也。人間北看成南。東家之西。西家為東。恣以其意言之。而中於是乎移。極於是乎壊。豈不悲乎。且聖人之立礼也。慮世之日趨文也。故其以為中者。豈必無過不及之謂乎。学者思諸。

義八則

1 義。亦先王之所立。道之名也。蓋先王之立礼。其為教亦周矣哉。然礼有一定之体。而天下之事無窮。故又立義焉。伝曰。詩書義之府也。礼楽徳之則也。礼楽相須。楽未有離礼孤行者。故曰礼義也者人之大端也。礼以制心。義以制事。礼以守常。義以応変。挙此二者。而先王之道庶乎足以尽之矣。故古者多以礼義対言。為是故也。人多知礼為先王之礼。而不知義亦為先王之義。故其解皆不通矣。蓋義者道之分也。千差万別。各有所宜。故曰義者宜也。先王既以其千差万別者。制以為礼。学者猶伝其所以制之意。是所謂礼之義也。而其以空言伝者。是所謂義也。故礼義皆自古伝之。豈非先王之義乎。韓退之曰。行而宜之之謂義。朱子曰。義者。心之制。事之宜。是皆不知義為先王之義。乃取諸臆以為義也。夫取諸臆以為義。是非義之義所由生也。朱子本於孟子義内之説。然孟子之意。亦謂先王率人性以立道。故義有所合於人心耳。豈以義為性乎。其在先王。誠亦取諸其心焉耳矣。然先王之意本為安民故也。且其聡明睿智之徳。通天地之道。尽人物之性。故所立以為義者。千差万別。各合其宜。是豈人人所能哉。且不知義以安民為本。徒拠宋儒之説。取諸其臆以為義。是後世之説。雖若可観。而其所以盭於先王之道者。為是故也。又如以裁割決断為義。亦執先王之義而以此裁割決断已。苟不知先王之義。則猶空手裁物。安能之乎。又人多以義理並言。如程子曰。在物為理。処物為義。是也。是亦不知義者之言也。仮如日行可百里。而不可二百里。是理也。必求其二百里。是非理也。一日而百里。二日而二百里。是謂之合理而已矣。未得謂之合義焉。猶之行百里。諸侯朝天子。見日而行。逮日而舎奠。大夫使。見日而行。逮日而舎。見星而行者。唯罪人与奔父母之喪者。是所謂礼也。去父母之邦。遅遅吾行。豈窮日之力哉。是所謂義也。故理雖不学可知。而若礼与義。非君子則不能知之。故人之不為非理之事。未足以為君子。唯不為非礼与非義。然後可以為君子也。故以義理並言者。不知義者之言也。人有恒言曰。是某詩之義也。是某字之義也。是豈有裁割断制之意哉。亦以古来相伝者命為義已。如詩有六義。亦豈裁割断制之意哉。以謂用詩之道。古来相伝。有此差別已。又如老子所謂失道而後徳。失徳而後仁。失仁而後義。失義而後礼。是雖譏聖人之道乎。亦可見古人以古言言之。其意以仁義礼為先王所造。為非自然之道。故有是言已。告子義外之説亦然。若使告子果不知義。則孟子必辯之。観於孟子不爾。而但辯其内外。則知告子之言不謬也。是老子告子孟子。皆以先王之義為義也。孟子曰。羞悪之心。義之端也。又曰。人皆有所不為。達之於其所為。而義不可勝用也。是裁割断制之説所本也。夫人皆有羞悪之心。是故匹夫匹婦自経於溝瀆以死。是豈義哉。且人之所不為者。豈皆合於義乎。孟子而以此為義。亦妄已。故知孟子之意必不爾也。古之君子。行一事。出一謀。不取諸其臆。而必稽諸古。援先王之礼与義以断之。是以古人有所論説。必引詩書者。以斯道也。又如仁斎先生以義為徳。其言曰。為其所当為。而不為其所不当為。之謂義。是拠孟子之言為是解。然其所謂所当為所不当為者。吾不知自取諸其臆歟。将取諸先王之義歟。若自取諸其臆。則亦朱子之意而易其辞者已。若取諸先王之義。則豈可以為徳乎。其謬可見已。嗚呼先王之制義。誠亦上無所稽。而独取諸其心。是其所以為聖人也。後之君子。学成其徳者。其或一二取諸其心者。亦何無之。然是又非人人所能矣。無規矩故也。後儒之教人。乃舎先王之義。而使自取諸其臆。豈不謬乎。是無它。不知孟子之言皆有所為而言之。而必欲援其言以為解故也。辟諸医以薬治病。病愈後。猶服其薬弗已。惑之甚者也。

2　古者未有以義為徳之名者。唯周礼六徳有之。蓋以大司馬之材言之也。大司馬掌賞罰黜陟軍旅田獵之事。而賞罰黜陟。以当乎義為貴。軍旅田猟。皆取当於急遽之際。故非熟於先王之義応変不謬者不能已。然是士君子之本業。凡仕者皆然。故它書莫有以為徳者也。如曰義士也。曰義人也。皆以其所為合乎義。遂賛其人之言也。皆以一事言之。其実非以為徳之名也。

3 如曰君臣有義也。主臣言之。蓋君統其全者也。先王之道。在安民。是以非仁人則不能任道矣。故曰為人君止於仁。臣亦任先王之道者也。然君統其全。而臣任其分。各有官守。各有所事。千差万別。非義則不能。故以義為臣之道也。如教子以義方。亦謂教臣之道也。各有官守。彼不通此。是之謂方。唯義為爾。論語曰。君子之仕也。行其義也。又曰。行義以達其道。謂仕以行其所学先王之義也。

4 易大伝曰。何以聚民。曰財。理財正辞。禁民為非。曰義。論語曰。見利思義。又曰。君子喩於義。小人喩於利。是民以営生為務。故以財利為心者。民之業為爾。君子学先王之道。仕以共天職。故以義為其道也。理財正辞。禁民為非。亦略挙仕者所務官守之事言之。理財者。冢宰司徒司空之事。正辞者。宗伯之事。禁民為非者。司馬司寇之事也。

5 古以詩書為義之府。書者帝王大訓。万世奉以為道。而其片辞隻言。足援以断事。故謂之義之府者。不亦然乎。至於詩之為義之府。則人多難其解矣。夫古之詩。猶今之詩也。其言主人情。豈有義理之可言哉。後儒以為勧善懲悪之設者。皆不得其解者之言已。蓋先王之道。縁人情以設之。苟不知人情。安能通行天下莫有所窒碍乎。学者能知人情。而後書之義神明変化。故以詩為義之府者。必併書言之已。是先王之教所以為妙也。豈浅智之所能知乎。

6 有曰徳義之経者。徳以人言之。義以事言之。故古有是言。如徳之則。義之府。亦以徳義対言。

7 有曰天之経。地之義也。賛礼之言也。経者。謂礼之大者。能持衆義。如経緯之経焉。義者。謂礼之細者。各制其宜焉。所以謂之天地者。賛辞已。

8 仁義並称。六経論語。莫有是言矣。主行之故也。七十子而後。以論説道藝為務。論説之弗已。日見其趣。愈益自憙以言之。亦自不覚其流於玩先王之道也。是勢之所必至。道之汚隆繫焉。於是乎以仁義並言。遂至於以命先王之道已。然其初去聖人未遠。故其言亦不盭於道。如礼運曰。義者藝之分。仁之節也。協於藝。講於仁。得之者強。仁者義之本也。順之体也。得之者尊。説卦伝曰。立人之道。曰仁与義。是也。夫先王之道雖博乎。莫不帰於安民者。是所謂仁也。然仁不可以言尽焉。故作礼楽以教之。是所謂藝也。義亦先王所立。詩書所載是也。先王之教。立礼義以為人之大端。故書論語中庸皆以礼義並言。而不以仁義並言。何則仁者大徳也。非義之倫也。礼義皆道也。非徳也。仁義並言。則比其非倫而遺乎礼。故古之教不然。然至於論説道藝。則有時乎以仁義並言。如礼運説卦之言焉。礼運之所論説者在礼也。故以仁義賛礼之徳已。先王之礼雖繁乎。莫不帰於安民者。則仁其統也。経礼三百。威儀三千。皆有義存焉。是仁統其全。而義分其細。故曰藝之分。仁之節也。集衆義而礼立焉仁成焉。故曰協於藝。講於仁。講如講若画一之講。説卦之所論説者在易也。故亦以賛易之徳已。陽大而莫不統焉。故喩以仁。陰小而有所別焉。故喩以義。陰陽相須。不可得而離。渾渾淪淪。何往非仁。差差別別。何往非義。是易礼運皆雖以仁義並言。然未嘗岐仁義以二之。其所以不盭於道也。又如楽記曰。仁以愛之。義以正之。春作夏長。仁也。秋斂冬蔵。義也。大伝曰。自仁率親。等而上之至于祖。名曰軽。自義率祖。順而下之至于禰。名曰重。郷飲酒之義曰。天地厳凝之気。始於西南而盛於西北。此天地之尊厳気也。此天地之義気也。天地温厚之気。始於東北而盛於東南。此天地之盛徳気也。此天地之仁気也。凡此之類。亦雖皆論説道藝之言。然既已岐仁義而二之。有以盭乎孔門之旧者也。及其末流。聖人之沢将斬。儒者之道日卑。紛然与百家争衡於戦国之際。唯咸輔頬舌是務。不復道先王之法言。自取諸其臆以求勝。墨氏尚仁。楊氏及刑名諸家。無仁亦無義。遂以仁義命諸聖人之道。有以別之。而不知遺乎礼。如表記所謂厚於仁者薄於義。親而不尊。厚於義者薄於仁。尊而不親。及孟子以惻隠之心為仁。羞悪之心為義是也。是其意以救民為仁。誅乱賊為義。如日月之代照也。如刑賞之迭用也。然後道備而不偏焉。其言井然若有条理焉。粲然若可聴焉。而自不知其与先王孔子之道背馳也。夫天地有生殺。人有善悪。故聖人固好善而悪悪。刑賞於是乎生。然聖人之所以好善而悪悪賞之刑之者。仁而已矣。故其立礼義也以此。君子之行礼義也亦以此。故仁義並言者非矣。孟子諸家之意。亦従夫義有差別而見其有所不為之意。又推諸人心以見悪悪之心之為義。遂配諸仁以命道焉。蓋其初以仁義賛乎礼。則物尚在焉。其卒直以仁義命諸道。則遂失其物。学者徒以仁義之名求道故也。亦由其時論説方盛。喜言其精微。而義離礼而孤行。古言漸廃故耳。自此之後。仁義之道。遂為千万世儒者之常言。亦不稽諸古之失也。観彼後世君子若宋諸老先生者。其語学也。務言脩善而去悪。拡天理而遏人欲。而不知先王之教唯導其善而悪自消也。其語治也。務言賞君子而罰悪人。而不知先王之道唯在挙仁者而不仁者自遠也。其論人也。務備其長短得失。而不知先王之道唯在用其長而天下無棄才也。察其源。亦未必不自孟子導之。則毫釐千里之差。豈可忽乎。学者審諸。

孝悌一則

孝悌不待解。人所皆知也。但古称至徳者三。泰伯之譲。文王之恭。及孝称至徳要道。是也。人無貴賤。莫不有父母。父母生之膝下。如它百行。或強壮乃能行之。唯孝。自幼可行。它百行。或非学無能行之。唯孝。心誠求之。雖不学可能。親者身之本。身者親之枝。故人君必以継其志述其事為孝之至。臣下必以立身揚名顕其父母為孝之至。唯孝可以通神明。唯孝可以感天地。是其所以為至徳也。和順天下。必自孝弟始。故先王立宗廟養老之礼。以躬教天下。是其所以為要道也。孝弟忠信。孔門蓋謂之中庸。以其為不甚高人皆可行之事。故学先王之道。必由孝弟始。辟諸登高必自卑。行遠必自邇。孟子曰。堯舜之道。孝弟而已矣。是之謂也。謂其可以馴致仁賢之徳也。雖然。後儒喜論説之甚。遂以仁孝一之。非也。孝自孝。仁自仁。君子悪挙一以廃百。仮使一孝而足矣。則江革王祥既為聖人焉。故孔子曰。行有餘力。則以学文。言雖有孝弟。不学未免為郷人也。是又学者所当知焉。雖然。周官師氏既立至徳。敏徳。足以尽一切。更立孝徳以教之。可見雖有它不善。苟有孝徳。則先王所取也。先王之重孝若是夫。

忠信三則

1 忠者。為人謀。或代人之事。能尽其中心。視若已事。懇到詳悉。莫不至也。或以事君言之。或専以聴訟言之。聴訟亦事君居官之事。然五刑之属三千。至為繁細。而民之懐詐。獄訟之情難得。彼此構怨。苟非能体其情。則不得其平。故周礼六徳。忠為司寇之材焉。左伝。小大之獄。雖不能察。必以情。忠之属也。可以見已。子以四教。文行忠信。忠為政事之科。政事者代君之事。故以忠命之。

2 信者。謂言必有徴也。世多以言無欺詐解之。苟以言必有徴為心。則無欺詐不足道。如信近於義。言可復也。是其言雖有徴。必欲合先王之義。若言不合義。則雖欲践其言、亦有不可得者。其究終至無徴也。朱子引約信曰誓。而訓信為約。是不知其解已。又如民無信不立。謂民信其上也。慎其号令。不敢欺民。則民信之矣。然信之而畏。不如信之而懐。故必能為民父母。而後民信之至焉。它如人而無信。不知其可也。及言忠信。行篤敬。雖蛮貊行矣。皆主為見信而言之。大氐先王之道。為安民立之。故君子之道。皆主施於人焉。苟不見信於人。不見信於民。則道将安用之。然不見信之本在我。君子貴信者。為是故也。如与朋友交。言而有信。亦雖朋友之交。非若事親竭力事君致身之比。故浅乎言之。然朋友者。所以游揚其声誉。達之於上者也。故中庸曰。獲乎上有道。不信乎朋友。不獲乎上矣。是先王所以立朋友之道命之為信故也。後之君子或嫌其有所求而為之。故止責其信。而不及見信之意。其弊或至於独立絶物以為高也。矯枉之言。終非先王為道不遠人之意。学者察諸。又如文行忠信。信為言語之科。言語之道。貴有徴。故以信命之。如曰言有物。是君子之言所以有徴故也。如後世諸儒。議論雖美。空言無徴。豈敢望宰我子貢言語之科哉。

3 忠信連言。亦以為人謀与人言者言之。如主忠信。亦以此為主也。忠信之人。亦謂能此之人也。曰主忠信。徙義。曰忠信之人。可以学礼。礼義者。先王之道也。忠信者。中庸之徳也。登高必自卑。行遠必自邇。故学先王之道。必以忠信為基。如易文言曰。忠信。所以進徳也。脩辞立其誠。所以居業也。脩辞謂学詩書也。立其誠謂学礼楽也。詩書者義之府也。故与徙義可以学礼。其意相発。孔子曰。十室之邑。必有忠信如丘者。焉不如丘之好学也。則雖有忠信。不学未免為郷人也。祇学先王之道。不依中庸之徳。則基之不立。欲行遠登高亦不可得矣。是孔門所以貴忠信之意也。孝悌忠信。均為中庸之徳。乃舎孝悌。独以忠信言之者。蓋其人未学而能孝悌。是得諸性者也。其人或厚於内而薄於外。則未可以施於人焉。先王之道。為安民設之。故多主施於人者言之。忠信皆施於人者也。且有以它人之事為己任意。故特以忠信言之者。近於道也。程子曰。尽己之謂忠。以実之謂信。此見彼主忠信等之言。而謂徒以為人謀与人言者言之嫌乎狭。故作是解。亦不知先王之道為安民設之。而動求諸己故已。且尽己未足以尽忠字之義。今人為宋儒之学者。為人謀而不聴。則多皆舎去。不復顧之。曰我既尽我之心矣。是不知忠字有懇到周悉之意故也。以実亦非信字之義矣。程子動求諸心。故作是解已。古止就言語上言之。豈必求諸心乎。仁斎先生曰。凡与人説。有便曰有。無便曰無。多以為多。寡以為寡。不一分増減。方是信。即宋儒之説也。亦不知古止以施於人者言之。故至於信近於義。信賞必罰之類。則別為約信之解。可謂蔓已。仁斎先生又曰。忠信皆就接人上言。是措辞之未善也。忠在事君及為人謀。豈特交際乎。又曰。忠信有朴実不事文飾之意。是亦見彼忠信之人可以学礼而妄解者也。不可従矣。至於先儒以忠信如形影者。則仁斎先生駁之是矣。

恕一則

恕之解。見論語。曰己所不欲。勿施於人。是也。此八字。一見於答仲弓。是正文也。再見於答子貢。是註入正文也。上文曰其恕乎。伝論語者。乃以此八字解恕字耳。故中庸曰。忠恕違道不遠。施諸己而不願。亦勿施於人。是也。祇恕於文。如心為恕。故己之所欲。以施於人。亦恕也。然其事広大。非学者所能。且人心不同。所欲或殊。故止以己所不欲言之耳。孔子曰。能近取譬。可謂仁之方也已。近譬諸己心。是恕也。仁者己欲立而立人。己欲達而達人。是乃未能立之達之。則僅不施其所不欲已。故曰仁之方也。忠恕連言者。忠亦以恕行之。為人謀代人之事者。亦近譬諸己心。而後能視人之事如己之事也。程子以推己為解。無不可者。祇己所不欲。勿施於人。此古来相伝之説。何更為解。而程子更為解者。乃嫌其止言所不欲。而不言所欲。其義似窄故已。然概以推己為説。則或至於以小人之腹窺君子之心者亦有之。唯務明白斉整。而不能深長思之。宋儒之病皆爾。仁斎先生曰。有寛宥之意。又有忖度之意。言毎忖度人之心。而不以刻薄待之。乃引書札中恕宥恕察等文。然其義皆尽於己所不欲勿施於人八字之中矣。且所謂寛宥不刻薄者。先王之道為安民設之。而長之成之輔之養之之意。無往不在。則不唯恕字為然已。乃懲於宋儒刻薄之弊。故有是説耳。又不知論語多注入正文者。故於曰其恕乎。曰己所不欲勿施於人。而疑其意重複也。至於引子貢所謂我亦欲無加諸人。則亦自不知踵宋儒之誤也。大氐忠信僅足為学問之基。而忠恕乃為依於仁之方。故古人言忠恕者。大於忠信。学者思諸。

誠一則

誠者。謂発於中心。不待思慮勉強者也。纔欲誠則渉思慮勉強。故誠者不可得而為者也。故先王孔子之教。有忠信而無誠。以其不可以為教也。其見伝記者。曲礼曰。禱祠祭祀。供給鬼神。非礼不誠不荘。是誠者天地之徳也。鬼神之徳也。故禱祠祭祀貴誠。然誠者不可得而為者也。由礼行之。自然誠至。故云爾。檀弓曰。伯高之喪。孔氏之使者未至。冉子摂束帛乗馬而将之。孔子曰。異哉。徒使我不誠於伯高。是伯高既死。死者無知。故孔子悪不誠。又曰。喪三日而殯。凡附於身者。必誠必信。勿之有悔焉耳矣。三月而葬。凡附於棺者。必誠必信。勿之有悔焉耳矣。是言凡有発我中心所欲為者。則為之而無復顧慮。是誠也。信謂不疑也。凡心有所不安者。則不為。是信也。皆待死者之道也。郊特牲曰。用犢。貴誠也。是祭天。与天子適諸侯。膳皆用犢。犢無知者也。天之徳誠。故用之。尊天子。比於天。故亦用之。僅此類已。及於老氏之徒謂先王之道為偽。而子思作中庸。言誠者始盛焉。然其意謂誠者天地之徳也。鬼神之徳也。性之徳也。聖人之徳也。天地鬼神。皆無思慮勉強之心者也。故以誠為其徳。雖匹夫匹婦之愚不肖。其所得於性者。皆不思而知。不勉而能。故曰性之徳也。性者人之所得于天。故曰誠者天之道也。聖人之於道。皆不思而得。不勉而中。故以至誠称之。誠之者。謂学先王之道。久与之化。習慣如天性。則其初所不知不能者。今皆不思而得。不勉而中。是出於学習之力。故曰誠之者人之道也。道在外。性在我。習慣若天性。道与性合而為一。故曰合外内之道也。故其大要在学以成徳。成徳則能誠。是中庸言誠之大略也。大学誠意亦爾。謂物格則知至而自然意誠也。其用功全在格物。而知至以下。皆其效已。文言所謂修辞立其誠。亦謂学礼楽以成徳已。宋儒昧乎古言。加以好尚之偏。故其解二書。皆失文義。或以誠為実理為実心為真実無妄。種種之解。益精益鑿。皆不得於辞之失也。如仁斎先生以誠意与誠身争其優劣。殊不知身者我也。凡身心相対。出于仏書。如吾聖人之教。凡言身者。皆対道藝言之。道藝雖在外。習之熟。則成徳於我。是謂誠身。徳成則知自至。知至則其好仁。如好好色。如悪悪臭。其用功全在習道藝而熟之。大学中庸。豈有異義哉。如誠於中形於外。学者難其解者。縁孟子性善所錮已。中庸所謂生知安行者。何唯聖人哉。匹夫匹婦。皆有所生知安行。如饑而食。渇而飲。皆不思而得。不勉而能。亦生知安行也。故習悪成性者。悪亦誠矣。是誠本非先王所以為教者。子思為欲闢老氏。故始発此義。豈必執以為美徳哉。又如仁斎先生以無妄無偽争其優劣。亦不知朱子意謂無虚妄已。其所謂春当温而反寒。夏当熱而反冷。夏霜。冬雷。桃李華。五星逆行。日月失度之類。豈可為虚妄乎。東坡所謂人無所不至。惟天不容偽。謂其不容人偽已。非謂天不偽也。嗚呼天豈可以偽不偽言乎。是其於今言猶未知之。況於古言乎。

恭敬荘慎独六則

1 恭者。徳之名也。謂不自高也。倨之反也。宋儒乃有恭主容敬主心之説者。非矣。凡見於貌者本於心。未有心無恭敬而能貌恭敬者矣。故恭敬皆在心。皆見於貌。恭敬之分。恭主已。敬必有所敬。為異耳。故敬曰敬之。恭不曰恭之。堯之允恭。舜之恭已。皆謂不自高。不自聖。不敢軽視人也。如堯知鯀之方命圮族。四岳曰試可乃已。則用之。欲作礼楽。則登庸舜。是恭也。如舜之好問。好察邇言。是恭也。如孔子称子産曰。其行己也恭。其事上也敬。恭敬之分。可以見已。孟子曰。責難於君。謂之恭。陳善閉邪。謂之敬。亦以不軽視其君為恭。以敬其事為敬。孟子交際何心也。曰恭也。曰郤之為不恭。何哉。曰尊者賜之。曰其所取之者義乎不義乎而後受之。以是為不恭。故弗御也。亦不軽視人也。孟子称柳下恵不恭也。恵之意謂天下無有道之君。故曰焉往而不三黜。其視郷人。如蜾蠃与螟蛉。故曰爾焉能浼我哉。是皆軽視人之甚。故謂之不恭。恭字之義。可以見已。

2 敬者。謂有所尊崇而不敢忽也。如敬天。敬鬼神。敬君。敬上。敬父母。敬兄。敬賓客。皆以有所敬言之。仁斎先生駁宋儒持敬者是矣。祇歴観六経。其言敬者居多矣。如祇粛斉荘寅恭欽畏。其言雖殊。皆敬也。究其所以然之故。蓋先王之道。以敬天為本。奉天道以行之。人之奉先王之道。将以供天職也。人唯以天為本。以父母為本。先王之道。祭祖考配諸天。是合天与父母而一之。是謂一本。君者先王之嗣也。代天者也。故敬之。民者天之所以命我使治之者也。故敬之。身者親之枝也。故敬之。是先王之道所以敬天為本故也。先王之道。敬天為本。故君子之心。毋不敬。故経伝言恭敬。亦有不言所敬者焉。如居処恭。居敬而行簡。脩己以敬。是也。居云居処云者。如居仁之居。亦謂居身於敬也。宋儒之学。主理貴知。故其見六経言敬居多。而不得其説。則帰諸心。持敬之説。所以生也。蓋主理貴知者。不信鬼神。不敬天。以為天。理也。鬼神。陰陽之霊也。理在我。苟能尽理。則天在我矣。是其心既傲然不恭矣。以此而求敬之説。所以不得其解也。故徒持其心。不使出入。命之曰敬。夫持其心者亦心也。以心持心。両者交戦弗已。是浮屠之下焉者猶且所不為也。故徒欲持敬者。未有能成者矣。朱子晩悟其非。乃曰。有所畏而然。然未悟其主理貴知之非。則雖悟猶不悟。豈不哀哉。仁斎先生負英邁之資。抱特見之智。然其不知古文辞也。是以不能読六経。則不知敬天敬鬼神先王之道以此為本。故能知朱子持敬之非。而不自知其猶未離宋儒之域也。猶且傲然自高。独任其臆。而岐先王孔子之道而二之。是其論敬而曰徒謂敬民事者。所以有所不通也。豈不惜乎。学者察諸。

3 按経伝所言。有曰正其衣冠。尊其瞻視。儼然人望而畏之。曰斉明盛服。非礼不動者。此主宗廟朝廷之上行大礼言之。至於居不容。申申夭夭。則有不必然者焉。宋儒不知一張一弛之道。専務矜持。至於有不近於人情者焉。亦不知敬之本於敬天。而徒持其敬故耳。夫先王之道。敬天為本。詩書礼楽。莫不皆然。故学者苟識是意。則学習之久。自有不期然而然者。何必持為。若或以念念敬天言之。則亦与持敬何択也。

4 慎独者。謂務成徳於己也。大氐先王之道在外。其礼与義。皆多以施於人者言之。学者視以為道藝。而不務成徳於己者衆矣。故又有慎独之言。其見於伝者。唯大学中庸礼器有之。独者対人之名。慎者留心之謂也。言道雖在外。然当留心於在我者。而務成我之徳。是慎独之義也。本非敬之謂矣。又非有未発已発之説矣。宋儒之不知学聖人之道。而直欲学聖人也。見夫至誠無息。而急欲学之。遂立未発已発之目。欲其無間断。故有戒懼慎独之説。又其専求諸心也。故以独為人不知而我独知者。而急欲就一念之微以施其力。是皆杜撰妄説。先王孔子之道所無也。其意蓋以動容周旋中礼者為聖人。是豈足以為聖人哉。仮使其果為聖人。然其動容周旋所以中礼者。亦習以成徳。則有不期然而然者已。豈容直就心施其工哉。夫先王之教。如化工生物。習慣如天性。豈容力哉。宋儒之教。如工人作器。夫玉石土木。可攻以為器。心豈玉石土木之倫哉。故先王之教。唯有礼以制心耳。外此而妄作。豈不杜撰乎。是其未発已発戒懼慎独之説。自以為動静不遺精密之至。而終莫有遵其教以造聖人之域者。可以知已。

5 諸書又有恭敬連言者。亦其義相関故也。先王之道。敬天為本。故不敢自高。是恭敬所以連言故也。蓋堯舜之所以不敢軽視其下者。為天意不可知故也。天或誘其衷。則鯀驩兜。何必昔日之鯀驩兜哉。芻蕘之言。豈必出我下哉。孔子之不軽棄天下。亦天意之不可知也。故聖人之恭。敬天之至也。

6 荘。専主容。以臨下言之。上天照臨。日月星辰森如。為人上者法之。是荘也。

謙譲遜不伐一則

謙与恭相似。但恭不敢高也。有卑意。謙不敢当也。有退意。如陳子禽曰。子為恭也。則謙也。譲争之反。推以与人也。辞譲相似。辞者不受耳。遜不争也。有柔順意。多以出言言之。其言柔順。不与物忤也。如遜位揖遜則譲也。不伐者。有功而不伐其功也。皆盛徳之事也。君子学礼楽以成其徳。則和順積乎中而其英華発乎外者如此。夫不伐者。禹之徳也。譲者。堯舜泰伯之徳也。禹之功頼万世而不伐。大矣哉。堯譲舜。舜譲禹。正徳之道於是乎成。而万古帝王之道立焉。大矣哉。泰伯譲而文武之沢被一代。亦大矣哉。是皆非以一己之節也。非聖人其孰能之乎。自孟子好辯。帰重於舜禹之受。而堯舜之譲不明矣。悲哉。

勇武剛強毅五則

1 勇。亦聖人之大徳也。謂於天下之事無所懼也。蓋聖人之徳。挙其大者。仁智尽之矣。而又挙勇以参之者。以君子不可無武備也。故於経在商書。賛湯之徳。始有勇智之称。可以見已。周官有大司馬。六卿有事而出。皆為将軍。蔵兵於農。文射礼楽。男子生懸弧。三代君子皆帯劒。詩曰。文武吉甫。孔子曰。有文事者必有武備。

伝曰。国之大事。在祀与戎。豈不然乎。然君子者為将者也。其勇豈武夫兵卒之比哉。是其所以養勇成其徳者。必於仁。必於礼義。故孔子曰。仁者必有勇。子路問上勇則答以上義。又曰。勇而無礼則乱。晋選将。郤縠以敦詩書見選。伝曰。勇敢強有力者。天下無事。則用之於礼義。天下有事。則用之於戦勝。用之於戦勝則無敵。用之於礼義則順治。外無敵。内順治。此之謂盛徳。古之道為爾。及於子思作中庸。以知仁勇為三達徳。専用之於学問之道。是或一道也。戦国而後文武殊其術。秦漢而後文武殊其官。唐宋而後又殊其政。故今学者習以為常。謂武非逢掖之事。而古意隠矣。遂執子思之言。而謂儒者之勇専用之於学問者。是執一而廃百者也。学者察諸。

2 武以戡乱言之。戡乱不常有。故多言勇而不言武。

3 強勇相似。強弱之反。勇怯之反。強弱意広。而勇怯義窄。故子路問強者。勇也。大象曰。君子以自強不息。強者勉強也。上声為是。陸氏以為平声者。蓋古来以乾為聖人之徳。而其意謂聖人無所勉強故也。嗚呼聖人亦人耳。豈無所勉強哉。亦不知聖人已。且自強平声。不成言也。

4 剛柔之反。与強勇殊義。辟如木与金。木柔而金剛。至於水則至柔而物莫能与之争。是強也。非剛也。剛強之分。可以見已。朱子曰。勇者剛之発。剛者勇之体。孔子既以剛勇為六言之二。其為二徳者審矣。可謂妄已。蓋其為人果敢烈烈。不可干之。是剛也。如子房之勇。豈然乎。是可以知剛勇之辨也。如易剛柔以語卦爻之徳。而易之道尚玩其象。玩象以求之。所包甚広。故其所謂剛柔。不与它書同。宋儒混而一之。故有是失已。学者察諸。

5 毅亦剛之類。以其力有所堪言之。

清廉不欲一則

清者謂不為悪所汚也。如伯夷陳文子。可以見已。不欲者寡欲也。謂不汚財利也。廉者廉隅之義。故謂取舎分辨截然也。後世遂以不汚財利為廉。後世之廉。即古之不欲也。学者察諸。

節倹二則

1 節者礼義之節也。礼義皆有所限而不可踰越者。是之謂節。節之云者。守其限而不敢踰越也。大節者。乃謂礼義之大限也。皆道之目也。自有聖達節次守節之言。而後世遂有節士節婦之称。以命其人之徳已。

2 倹者節用也。如温良恭倹譲。宋儒誤以為聖人之威儀。遂謂倹不止節用者。非矣。蓋倹者仁人之道也。王者之大徳也。堯舜茅茨不剪。土階三尺。禹悪衣服。菲飲食。卑宮室。豈不然乎。孟子所謂仁民而愛物。蓋古言也。謂愛惜物也。因孟子又有愛牛之説。而宋儒誤以為慈愛之愛者。非也。数罟不入洿池。斧斤以時入山林。皆不暴天物之義也。若徒以慈愛言之。則孰若浮屠之戒殺乎。孟子所以仁術言之者。欲以誘斉王。其好辯之失。率如是耳。如礼与其奢也寧倹。亦謂節用也。観於今也純倹。可以見已。又曰。富而好礼。子路曰。傷哉貧也。生無以為養。死無以為礼也。曾子曰。国無道。君子恥盈礼焉。国奢則示之以倹。国倹則示之以礼。子思曰。有其礼無其財。君子弗行也。有其礼有其財無其時。君子弗行也。蓋礼必備物。貧則不可備矣。雖不貧。然節其用而不必盈礼。是倹也。必欲備物而侈其用。是奢也。後儒不知本諸古言。徒謂倹者不及之謂。而欲就礼争過不及。其論遂致弗通。学者察諸。

公正直三則

1　公者私之反。衆所同共。謂之公。己所独専。謂之私。君子之道。有与衆共焉者。有独専焉者。書曰。無偏無党。王道蕩蕩。無党無偏。王道平平。大学曰。平天下。中庸曰。天下国家可均也。論語曰。不患寡而患不均。又曰。公則説。是均平皆公也。内則曰。由命士以上。父子皆異宮。所以全其私也。論語曰。父為子隠。子為父隠。孟子曰。吾聞之也。君子不以天下倹其親。八議有議親。皆私也。是公私各有其所。雖君子豈無私哉。祇治天下国家貴公者。為人上之道也。故孔子曰。奉三無私以労天下。言聖人之法天道也。及於宋儒以天理之公人欲之私立説。則求之太深。幾乎無恩焉。仁斎先生譏之者是矣。然遂至欲併論語公字刪之。則亦懲羹吹韲之類已。学者察諸。

2　正者邪之反。循先王之道。是謂正。不循先王之道。是謂邪。如邪謀邪説。可以見已。辟諸規矩準縄。所以為正之器也。循規則円者正。循矩則方者正。循準縄則平直者正。先王之道。規矩準縄也。故循先王之道而後為正。曾子曰。吾得正而斃焉斯已矣。以大夫之簀非礼也。経解曰。礼之於正国也。猶衡之於軽重也。縄墨之於曲直也。規矩之於方円也。詩曰。其儀不忒。正是四国。孔子曰。其身正。不令而行。其身不正。雖令不従。皆以礼言之。後世理学興焉。舎先王之礼而以理言之。以理言之者。取其臆已。取其臆為正。是人自為正。可謂妄矣。易有中正。其義不与它書同。宋儒蓋混之。是其所以失也。又如大学正心。亦謂心一於礼為正。其書本説養老礼之義。方其行礼時。先有忿懥恐懼好楽憂患之事。則心不得一於礼。故曰心不得其正。養老飲食之礼。故曰食而不知其味。宋儒不知以礼解之。誤矣。仲虺之誥曰。以礼制心。古之道為爾。仁斎先生遂以大学正心為仏老之帰。皆不知古言故也。

3　直者曲之反。其於徳。謂伸己之義。不曲従人也。直道者謂不枉其道也。如三代之所以直道而行也者。謂無所低昂於道也。仁斎先生喜言直字。乃以不偽為直。倭人之陋也。蓋誤解父為子隠子為父隠直在其中矣。是葉公以訐為直。故孔子以隠言之。如史魚之直。豈無隠之義哉。挙直錯諸枉。是以積材之道為喩。材木以直為良。以枉為不良。故直以喩善人。枉以喩不善人。不爾。皐陶伊尹之徳。豈史魚之倫哉。孟子枉尺直尋。本語出処之義耳。仁人君子道大徳宏者。其所行乃有似枉似汚者。如孔子猟較。見陽貨。欲適仏肸公山不狃。皆然。後儒狭中小量。固執孟子之言。推諸一切。非矣。大氏直雖美徳。亦一徳也。如伯玉巻而懐之。其不必直者可知矣。

故君子悪挙一而廃百。

中庸和衷八則

1 中者無過不及之謂也。或以為道之名。或以為徳之名。或以為性之名。如舜用其中於民。湯建中於民。是道之名也。其解見君牙。曰民心罔中。惟爾之中。蓋天下之理以無過不及為其至。故人無賢知無愚不肖。惟中是求。自生民以来為然。然人殊其性。所見以性殊。人殊其居。所見以居殊。而中不定焉。天下之所以乱也。於是先王建中以為極。使天下之民皆由此以行焉。故極或訓中。是中也者聖人之所独知。而非衆人所能知也。凡先王之所建。礼楽徳義。百爾制度。是皆中也。是皆極也。然先王之所以為中者。亦非以己所見。故建夫不偏不倚無過不及精微之理。以強天下之民使従我所好也。亦非建斯極而使学者由是以求夫不偏不倚無過不及精微之理也。唯其以安天下為心。故建斯中以為極。使天下之人皆由此以行。然後天下可得而統一不乱耳。故先王之所建。莫非不甚高而人皆可勉強行之者焉。賢知者俯而就之。愚不肖者企而及之。是所謂中也。辟如建都。建諸東則西諸侯弗之便。建諸西則東諸侯弗之便。唯建諸中土。而後天下諸侯道路均矣。道路雖均矣。豈能一一均哉。雖不一一均矣。然亦不甚相遠。而人皆可勉強以至焉。故先王之道雖不遠人。而不可以不勉強者。中之謂也。祇先王之知大仁至。而其思之深遠。不唯図安於今。亦必養之成之以俾永安之弗傾也。其所為道。乃復有若迂遠而不近乎人情。幽眇乎不易識焉者。是聖人之所以為不可窺測也。後世儒者其智也小。其思也浅。而其操志也鋭。是以不能務遵先王之道。以成徳於己。成治於民。顧求以言語尽之。其如程朱二先生不偏不倚無過不及以極乎精微之至。仁斎先生唯取易行者為中。而有所択乎先王之道者。皆坐是病故也。

2 如曰中庸。中和。皆徳之名也。中庸者。謂不甚高而可常行者。如孝弟忠信是也。孔子時。礼楽不興。而民鮮有中庸之徳。故孔門之学。以中庸為要。辟諸行遠必自邇登高必自卑。所謂高明精微広大者。皆自中庸導之。故子思曰。道中庸。雖有中庸之徳。苟不学道。則不足以為君子。故孔子以民言之。又有小人之中庸及択中庸之文。戦国時。又有其材不及中庸之言。世俗流伝。雖非其本義。亦可以見古言已。如庸字。楽徳亦有祇庸。用之神祇者為祇。用之民者為庸。書所謂庸庸祇祇亦然。民功曰庸。豈不易之義哉。宋儒昧乎辞。務為精微之解。亦以命聖人之道。誤矣。

3 中和者。礼楽之徳也。周礼以礼教中。以楽教和。和者和順之謂也。先王之制礼。使賢者俯而就之。不肖企而及之。是中也。其制楽。八音五声。相和以相済。猶五味之和。以養人之徳。以感召天地之和気。亦率人情所悦。而和順以導之。以俾天下之人。和順道徳以成其俗。是和也。周礼又有楽六徳。孝友祇庸中和。是楽復兼有中和。蓋八音五声。相和相済。則自然無過不及之病也。如中庸曰。喜怒哀楽之未発。謂之中。発而皆中節。謂之和。亦中和相因焉。所謂中者性之徳也。人之稟質。本非若禽獣之偏。雖知愚賢不肖之有異。皆有相生相長相輔相養之心。運用営為之才。而随其所習。能移化之。猶如在中者之可以左可以右可以前可以後。故謂之中焉。如曰人受天地之中以生。亦是也。喜怒哀楽之未発者。謂方其生之初。侗然無知之時。既有是徳。而以見人之性所以能与先王之道相応故已。非謂其不偏不倚不与聖人殊也。謂之天下之大本者。乃謂聖人之建道。乃率人有是性而立之。天下万事莫不本焉已。発而皆中節者。謂礼楽之教。以養人之徳。故能使喜怒哀楽之発皆中節。而以見先王之道与人性相和順不悖已。故曰和也者天下之達道也。即率性之謂道意。非謂喜怒哀楽中節為和也。宋儒昧乎古言。又不知古之道。故其解皆誤矣。学者察諸。

4 如周礼六徳之和者。徳之名也。言人学以成徳。有此六徳之別也。如柳下恵之和。亦同。皆謂其与物相和順而不忤違也。以為司空之材者。司空掌水土百工之事。百工皆順金木皮革百物之性以作其器。故非巽順相入。能和物性。則不能掌其事也。

5 如曰允執其中者。謂行天子事也。古以執中為人君之道。故亦称行天子之事為執中。不爾。堯曰禹謨。文意皆不協矣。

6 如曰中養不中者。称美質為中。蓋世俗之言也。

7 曰時中者。謂以時進退求合礼義之宜也。与時措之宜同意。中去声。非中和中庸之中也。

8 衷者正也。書曰。上帝降衷於下民。若有恒性。又曰。天佑下民作之君。作之師。言天立君師。以表正其民。民順其教。則不失恒心也。降者如礼運降於祖廟。降於山川。降於五祀。内則后降徳於衆兆民之降。称君師之表正其民而帰之天者。如天叙天秩之天。奉天道以行之。古之道為爾。它如天誘其衷。与天奪之魄相反。其人忽悟為善。驚以為殆天意歟。故言天引之正也。折衷於孔子。亦取正於孔子也。謂以孔子之言為正也。

善良三則

1 善者悪之反。泛言之者也。其解見孟子。曰可欲之謂善。雖非先王之道。凡可以利人救民者。皆謂之善。是衆人之所欲故也。先王之道。善之至者也。天下莫尚焉。故至善者賛先王之道之辞也。又有以人言焉者。如曰惟善以為宝。曰善則得之。不善則失之。曰挙善而教不能。皆指善人言之。雖非聖人。然能立法定制。可以治国安民者。皆得称善人焉。

2 有対美而言者。美以其有光輝而可観言之。善以其当義合宜言之。如尽美尽善是也。皆以楽言之。旧説謬矣。如先王之道。斯為美。及孟子善信美大聖神。皆可以観其字義已。

3 良者謂無瑕疵也。以其材言之。如良相。良医。良材。良馬。三良。器之精良。可以見已。朱子解易直也。是見有易直慈良之字。安為之解已。果使良為易直。則古人何言易直慈良哉。又如良知良能者。謂人随其材質各有自然知能也。非指惻隠羞悪辞譲是非之心而言之。孟子既言惻隠羞悪辞譲是非之心。以明先王之道率人性立之。而又言此。以明不啻四端。人各随其材質所近。自然有所知能耳。皆所以語道之不遠人也。王氏不知之。乃立致良知工夫。専求諸己者。謬矣。

辨名上

辨　名　下

日本　物　茂卿　著

元亨利貞四則

1 元亨利貞者。卦徳之名也。諸儒以為天有斯四徳者謬矣。如乾為天。亦後人取其象云爾。其実乾自乾。天自天。豈可混乎。如曰易有天道焉。有人道焉。有地道焉。亦後人玩其象。則見易有三才之道耳。豈必天道哉。大氏易之為書。主占筮。故其設辞不与它書同。読之之道。亦不与它書同。曰観。曰玩。曰不可為典要。可以見已。故乾元亨利貞。当以易観之。不必引天道及聖人之道解之。至其用之。則以為天道亦可矣。以為地道亦可矣。以為聖人之道亦可矣。以為君子之道亦可矣。以為庶人之道亦可矣。故曰不可為典要也。元者。首也。如元首明哉。勇士不忘喪其元。牛曰一元大武。皆然。以君即位之年為元年。亦首之義。而首転為始也。乾坤二卦。為易之頭。故曰乾元坤元。以乾与坤為六十二卦之元也。故大哉乾元。至哉坤元。皆連乾坤以言之。亨利貞則否。可以見已。元者。善之長也。是引聖人之道為解。元者徳之名也。如一人元良是也。蓋謂君人之徳也。亦首象也。君人之徳。如堯之蕩蕩乎民無能名焉。是其至者也。以堯之允恭克譲。比諸舜之任智。禹之任功。則可以見君之所以為徳者矣。湯師伊尹。則亦不及伊尹。武王不及周公之多材多藝。下焉者則桓公不及管仲之仁。高祖不及三傑之能。而皆能為之君。是君人之徳別有之。而命之曰元已。然則何謂元也。書曰。元首明哉。謂能知人而任之也。其能知善人而任之。足以為衆善人之長。故曰元者善之長也。然善人難知。苟非躬安民之徳。則不能知之。故曰体仁足以長民也。是皆取義於元。而引而伸之。触類以長之者也。故以仁為元者非矣。人君之徳。不在知庶務。而在知善人。不在身親之。而在任善人。是知之大者也。故易伝皆訓元為大。為是故也。

2 亨者。謂其道盛行。無所擁閼也。元亨者。大者之道行也。小亨者。小者之道行也。辟如烹物。水火之気。莫所不達焉。辟如聘享之礼。講信脩睦之道。莫所不通焉。亨本聘享之享。借以言其通也。蓋聘享之礼行。而諸侯無不至者焉。通之盛也。後世誤音聘享之享為食饗之饗。然聘礼有享与饗。音同許両反。当時将何以別乎。故聘享之享。元亨之亨。皆許庚反。食享之享。乃許両反。其於文。聘享作亨。則食饗作享。聘享作享。則食饗作饗。聘享唯献璧馬。食饗則宴。故易曰。公用亨于天子。王用亨于西山。皆作亨。可以見已。

3 利有数義。如曰君子喩於義。小人喩於利。曰放於利而行。曰見利思義。皆謂営生而有所得。是財利之利也。如曰利用厚生。曰利器。皆謂善治其器。使軽便於用之。用亦器也。是鋭利之利也。如易曰利有攸往。利渉大川。皆謂作其事有成功。是吉利之利也。如利物。利天下。謂使其得益被沢。是利益之利也。故易亨利。其義相似。亨主其道之行言之。利主行其事有成功言之。是其異已。仮如以聘享言之。則藉此而諸侯和順。国被其福。是利也。故経文主受利者言之。而至於文言曰利物。則主施利者言之。利物者。利益万物。是仁也。必以義済之。而後物可得而利益。故曰利物足以和義。和者如五味相和之和。謂以異済同也。仁大矣。苟非義以差別之。則仁不可成焉。是文言皆以君子之道解易已。

4 貞者。存乎中者不変也。曰開物成務。曰成天下之亹亹。是卜筮之道。本在使人能勤其事不怠也。凡天下之事。人力居其半。而天意居其半焉。人力之所能。人能知之。而天意所在。則不能知之。不知則疑。疑則怠而不勤。怠而不勤。則併其人力不用之。事之所以壊也。故聖人作卜筮。以稽其疑。藉是而人得知夫天意所在。亹亹為之不已。事之所以成也。故曰成務。曰成亹亹。是之謂也。然其人存乎中者渝。則終亦怠已。故諸卦皆曰利貞。謂不変者之必成也。不恒其徳。或承之羞。孔子曰。不占而已矣。亦此意。它如変曰悔。不変曰貞。貞勝。貞観。貞明。貞夫一。及君子貞而不諒。及貞女之貞。皆不変之義也。又如伝多訓貞為正者。本謂位当為正。陽居陽位。陰居陰位。是也。陽居陰位。陰居陽位。如移魚鼈於山。植草木于河海。則必失其性已。凡天下之物。唯性不可変矣。故曰利貞者性情也。然物与位不当。必至於失其性。失性則変。不得為貞。是訓貞為正之義也。志不挫則百事皆可成。故文言曰。貞固足以幹事。亦以君子之道解易者也。元或為首。或為大。亨或為通。或為聘亨。利或以為我得其利。或以為利人。貞或以為不変。或以為当位。是易之不可為典要。所以与他書殊也。然至於後世儒者傳会以天道。又以仁義礼智配之。則牽強遷就。不成文意。妄亦甚哉。

天命帝鬼神十七則

1 天不待解。人所皆知也。望之蒼蒼然。冥冥乎不可得而測之。日月星辰繫焉。風雨寒暑行焉。万物所受命。而百神之宗者也。至尊無比。莫能踰而上之者。故自古聖帝明王。皆法天而治天下。奉天道以行其政教。是以聖人之道。六経所載。皆莫不帰乎敬天者焉。是聖門第一義也。学者先識斯義。而後聖人之道可得而言已。後世学者。逞私智而喜自用。其心敖然自高。不遵先王孔子之教。任其臆以言之。遂有天即理也之説。其学以理為第一義。其意謂聖人之道。唯理足以尽之矣。以此其所見。而曰天即理也。則宜若可以為其尊天之至焉。然理取諸其臆。則亦曰天我知之。豈非不敬之甚乎。故究其説。必至於天道無知而極矣。程子曰。天地無心而有化。豈不然乎。易曰。復其見天地之心乎。天之有心。豈不彰彰著明乎哉。故書曰。惟天無親。克敬惟親。又曰。天道福善禍淫。易曰。天道虧盈而益謙。孔子曰。獲罪於天。無所禱也。豈非以天心言之乎。仁斎先生駁宋儒者至矣。然其学猶之後世之学也。其言曰。以有心視之。則流于災異。若漢儒是也。以無心視之。則陥于虚無。若宋儒是也。可謂善為調停者也已。果其説之是乎。則天也者有心無心之間者也。可謂妄已。夫天之不与人同倫也。猶人之不与禽獣同倫焉。故以人視禽獣之心。豈可得乎。然謂禽獣無心不可也。嗚呼天豈若人之心哉。蓋天也者。不可得而測焉者也。故曰天命靡常。惟命不于常。古之聖人。欽崇敬畏之弗遑。若是其至焉者。以其不可得而測故也。漢儒災異之説。猶之古之遺矣。然其謂日食若何。地震若何者。是以私智測天者也。宋儒曰。天即理也者。亦以私智測天者也。仁斎先生所謂当求之於冥冥之中。自有陰隲之理者亦然。夫陰隲者天心也。豈可以理言之乎。故其説終帰於以有心無心之間命之。悲哉。

2 詩曰。維天之命。於穆不已。本言天之所以降大命於周者。雖深遠不可見。亦滾滾無所底止已。子思以至誠無息論天。是其所特発。古書所無。故借引此詩以為証。豈詩之本旨哉。宋儒弗之察。遂以為天道之本体。亦其所見為爾。夫誠者天之一徳。豈足以尽天哉。

3 朱子曰。陰陽非道。所以陰陽者是道。仁斎先生曰。陰陽非道。一陰一陽往来不已者是道。説卦伝曰。立天之道。曰陰与陽。是陰陽豈非道邪。夫聖人立陰陽為道。而二先生乃欲勝聖人而上之。豈不妄乎。以余観之。其所謂所以陰陽者。亦陰陽耳。往来不已者。亦陰陽耳。二先生皆岐精粗而二之。故皆曰陰陽非道。夫道無精粗。無本末。一以貫之。故子思以誠論之。且大伝所謂一陰一陽之謂道者。本語易道也。故又曰。闔戸謂之坤。闢戸謂之乾。一闔一闢謂之変。往来不窮謂之通。豈非易道邪。且天道豈可以一言尽乎。然古以福善禍淫論天道。而不及其他者。教之道為爾。諸老先生聖知自処。以知天自負。故喜言精微之理。古聖人所不言者。可謂戻道之甚者已。

4 宋儒曰。生死聚散。理為之主宰。是以知天自負者也。仁斎先生曰。天地之道。有生而無死。有聚而無散。死便生之終。散便聚之尽。天地之道一於生故也。是亦以知天自負者也。夫有聚有散者。其説必至於十二元会而極矣。一於生者。其説必至於今日天地即万古天地而極矣。是皆喜推己所見以言己所不見而求人之信己者也。夫孰信之哉。是皆自聖者也。不信古聖人者也。不敬天者也。夫天也者不可知者也。且聖人畏天。故止曰知命。曰知我者其天乎。而未嘗言知天。敬之至也。至於子思孟子。始有知天之言。然僅言人之性命於天。故以誠為性之徳。是已。孟子亦僅言知天之与善。是已。然二子知天之言一出。而後諸老先生囂然以言天。豈先王孔子敬天之意乎。亦二子好辯之流弊也。易伝有統天御天之文。皆称帝云爾。先天而天弗違。後天而奉天時。皆賛聖人之徳云爾。大氏後世君子。既已傲然求為聖人。亦復不知古文辞。不能読古書。皆遷就以従己故爾。学者思諸。

5 命者。謂天之命於我也。或以有生之初言之。或以今日言之。中庸曰。天命之謂性。是以有生之初言之者也。書曰。惟命不于常。是以今日言之者也。仁斎先生引子夏孟子之言。必以命定於有生之初者非矣。殊不知子夏孟子。皆以在彼者為天。以至于是者為命。其実則命是天之所命。天与命豈可岐乎。因是而遂以五十而知天命為知天与命。豈有是乎。且孟子所謂莫之致而至者。亦以貧賤言之耳。孔子曰。富与貴。是人之所欲也。不以其道得之不処也。貧与賤。是人之所悪也。不以其道得之不去也。是得富貴之道仁。而得貧賤之道不仁也。君子行仁以致命。故書曰。祈天永命。易曰。致命遂志。又曰。正位凝命。唯君子無致貧賤之道。故孟子云爾。

6 仁斎先生曰。何謂知命。安而已矣。何謂安。不疑而已矣。本非有声色臭味之可言。蓋無一毫之不尽。処之泰然。蹈之坦然。不弐不惑。方謂之安。方謂之知。豈見聞之知哉。伊川云。知命者。知有命而信之也。此視知字太浅。所謂知命者。処乎死生存亡窮通栄辱之際。泰然坦然。煙銷氷釈。無一毫動心。而後謂之知命。所謂知有命而信之。是不待君子而能知之。是仁斎先生得意之言也。然以予観之。亦与伊川何択也。祗敷衍其言与否之異耳。且孔子所謂不知命無以為君子也者。本謂知天之命我以此道也。先王之所以安民為心立斯道者。亦以知天命也。故非知此則無以為君子也。宋諸老先生忘先王之道以敬天安民為本。而専求諸己。遂陥於荘周内聖外王之説。自爾以来。雖有俊民。迷而不悟。如仁斎先生之聡敏。亦為其餘習所痼。故究其所見。豈与達磨恵能相遠哉。可惜之至。

7 孔子五十而知天命。知天之命孔子伝先王之道於後也。孔子又曰。下学而上達。知我者其天乎。是孔子自言我能下学而上達。故天命我以伝道之任者。為知我也。它如儀封人言亦爾。孔子学先王之道。以待天命。五十而爵禄不至。故知天所命。不在行道当世。而在伝諸後世已。不爾。孔子知天命。何待五十乎。後儒之解。不能直斥其事。而徒論其心。如仁斎先生不疑而已矣。安而已矣。是也。嗚呼。聖人之心。安可窺乎。且如仁斎之説。徒言不以名利動其心已。嗚呼不以名利動其心。豈足以尽聖人乎。亦以己心窺聖人已。陋哉僭哉。僭哉陋哉。

8 帝亦天也。漢儒謂天神之尊者。是古来相伝之説也。宋儒曰。天以理言之。帝以主宰言之。其意以理為主宰。則帝天何別。亦難其解已。蓋上古伏羲神農黄帝顓頊帝嚳。其所制作。畋漁農桑衣服宮室車馬舟楫書契之道。亘万古不墜。民日用之。視以為人道之常。而不復知其所由始。日月所照。霜露所墜。蛮貊夷狄之邦。視傚流伝。莫不被其徳。雖万世之後。人類未滅。莫之能廃者。是其与天地同功徳。広大悠久。孰得而比之。故後世聖人。祀之合諸天。名曰帝。如月令所載五帝之名是也。夫人死。体魄帰於地。魂気帰于天。夫神也者不可測者也。何以能別彼是乎。況五帝之徳。侔于天。祀以合之。与天無別。故詩書称天称帝。莫有所識別者。為是故也。如堯舜以下。作者七人。既祀之学。万世不替。而五帝之徳若是之大。豈泯泯乎不祀。先王之道。断乎不然矣。所謂祀其始祖。配諸所自出之帝者。即五帝也。即上帝也。可知已。至於漢儒以上帝為天神之尊者。又就五帝別五行之神与人帝。則臆説耳。大氐古之礼。祀后土。以禹配。祀祖先。既立主。又立尸。祀天亦然。是先王之道。合天人而一之。故伝曰。合鬼与神。教之至也。制礼之意如是夫。且帝之名奚昉也。若是天子之名。而推以命諸天。則先王尊天之至。必不敢。若是天之名。而推以命諸天子。則先王之恭。必不敢。以此観之。帝是五帝。合諸天也。尊聖人之至。豈不然乎。

9 鬼神者。天神人鬼也。天神地示人鬼。見周礼。古言也。不言地示者。合天神言之。凡経伝所言皆然。後世所以鬼属陰神属陽者。以易有之也。是不知易者也。古人有疑。問諸天与祖考。蓍亀皆伝鬼神之命。是易所以言鬼神也。後儒乃謂稟命蓍亀。蓍亀雖霊。亦白羲大王耳。聖人而豈若是其陋乎。是義不明。遂以易鬼神為陰陽之霊。造化之迹。外人鬼而為言。謬之甚者也。

10 仁斎先生曰。凡天地山川宗廟五祀之神。及一切有神霊能為禍福者。皆謂之鬼神也。得之。祇沿宋儒之謬。而不能正鬼神之名。非也。又曰。今之学者以風雨霜露日月昼夜為鬼神者誤矣。亦得之。然是皆神之所為也。故伝曰。神気風霆。説卦曰。神也者妙万物而為言者也。下文遂言雷風火沢水艮。可以見已。

11 鬼神之説。所以紛然弗已者。有鬼無鬼之辨已。夫鬼神者聖人所立焉。豈容疑乎。故謂無鬼者。不信聖人者也。其所以不信之故。則以不可見也。以不可見而疑之。豈翅鬼乎。天与命皆然。故学者以信聖人為本。苟不信聖人。而用其私智。則無所不至已。

12 凡言鬼神者。莫善於易焉。其言曰。仰以観於天文。俯以察於地理。是故知幽明之故。原始反終。故知死生之説。精気為物。游魂為変。是故知鬼神之情状。是三者皆賛易之言也。人皆知其言鬼神。而不知賛易。乃舎易為之解。故失其義已。蓋易者。伏義仰観俯察以作之。前無所因。直取諸天地。是在礼楽未作之先也。幽明之故者。謂鬼神与人之礼也。不曰礼而曰故。猶故実之故。謂上世相伝者也。堯舜未制礼之前。蓋已有其故。堯舜亦因之制作耳。学者苟明易。則知所以制作之意。取諸天地。故曰知幽明之故。宋儒乃謂知人与鬼神所以然之理者。非也。原始反終者。亦易道為然。始則終。終則始。循環無端。易者所以知来也。故原其始以反之於其終。故知来。学者苟能原人之始。以反之於其終。則知幽明之礼之説也。死生幽明。互其文耳。説猶云禘之説。故亦謂礼之説也。夫人受天地之中以生。詩曰。天生烝民。是也。故聖人作事鬼之礼。亦原始以反之於終而帰諸天。故詩曰。文王陟降。在帝左右。人死復。則升于屋。祭有降神。凡伝謂某神降於某者。皆在天之辞也。聖人功徳如天。故配之天。群下則不配已。孔子曰。敬鬼神而遠之。祭雖妻拝之。凡事死如事生。語其心。而礼則殊者。皆以其帰諸天也。惟天也不可知矣。惟鬼神也不可知矣。詩曰。神之格思。不可度思。矧可射思。伝曰。於彼乎。於此乎。礼或求諸陽。或求諸陰。皆謂其不可知也。敬之至矣。天邪鬼邪。一邪二邪。是未可知也。故聖人制礼。雖曰帰諸天。亦未敢一之。敬之至矣。教之術也。自仏氏以諸天餓鬼及地獄天堂之説溷之。而後人始軽視天与鬼神也。鬼神有無之説。所以興焉。宋儒見聖人尊天之至也。乃陰以法身如来擬之。而謂天理也。而其軽視鬼神自若焉。仁斎先生則固執遠之之言。而欲一切棄絶鬼神。皆不知以先王之礼之意求諸易故也。精気為物。游魂為変者。即所謂幽明之故。死生之説也。鬼神之情状。祭則聚。聚則可見。不祭則散。散則不可見。不可見則幾乎亡矣。精気為物。謂聚若有物也。游魂為変。謂魂気游行為厲也。立之壇墠。立之宗廟。祭祀以奉之。儼然如在。是謂為物。然其祭之也。曰迎之。曰送之。曰於彼乎。於此乎。是豈必其在于此哉。亦聖人立其物耳。是雖言鬼神。然易亦有之。大伝又曰。乾陽物也。坤陰物也。六十二卦。孰非陰陽。聖人特立之物曰乾坤。天地位而造化行。乾坤立而易道行。乾坤毀。則無以見易。鬼神之道亦然。故伝曰。明命鬼神。以為黔首則。聖人之立其物也。是教之術也。故知易則知鬼神之情状也。聖人能知鬼神之情状。故立幽明生死之礼。是又仰以観天文以下。其義所以相因者爾。京房易有帰魂遊魂之卦。是游魂為変。亦易有其義。而古来相伝也。後儒不就先王之礼与易以求知鬼神之情状。而直求諸鬼神。豈能知之哉。多見其不知量也已。

13 鬼神之徳。中庸以誠言之。左伝以聡明正直言之。其言雖殊。其義一矣。皆謂其無思慮勉強之心也。天地無思慮勉強之心。故必待聖人参賛而後天地位万物育。鬼神無思慮勉強之心。故必待聖人為之礼立之極。而後游魂不為変。

14 易又曰。聖人以此洗心。退蔵於密。吉凶与民同患。是言卜筮者也。君陳曰。爾有嘉謀嘉猷。則入告爾后于内。爾乃順之于外曰。斯謀斯猷。惟我后之德。嗚呼臣人咸若時。惟良顯哉。夫聖人豈無嘉謀嘉猷。然洗其心退蔵於密。乃順之于外曰。是鬼神之命也。洗其心者。悉致諸鬼神。而不敢留以為己謀猷也。密者。謂不洩于外也。是其意吉凶与民同患故也。其仁至矣哉。鬼神合謀。吉無不利。其知至矣哉。

15 仁斎先生曰。三代聖王之治天下也。好民之所好。信民之所信。以天下之心為心。而未嘗以聡明先于天下。故民崇鬼神則崇之。民信卜筮則信之。故其卒也又不能無弊焉。及至于孔子。則専以教法為主。而明其道。暁其義。使民不惑於所従焉。孟子所謂賢於堯舜遠矣。正謂此耳。是其臆度之見。盭道之甚者也。何則。鬼神者先王立焉。先王之道。本諸天。奉天道以行之。祀其祖考。合諸天。道之所由出也。故曰。合鬼与神。教之至也。故詩書礼楽。莫有不本諸鬼神者焉。仁斎之意。蓋謂三代聖王。其心亦不尚鬼神。唯以民所好。而姑且従之。妄哉。是不知道者之言也。是或見孔子猟較之類。妄作是言耳。夫雖聖王。其即位之初或然。及其化之成也。如陶鋳以出之。果其言之是乎。則聖王之於民。亦不能若之何已。聖人之道。豈若是孱哉。且三代之道。所以謂之有弊者。乃謂其所損益已。夫聖王之尊鬼神。三代皆然。若謂之有弊。則其所因者為有弊也。果使所因者有弊。則安在其為聖人哉。観於王安石三不畏。則其所謂明其道暁其義者。豈無弊哉。且其所謂孔子以教法為主者。以口諄諄言之為教已。陋哉。是講師之事也。豈孔子而若是哉。且其言曰。明其道。暁其義。使民不惑於所従焉。其言則是。而其意則非矣。若使明先王之道。暁先王之義。一意従先王之教。而無他岐之惑。則可也。然先王之教。礼焉耳。今不遵先王之礼。而欲以言語明其理。則君子尚不能。況民而戸説之。使喩其理不惑於鬼神。是雖百孔子亦所不能也。乃其為理学所錮。而不自覚其言之非者。豈不悲乎。漢以来。仏老之道満天下。而莫之能廃者。先王鬼神之教壊故也。是豈理学者流所能知哉。

16 仁斎先生又曰。卜筮之説。世俗所多悦。而甚害於義理。何者。従義則不必用卜筮。従卜筮則不得不舎義焉。義当生則生。義当死則死。在己而已。何待卜筮而決之也。君子去就進退。用舎行蔵。惟義所在。奚問利不利為。夫卜筮者。伝鬼神之言者也。無鬼神則無卜筮。有鬼神則有卜筮。既以尊鬼神為非孔子之意。則廃卜筮亦其所也。祇観其所言。専以己言之。是予所謂後儒忘先王孔子之道為安民之道。而動求諸己者。豈不然乎。宋儒謂当言義。而命不足道。則仁斎先生譏之。至於其自為説。則亦唯言義而已。乃問其知命之説。則唯以不動心言之。孟子所闢楊氏為我者。豈它哉。大氐後儒貴知。主言之。先王孔子之道不然。主行道施於民。大氐民之為事。疑沮於天之不可知者。人情為爾。故卜筮禱請。亘万古而不能廃者。亦人情為爾。聖人能尽人之性。故率人之性。立以為道。

豈為己而設之乎。学者其思諸。

17 孟子有天吏。乱世之辞也。天下有君。則人以君為天。唯君奉天命以行之。天下無君。則無所稟命。故君子直奉天命。是謂天吏。如湯伐桀。武王伐紂。皆称天。即此義也。故孔子時尚不称之。六経唯胤征有天吏。乃指羲和。以其為天官故也。不爾。逸徳不可解。旧注以為天子之吏者非矣。

性情才七則

1 性者。生之質也。宋儒所謂気質者是也。其謂性有本然有気質者。蓋為学問故設焉。亦誤読孟子。而謂人性皆不与聖人異。其所異者気質耳。遂欲変化気質以至聖人。若使唯本然而無気質。則人人聖人矣。何用学問。又若使唯気質而無本然之性。則雖学無益。何用学問。是宋儒所以立本然気質之性之意也。然胚胎之初。気質已具。則其所謂本然之性者。唯可属之天。而不可属於人也。又以為理莫有所局。雖気質所局。実有所不局者存。則禽獣与人何択也。故又帰諸正通偏塞之説。而本然之説終不立焉。可謂妄説已。書曰。惟人万物之霊。伝曰。人受天地之中以生。詩曰。天生烝民。有物有則。民之秉彝。好是懿徳。孔子釈之曰。有物必有則。民之秉彝也。故好是懿徳。文言曰。利貞者性情也。大伝曰。成之者性。是皆古人言性者也。合而観之。明若観火。蓋霊頑之反。然亦非宋儒虚霊不昧之謂。中偏之対。然亦非宋儒不偏不倚之謂。皆指人之性善移而言之也。辟諸在中者之可以左可以右可以前可以後也。物者

謂美也。美必倣效。是人之性也。是亦言其善移也。孔子又曰。上知与下愚不移。亦言其它皆善移也。貞者不変也。謂人之性不可変也。成之者性。言其所成就各随性殊也。人之性万品。剛柔軽重。遅疾動静。不可得而変矣。然皆以善移為其性。習善則善。習悪則悪。故聖人率人之性以建教。俾学以習之。及其成徳也。剛柔軽重。遅疾動静。亦各随其性殊。唯下愚不移。故曰民可使由之。不可使知之。故気質不可変。聖人不可至。而虞九徳。周六徳。各以其性殊。豈不然乎。先王之教。詩書礼楽。辟如和風甘雨。長養万物。万物之品雖殊乎。其得養以長者皆然。竹得之以成竹。木得之以成木。草得之以成草。穀得之以成穀。及其成也。以供宮室衣服飲食之用不乏。猶人得先王之教。以成其材。以供六官九官之用已。其所謂習善而善。亦謂得其養以成材。辟諸豊年之穀可食焉。習悪而悪。亦謂失其養以不成。辟諸凶歳之秕不可食焉。則何必求変其気質以至聖人哉。是無它。宋儒不循聖人之教。而妄意求為聖人。又不知先王之教之妙。乃取諸其臆。造作持敬窮理拡天理去人欲種種工夫。遂以立其本然気質之説耳。仁斎先生活物死物之説。誠千歳之卓識也。祇未知先王之教。区区守孟子争辯之言。以為学問之法。故其言終未明鬯者。豈不惜乎。

2 孔子曰。性相近也。習相遠也。本勧学之言。而非論性者焉。蓋言君子与民。方其未学。不甚相遠。及習先王之道。以成君子之徳。而後見其於民有霄壌之異耳。故其所謂性相近者。亦語中人已。

中庸曰。率性之謂道。本為老氏之徒以先王之道為偽。故子思言先王率人性以立道。非強之耳。亦非謂率性則自然有道也。孟子性善。亦子思之意耳。観其曰。服堯之服。誦堯之言。行堯之行。是堯而已矣。則所謂人皆可以為堯舜者。亦非謂聖人可学而至矣。曰仁義礼智根於心。則所謂性善。亦非謂人性皆与聖人同矣。祇如告子杞柳之喩。其説甚美。湍水之喩。亦言人之性善移。孟子乃極言折之。以立内外之説。是其好辯之甚。遂基宋儒之謬焉。其与荀子性悪。皆立門戸之説。言一端而遺一端者也。子雲善悪混。退之性有三品。豈悖理哉。至於蘇子瞻無善悪。則仏氏之意矣。欧陽子謂性非聖人所先。卓見哉。仁斎先生釈孟子性善而曰。人之生質。雖有万不同。然其善善悪悪之心。無古今無聖愚一也。可謂善説孟子已。然雖有善善悪悪之心。豈必可使為善乎。其人必曰。吾雖好好色。未能為宋朝。則亦何益哉。苟能信先王之道。則聞性善益勧。聞性悪益勉。苟不信先王之道。則聞性善自用。聞性悪自棄。故荀孟皆無用之辯也。故聖人所不言也。其病皆在欲以言語喩不信我之人。使其信我焉。不唯不能使其信我。乃啓千古紛紛之論。言語之弊。豈不大乎。学者猶且不能求諸先王之教。而唯議論是務。悲哉。

3 楽記曰。人生而静。天之性也。宋儒本然復性之説本諸。石梁王氏。及仁斎先生。皆以為老氏之意。而非孔門之言也。蓋楽者理性情之道也。先王之教。能養人性以成其徳者。莫尚焉。且其為教。無義理之可言。無思慮之可用。不識不知。順帝之則。故性情之説。古唯詩与楽有之。喜怒哀楽。亦人之所必有者也。然其動之偏勝而不中節。則必至傷中和之気。以失其恒性。徳之所以難成也。故立楽以教之。性者人之所受天。所謂中是也。故以其嬰孩之初。喜怒哀楽未用事之時言之。所謂人生而静者是也。是非謂必求復嬰孩之初也。又非謂以静虚為至也。為楽能制其躁動。防其過甚。故以其未甚時言之耳。如中庸未発之中。亦非以未発之時為大本為施功之地。但謂人之性。稟天地之中。故先王之道。率人性以立之耳。後儒不知古言。不知古文辞。又不知先王之教之術。妄以為本然之徳。務以義理説之。遂成宋儒之陋。王氏伊藤氏又拠宋儒之解而読古文辞。譏其非孔門之言者何邪。大氏性与習不可得而別者也。故古者語性。多以嬰孩之初言之耳。豈以嬰孩為貴哉。又如孟子曰。大人者不失其赤子之心者也。亦宋儒復初之説所本也。殊不知大人乃大舜之誤耳。

4 仁義礼智為性。昉於漢儒。而成於宋儒。縁五行之説也。然孟子亦曰。君子所性。仁義礼智根於心。又曰。口之於味也。目之於色也。耳之於声也。鼻之於臭也。四肢之於安佚也。性也。有命焉。君子不謂性也。仁之於父子也。義之於君臣也。礼之於賓主也。智之於賢者也。聖人之於天道也。命也。有性焉。君子不謂命也。是其所祖述也。仁斎先生務言仁義礼智之非性也。可謂善獲孟子之意已。孟子固以仁義礼智根於心為性。非以仁義礼智為性。然其説本出於争内外立門戸焉。観其与告子争之。議論泉湧。口不択言。務服人而後已。其心亦安知後世有宋儒之災哉。是其褊心之所使。乃有不能辞其責者矣。夫仁智徳也。礼義道也。皆先王之所立也。孟子亦謂先王率人性以立道徳已。仁斎先生以四者為徳。亦非矣。

5 情者。喜怒哀楽之心。不待思慮而発者。各以性殊也。七情之目。医書曰。喜怒憂思悲驚恐。此就其発於五蔵者立之名。儒書曰。喜怒哀懼愛悪欲。或止言喜怒哀楽四者。此皆以好悪両端言之。大氏心情之分。以其所思慮者為心。以不渉思慮者為情。以七者之発不関乎性為心。関乎性者為情。凡人之性皆有所欲。而渉思慮則或能忍其性。不渉思慮則任其性所欲。故心能有所矯飾。而情莫有所矯飾。是心情之説也。凡人之性皆有所欲。而所欲或以其性殊。故七情之目。以欲為主。順其欲則喜楽愛。逆其欲則怒悪哀懼。是性各有所欲者見於情焉。故如曰情欲。曰天下之同情。皆以所欲言之。性各有所殊者亦見於情焉。故如曰万物之情。曰物之不斉。物之情也。皆以性所殊言之。又如孟子曰。是豈人之情也哉。直以為性。又如曰訟情。曰軍情。曰用其情。皆以其不匿内実言之。所謂訓実是也。亦以情莫有所矯飾故転用耳。且訟情軍情。亦各有一種態度。而得之則瞭然者。亦如情以性殊。故有是言焉。自宋儒以性為理。而字義遂晦。性情之所以相属者。不得其解。至於仁斎先生而後始明矣。

6 仁斎先生曰。於心則曰存曰尽。於性則曰養曰忍。志則曰持曰尚。若情与才。皆不必用工夫。先儒有約情之語。非也。是其人専守孟子。而不知先王礼楽之教。故以為情不理可也。観其論顔子不遷怒而曰。舜殛四凶。猶当有餘怒。豈不然乎。夫情者不渉思慮者也。楽之為教。無義理之可言。無思慮之可用。故理性情以楽。是先王之教之術也。豈理学者流所能知哉。伊川先生所謂約情而適中。其言豈非哉。然亦不知所以約之之方。而欲就情上用功則過矣。

7 才材同。人之有材。譬諸木之材。或可以為棟梁。或可以為杗桷。人随其性所殊。而各有所能。是材也。如孟子所謂非才之罪。天之降才。不能尽其才。皆謂性也。仁斎先生訓性之能。為是。如高陽氏有不才子。則如云棄材也。謂其不可用也。又有唯訓能者。如周公多材多藝。盆成括小有才。是也。後世才字。皆唯訓能耳。

心志意九則

1 心者。人身之主宰也。為善在心。為悪亦在心。故学先王之道以成其徳。豈有不因心者乎。譬諸国之有君。君不君則国不可得而治。故君子役心。小人役形。貴賤各従其類者為爾。国有君則治。無君則乱。人身亦如此。心存則精。心亡則昏。然有君而如桀紂。国豈治哉。心雖存而不正。豈足貴哉。且心者動物也。故孔子曰。操則存。舎則亡。出入無時。莫知其郷。惟心之謂与。是言雖操則存。操之不可久。不得不舎。舎則亡。操之無益於存也。何則。心者不可二者也。夫方其欲操心也。其欲操之者亦心也。心自操心。其勢豈能久哉。故六経論語。皆無操心存心之言。書曰。以礼制心。是先王之妙術。心不待操而自存。心不待治而自正。挙天下治心之方。莫以尚焉。後世儒者僅知心之可貴。而不知遵先王之道。妄作種種工夫。求以存其心。謬之大者也。学者思諸。

2 孔子曰。依於仁。又曰。其心三月不違仁。是孔子教学者。使其心常依於先王安民之徳。不相違離也。又曰。択不処仁。焉得知。言居其心於仁也。其言雖殊。其義実同。蓋皆古語也。夫仁者先王所以制礼也。苟為礼而不知礼之所以制。則徳難成焉。然当三代之隆。士学而成。則挙而用之。一世之人。游泳於先王之仁。黙而識之。豈有不依焉者哉。及於春秋之時。大夫世官。賢者不用。先王之仁。遠而不可見。則士之学先王之道独善其身者。比比皆是。於是乎遂忘其仁。而徒以為藝。徳之所以難成也。故孔子教以依於仁。亦衰世之意也。豈出於礼之外哉。然先王之仁不可見者。其在今世。亦甚於春秋之時。則仁礼二言。永為千万世治心之道也。学者思諸。

3 存心之説。昉於孟子。対放心言之。宋儒持敬所祖。然究孟子之意。亦其性善之説已。何則。其所謂心者。謂惻隠羞悪辞譲是非之心也。放心者。謂学者不察仁義礼智根於心遂失之也。故曰放曰求。皆論説之辞。而非若宋儒所言者焉。宋儒以為工夫。可謂謬已。仁斎先生辨之是矣。

4 本心亦出於孟子。観其以郷与今対言。其意但謂其初時之意耳。宋儒以為心之本然。仁斎先生以為良心。皆不知辞者已。

5 惻隠羞悪辞譲是非之心為四端。端猶言一端也。亦謂其微者已。朱子以為端緒。其意謂仁義礼智全於性。而四者乃其端緒発見於外也。是仏書覆蔵心之説耳。仁斎先生以為端本。其意拠孟子拡充之言。而謂有引而伸之意。豈然乎。孟子亦曰。養性。是自有先王教法。養以成其徳已。如其拡充之言。亦如曰天昭昭之多也。論説之言為爾。雖孟子豈必求拡充四端之心以成仁義礼智哉。而固泥其拡充之言。以此為工夫。遂有端本之説。亦非矣。

6 宋儒曰。聖人之心。如明鏡止水。是不知心之為動物。仁斎先生駁之者是矣。又曰。廓然大公。物来順応。是或一道也。如不逆詐。不億不信。亦是意。然専以此為至。則亦明鏡止水之見耳。如虚受人。亦以受人言納人諫時言之。虚者謂虚其心而不有一物也。豈語其常哉。仁斎先生以無私心為虚。亦非矣。仮使無私心。当其受人言。先有所見横其胸中。則必不入。故当其受人言。則必心不有一物。是其道也。豈無私心之謂乎。

7 孟子曰。尽其心者知其性也。是謂尽其心力以思之耳。正与梁恵王所謂寡人之於国也。尽心焉耳矣同意。言但人不思耳。思之則能知性之善。知性之善則知天道之与善。孟子本意。不過若是矣。宋儒不識先王教法。故就論語孟子字面。以求学問之方。遂謂尽心者尽心之量也。妄哉。豈有所謂心之量者乎。仁斎先生曰。謂拡充四端之心而至于其極也。果其言之是乎。則当曰知其性者尽其心也。其言之倒置。豈非強乎。亦欲為聖人故耳。

8 志者心之所之。此説文之訓也。是以字偏傍為説。字学家之言耳。仁斎先生曰。心之所存主也。得之。医書腎蔵精与志。亦可見

必不可若是。是謂之理。凡人欲為善。亦見其理之可為而為之。欲為悪。亦見其理之可為而為之。皆我心見其可為而為之。故理者無定準者也。何則。理者無適不在者也。而人之所見。各以其性殊。辟則飴一焉。伯夷見之而曰。可以養老。盗跖見之而曰。可以沃枢。是無它。人各見其所見。而不見其所不見。故殊也。故理苟不窮之。則莫能得而一焉。然天下之理。豈可窮尽乎哉。惟聖人能尽我之性。能尽人之性。能尽物之性。而与天地合其徳。故惟聖人有能窮理而立之極。礼与義是也。故説卦所謂窮理者。聖人之事。而凡人之所不能也。故先王孔子之道。言義而不言理。是豈廃理哉。苟能執先王之義以推其理。則所見有定準而理得故也。理者人所皆見。故不待言之也。老荘之徒盛言理者。廃先王之道故也。貴自然故也。孟子亦好辯。而欲言先王孔子之所不言者以喩人。故曰。理義之悦我心。猶芻豢之悦我口。但其以義連言者。孔子之沢未斬耳。及至宋諸老先生生於千載之後。其操志之鋭。直求為聖人而不得其道也。味於古言而不得其説也。独喜孟子之若易読。而求諸己心。則不得不求諸其理焉。是其以理為第一義者。勢之所必至也。夫理者事物皆有之。故理者繊細者也。宋儒之意。謂合其細可以成其大矣。豈其然哉。銖銖而求之。至鈞而差。寸寸而求之。至丈而差。何者。凡人所見者小。而聖人所見者大也。所見者大。則小者不遺。聖人之所以不可及也。人苟循聖人之教而得其大者。則小者自不失焉。其或雖失之亦無大害焉。何則。不失其大者故也。大者何。礼与義已。

9 意者謂起念也。人之不可無者也。雖聖人亦爾。如子絶四毋意。本以孔子行礼言之。孔子之心。与礼一矣。故当其行礼。若全不経意然。是形容其動容周旋中礼者爾。後儒不識語意所在。或謂無私意。或謂聖人盛徳之至自無往来計較之心也。皆泥矣。如大学誠意。乃以好悪言之。意之誠。格物之功效也。朱註以来。皆不解文意。

思謀慮二則

1 思者思惟也。論語曰。学而不思則罔。子夏曰。切問而近思。中庸曰。博学之。審問之。慎思之。明辨之。篤行之。管子曰。思之思之。思之而不通。鬼神将通之。是学問之道。思為貴也。洪範曰。思曰睿。睿作聖。是聖人之徳。以其善思也。孟子曰。心之官則思。是人之所以為人。亦以其能思已。後儒之無深遠之思。乃以三思為大過。妄哉。

2 慮亦思之精也。有委曲詳悉意。多以処事言之。故亦有危懼意。然如曰士四十始仕。出謀発慮。謀以方略言之。慮主我心言之。謀者有所営為也。或為人謀。或就人謀。皆必有所営為之事。而論定其所以処置之方法也。如嘉謀嘉猷及出謀。皆指其所処置之術言之。孔子曰。好謀而成。則聖人之貴術也。自後世詐謀詐術之説興。而儒者諱言術字。遂務欲説其理以喩人。拙哉。

理気人欲五則

1 理者。事物皆自然有之。以我心推度之。而有見其必当若是与是也。聖人之所立極也。宋儒之尚理。其究帰於不師聖人而自用。是其所以失也。故雖不学之人。苟能思。則不為非理之事。若夫非礼之礼。非義之義。則非君子不能辨之者。不学故也。世之為宋儒者。猶且不以為然。必将曰。礼義者誠聖人所立也。然苟不知聖人所以立礼義之理。而徒守其所謂礼義者。則非礼之礼非義之義所由生焉。是宋儒務窮理之意云爾。殊不知是其欲勝聖人而上之者。亦不自揣之甚者焉。何也。是不循聖人之教。而先欲獲聖人之心者也。天下豈有之哉。聖人之教。詩書礼楽。習而熟之。黙而識之。則聖人所以立礼義之理。亦可得而見之已。然人之知。有至焉。有不至焉。安可強也。其知不至焉者。則孔子曰。民可使由之。不可使知之。是雖聖人亦不能使皆知也。今必欲使学者先知其理而後行之。則亦欲使学者人各操聖人之権也。是安用夫聖人哉。故窮理之失。必至於廃聖人也。仁斎先生曰。道以所行言。活字也。理以所存言。死字也。聖人見道也実。故其説理也活。老氏見道也虚。故其説理也死。又曰。道本活字。所以形容其生生化化之妙也。若理字本死字。従玉従里。謂玉石之文理。可以形容事物之条理。而不足以形容天地生生化化之妙也。此等議論。皆如痴人説夢。夫道者聖人所立。豈容以見道言乎。又豈容与老氏対言乎。夫道者所以安民也。又豈容以生生化化言乎。理従玉従里。亦倉頡制字時。且以此便記憶耳。豈容泥乎。且道亦本諸道路。豈有死活乎。祇道主行之。理主見之。老荘及宋儒皆主其所見。故喜言理耳。若以死活為説。則老荘亦言道徳。其謂之何。要之理豈容廃乎。苟遵聖人之教。以礼義為之極。則理豈足以為病乎。仁斎先生可謂懲羹吹韲已。学者思諸。

2 気古不言之。然論説之言則或言之。如易伝曰。陽気潜蔵。礼記曰。天地之盛徳気也。尊厳気也。是也。理気対言者。乃昉自宋儒矣。其意謂陰陽之化。往者過。来者続。是気也。往者過。来者続。而有万古不易者存焉。是理也。是以生滅者為気。以不生滅者為理。乃老氏二精粗之見。亦仏氏色空之説也。其所謂万古不易者。亦唯四徳之貞耳。更有元亨利。則是豈足以尽天道之全哉。故能黙而識之者。精粗本末一以貫之。何必以理気為説乎。且其説必至謂天地積気也。日月土石人物草木皆気也。則其所謂気者。亦非古言矣。如仁斎先生所謂天地之間一元気而已。要之皆非聖人敬天之意。則君子所不取也。

3 大伝曰。形而上者謂之道。形而下者謂之器。宋儒理気之説。又拠此文。以道為理。以器為気。可謂大謬已。凡大伝所謂器者。皆器用也。如曰乗也者君子之器也。曰以制器者尚其象。曰備物致用立成器以為天下利。莫大乎聖人。曰隼者禽也。弓矢者器也。射之者人也。君子蔵器於身。待時而動。又曰象事知器。是豈気之謂哉。如包犠氏為網罟。蓋取諸離。神農氏為耒耜。蓋取諸益。易本有取象作器之義。故云爾。形而上者。謂器未成形以前。唯有易道耳。至於其成形之後。始有其器也。皆主制器言之。下文遂曰。化而裁之。謂之変。推而行之。謂之通。挙而措之天下之民。謂之事業。是皆贊易之言。道器変通事業。皆以易言之耳。如上章曰。闔戸謂之坤。闢戸謂之乾。一闔一闢謂之変。往来不窮謂之通。見乃謂之象。形乃謂之器。制而用之謂之法。利用出入民咸用之謂之神。是又不以道器対言。其義可以見已。豈非大謬乎。如仁斎先生以生風是扇之道。帋骨之類是器。亦味乎形而上下之文。皆不知求諸辞之失也。学易之道。固当広推一切。而後易始成用。然苟不先明其辞義。而欲広推一切。謬之所以生也。人見道字。動輒曰。是聖人之道也。曰是天道也。如曰一陰一陽之謂道是也。殊不知下文所謂一闔一闢謂之変。往来不窮謂之通。豈非所謂一陰一陽者乎。合二者観之。所謂道者変通之謂也。非易道而何。其所謂器者。凡如先王制作礼楽。君子学以成其材徳。及治邦安民。設其方略。亦皆器之喩也。然苟非先明変通之為道。則不能為之。是形而上下之義也。本非語造化者焉。夫学易。固当広推一切。然其文各有所指。豈容淆乎。故易道与天道先王之道。所指自別。後世不知古言。主理不主辞。所以失也。

4 浩然之気。始見孟子。其所謂気者。非天地之気矣。又非若宋儒所謂理気之気矣。乃勇気之気也。如史伝所謂使気恃気負気云者也。本主説大人言之。家語載曾子之行曰。見大人浩浩。是其所祖述已。古之君子礼楽以成其徳。自然不隕穫於貧賤。不充詘於富貴。故不待養浩然之気焉。観孟子集義所生。則其時礼楽既壊。故有養浩然之気之説也。孟子方戦国之世。後車数十乘。従者数百人。伝食於諸侯。攘臂張胆。以与百家争衡。故浩然之気亦言其所自得者。乃所以為孟子也。学者察諸。

5 天理人欲。出楽記。其言曰。是故先王之制礼楽也。非以極口腹耳目之欲也。将以教民平好悪而反人道之正也。人生而静。天之性也。感於物而動。性之欲也。物至知知。然後好悪形焉。好悪無節於内。知誘於外。不能反躬。天理滅矣。夫物之感人無窮。而人之好悪無節。則是物至而人化物也。人化物也者。滅天理而窮人欲者也。於是有悖逆詐偽之心。有淫泆作乱之事。是故強者脅弱。衆者暴寡。知者詐愚。勇者苦怯。疾病不養。老幼孤独。不得其所。此大乱之道也。是論先王制礼楽以治民之意。乃論説之言也。所謂人欲者。即性之欲也。即好悪之心也。味其文意。唯言礼楽以節耳目口腹之欲而平其好悪而已。初非求人欲浄尽也。所謂天理者。指人之所以殊於禽獣者而言。即所謂天之性也。亦非若宋儒所言者矣。人生而静者。謂其嬰孩之初。好悪未若是其甚之時也。是非貴嬰孩之時矣。其所謂静者。亦非若宋儒所謂寂然不動矣。亦指其好悪未甚之状。以形夫後来好悪之躁動也。唯楽道性情。故以好悪動静言之。如下文所謂楽由中出。故静。礼自外作。故文。可以見已。是皆論説先王制作礼楽之意也。豈以天理人欲為工夫之条目哉。以天理人欲為工夫之条目者。自程子始。按程子与邵子善。而服其聡敏。蓋見邵子之数加一倍法。陰師其術。以御聖人之道耳。邵子之学。数也。本於易。易以稽疑決幾。故万物触目析為両片。固其所也。

程子之学。貴知。主見之。而苦夫聖人之道渾渾爾。故借邵子加一倍法。析以二之。取諸楽記之文。以飾其言。自是之後。遂為後世儒者之常言也。然其所指以為天理人欲者。既非楽記之意。而其以為工夫之条目者。亦大戻於先王孔子之教焉。蓋先王孔子之教。養以成其徳。則悪皆化為善矣。豈有二者之目哉。宋儒之学。貴知。主見之。専以是非之心見之。故必欲析為両片者。亦勢之所必至也。故欲闢仏氏。反陥於彼真如無明菩提煩悩之説。豈不哀哉。

陰陽五行二則

1 陰陽者。聖人作易。所立以為天之道者也。所謂極也。学者以陰陽為準。以此而観乎天道之流行。万物之自然。則庶或足以窺之也。然至人事則不然。何則。聖人不立此以為人之道故也。後世説陰陽者。其言曼衍。遂至被之人之道。謬矣。且易主占筮。以稽其疑。以決其幾。故四象八卦六十四卦三百八十四爻。不出奇偶。則亦不出陰陽。判以為二故也。聖人之道主行之。行之者貴一。是其所以不与它経同也。学者察諸。

2 五行始見虞書。水火金木土穀。謂之六府。是言地上之六物也。利用厚生之道。所用之材。不出是六者。然五行之名。則至洪範始有之。曰一五行。一曰水。二曰火。三曰木。四曰金。五曰土。水曰潤下。火曰炎上。木曰曲直。金曰従革。土爰稼穡。潤下作鹹。炎上作苦。曲直作酸。従革作辛。稼穡作甘。二五事。一曰貌。二曰言。三曰視。四曰聴。五曰思。貌曰恭。言曰従。視曰明。聴曰聡。思曰睿。恭作粛。従作乂。明作哲。聡作謀。睿作聖。曰休徴。曰粛時雨若。曰乂時暘若。曰哲時燠若。曰謀時寒若。曰聖時風若。曰咎徴。曰狂恒雨若。曰僭恒暘若。曰豫恒燠若。曰急恒寒若。曰蒙恒風若。伝其学者。遂以五行合諸五事庶徴。以為人君之徳感天之事也。其以五行配諸五味。則伝記所謂五声五臭五色之類。洪範時既有之。而所謂雨暘燠寒風。亦似始以天之五気言之。蓋天地之間。物無算。而不出水火木金土五者。動物無算。而亦不出羽毛臝鱗介五者。声色臭味亦無算。而不可得而端倪也。聖人各以五紀其類以象之。而後人始得以別焉。日月亦無算也。以干支紀其名。而後人始得以命焉。物之数不可得而窮極也。聖人立一二三四五六七八九十之名。而後人始得以算焉。以此観之。五行者聖人所立以為万物之紀者也。辟諸富商以記号別其貨。豈必有其理哉。亦御繁之術已。然聖人之道。奉天命以行之。故其立数紀物。亦有所法象天地。以神明其徳。是五行之説所以興也。祇洪範五事庶徴。以類相感。医書五運六気及声色臭味。以察人臓腑。皆似実有其理者焉。意者殷人貴鬼。巫咸巫賢世為大臣。洪範蓋巫者所伝。其所以藉是箴人君。必別有其術。而今失伝也。如医書五運六気。借支干以明天地之気感人生疾耳。声色臭味。亦借五行以為蔵府之紀耳。故医之拘五行者。不能療病。而諸史五行志。祇使人不信天道。豈非泥五行之故乎。又如易本以二四八立数。而不与五行相干焉。其所謂天数五。地数五。亦未嘗言五行。而漢儒乃以五行傅会。謬之甚者也。後世弗之察。陰陽五行。遂為儒者常言。其説牽強。殆乎不可通焉。

五常一則

五常始見泰誓。未審何謂也。仁義礼智並言者。始見孟子及喪服四制。然未以為五常。然荀子譏子思孟子造五行。則豈昉孟子邪。至於漢儒始以仁義礼智信為五常。以配諸元亨利貞。木火土金水。而宋儒因之。然史記楽書。以仁義礼智聖配宮商角徴羽而無信。孟子亦曰。仁之於父子也。義之於君臣也。礼之於賓主也。知之於賢者也。聖人之於天道也。則与之合焉。王弼以貞配信為水。則与諸家殊焉。孔安国註孝経。以父慈子孝兄友弟弟婦順為五常。則大殊焉。可見皆出於一時論説之言。而古所不伝已。至於宋儒。則元亨利貞。仁義礼智信。四徳五常。為儒者第一義。而未有敢議之者。皆不知古之失也。

極二則

1 極者。謂先王立是。以為民之所準拠者也。詩曰。思文后稷。克配彼天。立我烝民。莫匪爾極。又曰。商邑翼翼。四方之極。大学曰。是故君子無所不用其極。周礼曰。以為民極。洪範曰。皇建其有極。祭義曰。因物之精。制為之極。皆是也。漢儒訓極為中。蓋先王建之。以使賢者俯就。而不肖者企而及之。故極有中之義。非直訓中也。朱子以為至極之義。是其意謂人君躬行人倫之極以為万民標準也。先王之道。立人所皆能者為教。豈至極之義哉。祇人所皆能者莫至焉。則亦在所見如何耳。然極字之義。以準拠為主意。它皆傍意。如北極。亦人所以為準拠也。

2 易有太極。漢儒以為元気。宋儒以為理之尊称。皆非也。易謂六十四卦。三百八十四爻也。太極者謂聖人所立以為準拠者也。易六十四卦。三百八十四爻。皆莫非示民所準拠者。是則又其統会者。故曰太極。即説卦伝所謂立天之道。曰陰与陽。立地之道。曰柔与剛。立人之道。曰仁与義。是也。故大伝又曰。六爻之動。三極之道也。豈不然乎。蓋伏羲仰観而俯察。以見夫無適非陰陽剛柔者。河図之数。五十有五。見夫無適非奇偶者。六十四卦。三百八十四爻。豈它哉。以見夫陰陽剛柔之中。又有剛柔陰陽。無有窮尽。故画之耳。故唯陰陽剛柔。易所由出。読易者。亦必以此為準拠。可以得其義也。由是而画一画者二。是両儀也。又画二画者四。是四象也。又画三画者八。是八卦也。老子亦学易者。故多説謙損卑退之道。其所謂一生二二生三者。亦是義。解其書者乃曰。道生天地。是一生二。天地生人而三才立。是二生三。夫道生天地。得言一生二。天地生人。豈得言二生三乎。亦不知而妄説已。漢儒以両儀為天地。亦其意。而傅会以乾元坤元。故曰太極者元気也。夫乾元坤元。伝既分而言之。豈有一元気乎。且一元気渾渾爾。何以得謂之極哉。凡古所謂極者。皆所以示民也。必不然矣。宋儒貴精賤粗。故立理気之説。而以理為太極。然大伝三極之文。其謂之何。其妄可知已。大氐極皆以易見者言之。使人不惑。而諸老先生乃以其高妙難見者言之。使人惑。亦不知古言故也。

学九則

1 学者。謂学先王之道也。先王之道。在詩書礼楽。故学之方。亦学詩書礼楽而已矣。是謂之四教。又謂之四術。詩書者義之府也。礼楽者徳之則也。徳者所以立己也。義者所以従政也。故詩書礼楽。足以造士。然其教之法。詩曰誦。書曰読。礼楽曰習。春秋教以礼楽。冬夏教以詩書。仮以歳月。随陰陽之宜以長養之。使学者優柔厭飫于其中。蔵焉脩焉息焉游焉。自然徳立而知明焉。要在習而熟之。久与之化也。是古之教法為爾。論語所謂博文約礼者是也。雖然。先王之道所以安民也。故学先王之道。而不知其所以然。則学不可得而成矣。故孔門之教。必依於仁。苟其心常依先王安民之徳。造次於是。顚沛於是。終食之間。不敢与之離。則徳之成也速。而可以達先王之心也。雖然。先王安民之徳大矣。故孔門之教。又必依中庸。所謂孝弟忠信是也。辟如登高必自卑。行遠必自邇。由此以進。庶乎足以馴致高明広大之域。其説具於論語中庸。学者所当竭力也。是孔門之教。非故求勝於先王之教。蓋世衰賢者不用。退而独善其身者。不為鮮矣。則或忘斯道為先王安民之道者。勢之所至也。故孔門之教。以依於仁為成徳之要焉。世衰民不興行。中庸之徳乃鮮矣。基之不立。何以能学。故孔門之教。又以孝悌忠信為進徳之本焉。是以雖千万世之後。学聖人之道者。必以詩書礼楽為本業。以依仁与中庸求成其徳。則亦為不畔於先王孔子之教已。

2 朱子論語集註曰。学之為言效也。後覚者必效先覚之所為。仁斎先生曰。学者效也覚也。有所效法而覚悟也。学字之訓。兼此二義。而後其義得尽矣。所謂效者。猶学書者。初只得臨摹法帖。效其筆意点画也。而所謂覚者。猶学書既久。而後自覚悟於古人用筆之妙也。是二先生。皆不務学聖人之道。而務学聖人者耳。故欲效法聖賢所言所行以悟聖賢之心。辟諸大匠授人規矩。而其人不遵其規矩以学之。乃欲效法大匠之所為。以悟其用斤之妙。則其不傷手創鼻者幾希矣。豈不謬乎。且学之為言効也。本言効之音転為学之音已。然効学一分。豈可即以学為効乎。徒以字義為解。苟使無先王教法猶之可也。今舎先王教法。而欲従其所好。乃旁援字義為之解。適足以見其不学之過已。且孔子之所伝。非六経乎。当其時。亦安知有所謂論語孟子者哉。蓋宋儒以論語孟子合諸大学中庸。命曰四書。加以小学近思録之類。以立一家之学。其意既已弁髦六経。尚且有所忌憚。而未敢明言之。今観世之伝其学者。可以見已。至於仁斎先生。乃公然抗言而曰。三代之時。教法未立。学問未闢。直至孔子。始斬新開闢。猶日月之麗于天。而万古不墜。故三代以前之書。当以三代以前之説求之。孔孟之書。当以孔孟之旨解之。果其説之是乎。孔子所苦心訪求者。乃為無用之長物。而門人孟子之功。反大於孔子。豈不妄説之甚夫。故不本諸先王教法。而別立学問之方者。皆非孔子之旨。学者其思諸。

3 朱子知行之説。本於博文約礼。然古所謂知行。与博文約礼。

所指不同也。博学於文。文謂詩書礼楽。故其所学而知者。在知言。在知礼。在言則謂知其文義已。在礼則謂知其節文度数已。不必求深知天地万物之理。性命道徳之奥。与礼楽之原也。約之以礼。謂践礼已。其所学而知者。在外而不在已。至於践礼以行之。而後其散而在外者。収斂以帰諸身。故曰約之。亦不必求諸心也。是博文約礼先後之序為爾。至於知行則不然。知者謂真知之也。行者謂力行之也。力行之久。習熟之至。而後真知之。故知不必先。行不必後。如曰非知之艱。行之惟艱。行必力之。故曰艱。知不容力。貴黙而識之。故曰非艱。古之道為爾。朱子又拠大学格物致知誠意正心脩身。以立知先行後之説。殊不知大学所謂格物者。亦謂習其事而熟之。自然有所得而後知生已。如孟子徳慧術知亦然。唯徳生慧。唯術生知。亦古言也。朱子以窮理解格物。殊不知窮理者賛聖人作易之言也。豈学者之所能哉。天下之理。不可窮尽。故立一旦豁然之説以済之。夫小道小藝。亦皆有悟。然一事有一事之悟。一節有一節之悟。嚮者所不知。今者忽然知之。謂之悟。然豈有所謂大悟者哉。浮屠以出離生死為学。而生死不可出離。故有大悟之説。今推以合諸聖人之道。豈有之乎。果其説之是乎。非行之艱。知之艱也。其於経文。豈不相反乎。致知誠意正心脩身。皆格物之功効。可見其不必分先後已。陽明先生知行合一之説。可謂聡敏之至矣。然亦不知遵先王之教。豈不惜乎。

4 朱子居敬窮理之説。其過在不遵先王之教。求理於心。而心昏則理不可得而見之。故又有居敬之説。以持其心。心豈可持乎哉。皆臆度以言之。而未嘗親為其事者也。故其説如可聴。為俗人所悦。皆出於私意妄作。非古之道也。

5 孔子好学。論語屢以自道。宋儒不知其義。以為謙辞。仁斎先生以為稽古補偏。皆非也。夫道者。先王所立。非天地自然有之焉。生民以来数千載。更数十聖人之心力知巧所成。而非一聖人終身之力所能為。故雖聖人。不学不能知道。是孔子所以学也。後儒狃聞老氏之説。以為道者天地自然有之。苟有聖徳。則道挙而措之。故其説皆窒碍不通矣。

6 仁斎先生曰。学問以道徳為本。見聞為用。非若今人専以読書冊講義理為学問者比焉。殊不知学者学先王之道以求成徳於已耳。故道徳之外。豈有它哉。何本末之有也。且子路曰。何必読書。然後為学。則孔子悪夫佞者。今以読書冊為非。世所謂道学先生。自有此俗態。豈不醜哉。且所謂見聞為用者。引子張干禄。是自干禄之道。豈学問之法哉。舎六経而求諸見聞。其不肆然自恣者幾希。

7 学問之道。以信聖人為先。蓋聖人知大仁至。而其思深遠也。其所立教人之法。治国之術。皆有若迂遠不近人情者存焉。乃後儒好自用其智。而信聖人之不深。故其意謂上古之法不合今世之宜。遂別立居敬窮理主静致良知種種之目焉。是皆其私智浅見所為耳。殊不知道無古今一也。設使聖人之教不合今世之宜。則亦非聖人焉。故学者苟能一意遵聖人之教。習之久。与之化。而後能見聖人之教亘万世。有不可得而易者也。

8 読書之道。以識古文辞識古言為先。如宋諸老先生。其稟質聡敏。操志高邁。豈漢唐諸儒所能及哉。然自韓柳出而後文辞大変。而言古今殊矣。諸先生生於其後。以今文視古文。以今言視古言。故其用心雖勤。卒未得古之道者。職此之由。及於明滄溟先生。始倡古文辞。而士頗能読古書如読後世之書者亦有之。祇其所志。僅在丘明子長之間。而不及六経。豈不惜乎。然苟能遵其教。而知古今文辞之所以殊。則古言可識。古義可明。而古聖人之道可得而言焉。学者其留意諸。

9 大学。小学。学校之名也。朱子以為学問有大小之分者。非也。賈誼所言。唯以大事小事大節小節言之。内則所載。十歳至二十歳。其所学次第。可以見已。六藝亦終身之業。而朱子以属小学之事。而別以格物致知誠意正心脩身為大学所教。豈然乎。大学所言。工夫唯在格物。而致知以下。皆其效験已。大学在郊。小学在公宮南之左。而郷曰庠。術曰序。家曰塾。是小学与庠序校殊焉。庠序校塾為郷術州里人所游。而小学乃世子所習礼処。賈誼所言。亦世子之礼。則朱子之説。豈非謬乎。文王世子曰。凡学。世子及学士必時。春夏学干戈。秋冬学羽籥。皆於東序。春誦夏弦。大師詔之瞽宗。秋学礼。執礼者詔之。冬読書。典書者詔之。礼在瞽宗。書在上庠。内則曰。有虞氏養国老於上庠。養庶老於下庠。夏后氏養国老於東序。養庶老於西序。殷人養国老於右学。養庶老於左学。周人養国老於東膠。養庶老於虞庠。虞庠在国之西郊。是庠。序。学、校。瞽宗。皆所習之礼不同。故其宮室之制亦異。是其所以殊名也。大学具庠序瞽宗之制。亦可見已。朱子一概岐為大小学者。豈非謬乎。王制曰。凡入学以歯。将出学。小胥大胥小楽正簡不帥教者。以告于大楽正。大楽正以告于王。王命三公九卿大夫元士皆入学。不変。王親視学。不変。王三日不挙。屏之遠方。是古所謂入学。謂適学也。非若後世養生徒於学者也。朱子昧乎古礼。皆謬矣。

文質体用本末八則

1 文者。所以状道而命之也。蓋在天曰文。在地曰理。道之大原出於天。古先聖王法天以立道。故其為状也礼楽粲然。是之謂文。論語曰。文王既没。文不在玆乎。是直指道為文也。中庸曰。文王之所以為文也。是形容聖人之徳。而言其能法天也。堯典曰。欽明文思。是道雖自古有之。礼楽未立。堯之思深遠。乃始作礼楽。故曰文思也。是堯舜以後所謂道。皆文也。如夏尚忠。殷尚質。周尚文。世儒見以為至周始文矣。殊不知是論説之言。就礼而論三代所以殊已。夏殷皆因堯舜之道。制作礼楽。故三代之道。均之文矣。而其所以為文者。乃有三者之異。是其時風俗所尚自不同。然当其時。夏以夏礼為文。殷以殷礼為文。周以周礼為文。自後人比並三代之礼観之。乃有是言也。豈容拠是言而謂夏殷無文哉。先儒又拠是言以為文質如循環。夏殷損唐虞之文為質者。皆益非矣。表記曰。虞夏之質。殷周之文。至矣。可見忠質文本非一定之論已。又如礼器曰。有以文為貴者。有以素為貴者。是論説周公所以制礼之意。而言周礼有此数者不同也。又如曰礼有本有文。是亦論説所以制礼之意。而就一礼言之。本者礼所由起也。文者脩飾之以成礼者也。仮如射。其所由起。在弧矢之利以威天下。是本也。後来聖人以礼楽文之。是文也。射不主皮。則聖人之意。専在習礼楽以成徳。而其失本意与否。則有不暇問者焉。如燕饗之礼。其始亦唯在飲食之耳。後来聖人以礼楽文之。則酒清人渇而不敢飲也。肉乾人饑而不敢食也。其意非専為飲食也。是所謂文也。是聖人之意。全在文而不在本焉。後世儒者狃老荘之説。貴精賤粗之見。乃以本為体。以文為用。又不知古言。直以本為質。可謂謬矣。

2 有対質言者。如曰質勝文則野。文勝質則史。文質彬彬。然後君子。又曰。文猶質也。質猶文也。皆以人言。質者質行也。謂孝弟忠信類。文者謂学詩書礼楽。其言辞威儀煥然也。唯質而無文。郷人而已。学而成徳。然後為君子。但其有質行而文不足者。未免鄙野之誚。文而無質行者。其所学不能成徳。唯記憶耳。故以為史也。如曰行有餘力則以学文。曰十室之邑。必有忠信如丘者。焉不如丘之好学也。皆言雖有質行。不学未免為郷人焉。如曰礼後乎。曰忠信所以進徳。皆言苟無質行。雖学文不能成徳焉。此皆非論説之言。与前所引就礼而言文質者殊也。又如曰礼与其奢也寧倹。以人行礼言之。奢者務備物而侈用也。倹者務節用也。是非其所行之礼有質文之殊矣。均行此礼。而務備物者為奢。務節用者為倹。観曰今也純倹。則其義自明焉。後世儒者不察其辞義所在。以文質為解。所以失也。大氐君子所以為君子。乃以文。文即中也。非取文質之中也。是聖人立教本意為爾。学者察諸。

3 有対礼言者。如曰博学於文。約之以礼。是也。是文指詩書礼楽言之。然詩書礼楽在外。苟欲成徳於己。則在以礼守之。是礼乃文中一物。其言若不倫然。古言為爾。如礼与其奢也寧倹。喪与其易也寧戚。亦喪是喪礼。亦吉凶軍賓嘉之一。而礼与喪対説。可以見已。

4 有対武言者。武謂戡乱。而礼楽之治在平日。故対言之。非若後世岐文武二之者比。

5 如論語。夫子之文章。及堯煥乎其有文章。皆指礼楽言之。是聖人之功業也。

6 質有不対文言之者。如曰質直好義。亦謂其為人愨已。

7 本末。猶源流也。凡所謂本者。皆謂其施功所始也。如天下之本在国。国之本在家。皆是也。後世有本体本心之説。古書所無。如孝弟也者其為仁之本与。亦言行仁政必自孝弟始也。如喜怒之未発。謂之中。中也者天下之大本也。乃言聖人之立道。率人性以立之。亦語道所由始已。

8 体用之説。古所無也。仁斎先生辨之。為是。如礼運曰。仁者順之体也。燕義曰。和寧礼之用也。皆謂体順与用礼已。

経権四則

1 経者大綱領也。以夾持衆緯言之。如経礼三百。威儀三千。経礼者礼之綱。其中兼有許多節文威儀。如経持緯然。故謂之経礼。如為天下国家有九経。此九者為治天下国家之大綱領。其中亦各有許多方法。故謂之九経。或解為亘万世不可易者。殊為不通。

2 経国。経界。皆以法制言之。経国者開国之君所立。大法制。大矩矱。凡百礼儀制度。皆藉是以立。亦如経持緯然。故謂之経。経界亦井田之大界分。故謂之経耳。

3 経伝。後世有聖経賢伝之説。以聖人所作為経。賢人所作為伝者。非矣。詩書礼楽。謂之四教。謂之四術。是誠聖人所立。然書紀于史官。詩或出田畯紅女。礼楽固聖人作之。而其筆諸書。昉於孔門。豈得謂之聖人所作哉。漢諸儒皆各作伝。豈自以為賢乎。且経之名。古未聞也。観於荘子十二経墨経之言。則昉於七十子之後邪。蓋古称本業為経。亦持衆緯之謂也。経之文至簡。含蓄衆義。故以為名。漢儒解為常。謂聖人之経。万古不易。非矣。学記曰。一年視離経。説者謂離析章句。非矣。方其始受業時。章句既析。豈竢一年之久。俾其自析哉。離麗同。如麗於刑之麗。法律家以罪名与律相比附。学者亦然。義各随其所取。与経相比附。是謂之離経。視其善用古法言也。観於此文。則似亦自古有之耳。至於伝。乃弟子記其師所伝。故謂之伝。如春秋有左氏。有公羊。有穀梁。詩有斉。有魯。有韓。有毛。皆所伝殊故也。後世胡安国作春秋伝。程子作易伝。朱子作詩伝。蔡沈作書伝。皆取諸其臆。果何所伝。可謂妄已。

4 権。漢儒以経対言。程子非之。是矣。仁斎先生拠孟子而謂当以礼対権。亦是矣。是漢儒解経為常。故誤耳。経者国家立制度大綱領。夫経而可反。豈可以為経乎。礼節目甚繁。故至其末節。則変而従宜已。仁斎先生乃曰。礼可随時損益。殊不知孔子所謂損益者。聖人制礼時之事也。且所謂権。礼亦有之。喪服四制曰。喪有四制。変而従宜。取之四時也。有恩有理有節有権。取之人情也。後世儒者汨没四書。故有種種贅言耳。先儒曰。如湯武放伐。伊尹放太甲。是権。仁斎先生曰。若伊尹之放太甲。固是権。如湯武放伐。可謂之道。不可謂之権。妄哉。所謂権者。如舜不告而娶是也。伊尹放太甲。大臣之道為爾。豈得謂之権乎。湯武放伐。聖人之事也。聖人者道之所出。故古無論湯武者。後世儒者傲然自高。以聖智自処。妄意謂道先天地生。故有是妄説。豈不僭乎。

物一則

物者。教之条件也。古之人学以求成徳於己。故教人者教以条件。学者亦以条件守之。如郷三物。射五物。是也。蓋六藝皆有之。成徳之節度也。習其事久之。而所守者成。是謂物格。方其始受教。而物尚不有於我。辟諸在彼而不来焉。及於其成。而物為我有。辟諸自彼来至焉。謂其不容力也。故曰物格。格者来也。教之条件得於我。則知自然明。是謂知至。亦謂不容力也。鄭玄解大学。訓格為来。古訓尚存者為爾。朱子解為窮理。窮理聖人之事。豈可望之学者哉。且其解曰。窮至物理。是格物加窮理而後義始成焉。可謂文外生意。豈非妄乎。且古所謂知至者。謂得諸身而後知始明也。而朱子欲窮在外者而致吾知。可謂強已。且如中庸曰。成己仁也。成物知也。亦謂学問之道也。学而成徳於己。以其後来統会者言之。故曰仁也。所受教件有成功。是所謂物格也。物格而后知至。故曰知也。又孟子曰。万物皆備於我矣。反身而誠。楽莫大焉。亦謂此也。教之条件。其数甚多。故曰万物。皆有於我之事也。故曰皆備於我。習之熟而後為我有。為我有則不思而得。不勉而中。是謂反身而誠。不爾。謂天地間之万物備於我。則孟子時豈有此荒唐之論乎。是皆不知古言之失也。又如其次致曲。亦謂学曲礼而有諸身也。曲礼在彼。習之久而身有之。亦如自彼来至。故曰致。古学問之道。可以見已。又如大象伝曰。言有物。而行有恒。緇衣曰。言有物而行有格也。蓋古之君子。非先王法言不敢道也。所言皆誦古言。如左伝卿大夫之言。克己復礼。出門如見大賓之類。皆孔子所以為教也。如陽貨曰。日月逝矣。歳不我与。懐宝迷其邦。又如宋玉曰。口多微辞。所学於師也。可見古人学詩。其言爾雅如此。是皆所謂言有物也。言其不任臆肆言。必誦古言。以見其意已。古言相伝。存於宇宙間。人記憶古言。而在其胸中。猶如有物然。故謂之物。若任臆肆言。則胸中莫有所記憶。莫有一物。是無物也。曰行有格者。言不待格。徒記憶古言而言之耳。至於行。則必求得諸身。故曰行有格。格則恒久。故又曰行有恒。其義一矣。

君子小人二則

1 君子者。在上之称也。子男子美称。而尚之以君。君者治下者也。士大夫皆以治民為職。故君尚之子以称之。是以位言之者也。雖在下位。其徳足為人上。亦謂之君子。是以徳言之者也。古之人。学而成徳。則進之士。以至大夫。故曰君子者成徳之称。後世儒者。老荘内聖外王之説。淪其骨髄。遂忘先王之道為安民之道。故其所謂君子者。多外仁以言之。其失之遠甚焉。孔子曰。君子去仁。悪乎成名。豈不然乎。然其所謂仁。或以慈愛言之。或以人欲浄尽天理流行言之。則雖有孔子之言。無能救於其謬。豈不悲乎。学者以論語諸書言君子言仁諸章。求諸古義。庶或不失焉耳矣。大氐古之学。詩書礼楽。故君子修辞達政。礼楽以文之。是謂之成徳。外乎此而語成徳。以心以理。皆非三代論君子之義也。

2 小人。亦民之称也。民之所務。在営生。故其所志在成一己。而無安民之心。是謂之小人。其所志小故也。雖在上位。其操心如此。亦謂之小人。経伝所言。或主位言之。或主徳言之。所指不同。而其所為称小人之意。皆不出此矣。後世諸老先生所為道。皆淑身之説勝。而無安民之心。亦小人之帰哉。学者察諸。

王覇一則

王覇之辨。古所無也。観於孔子称管仲如其仁。書載秦誓。則孔子未嘗以覇為非焉。王与覇。其所以異者。時与位耳。当春秋時。豈有所謂覇道哉。使孔子見用於時。亦必為管仲也。管晏書今在焉。

其間不無後人附託者。其文辞較然自殊。故択其真者読之。則儒者何別也。是其時莫有所謂覇者之道者審矣。及於戦国時。孔子之徒。誦説二帝三王之道。時君厭其迂遠濶於事情。則有飾管晏之説進者。是其人之道。而非真管晏之道也。孟子之与其人争。亦以其人所称説者為覇道耳。何則。孟子曰。以力仮仁者覇。以徳行仁者王。以力服人者。非心服也。力不贍也。以徳服人者。中心悦而誠服也。是言五覇徳劣。故其道不足称説已。何則。以力言之。是言其号令諸侯者。而非言治民者也。所謂仁。亦言其仁隣国者。而非言仁民者也。夫為方伯者。欲約諸侯共輔王室。徳不足而仮於力。亦不得已之事。豈可以罪其人乎。且湯仮七十里。文王仮百里而興。孔子無尺土之封。則不能興矣。是雖有徳。豈必不仮力乎。故桓文之罪。不在以力仮仁。而在尊王室為名以済其私。而孟子不言者。在戦国時無尊王室之事故也。故孟子之言。止言此以見其道不足称述耳。亦争宗門之言也。後世儒者不察其文意所在。囂然以謂王覇之辨。儒者第一義。豈不謬哉。甚乃至与任法術者並称。亦不知倫之甚也。何則。任法術者。以治其国言之者也。以力仮仁者。以号令諸侯言之者也。所指各殊。豈可比並乎。仁斎先生曰。王者以徳為本。而未嘗無法。覇者仮徳以行之。而不能真有其徳焉。及乎其益衰。而専任法術。不復知仮徳。於是有刑名之学焉。是皆不知文義之言也已。若論治其国之道。則孔子所謂道之以政。斉之以刑。道之以徳。斉之以礼。是文武桓文之辨也。然桓文時。先王之沢未斬。先王之礼尚存。其所用亦得人。故雖用政刑。亦非若申韓商鞅之比。祇其所以与先王殊者。乃在急功利之意勝。而不用礼楽也。孔子小管仲之器。亦是意已。後世儒者雖口能言以徳化之。然不知所以化之之術。是其過本在以道為当然之理。而不知其為安民之術焉。故又以徳為仁義孝悌之類。而不知挙用有徳之人以導民也。故其務欲以己徳導之。是其意既急迫。自用而無術。何以能使民嚮其風乎。又誤以礼為法。而以上下尊卑等威明白不少差忒為説。則不出名家者流之意。豈足以為先王陶鋳天下之術哉。夫桓文雖不及先王。猶有其術。豈若後世儒者不学無術之倫哉。吁。不知古言之失。一至于斯矣。悲夫。

辨名下

学則

学則一

東海不出聖人。西海不出聖人。是唯詩書礼楽之為教也。古之時。楚雖大邦。其左史倚相所為誦。三墳五典九丘八索之書。舎是無為学。而後豪傑自陳良之徒。蓋皆北学於中国云。則吾□東方之民又奚適。亦唯言語異宜。鐘呂之饗爰居。彼謂之侏離鴂舌者。吾眎猶彼。仮使仲尼乗桴。子路従之游。亦末如之何已。有黄備氏者出。西学於中国。作為和訓以教国人。亦猶易乳以穀。虎迺於菟。顚倒其読。錯而綜之。以通二邦之志。於是乎吾謂之侏離鴂舌者。吾眎猶吾。是則詩書礼楽之為教也。庶足以被諸海表邪。黄備氏之有功德□東方。民至今頼之。雖然。易乳以穀。虎迺於菟。顚倒其読。錯而綜之。吾謂之侏離鴂舌者。吾眎猶吾。吾視猶吾。而詩書礼楽。不復為中国之言。則仮使仲尼乗桴。子路従之游。目之則是。耳之則非。彼迺猶鐘呂之饗爰居也已。或曰。一匹錦覆以眎之。背面而殊。均之是物。庸何傷乎。則安知夫中国無象。尚且象之。江北無橘。或者仮之以枳乎。以此而誦夫楚人之頌。能不忘其臭味者幾希。夫中国之所有。四海之所無。亦猶是邪。詩書礼楽。中国之言。而吾眎猶吾。是其究必至於巴歈詩書。兜昧其礼楽也哉。副墨之子。洛誦之孫。孰以廃其祖。不知其可。而況之子之孫。非冥令之肖。則嬴氏之呂者。以此而操觚乎。籀斯之迹。粲然盈簡。而彼不可読。吾不可読。吾必従事夫黄備氏之所為。句有須。丁有尾。纍纍乎星羅。擾擾然蜉蝣之来集。而後可得而言也已。是迺黄備氏之詩書礼楽也。非中国之詩書礼楽也。則其禍殆乎有甚於侏離鴂舌者也哉。然則如之何可也。亦唯言語異宜。其於黄備氏之業。可訓以故。不可誦以伝。暫則仮。久則泥。筌乎筌乎。獲魚舎筌。口耳不用。心与目謀。思之又思。神其通之。則詩書礼楽。中国之言。吾将聴之以目。則彼彼吾吾。有有無無。直道以行之。可以咸被諸横目之民。則可以通天下之志。何唯□東方。則仮使仲尼乗桴。子路従之游。旦暮遇此。則迺謂之東海出聖人也。良不誣已。是謂之学則。迺申之以戒曰。若能不為黄備氏者。迺能為黄備氏者。嘻。若何必黄備氏之為。

二

宇猶宙也。宙猶宇也。故以今言眎古言。以古言眎今言。均之朱離鴂舌哉。科斗貝多何択也。世載言以遷。言載道以遷。道之不明。職是之由。処百世之下。伝百世之上。猶之越裳氏重九訳邪。重訳之差。不可辨詰。万里雖夐乎。猶当其世。孰若奘之身游身毒邪。故之又故。子孫雲仍。烏識其祖。千歳逝矣。俗移物亡。故之不可恃也。烏能置身仲尼之時。従游夏親受業邪。宇与宙果殊矣。雖然。不朽者文。其書具存。方夫世之未載言以遷也。管晏老列亦類也。何悪其道不同也。不求諸道。而求諸辞。不味者心邪。朱離鴂舌。

何啻言与言殊。其所以錯辞者亦殊耳。吾奉于鱗氏之教。眎古修辞。習之習之。久与之化。而辞気神志皆肖。辞気神志皆肖。而目之眎。口之言。何択。夫然後千歳之人。旦莫遇之。是之謂置身仲尼之時。従游夏親受業也。是之謂与古為徒也。亦何仮彼之故為。

三

数車無車。而有車之名。古之道也。非聃言之失也。道可道非常道。聃言之失也。夫自聖人而有道之名。聃豈非邪。祇其知弗及聖人。教之無術也。務求喩之。不竢乎生。乃舎物而言其名。言之雖巧乎。孰若目睹。且也徒名無物。空言状之。故其言愈繁愈舛。言之者以臆。聴之者以臆。曼衍自恣。莫有底止。徒翫其華。弗食其実。是無它也。以聖人之教為不足。欲勝而上之。多見其不知量也已。雖然。聃之言礼。諄諄乎度数之弗遺。故棄聖絶学。非其本心者。彰彰乎明哉。祇其操心之鋭。務求言之。其於人也。急欲傳之知。不竢乎生也。夫六経物也。道具存焉。施諸行事。深切著明。聖人之悪空言也。天何言哉。四時行焉。百物生焉。教之術也。不憤不啓。不悱不発。竢夫生也。不知焉者謂之愛也。生斯無禦。非自外鑠也。非襲而取也。故聖人之教。貴乎格。求行之者也。故唯其物。聃也者。務言之者也。夫言之者。明一端者也。挙一而廃百。所以害也。後儒乃非聃。而倣其尤。言之弗已。名存而物亡。仁義道徳之説盛。而道益不明。方今之世。滔滔者天下皆聃之徒哉。又安知聖人之教莫尚焉。是豈有古今哉。故吾退而求諸六経。唯其物。

四

古有聖人。今無聖人。故学必古。然無古無今。無今無古。今詎可廃乎。世世相望。孰匪古而孰匪今。故通古以立極。知今以体之。差世世以観其来。其於民俗人情。猶眎諸掌邪。夫古今殊矣。何以見其殊。唯其物。物以世殊。世以物殊。蓋自秦漢而後。莫有聖人。然亦各有所建焉。祇其知不周物。所以無聖人也。雖然。業已有物。必徴諸志。而見其殊。以殊相映。而後足以論其世。不爾懸一定之権衡。以歴詆百世。亦易易焉耳。是直已而不問其世。乃何以史為。故欲知今者。必通古。欲通古者。必史。史必志。而後六経益明。六経明而聖人之道無古今。夫然後天下可得而治。故君子必論世。亦唯物。

五

聖人之道。猶和風甘雨邪。物得其養以生。生斯長。豈有窮已乎。君子以成徳。小人以成俗。天下錯諸陶鈞之中。聖人之道為爾。故君子錯身于斯。蔵焉脩焉。息焉游焉。郷道而行。中道而廃。徳慧術知。於焉而出。博厚高明。於焉而至。日躋月烝。不知然而然。故曰。於我何有哉。譬諸植草木。枝葉華実。豈一一而傅之哉。所務本根之培已。棘猴玉楮。雖巧乎。非人人所能也。雖有巧人。亦不能周物也。故曰。大徳不踰閑。小徳出入可也。又曰。本立而道生。貴夫生也。彼謂窮天下之理。謂察一念之微。皆不知道之言也。故辨是非。別淑慝。疏瀹澡雪。剔抉以尽。不俾一毫人欲之存者。

皆非也。仮使尽之。苟不有所養。其介然小者。安能長乎。亦旧耳。無術之過也。自秦以功令治天下。礼楽泯焉。其流風餘烈。被百世未已。申韓之道。移人耳目。以至今日。長養之道澌。而殺伐之気塞宇宙。後賢人君子。皆生其中。所以差也。故学道者。立其大者。而小者従之。

六

君子不軽絶人。亦不軽絶物。所以成其大也。睹夫生已。凡天地万物之情。棼縕交結。雑以成文。陰陽相仍。禅易弗居。辟諸糾纆。剛柔相苞。曾曾無尽。喩如剝蕉。不可得而窮詰已。故是非淑慝。無適無莫。大氐物不得其養。悪也。不得其所。悪也。養而成之。俾得其所。皆善也。媲人虎狼。糅稗荑於穀。悪已。雖然。天地不厭虎狼。雨露不択稗荑。聖人之道。亦猶若是夫。其不得已。而去之遠之。抶之殺之。悪其害於仁也。非悪其悪也。故悪不仁之甚。好仁之不至也。舜選於衆。挙臯陶。其誅四凶。非所称也。聖人之世。無棄材。無棄物。堯舜之民。比屋可封。豈皆公侯之材哉。亦非慭而宥之。謂其有裨乎治也。察邇言。采芻蕘。其人豈皆賢邪。毒已疾。苓有時乎帝。它山之石攻玉。不善人善人之資。是聖人之所以成其大也。故善悪皦皦。先王之封疆睃矣。邪正誾誾。仲尼之区域削矣。皆儒者之罪也。是故諸子百家九流之言。以及仏老之頗。皆道之裂已。亦莫有不由人情出焉。故有至言。夫聖人之道。尽人之情已矣。不爾。何以能治而安之哉。故苟立其大者。撫而有之。孰非聖人之道也。漢顓門之学。人殊其説。亦伝所聞於師。七十子自出。豈無繆誤。失得更有之。並存而兼焉。道之不棄也。穎達作疏。乃執一家之言。明作大全。而穎達亦廃矣。学之益陋。所以弗及古也。故学問之道。苟立其大者。貴乎博。不厭雑。寧闕疑。以竢夫生。

七

雖然。不知命。無以為君子。豈翅処世。雖学問之道。莫不皆然已。天命之謂性。人殊其性。性殊其徳。達財成器。不可得而一焉。孔門諸子。各得其性所近者。豈仲尼之教有所不足乎。譬如時雨化之。莫不生焉已。大者大生。小者小生。豈不欲小者大生邪。実命不同。君子知命。故不強之。及乎器之成也。雖聖人有所不及焉。故聖人不敢強之。是故人可皆為聖人者非也。性可易者非也。君子之不器。水可舟而陸可車者非也。世俗所尚人也。非天也。故務世俗所尚。以求人知者。不知命也。夫六経残缺矣。生於今世。孰見其全。命也。僻邑無師友。命也。家貧無書。命也。雖然。心誠求之。天其佑之。仕不優無暇。命也。故已不能学者。喜人之学也。力能使人学者。使人学也。雖不学猶学也。何必才知徳行出諸己。而後嬐快乎。故命也者。不可如之何者也。故学而得其性所近。亦猶若是夫。達其財成器以共天職。古之道也。故学寧為諸子百家曲藝之士。而不願為道学先生。

政談

辻達也校注

政談目録

巻之一

国之締リ発端之事
江戸町家幷ニ武家屋鋪之締リ之事
出代リ奉公人締リ之事
欠落・逐電之締リ之事
旅人之締リ之事
戸籍之事
路引之事
浪人者・道心者幷ニ寺社領之締リ之事
遊女・河原者種姓之分幷ニ非人・乞食締之事
譜代者之事
改ムルニ武家旅宿之境界ヲ一制度之事
海路之締リ之事

巻之二

財ノ賑ヒ之事
宜クキレ改ムニ当時倉遑ノ風俗ヲ一之事
当世無キニ制度一之事
公儀御身上制度之事
救フニ諸大名之困窮ヲ一制度之事
救フニ御旗本幷ニ諸士之困窮ヲ一制度之事
制ニ止スル諸品高直ヲ一之事
金銀員数減少巨細之事
借貸之事
制度之事
武家貯粟仕方之事

巻之三

人之扱、官位・爵禄幷ニ勲階之事
頭・助・允・目之事
諸役人宜クキレ分ツニ支配・職分ヲ一之事
諸役人ノ器量宜クキニ選別スヲ一之事

諸役人之事
代官之役之事
使番之事
道奉行・新地奉行之事
目附幷ニ百日目附之事
御徒・与力ヲ頭之心儘ニ容ル事、幷ニ御旗本諸役人ニ被《ル》二召《シ》出《サ》一之事
諸役人宜《ク》《キ》レ選《ブ》二器量《ヲ》一之事
諸役人勤ヲ間暇《ニ》シテ、政務ニ身ヲ可《キ》二蹈《ミ》込《ム》一之事
当時之役儀《ニ》有《ル》二文武之差別一之事

巻之四

内外御郭御門番之事
内外郭使《ムル》二従者《ヲシテ》　脱《ガ》レ笠《ヲ》之事
御老中宅之年礼自二御目附一触之事
御城下、御用之外宜《ク》《キ》レ禁《ズ》二早馬《ヲ》一之事
御番衆不《ル》レ拘《ラ》二於御間《ノ》外《ニ》一之事
御触・廻状之事
御触一統之事
将軍宣下御能之事
能之事
御殿之事
御城下屋鋪割之事
誓詞之事
宗旨証文之事
誓詞文言之事
奉公人年ヲ偽之事
総《テ》願《ノ》類之事
婚姻《ニ》取《ル》レ金《ヲ》之事
養子之事
家断絶之家属宜《ク》《キ》レ賜《フ》二御扶持《ヲ》一之事
潰大名之家来宜《ク》《キ》レ為《ス》二郷士《ト》一之事
大国宜《ク》《キ》レ割《ル》之事
女嫁《シテ》　宜《ク》《キ》レ従《フ》二夫家《ノ》風《ニ》一之事
貴賤分之所業之事
妾称《スル》二御部屋《ト》一之事
妻妾之事
以《テ》レ妾《ヲ》為《ス》二囲者《ト》一之事

女中之跡目之事
令《ムル》下為《ル》二比丘尼《ト》一女《ヲ》別居《セ》上之事
検校之嗣人両番之事
訴人之事
諠嘩両成敗之事
博奕之事
強盗之事
大名遺迹引払之事
大坂在番之事
刑罰之事
鶴取之刑之事
出家之公事不《ル》レ宜《ク》《カラ》レ使《ムル》レ着《ケ》二三衣《ヲ》一之事
出家之公事之事
度牒之事
咭哩支丹類族之事
遊行上人伝馬之事
名乗之事
地子銭之事
田地売買之事
鰥寡孤独之事
養老宴之事
御文庫御書籍并弓馬書籍之事
学校《ノ》内宜《ク》《キ》レ建《ツ》二武芸《ノ》稽古所《ヲ》一之事
学文之事
儒者之事
医者之事

政談目録終

政談　巻之一

総ジテ国ノ治ト云ハ、譬《たと》ヘバ碁盤ノ目ヲ盛ルガ如シ。目ヲ盛ザル碁盤ニテハ、何程ノ上手ニテモ碁ハ打タレヌ也。洪水ヲ治ルニハ川筋ヲ付ル也。川筋ヲ付ザレバ、禹*王再生シ玉フトモ、水ヲ治ルコトハ不《ル》レ叶《ハ》也。当*時火災ノ事、上《かみ》ノ御世話ニテ、塗屋《ぬりや》・土蔵造ニ成タレバ、火災自然ト少ナシ。是*レ明カナル証拠也。其外ノ御政務ニハ、箇様《かやう》ノ談ヲ申立ツル人ナキ故ニヤ、一二遺脱セルコト多シ。是ニ因リテ和漢ノ古法ヲ考ヘ、愚按ノ料簡委曲ニ記シテ上《たてまつ》ルコト如《シ》レ左《ノ》。

一*　当*時盗賊所々ニ押入テ人ヲ殺シ物ヲ盗ミ、或ハ火ヲ附ケ、或ハ夜中人離レナル所ニ待カケ追剝シ、又年少《わか》キウ*ワキナルモノドモ、唯刀ヲ抜キ人ヲ怖シ追ヒ走ラシメ、慰ミトスル類、幷ニ捨子・棄物ノ類制シ難シ。若《もし》棄物アリト呼ハレバ、家々騒ギ立テ、各我家屋《いへや》鋪《しき》ノ前ニ棄サセマジキトスル計リニテ、是ヲ制スル人ナク、面々ノ塀ノ外ハ往来ノ道ナレバ、支配スル人ナク、江戸中弘キ道々ヲ道*奉行一人二人ノ僅カノ支配ニテ参リ届クベキヤフナシ。盗*賊奉行火方《ひかた》ノ役人アレドモ、夥シキ江戸中ヲ僅カ一組二組ニテ是亦可《キ》ニ参届《リク》一様ナシ。中*山勘解由抔ハ厳シキ男ニテ、捕ユルト直ニ殺シタリシ故、盗賊モ謐《しづ》マリタリシ由申セシカドモ、是ハ御*入国初ノ仕方、武威ヲ以テ悪人ノ恐レテ静マルヤフニトシタル仕置ニテ、本来盗賊ヲ捕ヘ尽ス仕方ニ非ズ。其余風残リテ如《シ》レ此《クノ》。去レドモ、夫ヨリハ上ノ御政務ノ

禹王　古代中国の伝説的帝王。治水に大功をたて、舜の譲りをうけて帝位につき、夏王朝の始祖となった。

当時火災ノ事…　江戸幕府八代将軍吉宗の時、江戸市街防火策の一として、家屋の四面を土蔵風に壁土でぬり固めることを享保五年(一七二〇)に許可し、同八年以降は中心地域に対し、これを強制した。

是レ明カナル証拠　政治をするには事態を予測して計画的施策をおこなえば効果があるということは、享保期の防火策による出火の減少が明らかな証拠である。

一　底本は各項目の発端を〇印で示しているが、宝本により一を用いる。以下同じ。

当時盗賊所々ニ押入テ…　享保初年とくに強盗追剝が横行した事実はない。この文章は、盗賊以下捨子等の犯罪を当時完全に制禁しうる体制になかったことを論じたものである。

ウワキナルモノドモ　行動の責任、善悪の判断を弁えぬ者。宝本による。底本「浮浪者ハ」。

道奉行　江戸府内の道路を管理する役人。はじめ四人であったが、享保五年二人に減員。

盗賊奉行火方ノ役人　火付盗賊改(ひつけとうぞくあらため)、俗に加役方(かやくかた)という。先手頭(さきてがしら)の一人が兼帯し、与力十人・同心五十人を指揮して、江戸の放火・盗賊犯人の検挙・糾弾を行

筋モ移リ易リ、奉行ニモ勘解由如キ人物モ少ナクナリ、毎《もの》レ物《ごと》ニ詳カニ念ヲ入レル風ニ成タル故、右ノ如キ少人数ニテハ、江戸中ニハ引張リ足ラヌ也。其上和漢ノ古法ヲ考ルニ、盗賊悪人ヲ搦捕ルハ*衛士《えじ》ノ役也。当時ノ*与力《よりき》・同心《どうしん》是也。サレドモ衛士ノ方ニテ刑罰ヲトリ行フト云事ハ和漢ノ例ナキコト也。子細ハ、刑罰ノ権其手ニ在ルト見レバ、賄賂ヲ出シテ罪ヲ免レントスルコト民ノ常情也。故ニ衛士ハ搦捕ル計リヲ役ニシテ、是ヲ外ノ刑罰ヲ司ル役人ニ渡シテ、其役人ノ方ニテ咎ヲ糺シテ、生ストモ殺トモスルコト也。然ルニ当時盗賊奉行ノ方ニテ刑罰ヲスルコト、是元来ノ仕方古法ニ違ヒタル故也。其上江戸中ノ武家・町方ニ隠レ居ル悪人ヲ知べキヤフナキ故、*目明《めあか》シトヤラン言ヤフナル者ヲ囲置キテ、様々夫ニサヽセテ御奉行ヲスルヨリ外ノ仕方ハナシ。其*指口《さしぐち》ヲスル者、元来悪人ナレバ、様々ノ悪事ヲスルコト、是又兼テヨリシレタコトナレドモ、元来ノ仕方行届カザルヲ改メズシテ役儀ヲ被《ルル》二仰《セ》付《ケ》一故、御役儀ヲ承ハル人モ仕方ニ込《こま》リテ如《ク》レ是《クノ》スル也。扨《さて》又、*与力・同心ノ御宛行《あてがひ》僅カノ事也。昔ハ是ニテモ渡世心易カリケレドモ、近年世上毎レ物高直ニ成リ、面々ノ渡世難儀ニテ、同心ノ類ハ御宛行ニテ妻子ヲ養フコトナラズ。何レモ様々ノ細工ヲ為テ売リ、夫ヲ御宛行ニ合セテ妻子ヲ養ヒ、家ヲ持テ、漸ニ御番ヲ勤ム。其御番ト云ハ一箇月ニ三日程ノコト也。夫ヲ勤ルサヘ如《シ》レ是《クノ》。然ルニ僅カニ一組カ二組ニテ盗賊ヲ取ル故、毎日昼夜与力・同心所々ヲ廻リ、外へ出ル事ナレバ、衣服モ家ニ居ルトハ違フ也。草履・草鞋・弁当ノ物入必ズアル事也。左様ニ毎日歩《ある》行クコトナレバ、細工ヲスベキ隙モナシ。御宛行ハ足ラズ。何ヲ以テ父母妻子ヲバ養フべキ。左様ノ者ニ刑罰ノ権ヲ預ケル故、何程正直ノ人ヲ盗賊奉行ニ為テモ、其組ノ者ニ*スヱ〳〵マデ私ヲセザル仕形ハ難《キ》レ為《シ》コト也。是

なった。

中山勘解由　中山直守(なおもり)。天和三年(一六八三)から貞享三年(一六八六)まで盗賊改を勤む。

御入国　天正十八年(一五九〇)徳川家康が領地を関東に移されたことを関東御入国という。

衛士　律令制時代、諸国軍団から一年交替で上京し、宮廷を警固した兵士。

与力・同心　江戸幕府の下級役人。所司代・城代・番頭・奉行などに所属し、諸事務を扱った。与力は騎馬を許され、同心を指揮した。とくに江戸町奉行配下の町(ちょう)与力・町同心のみをさす場合もある。

目明シ　岡引(おかっぴき)・手先ともいう。その出現はかなり早いらしく寛文十一年(一六七一)には目明し詐称者が罰せられている。幕府は正徳二年(一七一二)以来しばしば目明しの雇用を禁じたが、遵守されなかった。

指口　宝本による。底本「指図」。摘発をすること。

与力・同心ノ御宛行　与力の俸禄は町与力・御先手与力が給地二百石、留守居与力が現米二百俵、大番・書院番与力が現米八十石など表示は異なるが、実質には大差はない。同心は大部分が三十俵二人扶持である。

スヱ〳〵マデ　宝本による。底本「末長ク」。

上ニ立タル*重《おも》役ノ面々、皆大名ニテ、生レナガラ富貴ナル人故、何程ノ才智アリトモ下ノ情ニ達セズ、下ノ渡世ノ程ヲモ知ラズ、学問無レバ、和漢ノ古法ヲモ考合スベキヤフモ無レバ、唯旧キ形計リニテ執行フ事ユヘ、必竟道理ノ詰ル所ロ、無理ナル仕方ト云者ニ成ルコトヲ知ヌ也。

依《リ》レ之《ニ》碁盤ノ目ヲ盛テ江戸中ヲ手ニ入ル、ト云愚按ノ仕方ハ、武家屋鋪《やしき》モ*町方《まちかた》ノ如ク一町々々ニ*木戸ヲ付ケ、*木戸番ヲ置キ、一町々々ニ肝煎《きもいり》ヲ被《レ》二仰《セ》附《ケ》一、諸事ヲ申合セ、盗賊・棄物等有《ル》レ之時ハ木戸ヲ打セ、夜中ナラバ拍子木又ハ竹筒ヲ吹テ告知《つげしら》スルヤフニスベシ。当時*辻番ト言者アリテ、何ノ用ニモ立ヌ者ヲ、面々屋鋪主割合ニテ辻番ノ物入ヲ出スコト許多《あまた》也。此物入ニテハ、木戸ヲ附ケ、木戸番ヲ置クコトハ大方可《キ》レ成《ル》也。町方モ御堀端ニハ木戸ナシ。是モ木戸ヲ附《ケ》度《キ》者也。又江戸辺《は》ヅレ、田舎ヘ取附ク境目ニモ木戸アルベキコト也。和漢ノ古法如《シ》レ此《クノ》。総ジテ夜行ヲ禁ズルコト古法也。都ノ辺ヅレ、田舎ヘ取付所ロハ、元来外郭トテ、堀ヲ掘、堤ヲ築《きづく》コト、武備ノ一也。夫程ニ無クトモ、木戸ヲ附テ境トスベキコト也。元来此境立ザル故、何方迄ガ江戸ノ内ニテ、是ヨリ田舎ト云疆《ヒ》限《リ》ナク、民ノ心儘ニ家ヲ建続ケル故、江戸ノ疆限年々ニ弘マリ行キ、誰許ストモ無ク、奉行御役人ニモ一人トシテ心附《こころづく》人モ無テ、何《い》ツノ間ニカ、北ハ千住、南ハ品川マデ家続ニ成タル也。是又古法ヲ不《ル》レ知《ラ》誤リ也。都鄙ノ疆《さか》ヒ無キトキハ、農民次第ニ商売ニ変ジ行キ、国貧シク成ル者也。農民ノ商売ニ変ズルコトハ、国政ノ上ニハ古ヨリ大ニ嫌フコトニテ、大切ノ事也。扨武家屋鋪一町々々ニ木戸ヲ附、夜行ヲ禁ジ、大名幷ニ鎗ニテモ持セタル人ノ外ハ堅ク通スマジキ也。町モ此通リニスベシ。公用幷ニ私用ニテモ急病人・産婦ニ附、医者・取揚婆々抔ノ

重役　宝本に「ヲモ役」と記してある。老中・若年寄をさしている。

町方　江戸の町奉行が支配する区域。江戸府内でも、寺社境内とその門前は寺社奉行、武家屋敷は各大名・旗本が管理しており、町奉行の権限外にあった。

木戸　江戸の各町は原則として道路の両端を木戸によって区切っていた。木戸には大門とくぐり戸があり、午後十時(時には八時)以降は大門をしめ、くぐり戸から出入りさせた。

木戸番　各木戸の側には番小屋を設け、番人をおいて防火・防犯に当らせた。その費用は持家の間口の間数に応じて家主が負担した。とくに幕府の重要な行事がある時には、家主自ら番人を命ぜられた。これを自身番(じしんばん)という。

辻番　江戸の武家屋敷の辻々においた番所・番人。幕府・大名・旗本で分担した。寛永十年(一六三三)の令によると、幕府の辻番は一箇所に番人六人、その給料一人年額二両、そのほかに油料一両である。旗本は数家ずつ組合をつくって費用を分担し、町人に請負わせた。

送リ迎ヒノ類ハ*町送《まちおくり》ニシテ通スベシ。如《ク》レ是《ノ》スルトキハ、右ノ様ナル様々ノ悪事ハ自ラ止ムベシ。

扠盗賊ヲ搦捕ルコトハ、総テ*御先手《おさきて》・御持筒《おもちつつ》ノ総役トシテ、代ル〳〵江戸中ヲ廻ラスベシ。其外ノ武家ニテモ、盗賊悪人ヲ搦取《からめとり》次第ニ刑罰ノ御役人ヘ渡スベシ。仮ニモ手前ニテ刑罰スルコト堅ク有ベカラズ。但シ手向ヒスルニヨリ切殺スハ格別タルベシ。

総ジテ武家屋敷モ元来一組ヲ一町ニ置キタル事也。*大御番《おほごばん》十二組ニテ番町《ばんちやう》一番町ヨリ六番町迄表裏有《リ》レ之。古ハ飯田町ノ上ニ堤アリシコト也。御番衆モ与力・同心モ元来一組一町ニ聚リ居タルコト也。去レドモ役抜ケ・*御番入《ごばんいり》・*小普請入《こぶしんいり》ヨリ混乱シ、殊ニ権威アル人、屋敷ヲ撰取《えりとり》ニスル故、此法乱レ、今ハ同役同組所々ニ分レ居ル様ニ成タル也。依《リ》レ之《ニ》別御役別組ノ人隣ト成リ、武家ノ人品・内証ノ事知ルベキヤフ無シ。一町内ノ事ハ家内ノ微細ナル迄何事モ知レザルコトハ無《キ》レ之コト也。微細ニ知レドモ、他役他組ノ人ナレバ、一屋敷々々*面々構《めんめんこう》ニテ、武家殊ノ外我儘ニ成リ、諸事取締リ無ク、埒モ無ク成タル事因《ル》レ是《ニ》也。殊ニ軽キ同心ノ類ヲ、一組ノ内ヲ引分テ、牛込・本郷ト離々ニ差置クコト、其者平生何ヲスルトモ同組モ知ラヌコトナレバ、吟味スベキヤフ無シ。願クハ古法ノ通リ、御番衆モ与力・同心モ一組ヲ一所ニ置キ、其頭ヲモ一所ニ置キ、役替・番入等ノ時ハ入更ルヤフニスルトキハ、組下ノ人品モ何モ箇《か》モ委細ニ知レルコトニテ、盗賊奉行ナドノ、我下ノ悪事ヲ知ラヌ様成ルコトハ決シテ無《キ》レ之也。如《ク》レ是《ノ》シテ組ノ仕立仕込ヲ得ヌハ、頭ニ為スベキ器量ニ非ズ。如《ク》レ此《ノ》セズシテハ、誰ヲ頭ニ為シテモ、*得《とく》トシタル組ノ取捌キハ曽テナラヌ事也。去ドモ、左様ニ屋鋪ヲ割直シテ頭迄ヲ一所ニ置ハ、大壮ナルコトニテ、急ニハ成マジケレ

町送　町役人や木戸番人などが附添って次の町へ送り届け、その町の役人や番人に引き渡し、こうして順々に町から町へ、その者を送り渡してゆくこと。

御先手・御持筒　先手組は弓組十組・鉄砲組二十四組、各組頭一人と与力十騎・同心三十ないし五十人。持筒組(鉄砲隊)は四組、各組頭一人、与力十人、同心五十五人。両方とも江戸城内諸門を警備し、将軍外出の時、その行列に加わった。火附盗賊改は先手組の一組が兼帯していたが、徂徠はこれを両方合せて三十八組全体の兼役とすべきだと主張しているのである。

大御番　京都二条城・大坂城の警備を主要任務とし、江戸にいる時は西の丸・二の丸などの警備に当る。十二組。各組は番頭(ばんがしら)一、組頭四、番士五十、与力十、同心二十人より成る。大番頭は旗本の役として最高の格式と見なされ、譜代大名が任ぜられることもあった。

御番入　旗本が成人してはじめて番士に就任すること。また他の役職初就任の意味に拡大される場合もある。

小普請入　旗本が役職を辞任または罷免され、あるいは家督相続後まだ無役で、小普請組に所属すること。もと無役の者に小さい普請工事の人夫役を課したところから名前がついた。元禄二年(一六八九)からは俸禄百石

バ、貴テ一町ニ肝煎ヲ立、諸事ヲ役儀ニ不ㇾ構ヘ取扱ハスル様ニ仕度コト也。総ジテ*郷里ハ和睦スルヲ善トス。当時ノ風俗ノ如ク、面々ニ*義味・我慢ヲ立テ、面々構ニナル事ニテハ、博突・*三笠《みかさ》等ノ詮義モ成ラズ、*跡目・養子等ノ真偽ノ吟味モ成ラズ、身持・家持ノ悪キモ知レズ。少身ノ留守、人少ナニテ、万一火災・盗賊・下々ノ諠嘩等ノ節、取静ムル人モ無ク、甚不勝手ナル事也。

右ノ如ク法ヲ立替ルトキハ、碁盤ノ目ヲ盛タルガ如シ。其上ニテハ碁ハ如何様ニモ打タルベキ也。無ㇾ左《ク》テ御旗本・武家ノ風俗ヲ直ス事ハ決シテ難《キ》ㇾ為《シ》コト也。如《ク》ㇾ是《クノ》スルトキハ、当時我儘ニ自由ヲ仕馴レタル風俗ナル故、当分ハ不自由成ル事ニ思ヒ、難義ガル人多ク、夫ヨリ指支モ有ベケレドモ、後々ハ御*城下静マリテ、能治ルベキ也。

一　当時*出代リ奉公人、*欠落《かけおち》・取逃《とりにげ》多ク、人々致《シ》二難義《ヲ》一候也。*此以前ハ給金幷ニ取逃ノ品々、引負《ひきおひ》ノ金高迄ヲ請人《うけにん》ニ掛リ、其請人又欠落スレバ請人ノ地主ヘ掛ル事ニテ有シ故、主人ノ為ニハ善リシカドモ、*附送《つけおくり》ナド申様ナル悪事流行《はや》リテ、町ノ家持難義シタリシコト也。当時ハ請人ノ*身代切《しんだいきり》ト云事ニ成タル故、請人奉公人ト申合セ、同時ニ欠落シ、請人ノ家内ノ物ハ兼テ外ヘ逃シ出シ、迹ニハ鍋一ツニ*名号《みやうがう》一幅残シ置タルト申様ナルコト也。夫ヲ請人ノ身代切ト云ニ捌イテ、跡ヲ*闕所スル時、其兇人ノ党、札ヲ入テ殊ノ外下直ニ買取故、其身代切ト云ハ僅カニ鳥目《てうもく》百カ二百ノコトト成ルヲ、其主人ヘ渡シテ、給金モ取逃モ皆損ト成也。扨請人何方ニテモ店《たな》持居タルヲ見バ申出ベシ、*残リハ其節取立テ取ラスベシ抔ト奉行ヨリ其主人ヘ申渡ス。総ジテ人召仕フ者、其請人ヲ見知申スベキ様ナキヲ知ツヽ、如《ク》ㇾ是《クノ》ニ奉行タル人ノ取捌クコトハ有マジキ事ナレドモ、唯扱ヒニ困リテノ事ト見ヘタリ。

につき金二両ずつ納入。なお三千石以上、または上級職にあった者は寄合(よりあい)組に属した。

面々構　宝本に「面々コウ」とある。各自思い思いの行動をすること。

得ト　得は篤とも記す。「念を入れて」「トックリと」の意味。

郷里ハ和睦…　明の太祖洪武二十一年(一三八八)に発布された人民教化の告論＝六論(りくゆ)に「和二睦郷里一」の語がある。この六論を明末清初の人范鋐(はんこう)が解説した「六論衍義」(りくゆえんぎ)に、徂徠は吉宗の命によって享保六年(一七二一)訓点を施した。それ故、この語句は六論に由来すると思われる。

義味　南本には「理義味」とある。形式にこだわった理窟を押し通すという意味であろう。

三笠　三笠附。俳句を利用した賭博。上の五字を示し、下の七・五を三組当てさせるもの。正徳(一七一一―一六)の頃はじまった(我衣)。

跡目・養子等ノ真偽…　旗本・御家人が、とくに金銭授受を目的として、他人の子を実子と偽ったり、身分・家系をごまかして養子を迎えることが、すでに享保頃には少なくなかったようで、徂徠も巻四においてこれを論じている(四〇八―九頁参照)。

御城下　徂徠は城下町一般をさしているのではなく、江戸をさしている。

出代リ奉公人　一季・半季つまり一年または半年契約の奉公人。交替は

請人ト云者ハ、*人召ヲク者ノ兼テ知タル者ニテモ無ク、何ヲ慥《たしか》ナルト思フ事モ無ク、唯一枚ノ手形ニテ、*公《ノ》法ヲ以テ召置コト也。手形ニ何町誰店トアル計リ証拠ナレバ、其店ヲ欠落スルユヘ可《キ》レ為《ス》様ナシ。此段元来制度不《ル》レ宜《カラ》故也。

元来請人ト云事ハ、其初メ田舎ヨリ起リタル事也。田舎ニテ請ニ立《たつ》人ハ*其所ノ百姓ニテ、何村誰支配ノ者ト云コト慥カナル事也。百姓ハ田地屋敷ヲ持テ居ル故、田地ヲ棄テ逃走ル者ニ非ズ。親類モ其所ニ充満シ、先祖ヨリ代々其所ニ居住スル故、慥カナル事也。夫故田舎ニテハ御当地ノヤフナル事ハ曾テナキ也。其法ヲ持来リ、御城下ニテトリ行フ故、行届クベキヤフハ無也。御城下ノ人ハ、町々ニ*人別帳《にんべつちやう》アレドモ、店ヲ追立テ、又自分ヨリ店替スルコト自由也。元来他国ヨリノ聚リ者ニテ、親類モ御当地ニナク、根本来歴ヲ知タル者モナキ也。扨奉公人ハ皆田舎ヨリ新ニ出タル者ニテ、請人トハ元来ノ知人ニテモ無キニ、僅カノ*判銭《はんせん》ノ遣取ニテ請ニ立ツコト也。夫レ故*人主《ひとぬし》ヲ立ツレドモ、人主モ又住所ヲ定メズ、或ハ名計リ有テ実ハ無キ類也。人召置ク者ハ手形一枚ヲ証拠トシテ、唯何町ノ誰店ト云コト計リヲ目当トシ置クコト也。是元来其不慥カナルニ不レ構《ハ》、唯公《ノ》法ヲ以テ召置コトナレバ、*御先々前御代《おんせんせんぜんごだい》ノ、請人ノ家主ニ掛ルコト無理ナルヤフナレドモ、元来人召置ク者ノ目当トスル所ロ如《ク》レ是《クノ》ナルヤフニト法ヲ立タルナレバ、無理ト云ヒ難シ。去レドモ、請人コソ請ニハ立タレ、家主ハ知ラヌコト也ト云所ヨリ見レバ無理ナルヤフナレドモ、家主店賃ヲ取ベキ為ニ、元来知ラヌ者ニ店ヲ借スヨリ悪事モ出来《しゆつたい》スルナレバ、公《ノ》法ヲ丈夫ニ立ル仕形ハ、家主ニ掛ルコトトモ云ベシ。去ドモ元来其公《ノ》法ノ立様不《ル》レ宜《カラ》所ヨリ様々ノ奸曲出来《デ》ル故、当時捌ヲ仕替テ見レバ、家主ノ為計リニ成テ、請人ノ奸曲ハ同ジコト也。是皆不《ル》レ宜《カラ》

毎年三月五日(寛文八年＝一六六八までは二月二日)であった。

欠落・取逃　奉公人が契約期間中に逃亡するのを欠落といい、もし主家の金品を持ち逃げした場合には取逃という。

此以前ハ　宝本による。底本には「此三四十年前ハ」とあるが、奉公人取逃げの弁済義務が、その請人(身元保証人)の家主にまで及んだのは宝永六年(一七〇九)五月から享保四年(一七一九)八月までであるから、年代が合わない。

附送　奉公人・請人らが共謀して、取り逃げ金品の弁済義務を、その店請人(たなうけにん)＝借家の保証人)や家主に転嫁すること。

身代切　身代限(しんだいかぎり)。公権力により、家財一切が強制的に債務弁済に充当されることであるが、本文の場合は、幕府が享保四年に、強制弁済の対象物件を請人本人の家財に限り、その子や家主の弁済責任を免除した措置をさしている。

名号　阿弥陀仏の称号を書いた軸。

闕所　附加刑として犯罪者の家財を没収すること。本文の場合は、身代限の際の強制執行を意味している。

残リハ　宝本によって補う。

人召ヲク者　宝本による。底本「其主人」。

公法　奉公人の雇傭に請状(手形)を

法ヲ其儘ニ為シ置テ、其上ニテ様々ト捌キヲ仕替ル故、何程仕替テモ行届ザルコト也。

扨ハ其宜キ制度ハ如何ニト言ニ、其仕形、田舎ヨリ出ル奉公人ナラバ、*御領《ごりやう》ハ御代官、私領ハ*地頭へ、名主ヨリ、今年ハ誰々ト申ス者幾人奉公ニ出ルト云コトヲ訴フベシ。地頭・代官へ訴《うつたへ》ズシテ、私ニ奉公ニ出ル事堅ク制禁スベシ。又名主ニ隠シテ奉公ニ出ル者アラバ、其者其村ヲ欠落《かけおち》シタルト云罪ヲ以テ、*屹《きつ》ト可キ二申シ附ク一也。サテ召置ク方ニテモ、武家・町方ニ限ラズ、皆其奉公人ノ在所《ざいしょ》ノ地頭・代官へ附届ケ、証文ヲ取ルベシ。其証文ニハ其奉公人ノ在所村ノ名幷ニ其奉公人ノ名ヲ、人別帳ノ如クニ年ヲ記シ、給金ノ高ヲ記シテ、此方知行所又ハ*支配所ノ者ニ紛レ無シレ之ト申スコト計ニテ相済《あひすます》べシ。仮令其奉公人、主人ノ方ニ差合アリテ名ヲ附替ルトモ、手形ニハ在所ニテ人別帳ニ載セタル名ヲ記スベシ。同ジクハ、差合アルトテ名ヲ附替ル事ハ天下一統禁制シ、人々一生一名ヲ以テ遂ゲ、若禁ヲ破リテ名ヲ私ニ替ル者ハ、天下一統罪ニ申附べキ也。

人別帳ト云物ハ至極ニ重キ物ニテ、天子モ拝シ玉フ程ノ物ナレバ、微細ノコト迄落無キレ之ヤフニスルコト也。宗旨ノ事モ元来其*在所ノ人別帳ニ載置コトナレバ、別ニ*宗旨手形ニ不ルレ及バコト也。宗門ノ改ヲ余リ大切ニスルトテ、銘々請人ヨリ手形ヲ取ルコトニ仕タレドモ、夫ハ余リ繁多ナル故、請状ニ書載サセ、江戸ニテ檀那寺ヲ拵へ、代々何宗トスルコト全体偽也。法ヲ立ントテ偽ヲ教へ、其偽ノ手形ヲ厳シク取テ、宗門ノ改メヲ大切ニスル振ヲスルハ埒モ無コト也。

扨其奉公人取逃・欠落・引負等アルカ、又ハ子細アリテ半途ニ暇出スコトアラバ、地頭・御代官ノ方へ申遣スベシ。其時仮令其主人町人タリトモ、難渋ナク是ヲ名主方へ申遣

必要としたのはいつからか明らかでないが、寛文元年(一六六一)に幕府は、雇傭延長の際、必ず請状を更改せよと令している。

其所ノ　宝本により補う。

人別帳　宗門人別帳。キリシタン禁制のため、全国人民がいずれかの寺院の檀家であることを記載した帳簿で、戸籍の役割を果した。

判銭　判賃。捺印の手数料。

人主　請人に対し奉公人の身元保証をする人。親や兄がなった場合もあるが、一般には形式的な請状連署人であった。

御先々前御代　三代前の将軍。この場合五代将軍綱吉に当る。しかし家主の弁済義務は宝永六年五月の「向後(きやうこう)家主共に世話いたし、急度(きっと)埒明(らちあけ)候様可レ仕候」という法令に始まると思われるが、この年正月からすでに六代家宣の代になっている。

御領　幕府直轄領。御料または天領ともいう。

地頭　江戸時代には地頭の制度はないが、知行地をもった旗本を地頭とよぶことがあった。

屹ト可申附　「屹ト」は通例「急度」と書く。厳罰に処すべしとの意。

支配所　代官が各自行政を担当している地域。

在所　宝本・南本による。底本「人所」。

シ、屹ト*其家本・親類ヨリ其者ヲ尋出シ、*其主人へ渡シ、其主人ノ心次第ニ再ビ召仕フトモ、武家ナラバ斬罪ニ仕ルトモ構ヒ無ルベシ。町方ナラバ給金取返ストナリトモ、是又其主人ノ申附次第ナルベシ。*人代《ひとがは》リト云コトハ制禁ナルベシ。子細ハ、其村ヨリ奉公ニ出ル事ハ、其出ル者ノ*身上《しんしやう》相続ノ為也。外ニ又其如キ*其村ヨリ奉公ニ出度《いでたし》ト願フ人必ズ有べキコトニ非ザル故也。取逃・引負等ハ、武家ナラバ其主人ノ方ニテ斬罪ニ*スベシ。町方ナラバ奉行所へ渡シ斬罪ニ*スベシ。取逃・引負ヲ返済スルコト有ルべカラズ。子細ハ、取逃・引負ハ其者ノ悪事ニテ、其家本・親類ノ知タルコトニ非ズ。既ニ其人ヲ殺ス上ハ主人ノ損タルベシ。

其奉公人煩フコト有ラバ、主人ノ方ニテ養生シ取スベシ。死シタラバ主人ノ方ヨリ寺へ遺シ葬送スベシ。両様トモニ其家本・親類ノ願ヒアラバ、勝手次第タルベシ。出替リ奉公人ナリトモ、其生死ヲ主人ノ心儘ニスル上ハ、病気幷ニ死後ヲ構フマジキ道理ナケレバ也。

総ジテ*地頭・御代官ハ年貢ヲ取計リノ役ニ非ズ。其地ヲ治ル職ナレバ、其地ノ民ハ手前ノ世話ニスベキ事也。欠落ハ叛罪也。取逃・引負ハ賊罪也。斬罪ト云コト*律トハ相違ヘレドモ、律ハ郡県ノ治也。当時ハ封建ノ代ニテ、武家ノ治ナレバ、先規ノ如ク斬罪尤ノコト也。此事、*中比《なかごろ》ヨリ、人ヲ殺スヲ不仁ナル抔ト*云様ナル下手理窟ハヤリテ、夫ニ武家ニ有マジキ利勘ノ詮議ヲ第一ニスルヨリ、給金ヲ取戻スニテ欠落ノ罪消行キ、法ノ乱レタルヨリ、近年欠落スルコトヲ奉公人ノ常トスル風俗ニ成タレバ、箇様ニ執行ハズンバ、此悪風曾テ止ムべカラザル也。当時地頭・御代官モ、手前ノ知行所・支配所ヨリ事ノ出ルヲ外聞悪《あ》シ、トテ、奉公人ノ出ルヲモ知ヌ分ニスルコト、当時ノ風俗也。去ドモ、何程知ラヌ顔

宗旨手形　寺請証文(てらうけしようもん)。寺院が発行した檀家証明書。そもそもはキリシタン改宗者に対して出すものであったが、後には一般に、旅行・奉公などの際の身分証明書の役割を果した。

家本・親類　底本「家本ノ親類」。宝本により「ノ」を除く。

其主人へ渡シ　宝本により補う。

人代リ　代理人。

身上相続　家産を取り続かせる。

其村ヨリ　宝本により補う。

ニ　同右。

地頭・御代官ハ年貢ヲ…　三九一頁参照。

律トハ相違　欠落を逃亡と解釈すると、捕亡律に、在役中の丁夫・雑匠の逃亡は一日笞(ち)三十、十日で一等を加え、最高徒三年、奴婢は逃亡一日杖六十、三日で一等を加えるとある。また取逃を窃盗の一種とみなすと、その盗物の量に応じ、杖六十から三年の流罪と、賊盗律に規定してある。

中比ヨリ　平安時代には弘仁元年(八一〇)から保元元年(一一五六)まで死刑が行なわれなかった。保元の乱の時、死刑を復活して源為義らを処刑したことについて、「死罪をおこなへば海内に謀叛の者絶えず」という批評が古活字本保元物語巻中・古活字本平治物語巻下および平家物語巻二に

シテモ、知行・支配ノ百姓ニハ紛レナシ。其者何方ニ居ル、居ラヌヲ知ラヌハ、己ガ職分ヲ忘レタル也。又義味・我慢ヲ立ル風俗ニテ、手前ノ知行・支配ノ者ト他人トノ勝負ヲ思フ心、是又御城下ニテノ公法《ノ》ヲ蔑ロニシ、上ヲウヤマハザル我意ナレバ、如《キ》レ此《ノ》風俗ハオトロヘル様ニ有度コト也。扨又其奉公人御当地出生ノ者ナラバ、町ニテモ武家ニテモ其家本ヨリ証文ヲ出シ、諸事右ノ如クナルベシ。地頭・御代官モ家本モ、公法《ノ》ヲ重ンズル所ヲ屹ト守リ、粗末ニ取扱フベカラザル事也。

如《ク》レ此《ノ》法ヲ立バ、奉公人慥カニ成テ、当時ノヤフナル不埒ハ曾テ有マジキ也。其上地頭・御代官モ*ムサト致シタル者奉公ニ出スベカラズト名主ニ申付、畢竟手前ノ世話ニナル故、面々ノ吟味強カルベシ。田舎ニテモ親ヤ親類ト中違ヒタル者、又ハ所ニテ悪事シタル者、江戸ヲ隠家ニシテ立出、奉公スルヤフナル者ナクナリテ、田舎モ治メヨカルベキ也。畢竟如《ク》レ此《ノ》成行タラバ、武家ハ面々其知行所ノ者ヲ使ヒ、手前ニ余ルトモ、親類・近付ノ念比《ねんごろ》ナル人ノ方ヘナラデハ遣ハサヌコトニ成ベシ。御代官所ノ人ハ*御蔵米取《おくらまいとり》并ニ町方ニテ召仕フコトニ成ベシ。諸大名モ*渡者《わたりもの》ヲ召仕フコト自然ト相ヤムベシ。去レバ*足軽《あしがる》・*中間《ちゆうげん》并ニ家中ノ召仕ニ、当時ノ体ニテハ、知行所ニ人在合セズ。自《おのづ》カラ他所ヘ出タル者ヲ*人返《ひとがへ》シスルコトナルベシ。諸大名皆人返シヲスルコトニナラバ、御城下ノ雑人《ざふにん》少ナクナルベシ。但シ御城下ノ出替リ奉公人ハ関八州ノ人ニ限ルベシ。遠国《をんごく》ハ地頭・御代官ノ取捌キ不便利ナルベシ。

一　欠落ノ類、近年ハ不《ル》ニ相《ヒ》知《レ》一事ニ成リ行キ、大形ハ*永尋《ながたづね》ニ成ル。奉行替レバ果ハ無《シ》ニ沙汰一ニナリ、其節ニ至テハ復御当地ヘ出テ人並ニ店ヲ持、或ハ奉公ヲシテ居ル類、其数ヲ知

見える。本文はかかる死刑批判の風潮をさすか。

云様ナル下手…　底本「云様ナルコト下手…」。南本により「コト」を削る。

ムサ　無作。無作為。本文の場合は無分別の意。

御蔵米取　知行地をもたず、領主の収納した年貢米の中から俸禄の支給を受ける武士。切米取(きりまいとり)。

渡者　奉公先が一定せず、あちこち移り替りながら働く者。渡奉公。

足軽　中世では無頼の徒などが雑兵として傭われたものをさしたが、近世ではそれが弓・鉄砲隊の兵力として組織化され、平時は警備の任についた。但し江戸幕府の職制にはこの名称なく、「武家名目抄」によると同心がこれに相当するという。

中間　武士の下で雑用をする者。農民が賦役として徴発される場合もあった。江戸幕府の職制では十五俵一人扶持の御家人であった。

人返シ　農村から都市に移り住んだ者を強制的に帰農させること。

永尋　欠落者の届出があると、奉行所等ではその親類や町役人等に、三十日の日限で捜索を命じ、見つからないと更に三十日ずつ、六回まで期限を更新して探させる。百八十日をすぎると、永尋として、日限を切らず、永久捜索態勢をとった。

ラズ、夥シキ事也。公儀ノ御尋物サヘ如《シ》ㇾ此《クノ》。増テ其外ノ欠落・逐電《ちくてん》ハヤハリ其砌ヨリ御当地ノ内ニ罷在リ、唯其町・其屋鋪ニテ欠落・逐電ト言計リ也。如《ク》ㇾ此《クノ》法不ㇾ立《タ》シテ、兇人楽ナル世界ナルコト、御政務不《ル》ㇾ宜《カラ》第一也。

此趣キヲ考ルニ、元来制度不《ル》ㇾ立《タ》故也。サレドモ昔ハ欠落・逐電ノ類ナドハ其儘差置ズ、尋出シテ成敗シ、見当リ次第手《て》撃《うち》ニモスルコト、武家ノ風俗也。諸国ナレバ急ニ追駆《おひかけ》、討留ルコトナル故、武士ハ常ニ*打替袋《うちかへぶくろ》ニ米ト銭ヲ入、草鞋ヲ括リツケ、不断ノ*居間ニ掛置ヲ心懸ヨキ士トスルハ、左様ノ時、急ニ追駆ン為也。御城下ナレバ、箱根・*笛吹《うすひ》ヘ人ヲ遣スヤフナル事、某《それがし》覚候ヒテモ、*寛文ノ比迄ハ武士ノ風俗猶此ノ如クニ候キ。

去ドモ法ノ立様元来如《ク》ㇾ此《クノ》ナル故、欠落・逐電有《リ》ㇾ之トイヘドモ、唯*武風烈キニ因テ自カラ少ナク、又御当地ヘ隠レ居ル様ナル、上ヲ蔑ロニシタルコトハ無キ也。又公法《ノ》モ厳シク、士風モ善成ル故、左様ノ者ヲバ仰付ヲ待ズシテ尋出シ、討テ棄ルハ耻ヲ知タル故也。然ルニ御先々前御代ヨリ手撃成敗シタル者ハ自カラ*公辺不ㇾ宜《カラ》、立身ノ害トナルヨリ、武士ノ風柔カニナリ、手討成敗ト云コトハ当時ニ至テハ甚少ナク、世間ニ沙汰ヲ聞ヌ様ナリ。去バ出替リ者抔召仕フニモ、給金ヲ損ニセヌヤフニスルヲ利口ナル仕方ト云ヒ、欠落・逐電ヲモ請人ニ掛リ、給金ヲ取戻シ、ワビ言ニテ済シ、金サヘ有レバ奉公人ニ事闕コトハナシト了簡シ、公法《ノ》ノ所ヲバ脇ヘナシ、損得ノ工面ヲ第一トスルコトニ当時ハナリ、遂ニハ*頸代ト云事ヲモ忘テ、給金ヲサヘ取レバ欠落・逐電ノ罪ハ消行也。請人ニモ兇人アリテ、御城下ニ住馴ルコト年久シキ故、奉行ノ捌キヲ宙ニ呑込居テ、主人ノ申附ヲモ請着ズ、*返リ公《く》事《じ》ナド云コト多キ故、未熟ナル者ハ夫ニ困リテ、唯穏便ナルガ善トテ、埒モ無ク取捌ク類

打替袋　打飼(うちかい)袋の訛。狩の時、犬・鷹などの餌を入れて腰に巻きつけておいた袋。転用して、金銭その他を入れて、胴巻のように用いる袋をいう。
居間　宝本・南本による。底本「居所」。
笛吹　中山道(なかせんどう)の碓氷関のこと。東海道の箱根の関と共に、関東地方の最も重要な関門であった。太平記・甲陽軍鑑など中・近世の軍記物に笛吹の字をあて、また竿吹と記しているものもある。
寛文　四代将軍家綱時代の年号(一六六一—七三)。
武風　宝本による。底本「武家」。
公辺　おおやけのあたり。この場合、将軍のおぼえの意味。
頸代ト云事ヲ…　本来首を斬るべきところを、金銭で事をすませるのならば、その金は首代つまり命の代金であるべきなのに、それを忘れる。
返リ公事　被告の場に立つべき者でありながら、かえって相手の弱点・過失を見つけて、反対にこれを訴訟沙汰に持ちこむこと。

近年多キ也。

兎角武家柔カニシテ、然モ愚ニ成リ、事ノ取捌キ始終ノ呑込無ク、又軽薄第一ノ風俗ニ成タル故、少シ目*高キ人ノ家ニ件ノ欠落者住居ルハ勿論ノ事、大体同輩ノ者ノ家ニ住居テモ断リヲ申遣ス事ヲ遠慮スルコトニ大形ハ成タリ。又夫ヲ召置キタル者モ、届ケヲ受レバ、其者ハ此方ヲモ今朝欠落シタルナド、紛ラカシ、当分喧ビスシキ目ヲセヌ様ニスルヲ利口也トスル類多シ。左様ノ者召置クハ公法《ノ》ヲ背クト云ヒ、其上傍輩《はうばい》ヘノ無礼也。無礼ハ我身ノ瑕瑾也ト云事ハ夢ニモ知ラズ。又昔ノ武士ノ、左様ナル者ヲ囲ヒ置タル*任侠《にんけふ》ノ風トモ抜群ノ違ヒニテ、唯何モ彼モ利口ヲ先トシ、物ヲスリ抜、除《よ》ケ逃シ、事ノ始終ヲ*シツパリト取捌キテ身ニ引請ベキ事ハ絶テ無《キ》レ之世界トナル故、其風俗馴《なれこ》故ト成テ、公法《ノ》ノ咎人ノ欠落・逐電ニ至テモ、奉行・御役人ノ沙汰ニモ、下々ニ左様ナル事ハ不《ル》レ珍《カラ》事ニテ、左様ニツヂツマノ合様ニハ捌キハ成ヌ物ト言罾リテ、未熟不詮議ナル取扱也。

昔ハ法未熟ナレドモ武風盛ナル故、当時ノ如クニハ無リシヲ、世次第ニ移リ行キ、風俗替リ、武風薄クナリタル故、如《ク》レ右《ノ》不埒ノ次第ト成シ也。然リトテ、今更武風ヲ烈シク、昔シノ如クセントシタリトモ、太平久シケレバ、諸事ノ釣合昔ニ違ヒタル故、昔ニカヘルベキニ非ズ。却テ治《メ》ノ害トナルベシ。殊ニ昔トテモ法未熟ナルユヘ、不《ル》二行届《キカ》一コトドモ也。当時ノ仕方ハ治ノ根本ニ返リ、ヤハリ柔カナル風俗ノ上ニテ古ヲ考ヘ、法ヲ立直スニ如《しく》ハ無シ。治ノ根本ニ返リテ法ヲ立直スト云ハ、*三代ノ古モ、異国ノ近世モ、亦我国ノ古モ、治ノ根本ハ兎角人ヲ地ニ着ル様ニスルコト、是治ノ根本也。人ヲ地ニ着ル仕形ト云ハ、戸籍・*路引《ろいん》ノ二ツ也。是ニテ世界ノ*紛レ者無キノミニ非ズ、是ニテ世界ノ人ニ統轄ヲ附ル故、

目高キ人 目上の人。身分の上の人。

任侠ノ風 援助を求められた場合、利害打算をこえてこれを守ろうとする気風。近世初期、武士層を中心とした青少年の間に、「男伊達(おとこだて)」「かぶき者」とよばれる仲間が流行したが、この意地はとくにかれらの間で重んぜられた。かれらの行動は社会の秩序や権威に対する反抗であったので、繰り返し強く弾圧され、任侠の気風と共に消滅した。

シツパリト 物事を強く身にしみこませる様をあらわす語。

三代 古代中国の夏・殷・周の三王朝。

路引 旅券のこと。本巻三項後に論じてある(二八〇頁参照)。

紛レ者無キ 南本により改む。底本「紛レ無キ者」。「紛レ者」は二七四頁頭注参照。

世界ノ万民悉ク上ノ御手ニ入テ、上ノ御心儘ニナル仕方也。此仕形無キ時ハ、日本国中ノ人ヲ打散シニ仕置テ、心儘ニ面々構ヲ働カスル故、*悉ク上ノ御手ニハ入ヌ也。去バ世界ノ万民ヲ手ニ入ルト手ニ入ザルトノ違ハ是ナル故、此治ノ根本ト云コトヲ知ルベキ也。

一　旅人ハ其人ノ本在所ヨリ縁故ヲ以テ*添状《そへじやう》ヲ持来ラバ、名主ヘ断リ置ベシ。親類近附ナラバ添状ニ及バズ。名主ヘ断リ置ベシ。何レモ其在所ヲ出ル時モ、其所ノ名主ヘ断ルベシ。有ルレ事時ハ、添状アラバ添状ヲ出シタル人ノ科《とが》ニ成リ、添状ナキハ*相対《あひたい》ナル故、其旅人ヲ請タル者ノ科ニナルコトナレバ、名主委細ノ詮議ニ及バズ可ニ聞キ届ク一也。其旅人商人ナドニテ、暫ク店ヲ持事成ラバ、其添状ヲ請タル者ヨリ請判《うけはん》ヲサスベシ。何レモ他国逗留三年ヲ過スベカラズ。又旅人ニ妻ヲ持スルコト有ベカラズ。人ノ故郷ヲ離テ他国ノ人トナルコトハ、*皆先ニテ身上《しんしやう》ヲ固ムル故也。此二色ハ名主ノ世話ニシテ堅ク禁ズベシ。若他国ヨリ養子合《やうしあはせ》ニシテ婿ニ来ル者ハ、先ノ人別ヲ除イテ此方ノ人別ニ入ル、コトナレバ、奉行所ヘ届クベシ。

総ジテ右ノ旅人一泊リモ*隔タル所ヨリ来ラバ路引《ろいん》アルベシ。路引ナキハ指置ベカラザル也。本在所ノ添状ヲ請タル者、又添状ヲ出シテ先ヨリ先ヘ送リ遣スコト有ベカラザル也。本在所ノ添状ニ、其訳頼《たのみ》来ラバ不レ苦カラ。先ニテ三年ノ年数過バ、本在所ノ添状ヲ請タル所ニテ指置ベカラザル也。本在所ニテモ、所ヲ出テ三年ノ年数過タラバ、奉行所ヘ届ベキ也。

如クレ此ノ法ヲ立ルコトハ、日本国中ノ人ヲ江戸モ田舎モ在所ヲ定メテ、是ハ何国ノ人ト云コトヲ極ル仕方也。去バ子孫マデ永々其所ニ住シテ、当時ノ如ク他国ト混乱サセズ自由ニ他国ノ人ト成コトヲ禁制スル時ハ、日本国中ノ人皆所ヲ定テ、其所ノ土ニ着故、人タルモ

悉ク　宝本により補う。

添状　人を派遣したり物を送ったりする時、その宛先に対し、その旨を記して、その人や物につけて送る書状。

相対　当事者同士の直接交渉による契約・申し合せ。

先ニテ身上ヲ固ム　旅先で安定した生活を築く。

隔タル　宝本・南本による。底本「過タル」。

離レ者　その定住地・支配を離脱する者。

紛レ者　支配者の把握の手から逃れ、混雑した社会にまぎれこんで生活する者。

ノニ皆頭支配《かしらしはい》アリテ、*離レ者ト云者ハ一人モ無ク、依リレ之ニ*紛レ者ト云ハ曾テ無キ事也。

一　戸籍ト言ハ先ハ人別帳ノ事也。去ドモ今ノ代ノ人別帳ノ如ニハ非ズ。今ノ代ノ人別帳ハ誠ノ人別帳ニ非ズ。*著到帳《ちゃくたうちゃう》ノ類也。人別帳ト云ハ、其村所ノ家別ヲ記シテ、其家々ノ亭主ヲ初メ、家内ノ人数ヲ譜代ノ者迄不レ残ラ記シレ之ヲ、嫁取レバ記シレ之ヲ、養子ヲスレバ記シレ之ヲ、女他へ嫁シテ行ケバ除キレ之ヲ、子生レバ年月日ヲ記シ、死スル人アレバ何月何日ニ死スト記シテ除クレ之ヲ。出家スル者アレバ其子細ヲ記シテ除キレ之ヲ、其師ノ寺ノ人別帳ニ載スレ之ヲ。出替リ奉公人ハ不レ載セレ之ヲ。是ハ其者ノ在所ノ人別帳ニアル故也。名ヲ妄リニ替ルコト成ラズ。年モ生ル、時記スル故、偽ヲ云コトナラズ。武家モ此通リ也。寺モ同ジ。但シ他所ノ寺ノ弟子来テ其寺ニ暫ク居ルハ載セズ。其寺ノ弟子ニ成バ載スル也。著到帳ト云ハ勤番交代ノ帳、又ハ軍中ニテ有ルレ之コト也。是ハ当分ノ有人《ありびと》ヲ記スルコト也。*檀林《だんりん》へ集ル僧モ、他所ヨリ来ル旅人モ、人別帳ハ本在所・*本寺ニアル故、旅ノ先ニテハ皆著到帳ナルベシ。其村所ノ人他所へ行テ逗留スルモ、遂ニハ帰ル者故、人別帳ニハ不ルレ除カ也。

夫計リニ非ズ。人々郷里ト云者定ル故、親類モ近所ニ有リレ之、幼少ヨリノ友達モ充満タレバ、自然ト親類友達ノ前ヲ思フテ悪事ハセヌ物也。一町一村ノ*内ニテ名主ノ知ラヌ人ナシ。一町一村ノ人相互《あひたがひ》ニ先祖ヨリ知リ、幼少ヨリ知コトナレバ、善悪共ニ明ニ知ル、コトナル上ニ、五人組ノ法ヲ以テ吟味スルコトナレバ、何事モ隠スト云コトハ曾テ成ラヌコト也。*当時モ人別帳モアリ、*名主モアリ、五人組モアレドモ、店替ヲ自由ニシ、他国へモ自由ニ行キ、他国ヨリ来リ其所ニ住コト自由ナレバ、日本国中ノ人入乱レ、混雑シ、何方モ皆仮ノ住居ト言者ニ成リ、人々永久ノ心ナク、隣ニ構ハズ、隣ヨリモ此方ニ構ハズ、其人ノ本

著到帳　古代、官署において出勤した官吏の名前を記録した帳簿。また軍事行動をおこす際、馳せ参じた武士の名前を記録した帳簿。召集を受けた武士が参着した旨を主君に報告した文書は着到状という。

檀林　栴檀林(せんだんりん)の略。方々の寺の弟子を集めて、仏教の学問をさせる寺院。もとは禅宗におこったが、江戸時代には他の宗派でもこれを設けた。議論の場なので、談林とも記す。

本寺　この場合は、寺院統制のため設けられた本寺・末寺制度の本寺をさすのではなく、その僧が本来居住しているべき寺という意味である。

内ニテ　底本には「内ニテモ」とあるが、宝本により「モ」を除く。本文の意味は、名主が自己の管轄区域である一町一村内のことを知悉するということであるが、「モ」を加えると語調がやや異り、そこに一町一村の外との類比の意味が含まれるか、もしくは一町一村が名主の管轄区域をこえる範囲であり、そういう広い区域でさえも名主が知悉するという意味にうけとれる。

当時モ　宝本による。底本「モ」なし。徂徠の理想とする制度と当時の同じ名称のものとの比較故、「モ」が加わるのが適当である。

名主モアリ…　宝本による。底本「名主モアリ五人組モアリ」重複。

ヲ知ラネバ知ヌト云ニテ何モ済也。先ヲモ知ネバ、始終ハ名主ヲ始メ我《ガ》苦ニセヌ故、人々面々構ニテ心儘ニ成ル也。畢竟当分ノ有人ヲ人別帳ニ付タル迄ニテ、時々ニ抜指ヲシ置事故、人別帳モ何ノ詮モ無《キ》レ之コト也。

如《ク》レ此《クノ》法ヲ立替ル時ハ、右ニ言フ如ク、何モ箇モ隠《レ》家ナキノミニ非ズ、一町一村ノ人ハ相互ヒニ自然ト馴染付《なじみつく》故、悪キコトヲバ相互ヒニ異見ヲ言ヒ、言ハレ、異見ヲ聞ヌコトモナラズ、又相互ヒニ見放ス事モ無ク、交リ念比ニナル也。此上ニ奉行治《メ》ノ筋ニ心ヲ入レ、名主ニ能示シ下知スレバ、一町一村ノ内、相互ヒニ睦ジク、風俗自然ニ直リ、悪人ハ自然ト遠ザカルベシ。古聖人ノ治ト言モ如《ク》レ此《クノ》也。*井田《せいでん》ヲ直道ノ本ト言モ、実ハ此コトナルヲ、唯田地ヲ碁盤格子ノ如クニ割リ、算用合《さんようあひ》ノ事ノ様ニ心得ルハ、大ヒナル誤也。

扨治ノ筋ニ心ヲ入ル丶ト言ハ、其品数多キコトナレドモ、要ヲ括リテ云ハヾ、田舎ハ農業、御城下ハ工商ノ業ヲツトメヌ者ノ無ヤフニスル事是第一也。一人モ家業ヲ勤メズト云者ナキ時ハ、人ノ心皆実ニ返ル故、万ノ悪事ハ皆是ヨリ消行コト也。根本ヲ忘レ、末ニテ悪事ヲ押ヘントシテモ、何程才智ノ人ナリトモ、其才智行届カザルコト也。去バ*仕舞《しまう》屋《や》ナド云ヤフナル者、工商ノ業ヲ勤メズ、唯町屋敷ノ影ニテ*渡世《とせい》ヲシ、剰ヘ己ハ其町屋敷ニハ居ラズ、*家守《やもり》ト言者ヲ拵ヘ置キ、奉行所ヘモ夫ヲ出シ、安楽ニ耽ルヲ、俗眼ニ何ノ害モ無コトノ様ニ思ヘドモ、風俗ノ上甚ダ宜シカラザルコト也。何レモ己ガ町屋鋪ニ居住シテ、何ニテモ工商ノ業ヲ勤メサスベシ。田舎ニテモ、大百姓ノ農業ヲセズ、*田地ヲ皆小作ニ作ラセ、其身ハ江戸ノ仕舞タ屋ノ真似ヲスル者近年ハ多ク見ユル。是等モ皆禁制スベキコト也。又家業ヲ勤ルト言ニモ、当時ハ種々ノ悪事ヲ家業ト覚ヘ居ル者多シ。兎角実成ル筋ノ

井田　田地を井の字形に区劃し、八家に各一区劃を与えて耕作させ、中央の一区劃を公田とし、八家に共同耕作させて、その収入を貢納させる制度。孟子が提唱し、これによって人民の経済生活を安定させ、かつ隣保に相互扶助を行なわせようとした。

仕舞タ屋　町屋にあって、商売をやめてしまった家、商売せずに暮らしている家。しもたや。

渡世　宝本・南本による。底本「世渡」。生活を成り立たせること。

家守　地主に代り土地・借屋を管理し、地代・店賃を取り立て、公用を勤めた者。大家(おおや)。差配(さはい)。

田地ヲ皆小作ニ作ラセ　享保十四年(一七二九)将軍吉宗に農政上の識見をかわれて登用された川崎の名主田中丘隅(きゅうぐう)の「民間省要」(みんかんせいよう)上編巻二にも「百姓の田地二十石以上百石余の持高の者、十が一も自分の地を手作(てづくり)するはなし。…小作に預けて他の手より米をとり」と見えている。

家業ヲツトメサスル様ニスベキコト也。

当時ノ奉行ハ*下ヨリ申出タルコト計リヲ捌キ、申出ヌコトハ構ワズ、法計リヲ立テ、、法ノ行支《ゆきつか》ユル所ロヲ、理ヲ極メテ法ニ合*スルヤフニシ、治ト云コトニ一向心著ヌ故、悪人ノ絶ルコトナシ。民ノ中ニ、彼兇人ハ法ヲ能呑込居テ、法ノ陰ニ隠レテ悪事ヲスル上、右ニ言タル如ク、*面々構成ル風俗ナレバ、名主モ五人組モ畢竟詮ナキ者ニ成タリ。其上当時ノ奉行ハ、世ノ風俗ニテ、殊ノ外威高ク構ヘテ下ヲ近付ケズ、唯法ヲ以テアヒシラフ故、上下情通ゼズ、下ヲ治ムベキ様ナシ。

上ヨリ御預ケノ町村ハ、我家ノ如ク身ニ引受テ世話ニシ、一町一村ノ内ノ者ハ和睦シ、兎角民ノ風俗ノ善ナルベキスジヲ主意トシ、名主ニモ能筋ヲ申含メ、下《しも》ノ下《さ》ゲスマズ、*オサメヲ疑ハヌ様ニ治ルヲ、誠ノ治ト言也。古聖人ノ道ニ、民ニ孝悌ヲ教ユルコトヲ第一ト言ルモ、*儒者ナドニ講釈ヲサセテ民ニ聞セ、民ノ自カラ発得シテ孝悌ニ成ル様ニスルコトト心得ルハ、大ヒナル誤也。右ニ云ル如ク、其町村ノ睦ジク、民ノ風俗ノ善ナル様ニ、奉行ノ仕込コトヲ、孝悌ヲ教ユルトハ云也。

去ドモ、田舎ナドハ一郡ノ内ヲ奉行一人ニテ治テモ、身ヲ入タラバ誠ノ治モナルベキコトナレドモ、御城下ハ町ノ広サ、人ノ数夥シク、唯今迄ノ風俗殊ノ外ニ悪キ故、中々一人ノ力ニ及ビ難シ。御城下ヲ四ツニモ五ツニモ分ケテ、面々ニ奉行ヲ立、支配ヲ限リテ治メサセ度コト也。

如《ク》レ此《クノ》誠ノ治ヲスベキト思フテモ、兎角前ニ言ル戸籍ノ法立ザレバ不《ル》レ叶《ハ》コト也。扨戸籍ノ法ヲ立ルニハ、江戸モ田舎モ国々モ、其処ニ其人ヲ極ルコトナレバ、先《まづ》人数総高ノツ*

下ヨリ申出タル… 三五五・三八八・三九一頁参照。

合スルヤフニシ 宝本による。底本「…ヤフニシテ」。本文は、法が当時の社会に適合せず、その運用に行詰っても、奉行があれこれ理窟をつけて法にあてはめることをはかり、本来の政治のあり方に心付かぬことを徂徠が指摘したところであり、「テ」を除く方が意味が明快にとれる。

面々構 底本「…構へ」、南本には「…カマへ」とある。しかし「構」のよみ方はこれ迄両本では明らかでなく、宝本に「…コウ」と仮名で記してあるのによってきたので、ここもそれに従う。二六七頁頭注参照。

オサメヲ 宝本により補う。

儒者ナドニ講釈ヲサセ… 将軍吉宗は庶民教育に強い関心をもち、徂徠を召し出して「六諭衍義」に訓点を施させ、その「大意」を室鳩巣に作らせて、これを寺子屋の教科書としたのをはじめ、私塾を保護し、また幕府の儒者の講義を庶民に聴かせるなどして、教育を通じて秩序の維持をはかった。本文はその政策に対する徂徠の批判とも解せる。

ツモリ 宝本により補う。

モリ有ベシ。古ヘハ地*ヲ量リテ民ヲ置ト言コトアリ。六十余州悉ク一国々々ノ人別ヲ見テ、扨御城下ノ人ト関八州ノ人トノ総人数ヲ考ヘ、関八州ヨリ出ル米穀ニテ、御城下幷ニ関八州ノ人ノ一年ノ食事ノ足ル積リヲ準合ニシテ、御城下ノ人数ヲ定ムベシ。諸国ヨリ来ル旅人幷ニ諸大名ノ家来ハ外ナルベシ。是ハ諸国ヨリ来ル米ヲ食スル積リニスベシ。当時御城下ニ居ル者多ク諸国ノ者ナレバ、右ノ限リヲ以テ御城下ノ人数ヲ限リ、其外ハ悉ク諸国ヘ返スベシ。返ス仕方ハ其地頭々々ニ申付ケ人返シナスベキ也。

民ハ愚ナル者ニテ、後ノ料簡ナキ者也。御城下渡世悪シクナリテモ、一日暮シノ心易《こころやす》ナルハ、御城下ナル故、其癖ツキテ一日々々ト送リ、御城下ヲ離テ古郷ヘ還ル心ハ曾テ生ゼズ。又御城下ニ年久シク居ル間ニ少々ノ田地モ無ナリ、己ガ屋敷ニモ人住メバ、自然ト帰ルベキヤフ無シ。公儀ヨリ返サントシ玉ヒテモ、逐出サル丶ト思フテ、恨ル心甚ダシカルベケレバ、諸国ノ聞ヘモ悪シク、不仁ナルヤフニ沙汰スベシ。

総ジテ地頭ト言者ハ其地ヲ治ムル職也。三代ノ諸侯ハ後世ノ郡守・県令ト同ジコト也。三代ノ時モ、国中ノ民他国ヘ行テ減少スルヲ諸侯ノ耻トス。異国ノ代々ノ法モ、日本ノ古ヘモ、其治ムル国郡ノ民ノ増減ヲ吟味シテ、民ノ数増セバ治善《をさめよき》ニ定メ、減ズレバ治悪キニ沙汰シ、是ヲ以テ国司・郡主ヲ賞罰スルコト、異国歴代ノ諸書、日本ニテハ*令《りやう》ノ面《おも》テ分明也。此趣キヲ諸大名・諸地頭ヘ仰渡サレ、「*面々年貢ヲ取ル計リノ役ニ非ズ。土地ヲ御預ケ被レ成サ、其土地ノ民ヲ御預ケ置ル丶上ハ、民ノ其所ロニ住兼ネ、他国ヘ散リ行クヤフニハ為マジキコト也。連々ト人返シヲシ、面々其所ロニ有付ヤフニ可レ仕《シ》ル」ト屹ト度々可キレ被ルニ仰セ附ケ一コト也。当時モ紀州・水戸ニテハ人返シアリ、肥前ニテハ、出家ニテモ、他国ヘ行、

地ヲ量リテ…　礼記、王制「凡そ民を居(お)くに、地を量(はか)りて以て邑を制し、地を度(はか)りて以て民を居く」。

令　宝本・南本による。底本「命」。考課令、国郡司条に「凡そ国郡司、撫育方あり、戸口増益せらば、各現戸に准じて十分につくり論ぜよ。一分を加へらば、国郡司に各考一等を進めよ」とあり、戸口が十分の一増すごとに、国郡司の考課(勤務評定)を一等上げることとし、もし減少させた国司・郡司は、逆に成績を一等下げられる規定であった。

面々年貢ヲ…　三九一頁参照。

五島淡路守　享保以前に五島氏で淡路守を名のったのは左の三人。
　玄雅(はるまさ)　天文十七—慶長十七年
　盛利(もりとし)　天正十九—寛永十九年
　盛勝(もりかつ)　正保二—延宝六年
誰が本文の人物に該当するかは明らかでない(年代は生没年)。

薦被リ　乞食の異名。

アリ　宝本・南本による。底本「也」。

当時所々ニ新田開発　幕府は享保七年(一七二二)から積極的に新田開発を推進した。とくにこの年開発奨励の高

十年還ラネバ親類皆刑セラルト承ル。薩摩其外九州ハ、多クハ国中ノ民ヲ外ヘ出スコトヲ禁ズル当時ノ例ナレバ、地頭ノ権威ヲ以テ呼返サンニハ、輒《たや》スク成ベキコト也。当時諸国ノ民ノ耕作ヲ嫌ヒ、米ノ食ヲ悦ビ、百姓ヲ棄テ、商人ニ成ル故、衰微シタル村々多キコト度々承ルコト也。去バ地頭ノ為ニモ実ハ善コトナレドモ、何レモ文盲ナル故合点行ズ。世界ハ如クㇾ此クノ成下リタルコト也。

尚又諸国ヲ吟味セバ、地弘ク民少キ所モ有ベシ。地狭ク民多キ所モ有ベシ。左様ノ処ヲバユリ合スル様ニスベシ。其仕形モ在ベキコト也。往年*五島淡路守公儀ヘ願ヒ、江戸ノ*薦《こも》被《かぶ》リヲ申請ケ、五島ヘ連行タルコト*アリ。彼地ニ人少ナキ故也。又*当時所々ニ新田開発アルニ、多クハ江戸ノ者請負テ開ク故、耕ス人ナク、其所ノ人ヲ雇フニ、其所ニモ今ハ*人無シ。依リㇾ之ニ功ヲ成就シ難シト承ル。其筈ノコト也。此等ノ所ヘ仕著ル仕方モ在ベシ。総ジテ出羽・奥州ハ土地殊ノ外弘ク、人民少ナシト承ル也。

扨亦田舎ノ人ハ風俗ニテ雑穀ヲ食スル故、人何程多クテモ余ラヌ者也。是又御城下ノ積リトハ各別也ト知ベシ。*当時御城下ニ数百万ノ人ヲ聚メ置キ、諸国ノ米ヲ悉ク御城下ヘ運ビ来リ食ヒ費スコト、当分ハ賑カニ繁昌ニ見ヘテ*目出度コトナレドモ、奥筋ニ事アラバ仙台ノ米ハ入マジ。西国ノ方ニ事アラバ上方ノ米ハ入マジ。其時ハ御城下ノ民食ニ渇ヘテ騒立ン。然ル時ハ何ト静メテモ静メ難カルベシ。殊ニハ飢ニ迫リテ何事ヲ為ンモ計リ難シ。*七年ノ疾ニ三年ノ艾《もぐさ》ト云コト有リ。其時ニ至ラバ為方《せんかた》更ニ*有マジキコト也。諸大名ノ米モ皆商人ニ売渡シタレバ、諸国ニテモ其時ハ難義甚ダシカルベシ。*是等コトモ末ノ世ニ成テハ必ズ決シテ無キト云コトニモ非ズ。*近キ憂アルハ無キ㆓遠キ慮リ㆒故也。

札を江戸日本橋に建て、江戸商人の開発請負を期待した。

人　宝本により補う。

当時御城下ニ数百万ノ人　享保六年、江戸の町人は男約三二万、女約二五万とあり(享保通鑑)、武士もそれに近かったと推定されるので、江戸の人口はほぼ百万人と考えられる。本文の数百万人は極めて多数という意味で用いたのであろう。

目出度　宝本による。底本「栄度」。

七年ノ疾ニ三年ノ艾　孟子、離婁上に「今の王たらんと欲する者は、なほ七年の病に三年の艾を求むるがごときあり。いやしくも蓄へずとなさば、終身得ず」とある。艾は長く乾したものほどよいというが、七年間も病にありながらその心がけなく、三年も乾したよい艾を急に求めても得られるものではない。かねてから先のことをよく考えて準備せねばならないという意味。

有マジキコト也　宝本により訂、且補う。底本「有マシギ」。

是等コト…無キト云コトニモ非ズ　徂徠の死去四年後の享保十七年(一七三二)秋近畿以西大凶作となり、その影響で江戸の米も大暴騰し、ついに十八年正月には大都市としてはじめての「打ちこわし」が江戸に発生した。徂徠の予言適中である。

近キ憂…　論語、衛霊公の一章。「人遠き慮りなければ必ず近き憂あり」。

兎角戸籍ヲ立テ、人ヲ土地ニ有附ル仕形、古聖人ノ深知ナルコト、能味ヒ知ルベシ。本ヲ重ンジ末ヲ抑ユルト云コト、是古聖人ノ法也。本トハ農也。末トハ工商也。工商盛ンニ成テ農業ヲ*トロフレバ、代ハ兎角如《ク》レ此《クノ》成行コト、是亦明カナルコト也。右ノ如ク積リ合セテ御城下ノ人ノ戸籍ヲ定メタル上ニテ、御城下ノ町ニ居ル家持ト店借リトヲ吟味シ、家持ハ*本百姓《ほんびやくしやう》ノ如クシ、店借リハ*水呑百姓《みづのみびやくしやう》ノ如クシ、何レモ其*町ヲ永々子孫迄ノ居住ト定メ、店借リモ自由ニ他所ニ店ヲ替ルコト成ラヌヤフニスルコト本式也。

御城下モヨク治マリ、郷里ノ交リモ睦ジク、風俗モ直リタル*上ニテハ、店賃ノ*タヽマリ抔ハ名主・五人組ノ取扱ヒニテ、如何様ニモ成ベシ。町中見放シタル悪シキ人ナラバ、奉行所ヘ申出テ如何様ニモ成ベケレバ、本式ノ如ク成ベケレドモ、当分ハ先一町ノ内ヲ妄リニ*出ダサズ、サテハ右ニ見ヘタル如クニ、江戸中ヲ四ツニモ五ツニモ割テ、奉行ヲ別々ニ置キ、其上奉行ノ一支配ノ内ヲ限リテ店替ヲ許スベシ。家持モ店借リモ、何年何月幾日ニ、永ク御城下ノ民タルベキ旨被二仰《セ》渡《サ》一ト云フコトヲ人別帳ニ記シ置キ、*店カヘヲシ引越スコト有ラバ、何レノ町ヨリ店ヲ替来ルト云コトヲ、年月日迄ヲ記スベシ。勿論最初ヨリノ名字・家名ヲ改ルコト、堅ク禁ズベキ也。

一　路引《ろいん》ト云ハ総ジテ旅人道中ノ切手也。右ノ戸籍ニテ世界中ノ人ノ*在所《ありどころ》極ル故、他所ノ人ノ紛レ入ルベキヤフ日本国中曾テ無レドモ、道中往来スル間ニ験《しる》シ無レバ、窃《ひそ》カニ遠国ヘ逃行ク気遣アリ。古三代ノ時ハ諸侯ノ国々ニ関所アリテ、関所ヲ越ニハ*繻《しゆ》ト言者アリテ是ヲ証拠ニス。日本ノ古モ関所国々ニアリ。*三関ノ外数多ナリシ故、和歌ノ名所ニモ関ノ名多シ。去バ其時節モ、関所ヲ通ルニハ過所《くわしよ》ト云切手アリシ也。今モ京ニ*過所船《くわしよぶね》ト云コ

ヲトロフレバ代ハ　宝本による。底本「衰ルハ代々」。

本百姓　検地帳に田畑・屋敷の所持者として登録され、年貢を負担した農民。高持(たかもち)百姓。

水呑百姓　水をのんでくらすほどの貧農という意味であるが、検地帳に記載されず、本百姓に隷属し、また小作人として生活した農民。

町　宝本・南本にて補う。

上ニテハ　底本「上ニテ」。宝本により「ハ」を補う。「本式」実施可能の場合を仮定した文章故、この方が適当である。

タヽマリ　畳まり。つもり重なる意。

出ダサズ、サテハ　宝本による。底本「出サヌナラバ」。

店カヘ　宝本による。底本「店借リ」。

在所　南本により改む。底本「住所」。宝本「アリ所」。

繻　布製の割符。

三関　伊勢の鈴鹿(すずか)・美濃の不破(ふわ)・越前の愛発(あらち)の三関。後に愛発を除き、近江の逢坂(おうさか)関を加えた。

過所船　過書船とも書く。江戸時代幕府の許可のもとに、伏見と大坂天満橋間の淀川を上下した船。三十石船。

トアルハ、元来過所ヲ渡シ置テ関所ノ往来ヲ自由ニサセタル船ヲ云シナルガ、今ハ船ノ一名ト成タル也。

此路引ハ*明朝ノ法也。明朝ニテハ国境々々ニ関所アリテ、切手ヲ以テ是ヲ越ル也。今是ヲ用ヒテ、御城下ノ囲ミ、田舎ヘ取附ク所ノ境ニ木戸ヲ附ケ、番人ヲ置キ、江戸ヘ入ル人ヲ不レ構《ハ》、出ル人ヲ路引ヲ改ムベシ。出ル人ノ路引ハ、武家屋鋪ナラバ一町々々ノ肝煎ノ印、大名屋敷ハ一屋敷ノ印、町ハ前ニ言ヒタル奉行一支配ノ内、名主ヲ月替リニシテ成トモ印ヲ押サシムベシ。尤モ人数・姓名・荷物ノ品、何方ヨリ何方迄通ルト言コトヲ記スベシ。道中ニテハ、明朝ノ飛脚ノ法ヲ以テ、一宿々々ニテ問屋ノ続印《つぎいん》ヲ取ベシ。然ラバ江戸ノ出口ノ番所ニテハ印鑑ヲ以テ改ムベシ。道中宿々ニテハ、最初ノ宿、品川・板橋・千住ノ類ハ番所ノ印ヲ見識リ、夫ヨリ先ハ段々隣リ宿ノ印ヲサヘ見知レバ済コト也。右ノ印ナキ者ハ決シテ宿スベカラズト定ムベシ。其宿々ノ近所ノ村々ニテハ、其近所ノ*所ト印鑑ヲ取カハシ置ク時ハ事済也。又江戸近隣ノ村々ヨリ江戸ヘ用足シニ来ル者ハ、出ル時ノ為計リナレバ、名主ヨリ木札ニテモ渡シ置キ、証拠トスベシ。諸大名ノ城下モ右ノ通リ成ベシ。箇様ニスルトキハ、本街道ヲ通ラズシテ脇道ヲスルコトハ決シテナラヌ也。

但シ是ハ皆戸籍ノ法ヲ得ト定メタル上ノコト也。如《ク》レ此《クノ》法ヲ立ルトキハ、旅ヲ為ルコトハ余程不自由成ベシ。当時ハ余リ自由ナレバ害多キ也。当時*箱根ノ切手ナドモ、女切手ノ外ハ埒モ無コト也。但シ戸籍ノ法サヘ丈夫ニ立トキハ、先ノ行泊リ無キ故、此法ハナクトモ可也《かなり》ニ事スムベキカ。

一　右ノ如ク戸籍ノ法ヲ立ルトキ、人ノ種品々アルニ依テ差支アルベシ。浪人ト云者、元

明朝ノ法　徂徠は将軍吉宗に「明律国字解」を作って献じているところから推して、明朝の法にかなり通じていたと思われる。

所ト　宝本により改む。底本「所ノ」。

箱根ノ切手　箱根の関所の通行手形。関所手形の発行は武士はその頭支配、庶民は名主・寺院などが行なったが、女性の通関は幕府がとくに厳しく取り締り、留守居発行の手形を要した。

来ハ武家ニ奉公シテ其主人ノ人別ニ結ビ有シ処ロ、今夫ヲ離レヌレバ、有付迄ハ何ノ町何ノ村ニ在ルト云トモ、農商ノ外ノ者ニテ、全体旅人ノ意也。去ドモ返ルベキ郷里モ無レバ、亦旅人ニモ属シ難シ。唯浪人ト云テ、何方ニ在テモ店借リノ捌キナルベシ。親類近付ノ請判ニテ差置コト、別ニ当時ノ仕方ト替リ有マジ。

*道心者ト云者ハ頭《かしら》モ無クレ之、締リノナキ者也。去ドモ是又鰥寡孤独《くわんくわこどく》ノ類ニテ、畢竟窮民ノナル者ナレバ、詮方モナキ者也。剃髪ノ師ノ付届ヲ以テ、是モ常ノ店借リ同前ナルベシ。寺方ノ隠居・旅僧ノ類ハ、寺社門前ニ限リ可キ二差シ置ク一也。元来仏法ニモ、僧ノ民間ニ居住スルコトハ仏ノ禁戒也。*代々ノ律ニモ制禁也。邪法ノ類モ、民間ニ混ジテ居テハ難キレ知レ也。*陰陽師《おんみやうし》・*事触《ことふれ》・*宮雀《みやすずめ》ノ類ハ小サキ刀一本ナルベシ。山伏ハ無刀ナルベシ。何レモ大小ヲ差シ、武家ニ混ズルコト謂レナシ。

中比《なかご》ロ*山法師・*奈良法師・*根来《ねごろ》法師ノ類、大刀ヲ帯シ、甲冑ヲ帯シタレドモ、今ハ皆誠ノ僧ト成レリ。山伏モ其時ノ風俗ノ残リタルナリ。山入ノ時、柴打《しばうち》利剣ヲ指ト言コト古法也ト言。弥然ラバ山入ノ時計リ古法ニ従フベシ。平生御城下又ハ田舎ヲ歩行ニハ勧進ノ為也。勧進ト言ハ出家ノ法ニテ乞食ナリ。是*忍辱《にんにく》ノ行ナルニ、大小ヲ指スコト有マジキコト也。田舎ナド歩行テ、女子計リ居タル所ニテハ刀ヲ抜ナドシテ、怖《おど》シテ無体ニ勧化《くわんげ》ナドスル類多シ。又夜討・強盗ヲスルコトモマヽアリ。事触ニモ人ヲ怖シテ無理ニ勧化ヲ入サスル輩多シ。

*花月《くわげつ》ノ謡又*義経記《ぎけいき》ナド云双紙《さうし》ヲ見レバ、山伏ハ児《ちご》ヲ携ヘテ、僧ト異ルコトナシ。真言・天台ノ道場ニテ僧ト一所ニ学文シタルコトナルニ、何《いつ》ノ間ニカハ僧トハ各別ノ者ト成テ、

道心者　仏道に志し、剃髪をしているが寺に入らぬ者。又は乞食坊主。

代々ノ律ニモ…　僧尼令、非寺院条に「凡そ僧尼、寺院においてするに非ずして、別に道場を立て、衆をあつめて教化」すれば還俗と定め、また養老六年(七二二)七月には、「経を負ひ、鉢を捧げて、食を街衢の間に乞ひ、或は偽りて邪説を誦し、村邑の中に寄落し、聚宿を常となす」を禁じ(続日本紀)、違犯の僧尼は杖百の刑に処することとした(類聚三代格)。

陰陽師　天文・暦を測定し、吉凶を占う職の者。古代は中務省の陰陽寮や一部諸国の職員。中世には幕府でもこの職をおいたが、近世には朝廷幕府ともにおかず、陰陽師は土御門(つちみかど)家の支配をうけつつ民間にひろがり、加持祈禱なども行なった。

事触　鹿島の事触。江戸時代、毎年正月三ケ日に、鹿島神宮の神託と称し、神職の姿をして、その年の吉凶などを触れ歩いた者。

宮雀　身分の低い神職。

山法師　比叡山延暦寺の僧侶。

奈良法師　興福寺・東大寺の僧侶。

根来法師　紀伊那賀郡にある新義真言宗大本山大伝法院(根来寺)の僧侶。

忍辱　侮辱を忍受して心を動かさぬこと。

花月ノ謡　世阿弥の作とも伝えられる。天狗にさらわれたわが子花月を求めて九州から廻国した左衛門が、

勤行《ごんぎやう》ノ作法等モ修法ノ体モ各別ニ成リ、唯真*言・天台ニ属シタル迄ノコト也。吉*野ノ僧モ中比ハ皆妻帯ナリシカドモ、此四五十年以来世文明ニ成テ、皆何レモ妻帯ヲ止テ、今ハ清僧ト成タリト言フ。山伏ナドモ、其本山ヨリノ唱ニ因テ清僧トナルベキ仕方モ有ベシ。寺ノ召仕ニモ刀指ヲ召置コト、僧ノ供ニ刀指ヲ召連ル、コト、*御門跡《ごもんぜき》ノ外ハ、*院家《ゐんげ》タリトモ禁制アルベキコト也。

寺領ニ代官ヲ指置コト、是又有マジキコト也。近村ノ御料・私領ヨリ支配シテ、年貢計リヲ其寺ニ可《キ》レ渡《ス》事也。寺*社門前ヲ寺社奉行ノ支配トスルコト、是又一統ニ町奉行ノ支配ナルベシ。子細ハ、殺生戒ヲ第一トシ、一大蔵経ノ内ニ国ヲ治ル道ハ一向ニ無《ク》レ之《ノ》、公法ノ咎人ヲモ慈悲ノ為ニ命ヲモラヒ、或ハ構有《ル》レ之者ヲモワビ言ヲスルコト、当時僧ノ所作也。土地ヲ持テ民ヲ支配スルトキハ、刑罰無テハ法ノ立ヌコト也。刀指ヲ召仕フカラハ、事ニヨリ切腹ヲモ申付ズシテハ叶ヌ事也。帯剣ノ者ヲ供ニ連レテ、供先ニテ何ノ用ニ立ツベキ。是ニヨリテ*覚彦《かくげんび》比丘《く》一生ノ間供ノ者ニ脇指ヲ指セズ。是等ハ唯武家ノ真似ヲスルト云者ニテ、全ク仏法ノ衰廃也。仏法ヲ崇敬スル上ニテモ、是ハ制スベキコト也。寺領ヲ寺ヨリ支配スル事、寺社領ニ悪人多ク隠レ居テ、田舎ニテモ寺社領ヘハ守護ノ手入兼ル也。是ニ因テ禍起リ、国主ノ政道モ行渡ラヌ也。兎角寺社領ハ近所ノ御料・私領ニ預ケ、支配サスベキコト也。

一　遊女・河*原者ノ類ヲ賤シキ者トスルコトハ、和漢・古今トモニ同断也。是等ハ元来其種姓各別ナル者故、賤シキ者ニシテ、団*左衛門ノ支配ニスルコト也。然ルニ近年ハ古法ヲ取失ヒ、平人ノ女《むすめ》ヲ遊女ニ売リ、又河原者ヨリ商売人ト成ル。是不《ル》レ宜《カラ》コトノ第一也。平人

京の清水寺で花月にめぐりあう話。

義経記　源義経の悲劇的生涯を描いた物語。室町時代の作という。

真言・天台ニ属シ　山伏には真言宗醍醐寺の支配を受ける当山派と、天台宗聖護院の支配を受ける本山派の二派があった。

吉野ノ僧　金峯山寺の僧侶。

御門跡　祖師の法統を継承する寺院またはその住職。後に皇族または摂家(せっ)出身の僧侶が住職となる特定の寺院およびその僧侶の称号となる。

院家　門跡寺の別院。またそこに住む貴族出身の僧侶。

寺社門前ヲ…　延享二年(一七四五)閏十二月、江戸の寺社門前町は町奉行支配となった。

覚彦　覚彦浄厳(一六三九—一七〇二)。江戸湯島霊雲寺の開山。真言律宗を復興し、五代将軍綱吉以下多数の信仰を受けた。

河原者　歌舞伎役者の賤称。

団左衛門　弾左衛門。関東・東北のえた・非人総取締役。↓二八六頁補注「穢多」

ノ女ヲ買取テ遊女町へ売者ヲ女衒《ぜげん》トヤラン言テ、人ヲカドハカシテモ売也。其上我女ヲ自親遊女ニ売事、下賤ノ者ニモ一向アルマジキ事ナルコトヲ、不レ構《ハ》ニ売コトハ、元来平人ノ女ヲ遊女ニ売ト云ヨリ起リテ、歴々ノ者モ遊女ヲ妻ニスル類、不レ可《カラ》二勝《ゲテ》計《ル》一。是ヨリシテ又平人ノ女ヲ弥遊女ニ売也。畢竟遊女ニテモ平人ト種姓ニ替リ無ト了簡スルヨリ事起リタル事也。如《ク》レ此《クノ》遊女・河原者平人ニ混ズルヨリシテ、遊女・*野郎《やらう》ノ風俗平人ニ移リ、当時ハ大名高位ノ詞使ヒニモ傾城《けいせい》町・野郎町ノ詞ヲ無《ク》二遠慮一使ヒ、武家ノ妻娘モ傾城・野郎ノ真似ヲシテ恥ト云コトヲ知ラズ。是ハ当時ノ流行《はやり》ゴトニテ、宜カラザル事也。是ヲ真似ヌハ田舎者也ト言罵リテ、風俗以テノ外悪ク成タルコト、皆種姓ノ混乱ヨリ起ル事也。古法ノ如ク種姓ヲ正シ、遊女・河原者ノ子ヲ、男ヲバ野郎ニシ、女ヲバ遊女トシ、平人ト混ズル事ヲ堅ク禁ジタラバ、此悪風自カラヤムベキ也。*比丘尼《びくに》ニモ平人ヨリ成コトヲ堅ク禁ジ、比丘尼ノ子ヲ比丘尼トシ、種姓ヲ極ムベキ事也。

乞食・*非人ト言者ハ元来種姓ニ替リモ無ク、平人ヨリ成ル者也。然ルニ火ヲモ一ツニセヌ団左衛門手下《てか》ニスルコトハ、元来癩病人ヨリ起ル。癩病人ヲ、世ノ俗ニシテ、*三宝ニ棄ラレタル者也トテ、京師ニテ是ヲ*悲田院ニ置キ、火ヲ一ツニセザリショリ起レリ。田舎ニテハ乞食ト云ハ皆癩病人也。今モ皆如《シ》レ是《クノ》。御当地ニテハ*善七ヲ乞食ノ頭トスル事ハ、東照宮ノ御時ヨリ御定メト云事ナレバ、御当地乞食ノ類ハ其通リノ事也。近年*無宿ニ成タル新薦被リノ類ヲモ善七手下ニ為スコト如何アルベキ。新薦被リト言ハ、多クハ田舎ノ*百姓ノ奢付、耕作ノ骨折業ヲ嫌ヒ、雑穀ヲ食ルコトヲキラフテ、御城下奉公ニ来リ、所ヲ不レ定《メ》、方々渡リ歩行キ、年寄テ故郷へ帰ルベキヤフナク、辻番門番同心ノ荷物担ナドニ成タル者

野郎　若い歌舞伎役者。承応元年(一六五二)幕府が男色の弊のため若衆(わかしゅ)歌舞伎を禁じ、若衆の前髪を剃り落させたので、野郎とよばれるようになった。

比丘尼　江戸時代、尼僧姿で売春した私娼。

非人　江戸時代の賤民。乞食や罪人の引き廻し、死骸の片付けなどをした。人別帳にのり、非人小屋頭に支配される抱非人と、無宿の野非人とがあった。

三宝　仏・法・僧をいう。

悲田院　仏教の慈悲の思想に基く貧窮の病者・孤児などの救済施設。

善七　車(くるま)善七。江戸の非人頭。弾左衛門の支配を受け、非人小屋頭を支配した。

無宿　人別帳から削られた者。

百姓ノ　宝本による。底本・南本「百姓ニ」。

モアリ、又中比ヨリ奉公ヲ止メ、*棒手振《ぼてふり》、其日暮シヲ仕タル者ノ果モアリ、弱《わか》キ人ノ子弟ノ同楽《どうらく》ヲシテ親々類《おやしんるゐ》ノ勘当ニ逢ヒタル果モアリ、又浪人ノ成レルハテモアリ。何レモ身ノ勤悪キヨリ成タレドモ、元来愚ナル者ノ其慎ミ悪キト言モ、世間ノ風俗ニ連テノコトニテ、其上ニ近年世詰リ、世間過ギ難ク為ル故、如《キ》ㇾ此《クノ》者出《デ》来タリ。然ラバ国ノ治悪キ故風俗モ悪クナリ、世モ詰リタル中ヨリ出《デ》来《タ》ル事ナレバ、畢竟上ノ咎ト言ベシ。

殊ニ武家ノ浪人ト言者ハ工商ノ業ヲモ知ラズ、親類近付ノ力ニテ計リ世ヲ送ル者ナルニ、近来武家ノ風儀悪クナリ、人ニ頼モシキ心消失セ、唯利勘ノ心強ナル。是又*三巻目ニ云フ如ク、皆上タル人ノ心ヨリ起リタルコトニテ、*見継《みつぐ》人ナキ故渡世ニ困リ、世間ノ悪キ風俗ニ引レテ偽《いつはり》誑《たばかり》ナド種々ノ悪事ヲスルコトニ今ハ成タリ。其上ニ長煩ヒモスルカ、不仕合続ケバ、右ノ類ニナル也。尤モ*侍ノ商売ヲ為ヌト言ハ、元来*利倍ノ家業ヲセヌコト也。年寄リタル親ナドヲ持タル者ノ、渡世ニ詰リテハ棒手ヲ振リ、日傭《ひよう》ヲ取類ハ、浪人ノ為ルトテモ士ノ操ニ少シモ汚レ無キコトナレドモ、風俗ニ連テ世間ノ人ニ眼無キ故、左様ノコトモ成ズ、外ヲカザルコトヲ第一ト為《する》ヨリ、種々ノ偽リ誑ヲモ為コトニ成タル也。

去ドモ右ノ乞食・非人ト云者ハ、畢竟鰥寡孤独ノ輩ニテ、天下ノ窮民也。如何ナル聖人ノ御世ニモ鰥寡孤独ハ有コトナル故、*文王ノ仁政ト云ハ鰥寡孤独ヲ愍ミ救フコトヲ第一ト仕玉ヘル也。増テ今ノ乞食・非人ハ世ノ風俗ノ悪ト世ノ詰リタルヨリ生ジタル者ナレバ、畢竟上ノ治ノ届カヌ所ロ有ニ帰スルコトナル故、是ヲ救フ道アルベキコト也。然ルニ何ノ思ヒ廻シモナク、善モ手下ニ成スコト、唯仕形ニ困リテノコトナレバ、奉行御役人ノ才智ノ拙ナキト云ベシ。

棒手振　荷物を担って売声を立てて売り歩く商人。振売商人。

三巻目ニ云フ…　巻四「家断絶之家属宜《ク》ㇾ賜《フ》ニ御扶持《ヲ》一之事」「潰大名之家来宜《キ》ㇾ為《ス》ニ郷士《ト》一之事」の二項目に相当すると思われる(四〇九―一一頁参照)。

見継　貢ぐ。財物をもって人を援助すること。

侍ノ商売　宝本による。底本「上ノ商買」。

利倍ノ家業　利息が利息を生む営業。

文王ノ仁政…　文王は周の武王の父。西伯と称し、殷王朝の末期、周の地を治めて仁政を施した。武王が天子となってから、文王と諡した。孟子、梁恵王下「文王政を発し仁を施すに、必ずこの四者(鰥寡孤独)を先にす」。なお巻四、四三七頁参照。

善七手下ニ成トキ、古乞食ドモ是ニ放逸無慚ニ中《あた》ル也。元来薦被リ無宿ノ者ハ死ト紙一枚程ナラデハ隔テヌ者成ル故、恥ヲ知ラズ、刑ヲモ恐レズ、放縦ナル者也。夫ヲ古乞食ドモ放逸無慚ニ中ルトキハ、其心入フテカヘリテ、愈悪キ者ト成ベシ。夫ヲ復乞食ノ役トシテ、刑罰人・倒者《たふれもの》・川流《かはながれ》等ノコトヲ取扱ハスル故、益其心暴虚無道ニ成モ、畢竟上ノ仕付ニテナル也。左様ナル者ヲ善七手下ニ付テ、*乞食ノ数今ハ夥シク成タリ。夫ヲ世ノ風俗ニテ、火ヲモ平人ト一ツニセヌ物也ト云ヨリ、平人ト別境界ニ隔タリ、乞食ノ仲間ニハ如何成事ノアルモ、平人ヨリハ全ク知レヌ事也。*近年乞食ノ内ニ火付多ク有テ火罪ニ成タルモ、何十年已前ヨリ如《キ》レ此《クノ》悪事ヲスルカモ知ル人モ無ク、気ノ附人モ無キハ、別境界ニ隔タリタル故也。平人ト別境界ニ隔タル者夥シクナルハ、異国人ヲ連来リテ夥シク御城下ニ放シ置ガ如シ。斯アラバ世ノ移リ行ホド増ヌベシ。世ノ末ニ成タラン時ハ、乞食ノ内ヨリ如何ヤフノコト出来《しゆつたい》スベキモ計リ難シ。

既ニ善七ト云者ノ先祖ハ*景勝ノ家来ニ車《くるま》丹波ト云ル者ナリシガ、御草履取ト成テ東照宮ヲ睨ヒ奉リ、己ガ家来ヲバ皆江戸ヘ連来リ、乞食ノ中ヘ入レ置シヲ、事顕レタル時、東照宮広大不測ノ神慮ニテ御免アリテ、乞食ノ頭ト成タルト申伝ル也。此等ノ類ハ治ノ道ニハ深ク恐レ気遣フベキコト也。

扨*穢多ノ類ニ火ヲ一ツニセヌト言コトハ、神国ノ風俗、是非ナシ。癩病人ニ火ヲ一ツニセヌト言コト聞ヘヌコト也。孔子ノ門人ニモ、徳行ノ科《くわ》ニ名ヲ得タル*冉伯牛《ぜんはくぎう》モ有ル也。病ナレバ如何ナ貴人ニモ有マジキニモ非ザル也。夫ヲ悲田院ニ棄テ、火ヲ一ツニセザリシ昔ノ風俗モ、頑《かたくな》ニ愚ナルコト也。夫ヨリシテ、乞食ノ類ニ火ヲ一ツニセヌト言コト不《ル》レ聞《コエ》也。

乞食ノ数　「月堂見聞集」巻十六、享保九年(一七二四)正月の記事に、善七手下の非人三万人余とある。

近年乞食ノ内ニ火付多ク…　「月堂見聞集」同右の記事に、「去年卯の年中(享保八年)に、投火の者百人余火罪に被二仰付一候内、九十人余非人」とあり、「享保世話」巻二・三にも、同じ頃放火して火あぶりに処せられた非人の実例が散見する。

景勝　上杉景勝(一五五五—一六二三)。上杉謙信の甥。その養子となる。豊臣秀吉に仕え、五大老の一人となり、会津一二〇万石を領す。関ケ原の戦で徳川家康に敵対し、出羽米沢三〇万石に減封された。

穢多　↓補

冉伯牛　冉耕。伯牛はその字。孔子の門人で、癩を患ったと伝えられる。論語、先進に「徳行は顔淵・閔子騫・冉伯牛・仲弓」とある。

乞食、道心者トサマデ替リノナキ者也。仏法ニテ、釈迦ノ時ノ出家ノ作法ハ皆乞食也。肉食ヲモ不レ嫌《ハ》、人ニ熟食ヲ乞ヒ、*三衣《さんえ》一鉢《いっぱつ》ヨリ外ハ身ニ持タズ、住スル宿モナク、樹下ニモ三宿セズト言コト、是仏弟子ノ作法也。今ニ至ル迄、律宗ノ*比丘《びく》吾居間ニテ火ヲ不《ル》レ焚《カ》ハ、古熟食ヲ乞テ、火ヲ焚テ食ヲ拵ルコトノナキ形計ヲ残タル也。去バ乞食ハ仏弟子ノ所作也。依《リ》レ之《ニ》*雲居禅師ハ三年乞食ノ内ニ*入テ居ラレシト也。善七ハ団左衛門手下ナル故、火ヲ一ツニセヌト言コトナレバ、傾城・野郎モ団左衛門手下ナルヲ、夫ヲ構ハズ、*襟本ヲ見テ、此ヲバ親ミ、彼ヲバ避ト云コト、賤キ卑劣ナル風俗ト言ベシ。

去バ前ニ言タル人返シノコト行レバ、新薦被・非人ノ内ヲモ、在所ヲ詮議シテ返ス仕方モ有ベシ。是平人ノ人返シトハ代テ、地頭ノ*知行所ノ治メ悪キ咎計ニ非ズ、御城下ノ治メ悪キ故、非人ノ出《デ》来タル咎半分別ケナルベケレバ、路銭ナドハ公儀ヨリ可《キ》レ被レ下《サ》也。奉行御役人ノ、御城下ニ非人ノ多キハ奉行ノ恥也ト言コトヲ能ク知ラバ、外ニモ非人ノ仕方如何様ニモ可《キ》レ有《ル》事也。

*某十七八ノ時、上総ノ国ニテ承ルコトアリ。*加賀ノ国ニハ非人一人モナシ。非人出レバ小屋ヲ立、入置、草履ヲ作ラセ、縄ヲナワセ、種々ノ業ヲ申附。加賀守是ヲ養フ役人ヲ附置、其縄・草履等ヲ売セテ、又元ノ如ク店ヲ持スルコト也ト、加賀ノ国ヨリ逐電シテ来リ、上総ニ住居スル者ノ語リシヲ聞テ、誠ニ仁政ナル哉ト存ジタル也。今ハ如何ナランカ知ラズ。

当時*施薬所ヲ御立アルモ広大ノ御慈悲ナレドモ、今少シ下ヲ御覧ナサレ様可《キ》レ有《ル》事也。賤キ者煩テ死ルハ仕合也。息災ニテ命活テ飢渇ニ逼ルコト、当時賤シキ者ノ上ニテ是第一ノ難儀也ト云コトヲ被レ為レ知《ラ》ベキコト也。総ジテ其役ニ因テ思慮ノ廻リタル人ヲ町奉行ト

三衣一鉢 宝本・南本により「三」を補う。三衣は三種の袈裟(けさ)、一鉢は鉄製または磁器の鉢。

比丘 僧侶のこと。宝本・南本による。底本「比丘尼」。

雲居禅師 雲居希膺(きよう)(一五七二―一六五九)。臨済宗の僧。伊達政宗・忠宗父子に請われ、松島瑞巌寺を中興した。

入テ居ラレシ 南本による。底本「入ヲ居ン」。

襟本ヲ見テ 巻三、三七四頁参照。

知行所 宝本により「所」を補う。

某十七八ノ時… 徂徠の父方庵は医者として館林侯徳川綱吉に仕えたが、何かの故あって延宝七年(一六七九)上総国長柄郡本能村(現茂原市大字本納)に流された。徂徠も父に伴って十四歳から二十七歳までそこに居た。↓二九〇頁補注「十三年上総国ニ…」

加賀ノ国ニハ… 佐倉藩の儒者渋井太室(一七二〇―一七八八)の「世之手本」にも、「加賀に乞食なき訳を承り候に、鰥寡孤独総てたべものなきものは小屋をたて養はる。草履また草鞋をつくらせ(下略)」とある(松浦静山「甲子夜話」巻十九所載)。

施薬所 小石川養生所。享保七年(一七二二)吉宗が町医者小川笙船の意見を採用し、江戸小石川薬園内に設立した。

松右衛門　車善七とともに代々江戸の非人頭であった。

隠町　宝本に「カクレ町」「カクシ町」と二様に記してあるが、「隠し売女」の例から推して「カクシ」とよむべきであろう。「隠町」は私娼窟の意にも用いられたが、ここでは武家が屋敷地内をひそかに町人に貸して商売させる意味であろう。かかる行為に対する禁令は、寛文七年(一六六七)十月の令をはじめ、幾度もくりかえされている。

大田ノ篇　詩経、小雅、北山之什の一篇。

カシコニ…　宝本による。底本・南本は詩経の原文を記す。「彼有《リ》二遺《レル》秉一、此有《リ》二滞《セル》穂一、伊《レ》寡婦之利《ナリ》」。

所務　つとめ。ここでは、得分、財産の意。

制当　禁じとどめること。

美濃守　柳沢吉保(一六五八―一七一四)。五代将軍綱吉の側用人として、元禄時

シ、治メ筋ヲ第一トシ、町ヨリ悪人出、非人出ルハ役儀ノ耻也ト云コトヲ知ラセテ、余リ上ヨリ押ヘ扣ヘナク、意ノ儘ニ了簡ヲナサシメタランニハ、才智アル人ナラバ、非人ノ取納メ如何様ニモ可《キ》レ成《ル》事也。扨古キ乞食ニハ善七方ニテ人別ヲ立テ、尤モ妄ニ新薦被ヲ手下ニスルコトヲ可《シ》レ禁《ズ》。田舎迄モ善七・*松右衛門手下故、手居カズ、又勝手《カツテ》悪シ。田舎ノ乞食ハ所切《ところぎり》ニ其村ノ支配成ルベキコト也。

去バ上ニ申タル戸籍ニ付テ此比承タルコトアリ。或同心ノ弟、兄ト同居シテ、塩《シホ》ヲ売テ渡世トスル者アリシガ、其者去ル武家屋敷ニ入テ出ルトキ、塩籠ノ内ニ鉋屑・木裁《きぎれ》ノ類ヲ入テ出ルヲ門番見咎テ、塩売ヲ押ヘテ、「其籠ノ中ナル木裁ヲ出シテ出ヨ。然ラズンバ出スコトナラヌ」ト云トキ、其木裁計リヲ出シテ、鉋屑ヲバ不レ出《サ》有リシヲ、門番其ヲモ出セト責ルトキ、彼者腹ヲ立テ、悪口セシ故、門番以テノ外立腹シ、夫ヨリ六カ鋪成テ、件ノ塩売モ其兄モ牢舎スト也。是ハ定テ*隠町《かくしまち》ヲ御制禁アル故、同心ハ商人ヲ置タルト云咎ナルベシ。

同心ハ細工ヲシテ渡世ヲスルコト常ニテ、軽キ者ノ事也。其弟ノ同居セルガ塩ヲ売タレバトテ、隠町トハ各別ナルベシ。亦鉋屑ヲトレバトテ、夫程ノ事ヲ盗ト云立ルコト、法ニ拘リテ治ヲ不《ル》レ知《ラ》ナルベシ。詩経ノ*大田《だいでん》ノ篇ニハ「*カシコニ落セル稲タバアリ、此ニアキタル穂アリ、是寡婦ノ利ナリ」ト云リ。百姓ノ収納ヲスルトキ、所々ニ稲秉《いなたば》・稲穂落テ有ルヲ、其村ニ住ム寡婦ナドハ夫ヲ捨テ*所務トスルコトニテ、盗ナド、ハ中々名ヲモ附ヌコト、古詩経ノ時分ヨリ今日本ニテモ田舎ハ如《シ》レ此《クノ》。然ルニ都ハ田舎ニモ劣リテ、鉋屑ヲ拾フモ盗ト云ハ、如何ナル治風ナルラン。乞食ノ朽木ヲ拾ヒ、火事場ノ焼釘ヲ拾フモ、昔ハ構

フ人ナカリシニ、近比*制当スルト云コト、如何ナルコトゾヤ。鰥寡孤独ノ類ノ窮民ハ、箇様ノ落コボレヲ拾テコソ世ヲ渡ルベケレ。火ヲ附タル抔コソ制当スル筈成ベケレ、鰥寡孤独ノ類ノ取計ニ右ノ如ク聊ノコトヲ制当スル程ノ事ナラバ、彼等ハ後々ニハ立枯ニ成テヤ果ツベキ。

御先々前御代ノ時、*美濃守ガ知行所*川越ニ一人ノ百姓アリ。困窮シテ田地家鋪モ無ナリタル故、渡世スベキ様モ無テ、妻ヲ四五日先ニ暇ヲ遣シ、己ハ頭ヲソリ、道入ト名ヲ附、一人ノ母ヲ連テ所ヲタゞヨヒ出タルガ、熊谷カ鴻巣辺ニテ母煩ヒ付シニ、夫ヲ其所ニ捨置テ、其身ハ江戸へ来リシヲ、跡ニテ所ノ者ドモ、其母ニ委細ヲ尋問テ川越へ返シケルガ、夫ヨリ右ノ道入、親棄ト云コトニ成タリシヲ、美濃守儒者共ニ、「親捨ノ刑ハ如何行フ事ナルゾ、和漢ノ先例ヲ考へ差出スベシ」ト申附シニ、其時*某美濃守方へ参テ未ダ新参ノ時ナリシガ、儒者共何レモ考テ、「親捨ノ刑ハ明律ニモ見ヘズ。古今ノ書籍ニモ無《シ》レ之。此者ノ始末畢竟非人也。母ヲ召連テ乞食シタルガ行罷《ゆきつか》レタルト云者也。親棄トハ号シ難シ。妻ヲ四五日前ニ暇ヲ出シタレバ、乞食スル迄モ親ヲバ伴ヒタル所、非人ノ上ニハ奇特也。己ハ妻ト同ク家ニ居テ、母ヲ他所へ捨タラバ親捨ト云ベケレドモ、之ハ母ヲ捨ルノ心ナケレバ、親捨ト申難シ」ト儒者ドモ一同ニ申タレドモ、*美濃守合点セズ、「如何様ノ者ニテモ親ヲ捨ルニハ忍ビザル筈ノコト也。此様子何様ニモ上聞ニ達シテ、上ノ思召ヲ伺ヒ可《シ》レ申《ス》」トナリ。

其頃ハ*朱子学ヲ御信仰ニテ、*理学ノ筋ニテ、心ノ上ノ詮議専也。美濃守ハ*禅者ニテ、儒者ノ理筋ハ余リ平日ハ信仰セザリシ也。其時某申様ハ、「世間饑饉ニテモ参ラバ、箇様ナル者他領ニモ幾程モ出ベシ。親捨ト云ハ有間敷コト也。是ヲ親捨ニシテ、如何様ノ刑ニモ行

代の幕政に権勢をはった人。

川越　柳沢吉保は元禄七年(一六九四)から宝永元年(一七〇四)まで武州川越城主であった。

某美濃守方へ参テ…　荻生徂徠は元禄九年(一六九六)三十一歳の時、柳沢吉保に召抱えられた。

美濃守合点セズ…　「柳沢家秘蔵実記」巻下によると、道入は親捨といい難く、妻を離別しても親を連れていたのはむしろ感心だとの意見は、吉保が述べたことになっている。同書によると、この事件はすでに綱吉の耳に達し、林大学頭信篤や、吉保の同僚松平輝貞らが親捨の刑を主張しているので、吉保が困って家臣の儒者に相談したところ、徂徠の意見によって大いに力を得たとある。政談の記事との真偽は、遽かには断定し得ない。

朱子学ヲ御信仰…　将軍綱吉が朱子学を信奉していたこと。

理学ノ筋ニテ心ノ上ノ…　人間の心には天地の理(道徳の根源)がそなわって居り、心が清らかであればそれが正しくあらわれるという観念から、人間の行為における心情・動機をとくに問題とすること。

禅者　宝本・南本による。底本「禅学者」。柳沢吉保は二十歳の時、臨済宗の竺道祖梵について参禅して以来、長年にわたり究禅し、元禄八年黄檗宗の高泉性潡から印可を受けた。

タラバ、他領ノ手本トモナルベシ。某存候ハ、箇様ナル者ノ、所ヨリ出ルヤウニ致スコト、第一代官・郡奉行ノ科也。其上ハ家老ノ科也。其上ニモ科人可《シ》レ有《ル》。道入ノ咎ハ甚軽キコト也」ト末坐ヨリ申タルヲ美濃守聞テ、始テ尤也トテ、道入ニ母養料*一人扶持《いちにんぶち》取ラセ、其所ヘ復シ置キ、某ヲモ用ニ立ツベキ者トテ、念頃ニ仕タリシハ此事ヨリ始レリ。

某幼少ヨリ田舎ヘ参リ、*十三年上総国ニ住テ、身ニモサマ〳〵ノ難儀ヲシ、人々ノコトヲモ見聞シ上、田舎者ニテ*無忽《ぶこつ》ナル故、人ノ得云ハヌ、カヤウナル事ヲモ主人ニ向テ言タル也。十三年ヲ経テ御城下ニ返リテ見レバ、御城下ノ風ノ以前ニ抜群代リタルヲ見テ、書籍ノ道理ヲモ考ヘ合セ、少ハ物ノ心モ付タル様也。始ヨリ御城下ニ住続タラバ、自然ト移ル風俗故、浮々トシテ何ノ心モ著マジト存ルニ附テモ、御城下ニ常ニスム高官世禄ノ人ハ、何ノ心至リモナク、又風俗ニ連テ物ヲ得言ヌト云コトハ、余儀モ無コトト存候也。

一　譜代者ト申者、和漢共ニ是ヲ奴婢ト号シテ古ヨリ有者也。士分ノ譜代ヲ唐ニテハ*部曲ト云、此方ニテハ*家人《けにん》共、家ノ子トモ云テ、是ハ奴婢トハ別也。奴婢ハ奴婢ノ仲間ニテ婚姻ヲ通ジテ、平人ト婚姻成ラズ。*部曲ハ平人ト婚姻ヲモスル事也。然ドモ、其主人ノ人別ニ附置テ、子孫迄永々他ヘ離ル、事成ラヌ者也。然ニ近年出代《でがはり》奉公人盛ニ成テ、武家ニハ絶テ無《ク》レ之、田舎ノ百姓家ニモ此頃ハ絶テ少クナリタリ。

其子細ヲ考ルニ、譜代ハ面倒ナルモノ也。家内ニテ生レ出ル者ナレバ、幼少ヨリ介抱ノ入ル事也。成人シテモ、衣食ニ附、諸事ニ附、押ヘ扣ヘヲシテ使フ故、世話ニ為《せ》ネバ成ヌ者也。扨我家ニ属シタル者ニテ、外ヘ行ベキ所ナケレバ、見放事成リ難シ。主人ニ甘ル者也。悪キ人柄ニテモ為方《せんかた》無レバ切テ棄ルヨリ外ノ仕方ナシ。昔ノ武家皆々知行所ニ居住セ

一人扶持　一日玄米五合の給与。

十三年上総国ニ…　↓補

無忽　宝本・南本には「無骨」とある。

部曲　唐代の部曲は奴婢より上の男賤民で、奴婢と異り売買の対象にならなかった。

家人　日本の律令制において、唐の部曲に相当する賤民としての家人は、武士の家人とは系譜的につながらないという(坂本太郎「家人の系譜」史学雑誌五八―二参照)。

部曲ハ平人ト婚姻…　唐律、名例律三、諸府号官称条の疏議に見える。

出入　訴訟事件。

シ時ハ、衣食住トモニ心安ク、田舎ノコトナレバ、悪キ者ニテモ其儘ニシテ許シ置事易シ。然ニ武家皆御城下ニ居住スル事ニナリテ、諸方ノ人入込故、下々ニ附、*出入《でいり》ノ出来ル事嫌フ心第一也。出替リ者ハ一年限ナレバ、悪キ者ニテモ一年ハコラヘ易シ。悪事アレバ請人ニ渡シ遣シテ、手前ノ世話ニナサズ。衣類諸事、皆彼ガ自分ニテスレバ世話ナシ。年々人ヲ置替レバ、新ニ人ヲ珍シク仕フ故、気改リテヨシ。世間ニ摺《すれ》タル者ナレバ、供廻リ、使等云附テモ利口ニテヨシ。如《ク》レ此《ノ》ナル子細ニ依テ、人々皆出替リ者ヲ好テ、元ヨリ*有来ル譜代ヲバ、後生ノ為、慈悲ノ為ナドニ托《かこつけ》テ皆暇ヲ出シテ、今ハ武家ニ絶テナシ。年久キ用達《ようたし》ナドハ*譜代者ノ様ナレドモ、請状ニテ置タル故、是譜代者ニハ*非ザル也。

田舎ノ百姓ヘモ御城下ノ風儀移リテ、面倒ナルコトヲ嫌ヒ、サツパリトシタルヲ好ム風俗ニ成リ、譜代ハ損也、出替リ者ガヨシト了簡シテ、今ハ是モ譜代少キ故、大百姓モ田地ヲ不レ残《ラ》手前ニテ作ルニハ作男ノ数モ入リ、*切米《きりまい》ニ物入ルトテ、多クハ*入作《いりさく》ニシテ、手前ニセヌコトニナル。是ヨリシテ小作百姓ノ方ニ奸曲出来シテ、百姓ノ身上悪クナレドモ、今ハ為方ナシ。

武家不レ残《ラ》出替リ者ニナリタルニ、又浮気ナル者ハ、*釣鬚奴《つりひげやつこ》手振《ぶり》ヲ好ム故、供一辺ト云コト中比ヨリ出来ヌ。昔ハ普請等ヲスルニ*日用《ひよう》ヲ傭フコトナシ。皆手前ノ中間《ちゆうげん》・若党《わかとう》ニ普請*胴築《どうつき》ヲサスル。親類知人ヨリモ家来ヲカシテ普請ヲサスル故、物入ナシ。大名ハ足軽・中間並ニ家中ノ家来ヲ普請ニ使フ。公儀ノ御普請ニモ御旗本ノ家来ヲ出シテ、日傭ヲ召使ハル、コトナシ。*某祖父ノ時代、又父ノ若キ時ノ話ニテ承リタリ。祖父ガ普請仕リシ折ハ、*細川玄蕃頭・*有馬左衛門佐、中間ヲカシタル話シ、祖母ガ語リ聞セ候。

有来ル譜代ヲバ…皆暇ヲ出シテ ↓補

譜代者 宝本・南本による。底本「出代者」。

非ザル也 南本による。底本「不非也」。

切米 給料米。年間の支給額を何季かに分割して支給することから名付けられた。通例は武士に支給する俸米をさす。

入作 他村の百姓がこちらの村の田畑を耕すこと。但、本文の場合は小作の意味に用いられている。当時の小作に関しては、二七六頁の戸籍の項の本文ならびに頭注参照。

釣鬚奴 底本「釣鬢奴」、宝本「ツリヒン奴」と記すも、南本による。口ひげの先をピンとはね上げた奴。槍・挟箱(はさみばこ)などを持って主人の行列の供先を歩いた。

日用 日傭取。日やとい人足。

胴築 胴突。土突(つき)。建築の際太い丸材に綱をつけて上下させ、地盤を突き固めること。地形(じぎよう)。

某祖父 荻生玄甫。伊勢に生れ、江戸に出て、医師としてかなり成功した人という。寛永十年(一六三三)死去。

細川玄蕃頭 細川興昌(おきまさ)(一六〇四—四三)。下野茂木(もてぎ)一万六千石余の領主。

有馬左衛門佐 有馬直純(なおずみ)(一五八六—一六四一)。日向延岡五万三千石の城主。

又近頃ハ中間ノ類、米ヲサヘ舂《つか》ズ。米舂ト云者御城下ニ出来ルハ此二三十年以来ノコト也。其前ハナキコト也。又*松平伊豆守*盛限《もりき》リト云コトヲ拵出シテ、武家皆是ニ成ショリ、奉公人引米ト云コトヲシテ、供先ニテ口ヲヌラス。夫ニテモ足ラズ、博奕ヲ所作ニシテ、窮シテハ欠落ヲスル也。下々欠落ヲスレバ間ガ欠ルヨリ、*入レロト云者ニ奉公人ヲ入サスル故、出入自由ニナル也。依リレ之ニ奉公人益々悪クナル。*三月出代ノ時分ハ五日ノ筈ナレドモ、*今ハ一統ニ作法ノ様ニ成テ四日ニ出ル。*年季者ナキ家ハ男女共ニナク成テ、世事ニサヘ事カク有様ナレバ、遽《あわ》テヽ人ヲ置附ル也。此機ニ乗ジテ奉公人ノ給金次第ニ高直ニナル。此四五十年以前ハ、若党ノ切米二両計リ、中間ハ三歩一両、*針妙《しんめう》一両計リ、婢女《はしため》一二分成シヲ、今ハ若党三四両以上、中間二両二三歩、針妙三四両、婢女二両位、其余モ取ルコトニ成タリ。当時ニ至テハ武家ノ輩、奉公人ノミニ非ズ、其外ノ諸色迄次第ニ高直ニ成テ、下人ヲモ身上相応ニ持事成ヌ様ニ成タリ。

元来*軍役ト云ハ*譜代ノ家来ヲ身上相応ニ持事ナル故、譜代ノコトヲ部曲ト言タル也。然ニ今ハ譜代ト言者一人モナキ世界ニナリ、出代者サヘ持難ケレバ、精ヲ出シテ出代者ヲ沢山ニ置テ騒グヲ、軍役ノ嗜ミ善ト覚ル也。イツノ間ニカ世ノ風トナリ、昔ヲ知ル人ナキ故、当時ノ*軍法者ノ*備立《そなへだて》ヲ見レバ、其主人計リヲ一面ニ備サセ、各槍一本ノ役トシ、家来ヲバ其後ニ備テ胴勢ト号ス。去バ五十騎一備ノ士ノ内ニハ、二百石取モアリ、三四百石取乃至千石取モ有リ、肝心ノ時ハ皆槍一本ニテ歩立《かちだち》ニナレバ、歩士《かち》五十人持タルト何ノ替リモナシ。然バ*高知ヲ士ニ呉レルハ何ノ為ニナル。

元来軍役ト言ハ、譜代ノ家来ハ其主人ト同ク備立ニ列ル事ナルヲ不レ知ラバ、世間ニ譜代

松平伊豆守　松平信綱(一五九六―一六六二)のことか。三代将軍家光の腹心として、機略・策謀をもって活躍し、智恵伊豆の異名をうけ、幕政の制度的確立に尽し、老中に昇り、四代家綱をも補佐した政治家。

盛限リ　盛相(物相《もっそう》)＝飯を盛り計る器)に盛り切りにして米を給すること。最下級の奉公人の給米は一日二合半の盛り切りだったという(巻二、三四四頁参照)。但、松平信綱のはじめた事か否か不明。

入レロ　口入れ人。奉公人周旋屋。

三月出代　寛文八年(一六六八)までは二月二日出代りであった。

今ハ　宝本により補う。

年季者　一季・半季の出代り奉公人と異り、数年季の契約を結んだ奉公人。

針妙　針女。針仕事を専らとする女奉公人。

軍役　武士が主君から給与された俸禄に応じて義務として兵員・武器を負担すること。↓補

譜代ノ　宝本・南本により補う。

軍法者　軍学者、兵法家。近世初期に始まり、武田流・謙信流・北条流・山鹿流・楠流などの諸流派ができた。徂徠も十七八歳のころから軍学を研究し、一家言をもっていた。

備立　陣立。軍隊の配置・編成。

高知　高禄。高額の給与。

絶テ、出替奉公人計ニナリ、其上*大坂御陣以来、日本国中ノ諸大名ヲ御城下ニ被ル二召置シカ一故、大名ノ家来モ御城下ニ入込ヨリ、*御直参《ごぢきさん》・*又者《またもの》ノ差別ヲ立ルコト世ニ連テ盛ニナリヌルヲ、昔ヨリノコトト思ヒ、右ノ如ク不埒ノ料簡ヲ、武道ノ師範ヲスル軍法ノ先生ト思ヒ、其法ヲ学ブコト思慮可キレ有ル事也。

御陣ノ御供セントキ、手形壱枚ニテ召置タル家来ヲ召連、箱根ヲモ笛吹《うすひ》ヲモ越タラ、*皆欠落仕ルベシ。是譜代ニ非レバ不ルレ叶ハ証拠也。亦騎馬ト言ハ、当時ハ皆主人ノ数計リナレバ、日本国中総高二千万石ニシテ、日本ノ武者ノ総数三万余騎也。古ハ日本ノ総軍兵三十三万騎ト言タルニハ、十分ノ一ニ成タリ。何トシテ彼軍法者ハ此所迄ハ了簡セヌコトナルゾ。其上唯今太平ノ時節ノ上ニテモ、出替リ者計ヲ召仕フ故、自然ト家来ノ愛憐ナク、一年限ナル故、其心互ニ路人ヲ見ルガ如シ。何ニテモ六カ敷コトアレバ、請人ヲ呼寄セ隙ヲ遣セバ我身ニ掛ルコトナシト了簡ス。奉公人モ江戸中ハ皆主人也ト了簡スレバ、如キレ此クノ心根自ラ風俗トナル故、自然ト下ヨリ上ヘ移テ、其主人々々モ上ヘ忠ヲ尽スコト次第ニ無ナルハ皆習ハシノ移ル所也。

幼少ノ者ノ生立モ、譜代者ノ手ニテ育テラレタルト、出代者ノ手ニテ育ラレタルトハ各別也。譜代者ハ先祖ノ家風ヲモ覚ヘ居、又家ニ年久ケレバ、親類モ見知、下部《しもべ》ナガラモ耻モ知ル。已モ主人ノ恩ニテ育《そだち》タル者ナレバ、主人ノ子ヲ育ルモ心行キ格別也。出替者ハ左様ノコトナク、唯当分ノ身スギノ為ニ、当分奉公スル迄也。左様ノ者ノ*手ニ掛ル故、*手伝テ武家ノ人柄段々悪ナル。

*元来武家知行所ニ居住シタルトキ、召仕タル譜代者ハ百姓ニ近キ者也。無骨《ぶこつ》ナレドモ真

大坂御陣以来… 諸大名の江戸参勤・妻子居住は幕府成立後逐年その数を増し、大坂の陣以前にかなり多くなっている。とくに大坂の陣の後、幕府が命令して集めたのではない。

御直参 将軍直属の武士。本来大名もそうであるが、通例は旗本・御家人をさす。

又者 陪臣。諸大名などの家来。

皆 宝本・南本による。底本「皆皆」。

手ニ掛ル故 南本による。底本「手掛ル」。

手伝テ 助長するという意味。

元来武家知行所ニ… 近世以前、兵農未分離の時代には、武士は農村の自分の領地に居住していた。それを徂徠は武士本来の生活のあり方として、その理想像に基いて現状の批判を本文の中でくりかえし述べている。

質樸　南本による。底本「朴」。
糧　米に他の物をまぜてたいた飯。糅飯(かてめし)。
皆　宝本・南本により補う。
其者　宝本・南本による。底本「其手」。
養フコト　南本による。宝本も「ヤシナフコト」とあり。底本「育コト」。
嗜ミナキニ　宝本・南本により「ニ」を補う。
者　宝本・南本による。底本「名」。
然レドモ　宝本・南本による。底本「然モ」。

実多シ。今御城下ニテ召仕《フ》出代者ハ、方々渡リ歩行《あるき》、一ツ家ニ足ヲ留ル心無レバ、何事モ世俗ニ云「ヤリ放《はなし》」ト言者ニナリ、スコヤカナル者ハ、年ノ若キ中ハ渡歩行、年寄レバ辻番ナドニ入リ、果ハ乞食ニナリ、火付盗賊ヲモスル類ノ者也。其内ニ少シ*質樸ナル者モ、年久ク江戸ニ居、百姓ノ業ニ遠《ザ》カレバ、麦飯・*糧《かて》食ヲ否《いや》ニ思フヨリ、奉公ノ先ニテ行合、夫婦ヲ拵ヘ、町ヘ引込、棒手《ぼて》ヲ振、一生ヲ送ル。依《リ》レ之《ニ》少々年久ク居テ、家ニナジミノ者出入スルモ*皆軽キ町人也。イトヾサヘ御城下ハ町人ノ中ナルニ、身ニナリ為ニ成テ、其家ニ馴染アリテ出入者皆町人ナレバ、武家ノ子供皆町人ノ心根ノ如ク成行モ理リ也。

然バ譜代者絶テ皆出替リ者ニ計成タルハ武道ノ衰廃ニテ、武家ノ為ニハ至極ノ悪キコト也ト知ルベシ。此境ヲ得ト料簡セバ、向後《きやうこう》武家譜代者出来ル様ニ取捌ベキコト也。其仕方ハ前ニ云如ク、人別ヲ立テヽ、田舎者ハ江戸ニ足ヲ留ルコトナラズ、御城下ノ者ハ他国ヘ移ルコト成ヌコトニシテ、武家ノ家来モ、妻ヲ持并ニ其家ニテ生《レ》長ジタル者ハ永ク其主人ノ家ヲ離ルヽコトナラヌ様ニ定メ、其主人ノ人別ニ附置、請人ヲ立サセズ、譜代ノ者ニ定ベシ。或*其者ニ子供多ク、其主人小身ニテ*養フコト成難ク、他ヘ出代奉公ニ出ストモ、事有ルトキハ其譜代ノ主人如何様トモ取捌ベシ。

扨譜代ヲ多持タル人ヲバ、上ヨリモ軍役ノ嗜ミ善ニ沙汰シ、譜代無《キ》レ之家ヲバ軍役ノ*嗜ミナキニ沙汰シ、咎有テ奉公人ヲ誅戮スルモ、譜代ノ者ヲバ誠ノ主従ト捌キ、出代者ヲバ当分ノ傭レ*者ト捌キ、又平日モ普代ノ士ニハ袴ヲ着セ、出代ノ士ニハ刀計ヲ許ベシ。如《ク》レ此《ノ》取捌バ、武家ノ輩自然ト合点行テ此風俗ニ改ルベシ。

*然レドモ畢竟スル所、武家ヲ知行所ニ置ザレバ、御城下ハ物入多テ、譜代ノ者ヲ沢山ニ

持コトナリ難カルベシ。仙台・越後・諏訪《(スワ)》等ノ風俗ヲ承リ及ビ候ニ、三四百石トル士、何レモ譜代ノ士三四十人モ持テ、士ナレ共、草履モ取リ、挑燈モ持也。武士軍中ニテハ、本《もと》草履モ明松《たいまつ》モ可レ持《キツ》コト也。供一辺ト言様ナル悪風俗出来《しゆつたい》シテ、古風ハ皆替リ失タリト知ルベシ。

是ニ附キ、武家ノ召仕ニ*金切米《かねきりまい》ト言コト有間敷コト也。武家ハ知行ヲ取ル者ナレバ、家来モ米切米ナルベシ。知行ノ米ヲ売テ金ニシテ使コトナル故、米ノ直段下直ナルトキハ及《ブ》二難儀《ニ》一也。大名ニテモ此合点不レ行《カ》、ヒト頃米価ノ安キ時ニ殊ノ外困タル也。当時モ国大名ノ家ニテハ、足軽・中間迄モ皆米切米也。公家ノ士ヲ*三石士《さんごくざむらひ》ト云モ、古風遺タルト知ルベシ。且又武家ノ家来皆譜代ニ成タルトキ、其主人故アリテ小身ニナランニ、兼テ譜代多キハ養フコトナラズ、行支ルコト有ベシ。*古ヨリ奴婢ハ資財ニ同ジトテ、譜代ノ家来ハ其家ノ財宝ト同前ナル故、売買スルコト古法也。其頭々ヘ断リ、他ヘ売渡シ、人別ヲ可レ改《キム》也。

一　国ノ締リヲ付ルコト大概右ノ条々ニ尽セリ。去ドモ畢竟ノ所、武家ヲ知行所ニ置ザレバ締リノ*至極ニ非ズ。夫ノミナラズ、武道ヲ再興シ、世界ノ奢ヲ鎮メ、武家ノ貧窮ヲ救ノ仕形、此外更ニ不レ可《カラ》レ有《ル》。

先第一、武家御城下ニ集リ居《ル》ハ*旅宿也。諸大名ノ家来モ、其城下ニ居ルヲ*江戸ニ対シテ在所トハ雖モ、是又己ガ知行所ニ非レバ旅宿也。其子細ハ、衣食住ヲ始メ箸一本モ買調*ネバナラヌ故旅宿也。故ニ武家ヲ御城下ニ差置トキハ、一年ノ知行米ヲ売払テ、夫ニテ物ヲ買調ヘ、一年中ニ遣キル故、精ヲ出シテ上ヘスル奉公ハ皆御城下ノ町人ノ為ニ成也。依レ之《リニ》

金切米　俸禄を貨幣で支給すること。

三石士　公家に奉公する身分の軽い侍の俗称。年給三石であったところから起ったよび名。

古ヨリ奴婢ハ…　令の制度では奴婢の売買は認められており、関市令、売奴婢条にその規定がある。鎌倉時代になると、幕府は早くから奴婢をふくめて人身売買の禁止令をくりかえし発布している。

至極　宝本・南本による。底本「至」。

旅宿　旅行中の宿屋ずまい。

江戸　宝本・南本による。底本「江都」。

ネバナラヌ故　宝本による。底本「ネハ成メ」。

御城下ノ町人盛ニナリ、*世界次第ニ縮リ、物ノ直段次第ニ高直ニ成テ、武家ノ困窮、当時ニ至テハ最早スベキ様モ無クナリ*タリ。

大勢ノ武家御城下ニ集リ居ル故、火災モ繁ク、其上常ノ居住ナル故、妻子足手マトヒニナリ、財宝ニ心引レ、火ヲ消スコトモナラズ。其上町人ノ風俗ト傾城町・野郎町ノ風儀武家ニ移リ、風俗悪キナグサミ多キ所ナレバ、武芸・学文ノ嗜ミモ薄クナリ、又不断御城下ニ在テ馴故《なれこ》ニナル故、*公儀ヲ鵜呑ニシテ、上ヲ恐ル、心モ薄ク、行儀ヲ嗜ト言ヘバ軟弱ニシテ、公家・*上臈《じやうらふ》ノ如ク、行儀ニ不レ構ハバ放逸無慚ニシテ、*町奴《まちやっこ》ノ様ニナル。畢竟ハ風俗ノ移ス所也。

扨又田舎ノ締リナクナリタル、ヨリ甚悪シ。田舎ノ締リト云ハ、昔ハ在々ニ武家満々タレバ、百姓モ我儘ナラズ。百年以来地頭知行所ニ不ルレ住マ故、頭ヲ押ユル者無テ、百姓殊ノ外ニ我儘ニ成タリ。御旗本ノ武士小身ナレバ、自身不レ住マバ江戸ヨリ知行所ノ仕置スルコトナラズ。代官ナド遣シテモ、小身者ノ家来、若党風情ノ者ナレバ、何ノ用ニモ不レ立タ。自ラ私領ヲモ公儀ヨリ治ル様ニ成テ、弥地頭ヲ軽ンズルコトニ今ハ成タリ。人殺等有ルトキハ江戸ヘ申来、江戸ヨリ詮議スル故、日数ノビテ詮議手延ニナリ、実否モ知レヌコトニナル類多シ。又盗人等捕ヘテモ、江戸ヘ連参レバ道中ノ物入多ク、江戸ニテモ詮議六ケ敷シテ手間取ル故物入多ク、又作ノ時節、農業ノ邪魔ニナル故、其儘放逐シテ不二申シ出デ一。又博奕打・三笠附抔ノ御触有テモ、右ノ子細、*又ハ仇ヲセラル、コトヲ厭テ不二申シ出デ一。又目明シ*ナド云様ノ類田舎ヘ行テ様々ノ悪事ヲスレドモ、是等モ右ノ子細ニテ不二申シ出デ一。何事モ公儀ノ御仕置ハ江戸計ノ様ニテ、田舎ヘハ行渡ヌコト、皆田舎ニ武家ノ住ヌ故也。

世界次第ニ縮リ　商品流通の発展は当然交通・通信の発達を伴い、これにより各地の割拠制がくずれて、日本中の連絡が緊密・迅速になって、世界がせまくなって来たことをいう。なお宝本は「世界次第ニ悪シクナリ」と記す。また商品流通の発展と物価の関係について、徂徠は巻二で論じている。

タリ　宝本・南本により補う。

公儀ヲ鵜呑…　幕府を意に介さず、のんでかかる。

上臈　この場合は宮中の高位の女官または幕府大奥の高級の御殿女中など、身分の高い女性を意味している。

町奴　「弱きを助け、強きをくじく」侠気を標榜し、独特の異様な風体で市街を横行した町人の小集団。近世初期、旗本奴に対抗して出現し、その後も火消人足の中などに残った。なお前出二七三頁頭注「任侠ノ風」参照。

又ハ　宝本・南本による。底本「又」。

ナド　右両本による。底本「等モ」。

又*上総国ニ新門徒ト言者アリ。日蓮宗ノ一派也。其元祖ハ秀頼卿帰依ノ僧ニテ、上総ヨリ上方ヘ上リ、計策ノ相手トナリ、御当家ヲ調伏シテ、遂ニ御仕置ニナル。此僧上方ヨリ金銀ヲ可《キ》レ取《ル》為《メ》ニ上総ノ百姓ニ上人号ヲ許シ、*曼陀羅《まんだら》ヲ伝授ス。夫ヲ俗人モ段々請伝テ、是ヲ新門徒ト言。檀那寺ヲ持ナガラ寺ヲ曾テ不レ用《ヒ》。人死《ス》レバ、檀那寺ノ引導シタル跡ニテ、火ヲ打清メテ、*引導ヲ彼俗上人仕直シ取仕舞也。又金ヲ出シテ人ヲ欺シ、其宗門ニ引入ルコト吉利支丹ノ如シ。旦那寺ヘハ一年ニ何程ト定米ヲ送リ遣スノミニシテ、出入スル者ナシ。乱行ノ出家ハ*旦那来ラザルヲ悦テ、其悪事ヲ知ツヽ、知ラヌ顔ニテ住持スルト言リ。始ハ一二箇村ナリシガ、此頃ハ夥ク弘マリ、数十箇村ニ成タルト承ル。箇様ナル事モ、手前ハ構ハヌコトトテ申出ル者ナシ。

田舎ニハ此類ノコト尚多カルベシ。去ドモ百姓ハ物入ヲ嫌ヒ、又江戸ヲ恐テ不《ル》二申出《シデ》一事、田舎ノ定タル情也。何事モ御城下ヘハ知ヌコトニテ、当分ハ何事モ有間ジケレドモ、飢饉打続等セバ、夜討・強盗田舎ニ起テ盛ニ成ベシ。馬盗人ト云者、馬ヲ盗デハ遠ガケヲシテ、二日路モ脇ヘ売也。夫ヨリ又先ヘ段々ニ売ル故、知《レ》ヌコト也。此類、博奕打等ハ遠方ニ中間有テ、其仲間トサヘ言バ、知ル人ニ無トモ、中間ノ頼母シヅクニテ働コトナル故、強盗ニ近キ者也。強盗モ遠掛ヲスル者也。皆一類也。強盗ノコトハ、某田舎ニ罷在ル時、*横川村ト言所ニ四郎左衛門ト云者アリ。強盗ノ頭ヲシタル者也。年寄テ強盗ヲ止テ、*後生一三味《ごしやういちざんまい》ニナリ居タルガ、其者ノ話ニテ悉ク承ル。百姓ノ分限《ぶげん》ナル者ハ、箇様ナル者ヲ念頃ニシテ、*身ノ勾《かぎ》ニスルコトナル故、其近所ヨリハ知ツヽモ不《ル》二申出《シデ》一也。*中山勘解由時代ヨリ、田舎モ右ノ様ナル悪類絶タリ。是ハ勘解由一人ニテ捕尽タルニモ非ズ。唯大風ニ恐テ止ヌ。

上総国ニ新門徒… 日蓮宗不受不施派の一派のことか。同国夷隅（いすみ）郡行川（なめかわ）村を中心に同派の伝統があり、享保三年（一七一八）には若干の僧侶・村民が処罰されている。ただし同派への弾圧は、豊臣秀吉の大仏千僧供養を拒否したことに始まり、徳川幕府も引継いで弾圧を強化したものであるから、本文に「秀頼卿帰依…」とあるのには相当しない。あるいは別の派か（なお不受不施派については辻善之助「日本仏教史」近世篇之一、三参照）。

曼陀羅 極楽世界の様相を図に画いたもの。

引導 衆生を導いて悟りの道に入らせること。

旦那 檀家。その寺を自分の菩提寺とする人。

横川村 現山武郡大網白里町のうちか。

後生一三昧 死後の安楽のみを一心不乱に念ずること。

身ノ勾ニスル 勾は錠の意。もと悪党と知って懇意にし、同類からの被害のないようにしてもらうこと。新井白石の「折たく柴の記」巻下にも、宝永・正徳の頃、越後国蒲原郡において、もと盗賊の一味であった者に村民が警備を依頼していた話が記してある。

中山勘解由 二六三頁参照。

遠国ニテハ、公儀ニテ箇様ナル者ヲ御用ヒナサルニ依テ、諸大名モ*荒気《あらけ》ナキ取捌ヲシタルヨリ止タルナルベシ。当時ハ又博奕打ノ類ハ盛ニ成タルト承ル。

歴代ノ乱ヲ考ルニ、世末ニナルニ随テハ如何様ナルコトニナルベキモ難シレ計リ。畢竟武家田舎ニ不レ在ラ、関八州明地ノ様ニ成タル故、右ノ如キ悪類モ多ク関八州ノ地ヨリ出テ、遠国ヘモ働タルコト也。武家田舎ニ居住スルトキハ、第一衣食住ニ物入ラヌ故、武家ノ人々ノ身上直ルベシ。総ジテ奢ハ*内証ヨリ起ル。武家ノ妻女御城下ニスムトキハ、次第ニ奢テ身ヲ倦《うま》シ病者ニ成ル故、其腹ニ生ル、子柔弱ニテ、今ハ何ノ御用ニモ立ヌ様ニ成タリ。是亦田舎ニ住スレバ、自ラ機《はた》等織テ身ヲコナシ、奢モ薄ク、身モ強クナリ、武家ノ妻女ニ相応スベシ。男モ野広ク方々駆歩行《かけあるき》テ、手足モ丈夫ニ成ベシ。親類近付ノ所ヘ話ニ歩行キ、用事アレバ五里モ十里モ常ニ往来シテ、馬モ自ラ達者ニ可シレ成ル。飼料モ心安ケレバ、二三百石ノ身上ニテモ、五匹モ十匹モ嗜ミ次第ニ持ル、ハ田舎也。平生隙ナレバ、武芸幷ニ学文モ、外ノ慰ミナケレバ、江戸ヨリ善カルベシ。家来モ田地五石目・十石目取セテモ*作《つく》リ取《どり》ニサスル故、五石ハ十石ニナリ、十石ハ二十石ニナル也。其上ニ田舎ノ暮ナル故、五石目ハ二十石ニ向ヒ、十石目ハ四十石ニ向ヒ、何モ豊ニ、然モ数多ク持ル、故、軍役ノ嗜ミ如何程モナルベシ。

某ガ*外祖父児島助左衛門ガ*父カ祖父カ、二百石取テ三河ノ知行所ニ居住ス。大坂御陣ノ御供ニ士七八人、馬二疋引セタリト曾祖母ノ語シナリ。曾祖母ハ*大御番頭*鳥居久兵衛女《むすめ》ニテ、久兵衛知行所上総ノ*刈屋ニテ生レ、三河ヘ縁付キ、久ク住シ故、後迄モ三河詞也。助左衛門ハ貞享ノ比御咎ヲ蒙リ、流罪被レ二仰セ付ケ一、跡断絶シ、三河ノ知行所モ上リタレドモ、当

荒気ナキ　宝本による。底本「荒気ナル」。荒々しいの意。

内証　家内。奥向(おくむき)。

作リ取　全収穫を自己の収入とすること。

外祖父児島助左衛門　「寛政重修諸家譜」巻三四三によるに、小嶋正朝(まさとも)。生歿年不明。大番士・同組頭を経て延宝七年(一六七九)船手頭に昇進したが、貞享元年(一六八四)長男繁之の殺害事件に関連して八丈島に流罪となる。その娘(実は養女)は荻生方庵の妻、すなわち徂徠の母である。

父カ祖父カ　宝本による。底本「祖父」。小嶋正朝の祖父源左衛門正重は武蔵国において二百三十石、父助左衛門忠余(ただよ)は領地を先祖の旧地、三河国額田(ぬかた)郡に移され、大坂の陣にも参加した。

大御番頭　大番士五十人一組の隊長。なお二六六頁「大御番」の頭注参照。

鳥居久兵衛　南本による。底本「鳥井」。「寛政重修諸家譜」にはこの家譜なし。また「柳営補任」にも記載されず。ただ児島正朝家譜に、鳥居久兵衛忠朝とあり。

刈屋　現夷隅郡夷隅町苅谷。

時モ児島党*在番ニ登ル節ハ、件ノ三河ノ百姓共岡崎迄罷出デ、昔ノ地頭トテ目《め》見《みえ》ヲスル也。武家知行所ニ住トキハ、百姓共幼少ヨリ地頭様ト崇メ尊ブ心骨髄ニ染故、其所モ能治ル也。左様ノ者ヲ軍役ニ召連バ、欠落ノコトハ言ニ不レ及《バ》、其主人ノ用ニ立コト承リ伝タル話モ多キ也。

且又武家田舎ニ住メバ、田地ノ様子、*川除《かはよけ》等ノコトモ見習、聞習スル故、御役被《レ》二仰《セ》付《ケ》一テ*地方《ちかた》御代官ニ罷成テモ、江戸出生ノ者ドモ*手代《てだい》任セニスルトハ雲泥ノ違ナルベシ。扨武家知行所ニ住居シテハ、江戸ノ勤番ハ一月替リトカ百日替リニ相勤ムベシ。勤番ノ内ハ、御城ノ御番ハ隔日ニ成共、三日番ニ成トモ可《シ》二相《ヒ》勤《ム》一。何程苛キ御番モ、旅宿ナレバ勤マル也。旅ヲモ度々シテ*功者《こうしゃ》ナルベシ。在江戸ノ内、男住居ナレバ、火事ノ*節又不慮ノコト有テモ、足手*マトヒナキ故、御用心向却テ可《シ》レ宜《カル》。

田舎ニ武家居住セザル故、武家田舎へ行テ放埒ヲスルヲ気遣、五里外へ罷出コト今ハ不《ル》レ成《ラ》コトナレドモ、夫トハ違ヒ、在々所々ニ地頭有《ル》レ之トキハ、主有ル所へ行ク故、放埒スベキ様ナシ。川狩・鹿狩ヲモシテ山川ヲ駆《かけあ》歩《る》行キ、国中ノ地理ヲモ知リ、険阻ニモナレ、毎レ物ニ附武士ノ業功者ニ成べシ。当時ハ其身江戸ニ在テ知行所遠方ナレバ、馴染《なじみ》モナク、恩義モ不レ貫《カ》、唯百姓ヨリハ年貢ヲ取物ト覚へ、百姓ハ又年貢ヲ収ル物ト計覚テ、唯取ン取ラレジトノ心計ニテ、百姓ニ非道ヲスル族モ有《レ》レ之ドモ、不断ニ我住所ニテ見習、聞習スルトキハ、愛憐ノ心モ自然ト生ジ、如何様ノ人ニテモ百姓ヲサノミ苛《むご》クハセヌコト、是又人情也。武家ヲ知行所ニ差置コト、如《キ》レ此《クノ》徳有テ甚宜キコト也。

扨其仕方、大体二三里四方ノ地ニ一組ノ武士ノ知行所ヲ割テ、其知行所々々々ニ地頭ヲ

在番ニ登ル 京都二条城または大坂城警備のため、江戸から上ること。

川除 河川の治水工事。

地方 農村および農村行政のこと。

手代 代官の下で農政上の庶務を担当した者。

功者 熟達・有能な人。

節 宝本・南本による。底本「筯」。

マトヒ 右両本による。底本「縲」。

差遣シ、其頭ニ器量次第段々ニ可《キ》レ成《ル》人ノ、三千石四千石位ノ身上ナルヲ三四人程モ其所ニ知行所ヲ与ヘ差置キ、其内ニテ当分器量有《ル》レ之仁ヲ頭ニ申付、私領ト*交々《まぜまぜ》ニ御料ヲ割入、御料ヲモ右ノ頭ニ預ケ、組ノ支配ヲモ、御料ヲ治メ、年貢ノ取立又公事ノ裁許モ、軽キコトハ所々デ捌セ、川普請等一切ノコト其頭ヨリ可《シ》二申《シ》附《ク》一。如《ク》レ此《クノ》ナラバ田舎自ラ締テ、御政道可《シ》二行《キ》渡《ル》一。当時*小身者ニ御代官被《レ》二仰《セ》附《ケ》一、其身ハ在江戸ニテ手代ヲ遣ス故、種々ノ奸曲アリ。又田舎ヘ被レ遣《サ》テモ小身ナル故、公事ノ裁許モ不レ成《ラ》。小身ニテ武備モ無《キ》レ之故、盗賊ヲ鎮ルコトモ不レ成《ラ》。又御料・私領・寺社領ヘ*紕シニ成テ、川普請等モ不便利也。又右ノ組ノ内ヨリ御役被《レ》二仰《セ》付《ケ》一候人ハ、妻子引連テ常江戸ナルベシ。*御役上《あが》ラバ、元ノ如ク知行所ヘ参リ組入スベシ。

医者モ田舎住居宜キコト也。江戸ニテ療治ヲ仕習テハ上手ニ成ベキ様ナシ。子細ハ第一渡世ニ物入所ニテ、渡世ニ逐ル、故、療治ヲムサト沢山ニ仕テ念ヲ不レ入《レ》。貴門・権門ニ出入シ、衣服ヲ飾リ、諸事ニ虚偽多シ。医者多キ所ナレバ、薬少シ中《あた》レバ驚テ早医者ヲ更《かふ》ルニ由テ、更《かへ》ラレマジキトシテ薬ヲ中ラヌ様ニ合スル故、骨ヲ折ル療治ヲ仕覚ヘズ。唯能時分ニ断ヲ言、請取渡ヲ上手ニシテ、評判ヲ請ル様ニト心掛ル故、病人ノ始終ヲ見届ルコトナシ。依《リ》レ之《ニ》江戸ニ名医ノ出ルコトハ決シテ有間敷也。諸芸皆如《シ》レ此《クノ》。就中武士ト言者ハ元来上ノ上ノ業ヲスル者故、田舎ノ住居ニ非レバ武道廃《すた》ルコト也。

今ノ世ノ人、百姓ヨリ外ハ、武士モ商人モ古郷ト言者ヲ不レ持《タ》、雲ノ根ヲ離レタル様ナル境界哀ナル次第也。但大名ノ家来ヲモ面々知行所ヲ与ヘテ其所ニ置度コトナレドモ、当時指支《さしつかゆ》ル子細アリ。元来是モ皆知行所ニ居ケレドモ、太閤秀吉ノ時ヨリ大名ニ*所代《ところがへ》ヲサスル

交々　宝本に「マゼ〳〵」とあり。

小身者ニ御代官…　代官の家禄はその家によって差があるが、最低基準は百五十俵、地域によってはほかに役料が支給された。代官所の経費は口米(くちまい)・口永(くちえい)すなわち本年貢の三%の附加徴収の米金を財源としたが、享保十年(一七二五)からは、支配石高五万石につき米七十人扶持、金六百両ないし七百五十両(地域により異る)の割合で幕府から支給されることになった。代官の下には御家人の中から任命される手付(てつけ)、農民出身の手代以下仲間・小者などがいるが、たいてい五万石から十万石の地域を支配するのに数人ないし十数人しか使用しなかった。

紕シ　南本による。底本「タ、、」、宝本には「タ、」とあり、共に意味不明。恐らく支配の異る地域は各領主に一々問いただすという意味か。

御役上ラバ　役を無事勤め上げたならば。

所代　領地の移封。

天草一揆　寛永十四年(一六三七)から翌年にかけて、島原・天草地方に起った農民一揆。島原天草の乱。

僅ノ小城　一揆は島原半島の南部にある有馬氏の古城、原城にたてこも

ト云事起リシ故、左様ノ節不便利ナリトテ、皆々面々ノ城下ニ集メ置テ、今ハ一面ニ風俗トナレリ。其時代ハ戦国ノ始テ静リタル砌ニテ、其勢ヲ弱ムル術ニテ計策ノ一ナルベケレドモ、是ヨリ日本国中総人数減少スル事、武道ニ於テ不《ル》ㇾ宜《カラ》事ノ第一也。*天草一揆ノ節、*僅ノ小城ニ百姓一揆ノ籠タルヲ、*西国大名ノ数ヲ尽シテ攻タルモ、其節ヨリ早人数減少シタル証拠也。

当時国持大名所替ハ無《キ》ㇾ例コトトテ、御譜代大名計リニ所替被《ルル》㆓仰《セ》附《ケ》㆒コト是又偏跛ニテ不《ル》ㇾ宜《カラ》事也。所替ノ物入ハ凡十年ノ痛トナルト昔ヨリ申伝ル也。依《リ》ㇾ之《ニ》昔ハ所替ニハ定テ御加増アリ。中比ハ金ヲ被ㇾ下《サ》。近年其沙汰無《キ》事ハ上ノ御不勝手故ナルベシ。国持大名ヲバ痛メズシテ、御譜代大名ヲ痛ムルコト、何ノ道理カ弁ヘ難シ。御老中ニナレバ関八州ノ地ヘ所替ヲスルモ無《キ》ㇾ詮事也。*姫路・兵庫・淀・郡山等、要所ノ地也トテ、幼少ニテ代ル事モ古キ形計ヲ守リタル分ニテ無《キ》ㇾ詮事也。幼少ニテモ家老能締リ、武義ヲ不《ル》ㇾ忘《レ》ナラバ、所替ヲセズ共宜カルベシ。成人ナレバトテ、武義ノ心掛拙ク薄キハ何ノ益モ有マジ。

当時ハ大方成人ト云モ、物柔カニ下ノ情ニ疎ク、幼少ト替リナシ。御譜代・外様ト云モ今ハ名計ニテ同事《ジ》也。御代ノ始ノ時分ハ、外様大名ハ御敵対仕タル者ノ子孫ナレバ、御用心有シ者也。御譜代モ武功ノ者ノ子共ニテ、成程其頃迄ハ差別有ベケレドモ、今日ニ至テハ何レモ親縁ノ中ニ成テ、何レモ江戸育ニテ、江戸ヲ故郷ト思フ人也。其家中ノ大禄ノ陪臣モ皆生レ代リテ、代々其家中ノ人ニ崇メラルヽ故、其主人ト左ノミ替ラヌウツカリ也。総体ノ様子ニ、国持大名ニ奥床シキコトアルハ、所替ヲセズ、古キ風俗ヲ持伝タル故ノコト也。然バ御咎有テノ所替ハ各別ノコト、向後所替ヲ停止アリテ、家中ノ武士ヲモ、皆知

った。

西国大名ノ数ヲ尽シ…　攻城の幕府軍は松倉(島原)・寺沢(唐津・天草)をはじめ、細川(熊本)・鍋島(佐賀)・有馬(久留米)・立花(柳川)など十二万人の大軍であった。

姫路・兵庫・淀・郡山等…　これらの藩(兵庫は尼崎藩)について徂徠の論ずるところに関する事実をあげると次のようになる。

姫路　松平忠弘　正保元年(一六四四)相続、慶安元年(一六四八)出羽山形へ移さる。十八歳。
　松平直矩　慶安元年相続、翌二年越後村上へ移さる。八歳。
　本多忠孝　宝永元年(一七〇四)相続と同時に越後村上へ移さる。七歳。
尼崎　青山幸秀　宝永七年(一七一〇)相続、翌正徳元年信濃飯山へ移さる。十二歳。
淀　石川総慶　宝永七年相続、翌正徳元年備中松山へ移さる。八歳。
　戸田光慈　享保二年(一七一七)相続と同時に志摩鳥羽へ移さる。七歳。
郡山　本多忠国　延宝七年(一六七九)相続と同時に陸奥福島へ移さる。十四歳。

なお享保二年(一七一七)八歳で郡山城主となった本多忠村および同七年十三歳で後をついだ弟忠烈(ただつら)に対し、幕府は、郡山は京都守護の要地故、本来は他へ移すはずだが、特旨をもってそのままとすると申し渡した。

行ヲ与へ、知行所ニ居住セシメバ、軍兵ノ数昔ニ返テ、日本武道ノ再興ナルベシ。大切ノ事也。

一　右ノ外ニ、海路ノ締リノコト、是ハ某海路不功者ナレバ、詳カニ難《シ》レ申《シ》。異国ノ法ハ、船ノ拵へニ大小長短ノ法ヲ定メ、船ノ数ヲ極メ、船ニ積ム貨物ノ法ヲ立テ、船ノカヽル所ニ水駅*ト云コトヲ立テ、是ニ船ヲ揃ハセテ吟味ヲスル也。尚又所々ノ海辺ニ巡撿局*ト云官ヲ設テ、盗賊・非常ヲ吟味スル也。武家ヲ知行所へ置タラン上ハ、此様ナル吟味モ、如何様ニモ可《キ》レ成《ル》也。当時ハ軽キ手代類ノ者ヲ以テ所々ニテ吟味スルコトナル故、私曲ノミ多シ。船ハ一瞬千里ヲ走ル者ニテ、日本ハ海国ナレバ、海路ハ尤モ念ヲ可《キ》レ入《ル》事也。薩摩ヨリ伊豆ノ鼻迄二日ニ来ルト云。殊ノ外秘スル事也。

政談巻之一終

水駅　江湖水運の駅。唐代に始まる。

巡撿局　巡検使。宋代に始まる。海辺のみならず、地方の治安維持を任務とした。

政談　巻之二

太平久ク続《ク》トキハ漸々ニ上下困窮シ、夫ヨリシテ紀綱乱テ終ニ乱ヲ生ズ。和漢古今共ニ治世ヨリ乱世ニ移ルコトハ、皆世ノ困窮ヨリ出ルコト、歴代ノシルシ、鑑ニ掛テ明カ也。故ニ国天下ヲ治ルニハ、先富豊《ミカ》ナル様ニスルコト、是治ノ根本也。管仲*ガ言ニモ「衣食足《リテ》*而知《ル》二栄辱《ヲ》一」ト言、孔子モ「富シテ後教ル*」ト宣ヘリ。手前困窮シテ衣食タラザレバ、礼儀ヲ嗜ム心ナクナル也。下ニ礼儀ナケレバ、種々ノ悪事ハ是ヨリシテ生ジ、国遂ニ乱ル、コト自然ノ道理也。何程法度ヲ厳クシ、上ノ威勢ヲ以テ下知《げち》スト雖モ、上下困窮シテ働ク力モナキ様ニ成タル時節ニ至ラバ、其働ク力モナキト云フ所偽モナク真実ナル故、用捨セズシテ不《ル》レ叶《ハ》コトナルベシ。頻ニ彼処ヲモ用捨シ、此ヲモ用捨シナバ、後ハ法乱レ敗ル、コトトナル也。法*ハ国ヲ維《つな》グ綱ナル故ニ、法敗テハ不レ乱《レ》ト云コトナシ。其法ノ敗ル、所ヲ憂テモ、其働ク力モナキ者ヲ不《レ》二用捨《セ》一バ、畢竟力ニ叶ハヌコトヲ下知スルト云者ニ成テ、無理ノ名ヲ得ル故、是亦乱ヲ招ク媒也。

所詮ハ皆困窮ヨリ生ズ。国ノ困窮スルハ病人ノ元気尽ルガ如シ。元気尽レバ死《ス》ルコト必然ノ理也。元気盛ナレバ、如何様ノ大病ヲ受テモ療治ハナル者故ニ、上医ハ必ズ病人ノ元気ニ意ヲ用ヒ、能国ヲ治ル人ハ古ヨリ国ノ不《ル》二困窮《セ》一様ニスルコト、治ノ根本也。去バ何事ヲ指置テモ、当時上下困窮ヲ救フ道ヲ不二穿鑿《セ》一シテ不《ル》レ叶《ハ》コト也。

管仲　春秋時代の政治家。斉の桓公に仕え、その覇業を補佐した。

衣食足而…　史記、管晏列伝。

富シテ後教ル　論語、子路「子、衛に適(ゆ)く。冉有僕たり。子曰く、庶(おほ)きかなと。冉有曰く、既に庶ければ又何をか加へんと。曰く、之を富まさんと。曰く、既に富めば、又何をか加へんと。曰く、之に教へんと」。

法ハ国ヲ維グ綱　管子、禁蔵「それ国を為(をさ)むる本は、法令を維綱と為す」。

御当家ニ於テ、諸大名ヲ御城下ニ被《ル》レ為《ル》ニ聚《メ》置《カ》一コト、是東照宮ノ神慮ヨリ起リ、乱ヲ*制スル*扣綱《ひかへづな》也。去ドモ上下如《ク》レ此《ノ》困窮シタル其果ハ、諸大名働ク力モ無ナリテ、其困窮真実ニシテ、偽リナクンバ、自ラ参勤ヲ不レ免《ゼ》シテ不《ル》レ叶《ハ》コトニ成ベシ。参勤ヲ免《ゆるさ》レタルトモ、上ノ御威光ニテ当分ハ何事モ有マジケレドモ、是法ノ敗ル、所ナレバ、至極重キ法サヘ破ル、上ハ、何ゴトモ埒モナゲニ成テ、果ハ言語*道断ニ可《キ》レ成《ル》也。

去バ其困窮ヲ救フ道ハ如何ニト言ニ、愚ナル輩ハ唯上ノ御救々々ト計リ言テ、金銀等ヲ賜ルヲ御救ト思ヒ居レドモ、御蔵ノ金ヲ悉ク御出払ヒアリテ御救ヒナサレテモ、又跡ヨリ元ノ如ク成ベシ。去バ上ノ御力ニモ不《ル》レ及《バ》所ナラン。唯神仏ナドノ力ニテ*如意宝珠トヤランヲ虚空ヨリ降シタランニハ、上下万民ノ望ニモ叶フベケレドモ、夫ハ仏法ノ譬喩ノ説言ニテ、先当世ニ間ニ合ヌ事也。然バ仏神ノ力ニモ上ノ御力ニモ不《ル》レ叶《ハ》コトナレバ、詮方モナキトテ其儘ニ指置ベキカ。

総ジテ天下国家ヲ治ル道ハ、古ノ聖人ノ道ニシクハナシ。古ノ聖人*堯・舜・禹・湯・文・武・周公ハ天下ヲ能治メ玉ヒテ、其道ヲ後世ニ遺シ玉フ。其道ニ不レ依《ラ》シテ、是ヲ救フ道ヲシルベキ様ナシ。此道ヲ伝ヘ玉ヘルハ孔子ニシテ、其孔子ノ御辞ニ「*恵而《シテ》不レ費《サ》」ト言コトアリ。夫ハ一銭ヲ不レ費《サ》シテ下ノ恵トナルコトアリ。此道ヲ会得セバ、世界ノ困窮ハ直ルベシ。幸ニ此道今ニ遺リテ有ルコトナルニ、夫ヲ詮方ナシトテ不ニ穿鑿《セ》一ニ置ベキ様ナシ。故ニ古ノ道ニ本ヅキ、上下ノ困窮ヲ救フ道ヲ左ニ記ス。

一　古ノ聖人上下ノ困窮ヲ救フ道トテ別ニ一種ノ妙術ヲ設ケ玉フニモ非ズ。唯古《へ》禹・湯・文・武ノ御代ハ其仕方宜キ故、数多ノ年数ヲ歴テモ世界早ク困窮セズ。依《リ》レ之《ニ》*三代共ニ何

制スル　宝本・南本により「ス」を補う。

扣綱　立てた物が傾いたり倒れたりするのを防ぐために引張っておく綱。

道断　宝本による。底本「同断」。

如意宝珠　南本による。底本「如意法珠」。この珠を所持すれば、願う所、意の如くこの珠の中から現れるという。梵語では摩尼(まに)という。

堯・舜・禹・湯…　堯は暦を作って民に時を授け、舜は孝行の徳によって堯から帝位をゆずり受け、共に理想的天子と称せられる。禹については巻一、二六三頁頭注参照。湯は夏の桀王を倒して殷の王朝を建てた帝王。文王については巻一、二八五頁頭注参照。武王は文王の子、殷の紂王を伐って周の王朝をおこした帝王。周公は武王の弟、武王およびその子成王を補佐し、礼楽制度を制定した人と伝えられる。魯に封ぜられた。

恵而不費　論語、堯曰の語。

三代共ニ…　伝えによると夏王朝は十七代四三九年、殷王朝は二十八代六四四年、周王朝は三十五代八七四年続いたという。

レモ五百年ノ久キヲ過タリ。漢・唐・宋・明ノ代ニモ其仕方面々ニ替リ在テ、其仕方ノ替リアル所、何レモ其時代々々ノ勢ヒ様子ヲ考ヘテ、世界ノ早ク手ニ入リ、早ク治ル筋ヲ了簡シタル物ナレドモ、其善ト思フ所三代ノ聖人ノ仕方ニ背ク故、却テ其所ヨリ害生ジテ、国ノ乱ル、端ト成タルコト也。去ドモ漢・唐・宋・明共ニ全体聖人ノ道ニ則リタル験《しるし》ニテ、*何レモ大抵三百年ノ世ヲ保テリ。日本ニテモ*淡海公《たんかいこう》唐朝ノ仕方ニ本ヅイテ*律令格式ヲ作リテ、是ニテ国ノ治ヲナシ玉ヒ、*三百年ヲヘテ天下武家ノ手ニ渡ル。其後*鎌倉ハ百年ニテ亡ビ、*室町家ハ百年ニテ大ニ乱ル。何モ不学ニテ、三代先王ノ治ニ則ルコトヲ不《ル》レ知《ラ》故、年数甚迫レリ。異国漢・唐・宋・明ノ代々ノ治ノ仕方ヲ三代聖人ノ御代ノ仕方ト対合《つきあは》セテ見テ、其曲直ノ所ヲ考ヘ見レバ、国ノ敗ル、起リ明也。去ドモ何モ皆上下ノ困窮シタルヨリ世ノ乱ヲ生ジタルコトノ古今一轍ナレバ、困窮ニ可《キ》レ成《ル》筋ヲ第一ニ可《キ》二吟味《ス》一コト也。

去バ上下ノ困窮ヲ救フ道トテ別ニ奇妙ナル妙術モナシ。唯古ノ聖人ノ仕方ニハ有テ、今ノ世ニハ闕タルコト*ドモアリ。是ヲ考テ改*ムルニシクハナシ。夫ハ如何様ノコトゾト言ニ、古ノ聖人ノ法ノ大綱ハ、上下万民ヲ皆土ニ在着ケテ、其上ニ礼法ノ制度ヲ立ルコト、是治ノ大綱也。当時ハ此二色欠タル所ヨリ、上下困窮シ、種々ノ悪事モ出ル也。一巻目ニ言タル如ク、上下皆*旅宿ノ境界ナル所、聖人ノ治メニ上下万民ヲ土ニ在ツケルト、不《ル》二在《リ》著《ケ》一ト表裏ノ相違也。一切ノコトニ無《ク》二制度一、衣服ヨリ家居・器物迄貴賤ノ階級ナキ故、奢ヲ押ユル規則モナシ。是聖人ノ礼法・制度ヲ立タルト亦表裏ノ相違也。

制度ノ事ハ先指置キ末ニ至テ申ベシ。先旅宿ノ所ヲ言ハヾ、諸大名一年替リニ御城下ニ詰居レバ、一年夾《はさみ》ノ旅宿也。其妻ハ常ニ江戸ナル故、常住ノ旅宿也。御旗本ノ諸士モ常ニ

何レモ大抵三百年ノ世ヲ…　前漢二一三年(二〇六BC—八AD)、後漢一九六年(二五—二二〇)、唐二九〇年(六一八—九〇七)、宋三二〇年(九六〇—一二七九)、明二七七年(一三六八—一六四四)。

淡海公　藤原不比等(ふひと)(六五九—七二〇)。藤原鎌足の子、奈良時代初期の律令政治の中心にあった人。

律令格式　日本における律令制度の完備は大宝元年(七〇一)に制定された大宝律令による。

三百年ヲヘテ天下武家ノ…　平清盛が制覇を決定したのが平治の乱(平治元年＝一一五九)であるから、三百年では短かすぎる。

鎌倉ハ百年ニテ…　源頼朝が鎌倉を政権の拠点とした治承四年(一一八〇)から元弘の乱(元弘三年＝一三三三)で北条氏滅亡までは一五三年。

室町家ハ百年ニテ…　足利尊氏が室町幕府を開いた建武三年(一三三六)から応仁の乱勃発(応仁元年＝一四六七)までは一三一年。

ド　宝本により補う。

ムル　同、右。

旅宿　巻一、二九五頁参照。

江戸ニテ、常住ノ旅宿也。諸大名ノ家中モ大形其城下ニ聚リ居テ、面々ノ知行所ニ不レ居ラバ、旅宿ナル上、近年ハ*江戸勝手ノ家来次第ニ多ク成ル。是等ノ如キ、総ジテ武士ト言ルヽ程ノ者ノ不ル二旅宿ナラ一ハ一人モナシ。

諸国ノ民ノ工商ノ業ヲスル者、棒手振《ぼてふり》・日雇取《ひようとり》ナドノ*游民《いうみん》モ、在所ヲ離テ御城下ニ集ル者年々ニ弥増《いやまし》テ、旅宿ヲモ旅宿ト心得ルトキハ物入モ少キ事成ニ、江戸中ノ者旅宿ト言心ハ夢ニモ著《つか》ズ、旅宿ヲ常住ト心得ル故、暮シノ物入莫大ニシテ、武士ノ知行ハ皆商人ニ吸トラルヽ也。畢竟精ヲ出シテ上ヘ奉公ヲシテ、上ヨリ賜ル禄ハ不レ残ラ御城下ノ商人ノ物トナリ、馬ヲ持事モ不レ成ラ、人ヲ持事モ不レ成ラ。*冬春ノ切符ノ間ニハ質物ニテ取続キ、或ハ町人ニ*仕送《しおくり》ト言事ヲ頼テ、己ガ身上ハ人ノ手ニ渡ル様ニ当時ハ成リ極リタルハ、哀ナルコトナラズヤ。畢竟ハ箸一本ニテモ銭ヲ出シテ*買調ヘザレバ不ルレ叶ハ事ナル故、如クレ此クノ成タル也。

是ノミナラズ、公儀ノ御身上モ同ク旅宿ノ仕掛也。其子細ハ、何モ彼モ皆其物ヲ御買上ニテ御用ヲ弁ゼラルヽニ依テ旅宿也。総ジテ和漢共ニ天下ヲ知食《しろしめ》サルヽ上ニテハ、御買上ト言事ハ無キ事也。大名ナドノ在所他国ナルガ御城下ニ参勤シテ詰居ルハ、旅宿ナレバ買上尤ノコト也。天下ヲ知食《しろしめさ》ルヽ上ハ、日本国中ハ皆御国也。何モ彼モ皆其物ヲ直ニ御用ナサルヽ故、御買上ト云コトハ無キ筈也。物ヲ買ト言ハ、元来人ノ物ナル故、唯ハ*取レヌ故、代リヲ出シテトルコト也。日本国中ハ皆我国ナレバ、何モ彼モ日本国中ヨリ出ル者ハ我物ナルヲ、人ノ物ト思召テ代リヲ出シテ買調ルコト、大ナル取違也。

是天下ヲ知食テモヤハリ大名ノ仕掛也。其起リ、*御入国ノ時分ハ未大名ニテマシ〳〵テ、関ガ原御陣ヨリ大坂御陣迄ハ天下ノ諸大名彼ノ方ヨリ帰服シ奉リシカドモ、*未ダ天下ヲ知

江戸勝手　大名の経理が国元と江戸の二本立となり、国元を国勝手というのに対し、江戸の経理をさす。江戸常住の家来は江戸勝手に属した。

游民　遊民。一定の職業もなく遊んで暮している者。徂徠は棒手振・日雇取（いずれも前出二八五頁・二九一頁頭注参照）などを正規の職業とみなさず、江戸へ流れこんで来た遊民の仮の生活手段と考えている。

冬春ノ切符　幕臣の切米は春二月・夏五月に四分の一ずつ、冬十月に残る二分の一が支給される。切符とはその支給手形であるが、ここでは切米支給をさしている。

仕送　生活のもととなる金品を送り届けること。

買　宝本による。底本「買」。

取レヌ　底本「取テレヌ」とあるも、宝本・南本により「テ」を除く。

御入国　二六四頁頭注参照。

未ダ天下ヲ…　徂徠は、豊臣氏滅亡をもって、徳川氏覇権の確立とみている。なお三九九・四〇六頁参照。

食タルト言名目ハ附ラレネバ、御制度ヲ御定可《キ》レ有《ル》様ナシ。*大坂御陣ノ翌年東照宮薨去マシ〳〵ヌレバ、天下ヲ知食テモ、制度ヲ立サセタモフ間ナキ故、其分ニテ過行シニ、其以後ニ至テハ、執政ノ面々皆不学ニシテ、和漢ノ古法ニ闇《くら》カリシ故、ヤハリ大名ニテ坐セシ時ノ仕方ヲ是《ぜ》ト思テ、今迄モ受テ執行ハル、ニ依テ、如《キ》レ此《クノ》アヤマリ有也。

去バ御料・私領トモニ一年ノ年貢ノ米ヲ食料計リニ遣シ、其外ハ悉ク売払ヒ金ニシテ、是ニテ諸国ノ物ヲ買調テ、日夜朝暮ノ用事ヲ弁《ズ》ルコト、是当時武家ノ行状也。金ニテ諸事ノ物ヲ買調ヘネバ一日モ暮サレヌ故、商人ナクテハ武家ハ立ヌ也。諸事ノ物ハ皆商人ノ手ニアリ。夫ヲ金ヲ出シ、貰ヒ請テ用ヲ弁ズルコトナル故、直段ノ*押引《おしひき》ハアレドモ、*押買《おしかひ》ハナラヌコトナレバ、畢竟直段ハ商人ノ言次第ニテ、幾程ニテモ急ナル時ニハ買ネバナラヌコト、是武家皆旅宿ノ境界ナル故、商人ノ利倍ヲ得ルコト、此百年以来ホド盛ナルコトハ、天地開闢以来異国ニモ日本ニモナキ事也。

其子細ハ書籍ノ面《おも》テ、近ハ長崎表ノ*唐物ノ直段ニテ知レル事也。依《リ》レ之《ニ》諸国ノ工商御城下ニ聚会シテ、町ノ家居夥シク成リ、北ハ*千手《せんじゆ》ヨリ南ハ品川迄立続タルニヨリ、如何様ノコトニテモ手支《てつかゆ》ル事ナク、何程大壮ナルコトモ忽ノ中ニ調《ととのほ》リテ、自由便利ナルコト言計リナシ。如《ク》レ此《ノ》御城下ハ諸事ニ付自由ナル所ナル上ニ、セワシナキ風俗ト、無《キ》二制度一ト、此二ツヲ加ル故、武家ノ蓄米ヲ貴ブ心ナクナリ、金ヲ大切ナル物ト思、是ヨリシテ身上ヲ皆商人ニ吸取レテ、武家日々ニ困窮スルコト也。

一　当時風俗セハシナキト言ハ、元来政ヲスル人治ノ道ヲ不《ラ》レ知、法度計リニテ国ヲ治ルコトニ成タル上ニ、上タル人ノ意ノ我儘ヨリ出ルコトニテ、下ノ思遣《おもひや》リナキ故也。御*城ノ*規

大坂御陣ノ翌年…　徳川家康は大坂夏の陣の翌元和二年(一六一六)四月十七日に死去した。

押引　値段の高下について押問答をすること。

押買　売手が望まぬのに、無理に買取ること。

唐物　舶来品。

千手　現東京都足立区千住。

城　宝本・南本による。底本「域」。

規式　本来は規則、さだめの意味であるが、本文の場合は儀式をさしているのであろう。

式ノ節モ、烏帽子・直垂・長袴ナド著タルトキハ礼儀正キ様ナレドモ、元来礼法ヲ用ラレザル故、礼譲ノ見事ナルコトハ無テ、御目附四角八方ヲ走リ歩行キ、唯間ヲ欠ヌ様ニト世話ヲヤキ、御礼スメバ大勢込合テ、我先ニト早《ク》退出シ、*老中巡リヲセントスル故、無礼混乱甚シ。元来礼法ト云コトナク、唯見計ヒニテ、当坐ノ*利根《りこん》ヲ以テ立巡ル故也。斯無礼ヲ鎮ントテ、御目附又四角八方ヲ走リ巡リ押《おさゆ》レドモ手ニアマル。夫ヨリ*大下馬《おほげば》前・老中ノ門前・御城下途中ノ騒動言計リナシ。是皆礼法不レ立《タ》、*揖譲《いふじやう》ノ見事ナルコトヲ不レ知《ラ》、唯当坐ノ見計ヒ、利根計リニテ立派ヲ働ク風俗、唯間ヲ合セントスル故也。

間ヲ合スルト云ハ、上ノ人ノ我儘ナル機嫌ニ合スルコトニテ、下タル者唯騒ギ立テ、走リ*廻レルヲ取廻シノヨキトスルコトナル故、何モ彼モセワシナキ仕置《(シヲキ)》也。是ヨリシテ一切ノ号令等ノ類迄、皆下ノ思ヤリナク、忽ノ内ニ下知ノ通リニ成ヲヨキ奉公トスルコト、上タル役人・奉行ノ風俗也。仮令バ四ツ時ニ罷出ヨト云刻付有レ之《ル》召状、五半時《いつつはん》ニ到着ス。是道ノ遠近ヲ不レ知《ラ》、事ノ緩急ノ無《キ》二了簡一故如《シ》レ此《クノ》。又*在番ノ組抔モ、発足前七八日ニ成テ平番《ひらばん》ノ内ヨリ組頭被《ルル》二仰付《セケ》一類、七八日ノ内ニ急ニ組頭道中ノ供廻ヲ相役《あひやく》並ニ支度シテ発足セネバナラヌコト*ナルニ、然モ*組頭ノ御役料ハ下サレザル類アリ。又ハ屋鋪替ヲ被《レ》二仰付《セケ》一、急ニ四五日、二三日ノ内ニ引払類モアリ。如《キ》レ此《クノ》ノ類挙テ数フベカラズ。何モ立派ニ間ヲ合スルヲ良《キ》奉公人トス。

昔ノ武士ハ兼テ心掛ヨク、左様ノコト有テモ手支へ無《キ》レ之様ニ了簡支度シテ置タルニ、今時ノ武家ハ兼テノ支度思掛モ無《キ》レ之ニ、不思儀ニ間ニアフコトハ、右ニ云タル如ク自由便利ナル故、金サヘアレバ如何様ノ火急ナル事モ皆間ニ合也。其火急ナルニ乗ジテ利ヲ取ント、

老中巡リ　江戸城中で大きな祝儀等が行なわれた後、諸大名は老中宅、時には若年寄宅へも挨拶にゆくのが慣例であった。

利根　利口。

大下馬　江戸城大手門前。ここに下馬札があって、登城する者は馬や乗物から下りた。

揖譲　拱手の礼を行なってへり下る。

廻レルヲ　宝本により改む。底本「廻リ」。

ナルニ　宝本による。底本「ニナル」。

在番ノ組　京都二条城または大坂城警備の番に当った大番士の組。

組頭ノ御役料　大番組頭に対する役料支給は天和二年(一六八二)に廃止されたが、享保六年(一七二一)家禄四百俵以下の者に対し、在番中に限り合力米《こうりょくまい》(=扶助米)四百俵を給することとし、さらに同八年足高《たしだか》の制として、家禄六百石以下の者には、在職中六百石まで加給することとした。徂徠のいう役料はこの合力米または足高のことであろう。

商人ドモ物ヲ俄ニ高直ニスレドモ、兎角ニ間ヲ合セネバナラヌ事故、直段ノ高下ニモ構ハズ買調テ間ヲ合スル事、当時武家ノ風俗トナリ、左様ニ急ナルコトニテナキヲモ、何事モ兼テ心掛支度スルコトハナシ。譬バ出掛テ衣服ヲシラブルニ、袴ノクヽリ緒ナシ、*足皮《あしかは》切タリトテ、急ニ中間ヲ走セテ町ニテ買立ル故、高直ナルヲ買来テモ其貪著《とんちゃく》ナク、間ニ合タリト悦ビ、明日ノ出仕ニ下々ノ合羽《かつぱ》見苦シト夜ニ成テ言バ、急ニ人ヲ走ラカシテ買調ル類、何モ彼モ急ニ弁《ズ》ル故、毎レ物ニ付テ物入言計ナシ。

間ニ合サネバ主人殊ノ外不機嫌ナル故、女房*用達長《ようたしおとな》ナド相談シテ、質ヲ置テ間ヲ合セ、主人ニ知セズ。主人知テモ無《キ》二詮方一故、*其分ニシテ質ヲ置テ間ヲ合セル故、又其質ニ入タル品ノ急ニ入ル時、狼狽シテ他ノ物ト取替ニスル故、高利ト成テ、一度質ヲ入ルト十ガ八九ハ始終此困ヲ不《ル》レ免《レ》也。故ニ常ニハ金銭自由ナラザル故ニ、一切ノ物ヲ掛《かけ》ニ調フ。掛ニ取コトナレバ、商人高直ニ言トモ、是モ指当テノ用ヲ弁ゼネバナラヌ物故、高直ト知リ宛《つつ》取置ク。扨掛ヲ済サネバ商人又半分捨ルト了簡シテ、直段ヲ益《ますます》揚ル。借金ヲスルモ急ノ間ヲ合セントスル故ノコトナレバ、高利ニ不レ構《ハ》。家居・器物迄皆如《シ》レ此《クノ》。

田舎ノ家作ハ、山ニテ木ヲ枯シ置テ大工ヲ呼ヨセ、幾日モカヽリテ立ル故、家丈夫ニテ年久ク堪ルニ、御城下ハ何モ彼モ御城下ノ町ニテ買調ヘ、例ノセハシナキ風俗ニテ急ニ立ル。殊ニ主人タル人モ、*其家ノ長《おとな》モ何モ不レ知《ラ》、工商任セニテ、年久ク出入シタル大工ニ積ラセレバ、彼大工モ己ガ家ヲ立タルコトハ終ニ無シテ、人ノ家ヲ立タル計ノ*功者也。己ガ取附ノ材木屋ニテ積リ貰ヒ間ヲ合ス故、何モ彼モ皆商人任セ也。其商人モ御城下ニ生長シタル者ニテ、物ノ出処ノ功者モナシ。唯御城下ニテ売買ノ上ノ功者也。依《リ》レ之《ニ》公儀ノ請合

足皮　足緒。太刀の足金物(あしかなもの)=鞘に二カ所ついている金物)に通して腰にくくりつける皮ひも。

用達長　用達は出入の商人のことであるが、この場合は武士の家の雑事をする用人の意味で、用達長は用人頭のことであろう。

其分ニシテ　この場合は知っても知らなかったことにするという意味。

其家ノ長　家老。老臣。

功者　二九九頁頭注参照。

等スルトモ、畢竟皆本ヲ不ルㇾ知ラ人ノ取捌也。商人モ不ㇾ知ラ。夫ヲ取捌カスル御役人モ不ㇾ知ラ。功者ト云ハ唯御城下ニテ左様ナルコトヲ仕馴タルト言迄也。其上ニ立ツ御役人ハ唯金ノ多ク入《い》ラヌ了簡ヲシテ、目付ヲ附ケ、邪推ヲ廻シテ、下ノ者ニ私欲ヲサセマジキトスル迄ノコトニシテ、自身ハ何モ不ルㇾ知ラ故、畢竟ノ所商人ニ被ㇾ欺カテ、御城下ノ普請益《ますます》悪クナリテ、其損言計ナシ。昔ノ大工ハ家ニ巻物ヲ伝テ、堅ク法ヲ守シガ、当時ノ大工ハ渡世ニ逐《おは》レテ、少モ細工ヲ多ク請取ントスル故、細工モ次第ニ下手ニ成テ、家居モ早ク損ズル也。

器物モ又如シㇾ此クノ。某ガ家ニ、父方ノ曾祖母ノ伊勢ニテ拵置タル朱塗ノ椀家具アリ。*祖父ヨリ父ヘ伝ヘ、父ヨリ伝リテ今ニ有リ。百年ニ余レドモ朱色モ替ルコト無ク、疵モ付ズ。其丈夫ナルコト甚シ。*某田舎ニテ百姓ノ重箱ナド拵ルヲ見タルニ、塗師不自由也。塗師一人ニテ上総ノ国中ヲ方々雇ハレ歩行《あるき》テ、細工スル也。一ト所ニ二十日モ三十日モ居テヌリ、又脇ヘ歩行テ細工スルナリ。始仕掛置タル物ノ乾キタル時分ヲ考ヘ置テ来リ、蒔絵ヲスル也。其漆モ別ニ買調ヘテ置テ塗セ、下地ヲモ兼テ拵置タル故、何モ彼モ望ノ様ニ拵テ丈夫也。又或御旗本ノ家ニ、三河住居ノ時、女ノ縁附ノ為、其女ノ四五歳ノ時分ヨリ兼テ心掛テ、毎年一色二色宛拵ヘ置タル諸道具、某幼少ノ時迄ハ残テアルヲ見タリ。何レモ手前ニテ拵タル物故、其丈夫ナルコト言計リナシ。

又上総国*松ガ谷ト言村ニ釈迦堂アリ。*飛弾ノ匠《たくみ》ガ建タルト言伝タリ。棟札《むなふだ》ヲ見レバ四五百年ニモナルベシ。飛弾ノ匠ト云ルハ、総ジテ飛弾ヨリ出ル大工也。其時分上総ノ国ニ大工ナシ。*飛弾大工上京シテ公役ヲ勤ルモアリ、国々ヲ廻ルモアリ。先々ニテ普請ヲ受取テ木取ヲシ、夫ヨリ五里モ十里モ脇ヘ行キ、段々先ヨリ先ヘ往テ、右ノ最初受取タル普請ノ

祖父　宝本・南本による。底本「祖母」。荻生玄甫。

某田舎ニテ　徂徠が上総国長柄郡本能村で田舎住いをしていたことについては、巻一、二九〇頁補注「十三年上総国ニ…」参照。

松ガ谷ト言村…　上総国山武郡にあり。釈迦堂は同村勝覚寺(真言宗)のもので、徂徠は元禄十五年(一七〇二)にその縁起を撰述している。

飛弾ノ匠　飛騨国の大工は古来名手として有名であった。

飛弾大工上京シテ公役…　賦役令、斐陀国条に「凡そ斐陀(ひだ)の国は庸調ともにゆるせ。里ごとに匠丁十人を点ぜよ」とあり、延喜式、巻二十二、民部上には「凡そ飛騨国毎年匠丁一百人を貢ぐ」とある。

木ノ得ト枯タル時分ニ廻リ来テ、木ヲ削リ立、得ト拵テ、又脇へ行キ、其削リ置タル木ノ得ト枯タル時分ニ来ル故、一所ノ普請ニ二年モ三年モ懸ル也。*貫孔《ぬきあな》ヲ*内ブクラニホリ、*貫《ぬき》ヲ少シ太ク削リテ、タヽキヒシギ、指込故、クサビ入《い》ラズ。年ヲ歴テ雨風ニ当ル故、扣《たた》キ褊《ひしぎ》タル処、湿テフクルレバ、柱モ貫モ毫厘ノ透間ナク、一ツノ木ノ如クニナリ、其丈夫サ言計リナシ。飛弾ノ匠ノクサビ一本ニテ*占ムルト言ハ此事也。

武家知行所ニ居住スレバ、諸事皆如《ク》レ此《ノ》不自由ナル故、人ノ心ヲ練リ、何事モ年ヲツミ、心掛テ成就スルコトナルニ、御城下ハ自由便利ナル上ニ世話シナク、急ニ間ヲ合スル風ニテ、何事モ皆当坐賄ニ事ヲスル故、上下ノ損失積リテ言計リナシト知ルベシ。如《ク》レ此《ノ》積リテ夥キ損失ナルヲ不レ顧シテ、皆当分ノ間ヲ合セントスルヨリ起タルコトニテ、畢竟金無レバ当分ノ間ニ不レ合《ハ》、金ニテ急ニ物ヲ買調テ間ヲ合セル身上ナレバ、金ヲ大切ノ物ト思テ、商人ヲタノミ今日ヲ送ル境界也。

一　制度ト云ハ法制・節度ノ事也。古聖人ノ治ニ制度ト言物ヲ立テ、是ヲ以テ上下ノ差別ヲ立、奢ヲ押へ、世界ヲ豊カニスルノ妙術也。依《リ》レ之《ニ》歴代皆此制度ヲ立ルコトナルニ、当世ハ大乱ノ後ニ武威ヲ以テ治メ玉ヒシ天下ニテ、上古トハ時代遙ニ隔リシ故、古ノ制度ハ難《ク》レ立《テ》、其上大乱ノ後ナレバ、何事モ制度皆亡ビ失セタリシ代ノ風俗ヲ不レ改《メ》、其儘ニオカレタルニ依テ、今ノ代ニハ何事モ制度ナク、上下共ニ心儘ノ世界ト成タル也。

衣服・家居・器物、或《ハ》婚礼・喪礼・音信・贈答・供廻リノ次第迄、人々ノ貴賤・知行ノ高下・役柄ノ品ニ応ジテ、夫々ニ次第有ルヲ制度ト言也。今ノ世ニモ大抵夫々ニ格《かく》モ有様ナル故、物ノ道理ヲ不《ル》レ知《ラ》人ハ制度ノ有様ニ思ヘケレドモ、*今ノ世ニアル格ト言様ナル物ハ、

貫孔　貫を差しこむ穴。
内ブクラ　口より内部をふくらませること。
貫　柱と柱の間を横に連絡する薄い材木。
占ムル　締めるの意か。

今ノ世ニアル格　江戸幕府の役格、幕臣の家柄などの格式は、たいてい寛永から寛文にかけて(一六二四—一六七三)きまっていった。町人・百姓に対する衣服・風俗などのこまかい規制もほぼ同じころに発布されている。

損益スル所　論語、為政「殷は夏の礼に因れり。損益する所知るべき也。周は殷の礼に因れり。損益する所知るべき也」。
ト　宝本・南本により補う。
古　南本による。底本「右」。
備　南本により補う。
フハ　宝本により補う。

古ヨリ伝リタル礼ニモ非ズ。亦上ヨリ屹《きっ》ト立サセラレタル格ニモ非ズ。其中ニハ上ヨリ時々ニ被二仰出《セサ》一タルコトモアレドモ、何レモ皆世ノ風俗ニテ自然ト出来タルコトニテ、世ノ風俗移リ行ケバ、其風ト共ニ其格ト言ヤフナル者モ移リ行ク。皆下ノ成行ノ儘ノコトニテ、其上ニ何トナク礼ノヤフナル物アルヤフナルヲ、上ヨリモ其成リ来ル上ニ、時々箇様ニ仕レナド、被二仰出《セサ》一タルコトナレバ、誠ノ制度ト言物ニテハ曾テ無《キ》レ之也。

誠ノ制度ト言物ハ、往古ヲ鑑ミ、未来ヲ計リ、畢竟世界ノ安穏ニ末長ク豊カナルヤフニ、上ノ了簡ヲ以テ立置ル丶コトニテ、往古ヲ鑑ルト云ハ、総ジテ人情ニハ時代ノ替リ無テ古今同ジコト也。往古ノ聖人能《ク》人情ヲ知テ、人情相応ニ、人タル者ノ勝手能ク、亦人情ニテ悪キ方ヘ流タガル所ヲ知テ、夫ヲ押ヘ玉ヘル筋モ、兎角古ヲ鑑ミレバ明ニ知ル丶コト也。亦時代ノ違ニテ、少々増減ヲセネバナラヌコト有ル筋モ、論語ニ「*損益スル所」*トアル通リニ、何モ彼モ*古ヲカガミトスル中ニ*備ハリテアリ。

制度ヲ立ルハ、未来ヲ計テ其御代ノ伝ハラン限ハ永ク可《キ》レ守《ル》者ナレバ、兎角質素ナルガ善トテ、質素過テ制度ヲ立テ置トキハ、代ノ末ニナル程文華ニナル者故、遂ニ其制度ヲ敗リ文華ヲナス故ニ、質素過テ立タルハ必ズ不二久《シク》伝《ハラ》一。又人情ハ文華ヲ好ムトテ、制度ヲ華美ニ立置トキハ、国用早ク尽テ不レ宜《カラ》。故ニ文質ノ中ヲ考ヘテ宜ク立ルトキハ、其御代永ク伝ハルコト也。

上ノ了簡ヲ以テ立タルト云*フハ、当時世上ニアル格ト云ヤフナル者ハ、世ノ成行ニ引レテ出来タレバ、全ク何ノ了簡モナク、始末ノ考ヘモナキコトナリ。人情ハ面々己ガ身ノ外聞ノ能ヤフニトスレバ、皆々上ヲ僭スルコトニ成テ、上下ノ差別ハ立ヌ也。是下タル者ノ情ハ、皆天下世界ヲ苦ニシ世話ニスル心ハ無テ、唯我身ノ上計リヲ思故也。去バ上タル人ハ天下世界ヲ苦ニシ世話ニシ、代ノ久ク伝ハリテ、万民ノ永ク安穏ナランコトヲ計リテ制度ヲ立ルコト也。

是聖人ノ道ニテ、天下国家ヲ治ル骨髄全ク礼楽ニ止ルハ此子細也。儒学ノ筋モ末ノ世ニハ聖人ノ本意ヲ取失フテ、礼ハ天理節文ナドト沙汰シテ、天地自然トアル者ノヤフニ言ヨリシテ、当時何トナク代ノ成行ノ儘ニ出来タル格ト言ヤフナル物ヲ善コトノ様ニ覚《おぼゆ》ルコト也。

扨上下ノ差別ヲ立ル事ハ、上タル人ノ身ヲ高ブリテ下ヲ賤ムル意ヨリ制度ヲ立ルニハ非ズ。総ジテ天地ノ間ニ万物ヲ生《ズ》ルコト各其限リアリ。日本国中ニハ米ガ如何程生《ズ》ル、雑穀如何程生《ズ》ル、材木何程生ジテ何十年ヲ経テ是程ノ材木ニ成ト言ヨリ、一切ノ物各其限リ有事也。其中ニ善モノハ少ク、悪モノハ多シ。依リレ之ニ衣服・食物・家居ニ至ル迄、貴人ニハ良物ヲ用ヒサセ、賤人ニハ悪モノヲ用ヒサスル様ニ制度ヲ立ルトキハ、元来貴人ハ少ク賤人ハ多キ故、少キモノヲバ少キ人用ヒ、多キモノヲバオヽキ人ガ用レバ、道理相応シ、無ク二行キ支ヘ一、日本国中ニ生《ズ》ル物ヲ日本国中ノ人ガ用ヒテ事足コト也。

此制度不ルレ立タトキハ、其数夥キ賤人ガ其数少キ善キ物ヲ使ヒ用ル故ニ、事不ラレ足シテ、モノヽ価モ高直ニナル。又其数夥キ賤人ニモ美物ヲ望ノ儘ニ叶ヘサセントスル故、ソノ美物モ次第ニ麤相ニ成行也。又右ノ如ク上下ノ差別ナキ故、上下混乱シ、争ノ端ト成テ、諸ノ悪事是ヨリ生《ズ》ル也。兼テ制度ヲ立テ是ヲ守ラスルトキハ、人々其節限・分量ヲシル故、分ニ過タル奢ハ自然ト無シテ、世上ニ費ナシ。制度ナケレバ、上ヨリ驕リヲスルナト制シ玉

天下世界ヲ苦ニシ… 天下世界のために心身を労すること。

礼ハ天理節文 「弁名」上、礼1、七二頁参照。

オヽキ人ガ 宝本による。底本「多ク」。

ソノ 宝本による。底本「不」。

フト雖モ、是迄ガ分限相応ニテ、是ヨリ上ガ奢リ也ト言符刻《きつかけ》ガナケレバ、何ヲ当所トスベキヤフナシ。華美ヲ好ムハ人情ノ常ナル故、制度ナケレバ世ノ中次第ニ奢リニナリ行ク也。

衣服ノ制度アルトキハ、是ハ大名、是ハ大役・高官ノ人ト云コト、坐敷ノ上ニテモ自ラ知ルヽ故、人々貴ヲ敬ヒテ礼儀自ラ不ルレ乱レコト也。然ニ当時ノ如キハ、上*一人《いちじん》ヨリ下百姓・町人迄モ、何レモ*小袖《こそで》ヲ著、*麻上下《あさがみしも》ヲキルコト同様ニシテ、其衣服ノ地ハ金サヘ有バ何ヲ著テモ誰制スル人モナシ。上下ノ見別ケナキ故、高官・大役ノ人モ下ノ者ト差別ノ立様ナク、各*イカツガマシキ体ヲシテ、是ニテ高下ヲ別ツコトトナリ、我身ノ君子ノ礼義ヲ失フコトヲバ不レ知ラ。御役人奉行ナドノ無礼甚クナリ、下タル者ハ礼ニ過テ這屈《はひかがみ》、諂《へつら》フ風俗甚ダシキハ、無キ二制度一ヲ以テ也。

*御先々前御代ニ*易ノ御講釈拝聞被レ二仰セ付ケ一、某式モ登城シテ御講釈ノ坐ニ列リシ時、熟《つらつら》ト傍ヲ見廻シタルニ、御老中モ、若老中モ、大名モ、御旗本モ、有官無官トモニ某等ガ衣服ト何ノ異リモナシ。是ヲ見テ、余リノコトニ涙コボレテ茫然トナリシ也。兎角金サヘ有バ賤キ民モ大名ノ如クニシテモ、何ノ咎メモナシ。唯悲キハ、不レ持タ金ヲ、手前悪ケレバ、高位・有徳ノ人モ自ヅト肩身スボマリテ、人ニ蹴落サルヽ今ノ世界也。因リレ之ニ人々我勝ニ奢ヲシテ人ニ勝《まさ》ラントス。夫ヲ又見様見倣《みまね》ニ我立派ヲ為ン〳〵ト思ヨリ、世間次第ニ奢リニナリ、其奢年久ケレバ自ヅト風俗トナリ、其中ニ生長スル人ハ是ヲ奢ト云コトモ不レ知ラ、唯可キレ有ル筈ト思事也。

サテ今ノ世ニハ実ノ礼ト言ハナクテ、*小笠原ト言物ヲ礼ノ様ニ覚《おぼゆ》ル也。小笠原ノ諸礼ニハ上下ノ差別ハナク、唯真草行ト云コトヲ立テ、丁寧ニ念ヲ入ルヲ真トシ、略シタルヲ草

一人　天皇のこと。「いちにん」とよむ場合は右大臣の異称。「いちのひと」とよめば摂政・関白を意味する。

小袖　袖口をほそく、袖下を小さくまるく縫った絹の衣服。平安時代の貴族社会では下着に用いられたが、武士の社会では表着となり、それが貴族社会にも影響して、私生活の場での表着となった。身分の差によって、色・地文(じもん)に制限があった。江戸時代になって、袴を着けない着流しの絹の綿入れの着物を小袖とよぶようになった。本文に天子から百姓・町人まで小袖を着るとあるのは、天子礼服の下着から、着流しの絹の着物まで、小袖を広義に解して用いているのであろう。

麻上下　肩衣(かたぎぬ)＝小袖の上に着ける袖のない上衣)と袴とが麻でできている裃(かみしも)。武士の礼服。庶民でも名主・家主が着用を許された。天皇や公家は着用しなかった。

イカツガマシキ　いかめしい。たけだけしい。

御先々前御代　宝本により「前御」を補う。五代将軍綱吉のこと。

易ノ御講釈拝聞…　徂徠は元禄九年(一六九六)九月二十六日はじめて江戸城に召され、綱吉の周易の講義を聴いた。

小笠原ト言物　小笠原流の礼法。南北朝時代の武将、信濃守護小笠原貞

トス。去バ丁寧ニ念ヲ入タルガ故実也ト覚*ユルヨリ、近年ハ何モカモ丁寧ニ念ヲ入ルヽヲヨキ人ト思フ人多シ。コレニヨリテ人々心任セニ詳ニ念ヲ入ントスルコト、中頃ヨリ世ノ風俗トナリテ、物ノ数品多クナル。倹約ノ御触アレバ、「物ノ品数多キハ礼也。奢リニ非ズ。粗相ナルヲ用ルガ倹約也」ト意得《こころえ》ル故、ヤハリ詳ニ数品多キ上ニテ、物毎ヲ粗相ニ軽クセントス。粗相ナル者ヲ数多ク合セテミレバ、結構ナル物一色ヨリモ物入多クナレ共、其数品多ク詳カニスルコト既ニ世ノ風俗ト成タレバ、可《キ》㆑為様ナシ。

此五六十年以前モ制度ハナケレドモ、物ゴトスラ〳〵トシタル風俗也。夫故物ヲ詳カニスル風ハ無テ、草履片々・木履片々ノ様成コトニテ事済タリ。其時分モ驕ル者モ有《レ》ドモ、又甚質素ナル人モ有テ、辺リヲ見合スル風俗ナカリシ故、人サマデ不㆓困窮《セ》㆒。*朽木土佐守ガ語リシ、*土佐守ガ父伊予守十八歳ノ時ニ、*大猷院《だいいうゐん》様ノ御代ナルベシ、*隣ニ能アリテ見物ニ呼レシニ、裏附上下ヲ不《ル》㆑持《タ》故、見物ニ不㆓得行《カ》㆒ト也。*三万石余ノ大名ノ総領ガ、十八歳マデ裏附上下ヲ不《ル》㆑持《タ》コトハ、草履片々・木履片々ナル風俗ノ世ナレバ也。

当時ハ某式ノ者ノ子供モ裏附上下ヲ持コト也。昔ハ裏附ノ所ヘ麻上下ニテモ著タル也。今ハ格式ノ様ニ成テ、如何ナル者モ上下モ小袖モ帷子《かたびら》モ数品揃テ持ネバナラヌ世界也。是制度ノ様ナレドモ、誠ノ制度ト言物ニ非ズ。世ノ風俗ニテ自然ト新規ナルコトヲ仕出シ、是ヲ見様見真似ニスルヨリ、後ハ風俗ニナリ、今ハ格式・作法ト成タル也。譬バ裏附上下モ*羽織・袴モ皆平服也。然ルニ羽織・*袴ハ略儀也、裏附上下ヲ著ベキ場也トスルコト、今ノ世ニハ有也。*昔ハ裏附上下ト云物モナシ。右ノ差別ノナキ証拠ハ、*御謡初《おうたひぞめ》ノ時、*肩衣《かたぎぬ》ヲ取ト云コトハ、麻上下ヨリ直ニ袴計リニ成タル也。裏附ハ無テ、麻ノ袴ヲ用タルコト明也。

宗(一二九二—一三四七)が定めたという武家の礼法。江戸時代に広く行なわれた。

ユルヨリ…コレニヨリテ　宝本による。底本「ベテ」。

朽木土佐守　朽木稙治《たねはる》(一六六五—一七四一)。旗本、三千石。享保十一年(一七二六)本家をつぎ、丹波国福知山城主となる。

土佐守ガ父伊予守　朽木稙昌《たねまさ》(一六四三—一七一四)。はじめ常陸国土浦城主、二万七千石、寛文九年(一六六九)丹波国福知山城三万二千石を領す。

大猷院様…　三代将軍徳川家光。ただし朽木稙昌十八歳の年は万治三年(一六六〇)故、すでに四代将軍家綱の代である。宝本には稙昌八歳の時とあり、これは慶安三年(一六五〇)で家光在世中であるが、八歳では能の招待を受けるにあまりに幼少であるから採らず。

隣　宝本による。底本「同格」。

三万石余　底本は「二万石余」とするも宝本による。稙昌は相続の際弟に三千石を分けて、二万七千石となったが、部屋住時代、その父稙綱は三万石の領主であった。

羽織・袴　底本「羽織モ袴」と記すも、宝本により「モ」を削る。

袴　宝本により補う。

昔ハ裏附上下…　「伊勢貞順豹文書(いせさだのりひようもんじよ)」(天文十七年＝一五四八)に「うらの付たるかたぎぬの事、らうぜきなる儀候。人前へ著候事、ゆめ

*鼻紙嚢ト云物モ昔ハ無シ。小寺*勾当《こうたう》ト云*座頭《ざとう》ノ仕初メテ、小寺袋ト云テ世間ニハヤリシニ、何《いつ》ノ間ニカ兎角懐中セネバナラヌコトニ成タリ。今ハ又其頃ヨリハ殊ノ外結構ニナリタリ。昔ハ大名モ*前巾著ヲ下ゲ、夫ニ印ヲ入テ、鼻紙嚢ハ入レザリシ也。東照宮モ前巾著ヲ下ゲタマヒシト承リ伝フ。何モ彼モ皆如《シ》レ此《クノ》。

御先々*前御代ノ時分ヨリ、公辺ノ勤方ニ脇ヲ見合セ、例ヲ聞合セスルコトヲ肝要トシ、物毎ニ念ヲ入ルヲ善トス。衣服大小ノ拵ヘ、髪ノ結様迄目立事ヲ嫌ヒ、世間並ヲ見合セ、中分ヲスルヲ善トス。是ヨリシテ、格式作法ノ様ナル物モ世ニ連テ多ク出来タル也。去ドモ元来世ニ連テ出来タルコトニシテ、正《まさし》キ制度ナキコトナレバ、畢竟可《キ》ニ取《リ》守《ル》一定格ハナシ。一年《(ヒト)とせ》倹約ノ被ニ仰《セ》渡《サ》一アレドモ、元来無《キ》ニ制度一故、可《キ》レ被ニ仰《セ》出《サ》一様ナシ。唯*何百目以上ノ物ヲ用ヒ間敷キトノコト也。物ノ品ニテハ不レ分《ケ》シテ、価ヲ分ルコト不審也。価ハ時ニ随テ高下スル。畢竟商人ナラデハ価ハ知ヌコトナレバ、唯被ニ仰《セ》出《サ》一タル迄ニテ、人々是ヲ守ヤラン、背ヤラン、知人ハナシ。兎角制度ヲ不レ立《テ》シテ、倹約ハ決シテ立ヌコト也。

右ニ云ガ如*ク、旅宿ノ境界ニテ、自由便利ナル御城下ニ、世話シナキ風俗ニ、無《キ》ニ制度一ヲ混合《こねあは》シテ、兎角金ナケレバナラヌ世界ト成極タリ。当時大名程大禄・高官ナル者ハナク、安楽ノ至極ナレドモ、下ニ家中ノ世話、国中ノ仕置アリ。上ニ御奉公ノ筋アリテ、左右ニ同格ノ交接《つきあひ》・*詰開《つめひらき》アリテ、安楽ナル様ニテモ亦々困苦甚シ。身ノ上貴ケレバ身持モ自由ナラズ、気ノ詰ルガチ也。其大名ニ優ル者ハ仕舞《しまう》タ屋ノ町人也。商賈《しやうこ》ノ類ニモ列レ共、商賈ノ業モナシ。金銀ヲ所持スレドモ、世話六箇敷《むつかしけ》レバ金借《かねかし》モセズ。唯夥ク町屋ヲ持、其店賃ニテ安楽ニ耽ル上ニ、事《つかふ》ル君モナケレバ恐キ者ナシ。役儀モナケレバ心遣更ニナシ。下ニ

〜不レ可レ有レ之候」とあり、裏付のものは内々で着る略式衣服であった。

御謡初 江戸幕府の正月の儀式の一として、殿中で能を催すこと。はじめ正月二日に行なわれたが、四代将軍家綱の生母宝樹院の命日が二日なので、承応三年(一六五四)以降正月三日となった。

肩衣ヲ取 能役者に対し、将軍以下見物の者が御褒美として肩衣をぬいで与えること。但、この行為がなぜ徂徠のいうように裏附上下でなかった証拠であるかは明らかでない。

鼻紙嚢 鼻紙・薬・金銭などを入れて懐中に持ち歩く袋。山東京山「蜘蛛の糸巻」に「宝永(一七〇四―一七一〇)の比よりの物」とある。

勾当 検校(けんぎやう)の下、座頭の上の盲人の官名。

座頭ノ 宝本・南本による。底本「坐頭ハ」。

前巾著 前腰に下げる巾着。前提(まえさげ)ともいう。

前 宝本・南本により補う。

何百目 銀貨は秤量貨幣なので、価格は目方で表示された。原則として上方以西は銀、東国は金貨を用いたが、衣服などは江戸でも銀貨で表示した。

ク 宝本による。底本「キ」。

詰開 進退・行動。蹴鞠における前

治ベキ民モナク、家来モナク、武家ノ作法・義理ト言コトモナク、衣服ヨリ食事・家居迄、其奢リ大名ニ等シ。附従ヒ出入スル者、己ガ機嫌ヲ取者計也。日々遊山放埒ニ傾城町・野郎町ヲ心儘ニ歩行《あるけ》ドモ、誰咎ル者モソシル者モナシ。其外ノ慰モ心ノ儘ニテ、誰ヲ憚ルコトナシ。誠ニ今ノ世ニ*南面王ノ*楽ト言ハ此輩ノコト也。

是皆武家旅宿ノ境界ニテ、制度ナキ世界故、知行ノ米ヲ売払テ金ニシテ、商人ヲ頼テ用ヲ足サネバ今日ガ難キレ立チ故ナルニ依テ、商人ノ勢盛ニ成ヨリ、自然ト商人ニ権ヲトラレテ、如クレ此ノ町人ニ極楽ハ出来ルコト也。去バ世界ノ困窮ノ本、大概上ニ言タル旅宿ノ境界ニ、世話シナキ風俗ト、無キ二制度一ニ依ルコトナレバ、是ヲ救ンニハ、兎角制度ヲ立ザレバ不ルレ叶ハコト也故、愚蒙ヲ省ミズ、制度ヲ擬シテ、当時世上ノ困窮ノ直ル仕方下ニ記ス。

一　*公儀御身上《ごしんしやう》ノコトハ、右ニ言タル通リ、旅宿ノ仕掛ヲ不レ改メシテハ、豊ナルコトハ無キレ之事也。当時御役人打ヨリ詮議シテ、種々倹約シテ費ナキ様ニスルト雖モ、末々御物好モ替リ行トキニ至ラバ、亦元ノ如クナルベシ。然バ当分飯ノ上ノ蠅ヲ逐トヤラム様ナルコトニテ詮モ無キレ之コト也。又当時詮議ヲ仕詰タル御倹約ノ位ヲ定格ト定メ、永々之ヲ守セタランニハ格極ル故、末永ク費有マジト思フ人モ多カルベケレドモ、夫ハ*当ゼンヲ知テ前後ヲ不ルレ知ラ了簡、鼻ノ先*ノ知恵ト云ベシ。

其子細ハ、*某ガ覚テモ五六十年前ヨリ唯今迄ノ間、世ノ風俗移リ行クニ随テ物ノ直段ノ高直ニ成タルコト、二十倍ニモ可シレ及ブ。増テ某ガ不ルレ生レ以前百年モ先ヨリ見タラバ、又許多《あまた》ノコトナルベシ。過ル昔ヲ以テ移リ行後ヲ考ルトキハ、此以後モ又世ノ移リ行クニ随テ、世間益《ますます》詰リ行ンコト、是又過去《すぎさる》昔ヨリ段々当時ノ様ニナリ下リタル如ク、次第ニ悪ク成

進(=詰)、後退(=開)に基く。

南面王ノ楽　王者のたのしみ。荘子、至楽の語。

楽　宝本による。底本「富」。

公儀御身上　幕府の経済状態。

当ゼン　宝本による。底本「当然」。この場合「当前」つまり目の前の意味である。

ノ　宝本により補う。

某ガ覚テモ…　徂徠の誕生は寛文六年(一六六六)で、「政談」は享保十年(一七二五)以降の成立と推定されるから、かれが物心ついてから五十数年後である。

火面ヲ張リ 顔面を紅潮させる意か。

上ニハ金ヲタメル… 享保六年(一七二一)浪人山下幸内が将軍吉宗へ呈した上書にも「将軍様の御しまつ被レ遊、金銀御溜め被レ遊候へば、一天下の万民皆々困窮仕候」という批判が述べてある。

日本ノ古モ… 延喜式、巻二十四、主計上に諸国の調・庸の品名・数量が記してあるが、これが徂徠のいう「国々ヨリノ土産ノ貢」であろう。

室町家ノ末ニ至リ… 徂徠は室町時代までは郡県制度で、豊臣秀吉の統一以後封建制度になったと理解しているようである。「太平策」(四五四頁)にも、鎌倉・室町時代の武将・守護職と江戸時代の大名・国主とは性格が異ると述べてある。なお江戸時代が封建制度であるという見解は巻一、二七〇頁に見えている。

庸 宝本による。底本「傭」。

サテ 宝本・南本により補う。

名山大川… 礼記、王制「名山大沢は以て封ぜず」。

行ベケレバ、当時ニ定置タル御倹約ノ格ハ、末永キ格ト不《ル》レ成《ラ》コト也。

去バ何迄《いつ》モ御代ノ伝ラム程ハ、日夜朝暮ニ御役人ハ御倹約ノ筋ヲ第一ト、息ヲキリ*火面《ひづら》ヲ張リ、世話ヲヤクコトヲ務トシ、後ニハ夫モ届カヌコトニナルベケレバ、畢竟詮モナキコトト云ベシ。其上旅宿ノ境界ヲ其儘ニ仕置テハ、何モ彼モ皆金ノ沙汰ニナル故、倹約ノ筋ヲ専ラニスル程、唯*上ニハ金ヲタメルコトヲ御好ナサル、ト云様ニ万民皆思ナシテ、遠国迄モ左様ニ思ヒ、後代ニモ左様ニ沙汰センコト無念ノ次第ナルベシ。然バ唯無《シ》レ詮ト言ノミニ非ズ。其害モ甚キナリ。

扠ハ旅宿ノ仕掛ヲ止ルト言ハ、御買上ヲ止ルコト也。御買上ヲ止ル仕方ハ如何様ナルコトナレバ、古三代ノ御代ヨリ、諸侯ノ国ニハ土産ノ貢アリ。夫ヨリ以後歴代ノ帝王モ、亦*日本ノ古モ郡県ノ代ナレバ、殊更国々ヨリ土産ノ貢ヲ上ルコト書籍ノ面《おも》テ明白也。扠諸侯ニハ其土地ヲ全ク賜ルニ、土産ノ貢ヲ上ル道理ハ如何様ノコトト云ニ、五穀ト人民トハ何レノ国ニモ皆アル物ナル故、其土地ヲ下シ置ル、上ハ、年貢米ト夫役トハ其君ノ所務トナリ、倦其外ノ諸物ハ、土地ニ随テ各別ニ勝レタル所有テ、諸国一様ニアラザル故、土産ノ貢ヲ上一人ヘ上ルコト、是少モ無理ナルコトニ非ズ。道理ノ当然、古今ノ定法也。

然バ当時ノ諸大名ハ古ノ諸侯ナレバ、土産ノ貢ヲ上ルベキ事、例ト言、道理ト云、不レ献《ゼ》シテ不《ル》レ叶《ハ》コトナルヲ、当時其沙汰《(タ)》ナキコトハ、*室町家ノ末ニ至リ天下乱テ、武家国郡ヲ押領シ、年久ク郡県ノ作法ナル租・調・庸*ヲダニモ上ラネバ、増テ土産ノ貢ニハ及バザリシ。其後太閤秀吉公天下ヲ一統マシ〳〵ケレドモ、文盲ニシテ其子細ヲ知玉ハズ。御当家ニ成テハ、大坂御陣ノ翌年東照宮薨ジ玉シ故、此制度ヲ立玉ハザリシヲ例トシテ、大名ハ貢ヲ出サヌ物ト心得居ルコト、大ナル辟事《ひがごと》也。

其仕方ハ、公儀ニテ御入用ノ程ヲ積リテ、其大名ノ身上々々ニ応ジ出サシムベキ也。譬バ越前ヨリハ奉書紙、会津ヨリハ蠟燭・漆、南部・相馬ヨリハ馬、上州・加賀ヨリハ絹、仙台・長門ヨリハ紙ノ類也。又身上ノ高ヨリハ土産ノ貢ギ多キ方アラバ、外ヨリ出ル物ヲ下サルコトモ可《シ》レ有《ル》。御城下ニ御蔵ヲ所々ニ立置テ、馬ニテ附込《つけこま》スベシ。当時献上物ナドノ様ニ仰山ニスルコトニテハ、諸大名無用ノ痛ト成ベシ。唯当時御買上ニセズシテ、諸大名ニ出サスル迄ノコトニスベシ。歴代ノ先例皆如《クノ》レ此《シ》。

*サテ又古ハ名*山大川ハ不レ封《ゼ》トテ、左様ノ所ヲバ大名ニハ下サレヌコト也。材木ノ出ル山、金・銀・銅・銕・鉛等ノ出ル山、魚・塩ノ出ル地ハ下サレマジキ所也。当時尾州へ木曾ヲ進ゼラレ、紀州へ熊野ヲ進ゼラレタルコト、古法ニナキコト也。被レ下《サ》マジキ山ヲ他へ下シ置レテ、上ノ御用ニハ材木ヲ御買上ニスルコト、如何ナル無調法ナル仕方ゾヤ。殊ニ東山・東海ノ二道ヲ尾州ノ御領ニテ塞グ事、是又有間鋪事ノ第一也。元ハ御連枝ノ御別ナレドモ、世久ク隔リテハ、*上ノ御気遣可《キ》レ有《ル》ハ此御方々也。*中頃駿河ト甲斐トヲ御一所ニ進ゼラレタルコト等モ不《ル》レ宜《カラ》国分《くにわけ》也。

*長子浦《ちやうし》・*小田原浦ノ類、大名ドモニ可《キ》レ被二下《シ》置《カ》一地ニ非ズ。魚ノ類ハ浦人ノ役トシテ御台所へ附込テ、魚ヲ沢山ニ御使ハセ有テ豊ナルコソ、サモ可《キ》レ有《ル》事*ナレ、左様ノ所ヲバ大名ニ下サレ、魚ヲバ御買上ニシテ、御物ノ入トテ御台所ニセ*コヲ入レ、有ニアラレヌサモ鋪コトヲ御役人共ノスルハ如何ナル事ヤラン。不学ノ致ス所也。野菜ノ類ハ畑年貢ヲ許シ、江戸在々ノ*田ナク畑計ノ所ニテ百姓ノ役トシテ作ラセ、御台所へ入レサスベシ。一切ノ諸

上ノ御気遣可有ハ…　徂徠の死去三年後の享保十六年(一七三一)尾張の徳川宗春は「温知政要」を著して幕府の倹約政策を批判し、放漫・華麗な政治を行なった。また宗春の二代前の藩主吉通(正徳三年＝一七一三死去)の遺誡には「三家之者は全く公方の家来にてなし(中略)。保元・平治・承久・元弘のごとき事出来て官兵を催される事ある時は、いつとても官軍に属すべし。一門の好みを思ふて、かりにも朝廷にむかふて弓を引事あるべからず」とあるという。徂徠がかかる遺誡の存在を知っていたか否か明らかでないが、将軍吉宗が紀伊藩の出身であるので、三家筆頭の尾張藩になんらかの不満があり、そこに徂徠の危惧の一端があったのではあるまいか。

中頃駿河ト甲斐トヲ…　三代将軍家光の弟忠長が元和四年(一六一八)甲斐を賜り、さらに寛永二年(一六二五)駿河・遠江を加賜されたことをさす。

長子浦　宝本に「テウシ浦」とあり、銚子のあて字であろう。当時銚子は上州高崎藩の飛地として松平輝貞が領有していた。

小田原浦　当時の領主は大久保忠方(ただまさ)。

ナレ　宝本・南本による。底本「也」。

セコ　宝本による。底本欠字。狭谷(せこ)、制限の意。

田　宝本・南本による。底本「山」。

色ハ諸職人ニ御扶持ヲ被レ下《サ》、何ニテモ其品ヲ其者ヘ御渡有テ、織ラセ作ラセベシ。古ヨリ職人ノ類官位ヲスルコト此謂也。

武器ノ類ハ同心ノ役トシテ作ラスベシ。某ガ*父方ノ祖父ノ先祖尾張常陸介ト云者、*太田道灌ノ家別レニテ、岩槻ニ有シガ、在陣ヨリ帰ルトキハ、同心幷ニ家来具足ヲ威《おど》シ直シ、刀ノ柄ヲ巻直シ、鞘ヲ塗直シ、大小・槍・長刀ヲトギ、弓矢・銕炮ノ修復ヲシタル話ヲ曾祖母ノ語シト父ガ云ケル也。

加藤清正ハ石垣ノ名人ト云レシ人也。*侍大将ニ*飯田覚兵衛、*足軽大将ニ三宅角左衛門其事ヲ司リテ、足軽ニ石ヲ切セタルニ、幕ヲ打テ人ニ見セズ、甚秘事トスル由、彼家ノ老人ノ語シヲ某直《ぢき》ニ承ル。今其足軽ノ子孫、*水野和泉ガ家ニ在テ、今ニ石細工ヲ為也。尾州ノ与力・同心ハ*平岩主計頭《かずへのかみ》ヨリ伝ヘ、今ニ色々ノ細工ヲ為也。

古風皆如《シ》レ此《クノ》。昔武家国々ニ在シ時、如《ク》レ此《ノ》ナクンバ諸用何トシテカ弁ズベキ。今ハ悉ク御城下ノ町人ノ手ニ渡リテ、彼等ガ利潤ニナル故ニ、武用ノ本色ヲ忘テ殊ノ外粗相ニ成タリ。此頃公儀ノ同心ニ渡ル銕炮薬ハ用ニ不レ立《タ》。同心共手前ノ銭ヲ出シテ、町人ヲ頼ミ拵ヘ直シテ貰ヒ、稽古ノ銕炮ヲ打也。箇様ノコトモ武家ハ皆不案内ナルコト以《テノ》外ノコト也。銕炮ヲ打トテ自賛スル人ニ焔硝ハ何国ヨリ出ルヤト問ニ、知タル人モナシ。土ヨリ焔硝ヲ取コトモ知ラヌ人多シ。太平ノ代コソ買求テ埒明ベケレドモ、物ノ仕方モ功者モ次第ニ無ナルベケレバ、サリトモ済ザル世界ナルベシ。

馬ハ牧ヲ仕立テ取ラスルコト、異朝ノ代ニモ公家ノ代モ此通也。*関八州ハ古ヨリ馬所ナルニ、*武蔵野ヲバ所務モ納ラヌ畑ニ開キ、今ハ牧ナクナリ、馬ハ府中ニテ御買上ニナルコ

父方ノ祖父　徂徠の祖父玄甫は伊勢の出身で、さらにその祖は三河の住人であったというから、太田道灌の別家で岩槻に住したという本文の記事とは一致しない。あるいは祖母の先祖の誤記か。ただし玄甫の妻については明らかでない。

太田道灌　一四三二—一四八六。戦国時代の武将。長禄元年(一四五七)江戸城を築く。扇谷上杉定正に従って武功をたて、和歌にもすぐれたが、定正に謀殺された。

侍大将　もとは総大将・大将軍の下で一軍を指揮する大部隊長を意味したが、室町・戦国のころからは平士一組を指揮する職名となった。近世の番頭(ばんがしら)に近いという。

飯田覚兵衛　(一六三二年死)。名は直景。加藤清正の家臣で、極めて力が強い人だったという。朝鮮の役で黒田の家臣後藤基次と功を争って勝ったという。

足軽大将　室町・戦国からの職名で、鉄砲隊・弓隊の足軽の隊長。

水野和泉　水野忠之(一六六九—一七三一)。参州岡崎城主、五万石。享保二年(一七一七)から十五年まで老中をつとめ、将軍吉宗の改革政治を補佐した。

平岩主計頭　平岩親吉(一五四二—一六一一)。幼少より徳川家康の側近として活躍し、晩年尾張徳川義直の老臣となり、犬山城十二万三千石を給せられた。

関八州ハ古ヨリ馬所　延喜式、巻四

ト埒モ無キ事也。秩父荘司別当*・斎藤別当抔ト*云フハ、古ハ牧ノ役人ヲ武蔵ノ国計ヲ別当ト言、関八州ノ中ニテ別シテ武蔵ヲ賞翫スルハ、武蔵野ノ馬ヲ取故也。甲斐ノ国ニハ古ハ牧多シ。今ハ甲州馬ハ悪シト云ハ、馬ノ悪クナリタルヤ、又乗様ノ古ト違タルニヤ。

人足ノ類ハ、御旗本ノ下人ト、江戸中ノ町人ノ役トシテ勤サスベキコト也。此七八十年以前迄ハ日傭ヲ雇テ普請スル事ハナキ也。小普請金*ト云コト其遺法也。今京都在番ニモ此遺法今ニ残レリト承ル。金ヲトリ、日傭ヲ雇ヨリシテ、御城下ニ游民多クナリ、亦日傭ノ請負ニ附、様々ノ奸曲有也。諸事ノ儀皆此ノ如ク、種々吟味シテ御買上無ナラバ、天下ヲ保チ玉フ古法ニ叶ヒ、公儀ニ御勝手御不如意ト云コトモ永ク無クレ之、御役人モ当時ノ様ニ算盤ヲ放サヌ様ニセズ、大様ニ構テモ埒ガ明テ、見事ナル世界ナルベシ。

御役ヲスル面々何レモ不学ニテ此訳ヲ不レ知ラ、天下ニ生ズル我物ヲバ人ノ物ニシテ、扠大切ニ囲置ベキ米ヲ売払テ金ニシテ、夫ヲ以テ他ノ物ヲ御買上ニシテ御用ヲ弁ズルコトニテハ、何程御倹約ト云テモ、何年迄モ手ノ離サレヌコトニテ、扠末ニ成テハ其倹約モ参リ届クマジキ也。昔ハ算盤等ハ武士ノ手ニ掛ル物ニテモナキヲ、倹約ト云コトノ流行ヨリ、利勘ヲ先トスル世界ニ成タル也。兎角古法ニ不レ従ハシテハ、風俗ノ直ル*事又有間敷也。

一　諸大名ノ身上ノ事、是又同断也。其身上ノ困窮スル所以ハ、隔年ニ江戸詰スル故、御城下ヲ晴レト覚ヘ、物成《ものなり》ヲ悉売払ヒ、金ニシテ江戸ニテ使ヒ捨ルコト、是大名ノ境界也。依リレ之ニ自分ノ奢左程ナラズトモ、江戸ノ諸色高直ナルニ依テ、次第ニ物入強ク成也。慶長寛永ノ頃迄ハ、諸大名ノ謀叛ヲ気遣ヒ、金ヲ遣スル様ニ為コト、其時分御年寄共ノ計策也。依リレ之ニ御老中ノ諸大名ヨリ物ヲ取ルコト、却テ御奉公ノ筋ニテ、其時分ハ曾テ無シ二遠慮一ト

十八、左右馬寮に、「御牧」として甲斐・武蔵・信濃・上野の四国を記し、年貢馬として、甲斐六十疋・武蔵五十疋・信濃八十疋・上野五十疋と定めている。

武蔵野ヲバ…　武蔵野新田の開発は享保八年(一七二三)に行なわれた。

別当　宝本により補う。延喜式、左右馬寮に「甲斐・信濃・上野三国は牧監に任じ、武蔵国は別当に任ず」とある。

ト云フ　宝本により補う。

小普請金　巻一、二六六頁頭注参照。

ル　宝本・南本により補う。

云リ。此筋盛ニ成テ、御*先々前御代ノ比ハ御*手伝等被ルル二仰セ付ケ一コト盛*ナリシニ、諸大名上ノ御威勢ノ烈キニ恐テ、弥物ヲ遣ヒ、手前ノ困窮ヲモ不レ顧ミ、京・大坂ノ町人ヨリ金ヲ借リ、返済モナラズ、大方ハ横*ニネルコトニナレバ、其後ハ金ヲカサズ。然シテ金*銀ノ代目《かはりめ》ニナリ、困窮以ノ外也。当時ハ大方倹約ヲモスベキ様ナクナリテ、家中ヘ物成ヲ渡サヌ類多シ。其倹約ヲスベキ様ナキ子細ヲ詮議スルニ、大名ノ格ト言物*ニ支《つかへ》テ、今ハ石*ニテ手ヲ詰タル様ニ成テ、倹約ヲスベキ様無ナリタリ。其格ト言物ハ、朝夕ノ身ノ持様、衣服・飲食・器物・家居、人ノ使ヒ方、奥方ノ作法、音信・贈答、使者ノ次第、御城下徘徊ノ供廻リ、道中ノ次第ヨリ、冠婚喪祭ノ礼迄、古ノ制度ニモ非ズ、亦公儀ヨリ定玉フ法ニモ非ズ。世ノ風俗ニテ自然ト奢美ニ成タルニ、傍ヲ見合セ、時ノ風俗ニテ出来タル事ノ年久ク取行フ故、当時ニ至テハ是ヲ格ト号テ、其身モ家来モ脇ヨリモ一大事ノ事ト心得、此格ヲハヅレテハ大名ト云詮ナシト思フ人ノ心也。其中ニ末ノ考ヘモ無クシタル事モ、多ハ世ノ奢ニ連テ出来タル時行事《はやりごと》ノ、年久ク成テ堅マリタルコトニテ、*役体《やくたい》モナキ事ドモ也。去ドモ是ヲ格ト覚居ル故、是ヲ少モ損益スル事不レ成ラ、石ニテ手ヲ詰タル様也。

就中、内*証ノ奢近来以ノ外ニ超過ス。其起リ、大*名ノ内ニ公家ト縁組ヲシタル者ガ、上方ノ者ニタブラカサレテ出来タル格多シ。公*家ハ高位ナレドモ小身ナレバ、何ノ結構ナル事ハ元来無シレ之、去ドモ*堂上《たうしやう》方ヲ初メ、京都ノ人情、大名ヲ誑シ物ヲ取事ヲ専一トスル風俗也。彼ノ公家ノ娘ニ附来ル女房、多ハ町人ノ娘良キ分ナルカ、坊*官ノ娘也。此輩己ガ御庇《おかげ》ヲ可キレ蒙ル タメニ、種々ノ故実ヲ拵ヘ、物毎ニ高大ニ結構ナル事ヲ云掛レバ、ムコ殿ハ元来公家ト縁ヲ組ム心根、女房ノ高家ナルヲ自慢ニ思ヨリ出タル事ナレバ、彼上方者ノ言コトヲ尤ト同心シ

御先々前御代　五代将軍綱吉。

御手伝　宝本・南本により「御」を補う。大名に普請土木工事役を課すること。

ナ　南本により補う。

横ニネル　借金が返済されず、利息も滞るので、その分だけ営業資金が運用面に廻らず、ねてしまうこと。

金銀ノ代目　元禄八年(一六九五)以来幕府は金銀貨の悪鋳・増発をくりかえしたが、正徳四年(一七一四)から通貨の改良に着手し、ことに享保三年(一七一八)新金銀通用令を発して良貨による急速な統一をはかったので、通貨の収縮著しく、経済界に大きな不況をもたらした。なおこの通貨政策についての徂徠の批判は三三〇頁にある。

物　南本により補う。

石ニテ手ヲ詰タル様　全く手の自由を奪われて、動きのとれぬ様をいう。

役体モナキ　益のない。役に立たぬ。益体・薬袋とも記す。

内証　家の奥向。

大名ノ内ニ公家ト縁組…　大名が公家と婚姻関係を結ぶことについての規則は寛文三年(一六六三)の武家諸法度にはじめて見える。恐らくこの頃から盛んになったものであろう。

公家ハ高位ナレドモ…　公家の中で最も所領の多い近衛家でも三千石、千石を領する家はほとんどなく、上級の家でも三十石しかもたぬ場合も

テ、種々ノ奢ヲスルニ、其体如何様《いかさま》ニモ子細ラシク宜様ナレバ、其風他ヘモ押移テ、今ハ自然ト江戸中一統ニ大名ノ奥方ノ格ト云コトニナル也。

其上ニ御先々前御代ノ比ヨリ、*子ヲ持タル妾ヲ御部屋ト名附ケ、家来ヨリハ様附ニスル、親類ヘモ嗚呼《をこ》ガマシク贈答スルコトニナリ、其女ノ召仕モ本妻ノ召仕ト左ノミ替ラヌコトニナリ、其上御部屋トナル者多ハ妓娼アガリナレバ、右ノ上ニ又派手ナル風俗加リ、夫モ今ハ格トヤラン云事ニ成タリ。

又*勾引《かぎびき》ト云コト有テ、*御先手《おさきて》ノ御旗本ヲ大名ノ勾引ニ頼テ、僅ノコトナレドモ費ヲスルコトアリ。是ハ何ヨリ起ルト言ニ、昔ハ御先手ト云者ハ武役ヲモスル故、御旗本ノ内ニテモ*刃金ヲナラス輩多ク是ニナル故、御老中ノ前ニテモ善ク物ヲ言故、是ヲ頼テ内意等ヲ言セタルコト也。今ハ御先手ハ御旗本ノ掃溜ト号シテ、御役人ノ中ニテモ役ニ不ルレ立タヲスルコト也。去ニヨリ昔トハ異ナリ、中々物言事モ不レ成ラ、去ドモ殿中ヘ自由ニ出テ方々聞繕ヒ、似ツコラシキコトヲ云聞セテ勾引ヲ為コト也。

勾引ニ頼メバ毎年定リテ物ヲ送ル。其外ニモ何ゾ一事聞合セヲ頼メバ其儘礼ヲ遣ス。火事ニモ逢ヒ、吉凶ノコトニテモアレバ*合力《がうりき》ヲスル。其上ニ婚礼ノ節ハ是非共*是ヲ頼コト也。今ハ専御先手ノ役ノ様也。依リレ之ニ奥方ヘモ出入心易ク仕掛テ、一向ニ物ヲネダリ取ル。其外*坊主・*御徒《おかち》・*御徒目附・*伊賀ノ類、何ゾ一色頼メバ礼ヲスル。一度礼ヲスレバ毎事毎年スル。少シ遅ケレバ来テネダル。箇様ナルコトニテモ、例ノ格ト言コトヲ引テ、格ニ合スト云テネダルコト也。

就中諸大名家々ニ*留守居ト云者ヲ置テ、傍ヲ見合セ並ヲ聞合スルヲ専一ニサセ、主人モ

まれでなかった。

堂上方　昇殿を許される公家。殿上人(てんじょうびと)。

坊官　門跡家の事務をとる役人。

子ヲ持ル妾ヲ…　巻四、四一四―一五頁参照。

勾引　宝本に「カギ」とあり。内意を引き出す意か。

御先手　鉄砲または弓組の隊長。

刃金ヲナラス　武威を示す。腕前をあらわす。「ヲナラス」、宝本による。底本「ナラヌ」。

合力　援助の米金を渡すこと。

是ヲ　宝本・南本にて補う。

坊主　本文の場合は江戸城表座敷において諸大名・旗本・諸役人のために雑用を給仕する表坊主をさしているが、このほか将軍の日常生活の給仕をする奥坊主、老中・若年寄の命をうけ、書類の伝達・整理をする用部屋坊主、あるいは時計役・太鼓役坊主など多種類の坊主がいた。

御徒　平常は江戸城玄関・廊下などに詰め、将軍外出の際は先駆して警固する役。

御徒目附　目付の補佐をして、巡察・探偵・規則の調査・文書の起案などを行なう役。

伊賀　伊賀者・伊賀衆などといい、伊賀国の郷士を徳川家康以来幕府の下吏に用い、所々の明(あき)屋敷の管理、大奥の用件の取り次ぎや出入を監察する広敷番の下役などに当らせ、

家老モ是ヲ一大事ト心得ル。其聞合スルコトヲ見レバ、何ノヘンテツモナキ、箸ノ転《ビ》タル程ノコト也。是皆諸大名公儀ヲ大切ニスル余リニ、瑣細ナルコト迄モ程・拍子ヲ合セントスルヨリ起タルコトニテ、此留守居ト云者ニテ、例ノ格ト名ヲ附タルコトヲ愈堅固ニ持コト也。

扨其*留守居ト云者、諸家一ニ組合テ仲間ト称シ、酒宴遊興ニ主人ノ物ヲ遣ヒ、是ヲ主人ヘノ奉公ト称シ、扨公儀ヲ鼻ニカケ、主人ノ掟ヲ不レ用《ヒ》。仲間ニ暇ニテモ出サレタル者有レバ、其仲間ニテ囲置テ、其跡役ヲバ仲間ヘ不レ入《レ》、主人ヲ困ラス仕形、当時所々ニ多キコト也。

総ジテ大名ノ第一トスベキコトハ、家中ノ治、民ノ治ヲ善シテ、*身帯ヲ磨切《すりき》ラズ、武備ヲ不レ失《ハ》、末永ク参勤交代ヲ勤テ、上ヲ守護シ奉ルコト也。扨平日公儀ノ勤ハ、大格サヘ不《レ》レ違《ハ》バ少ノコトハ人々ノ了簡次第ニテ、少早クトモ遅クトモ、少出入有テモ苦シカル間敷コトナルニ、何事モ本ヲ取失ヒ、唯傍ヲ聞合セ、一統ニスル風俗ナル上、*御年寄共ノ取捌モ心得違多キ故、留守居無テハ不レ叶《ハ》。其家ノ家老モ楽ヲ好テ主人ヲ大切ニセヌ故、留守居ヲ立居テ、公辺ノ勤ニハ不《ル》レ構《ハ》也。如《キ》レ此《クノ》子細ナルニ由テ、大名ノ身上*ノ倹約、今ハ可《キ》レ為様ナクナリタル也。

昔ハ大名ニ物ヲ遣スコト上策ナレドモ、今ハ諸大名ノ困窮至極ニ成タレバ、身上ヲ保チテ永々参勤交代ノ成様ニスルコト、是当時ノ良策ナルベシ。其仕方ハ是モ公儀ト同断ニテ、其国ヨリ出ル物ヲ直ニ取用テ、金ニテ物ヲ調ヘヌ仕方可《シ》レ有《ル》。家中ノ武士ヲバ皆知行所ヲ割呉《わりくれ》テ、面々ノ知行所ニ居住シ、城下ヘ勤番ヲスル様ニシ、扨参勤ノ節召連ル人数ヲ殊ノ

時には間牒・斥候に用いた。

留守居　江戸藩邸に常住し、幕府役人や他大名の留守居と交際し、情報を集める一種の外交官。

留守居ト云者…　徂徠が指摘した諸大名留守居の弊害に対する禁令は、寛保三年(一七四三)六月に幕府から発せられた(御触書寛保集成十九、風俗之部、二一一八号参照)。

身帯　身代(しんだい)。身上(しんしょう)。家産。

御年寄共　幕府の老中。

ノ　宝本・南本により補う。

外ニ減少シ、御城下往来ノ供廻モ随分ニ減少シ、奥方ノ作法ヨリ始リ、其身ノ持様・衣服・飲食・器財・家居・人ノ使ヒ様・音信・贈答・使者ノ次第・冠婚喪祭ノ礼迄、其官位・知行高ニ応ジ、何レモ随分物入少ク、取続ノ成ル様ニ積《リ》テ、上ヨリ改テ制度ヲ立玉フベキコト也。公儀ニ計リ制度ヲ立テ、夫ニ可《シ》レ準《ズ》ナド、有様ナル事ニテハ、今迄並ヲ見合テ仕来タルコト既ニ格ト名ヲ附タルナレバ、公儀ヨリ新ニ制度ヲ立玉ハネバ中々破《リ》難キコトニテ、是ヲ不《ラ》レ破シテハ諸大名ノ身上ハ直ルベカラザルコト也。

一　御旗本ノ諸士ノ困窮ヲ直スコト、前ニ段々言タル如ク、知行所ニ置テ旅宿ノ境界ヲ改ルト、制度ヲ立ルトニテ困窮ヲ救ベシ。但シ知行所ニ指置ニ付テハ、所ヲ賑ス心掛可《キ》レ有《ル》也。某久ク田舎ニ住テ見、又其後モ田舎ヨリ来ル人ノ話ヲ聞ニ、百姓ハ愚*カナル者ニテ、所ニテ前ヨリ仕来*ラザル事ヲバ、*サリトハセヌ物也。是ハ地頭ヨリ下知シテ、或ハ桑ヲ樹《うえ》テ蚕《(カイコ)》ヲサセ、或ハ麻ヲ植、漆ヲ植、楮ヲ植、総ジテ*山ヲ立サセ、何ニ付テモ地ノ利ヲ見立テ、所ノ賑フ様ニナル仕方可《シ》レ有《ル》。

古ヨリ民ノ治ニ勧農ト云コトノ有ハ此事也。*水戸ノ義公、水戸ニテ紙ヲスカセ、茶ヲ植サセ、海際ノ川ニ海苔ヲ仕付、白魚ヲマキ、種々ノコトヲ被《ル》二仰付《セケ》一。昔ハ水戸ニ無キ物今ハ出ル也。又*亀井隠岐守ガ家老ノ了簡ニテ、石見ニ木ノ曲リ多キヲ考ヘ、*鞍打ヲ招ヨセ、鞍ヲ打セ、夫ヨリ津和野ヨリ鞍出来ル。隠岐守諸方ヘ音信ニモ用《フ》レ之《ヲ》。斯様ナル類ノコト幾等モ有テ、民ノ為メ、土地ノ為メ、地頭ノ為メ賑ニ可《キ》レ成《ル》也。

百工ノ業ニモ、御当地・京都・大坂抔ニテハ難《キ》レ成《リ》コトモ有ベシ。某*唐紙・唐筆ニテ無レバ物書レヌ故、諸方ヲ承リ合セ、日本ノ内ニテモ唐紙ヲスキ、唐筆ヲ結《ゆ》フ人アリヤト尋

カナ　宝本により補う。

ラザ　南本により補う。底本「去」。

サリ　右両本による。

山ヲ立サセ　田畑耕作ばかりでなく、山野の産業をおこさせるの意か。

水戸ノ義公　水戸第二代藩主徳川光圀（一六二八―一七〇〇）。

亀井隠岐守　亀井茲《(これ)》親《(ちか)》（一六六九―一七三一）。石州津和野城主、四万三千石。

鞍打　鞍作りの職人。

唐紙　わか竹の繊維と楮皮とをまぜてすいた紙。質はもろく裂けやすいが、墨汁をよく吸い、書画用によい。

ネ求シニ、唐紙此以前大坂ニテスキ出シタレドモ、物入多キ故、商売ニ成ヌトテ止タリト承ル。唐筆ハ弟子共ノ内ニ能指図ヲシテ結《ゆは》スル者アレドモ、是モ工手間《くでま》掛リテ損也トテ結ハズ。*活板ト云物調法成ル者ナレドモ、是又御当地ナドニテハ工手間掛ル故、板ホルヨリハ却テ損也。*石摺《いしずり》モ誠ノ仕方ハ工手間掛ル故難《シ》レ成《シ》。織物ノ類ヲ京都ニテオラスルニ、是モ唐ノ如クスレバ物入多キ故、何レモ薄クオリ出シテ、唐ニハ劣ル。是皆店賃高ク、諸色高直ナル故、何事モ入用多ク成テ、美物《よきもの》ハ不ニ出来《セ》一。

某唐半弓ノ仕様ヲ人ニ教サセタルニ、書籍ニ在ル通成程出来テ、弓ノ力モ随分ニ強ク良《よけ》レドモ、御当地ニテスル故、物入多ク、又手間取故、商人等ハ中々ニスマジキ也。弩弓ヲサセタルニ、是モ能出来タレドモ、御当地ニ良竹ナシ。遠国ニハ様々ノ竹有ベケレドモ、商人等ハ己ガ渡世利倍ヲ第一トシテ、容易ク売ル、物計ヲ御当地ヘ持来ル故、為方《せんかた》ナシ。笙等モ御当地ニハ竹ナクテ細工難《シ》レ成《シ》。此類ノ事モ、武家タル人田舎ニ住テ、物ヲ仕立ル心有バ、異国・古《ノ》物モ今又世界ニ多ク出来スベキコト也。

以上段々記タル通、制度ヲ立ルト、旅宿ノ境界ヲ止ルト、此二ツガ困窮ヲ救ノ根本也。世話シナキ風俗ノ事ハ、上ノ思召、老中ノ*心得ニ有コトナレバ、今更是ヲ止ル仕形トテ別ニハナシ。大体此通ナレドモ、困窮ノ上ニモ近年困窮甚ク成タル子細三色アリ。一ハ諸色ノ直段高直ニ成タルコト、二ハ金銀ノ数減少シタルコト、三ハ借貸ノ路塞リテ、金銀少ク、不通用ナルコト是也。依《リ》レ之《ニ》此三色ノ無《キ》ニ手当一トキハ、行支《ゆきつかへ》可《キ》レ有《ル》也。其手当左ニ記ス。

一　諸色ノ直段ノコトハ、*上ノ御世話ニテ少ハ下直ニ成タル様ナレドモ、其取捌キ、根本

活板　日本での活字印刷は文禄二年(一五九三)古文孝経の勅版にはじまり、その後朝廷・幕府を中心に主として木活字による印刷が盛んに行なわれたが、寛永年間(一六二四—四三)以降、書籍が民間企業として出版されるようになってから、木板本にくらべ経費上不利となり、衰えていった。

石摺　石碑の文字を紙に摺り取ること。また同様の方法で、書画を石板に刻み、これを摺り取ること。

心得　宝本による。底本「得意」。

上ノ御世話ニテ…　享保九年(一七二四)以降、幕府は日常生活必需物資の価格引下げ令、それら物資を取り扱う問屋の調査・登録、あるいは価格をつり上げた油問屋の処罰など物価統制にかなり努力している。

元禄金　元禄八年(一六九五)発行の金貨。慶長金(金含有率八五・六%)を悪鋳し、金五六・四%含有とし、増発した。

乾金　乾字金ともいう。宝永七年(一七一〇)発行の金貨。質は慶長金に近い良質であるが、その代り慶長・元禄金のほぼ半分の小型である。

半分ニナリ　幕府は正徳四年(一七一四)慶長金と同質の正徳金を発行し、元禄・乾金二両と新金貨一両とを交換した。そのため名目上の金貨流通額は半減した。

四ツ宝　四つ宝銀。正徳元年(一七一一)発行の悪質な銀貨。銀含有率二〇%。

慶長銀の四分の一の低率である。
三分一 享保三年(一七一八)発令の「新金銀通用令」によれば、四つ宝銀と正徳四年の新銀との交換比率は四対一である。従って流通量は四分の一に減ったはずであるが、旧悪銀の中には比率のゆるやかな元禄銀(一対〇・八)もかなりあったので、実際には三分の一程度に減ったもののようである。
ヅ 宝本により補う。
運上 商品の生産・販売、鉱山の採掘などを許可する代償に、領主が徴収した一種の雑税。
請負ノ者… 業者が営業権の独占を競望して、互により多額の運上を納める旨、領主に申し出ること。独占権を得れば、運上の増額分は販売価格に上積みされる。
宿賃 地価または地代・家賃。
是ヲ利倍ノ算用ニ… 地代・家賃等の高さを販売価格におりこんで、利潤獲得をはかる。
ニ 宝本・南本にて補う。
廿年 宝本による。底本・南本はともに「三十年」。徂徠の父方庵は寛永三年(一六二六)江戸で生れたというから、祖父玄甫が伊勢から江戸に出て屋敷を買ったのはそれよりやや前と思われる。それから約八十年といえば元禄(一六八八―一七〇三)の末年か宝永(一七〇四―一七一〇)の初年に当り、すなわち徂徠が「政談」を執筆する二十年諸色ノ直段年ヲ逐テ段々ニ高直ニ成ル謂レアリ。是ニ立入ザル時ハ、皆当分ノ作略ニテ、何ノ用ニモ不《ル》レ立《タ》事也。唯今金ノ員数*元禄金・*乾《けん》金ノ時分ノ*半分ニナリ、銀ハ*四《よ》ツ宝《ほう》ノ時ノ*三分一也。去バ諸色ノ直段、元禄金・乾金時分ノ半分ヨリ内ニ下ラザレバ、未ダ本ノ位ニ非ズ。此四五十年以前ニ比スレバ、多ハ十倍・二十倍也。去バ世界ノ困窮尤ノコトニテ、是ヲ下ゲル道ヲ不ニ吟味《セ》一シテ不《ル》レ叶《ハ》コト也。

其下直ニスル道ヲ知ルコトハ、先*ヅ段々高直ニ成タル謂レヲ不レ知《ラ》シテハ手段ヲスベキ様ナシ。扠其物ノ直段、段々高直ニナリタル子細、一品ニ出ズ、様々ノ謂レアリ。先《ツ》第一ニハ、国々ヨリ出ル諸物、多ハ地頭ヘ*運上《うんじやう》ヲ取ニ、*請負ノ者直段ヲ次第ニセリ上テ、手前ヘセリ落ス事故、物ノ直段次第ニ高直ニ成也。其運上ハ其大名ノ遣ヒ料トナリ、又ハ借金ノ方ヘ振向テ有也。依《リ》レ之《ニ》当時大名既ニ困窮シタル上ハ、弥直段下リ難キ也。

是ヲ下ル仕方甚難シ。第一御城下ノ*宿賃甚高直ナル故、諸商人皆*是ヲ利倍ノ算用ニ入ルニ依テ、直段下ラヌ也。某ノ祖父、伊勢ノ国ニ先祖ノ手作《てづくり》シタル田地有シヲ、夫ヲ売テ僅*ニ五十両ニテ調タル町屋鋪有シガ、其後父ガ代ニ人ニ売シニ、其屋敷此*廿年程以前ニハ早二千両ノ*沽《こ》券《けん》ニ成タルト承ル。右祖父ガ調タルコトハ*天草ヨリ余程前ノコトナレバ、八十年計リ以前ノ事也。如《ク》レ此《クノ》ニ其時ト今トハ宿賃四十倍ノ上ニ成タレバ、物ノ直段高直ニ成タルコト尤ノコト也。

此下ル仕方心得可《シ》レ有《ル》。扠又用ル者多キ故ニ高直ニナル也。此用ル者多キハ無《キ》ニ制度一ヨリ起レリ。元来貴人ハ美物ヲ用ヒ、賤キ者ハ悪物ヲ用ルトキハ、物各其宜ヲ得ル故、諸色高直ニハナラザル事ヲ、今ハ賤キ者迄モ美物ヲ用ルト云ハ如何様ノコトナレバ、御城下ニ来リ集ル民ハ本ハ田舎ノ者ニテ、麦・粟・稗等ノ雑穀ヲ食シ、濁酒ヲ飲ミ、味噌ヲモ不ㇾ食《セ》、*スクモ火ヲ焚キ、麻・木綿ヲ織テ著シ、筵・薦ノ上ニ寝臥ヲシタル者ガ、心儘ニ御城下ニ来リ住スル故、米・ミソヲ食シ、薪ヲ焚キ、炭火ニ当リ、衣服モ買調テ著シ、美酒ヲ飲ミ、田舎ニナキ障子ヲ立、天井ヲ張、唐紙《からかみ》ヲ張リ、畳ヲ布キ、蚊帳ヲツリ等スルコトハ、棒手振モ皆如《シ》ㇾ此《クノ》。少モ能町人ハ衣服・食事・家居・器物迄モ、金サヘ有バ大名ト同ジコトニテ、誰制*スル者モナシ。是諸物ヲ用ル人多キ故、諸色ノ高直ナルコト尤也。

是ノミニ非ズ。田舎ノ者モ江戸ノ御城下ヲ見習テ、是又金次第ニ、何事モ江戸ノ町人ニ負ジ劣ジト奢ヲスルコトニ今ハ成タリ。武家ノ数ト町人・百姓ノ数トヲ比量シテ見ンニ、町人・百姓ノ人数、武家ノ百増倍ナルベシ。其人トモニ無《キ》㆓制度㆒故、何レモ金次第ニ美物ヲ用ルコトニ成タルナレバ、物ノ直段未ダサマデハ上ラヌヤフ也。是又諸色ヲ作リ出ス人モ、代ニ連レテ多ク成タル故ニ、右ノ人積リ程ハ上ラネドモ、天地ヨリ生ル物ニハ限有ル故、用ル人多キニ依テ如《ク》ㇾ此《クノ》上タル也。如《ク》ㇾ此《クノ》田舎ヘモ弘ガルコト一旦ノ事ニ非ズ。年ヲ積テ段々広ガリ行コトナル故、四五十年以前ト唯今ト、諸色ノ直段十増倍ノ上ニ成タル也。如《ク》ㇾ此《クノ》平人ハ扠置、乞食ノ輩迄、江戸モ田舎モ今ハ平人ト替リ無ハ奇怪ノコトナラズヤ。諸色過用ル人多キ故、物ノ直段高直ニナレバ、制度ヲ立テ、町人・百姓ヲ厳ク制度セバ、諸色過半下直ニ可《シ》ㇾ成《ル》。

又都モ田舎モ武家皆旅宿ニテ、金*ニテ物ヲ買調テ用ヲ弁*ゼントスル故、アキ人ノ勢盛ニ成テ、日本国中ノ*商人通ジテ一枚トナリ、物ノ直段モ遠国ト御城下ト釣合セテ居ル故、数万人ノ商人一枚ニ成タル勢ニハ勝レヌ事ニテ、何程御城下ニテ御下知有テモ物ノ直段下ラ

ほど前のことである。

沽券　土地・家屋などの売渡証文。ここではその価格・価値の意。

天草ヨリ余程前　「天草」とは寛永十四―十五年(一六三七―三八)の島原・天草の乱のこと。

スクモ火　「スクモ」とは、もみがら、藻屑、葦の根、萱・葦の枯れたもの、あるいは泥炭など諸説あり。地方によって異っている。

ス　宝本・南本により補う。

ニ　右両本により補う。

ゼ　同右。

商人通ジテ一枚…　当時主要商品の問屋・仲買・小売という流通径路も次第にととのい、同業組合の結成も進み、とくに大坂・京都・江戸のいわゆる三都の問屋商人による全国市場の支配が強くなっていた。「一枚」とは、このような問屋を中心とする商人の結束をさしている。

ヌ筋モアリ。亦物ノ出所、遠国ヨリ江戸迄参ル間ニテハ、段々幾次モ次デ参リ届クニ、其段々次タル所々ニテ、皆夫々ニ利ヲモウクルコト、道中ノ賃銀ノ外ナル故、掛リ莫大ニ成テ、物ノ直段高直ナル筋モアリ。

又商人盛ニナレバ、商人ノ心ハ職人・百姓トハ違ヒ、本骨折ズシテ坐*ナガラ利ヲモウクル者ナルガ、尚又上手ニ成テ、商ヲセズシテ唯*口米《こうまい》ヲ取テ渡世ヲスル仕形ヲ工夫シテ、其筋近頃益《ますます》上手ニナリ、*仲間《なかま》ヲ立テ、党ヲ与《く》ミ、*本《もと》ジメト成テ、居ナガラ渡世ヲセントスル故、掛リ愈莫大ニ成テ、物ノ直段下ラズ。此所ハアキ人ノ上ノ妙術ナレバ、奉行御役人モ其情ニ達セズ。

*又シメ売ノコト、昔ハ未ダ初心ニテ、其物ヲ蔵ヘ買込デ置タル故、其子細知レ安シ。今ハ物ノ出ル元ヘ、金ヲ前方ヨリ遣シ置テ人ニ売セネバ、高ク売ベキモ安ク売ベキモ我心次第ナレドモ、未ダ高ク売出サヌ内ハ、唯易ク可《キ》レ買《フ》為計也ト外ヨリハ見ユル也。或ハ甲州ヨリ葡萄《ブドウ》ヲ売ニ来ル商人ノ、直段ヲ上ントテハ、五駄モ三駄モ谷ヘホカシテ棄ルト云。得ヲ取ルベキ為ニ損ヲスルハ、極テ人ノ思付ヌ了簡也。皆*商人至極ニ成タル故、知恵ニ知恵ヲ研《みがき》テ、大形*垣ノ上ニ上リ詰タレバ、諸色ノ直段、奉行ノ下知ニテ下ル事ハ成リ難カルベシ。

去ドモ是等ハ末ノコト也。末ニ取付テハ中々商人ノ智慧ニハ難《シ》レ及《ビ》。畢竟スル所、皆武家旅宿ノ境界ヨリ出タル悪弊ナル故、其本ニ復リテ、武家ヲ皆々土ニ在付ケ置テ、巻末ニ記タル、*米ヲシムル一術ヲ用ヒバ、商人ノ勢忽チニ衰テ、物ノ直段ハ心ノ儘ニ成ベシ。然バ畢竟、物ノ直段高キモ、旅宿ノ境界ト、無《キ》二制度一トノ二ツニ帰《ス》ル事也。

ナ　宝本により補う。

口米　取扱い手数料。口銭。

仲間　同業組合。

本ジメ　元締。営業の大本を取り締る人。

シメ売　価格騰貴をねらって、商品の供給を制限すること。

商人至極　商人の力が極度に伸長したとの意か。

垣ノ上ニ…　頂点に達したとの意。

米ヲシムル　米を売払わず、貯えておくこと。三四三―四四頁参照。

一　金銀ノ数減少シタルコト世間ノ困窮ニナルコトハ、金銀大分ニ持シ者モ、世ノ困窮ニ連テハ自ヅト半身代ニ成ルニ依テ、金ヲ出シテ米ヲ買コトナラズ。依《リ》レ之《ニ》*米価下直ニナル故、武家モ百姓モ皆半身代ニナリテ世界困窮シタル也。然ルヲ、一年至極豊年ナリシ故米価至極ニ安ク成タルト云人アレドモ、夫ハ世界ヲ全体ニ呑込ヌ愚昧ノ人ノ言フコト也。尤豊年ナレバ米価ハ易クナル筈ノ事ニテ、左様ノ筋モ少ハ手伝タルベケレドモ、全体ノ所左様ナルコトニテハナシ。

一年ノ豊年、百年以来ノ豊年抔ト沙汰スレドモ、夫ハ何ヲ*割符《わりふ》ニシテ云コトヤラン。買物ヲシ売物ヲスルハ、家々ニテ帳面ニモ附《ケ》置《ク》物ナレドモ、夫サヘ五六箇年以前ノ物ノ直段ハ今覚タル人ナシ。増テ田地ヨリ収納スル米ノ多少ヲ帳ニ附タル百姓モナシ。二三十年以来ノ豊年タルベキヲ、殊ノ外ニ下直ナルニテ、百年以来ノ豊年トハ取沙汰スル也。某田舎ニ居住シテ見ケルニ、百姓程取締ナキ、埒モナキ者ハ無シ。米秋ニハ米ヲメツタニ食シ、麦秋ニハ麦ヲメツタニ食シ、年貢ニ納メ種ニ残スベキ了簡ハ曾テ無《キ》レ之者也。*左様ナル者ガ何トシテ百年以来ニナキ豊年ノ、二三十年ニナキ豊年ノト云*程ラヒノ覚ノ有べキ。

其上昔ハ在々ニ殊ノ外銭払底ニテ、一切ノ物ヲ銭ニテハ不レ買《ハ》、皆米麦ニテ買タルコト、某田舎ニテ覚タル事也。近年ノ様子ヲ聞合スルニ、元禄ノ頃ヨリ田舎ヘモ銭行渡テ、銭ニテ物ヲ買コトニ成タリ。去バ「*金銀ノ員数ヲ元禄ノ頃ニ比スレバ半分ヨリ内ニ減ズレドモ、慶長ノ昔ニ返ル故、慶長ノ比ノ如ク世モ過ギ易キ筈ノコト也。金銀ノ性ヨク成リタレバ、諸色モ下直ニナル筈ノ事ナレドモ、町人ノイタヅラニテ、諸色ノ直段ヲ下ヌ」ト言人アレドモ、是又世界ノ有様ヲ知ヌ人ノ言タルコト也。

米価下直　米価は享保八年(一七二三)頃から下落の方向をたどり、年と共に著しくなって、幕府はその防止に手をやいた。

割符　証拠の券。木片に文を記し、これを二つに割り、その一片を相手に与えて、後日の証拠としたもの。

左様ナル者　宝本による。底本「簡様ナル物」。

程ラヒ　程合。程度。

金銀ノ員数ヲ…　この考え方は正徳四年(一七一四)貨幣の質を慶長の制に復旧させた新井白石の貨幣論(「白石建議」参照)の基調であり、通貨の急速な収縮・統一政策を断行した享保期の幕府首脳部にも継承されている。

伽羅ノ油　蠟に松脂・胡麻油・香料をまぜて煉った鬢付油。正保・慶安(一六四四—五一)頃はじまる。

元結　髻(もとどり)を結び束ねるもの。古

慶長ノ比ヨリ今日ニ至テハ既ニ百年ニ及ブ。其時ヨリハ段々ニ世上ノ人、高下貴賤ニ不レ限ラ、人々ノ身持、家ノ暮シ方、不レ覚ヘ奢ニナリ、今ハ又其奢世ノ風俗トナリテ、世界ノ常トナル故、是ヲ可キレ止ム様ナシ。其子細ハ前ニ言タル如ク、元来無キ二制度一ヨリ起テ、人々ノ暮方ニ物入多ナリタリ。一事ヲ挙テ言ハヾ、奴婢ノ類ノ給金高直ニ成タリ。彼者ドモガ暮シ方ヲ詮議スルニ、*伽羅《きやら》ノ油・*元結《もとゆひ》ヲ調へ、刻ミ烟草ヲ買ヒ、請人ニ判銭ヲ出シ、*口入《くちいれ》ニ口入銭ヲ出シ、少シ久ク*住カネテ宿ニ久ク居*レバ宿払ヲ出スニ、諸色高直ナル故是モ多シ。奉公ノ内、*布子《ぬのこ》・*帷子《かたびら》ヲ著ルニ、是又昔ヨリハ直段高シ。酒屋ニ*樽拾*ト言、*御用ト言者アリテ、下々酒ヲ調ルコト自由ナル故、寒気ヲ防グ為ニ調テ飲ム。此類ノ物入引渡シテ見レバ、取タル給金ニテハ足ラヌ程也。

此五六十年以前ハ伽羅ノ油付ルコトモナシ。元結ハ手前ニテヨリ、或ハ主人ノ下ヲ用ル。刻ミ煙草ハ世間ニ無テ、葉烟草ヲ調ル故、価半ヨリ内也。判銭モ僅ノコト也。口入銭ト言コトハナシ。宿払モ少シ。衣類モヤスシ。樽拾ト云者モナケレバ、酒ヲ呑コト不自由也。此等ニ依テ見レバ、下々一人ノ身ノ上ニテモ物入多キ世界ニ成タリ。夫ヨリ段々ヨキ人*ハ猶一人ノ身ノ上ニ物入多ク成タル也。

此三四十年以前ハ、同心ノ家ニ畳ヲシキタル家ナシ。上下《かみしも》ヲ著ルコトナシ。今ハ畳ヲシキ、唐紙《からかみ》ヲ立、家居モ身上ヨケレバ与力トサノミ替リナシ。上下ヲ著テ出タル所ハ、ヨキ知行取ナリ。*御入国始ノ比ハ、武家ノ*若党ノ袴キルコトナシ。今モ尾州ニハ古風残テ、家中ノ若党、木綿布子ニ大小計リ也。是其初、御旗本ハ御直参ナル故、諸大名ト替リナシ。御旗本ノ家来*金切米取ル者*モ、諸大名ノ家来ノ知行取ル者モ同格*ナリト云ヨリ起テ、今ハ家

くは麻糸などを用いたが、寛文(一六六一—七三)頃から水引紙縒(みずひきこより)=紙縒を糊水につけて固め、光沢を出したもの)を用いるようになった。

口入　奉公人周旋業者。

住カネ　宝本による。底本「済兼」。住み込むべき奉公先のないこと。

レ　宝本・南本により補う。

布子　古くは麻布の袷(あわせ)または綿入をいったが、江戸時代には木綿の綿入の粗末な衣服をいう。

帷子　裏をつけぬ衣服。単物(ひとえもの)。

樽拾　得意先の酒の空樽を集めて歩く酒屋の小僧。

ト言　宝本この二字を欠き、「樽ヒロヒ御用」とするも、しばらく底本・南本に従い、「樽拾」・「御用」を分く。

御用　御用聞。

ハ猶　宝本により補う。

御入国　徳川家康の関東入国。天正十八年(一五九〇)。

若党　武士の従者。仲間(ちゅうげん)より地位が高い。

金切米取ル者モ…　旗本自身少禄で知行地を持たぬ者も多く、その家来は皆切米取であり、元来切米取は知行取より格が一段低いものと見なされるが、大名と旗本とは将軍の直臣という点で同格であるから、その家来同士も同格だという考え方である。

モ　宝本により補う。

ナリ　宝本による。底本「タル」。

中ノ若党迄結構ニ成タル也。

昔*ハ年貢ヲ強クトレドモ百姓潰レズ。今ハ総体年貢易《やす》ケレ共、其易キ所常ト成テ、少シ高ケレバ早身上潰ル丶モ、百姓ノ暮シ総体奢テ、其奢今ハ常ト成。是等ノコトが成ラネバ、百姓*一分《いちぶん》トテ門ヲ張テハ居ラレヌト思故也。是又元来無《キ》二制度一世界ニテ、金サヘ有バ如何様ノコトモ成ト言所ヨリ、世界ノ風俗段々ニ奢ニナリタル故也。世界皆如《ク》レ是《ノ》ニ成タル故、世*界ノ金人々ニ引張足ズ。諸色モ高直ニナリタルコト也。

寛*文ノ中頃ヨリ、ハヤ世界ソロ〳〵ト箇様ナル筋ニ赴*ケルト見ヘテ、伊*丹播磨守御勘定頭タリシトキ、窃ニ念比《ねんごろ》ニシタリシ人ニ私語《ささやき》タリシハ、「公儀ノ御使用《おつかひよう》、入ルヲ量テ出ルヲ校《かんがふ》レバ、早出ル方多ク成テ、御*蔵ノ金ヲ毎年一二万両程ヅ丶足ス也。御代久ク伝リタル後ハ、御役人難儀ヲ可《シ》レ致《ス》」ト申タリシコトヲ、父ガ語テ聞セタリシ。夫ヨリ御蔵頻ニ明タル故ニヤ、御先々前御代ノ時、日*光御社参ノコト両度迄被二仰出《セサ》一タリシカドモ、御物入ノ所ニテ差支テ事止ミタリ。

然ドモ遂ニ御*社参ナキ事ヲ御気之毒ニ被二思召《シサ》一、諸役人ニ普ク了簡ヲ申上シムルトキ、荻*原近江守、「御社参有テノ上、御上洛有テモ、御物入ニ手支マジキ愚案アリ」トテ申立テ、元禄金銀吹改テ、御*蔵ニ金充タリシニ、程ナク大*地震ニテ、御蔵ノ金皆御普請ニ入リ、其金民間ニ広マリ、民間金又多クナリシ故、人ハ弥奢リ、商人愈利ヲ得テ、一人ノ身、一軒ノ家ニテモ物入*ノ品多クナリ、又竈ノ数、一軒ハ二軒ニフエ、二軒ハ四軒・五軒ニフエタリ。御城下ノ端々ニ家居立続キタルコト、亦田舎ノ末々迄商人ノ一面ニ行渡リヌルコト、某覚テモ元禄以後ノコト也。

昔ハ年貢ヲ… 徂徠がいつ頃のことを念頭においているのかは明らかでない。ただ江戸時代中葉、十七世紀後半ごろから顕著になった生産力の発展に対し、領主側が十分に年貢としてこれを把握できず、その分一部の農民に残り、富裕化する傾向が見られるので、その点が徂徠の目に「年貢の安さ」としてうつったのかと思われる。

一分 一身の面目。

世界ノ金人々ニ… 旺盛な貨幣需要に対し、貨幣流通量が応じきれぬ。

寛文 一六六一—七三。

赴 宝本による。底本「趣」。

伊丹播磨守 伊丹勝長(一六〇三—六二)か。ただし彼は寛文二年に死去し、中頃まではいなかった。

御蔵ノ金ヲ… 寛文元年(一六六一)の記録によると、江戸幕府の金蔵には小判に換算して約三八五万両の金銀があった。これが元禄八年(一六九五)の改鋳までにほとんどなくなったとすると、三十五年間に年平均十万両以上、支出超過になる。

日光御社参ノコト… 五代将軍綱吉の日光東照宮社参計画は元禄十年(一六九七)に発表されたが、財政欠乏のため中止された。もう一度は六代将軍家宣の正徳二年(一七一二)で、これも実行されなかった。

御社参ナキ事ヲ… 綱吉の社参計画は元禄八年(一六九五)の通貨改鋳後のこ

然ルヲ今金銀半分ノ内ニヘリ、慶長ノ昔ニ返レドモ、世界ノ奢リ風俗ノ常ト成タル所ハ慶長ノ比ト遙ニ異也。フヘタルカマドモ昔ニ不レ復ラバ、半身代ニ成テ、世界困窮ナル筈ノコトナルヲ、世界ハ善ナル筈ト云ハ、世界ノ全体ノ姿ヲ知ラズ、愚昧ト云ベシ。諸色ノ高直ニナル子細ハ、元禄ノ時*金銀ニ歩《ぶ》ヲ入テ、*金銀ノ位悪クナル故ニ高直ニナルニモ非ズ。亦金銀ノ員数フヘタル故ニ高直ニ成ニモ非ズ。元来旅宿ノ境界ニ、無《キ》ニ制度一故、世界ノ商人盛ニナルヨリ事起テ、様々ノコトヲ取雑《ま》ゼテ、次第々々ニ物ノ直段高クナリタル上ニ、元禄ニ金銀フヘタルヨリ、人々奢リ益盛ニナリ、田舎迄モ商人行渡リ、諸色ヲ用ル人益多クナル故、益高直ニ成タル也。左様ニ成タル世ノ有様ヲバ其儘ニ仕置テ、当時金銀計ヲ半減ニ成《シ》タル故、世界半身代ニナリテ、金銀引張不レ足《ラ》、依レ之《リ》世界再ビ困窮シタルコト明也。

元禄ノ時分モ、金銀フヘタル勢ニ乗ジテ、世界ノ旅宿ヲ改メ、物ノ制度ヲ立タラバ、世ハ箇様ニ成マジキ也。当時前ニモ言如ク、旅宿ノ境界ヲ止テ、物ノ制度ヲ立、能得《とく》ト*揺《(ユ)》リ据《(ス)》*ワリタルナラバ、金銀正徳ノ半減ニナリタルトテモ、世界困窮スマジキコトナレドモ、既ニ如《ク》レ此《ノ》困窮シタルヲ不レ直《サ》シテハ、旅宿ノ境界ヲ止ルコトモ、物ノ制度ヲ立ル事モ、甚以テ難キコト也。

総ジテ世界ノ有様ヲ仕替ル事ハ、人々ノ仕馴タル筋ヲ引替フルコトナレバ、人々ノ心趣難キコト也。騒動ニナリテ世界弥困窮ニ成行、先ノ吉《よき》コトハ待難カルベシ。唯当分世界ノ甚賑フコトヲ取行ハズンバ不レ可《カラ》レ有《ル》。当時如何様ノコトヲシテ世界ヲ賑スベキト工夫スルニ、銭ヲ鋳《(イ)》ルニ若《しく》ハナシ。総ジテ金銀ヲ*金付石《かねつけいし》ニテ試テ位ノ善《キ》ナド云ハ、両替屋等云コトニテ、大ニ愚ナルコト也。其子細ハ、元禄ニ金銀ニ歩ヲ入レテ金ノ性悪ケレドモ、*銭ノ直

とである。

荻原近江守 荻原重秀（一七一三死）。当時勘定吟味役、翌年勘定頭に昇り、幕府財政に専権をにぎったが、正徳二年新井白石のため失脚。

御蔵ニ金充タリ… 元禄の悪鋳により、幕府は名目上の利益約五〇〇万両を得た。

大地震 元禄十六年（一七〇三）十一月二十二日関東地方におこる。

入 宝本・南本により補う。

金銀ニ歩ヲ入テ 金貨には銀を、銀貨には銅を割り増して、それぞれの純金・銀含有率を低下させたこと。「歩ヲ入」は酒の「水増し」と同義か。

金銀ノ位 金銀貨の品位。純金・銀含有量。

揺リ据ワリ ゆり動かして落ち着かせること。

ワ 宝本による。底本「ハ」。

金付石 金銀をすりつけて、真偽・純度をためす石。黒色でなめらかな緻密な石。紀州の那智黒石がよいとされた。珪石の一種。試金石。

銭ノ直段 金銀に対する銅銭の価値。

段左迄替ラネバ、慶長モ金ノ位替ルコトナシ。当時元禄金銀ヲ吹*抜《キ》テ性ハ美《よ》ク成タレドモ、銭ノ直段元禄ト替ラネバ、是*又元禄ト全ク位替ラヌ也。位代ラネバ一両ハヤハリ一両也。一両ヲ二両ニモ使ハレズ。去バ性ヨクナリタル詮ハナシ。元禄ノ金銀ヲ吹直サズ、性ノ悪キ儘ニシテ、世界ノ金銀ヲ半分ヨリ内ニ減ジタルト全ク同意也。去バ世界困窮シタル筈ノコト也。

今銭ヲ夥ク吹出シテ*一両ニ七八貫文ニシタラバ、金銀ノ員数半分ニ減ジタレドモ、位一倍ヨクナル故、元禄ノ金銀ヲヤハリ吹直サズニ置テ、金銀ノ員数如《ク》レ元《ノ》ナルト全ク同意ナルベシ。金銀ノ誠ノ位ト云物ハ、銭高クナレバ位下リテ金銀ノ威光働キ少ナク、銭安クナレバ位上リテ金銀ノ威光働キ強クナルコトニテ、金銀ノ性ノ美ハ何ノ詮モナキコト也。譬バ召仕ヲ夥ク持タル者ヲ大身トシ、召仕ノ少キヲ小身者トスルガ如シ。然ルヲ、銭ノ員数少クナレバ銭ノ位貴クナル故、金銀モ夫ニ連テ貴シト言人アレドモ、夫ハ物ノ情ヲ全ク知ヌ人ニテ、是非ヲ変乱スル利口ノ佞人也。

総ジテ直段ノ至極ニ下直ナルハ銭一文ニテ売コトニテ、是ヨリ下直ナル物ナシ。銭少ク成テ貴シトテ、一文ヲ二ツニモ三ツニモ割テハ使ハレヌ物也。故ニ銭ヲバ至極ノ安キ物ニ極テ、是ヲ土台ニシテ、金銀ノ威光働キノ強キ弱キハ見ル事也。右ノ道理ナル故、銭ヲ夥ク出ストキハ、金銀ノ半減ニ成タルハ、左迄苦ニハ不《ル》レ成《ラ》コト也。去ドモ銭ヲ唯フヤシタル計ニテ、旅宿ノ境界ヲ不レ改《メ》、制度ヲ立ズンバ、当分ハ世界潤フ様ナルベケレドモ、唯元禄金銀ヲ其儘ニ手ヲ付ズ、ヤハリ置タル心持ナル故、世界ノ奢モ亦盛ニ成テ、果ハ亦困窮ニ可《キ》レ成《ル》也。

吹抜　金貨から銀を、銀貨から銅を抜き去って純度を高くすること。

又　宝本による。底本「迄」。

一両ニ七八貫文　幕府の公定は金一両につき銭四貫文である。

慶長ノ頃ハ…　一両に四貫文は元和四年(一六一八)に公定された。その銭は室町時代より流通した鐚《たび》銭である。

松平伊豆守　松平信綱。巻一、二九二頁頭注参照。

大仏ヲ鋳潰シテ　幕府は寛永十三年(一六三六)から「寛永通宝」の鋳造をはじめ、寛文八年(一六六八)には豊臣氏の造立した京都方広寺の大仏を鋳つぶして、その銅をもって一九七万貫文の寛永通宝をつくった。

十　宝本・南本により補う。

扨銭ノ直段ノ事、*慶長ノ頃ハ一両ニ四貫文也ト承ル。其銭国々へ行渡テ段々不足スル故、*松平伊豆守*大仏ヲ鋳潰シテ銭トスルヨリ、銭ノ員数殖テ、此*三四十年以前ハ一両ニ五貫文シタリ。元禄ノ頃ヨリ復四貫文ニナリ、正徳ノ末ニ*一歩ニ六七百文シタルハ、*乾金ノ吹直ルベキコトヲ知テ、損ヲセマジキ為ニ*急ニ上ゲタルコトナルハ、商人ノ私曲ニテ、銭ノ員数ニ依テノコトニテハナキ也。

*今又一両ニ四貫文ノ内外ニ成テ、夫ヨリ下ヘ下ラヌコト、是銭ノ減少シタル事、其道理二ツアリ。一*ツニハ銭ノ員数少クナラズトモ、元禄以後取分テ商人田舎ノ末々、山ノ奥迄モ行渡ルニ依テ、金銀銭トモ田舎ニ多ク成行タル也。金銀ハ旅ニ自由ニ持ル、故、遠方ヨリモ早ク帰ルコトナレドモ、銭ハ重キ物ニテ、旅ヲ所持スルニ不便利ナル物ナル上ニ、田舎迄モ商人行渡テ、田舎ノ者ドモ今ハ物ヲ買事ヲ知タレバ、不断ノ小用ハ銭ニテ足スコトナル故、銭ハ皆其所々ヨリ御城下ヘハ帰リ兼ルコト也。依リレ之ニ銭ノ員数減少セズトモ、商人ノ広ク行渡ル程、銭引張足ヌ道理ニテ、不足スルコト也。

二*ツニハ実ニ減少シタルコトアリ。松平伊豆守仏ノ大慈大悲ヲ能ク会得シテ、大仏ヲ鋳潰シテ銭ニ吹タルヲ、後生願フ者共勿体ナキコト也トテ、其銭ヲ見当次第拾集テ仏像ヲ鋳(イ)、或ハ鐘ヲ鋳(イ)ル鑪《たたら》ノ内ヘ入レテ、今ハ大形ナク成タリ。件ノ*大仏銭ハ点画ニ易《かは》リ有テ、見分ケノナル故也。其外火事ニモ焼ケ、又*湯殿山ノ水中ヘモ投入レ、浅間山ノ火中ヘモナゲ入レ、*六道銭トテ地中ニモ埋ミ、積リ〱テ莫大ナルベケレバ、実ニ減少シタル成ベシ。

扨銭ヲ夥ク鋳出サンニハ、*当時長崎ニテ金高極《きめ》テ銅ヲ異国ヘ渡サル、コトナレバ、銅払底ニテ指支可シレ有ル。総体銅ノ払底ニ成タルニ子細アリ。此三四十年此方、御城下ハ勿論、田

一歩ニ六七百文　一歩は一分、つまり一両の四分の一。従って一分に六七百文ならば、一両に二貫四百—八百文。「両替年代記」によると、銭相場は正徳四年(一七一四)から享保三年(一七一八)にかけて、乾金一両につき三貫文から二貫五百文と騰貴している。

乾金ノ吹直ル…　正徳四年幕府は慶長金と同質の正徳金を発行し、当時流通の乾金二両と新金一両とを交換したので、銭に対する乾金の価値が低下した。

急　宝本・南本により補う。

今又一両ニ…　正徳金に対する銭相場は、享保四年には五貫文ほどであったが、同十年・十一年には三貫八百文から四貫三百文ほどに騰った。

ツ　宝本・南本により補う。

ツ　宝本・南本により補う。

大仏銭ハ…　裏面に「文」字があるのが特徴で、「文銭」という。

湯殿山　山形県西村山郡と東田川郡の境の山。月山・羽黒山と合せて出羽三山として信仰された。爆裂火口底に温泉湧出し、そこが湯殿山神社宝前と称して信仰の対象となっている。

六道銭　三途の川の渡賃として棺の中に入れる六文の銭。

当時長崎ニテ…　オランダ船には年百万斤(約六百トン)、清国船には三百万斤(約千八百トン)の銅を渡していた。

舎ノ末々迄、小寺・小院鐘ヲ鋳ザルハナシ。六十余州ヲ詮義セバ莫大ノ事ナルベシ。小キ仏像ナドノ数モ夥ク成タリ。仏像モ余リニ夥クナレバ、信仰ハ次第ニ薄クナルコトナレバ、仏法ノ為ニモ不《ル》レ宜《カラ》事也。殊ニ鐘《ノ》功徳ト云ハ、人ノ眠ヲ覚シ、*六時勤行ノ時ヲ教ヘ、十二時ノ移リ行ヲ知セテ、無常ヲ観ズル便トシ、又大*叢林ニテハ、峯々谷々ノ衆僧ヲ呼集ル用事ノ為ニ鐘ヲ撞《ク》コト也。然ニ鐘楼《しゅろう》モナキ小寺・小院ノ、撞《ク》人サヘモナキ寺ニテ、旦那ヲ勧進シテ鐘ヲ軒下ニ釣置タルハ、何ノ為ナルゾヤ。撞《カ》ヌ鐘ニハ声ナシ。声ナクテハ何ノ功徳ノ有べキ様ナシ。誠ノ無用ノ物也。此等ノ類其外世間ノ銅器ヲ鋳潰シ、銭ニ鋳立バ、何程モ出来シ、夫ニテ世界ノ困窮ヲ救ハヾ、仏ノ大慈大悲ニモ可《シ》レ叶《フ》。但シ俗人ノ取捌キニテ寺々ノ鐘ヲ取上ルコト、愚ナル人ノ情ニ逆フベケレバ、有《ル》ニ智徳一高僧ニ御相談有テ、教化サセテ、其上ニ屹トシタル寺ノ、鐘楼モ有《リ》、カネヲモ撞*ク用事ノアル寺計ヲ残シ置テ、其外ノ小寺・小院ノ鐘ヲバ悉ク銭ニ鋳サセ、其銭ヲバ其寺々ニ下サレテ、寺ノ修理ニ用ヒ度コト也。

扨銭ハ道中ヲ運ブコト不便利ナル物ナル間、大名ノ城下々々ニテモ、*心ノ儘ニ鋳サスベキコト也。異国ニテモ銭ハ国々ニ於テ*鋳テ、其国ノ名ヲ裏形ニ附タルコト也。

扨又湯殿・浅間ノ麓ニテ*紙銭《かみぜに》ヲ売セテ、是ヲ火ノ中水ノ中ヘ投入サスベシ。去バ*別当ノ為、其山ノ為ニモ成テ、世間ノ宝消《ヘ》失《セ》マジ。元来僧ニハ金銀米銭ヲ供シ、仏神ニハ紙銭ヲ用ルコト古法也。是ハ彼方ニ御用ナキ物ナレドモ、此方ノ誠ヲ顕ス為計リナレバ也。今モ天台宗ノ儀式ニハ紙銭アル也。又死人ノ棺ヘ入ルヽモ紙銭ナルベシ。聖人ノ法ニモ、*明器《めいき》トテ人ノ用ニ立《ツ》器ハ入レズ、用ニ不《ル》レ立《タ》物ヲ棺ノ中ヘハ入ルヽコトナル故、異国ハ皆如《シ》レ此《クノ》。

六時　一昼夜を六分した念仏読経の時刻。晨朝(じんじょう)＝卯の刻(午前六時)、日中＝正午、日没＝酉の刻(午後六時)、初夜＝戌の刻(午後八時)、中夜＝亥〜丑の刻(午後十時〜午前二時)、後夜＝寅の刻(午前四時)。

叢林　寺院。檀林(巻一、二七五頁頭注参照)。

ク　宝本による。底本「テ」。

心ノ儘ニ…国々ニ於テ　南本により補う。

鋳テ　宝本により補う。

紙銭　銭の形に切った紙。銭形(ぜにがた)・銭切(ぜにきり)ともいう。

別当　神仏習合の神社を管理する神宮寺の僧官。

明器　むかし中国で用いられた土製または陶製の副葬品。

右ノ如ク法ヲ立バ、銭ノ減少スルコトハ以来少ナカルベキ也。

一　借貸ノ道塞ルト云《ヘ》ルハ、*近年借貸ノ公事《くじ》多ハ相対《あひたい》ニ成テ、大形《おほかた》ハ捌カヌコトニ成タル故、金銀ノ徳用薄ク成テ、世界困窮シタル故、金銀金持ノ手ニ固マリ居テ世界ヘ流通セヌ故、金銀ノ徳用薄ク成テ、世界困窮シタル筋アリ。*古ヘ未ダ金銀ヲ用ヒザル世ハ銭計也。銭ト云文字ハ元ト泉ト云字也。銭ノ用ハ泉ノ地中ヲ流行スル如ク、世界ヲ走リ廻ヲ以テ世界ヲ潤スニ象《かたど》リテ、泉ト名付タルヲ、後ノ世ニ銭ト字ヲ書改タル也。去バ金銀モ又其如ク世界ヲ旋ルコト金銀ノ徳也。金持トテモ常住金ヲ手ニ握テ居ル者ニ非ズ。大形ハ券計リ也。扠ハ質物ト成テ有リ。実ノ金銀ハ一ツ所ニ所ヲ定ズ、方々所々ヲ旋リ行ク故、百両ノ金ハ十万両ノ金ト成テ、書付ニテ見レバ十万両余アレドモ、金ヲ集テ見レバ僅ニ百両ノ金成ル事、是金銀ノ姿也。故ニ金銀ノ減少シタル上、亦借貸ノ道塞ルトキハ、世界ニ金銀不足ニテ、人ノ難儀スル事也。

殊ニ人ノ身上ト云物ハ、一年ノ暮《シ》ヲ算用シ詰テ見レバ、大体ハ暮方ノ定リアレドモ、人界ニハ不時ノ物入ト云事有テ、兼テノ算用ニ及バヌ物也。殊ニ有余ヲ以テ不足ヲ足スコト天地自然ノ道理ナル故、借貸ト云事ハ古聖人ノ御代ヨリモ有ルコトニテ、此道塞ルト言事ハ道理ヲ背キタル也。唯近年捌ノ仕悪《にく》サニ大形ハ相対ニ成タルコト、奉行御役人ノ手前勝手トヤ言ベキ。総ジテ人ノ争ハ財物ヨリ起ル。公事ヲ聞事ハ争ヲ止ル道ナレバ、*借貸ノ公事ヲ聞事、是又古ヨリ政務ニ有《ル》レ之コト也ト周礼《しゆらい》ニモ見タリ。然ルヲ相対ニシテ捌ヌ様ニスルコトハ、世ヲ治ル人ナキガ如シ。以《テノ》外ノ辟事也ト言ベシ。

捌ノ仕憎キト言ハ、立派ニ捌ク時ハ、武家ノ大身小身モ皆身上ヒシト潰ル丶コトニナル故也。元来借貸ノ法立ヌ故、如《ク》レ此《ノ》成来ル也。去ドモ借貸ノ法不レ立《タ》、年数ヲ歴タル上ニハ、

近年借貸ノ公事…　享保四年(一七一九)幕府は借金銀に関する訴訟があまりに多く、一般の裁判の妨げとなるので、借金銀の訴訟を受けつけず、当事者間で解決すべきものとした(金銀相対済令《きんぎんあいたいすましれい》)。同十四年廃止。

古ヘ未ダ　宝本による。底本「古来」。

借貸ノ公事ヲ…　「称責(しょうさい)を聴くに傅別(ふべつ)を以てす」(周礼、天官、小宰)。称責とは利子付きの貸借関係。傅別とは貸借契約の文書。

大借ノ畳《(タヽ)》マリ有テ、手ヲ附ラレヌコト故、捌クトキ年久バ皆潰ル、事ニナル。此捌キハ古ヨリ*更始《かうし》ト言コトアリ。改メ始ムト訓ジテ、古ヲ棄テ、今日ヲ始トシ、是ヨリ以後ヲ正ク捌クコト也。日本ニ世俗ノ*徳政ト申習ハスハ是也。多ク畳《(タヽ)》マリタル事ノ埒ノ明憎キハ、是ニ非ザレバ為ベキ様ナシ。其上大借ノ年久ク畳《(タヽ)》マリタルハ、徳政ニ非ザレバ大方ハ皆借《リ》タル人ノ損ニ成ルコト也。且又十年以前ノ古借ハ捌キ無シナド、テ、徳政ニ似タルコトアレドモ、屹度徳政ト言コトナク、又徳政ヲ入テモ、以来ノ貸借ノ法不《ル》レ立《タ》トキハ、又十年二十年ノ内徳政入ルベキカト、下ノ心ニ上ヲ疑フテ*ケスム心止ザル故、金銀ノ通用益滞ルベシ。依《リ》レ之《ニ》借貸ノ道近年相対ニナル故、下ノ難儀ト成タリ。向後借貸ノ公事ヲ急度《きつと》可《キ》レ捌《ク》為ニ、以前ノカシ貸《かり》ハ此度徳政ニ被《ルル》二仰付《セケ》一ト有度《リキ》コト也。

扨借貸ノ法ト言ハ、異朝ニハ契券ノ法ト言コト有テ、手形紙ヲ役人ヨリ出シ、其価ヲ取テ右ノ紙ノ入目《いりめ》トシ、此紙ヲ用ルニ非ザレバ借貸ノ公事ヲバ相対ニシテ不レ捌《カ》。此紙ヲ用ヒタル手形計ヲ捌ク事ニテ、扨借貸ノ法ヲ立ルコト有也。去ドモ此方ニテハ徳少シ。且繁多ニテ不便利ナルベシ。紙ニハ不レ構《ハ》、町ニテモ田舎ニテモ、名主・五人組ノ印ニテカシタル計ヲ可《シ》レ捌《ク》。其外ハ相対ナルベシ。然ル上ハ急度訳ノ立タル借金ナラデハナラズ、其上分ニ過タル借金、借貸ノ法ニ背タル借金ハ吟味スマジキコト也。

扨借金ノ法ト言ハ、何程ノ利ト云コトヲ極メ、利足ノ溜リ何程ニナラバ申出ベシト極メ、法ニ違タル高利ハ罪タルベシ。利足ノ溜リ御定ノ限ヲ越タルハ取上有間敷也。利息ヲ順路ニ出タルモ、一元一利ノ法ニテ、利足ノ総高本金ノ高ト同ジ位ニ成タラバ、其上ハ利足ヲ出サズ、成シ崩《シ》ナルベシ。如《ク》レ此《ノ》法ヲ立バ、以来ノ捌キ無《キ》二滞《ル》事一也。*買掛リハ元ヨリ相対

更始　「唯上これを棄てて、更始をゆるせ」(史記、呉王濞列伝)、「その字中にある者、更始せざるはなし」(荀子、礼論)など、この語の古典における用例は多い。

徳政　本来は仁政と同意であるが、日本中世においては債権・債務破棄の意味に用いられた。鎌倉時代の永仁五年(一二九七)にはじまり、室町時代にさかんに徳政令の発布をみた。近世になると止んだ。

ケスム　南本には「クスム」とあれど、底本・宝本に従う。「太平策」四六八頁注「ケスミテ」参照。

買掛り　代金を後日に支払う約束で物を買うこと。

ナルベシ。借貸スルトキハ人々ノ相対ニシテ、滞タルトキニ奉行へ出ルニ依テ、借貸ニ様々ノ悪事アルコト也。

扨人ノ有余不足ヲ通ズル道ハ無尽*ニ及《ブ》ハナシ。異国社倉*ノ法尤宜キコト也。去ドモ御城下ハ人々面々構《めんめんこう》*ニテ、而《しか》モ住所不レ定《ラ》、欠落逐電多キ故、無尽ヒタ物*潰《つぶ》レテ六箇《むつか》鋪《しく》ナル。依リレ之ニ御停止《ちやうじ》トナル。一巻目ニ云タル*戸籍ノ法立テ、武家ニハ肝煎、町ニハ名主ノ世話ニテ取扱ハヾ、無尽ノ破ル丶コトナク、人々ノ不足ハ之ニテ補フベキ事也。当時モ田舎ノ百姓ノ上ニテ無尽ノ破ル丶ト云コトハ無キコト也。大名ノ借金モ其家老ノ印、又大坂・江戸ニテモ所々ノ奉行ノ加印ニテカスベシ。身上ノ高ニ応ジ、金高ノ程ヲ極メ、知行所ノ内何々村ノ年貢米ヲ利足并ニ本金ナシ崩シノ料ニ渡スベシト法ヲキワムルトキハ、以来ノ大借ノ畳《(タヽ)》マリハナカルベシ。

一　制度ノコトハ右ニ段々云タル如ク、上下倹約ヲ守リ、奢ナキ様ニスル仕形、是ニ越ルコトナシ。公儀ニ御倹約有テ、世界ノ手本ト遊バサル御心ニテモ、制度ヲ立ラレザルトキハ、下タル者可《キ》レ守《ル》様ナク、唯「上ニハ御物数奇」等ノ様ニ取沙汰スル迄ニテ、下ノ為ニハナラズ。上ノ御身上モ制度立ヌトキハ、御代モ移リテハ復上ノ御物数奇ニテ皆破ル丶、事ニ成ル故、畢竟詮モ無キコトニ可《シ》レ成《ル》。

制度ヲ立ル仕形ハ、上大名ヨリ下小身ノ諸士ニ至ル迄、衣服ヨリ家居・器物・食事・供廻リ、其役席・官禄ノ限ヲ以テ立ベシ。役儀ノ品、席ノ高下、官ノ高下、禄ノ多少ニ従テ其法ヲ極ルトキハ、分ニ過タル奢ハ仕度《ク》テモ成ラヌコト也。器物・家居ハ永久ノ物ナレバ禄ニ依ベシ。衣服・供廻リハ役席・官ニ依テ替リ有ベシ。坐席ノ上ハ、衣服ノ品ニ依テ役

無尽　頼母子(たのもし)。一定の者が集って毎月掛金をし、それを月々抽籤で仲間の一部の当籤者に渡し、やがて全員に及ぶという金融方法。

社倉　中国において地域(社)ごとに民間運営で人民が資産・収入に応じて穀物を提供して倉に貯え、凶年にそれを飢民救済に用いた制度。隋の義倉にはじまり、とくに南宋時代に朱子が提案した社倉法が有名である。

面々構　巻一、二六七・二七七頁頭注参照。

ヒタ物　ひたすら。

一巻目ニ云タル…　巻一、二七五頁参照。

席・官禄明カニ見ユル時ハ、自ラ無礼ナシ。途中ハ供廻ノ装束、*乗物・馬具ノ品ニテ役席・官禄明カニ見ユルトキハ、是又自ラ途中ノ無礼ナシ。当時ノ如ク供廻ヲ大勢連テ込《ミ》合《ヒ》、騒《ガ》敷ク、無用ノ日傭《ひよう》・雇者ニテ*ハヾヲスル事自ラ止ベシ。

但、衣服ノ制度ハ烏帽子・*直垂《ひたたれ》ヲ用ルニ非レバ制度不《ル》レ立《タ》也。其子細ハ、当時ノ姿、*上《かみ》下《しも》・長上下《ながかみしも》ト雖モ、皆白衣ノ姿也。上下ヲ著テモ小袖ガ見ユル。小袖ハ白衣也。地色モ様々有テ、人々ノ物数奇、世ノ流行ニテ替レバ、制度不《ル》レ立《タ》也。上下モ入リ、裏附上下モ入リ、長上下モ入リ、夏上下モ入リ、羽織モ入リ、*熨斗目《のしめ》モ入リ、綿入ノ、袷ノ、帷子《かたびら》ノ、単物トテ、種々品多ケレバ、倹約ニ不《ル》レ成《ラ》也。今制度ヲ立テ、白衣ノ上ニ直垂ヲ著スル様ニスレバ、下ハ何ニテモ済テ、最心易シ。直垂《(ヒタヽレ)》ヲ少シ結構ニスル時ハ、大形当分二ツモ拵ル時ハ、一年モ夫ニテスムベシ。下ニハ唯今迄ノ小袖ニテモ、木綿布子ニテモ、女房ノ小袖ニテモ上へ見ヘネバ埒明べシ。出家ノ衣ノ如ク、上ニ一ツ引張バ埒明也。直垂ハ地モ一定シ、色モ一定シ、紋モ模様モ附ラレズ、抜差ノナラヌ物故、物数奇スベキ様ナシ。

亦*素袍《すはう》ナドヲ用ル時ハ、麻ニテ質素過タリ。是ハ昔武士ノ位郷民ニテ、賤キ時ノ事也。民ヲバ昔ヨリ布衣《ふい》ト云テ、麻布ヲ著ル者故、其時分ハ相応也。今ハ武士ト民トハ各別ニ分ルコトナレバ、麻ヲ着ルコト今日ノ人情ニ不レ叶《ハ》。殊ニ人ノ心ノ立派ニ見事ナルヲ好ムコトハ人情ノ常也。余リニ粗相ニ立タル制度ハ人ノ情喜バズ、不《ル》レ進《マ》事故、必《ズ》法ノ破ルヽコト有べシ。女ノ装束モ、*五衣《いつつぎぬ》ノ様ナル物ヲ拵テ、地モ色モ大小長短ニ一定ノ法ヲ定メ、夫々ノ官禄ニ可《シ》レ応《ズ》。如《キ》レ此《クノ》トキハ、人々ノ物数奇ト世ノ流行事ハナク成べシ。下々ノ装束モ、中間《ちゅうげん》ニハ*六尺ノ如ク頭ヲ包マセ、元結・伽羅ノ油ノ入ヌ様ニスベシ。何

乗物　諸大名およびその嫡子、五十歳以上の旗本などが乗ることを許された駕籠。

ハヾヲスル　はばをきかす。威勢をはる。

直垂　上半身の衣服で、衽(おくみ)がなく、方領(かくえり)、欠腋(わきあけ)。前側両腋と後側両袖・背中に菊綴、また袖括り、胸紐がある。もとは無紋の略服であったが、やがて武家の礼装となり、ことに大形の家紋をつけた大紋の直垂は、長袴と合せて江戸時代の大名などの式服となった。

上下　裃とも書く。同じ地質・色の肩衣(かたぎぬ)と袴。江戸時代の武士・庶民の礼装。袴のすその長いのを「長上下」といい、大名・旗本が用い、その他の者は袴が足先までしかない「半上下」を用いた。

熨斗目　たて糸生糸、よこ糸練糸で織った絹の衣服。江戸時代には武家の礼服として、大紋・麻上下の下に着た。

素袍　素襖とも記す。直垂の変化したもので、室町時代にはじまる。麻布製の通常服。胸紐・菊綴を革とし、袴の腰紐を袴と同じ地質とする。

五衣　平安時代の女房装束。袿(うちぎ)を五枚重ねて着たもの。

六尺　陸尺とも書く。駕籠かきや掃除・賄方など雑役をつとめる人夫。

引立烏帽子　烏帽子を兜の下に折りたたんでかぶれるように、もんで柔かくした揉(もみ)烏帽子の頂部を引き立てたもの。

立傘　宝本による。底本「立笠」。長柄の傘を袋に入れたもの。

カザリ　宝本により補う。

道具　槍のこと。

涼傘　日傘。

禰宜　神主(かんぬし)の下の神官。

事触　巻一、二八二頁頭注参照。

根来組　江戸幕府の鉄砲百人組の一。紀州根来寺が豊臣秀吉によって討伐された後、その衆徒が徳川家康に帰属し、鉄砲隊として組織されたもの。与力二十騎・同心百人。

レモ股引《ももひき》ヲハカスベシ。当時ハ大名ノ供モ主人ノ鼻先ヘ尻ヲムキ出シテ、礼儀ニスルコト有マジキコト也。若党ハ*引立烏帽子《ひきたてえぼし》ニ、素袍ノ袖ト袴ヲ短クシテ、是モ色ヲ定テ、成ル程簡易質素ニスベシ。

供廻ハ大勢召連ルコト、大名ニテモ無用タルベシ。国持大名モ当時一万石位ノ供廻ニシ、夫ヨリ下段々ニ減少シ、二三百石以下ハ供一人ト云程ノコトニ仕度キコト也。其子細ハ、下々ノ煩ト云コト有トキ、供廻ノ人数多ク格極ルトキハ、兎角雇人ヲスルコトニナリ、夫ヨリ皆日傭ニ成コト也。唯供ノ衣服・乗物・馬具ノカザリ・*立傘《たてがさ》等ノ*カザリ・*道具ノ飾リニ階級ヲ附テ、官禄・役席ノ見ユル様ニスベシ。但当時人数多ク召連テ賑カナルヲ立派ト思フ目癖ヲ替ル為ニ、供ノ体タラク、成ル程立派ナル様ニ制度ヲ立度コト也。少々ハ異国ノ如ク旗ニテモ持セ、*涼傘《りやうさん》ニテモ持スル程ノコトニ、大名ヲバ仕度事也。但古ノ堂上《たうしやう》方ノ法ニ不レ可カラレ拘ル。公家ノ世ノ武士ハ殊ノ外ニ下賤ナリ。今其法ヲ用ルトキハ、今日ノ宜キニ非ズ。

亦烏帽子・直垂ト言物ハ堂上方ノ礼ニ非ズ。古ヘ武士ノ作法也。夫ニ当時ノ格ニ合様ニ階級ヲ附ル分ハ、如何程ニ附テモ不ルレ苦カラ事也。但、烏帽子・直垂ヲ著タル形ヲナマヌルシト云人多シ。是白衣ノ姿ヲ見習タル目癖也。当時ハ*禰宜《ねぎ》・*事触《ことふれ》計リ常ニ装束ヲスルヲ見附タル癖ニテ云事也。去ドモ画ニ書タル所コソ見レバ、上下姿ハ去トハ見ラレヌ物也。是正直ナル目也ト知ルベシ。又武用ニ悪キト言人有ベケレドモ、源平ノ時分、又太平記ノ時分、皆烏帽子・直垂ニテ武用ニ事闕タルト言コトモナシ。又烏帽子ハ気詰リテ一日モ著ラレヌト言人アリ。是モ癖也。大抵月代《さかやき》ヲ隔日ニスル人、一日延レバ気色悪クナル也。去ドモ山伏・*根来組《ねごろぐみ》ハ総髪ナレドモ何ノ替モナシ。皆仕馴タルコトハヒイキスルハ人情ノ癖ト可キレ知《ル》也。兎角倹約ノ仕形、人ノ困窮ヲ救フ仕形、烏帽子・直垂ニテ供廻リヲ減少スルヨリ外ハ有マジキ也。

右ノ如ク衣服等ノ制度ヲ定ンニハ、代リ目ノ*際《きは》、境無テハ不《ル》レ叶《ハ》事也。先《ツ》東照宮へ御告可《キ》レ有《ル》事也。日光御社参ヲ被ニ仰《セ》出《サ》一、二三年前ヨリ、「御供廻リノ装束・諸大名参詣ノ装束、此度ハ如《ク》レ此《ノ》可《シ》レ有《ル》」ト号令有テ、得ト支度サセ、夫ヨリ直ニ平日ニ用ル様ニ有《リ》度《キ》コト也。右上下一同ニ仕替ルコトナレバ、職人・商人復例ノ手癖ヲ出シ、利ヲ設ント巧ムベケレバ、其手当モ可《キ》レ有《ル》事也。

右ノ如ク武家ノ制度ヲ委細ニ立ルコト、倹約ノ至極ナレドモ、諸事ヲ新ニ仕替ル事ナレバ、当時困窮シタル世界ニテハ、次第ナク急ニハ成リ難カルベシ。先《ヅ》道中幷ニ御城下徘徊ノ供廻リヲ減少シ、諸大名ハ江戸詰ノ家来ヲ減ジ、銭ヲ鋳、借貸ノ道ヲ開キ、御旗本ノ諸士・家中ノ武士ノ事ハ先《ヅ》其儘ニ指置、諸事ヲ簡易ニ取捌ク計ニシテ、最初ニ町人・百姓ト武家トノ差別ヲ屹度可《キ》レ立《ツ》事也。

一切ノ事、大総ナルコトハ先《ヅ》粗ヲ立テ、後ニ細ニスルトキハ仕ヨキ物也。先後緩急ノ序トハ是ヲ言也。其仕形、町人・百姓共ニ衣服ハ麻・木綿ナルベシ。老人・女ハ*紬《つむぎ》迄ヲ著用スベシ。其外堅ク不レ可《カラ》レ用《フ》。如《ク》レ此《ノ》立ルトキハ、仮令*桟留《さんとめ》・*カナキン・*唐木綿《たうもめん》ノ類ヲ木綿《(メン)》ノ内也トテ用ル様ナル紛《ハ》シキ事ヲ堅ク可《シ》レ禁《ズ》。家居ニハ床《とこ》・*違棚《ちがひだな》・*書院作リ・*長押《なげし》造リ・*切目縁《きりめえん》・唐紙《からかみ》障子・*張附・赤塗・白土・*腰障子・*舞羅戸《まいらど》・杉戸・欄間ノ類、玄関ニ*式台ヲ附、天井ヲ張ノ類堅ク禁ズベシ。器物ニ*蒔絵・*梨地《なしぢ》・青貝・黒塗・朱塗幷ニ金・銀・赤銅ノ金物堅ク可《シ》レ禁《ズ》。脇指ハ皮柄《つか》・藤柄・革下緒ヲ用ユベシ。糸柄・金・銀・赤銅ノ飾

際、境　宝本・南本による。底本「間境目」。

紬　屑繭または真綿をつむいで撚りをかけた紬糸を用いて織った絹織物。

桟留　桟留縞。サン・トメ São Thomé(インドのコロマンデル地方の異称)から渡来した縞のある綿織物。日本でも織り出すようになってから、舶来品を唐桟(とうざん)という。

カナキン　目の細く堅い薄地の綿布。

唐木綿　西洋より輸入の綿布。糸が細く織巾が広いもの。

違棚　二枚の棚板を左右から段違いに吊った棚。床の間の脇に設ける。

書院作り　座敷に床の間・違棚を設け、床の間の一側に付書院(つけしょいん)＝机の高さほどの板張りの棚で前に明障子(あかりしょうじ)を立てたもの)を付ける。室と室との境には唐紙障子を、室と廊下との境には明障子を立てる。禅宗の寺院に始まり、現今の和風建築の様式となっている。

長押　柱と柱との間の壁に取りつける装飾的横木。

切目縁　縁板を敷居に対し直角にはった縁。

張附　絵画・紋様などを画いた絹・紙を壁面にはりつけた壁。

腰障子　腰板のついた明障子。

舞羅戸　細い桟を横に小間隔に取付けた板戸。

式台　客を送迎するための玄関先の板敷。

リ堅《ク》可《シ》レ禁《ズ》。但シ鞘ハ黒塗ヲ可《シ》レ許《ス》。乗物ハ町人・百姓共ニ可《シ》レ禁《ズ》。紙ハ*奉書《ほうしよ》・*杉原《すぎはら》・*糊入《のりいれ》・*美濃紙《みのがみ》・*中杉《なかすぎ》・小杉《こすぎ》、尤モ*檀紙《だんし》等堅ク可《シ》レ禁《ズ》。燭台・挑燈《ちやうちん》・合羽《かつぱ》、百姓ニハ堅ク可《シ》レ禁《ズ》。

是町人・百姓ヲ憎ムニ非ズ。彼等ガ身上右ノ如クノ奢リニ依テ物入多ク、暮シニ物入コトハ今ハ常ニ成タレバ、此制法出ルコト、彼等ガ為ニモ能コト也。第一右ノ諸物ヲ町人・百姓心儘ニ用ル故、諸色ノ直段逐日高直ニナル也。然ドモ此吟味、*竿ノ先ニ鈴ヲ附タル様ナルコトニテハ、中々参リ届クマジキ也。当時*切支丹ノ改ノ如ク、厳密ニ可《キ》二沙汰《ス》一事也。去ドモ畢竟武家ヲ知行所ニ置ニ非レバ、此法田舎迄行渡リ難カルベシ。先《ツ》武家ニハ制法ヲ不レ立《テ》、唯如《ク》レ此《ノ》町人・百姓計リニ制度ヲ立ルノミニテモ、諸色殊ノ外下直ニ成ベシ。左様ニ四五年モシテ、武家ニ息ヲツカセ、其上ニテ武家ニモ制度ヲ子細ニ立バ、御政道無《ク》レ滞《リ》行渡ルベシ。是緩急先後ノ仕掛也。

一　以上ノ道ニテ世界ヲ賑ス道事スムコトナレドモ、知行所ニ風損水損モアリ、家ニ子共多ク、嫁取婿取打続キ、又ハ永煩ヒ、困窮スル事、人界ニ必有ル事ニテ、アナガチ覚悟ノ悪キト云計ニテモナシ。是ヲバ脇ヨリ扶ケ救フ事ナケレバ不《ル》レ叶《ハ》事也。御城下ハ一町ノ内、脇ヘ*店替《たなかへ》ヲスルコト成ヌ様ニ立置キ、武家ハ知行所ニ居住シテ、一郡ノ内ヲ一組トシ、幼少ヨリ同所ノ者ニ馴染《なじみ》、交ヲ睦ジクシ、悪事ヲバ互ニ異見ヲシ、改ヌ者ヲバ頭《かしら》ヘ断ル法ヲ立置トキハ、自然ト相互ニ扶ケ救フ事、是又人情ノ常也。

此上ニ御料モ私領モ年貢米ヲムサト売払ハズ、蔵ヲ立テ、込置クベシ。其仕方ハ、蔵ヲ*羽目《はめ》ニシテ、米ヲ籾トモニ俵ニセズ、裸ニシテ入置ベシ。籾トモニ貯置トキハ何ケ年モ持《ツ》物也。俵ニ入ザルトキハ盗モ防ガレ、虫モ付ズ。是異国ノ法ニテ、近江ノ国抔ニテハ今モ

蒔絵　漆塗の器物の上に金銀粉などで画くこと。

梨地　金銀粉末の上に漆をかけ、梨の実のような色を出した蒔絵の一種。

青貝　真珠光を帯びた薄い貝殻を漆器の面にはめこんだ細工。

奉書　純白で厚手のきめのこまかい紙。檀紙の一種。

杉原　播磨国杉原村に始まるという薄手の柔い紙。

糊入　米の粉を入れてすいた杉原紙。

美濃紙　障子紙・書状の包などに適した厚手の丈夫な紙。美濃国からよいものが出たのでこの名がある。

中杉・小杉　中杉原・小杉原。

檀紙　厚手で縮緬のような皺がある紙。もと檀(まゆみ)の樹皮から作った。

竿ノ先ニ鈴ヲ…　遠くはなれた所から口先だけの禁令・警告を発するの意か。

切支丹ノ改　宗門人別帳・寺請証文あるいは踏絵などの制度によって、切支丹信仰の絶滅を幕府ははかった。

店替　転居。

羽目　内壁を板張りにしたもの。

御図帳　土地台帳。律令制下では民部省図帳、中世では大田文(おおたぶみ)または図田帳という。
取毛　取箇(とりか)。年貢。
ノ殊ノ外　南本による。底本「ノ外ノ殊ノ外」。
三年ニシテ一年ノ物成　「三年耕せば必ず一年の食あり」(礼記、王制)、「それ天地の大計、三年耕せば一年の食を余す」(淮南子、主術訓)。
見続ギ　見継。巻一、二八五頁頭注参照。
二合半　一日二合五勺の給与を受ける者。武家の下級の奉公人を卑しめていう。なお二九二頁頭注「盛限り」参照。
一人扶持　通例は一日玄米五合を給与する。
分限　富裕な者。
人返シ　巻一、二七一頁頭注参照。
至極ノ準合　ぎりぎりの基準。

如《ク》レ此《クノ》スル也。日本ノ*御図帳《みづちやう》ニ*取毛《とりけ》ノ*殊ノ外高ク著テアルモ、古《へ》籾納ノ時ノ升目ト可《シ》レ知《ル》。大抵毎年ノ年貢四分一ハ堅ク売払フベカラズ。是古王制ノ古法也。

如《ク》レ此《クノ》スレバ、*三年ニシテ一年ノ物成《ものなり》アル故ニ、朋輩ノ*見続《みつ》ギモ成也。亦大飢饉ノ節、民ヲ救事モ成也。又一揆・兵乱有《ル》レ之節、兵糧ノ手支《てづかひ》ニ事闕事ナシ。今時ノ愚ナル軍法者等ハ金ヲ溜ルコトヲ軍用トス。左様ノ乱ニ至テハ米払底ナル物ナル故、何程金有テモ土石ヲ積タルガ如ク、何ノ用ニモ立ヌコト也。殊ニ今時ノ*二合半ト云ハ松平伊豆守ガ定タルコトニテ、治世ノ江戸徘徊スル上ノ事也。軍法ニテハ、籠城ノ節ハ一人前一昼夜ノ食事三升ト当テ有コト也。箇様ノ節ハ精ヲ出シ働コト故、米殊ノ外入用也。今モ諸大名ノ家ニハ、*一《いち》人扶持《にんぶち》一升ニ定タル家モ有也。米ヲ取ト否ヤ売払テ金ニシテ、商人ノ手ニ売渡シテハ、肝心ノ時其米ハ何方ヘ行タルヤラン、取戻サレマジキ也。

武家知行所ニ居住スルトキハ、家居ニハ所ノ木ヲ切テ作リ、米ハ年貢米ヲ用ヒ、味噌豆モ処ニ生ズル、衣服ハ織テ着ル。衣食住ニ物入ル事ナシ。下々ノ切米モ米ニテ取ラセ、又大小・衣服ヲ許ストキハ、*分限《ぶげん》ナル百姓ハ皆家来トナル。*人返シヲスルトキハ、奉公人他ヘ住ム事ナラヌ故、皆地頭ノ家来トナリ、譜代トナル。去バ米ヲ売テ金ニスル事ハ入ラヌコト也。

右ニ云タル四分一ヲ儲ルト云ハ*至極ノ準合也。尚其外ニモ米ヲ妄リニ売ラズ、武家ニシメ置トキハ、商人モ金ヲ米ニセズシテナラヌ故、商人殊ノ外ニ迷惑シテ、諸色ノ直段ハ心ノ儘ニ下ルベシ。是ハ主客ノ勢ト云者也。当時ハ旅宿ノ境界ナル故、金無テハナラヌ故、米ヲ売テ金ニシテ、商人ヨリ物ヲ買テ日々ヲ送ルコトナレバ、商人主ト成テ武家ハ客也。

故ニ諸色ノ直段、武家ノ心儘ニナラヌ事也。武家皆知行処ニ住スルトキハ、米ヲ不レ売ラニ事スム故、商人米ヲホシガル事ナレバ、武家主ト成テ商人客也。去バ諸色ノ直段ハ武家ノ心マヽニナル事也。是皆古聖人ノ広大甚深ナル智恵ヨリ出タル万古不易ノ掟也。

右ノ如クシテ米ヲ至極ニ高直ニスルトキハ、御城下ノ町人皆雑穀ヲ食スル様ニ可レ成シル。去バ君子小人ノ食物自然ニ分レテ、是又古ノ道ニ叶フ事也。総ジテ商人ハ利倍ヲ以テ渡世トスル者故、当時ノ有様ニテモ、*一夜《いちや》検校《けんげう》ニモナリ、亦一日ノ内ニ潰レモスル者ニテ、是元来不定ナル渡世ヲスル者故也。武家ト百姓トハ田地ヨリ外ノ渡世ハ無テ、常住ノ者ナレバ、唯武家ト百姓ノ常住ニ宜キ様ニスルヲ治ノ根本トスベシ。商人ハ不定ナル渡世ヲスル者故、善悪右ニ言ガ如シ。然バ商人ノ潰ルヽ事ヲバ、嘗テ構フマジキ也。是又治道ノ大割《おほわり》ノ心得也ト知ルベシ。

政談巻之二終

一夜検校 千両の金を納めて一挙に平盲人から検校となった者。転じてにわか分限の意。

規模　光栄、栄誉。

古ニモ官ト位トニ…　官位令に従一位太政大臣、正二位・従二位左右大臣、正三位大納言、従三位大宰帥というように、官と位との相当する規定がある。

政　談　巻之三

国ノ締リ、財ノ賑ヒノ仕方ハ、第一・第二ノ巻ニ記ス。尚又是ヲ取捌クハ役人也。依リレ之ニ役儀ノ立《たて》ヤフニ仕方アリ。是治メノ根本也。当時役儀ノ立ヤフ等ニ聊カ不ルレ宜カラコトモアル也。其事ドモ左ニ記ス。

一　古ヨリ官・位・爵・禄ト言コトアリ。官ト云ハ今ノ役儀也。位ト言ハ今ノ座席也。爵ト言ハ官位ノ外ニ別ニ*規模アル事ヲ拵ヘ置テ、是ヲ人ニ賜ルコトナル故、今ノ官位也。今ノ官位モ、古ヘ公家ノ代ニハ、役儀ヲ官ト言、坐席ヲ位ト雖モ、今ハ皆名計リニ成テ、当時ハ武家ノ役ト席トノ外ニ官位ヲスル事ナレバ、今ノ官位ハ古ノ爵ニ当ル也。禄ハ古モ今モ替リナシ。

然ニ当時ハ一役一席ニ定リテ、役ト席ト不ルレ離レモノナル故、役ヲ進メバ席ヲモ進ミ、役ヲ下レバ席ヲモ下ル。此段不便利ナルコト也。*古ニモ官ト位トニ相当アレドモ、或ハ官高ク位卑《ひく》キモアリ、或ハ官卑ク位高キモ有テ、アナガチニ一様ナラヌニ子細アルコトナリ。当時ノ如ク役ト席トヲ離ヌモノニ拵ヘ置トキハ、役ヲ替レバ席モ必ズ夫ニ連テ替ル。総ジテ役儀ハ其人ノ得手・不得手有ルコト也。不得手ナル役ニ申附ルトキハ、役儀ノ捌キ不ルレ宜カラ也。去ニヨリテ是ヲ替ントスレバ、席ヲ上ルカ下ルカセネバ役ハ替ラレヌ也。上リノ役ニ申付ルハ立身ニナリ、下リノ役ニ申附レバ其人迷惑スル。元ヨリ褒美カ又ハ懲メノ為ナラバ、下テモ上テモ宜ケレドモ、唯其人ノ得手ナル向ニ替ル迄ノコトニテ、別ニ褒美ニテモコラシメニテモナキニ、席ヲ上下スルコト詮モナキコトニテ、又害モアル也。然バ同席ノ役ヲ幾箇モ拵ヘ置トキハ、此指支ヘナキ也。去ドモ当時ハ席ニ名ナク、唯此役ノ席ト言コトナル故、役ト席トヲ別々ニスベキ様ナシ。其上席ニ名ヲ附置ザル故、混乱シテ紛シカルベシ。

且又役人ヲ年久ク役替サセネバ述懐*スルコトナリ。其役ニ器量相応ニテ、能《ク》役儀ノ事ヲ取捌ク人ヲ外ノ役ニカフルコトハ惜キコト也。依《リ》レ之《ニ》一役ニ久ク置テ役替ヲ申附ヌトキ、加増カ官位カノ外仕方ナシ。是上ヨリ下ヘ賜ハリテ、下タル者ニ勇マス道具少キ故、人ヲ使ニ行支《ゆきつか》ヘ有也。町奉行*・盗賊奉行*ナドヲスル人、役儀ヲ能《ク》勤メテ、外ノ役ヘ替テ惜ケレドモ、加増モ度々遣ラレズ、無《ク》二是非一大目附*ナドニ役カヘヲサセテ、外ノ人ヲ後役ニ申付ルトキ、幾人申附テモ初メ大目附ニ役カヘサセタル人ノ如キ人ナカラントキ、又其人ヲ元役ヘ返スコトモ後ヘ歩ムコトナレバ難《シ》二申《シ》附《ケ》一。是ハ喩《たとへ》也。外ノ役儀ニモ加様ナルコト有ベシ。此指支ヘ、皆一役一席ニ立タルヨリ起タル也。

幸ヒ古法ニ勲階ト云コトアリ。勲一等ヨリ勲十二等迄十二階アリ。勲一等ヲ三位ニ当《テ》タル様ナレドモ、令義解《りやうのぎげ》*ノ文段ヲ考ルニ、勲一等ハ古三位ノ後ニ列ルト言コトニテ、三位ニ当ルニハ非ズ。十二階共ニ庶人ノ装束也。然バ官位トハ別ノ物ニテ、古代*其人ノ勲功ニ依テ田地ヲ賜ルニ、此十二段ノ次第アル事ト見ヘタリ。庶人ノ上ノコトニテ、官人ノ上ノ事ニテナキ故、今ニ至ル迄堂上《たうしやう》ニ不《ヒ》レ用《ヲ》レ之。幸ニ堂上ニ用ヒ来ラヌコトナレバ、今之ヲ武家ニ取用テ、是ニテ武家ノ格式ヲ立テ、当時ノ如ク役儀ヲ段々ニ組上テ一役一席ニスルヲ

述懐　愚痴をいいたてること。

町奉行　江戸の町奉行。江戸市中の行政・裁判を担当し、また寺社奉行・勘定奉行とともに評定所を構成した。

盗賊奉行　巻一、二六三頁頭注参照。

大目附　大名ならびに老中管轄の幕府諸役人に対する監察役。通例町奉行から昇進した。

令義解ノ文段　官位令義解「衣服令を案ずるに、勲位の服色、其制顕れず。即ち知る、一等以下、文位(位階)を帯せざる者、皆黄袍を著す」。衣服令義解「无位は(謂ふこころは、庶人服制も亦同じ)皆皂(くり)の縵(無文)の頭巾、黄の袍(ころも)」。

古代其人ノ勲功ニ…　軍防令によるに、五位以上の者が勲位を受けてなお余勲あり、しかし一等を加えるに及ばぬ場合に田を賜うとあり、常に勲位は賜田と関係あるものではない。

止テ、座席ヲバ勲階ノ次第ニ立テ、同階級ニ当ル役ヲ幾等モ拵ヘ置《キ》タラバ、人ヲ役儀ニ申附ルニ、人ノ器量次第ニ使フ道ニ便リヨカラン。又諸役ニ*頭《かみ》・助《すけ》・丞《じよう》・*目《さくわん》ノ心持ヲスルニモ便リヨカルベシ。頭・助・丞・目ノ心持ヲスルコト下ニ記《ス》レ之《ヲ》。

扠十二階ノ大概、*宰相勲一等・*中将勲二等・*少将勲三等・*侍従勲四等・*四品《しほん》勲五等・*諸大夫勲六等・*布衣《ほい》ノ御役勲七等ト大抵ニ当テ置キ、勲八等ヨリ十二等迄ハ無官ノ階級タルベシ。元ヨリ官位ト勲階トハ別々ノコトナレバ、勲一等ニ被《ルル》二仰付《セケ》一人ハ、宰相ニ成ラザル人モ宰相同格タルベシ。勲二等ニ被《レ》二仰付《セケ》一テ中将ニ不《ル》レ被《レ》二仰付《セケ》一人モ、中将ト同格ナルベシ。其外モ如《ク》レ此《ノ》ナルベシ。

又大老職・御老中ナドハ重職ナレバ、大老職官位ノ方ハ中将・少将ニテ、勲一等・二等共成シ、御老中官位ノ方ハ侍従ニテ、勲三等トナス様ニスルトキハ、大名ノ支配ヲスルニ、高位高官ノ人ヲ下知スルコト*威勢計ニ非ズ。是又一ツノ徳也。

又楽人《がくにん》・公家士《くげざむらい》ナドノ四位・五位、又ハ関東ニテ不《ル》レ被《レ》二仰付《セケ》一*法眼《ほふげん》・*法橋《ほつけう》ハ、前々ヨリ無官同前ノ会釈ナルコト、公武各別ト立テ如《ク》レ此《ノ》仕来レドモ、又唯御威勢計リニテ、無理ニ押附ナル様也。勲階ヲ立オケバ、此方ハ*捕ヘ物アル故、無理ト云ニモ、*御威勢計リト云筋ニモナラヌ徳アリ。又高家ナドノ侍従モ、勲階ヲ勲六等ニシテ置トキハ、*片々《かたかた》ニ大名ト別ナル所有テ宜キ也。

且天下ノ*諸大名皆々御家来ナレドモ、官位ハ上方ヨリ綸旨・位記ヲ被《ル》レ下《サ》コトナル故、下心ニハ禁裏ヲ誠ノ君ト存ズル輩モ可《シ》レ有《ル》。当分唯*御威勢ニ恐テ御家来ニ成タルト云迄ノコトナド、ノ不《レ》レ失《ハ》二心根《ヲ》一バ、世ノ末ニ成タラントキ、安心難《キ》レ成《リ》筋モ有也。

頭・助・丞・目 律令官制における四等官。官司によって字は異るが、よみ方は同じ。

目 丸本により訂正。底本「掾」。

宰相 参議の唐名。江戸時代の武家では加賀の前田、三家嫡子が任ぜられた。

中将 近衛中将。武家では高松・会津松平、井伊、島津、仙台伊達。

少将 近衛少将。武家では越前・松江松平、細川、岡山・鳥取池田、三家庶子、大老、筆頭高家。

侍従 国持大名、宇和島伊達、立花、丹羽、岡崎本多、庄内・姫路酒井、榊原、小笠原、老中、京都所司代、側用人、高家。

四品 四位。武家では大坂城代。

諸大夫 五位相当官。武家では諸大名および旗本で番頭(ばんがしら)・奉行などの要職に任ぜられた者。

布衣 武家では組頭など、諸大夫より一段下の役職の者に許された格式。

威勢計ニ非ズ 徂徠の提言が実現すれば、大老・老中が自分より官位の高い大名に命令する際にも、将軍の権威に専ら依存する必要はなく、自己の勲階の高さに基く権威を背景にすることができる。

法眼 僧侶の位第二位。法印大和尚位に次ぐ。法眼和尚位(かしょうい)。僧都(そうず)の官に相当。俗位では四位に当る。

法橋 僧侶の位第三位。法橋上人位。

律師に相当し、俗人の五位に当る。

捕へ物　根拠とすべき物。

威　南本・丸本により補う。

片々ニ大名ト別　高家を勲六等とすれば、勲階は一般の大名と同じであるが、朝廷からの官位は高家が高く、一方俸禄は大名が多いので、互に一長一短がある。

諸大名皆々…　新井白石の読史余論は足利義満を批評して「我受る所は王官也、我臣の受る所も王官たり。君臣ともに王官を受る時は、其実は君臣たりといへども、其名は共に王臣たり。其臣豈我を尊ぶの実あらんや」とて、かれが朝廷の極官に昇り、武家の礼式を定めなかったことを非難しているが、これは江戸幕府の制度の批判でもあり、徂徠の意見と共通する。山県大弐の柳子新論にも同様の批判がある。

威　南本により補う。

朝鮮人来聘　朝鮮から使者が国王の国書を幕府に持って来ること。元和三年(一六一七)にはじまり、三代将軍家光の寛永元年(一六二四)以降は将軍の代替りごとに行なわれた。

三使　正使・副使・従事官。

五山ノ長老　五山は臨済宗の本山。南禅寺を上位として、京都に天竜・建仁・相国・東福・万寿の五寺、鎌倉に建長・円覚・寿福・浄智・浄妙の五寺がある。長老はこれらの寺の住職であるが、本文の場合は幕府の

関東ニテハ、装束ヲモ烏帽子・直垂迄ニシテ、是ニ十二階級ヲ拵ヘ置キ、官位ニ附テノ装束ハ御上洛ノ時計リ用ル事ニ定メ置キ、宰相・中将・少将・侍従・四品・諸大夫等ノ官ハ唯上ノ化粧迄ニ心得サセ、実ハ勲階ノ方ヲ重ク取行《リ》ハヾ、人ニハ仕癖ト言物大切ナル事ニテ、年久ク如《キ》レ此《クノ》仕癖付タランニハ、公武各別ノ詮、慥ニ立ベシ。総ジテ御政務ノ筋、何事モ堂上方邪魔ト成テ、上ノ御心一杯ニ御取行ヒ難《キ》レ被《サ》レ遊筋有《ル》様ナレバ、及《ブ》二此《ノ》愚案《ニ》一也。

且又*朝鮮人来聘ノ時、三家ノ御方ヲ*三使ノ相伴ニ被《ル》レ遊《サ》事、三使何レモ三位ナル故、三位ノ御方ト位階相当シタルトテ、斯《ク》定リタルコトナルベシ。是ハ*五山ノ長老ドモガ了簡カ、又ハ*林道春ナドガ了簡ナルベシ。甚ダ事情ニ暗クシテ、文盲ナル事也。子細ハ、朝鮮人来聘ノ事、専ラ武家計リノ取扱ニテ、堂上方ヘハ不《ル》レ構《ハ》事也。去バ公儀ト朝鮮王トヲ同格ト儀式ヲ定テ、扨此方ヨリハ上使ハ遣ハサレズ、朝鮮ヨリ計リ聘使ヲ差越ス所ヲ、日本ヘ手ヲ下《ゲ》タル筋ニ立タル所、是朝鮮日本往来ノ大格也。公儀ヲ朝鮮王ト同格ト見ルトキハ、三家ノ御方ハ*宗室・*親王ノ格ニ当リ、宗室・親王ハ一位ヨリハ上ニ当ルニ、其御方ヲ三使ノ相伴ニ出ス事、此方ヲ甚ダ下タル礼法也。若朝鮮ヨリ禁裏ヘ使ヲ進《まい》ラセバ、此方ノ三位ノ人ヲ三使ノ相伴ニ出コト相応ナレドモ、是亦日本ノ古法ニテハ朝鮮王ヲ禁裏ト同格ニハ立ズ。禁裏ハ皇帝也。朝鮮王ハ王位也。去バ朝鮮ハ日本ヘ臣ト称《ス》ル礼法ニスル故、イツモ家来会釈ニテ、朝鮮ノ使者ハ陪臣ノ格ナレバ、是又合ヌ事也。当時上方ノ官位ヲ堅ク守テ、三位ト三位ト同格トスルトキハ、朝鮮ヲ禁裏ト同格ト見ル故、公儀ハ一格落コトニナリ、国体ヲ取失ヒ、甚不《ル》レ宜《カラ》事也。

*御先々御代、*新井筑後守*此事ヲ憤テ、三家ノ相伴ヲ止タレドモ、三位ト言名目アル故、

朝鮮ノ方ニテ先規違タルトテ不二合点一《セ》。是皆制度不《ル》レ宜《カラ》故、箇様ナル処ニ到テ行支ヘアル也。武家ニテ勲階ヲ重ニ立テ、勲三等ノ人ヲ三使ノ相伴ニセバ、*明朝・清朝ニテモ勲一等ヲヤハリ一位ト相格《あひかく》ニスル故、朝鮮人モ最ト思ヒ、事体相調テ宜カルベキヲ、*新井ナドモ文盲ナル故、是等ノコトニ了簡ツカヌ也。兎角何事モ公武各別ト言筋ヲ堅固ニ建タキ事也。

一　頭・助・丞・目ノ事、古三代聖人ノ御代ヨリ、異国ノ代ニモ又ハ日本ノ古モ皆是ヲ立事、役儀ノ取扱ヒ、人ヲ使ノ道ニ宜ケレバ、如《ク》レ此《クノ》有タル事ナリ。然ニ当時ノ役割ニ此差別ナク、同役二人ニテモ三人四人ニテモ同格ナル故、互ヒニ相談シテ了簡ノ足ラヌ所ヲ助ルニハ能《ク》、又病気・差合ノ節、間ノ欠ヌ為ニハ善レドモ、同役互ニ同格ナル故、互ニ心ヲ兼テ、一人立チ身ニ入タル勤自然ト無《ク》レ之、或ハ同役ニ捲レ、或ハ思々ニテ、同役ノ間隔《はなればなれ》々ニナル。依《リ》レ之《ニ》*月番ト云コトヲ定メ、一人宛一月切ニ其役儀ヲ取捌ク。是又人々*仕退《しのき》ニ成テ、当分ノ身ノ恥ヲ払計リノ様ニ成テ、末ノコトヲモ不レ構《ハ》。始終ヲ括テ役儀ヲ勤ル人ナシ。同役幾人アリテモ、一人宛一月切ニ請取故、一役ノコト不レ残《ラ》其月番ヘ請込テ、殊ノ外ニ忙クテ、役儀ノ所粗末ニ成ルコト、是自然ノ道理也。

是皆頭・助・丞・目ト云コト不《ル》レ立《テ》故如《シ》レ此《クノ》。何役ニモ頭役・添役・下役・留役《とめやく》ト四段ニ立テ、或《ハ》軽キ役ニハ添役ヲ除テ三段ニモ立、或《ハ》殊ノ外ニ軽キ役ハ添役・下役ヲ除テ二役ニモ立置キ、頭役ハ是非共ニ一人ニスレバ、其役ノ取締リ*我々《われわれ》ニナラズ、*身ヲフミ込テ不レ勤《メ》シテ不《ル》レ叶《ハ》事也。添役ハ一人或《ハ》二人、頭役ニ僅一階程下テ、サノミハ劣ラヌ者ヲ申附テ置トキハ、相談ノ相手ニモナリ、又病気・差合ノ時モ事欠ズ。下役ハ添役ニ一階程下ナル人ヲ、二人ナリト三人四人ナリトモ、役儀ニ依テ五人六人モ申附置トキハ、其役儀ノコト

外交上の相談にあずかった相国寺の西笑承兌(さいしょうたい)、南禅寺金地院(こんちいん)の以心崇伝(いしんすうでん)などをさしている。

林道春　一五八三―一六五七。江戸初期の朱子学者。名は信勝、号は羅山。道春は法名。徳川家康に用いられ、その子孫は幕府の儒官を勤めた。

宗室　天子・国王の一族。

親王　皇帝の伯叔・兄弟および皇子。日本では継嗣令に「凡そ皇の兄弟皇子を皆親王とせよ」とある。

御先々御代　六代将軍家宣。

新井筑後守　新井白石。新は南本による。底本「荒」。

此事ヲ憤テ…　正徳元年(一七一一)家宣将軍就任祝賀の来聘使を迎えるに際し、白石は従来の使節礼遇が重きにすぎると批判し、饗宴の際の相伴を三家から接待役の大名に下げ、宿舎への訪問も老中ではなく高家にするなど、その扱い方を軽くするとともに、双方の国書に将軍を日本国王と署することにした。そのため朝鮮使との間に衝突があり、一部の学者からも批判されたが、かれは強硬に意見を通した。しかし八代将軍吉宗の代になって、礼遇法は旧に復された。

明朝・清朝ニテモ…　明代には左右柱国・柱国以下文勲十階、武勲十二階あり、左右柱国が正一品に比せられ、以下文勲従五位、武勲従六位ま

ヲ品ヲ分テ司ラシメテ丁寧也。留役ハ軽役ニテ、一役ノコトヲ帳面ニ書留サスベシ。去バ頭役ハ総括リト成テ、重キ事ヲ主《つかさ》ドリ、又総シメヲスル也。下役ハ細カナルコト迄品ヲ分テ主ドル故、各身ニカケテ勤メ、身ヲ入コト、是古ノ法也。

*地方《ちかた》ニハ*吟味役ト言者アリテ、丞ノ様ナル者ナレドモ、助《すけ》ナシ。*頭大勢《おほぜい》ナリ。町奉行ハ助・丞モナク、*内与力《うちよりき》ト言者ヲ家来ニ拵テ取捌カスルコト不ルレ宜カラ事也。寺社奉行ハ全ク家来計ヲ使フ故ニ、役替レバ皆新規ニ成テ物ニ不レ馴レ。*御奏者《ごそうじや》ハ家来ヲ殿中ヘ呼テ、*押合ナド、言ヤフナルコトヲサスル類不ルレ宜カラ事也。御老中ニハ若年寄、助《すけ》ノ様ナル者ニテ、右筆《いうひつ》ノ組頭ハ目《さくわん》ニモ当ルベケレドモ、丞ノヤフナル者無テ事タラズ。若老中ニモ又御旗本ノ支配ヲスル所、勤ノ所各別也。

御老中・若老中・寺社奉行ナドハ大名ニテ、家来ヲ召仕テ用モタル様ナレドモ、公儀ノ御用ニ家来ヲ習《なれ》サスルコト無シレ詮。アタラ御旗本ヲ箇様ノ事ニ不ルレ被二召シ仕ハ一故、御旗本ノ者ドモニ才智不二出来セ一。殊ニ大名ハ物事ニ下ノ情ニ疎キ者也。学文モ平人ノ如クハ得セヌ者也。去バ是等ノ如キハ、皆禄ノ相応アリテ被ルル二仰セ付ケ一コトナレバ、平人ニハ難クレ被レ二仰セ付ケ一、何レモ御旗本ノ学文モアリ、才智モアル者ヲ其下役ニシテ使タラバ、夫ヨリ外ノ役ニ被ル二仰セ付ケ一ルニモ、事ニモナレ、又才智ノ*程モ知レテヨカルベシ。兎角ニ何ノ役ニモ、頭役・添役・下役・留役ト云者ヲ拵ヘ置バ、何ノ為ニモ可キレ宜カル事也。

御先々前*御代ニ、奥ノ御物書部屋ニハ、*右京大夫・*伊賀守等ガ下ニ、*御小姓・*御小《おこ》納戸《なんど》ノ中ヨリ勤ル者有リテ附キ居リ、下ニ*坊主ナドノ類留役ト成テ勤タリ。其御物書部屋ヲ勤タル輩、何レモ事ニナレテ、今ニ重役ニ召仕ル、輩多シ。然バ御旗本ヲ被ル二召シ使ハ一筋、兎角

で、それぞれ勲階・位階が対比されている(続文献通考、職官考)。

新 南本による。底本「荒」。

月番 江戸幕府の老中以下主要な役人は複数制で、月番交代で日常政務を処理するのを原則とした。

仕退 結末まで責任をもたないで、自己の割当分だけすませると仕事からはなれてしまうこと。

我々 割々(われわれ)のあて字か。不統一、ばらばら。

身ヲフミ込テ うわべの処理で事をすませず、職務に深く身をうちこむこと。

地方 勘定方。

吟味役 勘定吟味役。勘定奉行を補佐し、且監視する役。徂徠は「丞」に比しているが、天和二年(一六八二)設置当初「勘定頭差添役」と称したところから推すに、むしろ徂徠のいう「添役」すなわち「助」に近いかと思われる。

頭大勢 頭=勘定奉行は四名、吟味役は二—三名であった。

内与力 与力は幕府の御家人で、奉行と主従関係はないが、町奉行の家来に与力の職務をさせるのを「内与力」とよんだ。

御奏者 奏者番。幕府の儀式あるいは相続・参勤などのため、諸大名以下が将軍に謁する際、その姓名・献上物を披露し、下賜品を伝達することなど、儀礼に関する職務を行なっ

可《キ》レ宜《カル》コト也。

唯今ハ何役モ大形最初ノ出端《でばな》ハ御目附ニナリ、大底夫ヨリ役*抜ノ筋極リタル様ナル故、唯通例ノ格式ヲ覚ヘ、利口ニ走リ廻ル計リヲ習テ、才智ノ可《キ》レ生《ズ》様ナシ。其上御目附ハ元来非法ヲ咎ルノ当役也。唯殿中ヲ走リ廻リ、御作法ヲ世話ニスル計ノ事也。大形ハ御目附ヨリ外ノ役ニ成ルコトナル故、非法ヲ咎ル仕癖残テ、何役ニモ当時ハ役柄ト言コト一種アリテ、物ヲ咎ルコトヲ第一トス。甚不《ル》レ宜《カラ》事也。総ジテ一切ノ役儀ニ、各其役々ノ筋有リテ、外ノ役トハ面々替リ有コト也。一切ノ役ニ頭・助・丞・目アリテ、人ヲ各別ニ使ヒ、其才智ノ筋ヲ見テ、段々ニ役ヌケ被《ルレ》二仰《セ》付《ケ》一バ、御人ニ事欠レマジキ也。

一　何ノ役ニモ留役無《キ》レ之コト、是不《ル》レ宜《カラ》事也。大形ハ先例・先格ヲ空ニ覚ヘテ取《リ》扱《フ》故、覚ヘ違在也。*留帳ニ類分《ケ》ヲシテ置トキハ、手間トラズ知ル事也。当時ハ其役ニ久キ人内証ニテ書留ヲシテ置人アレドモ、面々ニ手前ニテ仕タルコト故、多クハ甚秘シテ同役ニモ不レ見《セ》、手前ノ功計ヲ立ントス。新*同役出来《デ》レバ、我ニ手ヲ下サセテ少ヅヽ教テ、イツ迄モ我手ニ付ントスルコト当時専也。依《リ》レ之《ニ》諸役共ニ皆同役一味シテ、其勤方ノ筋ヲ透《すき》ト申聞セヌ故、新役ニ器量ノ者有テモ、独《リ》立テ思入レ御奉公ヲスル事ナラズ。是無《キ》二留帳一弊也。留帳有トキハ、新役人モ其帳面ニテ役儀ノ取扱相知ル故、御役被《レ》二仰《セ》付《ケ》一タル明日ヨリモ役儀勤《マ》ルベシ。其上留帳ナキトキハ、先格・先例ニ無《キ》レ之事ナレドモ、了簡シテ見レバ必有ベキ事ナドノ有コトモ、兼テ吟味シ工夫シテ可《キ》レ置《ク》ヤフナシ。総ジテ役人茫々トシテ役儀ノ事ニ暗キハ、皆留帳ナキ故也。

一　御老中ハ大名ヲ支配シ、若老中ハ御旗本ヲ支配スルナレバ、大名・御旗本ノ官位ノ昇

た。

押合　奏者番の同役間の連絡等の事務を担当した。

ノ　南本による。底本「家」。

前　南本にて補う。「御先々前御代」は五代将軍綱吉をさす。

右京大夫　松平輝貞(一六六五—一七四七)。綱吉時代の側用人(在任一六九三—一七〇九)。

伊賀守　松平忠周(ただちか)(一六六一—一七二八)。綱吉時代の側用人(在任一七〇五—〇九)。

御小姓　将軍の身辺の雑務を勤める役人。

御小納戸　将軍の側近で、小姓よりやや軽い職務。主として将軍座所の次の間以下の事務を担当した。

坊主　巻二、三二三頁頭注参照。

役抜ノ筋　昇進の径路。

留帳ニ類分…　江戸の南町奉行所では享保十年(一七二五)の頃から奉行大岡忠相の命により、与力上坂安左衛門が担当して「撰要類集」という法規先例集を編纂し、法令の成立過程をふくめた記録を分類収録している。これは北町奉行所においても行なわれたらしく、享保以降両町奉行所に「撰要方」という係りを設けて、幕末まで継続された。これについて徂徠はまだ知らぬようである。

同　南本により補う。

進・役禄ノ増減・参勤交代ノコト・縁組・養子・家督ノ事ハ、各月番ニテモ可《キ》㆓取《リ》捌《ク》㆒事也。品々ノ御政務ノ筋迄一ツニシテ月番ニ請込、一月切ニ取捌コト故、御用繁多ニシテ、勤方粗末也ト見ヘタリ。周礼ニモ*六官ヲ分ケ、後世ニモ*六部ヲ分ケタルコト、古来ノ良制也。御老中・若老中ニモ役筋ヲ分ケテ主《つかさ》ドラセ度コト也。

其分ケ様ハ、禁裏・堂上方・*御門跡等ノ筋、高家ヲ下司《げし》トスベシ。礼儀作法・殿中御儀式ノ筋ハ奏者番ヲ属官トスベシ。寺社ノ筋ハ今迄通、寺社奉行属官タルベシ。町方ノ筋ハ町奉行属官タルベシ。御*入毛《いりけ》筋ハ*地方《ぢかた》奉行相違ナシ。但シ*三奉行何レモ*公事《くじ》訴訟共ニ主ルコト故、御用繁多ニシテ、粗末ノコトドモ多シ。町奉行ハ御城下ヲ三ツニモ四ツニモ仕切テ、別々ニ分ケ主ドラセテ、町方ノ治《メ》ヲ第一トシ、*訴訟迄ヲ請サスベシ。地方モ治ヲ第一トシテ、訴訟迄ヲ主ドラシムベシ。寺社モ其通リ可《シ》㆑成《ル》。*公事裁判ニ刑罰ノコトハ、別ニ公事奉行ト言物ヲ立テ、牢ナドハ此下ニシ、寺社・町方・百姓共ニ、公事並ニ刑罰ハ是ニテ主ドラシムベシ。当時ハ譬バ武家ノ科人モ、刑罰詮儀ニ及ブ時ハ町奉行ヘ渡スコト、是武家・町人ノ差別分レズ、甚不《ル》㆑宜《カラ》コト也。

此外作事・普請ノ筋又一筋ナルベシ。当時ハ作事奉行・普請奉行ト分ル丶コト詮モナキコト也。武備ノ一巻、武器ノ事ハ、古ハ兵部ノ司也。是又一トスヂナルベシ。又其外ノ諸細工ノ類、是又一筋ナルベシ。古ハ工部ノ役人有テ是ヲ主ドル故ニ、一切ノ細工ノ筋、役人功者ニテ、器物丈夫ナリ。当時ハ職人モ町奉行ノ下ニ附キ、是ヲ主ドル役人ナキ故、何事モ職人任セニナリ、唯直段ノ事計ヲ役人ハ詮儀スル様ナリ。又*当時ハ上ノ御好ミアル故、奥向ノ衆承リテ是ヲ司ル故、人々区々ニシテ、奸曲モ是ヨリ生《ズ》ルト見ヘタリ。学文幷ニ諸

六官 天官(諸政総括)・地官(教化)・春官(祭祀典礼)・夏官(軍旅兵馬)・秋官(獄訟刑罰)・冬官(水土)。

六部 吏部・戸部・礼部・兵部・刑部・工部。隋唐時代に始まる。

御門跡 巻一、二八三頁頭注参照。

入毛 年貢収納。

地方奉行 勘定奉行。

三奉行 寺社・町・勘定の三奉行。

公事 出入(でいり)ともいう。概ね今日の民事裁判に近い。

訴訟迄ヲ… 訴状の受理までを扱って、裁判は他の機関にまかせること。

公事裁判ニ… 享保六年以降、幕府は勘定所の職務を公事方(裁判等)と勝手方(財政等)に分け、役人を一年交替で分担させている。

当時ハ上ノ御好ミ… 将軍吉宗が万事につき質素・倹約を励行させたので、江戸城で使用する調度・器具の細工の類にまで、将軍側近の役人が吉宗の意向をうけて指示をしたという意味か。

芸ノ筋、是又一スヂナルベシ。皆何レモ御老中・若老中ノ内ヲ分テ総支配トシテ、下ニ夫々ノ役人アルベシ。

礼儀作法ノ一向モ、凶礼ノ筋ハ目出度筋ニテ無《キ》レ之故、誰詮義仕置タルト云人モナシ。*御先々前御代御他界ノ節、御治世三十年ニテ、*厳有院様御他界ノ時分ノコトハ誰覚タル者モナク、御儀式ヲ存知タル人ナクテ、行当リ難儀シタル由、*松平美濃守ガ語リシ。箇様ノ筋モ、礼義ノ筋ヲ司ル役人、ソレ計ヲ一役ニシテアラバ、斯ルコトハ有マジ。*台徳院様*御《ご》遠忌《をんき》ノ時モ、寺社奉行ヨリ*増上寺ニ委細書付可《シ》ニ差出《シス》一ト下知ス。*東叡山計ニテ年久ク御法事被ニ執《リ》行《ハ》一、増上寺ニハ其沙汰ナケレバ、誰知ル人ナシ。出家ハ替リ行《ク》者ナレバ、何レモ不レ知《ラ》。唯茫然トシタルニ、増上寺*ニ*行者《あんじや》ト言者アリ。是ハ妻帯ナル故、言伝ヘゴト、書伝モ少々有テ、種々ノ偽ヲ雑テ書出シ、埒明タリトテ、彼寺ノ内証ヲ知タル人笑タル也。

総体右ニ言如ク、当時ノ御役人職掌繁多也。寺社奉行モ公事ヲ聴キ、訴訟ヲモキク。御法事ノ儀式ヲモ司ドリ、然モ同役幾人モ有テモ月番ヲ立テ、一人ヘ請込故、平生心ノ行渡ル隙ナシ。其上其役ノ留帳委細ナルコトナシ。故ニ寺社奉行ニ不レ限《ラ》、諸役人共ニ此方ヨリ委細ニ下知スルコト不レ成《ラ》。下ヘ向テ委(イ)細ニ書出セト云コト、当時役人ノ癖也。故ニ右ノ節、寺社奉行モ増上寺ニ書出セト言タル時、右ノ始末也。是等ハ未ダ小事也。*日光御社参・*御上洛モ有ラバ、是又誰覚ヘタル人モ有マジ。

武備ノ筋ニ至テハ、平生専ラ我役トシテ主ドル人ナクバ、人々我コソ武家也ト言トモ、行当リ存知ヤラルヽコト、人皆何レモ御政務ノ筋ヲ分テ主ドル人ナキ故、其一向々々ヲ平生共ニ専一ニ心掛ルコトナク、又鼻ノ先ニテ用多キヲ自慢シテ、悦バシゲニ走リ廻ル計ヲ

御先々前御代御他界　五代将軍綱吉は宝永六年(一七〇九)一月十日死去。

厳有院　四代将軍家綱。延宝八年(一六八〇)五月八日死去。

松平美濃守　柳沢吉保。巻一、二八八頁頭注参照。

台徳院　二代将軍秀忠。

御遠忌　五十年忌以後、五十年ごとの法会。秀忠五十年忌は天和二年(一六八二)。

増上寺　芝三縁山増上寺。秀忠はこの寺に葬られた。浄土宗。

東叡山　上野寛永寺。三代家光・四代家綱の墓はこの寺にある。

ニ　南本により補う。

行者　剃髪はしているが、種々の雑務・俗事を扱う人。

日光御社参　将軍の日光東照宮社参は寛文三年(一六六三)四代将軍家綱が行なって以来六十年以上を経ている。

御上洛　将軍の上洛は三代将軍家光の寛永十一年(一六三四)以来絶えている。

専一トスルコト、当時ノ風俗ナル故也。

殊ニ学文並ニ諸芸ノ筋ハ、又御政務ノ筋ニモ非ズ、急用ナラヌコトナル故、下ヨリ其道ノ人申上度コトアレドモ、御老中・若老中ナドノイソガハシゲニ働カル、中ヘハ、其道ノ人モ申出ヌ也。偶《たまたま》申出テモ、大形蹴散カシテ聴挙ラレズ。依リレ之ニ、学文ノ筋・諸芸ノ筋ハ日々ニ衰ヘ行事也。皆定リテ主《つかさど》ル人ナキガ故也。

然ルヲ当時ノ有様、我支配下ヲ治ルト云コトヲバ夢ニモ不レ知ラ、*何事モ下ヨリ不ル二申シ出デ一コトハ、知宛《つ》モ不レ構ハ、唯申出タルトキニ当テ、申出タルコト計リヲ捌クト言コト、執政ヲ初メ当時*御役人ノ立派也。不ル二申シ出デ一事ヲモ、明カサ・暗サヲ能ク知抜テ居テ、右ノ如クナラバ尤ノ事ナレドモ、下ニ隔ラレテ、何事ノ有ヤランモ不レ知ラ、唯申出タルコト計リヲ捌カントセバ、先例・先格ノ有ルコトハ成べシ、先例モ先格モ無キ事ハ、当分ノ鼻ノ先智恵ニテ指当テ捌ク事ハ、必ズ行支可キレ有ル事也。

殊ニ御老中・若老中ハ御政務ノ重役人ナレバ、一天下ノ事ハ皆知尽シテ可キレ有ル事也。然バ何事出デ来ルトモ、捌方図ニ当ルべシ。譬バ国境・郷村ノ境山公事等不分明度々ニシテ、所々ノ公事絶ル事ナシ。是兼テ其所ヲ支配スル人、明ニ我支配所ヲ知ヌ故也。能ク其支配所ヲ知テ、事出ヅベキ所ハ、下ヨリ不二申シ出デ一トモ申立テ、御当家ノ御定有リ度キコト也。

御当家ノ御定ナキニ、遠国《をんごく》ノコトヲ在江戸ノ奉行是ヲ捌ントスレドモ無シ二詮方一。依リレ之ニ軽キ者ヲ検使ニ遣セバ、彼者賂ヲトリ、証拠ナケレバ捌カレヌコト故、*小田原又ハ信玄、或ハ信長又ハ太閤ナドノ時ノ奉行ノ書物ヲ証拠トス。是ハ戦国ノ時ニテ、総体ノ模様違タル時代ヲ証拠ニ引事、埒モナキ事也。或ハ室町家、或ハ鎌倉、或ハ往古ノ*綸旨等ヲ証拠ニ引

何事モ下ヨリ…　二七七・三九一頁参照。

御役人ノ立派　下の者から申し出たことについてのみ取り捌き、申し出ぬことについては無視するというのが役人として威厳ある立派な態度だと考えられているという意味。

小田原　小田原の後北条氏。

綸旨　天皇の意向を蔵人(くろうど)が承って発した文書。

モ、年数遙ニ隔リテ埒モ無キ事也。是皆奉行ヲスル面々、兎角何事モ先例ヲ引タガル癖ニテ、引《ク》レ間敷先例ヲ引也。是皆御当家ノ御定ナキ故也。

御当家ノ御定無キト言ハ、土地ヲ治ベキ人、唯年貢ニテモ取コト計リヲ我役ト覚ヘ、治ト言事ヲバ夢ニモ不レ知《ラ》。*偶然トシテ暮シタル故也。其悪弊、下ヨリ申出ヌ事ハ構ハヌト立ルヨリ出テ、其下ヨリ不《ル》ニ申《シ》出《デ》一事ハ構ハヌト立ル事ハ、上ハ下ヲ咎ル者ト計リ覚ヘ居ル故也。依《リ》レ之《ニ》世上ニ様々ノ公事、六カ敷ハ不《ル》レ絶《エ》事也。

就中、寺社ハ大寺・大社ハ遠国迄吟味シ置ベキ事也。其子細ハ、大寺・大社ナド、遠国ニテモ国守ノ支配ニ漏ル丶物故、其高下・軽重ヲ分ケ、由緒・筋目有ル分ハ、兼テ奉行所ニ留置度コト也。何モ彼モ留扣ヘナキ故、差当リテ捌キ図ニアタラズ。譬バ春日・八幡ナドノ御修覆ヲ願ヒ出タラン時、結構ニ被《レ》ニ仰《セ》附《ケ》一タル跡ニテ、熱田・鹿島ナド願出タラン時、是モ取扱《フ》人ニヨリテ、右ノ願ニ差続テ被《レ》ニ仰《セ》附《ケ》一タル、又其跡ニテ出雲大社ナド願出タラントキ、兼テヨリ日本国中ノ大社ハ何々ト階級ヲ立テ、御定ナキ故、何レヲ上、何レヲ下、何ガ何程ト云定規ナクテ、了簡モツケ難カルベシ。兼テ制度ノ定ハ無テ、下ヨリ申出タルコト計リヲ捌キト立ル事故、何事モ図ニ中《あた》ラヌ也。

*新寺・新社ノコトモ、御城下計リノ禁制ノ様也。御城下ニテモ、町屋鋪・士《さむらひ》屋敷ノ内ニアル社ハ誰知ル人ナシ。田舎ハ地頭モ不ニ住居《セ》一、代官モ不《レ》レ居《ラ》バ、唯明放シノ様也。小サキ社、小サキ堂ヲ新規ニ立テモ咎ル人ナシ。誰ニテモ信向スル人アリテ、修覆・建立ヲスレバ、忽ニ大社・大堂トナレドモ、誰知ル人モナシ。神主・氏子勧進シテ金ヲ集メ、上京シテ*吉田ヘ願ヘバ、正一位ニハ容易*ニナル。住持勧請、開山ヲスレバ、何時ノ間ニカ宗派高

偶然トシテ　其場・其時で、思いつきに事を処理してすごすという意か。本文前出「当分ノ鼻ノ先智恵ニテ指当テ捌ク」(三五五頁)と同意であろう。

新寺・新社ノコト…　江戸においては寛永八年(一六三一)新寺建立を禁じ、この年が寺院の古跡・新地の基準となった(辻善之助「日本仏教史」近世篇之二参照)。

吉田　京都吉田神社の祠官の家。卜部氏。唯一神道の宗家。地方の神社の神位、神職の位階授与の権限をもっていた。

ニ　南本により補う。

キ寺ニモ成ル。奉行モ不レ知《ラ》。五十年モ立バ、何方ニ記録モナシ。覚タル人モ死失ル。何年ノ間ニカ大社・大寺トナル類甚多シ。是皆寺社ノ定格ト言物ナキガ故也。

古ハ寺社ノ定格アレバコソ、*神名帳ト言物アル也。社ノ内ニ末社ヲ立、寺内ニ堂ヲ立ルコト心次第ニテ其数ヲ不レ知《ラ》、余リ多キ故、仏神ノ威光モ霊験モ自ラ衰ヘ行キ、浅間シキコト也。*業平《なりひら》天神ト言ハ、業平ト言相撲取ノ墓ニ、何者ヤラン小サキ祠ヲ立タルガ、今ハ*在五中将ト成タリ。*小《こ》六《ろく》明神ト言ハ、小六ト言馬方也。*根津権現ト云ハ、*青陽院様御家中ニ根津某ト云若キ者ガ刑ニ逢タルガ、崇ルトテ小サキ祠ヲ立タルガ、後ニハ女中ノ取扱ニテ、今ハ殊ノ外ニ結構ニ成タリ。此類其数ヲ不レ知《ラ》。

某*赤城《あかぎ》ノ同心ノ地ヲカリ住居タリシニ、屋敷ノ内ニ稲荷ノ祠アリ。前々借タル人ノ立タルナルヲ、夫トハ不レ知《ラ》、無《ク》レ程其地ヲ同心ニ返ストキ、右ノ社ヲ某ニ何方ヘモ引《ケ》ト言。茲ニ至テ始テ、前方借リタル人ノ立タルコトヲ知テ、毀サセタリ。某ガ住タル家ヲ*売居《うりすゑ》ト言コトニシテ、別人続テ住居セバ、件ノ社ハ其儘アルベシ。其内ニ同心ノ古老モ死失セバ、此祠ハ何年ヨリ有トモ知ル人ナク、後ハ如何ニナランモ計リ難シ。此類世上ニ多カルベシ。

寺社奉行公事ヲ申出ル計リヲ役ニシテ、寺社ノ治《メ》ト言コトハ無《キ》レ之故ニ、何事モ下ノ心次第ニシテ、如何ナルコトノ有モ不レ知《ラ》ニ居ルコトナルベシ。又今年鹿島ノ辺ヨリ、安波大明神ノ祭ヲ渡スト云*コト時行《はやり》出テ、村次ニ御輿ヲ渡シ、下総・上総ノ内ヲ歩行キ、*上総ノ中原ト言所ニ社ヲ立テ納タリト言。本社モナクテ、天狗ノ業ノ様也。田舎ニ武士住ヌ故、制《ス》ル人ナキ也。是等ハ唯一端ヲ挙テ喩トスル。兎角諸役人皆其司ト云コトナキ故、何モ如《キ》レ是《クノ》事共也。

神名帳　延喜式巻九・十に大社四九二と小社二六四〇が登載してあるので、これを「神名帳」という。別に諸国において作った神名帳もあった。
業平天神　本所中之郷(現東京都墨田区)の神社。相撲の墓とも、成平という武士の塚とも伝える。
在五中将　在原業平(八二五—八八〇)。平安時代の歌人、六歌仙の一人。「伊勢物語」の主人公といわれる。
小六明神　現東京都港区赤坂の氷川神社。古呂故(こころ)宮ともいう。赤坂一木(ひとつぎ)の小六という馬子が氷川大明神を信仰し、この地に勧請したものとも伝える。
根津権現　東京都文京区本郷にあり。徳川綱重の家臣根津宇右衛門の霊をまつると伝えられる。
青陽院　正しくは青揚院。徳川綱重(一六四四—七八)。三代将軍家光の第三男子。甲府藩主。六代将軍家宣の父。
赤城　東京都新宿区牛込の地名。
売居　売据え。建築物を据え置いたまま売却すること。
コト　南本により補う。
上総ノ中原　上総国長生郡の地名。「総」、南本により補う。

一　執政ノ臣ハ言語・容貌ヲ慎ミ、下ヘ向キ慮外ヲ云ズ、無礼ノナキヲ第一トスベシ。聖賢ノ深キ戒メ也。疎《ソ》カニ不ㇾ可《カラ》二心得一。俗了簡ニハ、才智サヘアラバ、言語・容貌ハ構ハデモ苦シカルマジト思ヘドモ、左ニハ非ズ。執政ノ臣ハ外ノ役儀トハ替リ、古ノ大臣ノ職也。「*赫々タル師《し》尹《ゐん》、民具《とも》ニ爾ヲミル」ト言ル詩経ノ文ヲ、*大学ニモ引タルニテ、聖賢ノ道ハ甚重キコトニイヘリ。執政ノ臣ハ重キ職分ナレバ、其人ノ言語・行作ヲバ、下ヨリハ万人常ニ心ヲ付テ見ルコトナル故、一言一事モ世上ニ評判シ、遠国迄モ伝ヘ聞ヘテ、天下ニ隠ナシ。去バ御役ヲ重ンジ、上ノ御為ヲ大切ニ思入タランニ*ハ、言語・容貌ニ心ヲツケ、不ㇾ慎《マ》シテ不《ル》ㇾ叶《ハ》コト也。

*元禄ノ比迄何レモ此嗜ミ有テ、言語・容貌モ見事ナリシニ、正徳ノ比ヨリ此風衰ヘテ、今ハ重々シキ身持ノ人ナシト承ル。其事ノ起リ、不学ナル人ノ了簡ハ迂潤ナルコトヲ嫌ヒ、近道ニ御用弁ゼントシ、殊ニ才智アル人ハ其才智ヲ働カサントスルヨリ、容貌・言語ノ慎ミ崩ルヽコト也。去ドモ執政ノ職ハ己ガ才智ヲ不ㇾ働《カサ》、下ノ才智ヲ取用テ、下ヲ育テヽ御用ニ立者ノ多ク出ル様ニスルコト、職分ノ第一也。己ガ才智ヲ働スコトハ有司ノ職ニテ、執政ノ職分ニハ非ズ。何程才智ヲ働シタリトモ、下ノ才智ヲ不《ル》ㇾ用《ヒ》トキハ、己ガ才智計リニテ足ルコトニ非ズ。然ルヲ手前ノ才智ヲ働カスコト、執政ノ臣ノ上ニハ却テ職分ノ筋ニ違ヒテ、畢竟不忠ニ成コトヲ知ラヌハ、不学ノ過也。

言語・容貌ヲ嗜ム事ハ、我身ヲ重々シク持ナシテ、外ヲ繕フ様ニ不学ノ人ハ思ヘ共、是又左ニ非ズ。職分ノ重ケレバ身持重々シキ事、第一当然ノ宜也。左様ノ人ヲバ重ジ敬《フ》コト、是又自然ノ道理也。人ノ重ジ敬フ人ヲ上ニスヘテ下知スルトキハ、下ヨリ是ニ従フ、是又

赫々タル師尹…　詩経、小雅、祈父之什、節南山の詩。師尹とは周の大師(天子の師)、三公の一たる尹氏。

大学　礼記の大学篇。

二　南本により補う。

元禄ノ比迄…　徂徠は元禄期の重臣柳沢吉保に用いられ、その縁故で時の将軍綱吉にも接したので、時折元禄期を正徳期より好意的に見る態度がうかがわれる。

自然ノ道理也。依《リ》レ之《ニ》役儀重ケレバ言語・容貌ヲタシナムコト、古ヨリ斯アルコトニテ、全ク外ヲツクロフ筋ニハ非ズ。言語・容貌粗末ニテ、下ヘ向テ無礼ヲスル人ハ、下ノ才智ヲモ不レ知《ラ》、却テ煩シクナル上、左様ノ人ニハ下ノ心不《ル》レ服《サ》故、必《ズ》政務ノ滞トナリ、上ノ思召ノ筋モ下ヘ行渡ラヌ事也。

東照宮ノ御時、重キ御役人ヲ被《ルル》二仰《セ》付《ケ》一ニハ、必《ズ》下ノ沙汰ヲ御聞有テ、其役ニ可《シ》レ成《ル》ト沙汰スル人ヲ必ズ被《レ》二仰《セ》付《ケ》一タリト承ル。古キ人ノ物語ニハ、下ノ思付タル人ヲ重役ニ被《ルル》二仰《セ》付《ケ》一トキハ、下タル人能《ク》下知ヲ承ル故也ト言。尤ノコト也。夫ノミニ非ズ。重畳深キ神慮也ト奉《ル》レ存《ジ》也。其子細ハ、総ジテ人ノ善悪ハ、上ヨリハ見ヘ兼ル物也。誰人ニヨラズ、人々上ノ思召ヲ受テ、上ニ合セ、上ノ思召ニ入ントスル事人情ノ常ナル故、其人ノ本心ハ隠テ見ヘ難ク、仮令聖賢ノ君ニテモ、上ヨリハ人ノ善悪不《ル》レ見《エ》コト、理ノ当然也。奸智ノ人ニハ又上手アリテ、上ノ御心ニ直ニ合スレバ軽薄ニモ似、又合スル所見易キ故、合セヌ様ニ*饗《もて》応《な》シテ合スルモノアリ。コレハ等ヲ越タル至極ノ奸人也。*驩兜《くわんとう》ガ悪ノ見ヘ難キヲ帝堯ノ深ク憂ヘ玉《ヘ》ルモ、是等ノ類ナルベシ。

去バ聖人ノ智ニテモ上ヨリハ不《ル》レ見《エ》コトナル故、聖人ノ法ニハ、大臣ヲ挙用ルニハ、*卿士《けいし》ニ問ヒ、衆庶ニ問ヒ、*筮《ぜい》ニ問ト言コトアリ。重キ役人ヲ申附ルニハ、諸役人ニ問ヒ、其上ニテ下民ニ問ヒ、又*宗廟ノ神霊ニ問テ定ルト云コト*也。上ヘ向テハ思召ニ合スル様ニスレドモ、下ヘ向テハ合スル心ナシ。其上ニ、下万民ノ見ル所ハ何トシテモ掩ヒ隠サレヌ物故、上ヘハ知レ難ク、下ヘハ能ク知レルコトニテ、聖賢ノ法ニハ右ノ如ク言ル也。東照宮ノ御事ハ、御学文遊バサル、御隙モ有マジケレドモ、聖人ノ道ニ叶ヒ玉《ヘ》ル者多キハ誠ニ不思儀

饗応　本文の意味は「取りつくろう」「ふりをする」ということであるが、「もてなし」という訓が同じであるので、この文字を当てたのである。

驩兜　帝堯の臣。書経の堯典・舜典によると、かれは、うわべはうやうやしいが行ないの悪い共工を治水の官として推薦するなど、悪人と常に親しくしていたので、のちに舜によって崇山に追放されたという。

卿士ニ問ヒ…　書経、洪範「汝則ち大疑有らば、謀乃(なんぢ)の心に及び、謀卿士に及び、謀庶人に及び、謀卜筮に及べ」。卿士は卿・大夫・士。天子・諸侯に仕える上下百官すべてをさす。

筮　うらない。

宗廟　祖先の霊をまつる所。

也　南本により補う。

ナル御事ニテ、*末々ノ御手本タルベシ。

但シ小役人又ハ目付ナドハ、意地悪ク*シテ人ノ疾《にく》ム者ヲスルコトモ有也。又遠国ノ役人ナドニハ、中悪キ者ヲ組合《ス》ルコトモ、人ヲ使フ上ノ一術ナレドモ、重キ御役人ニハ、人ノ疾ム所ヲ好ミ、人ノ好ム所ヲ悪ムヲバ、*大学ニモ深ク戒メ、人ノ好ム所ヲ好キ、人ノ悪ム所ヲ悪ムヲ、民ノ父母也トテ、是ヲ挙用ルコト、聖人ノ奥儀也。

一　諸役人各其司アリテ、人ノ器量モ其役儀ニ随テ選ビ別ツ成ベシ。老中等ハ政務ノ本ジメナレバ、国政ノ全体ニ通達シ、依怙ヒイキナク、人ノ善ヲ育テ長ズル人ニ非レバ、其職ニ叶難シ。其内ニ老中ハ遠大ノ知恵アラバ、瑣細ナル働キ無トモ然ベシ。若老中ハ仮令遠大ノ知慧ノ方ハ少《ク》トモ、才智ノ筋ヲ専ニスベシ。両役共ニ、人ヲ知リ、人ヲ見出スコトヲ職分ノ第一トスベシ。右ニ言タル如クニ、司ノ筋ヲ分《ル》ハ、其筋々ニ随テ、器量ノ選ビ各別ナルベシ。

御側衆ハ古ノ*納言、明朝ノ*通政使ノ職ナレバ、唯下ヨリ申出ルコトヲ、主意ヲ違ハズ能《ク》聞届ケ、附添ナク、オトシナク詳ニ申達《ス》ルコト専務ナルベシ。上ノ御機嫌ヲカネ、又ハヒイキ偏頗ノ私ニテ下ノ情ヲ塞グヲ*越度《をちど》トスベシ。諸人是ヲ頼テ物ヲ申上ルコトナル故、必威勢附コト人情ノ常也。威権ガマシキコト大罪タルベシ。其才智ノ筋謹慎ニシテ、理筋ヲヨク聞分ケ、私ナキ人ヲ用ユベシ。

諸*番頭《ばんがしら》・諸*物頭・*御船手等ハ武備ノ役也。其人品ハ、古ノ名将モ様々ノ人品アルナレバ、一概ニ定ムベカラズ。唯能《ク》組ヲ手ニ入テ能《ク》使ヒコナスヲ専一トス。此筋ハ当時ナキコトナレドモ、操練ノ習《ならは》シニ非ズンバ知レ難シ。当時ハ唯組子ノ行儀ヲ先トシテ、其職ハ将帥モ

末々　末代、後世の意。

シテ　南本により補う。

大学ニモ…　「上に悪(にく)む所は以て下を使ふなかれ。下に悪む所は以て上に事ふるなかれ。前に悪む所は以て後に先んずるなかれ。後に悪む所は以て前に従ふなかれ。(中略)詩に云ふ、楽只(らくし)の君子、民の父母と。民の好む所は之を好み、民の悪む所は之を悪む。此を之れ、民の父母といふ」(礼記、大学篇)。

納言　書経、舜典に「竜よ、朕は讒説行なひを殄(た)ち、朕が師を震驚するをにくむ。汝に命じて納言となす。夙夜朕が命を出納して、惟(こ)れ允(まこと)なれ」とあり、偽孔伝に「納言、喉舌の官。下言を聴きて上に納れ、上言を受けて下に宣ぶ。必ず信を以てす」という。わが国の「職員令義解」にもこれを引用している。

通政使　洪武十年(一三七七)に設けられた通政使司の長官。内外の上奏文の受理・奏聞等を行なった。

越度　過失の罪となるもの。

番頭　大番・書院番・小姓組など、幕府の諸城や将軍身辺の警備に当る番士の隊長。

物頭　弓組・鉄砲組などの同心(足軽)の隊長。

御船手　船手頭。幕府の用船を管理・指揮する職。

組子モ衛士タル事忘ル、ハ、以《ノ》外ノコト也。尤多ノ人ノ頭ナレバ、長《おと》ナシキ心ニテ、依怙ヒイキ無キヲ宜トス。組子ヲ教込テ、御用ニ立《ツ》人ノ多ク出ル様ニ可《キ》二心掛《ク》一事也。

御目附ハ殿中*御史《ぎよし》ノ職也。非法ヲ正スヲ当職トスルコトナレバ、法式ニナレズシテ不《ル》レ叶《ハ》コト也。当時ハ御老中・若老中ノ使ヒ者ノ様ニ成タルハ、若老中ニ下司ナキ故ナリ。寺社奉行ハ寺社ノ治ヲ第一トシ、出家・*社家等ニ不法ナキヤフニト下知スルコト当職ナルべシ。去バ寺社ノ故実ニ達セズムバ不レ可《カラ》レ有《ル》。*地方《ちかた》ハ算勘ノ職、別ノ子細ナシ。町奉行ハ町ノ治《メ》ヲ第一トシ、町方ニ悪人多ク出テ町中不《レ》レ治《ラ》バ、町奉行ノ越度タルべシ。寺社奉行モ地方奉行モ町奉行モ、当時ハ公事ヲ捌クコトヲ重トスル故、治ノ方ノコトハ誰心附クモノナシ。治悪キトキハ、公事モ悪事モ止ヌ事也。*公事ノコトハ、別ニ公事奉行ヲ立テ、法律ニ通達シタル人ヲ用ユべシ。

如《ク》レ此《ノ》御役ノ筋皆各別ニテ、器量ノ筋モ替リ有事ナルニ、当時ハ御老中・若老中・寺社奉行ノ外ハ皆大方ハ御目附ヨリ立身スル事ナル故、何レノ役モ御目附ノ風也。亦勲階ト云コトナキ故、立身ノ筋大方極リテ、一役ヲ十年モ二十年モ一代モ勤ルヤフニスルコト難《ク》レ成《リ》、役々ノ器量ヲ相応ニ選ム筋失ユキタル故ナリ。

一　代官ト言役ハ重キ役也。其昔、*国郡ノ官ヲ在京ヨリ兼テ、其国郡ニハ名代ヲ遣シ置タルヨリ起テ、代官ト言名アリ。*公家ノ召仕ニ*受領《ずりやう》ヲサセナガラ在京サセテ召仕ヒ、其国ノ*所務計リヲサセタリ。又平家ノ公達《きんだち》モ、*越前ノ三位・*能登守・*薩摩守等ノ類、皆其国ヘハ行ザリシ也。*郡司ヲ在京サスレバ*郡代《ぐんだい》ヲ遣シ、*丞《じよう》ヲ在京サスレバ*判官代《はうぐわんだい》ヲ遣シ、目《さくわん》ヲ在京サスレバ*目代《もくだい》ヲ遣ス。去バ文官ナル故、戦国ノ時分ニ是ヲ軽シメテ腰抜役ト云タルヨリ、

御史　秦・漢以降、糾弾・監察を司った官名。

社家　神職。

地方　勘定方。徂徠は農村統治について、後述のように代官の職務を重視しているが、幕府の直轄領行政における勘定方諸役人の役割には、重きをおいていないようである。

公事ノコトハ…　三五三頁参照。

国郡ノ官ヲ在京…　遙任の国司という。奈良時代末より始まる。

家　南本により補う。

受領　国の守(かみ)。

所務　年貢徴収権の行使。

越前ノ三位　平資盛。重盛の子。

能登守　平教経。教盛の子、清盛の甥。

薩摩守　平忠度(ただのり)。清盛の弟。

郡司ヲ在京…　郡司には地方豪族を任じたので、国司の如く在京して遙任ということはなかった。

郡代　武家時代の職名で、郡司の代官ではない。

丞　八省の第三等官における用字であり、国司の第三等官には掾の字を用いたが、ここでは原文のまま。

判官　令の官制の第三等官の総称。

目代　耳目の代りという意味で、国司第四等官たる目(さかん)の代りではない。国守の私的代行者であった。

今地方《ちかた》ノ支配トナリ、小身者ヲ申附、然モ其下司ハ*手代《てだい》ト称シテ殊ノ外ニ賤キ者ヲ附置テ、年貢ノ取立ヨリ外ニ肝心ナルコトハナシト心得ルコト、以ノ外ノ事也。其身立身ノ望モナク、下劣ナル役儀ト言コトニ成テ、而モ小身ナル故、自ラ奸曲ヲシテ、御仕置ニ逢人絶ヌ也。

之ヲ文官トスルコトモ、国ノ守・介・丞・目・郡司ナドハ文官ナレドモ、*公家ノ代ニハ文武ヲ兼タルコトナリシガ、鎌倉ノ時分ヨリ、武家ヨリ守護ヲ置タルヨリ、武官ノ方ヲバ守護ノ方ヘ渡シ、専ラ文官ニ成タル様也。願ハ二三千石以上ノ人ヲ申付、役儀ノ名ヲ更メ、下役ニ今ノ代官位ノ人ヲ申付置キ、武備モ自ラ備ル様ニシ、刑罰モ軽キ事ヲバ其所ニテ執行ハセ、専民間ノ治ヲ第一トシ、農業ノ筋ヲモ、民ノ知ラヌ事アラバ是ヲ教ヘ、川除《かはよけ》・堤普請ノ類ヲモ申附、盗賊・博奕等、邪宗・邪法ノ類ヲモ、是ヲ押ヘサスベシ。

総テ百姓ノ奢盛ナルヨリ、農業ヲ厭ヒ、商人トナルコト近来盛ニテ、田舎殊ノ外衰微ス。依リレ之ニ博奕・盗賊等止コトナシ。人殺等アル時モ、其所ニ奉行ナキ故、江戸ヘ注進スル内ニ、日数延テハ僉議モナラヌコトナルニ、大形ハ何モ彼モ田舎ニテハ物入多クナルヲ厭ヒ、江戸ヘ不二申出《シデ》一。博奕・盗賊ノ類モ心儘也。川除・堤普請ノ類モ、当時ハ代官江戸居住スル故不案内也。夫故手代任セニスル故、江戸ノ町人ト組合テ、何事モ江戸流ニ仕附タル格ヲ聞テ、物入広大也。大身ニテ武備ヲモ兼備ヘザレバ、饑饉打続キ、盗賊盛ナラン時ニ至テ、是ヲ鎮ムベキ様ナシ。

此ノ以前、*天草陣ノ時、肥後ノ*川尻ト云船著ニ、*細川越中守ノ蔵有リ。其所ノ代官ヲ川北九大夫ト云者ナルガ、此者心得タル者ニテ、平生地鉄炮《ちでつぽう》ヲ数多拵ヘ置、浜辺ノ間数ヲ積

手代　巻一、二九九頁頭注参照。

公家ノ代ニハ文武ヲ…　国司の遙任が進む一方、在庁官人(任国に赴任し、土着した国司)の中には、追捕使(ついぶし)・押領使(おうりようし)など武官を兼帯し、武力を合法的にもつものがあらわれた。

天草陣　島原・天草の乱。寛永十四—十五年(一六三七—三八)。

川尻　現熊本市内。緑川河口の港町。

細川越中守　細川忠利(一五八六—一六四一)。肥後熊本城主、五十四万石。

リ置タリ。天草ニ一揆ト沙汰スルト否ヤ、浜辺ニ一間ニ一本宛杭ヲ打セ、一本々々ニ火縄ヲハサミ、三間ニ一挺ヅヽ鉄炮ヲ配リ、終夜鋏炮ヲ打続タリ。一揆共籠城支度ニ川尻ノ米ヲ取ントテ、半途迄兵船ヲ押出タレ共、火縄ノ夥ク見ヘ、鋏炮ノ音シケレバ、熊本ノ軍兵早川尻ヲ固メケルト心得、半途ヨリ引返タルト、後ニ生捕ノ者語ケルト云コトヲ承ル。其時川尻ノ米ヲ切取タラバ、天草ノ兵糧沢山ニ成テ、城容易ニハ落マジケレバ、川北ガ仕方、*主人ノ為、天下ノ為、勝レタル勲功ナリ。去ドモ其時分モ、箇様ナルコトハ功ニ不レ立《タ》。川北後ニ城攻ノ時ハ一番乗シタル故、千石ニ成タル也。去バ代官ハ武備ヲ不レ備《ヘ》シテハ不《ル》レ叶《ハ》コト也。勘定ノ方計リニ地方奉行ノ下知ヲ受、役儀ノ子細ハ御老中カ若老中等ノ直支配ニシテ、重キ役ニ定《メ》度《キ》コト也。

一 使番ト云役ハ無用ノ役也。是ハ軍中ノ使番ヲ其儘ニ差置タル故、治世ニ無用也。軍中ノ使番ハ、*武辺《ぶへん》功者ナル人ヲ撰テ御使ニ遣ハサレ、勝負ノ境ヲモ見サスルコト也。治世ニハ左様ノコト無レバ、兼テ撰置ズトモ然ルベシ。禁裏ノ御使ハ高家也。三家ノ御使ハ御番頭也。城請取・*巡見等ニハ使番参レドモ、是ハ臨時ニ撰ンデ可《シ》レ然《ル》。異朝ニテモ臨時ノ役也。火事等ノ御使ハ御側ノ輩可《キ》レ然《ル》也。

一 *道奉行・*新地奉行・*廻役ナド云役モ無用ノ役也。是ハ其起リ、御役被《ルル》ニ仰《セ》付《ケ》一器量モナキ人ニ、何ゾ役儀ラシキコトヲ申付度ト思人アルヨリ、老中ノ拵タルコト也。*廻役モ、年久キ番衆ノ、我下ヨリヒタモノ立身スレバ其人述懐シ、若キ新役ト同ク御番ヲスルコトヲ無念ニ思ヲ、暫ク引退テ御番ヲサセヌ様ニトシタル者也。人ノ棄《すた》ラヌヤウニト了簡シテ、老中ノ箇様ノコトヲ拵タルハ、其時代ニハヨキ了簡共云ベケレドモ、畢竟無用ノコト也。

主人ノ為…其時分モ 南本により補う。

武辺功者 武勇にすぐれ、戦陣に豊かな経験をもつ者。

巡見 諸国巡見使。将軍の代替り後、全国を数地区に分け、一地区に使番一名と書院番または小姓組の番士二名を一組とする巡見使を派遣し、幕領・私領の別なく巡回して、各地の民情・施政の良否を視察させた。

道奉行 巻一、二六三頁頭注参照。

新地奉行 寛文八年(一六六八)創設。屋敷改ともいう。江戸の空閑地や武家・寺社・庶民の新規建造物の検査・取締りを任務とした。書院番・小姓組の番士の中からえらんだ。

廻役 廻り番のことか。大番・書院番・小姓組の番士の中からえらんで、昼夜江戸市街を巡行、警備に当らせた。

廻役モ… 廻り番は寛永十六年(一六三九)十月創置されたが、その頃は連年の凶作で、島原の乱後の社会不安もおさまらず、ことに江戸内外は盗賊・無頼の徒横行し、治安が乱れ、しかも江戸城本丸が八月に焼失し、その復旧工事実施のため、とくに警備の必要上設けられたものである。恐らく徂徠の批判は享保時代の状態に基くもので、設置当時とは事情を異にしている。

御先手　巻一、二六六頁頭注参照。

三日法度　発布してもその効力が三日位しかない法令という意味。川崎の名主田中丘隅が吉宗に呈した「民間省要」上編巻七にもこの語がある。

高家　高い家柄。幕府の職制の一つたる「高家」ではない。

京都百日目附　正しくは大坂目付。京都には十日間在留。寛文四年(一六六四)以降は半年交替。使番二人が任ぜられる。

小普請手代　小普請方の配下の役人。幕府の諸営繕事務を扱った。

金ニテ与力ニ…　巻四、四〇九頁参照。

箇様ニ無用ノ役有ヨリ、*御先手《おさきて》等モ、其身モ世間ヨリモ隠居役ト覚テ、役儀ノ勤無ナル也。軽キ御役人ノ内ニ、箇様ノ役尚多カルベシ。新地奉行等モ同ク詮モナキ役也。代官・寺社奉行ニテ可《キ》レ済《ム》コト也。如《ク》レ此《ノ》マタガリテ色々ノ役有ル故、手代ノ金ヲ取コトニ成也。

一　目附ノ役ニ当時欠タルコトアリ。衣服等諸事ノ儀ニ被《ル》二仰出《セサ》一御禁制ノ筋アレ共、不レ構《ハ》是ヲ破ルコトアレドモ、咎ル人ナシ。依《テ》レ之《ニ》「公儀ノ御法度ハ*三日法度也」ト世上ニ言習スコト、有間敷コトノ第一也。其向々ヨリ被《ル》二仰出《セサ》一タルコトハ、向々ノ支配ノ役タルベシ。一統ニ被《ル》二仰出《セサ》一コトハ目附ノ役トシテ、権門・*高家ヲ不レ嫌《ハ》シテ、人情ナク咎テ、其支配々々ヘ屹度断《ル》ベキコト也。但当時ハ無《キ》二制度一故、下モ守ベキ形ナク、御目附モ可《キ》レ咎《ム》様ナキ故ニ如《ク》レ此《ノ》成タルコト也。是ニ附テモ制度ハ立度コト也。

又*京都百日目附ト云ハ何ノ目附ナルヤラン。寺々ノ縁起・宝物ヲ見テ歩行クヲ役トス。埒モナキコト也。是ハ、京都ト云所ハ堂上方ノ在所ニテ、長袖計ノ所ナル故、一々目クジラヲ立テ悪事ヲ見出ス様ニスルトキハ、却テ治《メ》ノ害ト成ルトテ、往昔智恵アル老中ノ斯《ク》サセタルガ、今ハ例ト成タル成ベシ。去ドモ何事モ形計《リ》ニナツテ、其身モ何ノ御用ニテ上リタルト云事ヲ知ヌハ、如何ナルコトヤラム。

一　伏見・奈良・山田等ノ奉行モ、時々改ル者ナレバ、随分宜キ人ヲ見立テ、頭・助・丞・目ヲ置テ治ヲ助ケサセシムベキ也。

一　御徒・与力ヲ頭ノ心儘ニ入ル、コト故、悉ク金ノ沙汰ニ成テ、町人・百姓又ハ*小普請手代ノ類、*金ニテ与力ニ成テ居テ、又金ヲ出シテ我子ヲ御番衆ノ養子ニスル中継ニスル類、当時ハ甚多シ。是等ハ戦場ヲ勤ル者ナレバ、箇様ニハ有間鋪也。

御徒ハ元来御譜代也。御徒ヨリハ立身シタル輩多シ。久世三四郎*ナド御徒ヨリ出タリ。御先々前*御代ノ時、身上成ヌトテ申合セ御願申出タルヨリ、御譜代ニテハ無キ*ニナリ、請状ニテ組ニ入コト、有間敷事也。公儀ニテ人ヲ召仕ハルヽニ、請状ト言コトハ如何ナル事ゾヤ。日本国中ハ皆御国也。何事モ被ルル二仰セ付ケ一次第ノ事也。余ニ御役人ノ不学ナルヨリ、如キレ此《クノ》コト起レリ。

与力ハ昔公儀ヲ願フ者ヲ、頭ノ心ニテ与力ニ入置キ、見合セ取持テ召仕ハレタル類多シ。中頃ヨリ浪人ノ腰掛所ト云テ、高知取タル浪人ノ、本知ニテ済迄ノ内、与力ニ入テ居タルコト故、歴々ノ士多シ。今ハ金ニテナル故、埒モナキコト也。昔ハ御旗本ノ二男三男召出サルヽコトナレドモ、近年ハ此事絶タリ。故ニ二男三男ハ唯養子ノ口有ヲネラヒ居テ、其内ニ年寄ハ埒モナキ者ニナル類、此徒ヲ*御徒・与力・御勘定*・御祐筆*等ニ入テ使込テ見、夫ヨリ器量アル人ヲバ立身モサスル様ニ仕度コト也。人ノ生レ付、文武ノ差別アリ。身モスコヤカニ、武芸ヲ好ムハ御徒・与力ノ類ナルベシ。身モ弱ク、働キ業ヲ好マザル性質ナラバ、手跡ニテモ算用ニテモ習ハセ、御勘定・御右筆ノ類ナルベシ。御代官等ニ附遣ハシ、手代*ノ代リニシテ、隔リタル国ヲモ見セ、山川・地ノ理ヲモ知ラセ、田舎ヲ走リ歩行カセタラバ、当時親ノ懐子《ふところご》*ニテ、御城下ニ生長シ、何ノ分モ知ヌ阿房ニハ勝ルベシ。

総ジテ天地ノ道理、古キモノハ次第ニ消失セ、新キ物生ズルコト、道理ノ常也。天地ノ間ノ一切ノ物、皆如シレ此《クノ》。古キ物ヲ何程イツマデモ抱ヘ置度思フトモ、力ニ不ルレ叶ハコト也。材木モ朽失セ、五穀モ年々ニ出来替、人モ年寄タルハ死失テ新キ人入替ルコト也。又天地ノ道理、下ヨリ段々上テ上ニナル。昇リ詰タルハ次第ニ消失テ下ヨリ入替ルコト、是又理

久世三四郎　久世広宣（一五六一―一六二六）。「寛政重修諸家譜」に天正四年（一五七六）先手組とあるので、鉄砲隊の足軽であろう。その後歴戦勇名をはせ、元和元年（一六一五）大坂陣に先手頭となり、五千石を領した。

前　南本により補う。

御譜代ニテハ無キ…　「明良帯録」御徒組頭の項に、四代家綱迄に任ぜられた家は譜代、五代綱吉以降新任の者は譜代でないとある。

徒ヲ　南本による。底本「徒ラヲ」。

御勘定　勘定所の平役人。

御祐筆　右筆。幕府の書記。奥右筆は機密文書を扱い、権威があった。

手代　巻一、二九九頁頭注参照。

親ノ懐子　親の懐で厚く保護されて育った子供。

ノ常也。道理如シレ斯クノ。然ルニ治ノ道ハ、古キ功アル人ノ家ヲバ随分ニ介抱シテ、成タケ家ノ続ク程ハ続ク様ニシ、又家内ノ老人、曾祖父母・祖父母・父母等モ寿命イツ迄モ長カラント祈リ、早ク死ネトハ仮初ニモ不レ思ルハ人情ノ常也。去共天地ノ道理ト人情ノ常トハ違フ物ニテ、何程カ、ヘ置度思トモ、兎角古キ物ハ消失ルコト也。去バトテ、古キ物ハ早ク無ナレト云ハ悟リ過タルコトニテ、聖人ノ道ニ不レ叶ハ。又古キ物ヲイツ迄モ抱ヘ置ント計リスルハ愚ノ過タルコトニテ、是又聖人ノ道ニ不レ叶ハ。聖人ノ道ハ人情ノ常ヲモ成程念比《ねんごろ》ニ立置テ、人ノ情ヲ破ラズ。又始終ノ道理ハ明カニ見ヘ透テ、曇リ掛リナケレバ、愚癡《ぐち》ニ人情ノ常計ニモ不レ滞ラ。是世界ノ人ヲ取扱フ本カネ*也。

右ノ道理ナル故、古ノ堯・舜・禹・湯・文・武ノ子孫モ今ハ絶失テ跡方モナシ。日本ノ昔、頼朝・尊氏ノ跡*モ今ハナシ。其外名アル家モ皆失果セテ、今ノ大名ト云者ハ皆往*昔軽キ人ナルガ、軍功ニ依テ今ハ上ニノボル。夫モ当時ハ大方正統ニテ*続タル大名ハ稀也。然ルニ何迄モ上ハ上ミ、下ハ下ト家筋ヲ定テ愚癡ニ抱置ントスルトキハ、上ニアル大身者ハ消失ベキ時節ニモ早成タルヲ抱ヘ止ル故、天地ノ道理ニ背キ、才智ノ上ニ無ク成テハ、世ノ末ニ成テ乱世ニ成、下タル者ニ才智ノ人出デ、代ヲ覆ヘスベシ。

聖人ハ此道理ヲ知ロシ召テ、世ノ長久ナラン為ニ賞罰ノ法ヲ立、下タル者ノ才智アルヲ立身サセ執立テ、上タル者ノ実子ナクテ滅亡スベキト、悪事有テ滅亡スベキハ、天心ニ任セテ是ヲ亡ス。如クレ此クノナレバ、賢者ハ何《いつ》モ上ニ有テ、愚者ハイツモ下ニ有ル故、天地ノ道理ニ叶フテ、代ヲ伝ルコト長久也。此カネ合ヲ不レ知ルラトキハ、天地人ノ全体ノ道理ニ通達セヌ故ニ、天心ニ不レ叶ハ。誠ノ治ニ非ズト知ベシ。

本カネ　カネは鈎(天秤のおもり)の意か。即ち人情と道理を明察し、それらを左右のおもりにして、根本的な鈎衡を保つことが政治の要訣という意味である。

尊氏ノ跡　足利尊氏の子関東管領基氏の子孫が喜連川(きつれがわ)氏として江戸時代にも残っているが、大名でもなく、僅かに血統を伝えているだけなので「今ハナシ」と述べているのであろう。

往　南本による。底本「行」。

正統ニテ…　実子なく、養子によって家名を存続させている大名が少なくないことを指しているのであろう。

扨又易*ノ道理ニ「下ヨリ升《のぼ》ル」ト言事、如何ノ事ナレバ、是又空ニ理ヲ言タル者ニ非ズ。一年ノ内ニモ、春夏ハ天ノ気下ヘ下リ、地ノ気上ヘ升リ、天地和合シテ万物成長ス。秋冬ニナレバ、天ノ気ハ升リ、地ノ気ハ下リ、天地隔リテ和合セズ、万物枯失ル。人ノ世界モ又此ノ如シ。下ニ有ル才智ノ人ヲ執立テ立身サスルトキハ、上ノ御心ハ下ヘ行渡リテ、天気ノ下ルガ如シ。才智アル人下ヨリ立身シテ大役ニモ成トキハ、下ノ情ヲ能ク知タル人上ニ升ル故、下ノ難儀、世ノ有様モ上ヘ知レテ、地気ノ升ルガ如シ。去バ上下ノ間隔リナク、*一存ニナル故、天地和合スルガ如ク成事ニテ、国家能ク納リ、春夏ニ万物生長スル如クニ、世界豊ニ栄ル也。下ニアル才智ノ人ヲ取立ヌトキハ、上ノ心下ヘ行ワタラヌ故、天地ノ気下ヌガ如シ。去バ能キ人下ヨリ升ラネバ、下ノ情上ヘ通達セズ、地ノ気升ラヌガ如シ。上下ノ間隔リテ一存ナラヌ故、天地ノ不㆓和合セ㆒ルガ如クニテ、国家ノ衰ルコト、秋冬ニ万物ノ枯失スルガ如シ。

太平久ク経レバ、能キ人下ニ有テ上ノ人ハ愚ニ成行ク。如何様ナル事ナレバ、総テ人ノ才智ハ、様々ノ難儀・困窮ヲスルヨリ出来ル者也。総テ人ノ身ハ使フ所タクマシク成物ニテ、手ヲ使フトキハ腕強クナリ、足ヲ使ヘバ足強クナリ、弓・鉄炮ノネラヒヲ仕付レバ眼強クナリ、心ヲ使ヘバ心ニ才智生ズ。難儀・困窮ニ様々逢トキハ、様々ニ揉レテ才智タクマシク成ル。是自然ノ道理也。故ニ孟子ニモ「*天ヨリ大任ヲ此人ニ下スベシト思召トキハ、先ツ様々ノ難儀ヲサスル」ト云事アリ。殊ニ下ニテ揉レテ出来ル才智故、下ノ事ニ能ク通達シテ、治ニ尤宜キ也。故*ニ聖人ノ道ニモ、*賢才ヲ挙ヨト有テ、下ヨリ取立ル事ヲ宜ヒ、又歴代ヲ考ルニ、賢才ノ人ハ皆下ヨリ出タル事ニテ、代々大禄ノ人ニハ至テ稀ナルコト前説ノ如シ。

易ノ道理ニ…　易経、泰卦象伝「泰は小往き大来り、吉にして亨(とほ)る。則ち是れ、天地交りて万物通ずる也。上下交りて、其志同じき也」。否卦象伝「否はこれ人に匪(あら)ず。君子の貞に利(よろ)しからず。大往き小来る。則ち是れ、天地交らずして万物通ぜざる也。上下交らずして天下邦なき也」。謙卦象伝「謙は亨る。天道下済して光明、地道卑(ひく)くして上行す」。

一存　一つ心。

天ヨリ大任ヲ…　「天の将に大任を是人に降さんとするや、必ず先づ其心志を苦しめ、其筋骨を労し、其体膚を餓し、其身を空乏にし、行ない其為す所を払乱す。心を動かし、性を忍び、其よくせざる所を曾益する所以なり」(孟子、告子下)。

ニ　南本により補う。

賢才ヲ挙ヨ　論語、子路「仲弓、季氏の宰となる。政を問ふ。子曰く、有司を先にし、小過を赦し、賢才を挙げよと。曰く、焉(いづくん)ぞ賢才を知りて之を挙げんと。曰く、爾(なんぢ)の知る所を挙げよ。爾の知らざる所は、人其れ諸(これ)を舎かんやと」。

代々大禄・高官ナル人モ、其先祖ハ何レモ戦国ノ時生死ノ場ヲ経テ、様々ノ難儀ニ逢タルヨリ才智生ジテ、夫故功ヲ立テ、大禄・高官ニ成タレドモ、其子孫ハ代々大禄・高官ナル故、生ナガラノ上人ニテ、何ノ難儀ヲモセネバ、才智ノ可《キ》レ生《ズ》様ナシ。位高ク下ト隔リタレバ、下ノ情ニ疎ク、家来ニ誉《ほめ》ソヤサレテ育タル故、智恵モナシ。我智恵ヲ自慢シ、生レナガラ人ニ敬ハルレバ、元来カク可《シ》レ有《ル》ト思フ故、上ノ御恩ヲモサマデ感ジ入、有難シト思事モナシ。自ラ我儘ニシテ、下ヲ虫ケラノ如ク思フ。是又人情ニテ、箇様ニ成行事自然ノ道理ニテ、上タル人ハ生レナガラ才智有テモ、此病ヲ免レ難シ。タマ〳〵利発ナル人有トモ、下トハ雲埿万里ニ隔ル故、下ノ情ニハ不ニ心附《カ》一、*唯上ト下トノ間ニテ、畳ノ上ノ*詰《つめ》披《ひら》キ、当リ障リ計リヲ仕馴ル故ニ、其方ニ才智募リ、其眼ニテ下ヲ見レバ、左様ノ事ニハ下ニ仕ナレヌ事故、下ハ殊ノ外ニ疎カニ見ユル故、弥我利発ニ自慢スルコトニ成行也。

如《キ》レ此《クノ》ノ情、古モ今モ替リナキ故、聖人ノ道ニハ、賢才ヲ下ヨリ挙ルコト第一ニ言ヒ、*世官トテ大役ヲ家筋ニテ*代々スルコトヲ深ク戒ト仕玉フ。尤人情ハ見ナレタル事ニヤスンズル物故、人ノ敬ヒ来リタル人ヲ高位ニスレバ、下ノ心ニモ可《キ》レ有《ル》事ニ思テ、下知ヲ能《ク》聞筋モ有コト故、孟子ニモ、*賤キ人ヲ立身サセテ貴人ヲ踰サセ、上ト元来疎遠ナル人ヲネンゴロニシテ、元来親キ人ヨリモ目ヲ懸ルコトハ、卒爾ニハスマジキコトト言タレドモ、夫ハ人情ヲ破ラズ、一通ノ事ヲ云タル物ニテ、右ニ言タル所、聖賢ノ通法也ト可《シ》レ知《ル》。

然ニ今ノ世ノ利口ナル人ノ料簡ニハ、左様ノ道理也トテ、「上ニ立タル人ヲ皆下ヘ追下シテ、皆下ヨリ立身サセ、上下ヲ顛倒スルコトハ不《ル》レ成《ラ》事也。成テモ騒ガ敷コト也。唯今迄上ニ立タル人ヲバ其儘置キ、下ヨリ申出ル善言ヲ用ヒヌレバ、聖人ノ賢才ヲ挙ヨト仰ラレ

唯上ト下トノ… 身分の高い者の立場で、殿中における下の者に対しての振舞や折衝にのみなれること。

詰披キ 巻二、三一六頁頭注参照。

世官トテ… 「士、官を世々にすることなかれ」(孟子、告子下)。「弁名」下、心志意2、一四五頁「官を世にし」の補注参照。

テ 南本により補う。

賤キ人ヲ立身サセ… 「国君賢を進むるは、已むを得ざる如くす。将に卑をして尊を踰え、疏をして戚を踰えしめんとす。慎まざるべけんや」(孟子、梁恵王下)。

モドク 他の物に似せて作る。

黠智 悪がしこい智恵。

モ 南本による。底本「ニ□(不明)」。

論語ニモ… 論語、顔淵「子夏曰く、富めるかな言や、舜天下をたもつや、衆より選びて皐陶を挙げ、不仁者遠ざかる。湯天下をたもつや、衆より選びて伊尹を挙げ、不仁者遠ざかる」。

タルト同ジ道理ニナル」ト料簡スル人アリ。是聖人ノ教ヲ*モドク*黠智《かつち》ニテ、畢竟何用ニモ立ヌコト也。下ニ料簡ヲ言セテ、夫ヲ取用タル計ニテハ、其取用ルモヤハリ下ノ事ヲ知ヌ人ナル故、下賢才ノ了簡モ取用様ニテ大ニ違有事也。其上賢才モ下ニ置テ言セタル分ニテハ得《え》言ヌ者也。其上、同《ジ》賢才ニテモ、下ニ居タルトキノ了簡ハ未ダ身ヲ打ハメヌ時ノ了簡成故、上ニ挙タルトキトハタガフコト也。上へ挙テ其役ニ打ハメテ見レバ、場所違フ故、其了簡*モ、下ニ居タルトキトハ格別ニ働クコト也。故古聖人モ賢才ヲ挙ルトハ仰ラレタレドモ、左様ナルコシヤクナル事ハノタマハザル也。

其上、賢才ヲ挙ルト云バトテ、今迄上ニ立タル人ヲ悉ク下へ追下シテ、上下ヲ仕替ルコトニハ非ズ。唯二三人モ一両人モ下ヨリ賢才ヲ挙ルトキハ、唯今迄家筋計ヲ守タル風破ルヽ故、万人ノ目当替リテ、人々励ミ出来シテ、何レモ〳〵其アゲ用タル賢才ノ風ニ成テ、世界俄ニ生キ返リ、能《ク》ナルコト也。故ニ*論語ニモ「舜大勢ノ中ヨリ皐陶《かうえう》ヲアゲ、湯大勢ノ中ヨリ伊尹《いゐん》ヲアゲ玉ヘバ、不仁者ハ無ナリタリ」ト言モ、賢才ヲ挙ルトテ、上下ヲ悉ク仕替ルコトニハ非ズ。大役ノ人ニ唯一両人モ上レバ、其勢ニテ残リハ皆能クナルコトヲ云ル也。

是人君賞罰ノ権ト言物ニテ、アナガチニ善人ヲバ不レ残《ラ》賞シ、悪人ヲバ不レ残《ラ》罰スルニ非ズ。一人ヲ賞スレバ千万人喜ビ、一人ヲ罰スレバ千万人畏ルヽニテ、世界生キカヘリテ、人々励ミ生ジ、世ノ風俗モ上ノ御心儘ニ直ルコト也。勝レテ能《キ》賢才ト勝レテ悪キ人トハ各別ノ事、其外ノ人ハ何レモ同様ナル人ニテ、唯上ニ立タル人ノイザナイニ依テ、風儀ニ連テ能モ悪クモ成コト也。是ハ人ヲ生シテ使《フ》ト殺シテ使トノ差別也。

然ル二近年ハ太平久ク続テ世無事ナル故、世上ノ習ハシ一定シテ、家筋ト云コトカタマリ、上ヨリ中下迄モ大形立身ノ筋モ極リタル故、人々ノ心ニ勇ミナクナリテ、*立身センヨリハ仕ソコナヒヲシテ家ヲ潰サヌ料簡ガ能キト云ヨリ、何事モ大方ニシテ世ヲ渡ル心ニナリ、人ノ心殊ノ外ヲ、チヤクニ成タリ。如クレ此ノニ人ノ心ノ成ル様ニ使フハ、人ヲ殺シテ使ト言物也。同ジ人ニテモ、生スト殺ストニテ、人々各別ニ成事也。

御先々前御代ノ時、御旗本ノ家筋ノ者ヲ御側ニ召仕ハル、ニ、孰モ精ヲ出シテ御奉公ヲ申サズ、御心ニ不ルレ叶ハコト、是人ノ家筋極リテ、人ノ心ノ寝《(ネ)》入リタル故也。依リレ之ニ*役者ニ下輩ナル人ヲ召仕レテ御覧ズレバ、卑《ひく》キヨリ召出サレタル所辱ク、賞ニ引ル、所多キ故、御心ニ応ジタル人モ有テ、立身シタルモ多カリキ。*当時ハ御奉公ノ筋替リタルコト故、其精ヲ出シテハマリタルモ、何ノ詮モ無コト也。

然レドモ、兎角下ヨリ取立テ使フ方ニハ、人ノ精ヲ出シテハマリ勤ルコト人情也。世界ノ家筋極リタル世ナレバ、今ハ御旗本ノ平士サヘ、家筋ヲ堅ク守リ、唯我ト同格ナル御旗本へ養子ニ行ントノミニ心掛、御徒・与力・御勘定・御祐筆等ニハ成ルベキコトニモ思ヒ不レ依ラ。増テカケハナレタル大役ニハ、何程精ヲ出シ身ヲ打入テ勤テモ、今生ノ内ニハ決シテ不レ成ラト思故、人々ノ思切タル分別ハ無クナリ、唯身持堅キ身構ニナリ、金ヲ取、養子ヲ仕、嫁ヲ貰様ナル悪キ筋ニ成タル事、皆人ノ心寝《(ネ)》入タルヨリ起レリ。

*御先々前御代ニ被ニ召シ出サ一タル*役者筋ノ者等ヲ削リ棄ル様ニ思人有レドモ、下賤ナル人ハ貴人ヨリモ有ル二才智一者也。唯使ヒ様ノ悪サニ、其才智皆禍ノ筋ニ成タル也。能ク使タラバ、器量ノ人モ其中ニ可シレ有ル。其上彼等ハ上ノ思召ニテ被ニ召シ出サ一タレバ、其家ニ咎ナシ。下賤

立身センヨリハ…　幕臣のこういう傾向は五代将軍綱吉の極端な賞罰厳明政治の中で顕著になった。「厳有院様(家綱)御代には、御奉公を仕、いかやうなる御役にてもいたし候て、先祖子孫への面目にせんとかせぎ候が、今の御代(綱吉)には、御役を被₂仰付₁候と、一家一類まで薄氷をふむ心地して、なに事なく御役御免あるやうにと、仏神へもきせい(祈誓)をかくる也」(戸田茂睡「御当代記」一)。

役者二下輩ナル人ヲ…　五代将軍綱吉は気に入った能役者を廊下番・桐間番などに多数登用し、その中には番頭に昇進し、従五位下諸大夫の官位を許された者もある。六代将軍家宣の側用人間部詮房《まなべあきふさ》も能役者出身で、かれらの中の出世頭といえよう。そのほかこの頃には新参の幕臣が多数登用された。

当時ハ御奉公ノ筋替リ…　八代将軍吉宗就任当初は、幕臣の家格尊重の空気強く、とくに番士の任命には家格が重視され、また五代以後新参の家は養子の制限をうけた。御家人においては、新参の家は実子があっても世襲が保障されぬ役が多かった。

前　南本により補う。

役者筋ノ者等ヲ削リ棄ル　吉宗に信任をうけた室鳩巣も「只今人心安んじ申さざる事は、常憲院(綱吉)様御代以後新に召し出され候者、御目見

ナル人ノ金ニテ密ニ御家人ニ成タルトハ各別ナル事也。一度御旗本ニナシ玉ヘル者ナレバ、元来ノ御旗本ト同前ノ御アシラヒタルベシ。然ルヲ、元来ノ家筋悪キトテ賤ムコトニナレバ、上ノ御威光ハ不《ル》レ立《タ》事ニ成テ、甚不《ル》レ宜《カラ》事也。仮令百姓・町人ナリトモ、才智アラン者ヲバ新ニ被二召《シ》出《サ》一テ御家人ニナシ玉ハンモ、上ノ御威光ニテ、国家ヲ治ル道ニハ何ノ憚カ可《キ》レ有《ル》。兎角ニ家筋ヲ立ル方ト、賢才ヲ挙ル方トハ裏腹ナルコトニテ、国家治乱ノ別ル、事ハ兹ニ有事也。

又*ナマヲトナシキ了簡ノ人ハ、御徒・与力ニ金ニテナリ、御旗本ニモ金ニテ成ナレ*ドモ、本下賤ナル人ナレバ才智有ベケレバ不レ苦《カラ》ト言事モ、亦心得違也。第一当時ノ風俗、金サヘ有バ何事モナルト云事、極《リ》タル悪風也。其上、小普請手代・代官手代・御用聞町人等ハ、一向ノ百姓等トハ替リテ、利欲ノスヂニ極テカシコク、謀《リ》テ物ヲ取ル筋ヲ仕馴テ、恥ヲ知ヌ者ナレバ、武士ハ甚可《キ》レ忌《ム》事也。但、其頭ノ了簡ニテ、下賤ナル者ニテモ御用ニ可《キ》レ立《ツ》者ヲ吟味シテ、御徒・与力ニ入レバ、何カ可《キ》レ苦《カル》。右ノ様ナル悪類ヲ見逃ニスベキ様ナシ。

是《ク》テコソ*家筋ト、当坐差当ノ利口ニテ御役人ニモ成ト料簡シ、御旗本ヲ支配スル頭モ、御徒・与力ヲ支配スル頭モ、組ノ治ト言事ヲバ夢ニモ不レ知《ラ》、組子ハ意ノ儘ニ暮シ、果ハ身上ナラネバ、金ヲ取テ養子ヲシ、又金ヲ取テ番代ヲ出スコトニ成ヲ、生長《なまおと》ナシキ方ノ料簡ニハ「彼等モ身上ナラズ。サモセネバ成マジキ也」ト、知ル人モ不《ル》レ知《ラ》顔ヲシタルガ、今ハ風俗ト成タリ。

是皆根本ノ所、太平久ク続テ、世ノ風俗ニテ家筋極ヌルコトニ成タル故、*与力ハ先手ノ武役、*御徒ハ御馬先ニ近キ者也ト云コトヲ忘テ、手前ノ奴僕ノ如ク思ヨリ起レリ。御旗本

以上の者、其実子は跡下され候、養子にはすきと罷り成らず、跡断絶仕り候。(中略)是に付、新座の者共はすきと眉をひそめ罷り在り候」(兼山秘策五、享保七年正月廿三日付鳩巣書簡)と報じている。

ナマヲトナシキ 中途半端に物事を理解していること。

ドモ 南本による。底本「ハ」。

家筋ト当坐差当ノ… 役人の選任は真の才能に基くべきにも拘らず、一つにはその者の家柄と、一つにはその場当りの軽薄な才智とによると考えられていること。

与力ハ先手ノ… 与力の本来の任務は戦場における先鋒の戦力である。**御徒ハ御馬先ニ…** 徒士(かち)は将軍の身辺守護の職である。

ノ頭モ身ヲ高振テ、組下ヲ軽ク見ルヨリ起レリ。総体五六十年以前トハ替リ、御旗本ノ会《あひ》釈《しらひ》モ悪ク成タリ。*下ヨリ云事ノ理筋ヲ立サスル事薄ク、御役人モ今ハ上ノ御威光ヲ以テ、下ヲ推《シ》ヒシグコトヲ好ム也。上ノ御威光ナレドモ、実ハ重役人ノ高振《たかぶり》強ク、手前ノ威権募ル仕方也。下ノ廉恥ヲ養フト云事、古ヨリノ道ニテ、下タル人ニ耻ガマシキ目ヲ見セヌ様ニスル事也。御旗本ノ*牢舎ノ問状《もんじやう》ニ*カヽルト云事等ハ、昔ハナキ事ナルニ、近年ハ頻ニ有ヤフニ承ル。人ハ会釈ニテ善《ク》モ悪《ク》モ成ル物也。下輩ニアシラヘバ下輩ニナルト云事ヲ不《ル》レ知《ラ》故也。是等モ皆家筋ノ極ル所ヨリ、自然ト如《キ》レ此《クノ》風俗ニ連テ成行タル也。

御旗本ノ二男三男ヲ御徒・与力・御勘定・御祐筆ニ仕度ト言モ、下輩ニ推下スコトニハ非ズ。唯家筋ノ極タル風俗ヲ破リ、肝心ノ所ハ、其中ヨリ才智モアリ器量モ有ル者ヲ御取立有テ、賞罰ヲ以テ人ヲ御使ヒ遊サル様ニ仕度コト也。少々ハ御取立ソコナヒ有トモ、夫ニハ御構ナク、何者ニテモ器量次第、高官・大禄ニモ成事ト言ニ、世界ヲ仕度事也。当時ノ如ク家筋極タルコトニ成堅マリテハ、中ヨリ下ノ人ハ立身ノ望ハナシ。上ヘハ遠シ。唯下ハ軽薄ト、身持形気下ニ成テ、下タル者ノ才智モ皆用ニ立ヌ筋ニ成ベシ。

一　総ジテ今ノ世ハ諸役人共ニ器量ノ人ナシ。是国家ヲ治ルニ大ナル憂也。総ジテ人ト法トノ二ツヲ分テ可《キ》レ知《ル》事也。法ハ仕方也。人トハ夫ヲ取扱人也。人サヘヨケレバ、仕方ハ悪ク定タリトモ、人ニ器量有故、能《ク》取扱テ国ハ治ル也。人無レバ、仕方ヲ何程ニ吟味シテ善仕置タリトモ、取扱人未熟ナル故、其仕形ノ本迄違テ、不レ覚《エ》悪ク成テ、仕形ヲ吟味シテ立タルモ何ノ用ニモ不《ル》レ立《タ》也。

故ニ国ヲ治ル道ハ人ヲ知ル事ヲ第一肝要ナルコトトスルコト、古ヨリ聖人ノ道如《シ》レ此《クノ》。

下ヨリ云事ノ理筋…　下の者が申し立てる意見の道理のあるところを汲み取ってやること。

牢舎ノ問状ニカヽル　牢舎に入れられて追及を受け、白状させられること。旗本たるものは自己の行為に責任をとらなければならないのに、だんだん廉恥心がうすれ、責任を回避し、虚偽を申し立てる者が増加したため、このような屈辱的訊問を蒙るようになった。

カヽル　底本「カヽルノ」とあるも、丸本により「ノ」を除く。

去バ人ヲ知ト言ハ如何様ニシテ知ト云ニ、其人ヲ一日守リ居タレバトテ、其人ノ器量ハ不《ル》レ知《レ》事也。然ニ愚ナル人ハ、大将ノ目鏡《めがね》ト云テ、名将ハ一目見テモ器量有ル人ヲ知ル等言様ニ覚《ユ》ル也。夫ヲ愚ナル人ハ誠ト心得、己ガ眼力ニテ器量アル人ヲ見出サントス。占カ神《じん》通《つう》ニ非ンバ不《ル》レ知《レ》事也。

其子細ハ、人ニ「汝ガ身ノ器量、如何ナル事ニ得手タリヤ。譬テ言ハヾ、士大将ナラバ、昔甲州ニテ名ヲ得タル*馬場美濃守ガヤフナルヤ、*内藤修理ガ様ナルヤ、*山県三郎兵衛ガ様ナルヤ、*高坂《かうさか》弾正左衛門ガ様ナルヤ、古《へ》漢ノ代ノ*李広ガ如クナルヤ、*程不識ガ如クナルヤ」ト問ントキ、其人己ガ身ノ器量ヲ自身ト下ゲ墨《すめ》テ察センニモ、全ハ知レマジ。其子細ハ如何ナルコトゾト言ニ、終ニ軍ト言物ヲシテ見ネバ、自身ニテモ不《ル》レ知《レ》也。自身サヘ知レヌコトヲ、外ヨリ見テ可《キ》レ知《ル》様會テ無《キ》レ之事也。

名将ノ目鏡ト言ハ、戦場ニテ功ヲ立テ器量アル人ヲ多《ク》見タリ、使タリシテ、大体筋・キツカケヲ覚テ、其筋・キツカケヲ見テ大体ハ知ル也。去ドモ古ノ大将モ人ノ見違有テ仕損有コトマヽ有コト也。大体ハ知ル、ヤフナレドモ、我覚タル筋・*刻符計ニテ、我終ニ見覚ヌ筋・キツカケノ筋ハ不《ル》レ知《ラ》故、見損ジアル也。

然バ人ヲ知ト云ハ、兎角使テ見テ知コト也。左様ナクテ、我眼鑑《めがね》ニテ人ヲ見ントセバ、畢竟我物好キニ合タル人ヲ器量有ト思也。是愚ナルコトノ至極ナリ。其子細ハ、上タル人ハ第*一其身貴ク生《レ》長《ジ》テ結構ナレバ、終ニ物ノ難儀苦労ヲセズ。何事モ心ノ儘也。人ノ智ハ様々ノ難儀苦労ヲスルヨリ生ズル物ナルニ、左様ナルコト無レバ、智慧ノ可《キ》レ生《ズ》様ナシ。乱世ノ名将ハ生死ノ場ヲ経テ、サマ〴〵ノ難儀ヲシタル故、智恵アル也。

馬場美濃守　馬場信勝(一五二四—七五)。武田信玄の家臣。甲州流軍学に通じ、歴戦に功を立て、信玄の死後、勝頼に仕えたが、天正三年(一五七五)長篠の戦で戦死。

内藤修理　内藤昌豊。馬場信勝らと共に武田氏の勇将の一人。同じく長篠で戦死。

山県三郎兵衛　山県昌景。同じく武田氏の勇将。長篠の戦で戦死。

高坂弾正左衛門　高坂虎綱(一五二七—七八)。武田信玄に抜擢された智将。長篠の敗軍を収拾し、勝頼を補佐した。

李広　前漢の将軍。射にすぐれ、或夜山中で石を虎と思い、これを射たところ矢は羽まで没したとの故事で有名である。武帝の時北平太守となり、匈奴からおそれられた。

程不識　前漢の将軍。辺郡太守として匈奴を討伐し、勇名をたてた。

刻符　丸本「キツカケ」。

一　南本による。底本「我」。

其身ノ位貴ケレバ、下々トハ雲埿万里隔ル故、人情ニ疎ク、下ノコトヲ不レ知ラ。*常ニ馴ルヽ人ハ皆高位・大禄ノ人也。高位ノ人ハ高位ノ立廻リ計ヲ仕覚ヘテ、物云タル所、其人ノ取廻シ、上タル人ト能ク相応ズル故、不レ覚エ能ク見ユル也。末々ノ者ハ高位ト交ラザレバ、立廻リ、物言迄不恙《ふつつか》也。又身高位ナラネバ、上タル人ノ肌合、物好ヲモ不レ知ラ。貴賤遙ニ隔ル人ノ、俄ニ呼出サレテ物ヲ申故、怖レ縮テ、事ノ子細ヲ能ク申尽スコトモ成ズ。此レ上タル人ニ襟元ヲミル心、覚ヘズ有ル也。

富貴ナル人ヲ善ト見テハ、貧賤ナル人ヲ悪ト見ルコトハ、本女童カ軽キ者ニ有事ニテ、是ヲエリ元ヲ見ルト云。上タル人等ニ箇様ナル心有間敷事ナレドモ、世末ニ成ルニ随テ、人ノ家筋極テ、上下*別々ニナリタル世界ナル故、高位・大禄ノ人ヲ善人ト思ヒ、末々ノ者ヲ虫ケラノ如ク思フ事、上タル人ニモ免レザル人情也。其上ニ又臣タル人ハ、立身ヲ好ム利欲ノ心、人情ノ不ルレ免レ所ナル故、何レモ上ノ御機嫌ニ合セ、上ノ御心ヲ取ント心掛ルコト甚シ。何程ノ名将ニテモ、下ヨリ是ヲ一大事ト心掛、伺ヒネラフ故、手前ノ物好キ、心ノ癖ヲ見取ラレズト言コトナシ。是又人情ノ免レ難キ所也。

如クレ斯クノ様々ノ子細ニ依テ、手前ノ眼鑑《めがね》、手前ノ才智ニテ、人ノ器量ヲ知ントスルトキハ、必誤リ有事也ト知ベシ。是ニ依テ、人ノ器量ヲ知ル事ハ、其人ヲ使テ見テ其器量ヲ知ル事、古ヨリノ道也。但シ、人ヲ使ト言ニ様々ノ差別アリ。人ヲ使テ其器量ヲ知ト云ハ、上ヨリ物好ヲ出サズ、兎《と》ナセヨ角《かく》ナセヨト指図ヲセズ、其人ノ心一杯ニサセテミルコト也。末世ニハ、利発ナル大将程指図ヲシテ人ヲ使フコトヲ好ミ、「我心ヲ能ク知タル者也」等言テ寵愛ス。是ハ*出頭人《しゆつとうにん》佞好ノ臣ト言者ニテ、誠ノ人才ニ非ズ。左様ニ使テ見テ、役儀ヲ能ク取捌ク

常ニ馴ルヽ人　常時接触している人。

別々　南本による。底本「別人」。

出頭人　武家名目抄、職名部七下「出頭人は譜第にもあれ、新参にもあれ、登用せられて常に君辺に昵近し、政務に預る者をいふ。もとこの出頭といへるは禅家の俗語よりいでたる辞にして、其意は評議の席頭に出座するの謂なり。(中略)足利殿の世となりて、おのづから禅家の辞うつりて、俗家にもしかいひしなるべし」。とくに近世初期に出頭人と称せられたすぐれた政治家が輩出したが、徂徠は主君におもねって寵愛をうけ、立身出世した者の意味に用いている。

ト思ハ、全ク人ノ器量ヲ使ト云物ニ非ズ。唯我身ヲイクツニモ分テ諸役人ニシテ働ク訳ナレバ、我一人ノ智恵ヲ用ル迄ニテ、専ラ自ラ用ルト言物也。

夫共ニ、其人全ク上タル人ノ心ニ毫髪モ差ハズンバ、善コトニハ非レドモ、上ノ望ニハ叶ベケレドモ、凡ソ人タル者ノ生レ附、其器量・才智、人々各別ナル者ニテ、一様ナル人ハ天地ノ間ニ無《キ》レ之事ナル故、「*人心ノ不《ル》レ同《ジカラ》 事面ノ如シ」ト云古語モ有リ。去バ上ノ思召ニ毫髪モ差ハズ、能《ク》上ノ御心ヲ知テ、上ノ御身ヲ分ケタル如クナル人ハ、皆我器量・才智ヲ出サズ、無理ニ推テ上ヘ合セテ仕込タルコトニテ、阿諛諂佞ノ仕方ノミ也。如《キ》レ此《クノ》人ハ身ヲ踏込マズ、忠義ノ心ハ全クナシ。大悪人ト可《シ》レ知《ル》。

此事ヲ「*君子和《シテ》 而不《セ》レ同、小人同《シテ》 而不《セ》レ和」ト孔子モ宣ヘリ。和スルト言ハ*五味ヲ調和スルガ如シ。五味ノ塩梅《あんばい》ト言ハ、各別ノ味ヲ持行テ交合スルコト也。故ニ臣下ハ君ト才智ノ筋各別ナルヲ善トス。君何程才智有テモ、人ノ才智ハ一向ニ得手ナル所有テ、又不得手ナル所有《ル》物也。聖人トテモ如《シ》レ斯《クノ》。故ニ各別ニ違タル才智ノ臣ヲ幾ツモヨセザレバ、君ノ才智ノ足ラヌ処ヲ補フベキ様ナシ。同スルト云ハ、譬バ*フクサ味噌ノ甘キニ、サトウヲ入、其上ニミツヲモ入レ、又アメヲモ入レタルガ如シ。是君ノ心ニ合セテ、物好ノ少モ差ハヌヲ言也。

論語ノ此章ハ、*朱子ノ注解ハ大ニ相違シタリ。*左伝ノ本文ニ此訳悉シク有ル也。此道理古ノ聖人ノ道ナル故、人ヲ使フ道ハ、君ノ思召何程差ヒタリトモ、此方ヨリ指図ヲセズシテ、其人ノ心一杯ニ働カセテ見テ、其人ノ器量ヲ知事也。其上ニテ有《ル》レ功ヲ賞シ、無《キ》レ功ヲ退クベシ。但、*小過ヲ許スト言コト有ハ、小過ヲ咎レバ、其人小過モナキ様ニトスル故、

人心ノ不同事…　春秋左氏伝、襄公三十一年に見える鄭の子産の語。

君子和而…　論語、子路の一章。

五味　甘・酸・鹹・苦・辛。

フクサ味噌　覆紗味噌。すらない味噌のこと。

朱子ノ注解　↓補

左伝ノ本文　↓補

小過ヲ許ス　論語、子路「小過を赦し、賢才を挙げよ」。

鑷キ合ニ　南本により補う。鑷(毛抜)は先端がくい違っていては役に立たぬ物故、物事が完全に適合する様を形容する語。

津液　人体を流れる液の総称。

食積瘀血　食積は食滞(食物がよく胃腸で消化せず滞ること)か。瘀血はふる血。

使テ見タラバ…器量ノ人無レバ　南本により補う。

其才智縮テ働カズ、心一杯ニ自由ヲスルコトガ不《ル》レ成《ラ》也。心一杯ニ働カヌトキハ、其器量ハ見ヘヌ也。故ニ孔子ノ「小過ヲ許サン」ト言シハ、人ノ才ヲ働カスベキ為メ也。愚ナル人ハ、少《シ》キ仕落モナキヲ器量ナリト云ルハ、以ノ外ノ癖事也。

人ノ気質様々成故、才智ノ筋モ様々ナルニ依テ、人ニ得手・不得手アル事、其品亦様々ニ異ル事也。箇様ニ人々様々ニ替ル事ナレバ、今日其人ニ取扱スル事ノ上ニ調度*鑷《けぬ》キ合《あはせ》ニ合タル才ハ無キ者ナル故、少々ノ有余・不足有テ、少々ノ仕落ハナクテ不《ル》レ叶《ハ》事也。少ノ仕落ヲ厭フテ大ナル功ヲ立得ザレバ、咎ハ無レドモ又功モナシ。功ナクンバ何ノ益カ可《キ》レ有《ル》。大ナル所ニ功アラバ、少ノ仕落ハ瑣細ノコトナレバ苦シカラザルコトナレドモ、其事ヲスル人ノ上ニ附テ云トキ如《シ》レ斯《クノ》。

又事ノ上ニ就テ云時ハ、総ジテ少シノ害ヲ捨ネバ、大ナル功ハ難《キ》レ立《テ》者也。タトヘバ風ヲ引タル人ヲ療治スルトキハ、汗ヲ発シテ風ヲ駆《おふ》也。アセハ身ノ*津液《しんえき》ニテ、大切ノ者ナレドモ、身ノ津液ヲバ其儘置テ、風計《リ》ヲ駆フコトハ、医道ニ於テ無キ事也。*食積瘀血《おけつ》ヲ下スモ如《シ》レ斯《クノ》。下ストキハ津液共ニ下テ、其人虚スレドモ、津液ハ下サズシテ食積瘀血計ヲ抜テ取ルコトハ不《ル》レ成《ラ》事也。一切ノ事皆如《シ》レ斯《クノ》。故ニ大ナル功アラバ、小過ハ免《ゆる》サデ不《ル》レ叶《ハ》コト也。聖人ノ語ハ如《ク》レ斯《ノ》、様々ノ道理備テ、今日ノ事情ノ上ニモ深切ナルコト也。然ルヲ「小過ヲ咎ルハ仁心ナキ」ナド論語ノ講釈ヲスル故、意味ノ深クシテ功用ノ広大ナルコトヲモ不《ル》レ知《ラ》モ、是又末世ニナリタル学問ノ弊ナルベシ。

人ヲ知リ、人ヲ使フ道ハ右ノ如シ。去ドモ「今ノ世ニハ器量ノ人ナキ様也。是ハ代末ニ成タル故ニヤ。器量ノ人サヘアレバ、*使テ見タラバ知ラルベケレドモ、実ニ器量ノ人無レバ、何程使テ見度テモ有間ジキ」ト云人アリ。是ハ大ナル僻事也。総ジテ天地ハ古モ今モ同ジ天地也。古ノ天地ハ古ノ天地ヨリ生ル物ニテ、人モ食物モ衣服モ家居モ、何ノ不足モナシ。今ノ天地ハ今ノ天地ニ生ル物ニテ、是又何ノ不足ナシ。人モ又左ノ如シ。今日ノ天地ニハ、今日生ル人ニテ不足ナシ。其代相応ノ器量ノ人ナシト云コトハ、道理ニ於テ無キレ之事也。

代々ノ前蹤ヲ見ルニ、亡ル代ヲ見レバ、其代ニハ器量ノ人一人モ無キ様也。然レドモ、其代ヲ亡シテ取タル方ノ人、ヤハリ其亡ビタル代ノ人也。天ヨリ下リタルニモ非ズ。異国ヨリ来リタルニモ非ズ。ヤハリ其亡ビタル代ノ人ナレドモ、其人ノ器量ナル事ヲ不レ知ラシテ、是ヲ用ヒズ、器量モナキ不肖ノ人ヲ用ル故、其代ハ亡ブル也。其代ホロボシタル方ニテハ、其前代ニ廃レタル人ヲ、其器量ヲ知テ是ヲ用ル故、遂ニ天下ヲ知レル事、歴代皆如シレ斯クノ。去バイツノ世ニモ器量アル人ハ有事也。

唯上ニアルト下ニ有ルトノ違ニテ、器量アル人上ニ有ヲ人有ト云、下ニアルヲ人ナシト言。其器量アル人ノ下ニアル事ハ如何ナル事ゾト言ニ、元来上タル人ニ人ヲ選ム心ナキ故也。人ヲバ相応ニエラメドモ、選ミ様ノ悪ケレバ、自ラ人ヲ撰ム心無キレ之ニ当ル也。撰ミ様ノ悪キト云ハ、最前ニ云タル如ク、上ノ物数奇ニテ人ヲヱラム故、各別ナル智恵ノ人ハ気ニ合ズシテ不レ用ヒ、我気ニ合タル人計ヲ用ル故、幾人取出シテモ、唯上ノ身ヲ分タル様ナル者ニテ、幾人ニテモ一人ノ如シ。是ヲ無シレ人ト云也。

此上ニ又様々ノ悪弊有テ、邪魔ト成テ、善人ハ倍《ますます》下ニ隔テラレテ見エヌ也。使ヒ入レバ善人ニ可キレ成ル人モ皆悪クナル故、益《ますます》人ハ無ナル也。其様々ノ悪弊ト言ハ、人ニ身ヲ踏込セヌ

一分 自己の職責、面目。

中頃ヨリ御加増ヲ… 五代将軍以降の一部の事例についてみるに、必ずしも加増は老中・若年寄など高官に限られてはいない。しかし平番士・平組士などで有能な者は、組頭・番頭・奉行などに抜擢され、加増も昇進に伴って施行されているので、同一の職にあっての加増の例はあまり多くない。また中・上級の旗本で家禄の多い者が、その家格によって番頭・奉行などに昇進した場合には、加増はほとんどないようである。

様ニ仕来タル事、是第一ノ悪弊也。当時ノ治ハ余ニ人ヲ押扣ヘ、殊ノ外ニ過タリ。唯小供ノ守ヲスル如ク下タル人ヲアテガヒテ、悪事ヲサセヌ様ニナシ、勤柄ハ一々ニ指図ヲシテ、何事モ上ヘ伺テ勤ル故、智恵ヲ出ス事ハ不《ル》レ入《ラ》也。唯小供ヲ使フ如ク下ヲ使フコト、是上タル人ノ智恵ニテスム事ト覚ル。

如《キ》レ斯《クノ》 世界ナル故、人々己ガ才智ヲバ出サズ。去バ才智有ル人モ才智ヲ出サズ。才智ナキ人ハ人ノ才智ヲ仮ル故、才知ノ附ベキ様ナシ。人ノ選ハ唯立廻リ利口ニテ、上ノ気ニ碍《さはら》ヌヤフニト、物毎ニ能《ク》念ヲ入テ上ヘ伺フ人ヲ、何役ヲモ仕落ナク可《キ》レ勤《ム》人也ト思フ。如《ク》レ斯《クノ》ナレバ、下タル人ハ何事モ上ヘモタレ居テ、身ヲ踏込テ*一分《いちぶん》ノ事ヲ立派ニ立ルコトハ、曾テ成ラザル筈ノ事也。才智アル人ハ才知ノ出シ所ナキ故、唯上ノ心ニ合セント才智ヲ廻スヨリ外ノコトナシ。扨ハ仕落ヲ為マジ／＼ト用心スル迄也。

聖人サヘ過ハ有ナレバ、仕落ハ誰モ有事也。悪事ハ上ノ押ヘ扣ヘ無テモスマジキコト也。上ノ押ヘ扣ヘナキトテ悪事ヲスル程ノ人ヲ囲ヒ置タレバトテ、何ノ用ニカ可《キ》レ立《ツ》。左様ノ人ハヤハリ打捨置テ、悪事ヲサセテ潰シタルコソ然ルベケレ。用ニ不《ル》レ立《タ》人幾程カ知行ヲ費テ居ルナレバ、左様ノ人ヲバ潰シテ、善人ヲ取立テコソ、賞罰ノ道ニモ叶フベケレ。

右ノ如クナル治ニテハ、下タル人ハ皆御老中・若老中ノ御カゲニテ御奉公ヲ勤ト云者也。実ニ下ニ才智ナクテ、御老中・若老中計ニ才智アルニ非ズ。唯箇様ニ人ヲ使ヒナシタルコトナル故、下ハ自ラ才智ナキ者ニ成タル也。此段証拠明カナル子細ハ、*中頃ヨリ御加増ヲ取ル人ハ唯御老中・若老中ナド計ニテ、下タル人ニ其沙汰ナキハ、上ノ思召モ此通ナリト見ヘタリ。去バ下タル人、身ヲフミ込テ可《キ》レ勤《ム》様決テ無《キ》レ之事ナレバ、才智ノ見ベキ様ハ曾テ無《キ》レ之事也。箇様ニ使ヤフノ悪ヲバ差置テ、今ノ世ニハ無《シ》レ人ト言ハ勿体ナキコトト某ハ存ル也。天地ヨリハ、何レノ世ニモ才智有ル人ヲバ生ズルヲ、如《ク》レ此《クノ》使ナシテ、使ヤフノ悪ヲバ顧ズ、今ノ世ニ無《シ》レ人ト言事、身ヲ高振余リ、天地ノ徳ヲナイガシロニスル事、天ノ咎メ懼シケレバ、勿体ナキニ非《ズ》ヤ。

総ジテ下ニ指図ヲシテ使フ事悪キコトノ第一也。事モナキ時分ニ、利発ナル大将下ニ指図ヲシテ使ヘバ、世俗ノ目ニハ美《よ》キ様ニ見ユレドモ、下ニ才知ヲ出サセツケヌ故、下々ハ皆阿房ニナル也。故ニ其大将ノ存生ノ内ハヨキヤウナレドモ、其大将死*タル時ニハ、俄ニ火ノ消タル様ニナル者也。殊ニ乱国ノ時ニ至テハ*、一日路モ二日路モ、乃至十日路・二十日路モ手放シテ遣ス事故、一々指図ハ不《ル》レ成《ラ》事也。殊ニ軍ノ変ハ思ノ外ニ出ル者ナレバ、遠方ヨリ指図ハ曾テ不《ル》レ成《ラ》事也。然ルニ人ヲ右ノ如ク使ヒ附タルトキハ、下タル人、上ノ指図ヲ受付タル癖附テ、才知ノ働キ必ズ出ヌ事故、総ジテ治世ヨリ乱世ニ移ル境ニテハ、必乱ヲ起シタル方ニ勝アル事、歴代皆如《シ》レ此《クノ》。是皆治世ノ上、人ノ了簡兎角我物好ニ人ヲ使ヒタガルコト、古モ今モ同ジコトナル故、下タル人ニ悪キ癖附テ如《シ》レ斯《クノ》。玆ノ境ヲ能《ク》会得シテ、人ニ踏込セテ働カスル様ニ可《キ》レ使《フ》事也。

扨又当時ハ何事モ理筋*ヲ立ルコト薄ク成タリ。是又人々器量ヲ出サヌヤフニナル悪弊也。総ジテ下ヨリ上ヘ物ヲ申ハ、十アルコトナレバ一ツカ二ツナラデハ得申サヌ者也。昔ハ下ヨリ申ス事ハ、理筋ノ有事ナレバ少々*無調法《ぶてうはふ》有テモ尤ト賞翫シテ立タルコト、世ノ風俗也。近年ハ兎角老中・若老中モ番頭《ばんがしら》等モ、下ノ理筋ヲ立ルコトヲ聞テモ、最ト思ナガラ、顔容ヲ悪シテ、*フアシラヒニスル。其人理強テ押ヘラレヌ事ナレバ、知慧ヲ廻シテ外ノコトニ

タ　南本により補う。

テ　同右。

理筋ヲ立ル　理窟で押す。

無調法　不調法。礼を失すること。

フアシラヒ　南本「不会釈」。正当な応待・応答をしないこと。

テ押ユル様ニシテ、下ニ物ヲ言ハセマジキトスル也。如《ク》レ此《ノ》ナル故、下タル人兎角「何事モ黙止タルガ善《キ》ゾ、上ノ機嫌ニ逆ハヌ様ニスルガ善《キ》ゾ」ト云コトニ皆々ナル。此風俗今ハ十分ニ行渡テ、世間不レ残《ラ》阿諛諂佞ノ唯中トナル。

総ジテ下ヨリ上ヘハ物ヲ申シ悪キ物也。去ドモ道理ノサトキ人ハ、道理ニ乗ジテ申事モアリ、又上ノ御為大切ト、*ハマリタルニテ申ス事モアリ、又一旦上意ノカタジケナキニ堪ズシテ申コトモ有ドモ、其場ヲ立去テハ、夜ノ眠覚《ねざめ》ナドニハ「偖モ今日ハ詮モナキコトヲ申タルコト哉。上ノ御咎モ計リ難シ。御老中又頭ノ気ニ障リ有テ身上ノ害ト可レ成《ツル》」ト思ヘバ、毎度後悔出ルハ人情ノ常也。如《キ》レ斯《クノ》トキハヒタスラ後悔ノ出ルガ重《ナ》*リテ、後ハ物不《ル》レ言《ハ》コトニ成也。

加藤清正ガ家来ニ飯田覚兵衛*ト申ス武功ノ者アリ。初角兵衛ト、角ノ字ヲ書タルヲ、太閤ノ上意ニ「覚ノ字ニ書ケ」ト有テ書替タル程ノ者也。此者申タリシハ「我一生ハ清正ニダマサレタリ。最初武功ヲシタルトキ、其場ヲ立去テ見タレバ、我ト同キ傍輩皆々鉄炮ニ中《あた》リ、矢ニ中テ死タリ。扨モ危キコト也。最早是切ニシテ、武士ノ奉公ハ止ムベシト思ヒタリ。帰ルト否ヤ、清正折ヲ延サズ、扨モ今日ノ働キ神妙也、云ン方ナシトテ腰ノ物ヲ賜ル。如《ク》レ斯《クノ》毎度其場ヲ去テ後悔スレドモ、清正毎度時節ヲ遁サズ、或《ハ》*陣羽織、或ハ感状ヲ与ヘ、諸朋輩モ皆ウラヤンデ賛嘆スル故、夫ニ引レテ引込コトナラズ、麾*ヲ手ニ掛テ、士大将ト言ルヽ程ニ成タルハ、清正ニ誑サレテ本意ヲ失ヒタリ」ト語リキ。此者忠広*没落ノ後、京ヘ引込テ、再ビ奉公ヲカセガズ、安楽ニフケリテ居タル時ノ物語也ト、彼家ノ故老ノ話也。

ハマリタル　役目に心を打ちこんだ状態。

リ　南本により補う。

飯田覚兵衛　巻二、三二〇頁頭注参照。

陣羽織　陣中で鎧・具足の上に着けた衣服。羽織に似て袖がない。

麾　指揮の旗。

忠広　加藤忠広(一六〇一—五三)。加藤清正の長男。肥後熊本城主であったが、寛永九年(一六三二)五月領地を没収され、出羽庄内に配流された。その理由は様々伝えられるが真相は明らかでない。

是ハ戦場ナレバ各別ノ様ナレドモ、治世ニテモ、上ヘ物申ハ下タル者ノ身ニハ虎口同前ノコト、身ノ危サハ同ジコト也。此情ハ下トナラネバ不ルレ知レ事也。此事ヲ*三略ニハ「*主将ノ法ハ務テ英雄ノ心ヲ取」ト云リ。昔*北条早雲、*七書ヲ聞ベシトテ、最初ニ此所ヲキヽ、七書ヲ皆マデ聞ニモ及バズ、我合点セリトテ、其跡ヲバキカザリシト云リ。余リ早*マリ過タル様ナルコトナレドモ、名将ハ合点ノ程徹底シテ、人ヲ使ヒ、人ヲ知ル道ノ外ニ軍法ハ入ヌト云コトヲ、明ニ見抜タル故也。

去バ下ヨリ申コト理筋ニ中リタルコトナラバ、少シ足ヌ所アルトモ、夫ニハ不レ構ヘ、随分賞翫シテ褒美スベキコト也。愚ナル人ハ*器量少《ちひ》サクテ、下タル者ト丈競ベスル心ナル故、其程ノコトハ誰モ知タルコトトテ、下ト智恵争ヲスル也。名将ハ其所ニハ不レ構ヘシテ、下トシテ能クモ申タルトテ、其申タル所一筋ヲ賞翫スル心行キ、遙ニ別也。是ヲ「英雄ノ心ヲ取」ト云也。唯管《ひたすら》ニ如クレ此クノスレバ、下タル者ノ心ニ勇ミ出デ、賤キ者ノ申タルヲ聞届ラレタル所、下タル者ノ身ニハ殊ノ外カタジケナキ物ナル故、是ヨリシテ役儀ニハマル心出来ル者也。少シ学文シテ聖賢ノ旨ニ徹底セヌ者ハ、下ノ云コト少シ是ナラネバ、直ニ上ヨリ教テ、其言コトヲ半立テ、半バ抑ユルコト、甚ダ宜シカラズ。又「下ニ物言ハスレバ*傍ノ示ナクナル。是ヨリシテ、下タル者我儘ヲ不ルレ言ハガ能シ」ト言類ハ、又以ノ外ノ悪キ事也。

総ジテ御政務ノ筋ハ上ノ私事ニ非ズ。天ヨリ被レ二仰セ附ケ一玉ヘル御職分也。増テ老中・諸番頭ハ上ヨリ被レ二仰セ附ケ一タル職分也。下タル人ニテモ、御政務ノ筋ニカヽリタルコトヲ申ハ、、暫ノ内、上ノ御同役也。老中・諸役人共ニ暫ノ内同役ナレバ、下タル者モ遠慮スベキ事ニ非レドモ、下タル者ノ浅マシサハ、御威光ニ押ヘラレテ、何程ソダテラレテモ云兼ルハ下

三略　古代中国の兵書。上略・中略・下略より成る。漢の張良が黄石公から授かったもので、周の太公望の作といわれている。

主将ノ法ハ…　三略、上略の冒頭の語「夫れ主将の法は、務めて英雄の心を攬り、有功を賞禄し、志を衆に通ず」。

北条早雲　後北条氏の祖(一四三二—一五一九)。はじめ伊勢新九郎長氏と称し、今川氏の客分となり、やがて関東に進出して小田原城を本拠とした。

七書　古代中国の兵書。孫子・呉子・司馬法・尉繚子(うつりょうし)・三略・六韜(りくとう)・李衛公問対の総称。

マ　丸本により補う。

器量少サク　底本・南本「器量」の下に「サヘ」とあれど、丸本により除く。

傍示　周囲の者に対する戒め、訓し、権威。

天道　宇宙万物の主宰者。

尸位素餐　徳なくして位に居り、功なくして禄を受くること。「今、朝廷の大臣、上、主を匡す能はず、下、以て民を益するなし。皆尸位素餐なり」(漢書、朱雲伝)。

本文　古書などの典拠とすべき文句。この場合は論語、子路の語。

曲ゲテ　自己の意見を抑えて。

大学　礼記の大学篇。

秦誓　書経、周書の一篇。

言　南本による。底本「事」。

一所ニ落ル　究極的には一つの目標に集中する。

ノ人情也。殊ニ下タル者ハ、暫ク其事ヲ談ズル内ノ同役、上ハ常住ノ御役儀ニテ、下タル人ヲ其事ニ掛ルモ、元上ノ心ナレバ、上タル人ヨリ言スル様ニセデハ不ルレ叶ハ事也。

然ニ下ニ物ヲ言セヌ様ニスルハ、*天道ニ対シテ恐レ有リ。其上人ヲ使フ道ヲ不レ知ラ。人ヲ知ル事、老中・番頭以上ノ職分第一ノ重キ事ナル事ヲ知ネバ、*尸位素餐《しゐそさん》ノ罪免レ難シ。此職分ノ事ヲ知ラズ、唯我才智ヲ出ス計ヲ職分ト思フ故、上ヨリ才智ヲ出セバ、下ノ才智ハ出ヌ物也。前ニ言タル「和シテ不レ同セ」ト云*本文《ほんもん》、聖賢ノ奥儀ナルコトヲ不レ知ラ。上タル人、下ト才智ヲ争フハ、是上タル人若輩ノコト也。

上ハ*曲ゲテ下ヲ立ルハ、上タル人ノ無智ニ非ズ。総ジテ瑣細ナル事ニ才智ヲ出スハ有司ノ職ニテ、大臣ノ職ニ非ズ。大臣ノ職ハ、*大学ニ引タル*秦誓ノ*言ニ「他ノ技ナク、其心休々焉トシテ容ル、事アル」ヲ大臣ノ役トス。是タワイモナクオトナシキヲ貴ブニ非ズ。人ヲ使フ道ヲ能ク会得シテ、才智アル人ヲ取出スヲ大臣ノ職分トスル故、人ノ申事ヲ、理筋ヲ立テウケ入ル、事ヲ、ヨキ事ニ言ル也。

他技ナシト言ハ、人ヲ取出ス計ノ得手ニテ、別ノ才智ナシト言事也。去バ大臣タル人ノ我才ヲ出シテ下ト智ヲ争フハ、以ノ外僻事《ひがごと》也。総ジテ上タル人ニハ得手ナル筋モ嫌フコト也。何故ナレバ、得手ナル筋ヲ仕覚タルコトナレバ、アナガチニ夫ヲ自慢ハセネドモ、人情ニテ、自慢ノ心ナクトモ、其筋違タルコトヲバ必ズ聴入レヌ物也。故ニ他技ナシト云ル也。聖人ノ書ハ作用広大ニテ、何レモ〳〵*一所ニ落ル事也。去バ人ヲ使フ道ヲ得テ、人ノ才知ノ出ル様ニスル事、老中・番頭以上ノ職分成コト明カ也。

右ニ云タル、下ヨリ申コトノ理筋立タラバ、其足ラザル所ハ不レ構ハ、其理筋ノ立タル所ヲ賞シテ、時ヲ得テ「先日爾《なんぢ》ガ言所尤也。去ドモ如《キ》レ此《クノ》差支アリ。此処ハ如何スベキ」ト程ヲヘテ可《キ》レ申《ス》事也。箇様ニ有トキハ、理ニ叶タル所ヲ賞スル筋立テ、下ノ心ニ縮ミ不《ル》レ附《カ》也。其坐ニテ、半ハ立テ半ハ抑ルトキハ、下タル人ノ心、兎角上ノ思召ニハ及バヌト思ヒ、再*ビ物ヲ申サヌ也。其半ヲ押ヘラレタル所ヲ、却テ無理也ト思附テモ、尚々申サヌ也。然バ其半立タル所能《キ》様ナレドモ、下ノ心ニ縮附タルハ、全ク押ヘタルト同ジコト也。箇様ナル事ヲ、孟子ハ「*五十歩百歩ノ違」ト云リ。

サテ右ノ如ク下ヲ使ヒ込テ、其役ニハマラスルトキハ、賢才ノ人顕ル、也。並ナル人ノ才知ハイツモ同ジコトト思ハ、道理ヲ知ラザル故也。同ジ人ニテ、才智俄ニ生ズベキ様ナケレドモ、其事ニ全体ハマリテ見レバ、才知各別ニ湧出ル物也。聖人ノ教ニ*忠*信・*忠恕ト言コトヲ大切ニスルハ此事也。忠ト云ハ其事ニ身ヲ打ハマリテスルヲ云。如《ク》レ此《ノ》ナレバ人ノ才知誠ニ顕ル、故、聖人ノ道ニ忠ヲ貴ブコト也。唯実ナルトテ賞スルナド言様ナル作用ナキコトニ非ズ。聖賢ノ教ハ何事モ皆治国平天下ノ筋ニ通フコト也。

総ジテ剣術・馬戦ノ上ニテモ、全体ニハマル所ニ妙用発シ、敵ノ打ツ太刀ノ下ニ入テ真二ツニナル所ニテ敵ニ勝ハ是也。我幼少ヨリ文章ヲ好テ書クニ、昔書タル文章ヲ跡ヨリ見レバ、「扨モ我ナガラ能ク書タルコト哉。何トシテ斯ハ書ゾ」ト思フ文章アリ。是全体ニハマリタルト、ハマラヌトノ違也。人ノ才智ハイツモ同ジ事ナレドモ、其事ニハマラネバ、其人ノ才智ノ全体ニナラヌ故、其才智十分ニ顕レヌ也。此事ニハマリテ見レバ全体ニナル故、才智ノ全体出現スル。此妙所ハ、業《わざ》ヲセヌ人ハ不《ル》レ知《ラ》也。

此道理ニテ、人ヲ知ル道ハヤハリ人ヲ使フ処ニアリ。毛頭我使ヒ様ノ善キニテ其人ニ才

ビ　南本により補う。

五十歩百歩　孟子、梁恵王上「兵刃既に接し、甲を棄て、兵を曳いて走る。或は百歩にして後止り、或は五十歩にして後止る。五十歩を以て百歩を笑はば則ち何如。曰く、不可なり。ただ百歩ならざるのみ。是また走るなり」。

忠信　論語、学而「忠信を主とし」、同、衛霊公「言は忠信、行は篤敬ならば、蛮貊(ばんぱく)の邦と雖も行なはれん」。

信　南本による。底本「臣」。

忠恕　論語、里仁「曾子曰く、夫子の道は忠恕のみ」。

智ノ生ルニハ非ズ。古ヨリ歴史ヲ考ルニ、善人ノ中頃ニ変ジテ悪クナルコトアリ。何ノ才智モナキ様ナル人、使ヤフニテ才智アラハレタル類極テ多シ。大将タル人ノ職分ハ全ク此所ニ止ル。近頃甲州ノ板垣信賢*ガ「誰モ見ヨ」トノ歌ニテ忽チ*悪ク成タルモ此類也。

扨又人ヲ知ルニ筋・*刻符《きっかけ》ノ有ト言コトハ、大概癖ノ有ル人ニ勝《すぐ》*レタル人アル者也。癖有ガ不レ残ラマサリタル人也ト云ニハ非ズ。一癖アル者ニ勝*レタル人多キ者也。依リレ之ニ面魂ニ一癖有トテ、左様ノ人ヲ名将ノ賞翫シタルコト多キ也。聖賢ノ書ニハ是ヲ器*ト言。器ト云物ハ、仮令バ槍ハ突ク業計リニテ切ル業ナシ。刀ハ切ル業計リニテ突ク業疎シ。錐ハ尖リテ鎚ノ役ナラズ。鎚ハ鈍クテ錐ノ役ナラズ。総ジテ刃物ハ鞘ニ入テ置ネバ、大ナル怪我ヲスルガ則其癖也。其刀ノ鞘ナクテ怪我セズ、錐ノ当テ疵ヲ不レ附ケト云ハ皆癖ナキ者ニテ、其代リ何ノ用ニモ不ルレ立タ者也。其癖ト言物ガ則器也。

去ドモ其事ノ善所ハ、何レモ使テ見ザレバ不ルレ知レ者也。唯見レバ其偏癖ナル所計リガ目ニ懸ル。是癖也。去バクセノ有ル者ニ非ザレバ、器ト言フ物ニ非ズ。器ニテ無レバ役ニ不ルレ立タ物也。人モ左ノ如シ。故ニ人ノ才能・智恵ノ面々ニ異リアルコトヲ器ト云。人ニ器量ト言モ此文字也。是人ノ才智様々各別ナル故、是ヲ使テ用ニ立ルコト、右ニ言タル「和シテ而不レ同セ」ト言フ道理ニ叶フコト也。

但、大将ノ器量ノ大小ニ依テ、其器ヲ使フニ物好キ各別也。譬バ医者ニ石膏・*大黄《だいわう》・*巴《は》豆《づ》・*附子《ぶし》等ヲヨク使モアリ。*陳皮《ちんぴ》・香附子《かうぶし》計リヲ使フモ有。陳皮・香附子ナドハ平和ノ剤ニテ癖ナシ。サレドモ其大毒アル石膏・大黄・附子・巴豆ナドヲ引コナシテ使フ医者デナケレバ、勝レタル療治ハ不ルレ成ラ也。故ニ名将ハ一癖有ル者ヲ好ム也。下手医者ハ陳皮・香

板垣信賢　信形・信方とも記す。武田氏の武将。武田信玄を守り立て、参謀として軍功を重ねたが、その子信里に信玄が与えた和歌「誰も見よ満ればやがて欠る月の十六夜の空や人の世の中」を見て、これは信玄が自分の僭越を戒めたものと思い、己の誠実を明らかにするため、天文十六年(一五四七)八月、村上氏との戦に奮闘して戦死した。

チ　南本により補う。

刻符　丸本「キツカケ」。

レ　南本・丸本により補う。

器　それぞれ特定の役に立つもの。論語、為政「君子は器ならず」。

大黄　たで科の多年生植物。その根茎を健胃剤・瀉下剤に用う。

巴豆　たかとうだい科の常緑小喬木。種子の油は猛毒で、下剤に用う。

附子　「とりかぶと」の根を乾した毒薬。

陳皮・香附子計リヲ使フモ有　丸本により補う。陳皮は蜜柑の皮を乾した薬。鎮咳・発汗・健胃剤に用う。香附子は「はますげ」の地下茎を乾した薬。通経薬。

附子計ヲ使フハ、薬中リヲ気遣テ也。古ニハ*泛駕《ほうが》ノ馬ヲ賢才ニタトフルハ、車ヲハネカヘシテ駆出ス程ノ馬ニ非レバ、勝レタル馬ニ非ザルニ喩ヘテ、人ニ替リタル癖ノアル人ヲキツカケニシテ、才智ノ勝レタル人ヲ尋ルコト也。

又「君子ハ不レ器《ナラ》」ト云ハ、夫ヲ使フ人ハ一芸一能モ無レドモ、右ニ言タル大学、秦誓ノ文ノ意ニテ、器量ノ人ヲ取出スコトヲ言ナリ。*朱子ノ注ニ、船ニモナリ、車ニモナリ、万能丸ニナル人ヲ「不レ器《ナラ》」ト言トイヘルハ誤也。中庸ニ「*舜好《ミ》レ問《ヲ》、好《ミテ》察《ス》ニ*邇言《ヲ》一」ト云ルハ、聖人モ不レ知《ル》所《ラ》実ニ有ル故ニ、人々ニ種々ノコトヲ問ヒ、了簡ヲ云セテ、是ヲ用ヒ、人ヲ其役儀ニハマラセテ、其人ノ才智ヲ一杯ニ可《キ》レ顕《ス》タメノ妙術也。下タル者ノ才智十分ニアラワレタル時、賢*才ハ知ル、*コトニテ、古ヨリ国天下ヲ治ルニハ、唯人ヲ知ルヲ智恵ノ至極トスル故、孔*子モ是ヲ大知ト宣ヘルハ、惟人ヲ生シテ使フト殺シテ使トノ差別ニ依テ、賢才ノアラハル、ト、アラハレヌト替リアリ。

去ドモ世末ニ成ニ随ヒ、上タル人ノ器量小*クナル故、物ヲ気遣フ小気ナル心強ク、一癖アル人ノ中ニテ才智アル人ヲ取出スコトヲ不レ知《ラ》、唯陳皮・香附子ノ様ナル、毒ニモ薬ニモ成ヌ人ヲ好ミ、又学問ノ筋悪ク成タルヲ聞ズシテ、*万病円ニナル人ヲ実ノ賢才ト心得テ、左様ノ人ヲ尋レドモ、古ヨリ左様ノ人ハナキ者ナル故、今ノ世ニモ見当ラネバ、善人ハナキト言ニ成タル也。彼万能丸ノヤフナル人ハ、皆*根入《ねいり》モナキ薄キ人ニテ、然モ方々ヘ能合《ク》セ、誰ニモ善人ト思ハル者ナル故、孔子ノ宣ヘル*郷愿《きやうげん》ト言者ニテ、何ノ用ニモ不レ立《ル》《タ》物也ト可レ知《シル》。故ニ賢才ト云ハ一器量アル人ヲ言テ、左様ノ人ハ一癖アル人ノ内ニ多クアル者也*ト了簡シテ、其人ヲ役儀ニハマラスル様ニ使ヒ込トキハ、実ノ賢才アラワルベシ。

泛駕ノ馬　あばれ馬。漢書、武帝紀「それ泛駕の馬、跅弛（たく）の士も亦これを御するにあるのみ」。

朱子ノ注ニ…　「弁道」14、二五頁「舟なるべく…」の補注参照。

舜好問…　礼記、中庸篇の語。

邇言　卑近・通俗の言。

才　南本・丸本により補う。

、　丸本により補う。

孔子モ是ヲ大知ト　「子曰く、舜は其れ大知なるか」(礼記、中庸篇、前出の語の直前にあり)。

小　南本・丸本による。底本「少」。

万病円　万病にきくという丸薬。

根入　柱の根の地中に埋めこんだ部分。

郷原　郷原。八方美人。識見・徳行もないのに、その郷の人情に媚び、有徳者と認められようとする者。論語、陽貨「郷原は徳の賊なり」。

ト　丸本により補う。

御老中・番頭以上ノ人ハ、唯人ヲ取出スヲ我第一ノ職分ト心得テ、サヤフノ人ヲ取出スコトヲ昼夜ニ心掛べキ也。殷*ノ高宗ハ賢人ヲホシク思召テ、*傳説《ふえつ》ヲ夢ニ見玉ヘルト言コトアリ。上タル人ハ、真実ニ人ヲ得タク思召サバ、人ハ必出ル者也。是誠ノ感通、天道ノ冥《みやう》助《じよ》ニテ、必有ルコト也。努々《ゆめゆめ》疑フべカラズ。唯人ヲ取出シ度ト云心ナキ故、善《キ》人ハ出ヌ也。人ヲ取出シ度ト云心ナキコトハ、学文モナク、下ノ情、事ノ務ニ疎ク、生レナガラノ上人ナル故、覚ヘズ手前ノ才智ヲ自慢スル下心有テ、唯我心ノ如キ人ヲホシガリテ、手前ノ才智ニテ事タルト思フヨリ、人ノホシキト云心ハ真実ニハ不《ル》ㇾ起《ラ》也。

扨又人々御役儀ニ身ヲ蹈込ヌコト、上ト下トノ間、昔ニ比スレバ殊ノ外ニ隔ル故、下タル者、上ヲ親ム心薄ク成テ、今ノ代ハ身ヲフミ込ム人ナキ筋モ有ル也。東*照宮・台*徳院様ノ御世ハ申スニ不ㇾ及《バ》、*大猷院《だいいうゐん》様御代迄ハ、御番衆ノ詰所等ヘモ、折々ハナラセラレ、暫ク御着座有テ、御話ナドモ有タリト承ル。厳*有院様御幼少ニテ天下ヲ知シ召ス故、未ダ其心至リモ御座ナサレヌ内ニ、下*ノコトヲ御存知ナレバ、却テ下ノ難儀ナリト、其時ノ老中了簡シケルニヤ、唯御行儀ヲウス高ク仕ナシタル風儀伝《リ》テ、当*時ハ上下ノ分別甚ダシキ故、御旗本ノ面々甚ダ上ヘ遠クナリ、自ラ上ヲ親ム心自然ト薄クナル。

其ノミニ非ズ。御老中・若老中・番頭等モ殊《ノ》外ウス高ク成タリ。昔ハ御老中・若老中モ親類又筋目アル近付トハ、出合テ心易ク物語モシタリ。番頭ハ組子ト不断ニ心易《ク》シ、組子ノ宅ヘモ不時ニ行《ク》事度々ナリト承ル。今ハ老中・若老中モ身ヲ高上ニ構ヘテ人ニ不ㇾ逢《ハ》。唯早朝ニ対客トテ人ニアフ事計リニ成タリ。番*頭ハ組子トロク〳〵ニ物ヲモ云ズ。組頭ヲ中ニ立テ、殿様ノ様ニ構ヘテ組子ニ対面スル様ニ成タリ。

殷ノ高宗　殷の中興の主。名は武丁。**傳説**　高宗の相。高宗が夢に聖人を見、その容貌を画かせて百官に探し求めさせたところ、傳巌という所で囚人と共に道路工事をしていた説を見出して相に登用し、傳姓を名のらせた。

東照宮　徳川家康。

台徳院　徳川秀忠。

大猷院　徳川家光。

厳有院　徳川家綱。慶安四年(一六五一)第四代将軍となった時は十一歳であった。

下ノコトヲ御存知…　家綱将軍継統のはじめ江戸城天守に登った時、側近の者が遠眼鏡で四方を見下ろすことをすすめたところ、家綱は、将軍としてそのような軽々しいことはできぬと拒否したという逸話がある(厳有院実紀附録)。これは将軍と民衆との隔絶を示すものといえる。

当時ハ上下ノ分別…　家光の晩年から家綱の時代にかけて、幕臣内部をはじめ、社会の身分階層が明確化された。

番　南本により補う。

御旗本ノ面々モ朝出ト言事ヲ第一ノ勤ト覚テ、未明ヨリ御老中・若老中ノ宅へ詰、御勇健・息災ヲ云タル迄ニテ帰ル。何ノ所為ゾト問ヘバ、御老中・若老中ニ知ラルベキ為也ト云。神明ノ如クナル大才智ノ人ナリトモ、対客ニテ其人ノ才智・器量ヲ知ルべキ様ナシ。総ジテ人ヲ知ルコトハ、能ク知タル人ノ吹挙ニナラデハ知レヌコト也。昔ノ御老中・若老中ハ、親類・知人ニモ折々ハ出合フテ、話ヲモ聞、下ノ*アラモ是ニ依テ知リ、又人ノ人品・器量ヲモ知タルハ、是狭キヤフナレドモ、唯能キ人ヲ見出スベキト云心ノ、其比ハ有タル故、孔子ノ「*汝ガ知ル所ヲ挙ヨ」ト仰セラレタルニ叶テ、器量アル人モ是ニ依テ世ニ出タリ。

代末ニ成ニ随テ、親類・近附ノ取成ニテ人ヲ見出スハ、依怙ノ様ナルヲ嫌フ*景気ノ心モアリ。又老中ノ職ハ細ナルコトヲバ勤ヌコトナルニ、今ハ面々ノ職掌ニ暗ク、下タル役人ノ*世話ヲヤクベキ瑣細ナルコト迄モ聞テ、御奉公ニ精ヲ出スト言様ニ仕ナス風俗ニ、身ノ高振モ加へ、退出スレバ*クタブレテ、内へ入テ休息シ居テ、親類・近附ニモアワズ。朝ニナレバ、詮モナキ対客ヲ役目ノ様ニ覚ユル。是人ヲ見出ス事ノ職掌ナルコトヲ不ルレ知ラ故也。番頭モ組子ニ心易クアハザレバ、何トシテカ其器量ヲ見、人品ヲモ可キレ知ル。

御旗本ノ面々モ、唯御老中・若老中ヲ務《メ》歩行《あるき》、チヨツト面ヲ見セタル計リニテハ、心ニ落著モナケレバ、其家中ニ縁ヲ求メ、*内証ヨリ付入ナドスル。如何サマニモ、度々参リタル人、又ハ内証ヨリ取ナス人モアレバ、覚ヘズ皆ヒイキノ沙汰トナル。

御旗本ノ面々、番頭トハ遠ク、御老中・若老中トハマタ一段遠ク、*御上《おかみ》トハ益《ますます》遠ク隔タル故、下タル者ノ情、上ト隔タレバ仲間組合フコト人情ノ常也。御老中・若老中・番頭

アラ　粗。人の欠点。

汝ガ知ル所ヲ挙ヨ　論語、子路(三六七頁頭注参照)。

景気　人気、気配。

話　南本により補う。底本「役」。

クタブレテ　丸本による。底本「走セテ」。老中が瑣細な事にまで関与し、また一方威厳を保つことに努めて一日の勤務を終った後の状態であるから、「クタブレテ」が適当である。老中が一刻も早く休息したい気持はもったであろうが、「走セテ」居間へ入ることなどは、大名の行動としては不適当である。

内証　奥向。

御上トハ　丸本による。底本「上下ハ」。御上は将軍のこと。

ノ権威ハ強ク、タマ〳〵申出ルコトハ取上ラレズ、何事モ上ノ指図ニテ使レ、手前ノ才智ヲ出スコトナケレバ、武家ノ気皆寝入《(ネイリ)》テ、気ノ勇ミナク、身構ヲスルコトニナリ、当時ハ下ハ下ニテカタマリ、武家ノ心、総体殊ノ外ニ横着《わうちゃく》ニ成タリ。

総ジテ上タル人ノ一言ノ詞ニテ、感ジテ命ヲ捨、職分ニ身ヲ蹈込ハ人情ノ常ナルニ、上ノ仕懸、風俗ニ連テ悪ク成タル故、武家競ヒヌケタレバ、今ハ器量アル人ノナキコト、是上ノ人ノ使様悪キ故ト可《シ》レ知《ル》。其モトハ、老中・若老中ヲ家筋計ニテ被《レ》二仰《セ》付《ケ》一テ、上下ノ分別殊ノ外ニ立タル故、自然ト役人高振強ク、如《ク》レ此《クノ》成タル也。

唯老中・若老中底心ヨリ人ヲ見出ス事ヲ奉公ノ第一トハマリ、指図ヲモ差扣ヲモセズ、ハナシカケテ人ヲ使ヒ、少々ノ過ハ咎メズ、有功ヲバ賞シ、立身ヲ取持テサスル様ナラバ、器量人幾人モ出ベキ也。諸役人ニ器量アル人出バ、御政務ハ御心ノ儘成べシ。左ハ無テ、上ノ御差図ニテ人ヲ使ヒ玉ハヾ、人才ハ次第ニ消行ベキ也。

扨又身ヲ蹈込テ勤ル人ト見バ、上ノ御威光ヲ加ヘ玉ハネバ、傍輩ノソネミ、上役ノ気遣ヒ、是又人情ニテ必ズ有事ナレバ、其身ヲフミ込タルモ、中途ニテ挫ケル者也。大久保石見守ト云者ヲ猿楽ヨリ御取立有テ、東照宮召仕ハレ、大名ニナサレ、後ニハ遂ニ悪事ニ依テ滅却シタルヲ、東照宮ノ御過リノ様ニ云人アレドモ、某ナドハ、神慮ノ程各別ナル事ト感ジ奉ル。其者一器量アル者故、過分ニ御取立有テ、其器量ヲ押ヘ扣ヘナク働カセ玉フ事、是能《ク》人ヲ使フ道ヲ得玉ヘル也。御出頭故ニ様々ノ悪事ヲモ御構ナシト知ラヌ人ノ申セドモ、サニハ非ズ。小過ヲ許サネバ人ノ器量ハ伸ヌ物故、御構ナキ也。其者後ニ大悪事仕出シタルハ各別ノ事也。唯人ノ使ヒ様、遊シ方、後ノ世ノ例トナル、小々ナルコトニ非ズ。此段

身構ヲスル　受身の姿勢をとって、積極的に行動しない。

総　南本・丸本により補う。

身　南本による。底本「人」。

仕懸　行動をよびかけること。この場合、主君・上役が下の者の奉公・勤務精励を誘い出すような言動。

競ヒヌケタレバ　競争心、張り合いがなくなる。

老中・若老中ヲ…　譜代大名であっても、幕府の行政職を勤める家と勤めぬ家と、家筋の区別がほとんど固定したのは寛永後半期以降である。

大久保石見守　大久保長安《(ながやす)》（一五四九—一六一三）。徳川政権の基礎確立に活躍した行財政官。もと甲州の能役者の子という。武田氏滅亡後、徳川氏の老臣大久保忠隣《(ただちか)》に寵せられて大久保の苗字を許され、ついで家康腹心の一人となり、農政・鉱山・交通等に才腕をふるったが、死後不正暴露、一族・関係者多数処罰された。

御出頭　寵愛を受け抜擢せられた者。

加判ノ面々　老中。

ノ　南本・丸本により補う。

万世ノ手本タルベキ也。後ノ世ニハ瑣細ナル気遣ハ強クシテ、大キナル益アルコトヲ不レ知《ラ》。是御器量ノ各別ニ違セ玉ヘル所也。

申モ愚ナル御事ナレドモ、東照宮ノ御事ニハ感ジ奉ル御事多シ。総ジテ人ヲ御前ヘ召玉フニ、＊加判ノ面々ヨリ諸番頭《ばんがしら》・諸物頭《ものがしら》・諸役人モ召出サレ、又軽キ番衆等モ皆不時ニ召出サレ、或ハ御政務御用ノ筋ヲ仰《セ》談ゼラル、コトモアリ、或ハ其者ノ先祖ノコトナド仰ラルルコトモアリ、或御酒ヲ下サレ、又ハ御ニハノ石ヲ揚サセ御覧アルコトモアリ、或ハ御ナブリナサレテ引込者モアリ。何レモ取定メズ、埒モナキ様ノ御事也ト承ル。「最初御小身ヨリ天下ヲ知召タル故、御行儀ハ得ト遊サレズ」ト舌《（シタ）》ノ長キ儘ニ評判スル者モアリシカドモ、唯神慮ノ奥深ク坐シマシタルコトヲ感ジ奉ル也。

重立タル御役人計リヲ召テ、御用ノ筋計ヲ仰《セ》談ゼラレテ事スムベキコトナレドモ、御存知有間敷筋ノ義ヲ仰《セ》出サル、コト有トキ、御前ヘ出ル人極ルトキハ、是ハ誰ガ申上タルナラント云コト、大方推量モアル物ナル故、斯ル御事ト存ジ奉ル也。其上末ノ者迄モ、御旗本ノ面々馴《なつ》キ奉リシ事ハ、斯ル下衆《げす》近キ御事故一入《ひとしほ》ナルベシト奉《ル》レ存《ジ》事也。

一　総ジテ役人ハ隙ニ無テハ不《ル》レ叶《ハ》者也。殊ニ上ニ立《ツ》大役ノ＊人程、隙ニ無テハ成マジキコト也。御老中・若老中等ハ御政務ノ全体ヘワタル大役ナレバ、世界ノ全体ヲ忘レテハ、役儀ニヌケタル所生ズベシ。ヒマニシテ工夫ヲモシ、又時々ニ学文ヲモ可《キ》レ為事也。当時ハ大役程、毎日登城シテヒマ無ヲ自慢ニシ、御用済テモ退出ヲモセズ。相役多キハ、毎日出仕セズトモ、交代出仕ニテ御用ハ可《キ》レ足《ル》ヲ、何レモ鼻ヲ揃ヘテ出仕シ、御用ナクテモ御用アリ貌ニ仕ナス事、当代ノ風俗也。皆面々ノ職分ニハマラヌ故也。御用ノ弁ズル様ニシ、御奉公ノ真実サヘアラバ、他見ノ詮議ハ不《ル》レ入《ラ》者也。

如《キ》レ此《クノ》風俗ナル故、御老中ナドサヘ、詮モナキ有司ノスル事ヲ自身世話ヲヤキ、御用多ゲニナス事、有マジキ事也。箇様ナルコトヲ、古ヘノ書ニハ「*大体ヲ知ラヌ」ト云テ、大キニ毀《そし》リタル事也。執政ノ面々サヘ如《ク》レ此《クノ》ナル故、自余ノ役人ハ皆此風ト今ハ成タリ。余リノコトニ、当時ハ御奉公ノ筋ニテモナク、傍輩中ヘ自分ノ見舞ニ歩行《ありく》ヲ勤ト名付テ出ル様ニ成タリ。*某田舎ヨリ出タル砌リ、聞ナレヌトキハ、腹ノ皮痛クヲカシクテコラヘ兼タリ。是皆イソガシゲニ歩行ヲ肝心ノコトト覚ル故、如《キ》レ此《クノ》詞モ風俗ニ連テ出来タリ。

此風医者ニ移テ、其害又甚シ。当時ノ貴人・大名等ヲ見レバ、何ノ病モナキニ、不断煉薬・丸薬ナドヲ飲ミ、甚*キハ不断ニ煎薬ヲ飲ム。平人モ丸薬・散薬ヲ様々所持シテ、少シ頭痛シ、或ハ心支《つか》ユレバ其儘丸薬・散薬ヲノム。小児ノ何ノ痛モナキニ灸ヲスヘ、疳ノ薬ヲ持薬ニスル。女中ナレバ不断ニ鍼《はり》ヲ立サスル様ナル事ハ、皆癖ニ成テ、薬ノマズトモ能キニ、ノミ度ナリ、灸モスヘ度ナリ、鍼モ立タクナル事也。

下手医者ハ軽キ薬計リ用テ、害ニナラズト雖モ、薬ハ皆*偏気ナル者故、軽キ薬ニテモ積レバ皆害ヲナス。重キ薬ノ中リタルハ、中リノ知ル故、其儘止ム事ナレバ害少シ。軽キ薬ハ中リノ知レヌ故、害トナル事却テ甚シ。癖ニ成テ薬ヲノメバ、常ニ薬ニナル、故、害ナシト思フ事皆迷ヒ也。是皆人々御用多キ事ヲ好ム故、医者モ毎日御薬ヲ上ゲ、御用ノ絶ヌヲ悦ブ心ヨリ、上タル人ニ勧メテ、世ノ風ヲ如《ク》レ此《クノ》仕ナシタル也。今ノ世ノ人ノ生レ弱ク、大名程弱ク出来ルハ、皆如《クノ》レ此《クノ》風俗ニテ、医者ノ仕ナシタル事也。医者モ平生ニ合ヤフニシテ、肝心ノ時ハ逃ルヲ第一トス。皆何モ角モ役儀ヲ蹈込ヌコトニ成タリ。

大体　孟子、告子上「公都子問ひて曰く、鈞しく是れ人也。或は大人となり、或は小人となるは何ぞや。孟子曰く、其大体に従へば大人となり、其小体に従へば小人となる」。史記、平原君伝「平原君は翩翩たる濁世の佳公子なり。然れども未だ大体を睹ず」。

某田舎ヨリ出タル…　徂徠は元禄五年(一六九二)二十七歳の時、ゆるされて江戸へ出て来た。なお巻一、二八七頁頭注「某十七八ノ時…」参照。

キ　南本により補う。

偏気　片寄った、一方的な作用。

昔*板倉周防守下向シタル時、松平*伊豆守申タルハ、「上*ニモ段々御政務ニ御心ヲ尽サレ候。上方ノコトヲモ委細ニ聞シ召度《シク》思食候間、向後《きやうこう》ハ中間《なかま》へ遣サレ候書状ハ、今少シ念ヲ入レ、上方ノコトヲ上聞ニ入ラル、様ニ致サルベシ」ト云時、周防守答ヘニ「百二十里隔タル先ノコト故、上ニモ何程御発明ニ御坐遊サレ候共、及*ビ越ニハ御存ジ無《キ》レ之コト也。其為ニ周防守ヲ差置ル、コト成バ、不レ及《バ》二申上《シルニ》一候」ト答タリト聞シ食テ、「扨ハ周防守ハ身ヲ蹈込テ勤ル者也」トテ、御感悦不《リ》レ浅《カラ》シトナン。書状ハ何日《いつ》モ上ノ御機嫌ヲ伺ヒ、扨「*堂上《たうしやう》方替ルコトナシ」ト計リニテ、恐惶謹言ト留*テ、何ノコトモ不二申越《シサ》一ト承ル。責テ今ノ世ニモ、大役ノ人ハ周防守ガ半分ノ器量モアラバ、世間ノ人ニ風儀移テ善《よか》ルベシト思ハル。

今時ノ御役人ハ、御老中ヲ始トシテ、唯下*ヨリ申出ルコトヲ捌クヲ我役ト心得テ、治《メ》ト言コトヲ夢ニモ不《ル》レ知《ラ》様也。皆々身ヲ蹈込セテ、扨隙ニシテ置タラバ、自然ト工夫モ著テ、治ト云コトモ合点ナルベキ也。

御老中・若老中・諸*物頭・寺社奉行・町奉行・地*方《ちかた》奉行・代官ハ皆治ノ役人也。下ヨリ申出ルコト計ヲ捌キ、取次ヲスル役ニハ非ズ。我支配下・組下ニ悪人多ク出テ、風俗ノ悪キハ、皆其頭・支配ノ咎也。地*頭モ年貢ヲ取計リノ役ニハ非ズ。其知行所ヲ治ル役也。治ト云ハ下ノ非法ヲ咎メタヾス計ノ役ニ非ズ。下ヲ教ヘ立テ、仕込テ、悪人モ出ズ、風俗モ能《ク》ナル様ニスルコト也。去バ捌キ取次グ計ヲ役ト心得ルハ、下ヲバ他人ノ如ク見ル心ナル故、役儀ニ身ヲ蹈込タル仕方ナク、下ノ非法ヲ咎メ正スヲ治ト思ハ、下ヲバ敵相手トスル心ナル故、人ノ頭ト成リ、人ノ支配ヲスル道ニ違フ也。

板倉周防守　板倉重宗(一五八六—一六五六)。二代将軍秀忠の側近として幕政の中枢に参与し、元和六年(一六二〇)以後、父勝重の後をうけて京都所司代。下総関宿城主、五万石。近世前期の名行政官として多くの逸話・事蹟が伝えられる。

松平伊豆守　松平信綱。巻一、二九二頁頭注参照。

上　三代将軍家光をさすか。但、四代家綱の初期のこととみても、当てはまらぬことはない。

及ビ越　及び腰。中腰で体を前にかがめて遠くの物に手を伸す姿勢。つまり遠くはなれた所からは、いくらのぞきこんでも、現地の事情は理解できないということ。

堂上方　昇殿を許される公家。この場合は朝廷および公家衆。

留　書き留め。文書の本文の結び。

下ヨリ申出ル…　巻一、二七七頁参照。

諸物頭　底本・南本「諸物頭等」とあるも、丸本により「等」を除く。

地方奉行　勘定奉行。

地頭モ年貢ヲ…　巻一、二七〇・二七八頁参照。

民ノ父母　詩経、小雅、南山有台「楽しき君子は民の父母」。書経、泰誓上「元后、民の父母と作(な)る」。

会釈ヒ　取扱い。丸本「アイシライ」。

面々構　巻一、二六七頁頭注参照。

詠　南本による。底本「続」。

真ノ治ト云ハ、我支配下・組中ハ上ヨリ御預置ル丶コトナレバ、末々迄一人モ見放サレヌ物也ト思ヒハマリテ、我苦ニシ、世話ニスル事也。是ヲ聖人ノ道ニ「民ノ父母」*ト云、又是ヲ「仁ノ道也」ト言。仁ト云バトテ、朱子学ノ儒者ナドノ言《フ》様ニ、下ヲ憐ミ、慈悲ヲスルト言様ナルコト計ニ非ズ。又信ヲ以テ下ヲ*会釈《あひしら》ヒ、或ハ理ノ儘ニ取捌ト言様ナル事ニモ非ズ。父母ノ子ヲ会釈フハ、敲キモスル、折檻モスル、ダマシモスル。唯面倒ヲヨク見テ、苦ニシ世話ニシ、兎角下ノ成《リ》立《ツ》ヤフニスル事也。去バ治ノ筋ハ、上ヘモ外ヘモ見ヘヌ者也。年月ヲ経テ後、其治ノ善ト言コト知ラル丶コト也。去バ身ヲ蹈込テ、人見《ひとみ》・人聞《ひとぎき》ヲ構ハヌ心ニ非レバ不《ル》レ成《ラ》事也。

周防守ハ如何程ニ有ケン、能《ク》思ヒハマリテ務メタレバ、治ノ筋ニ心附タル様ニ承リタルコトモアリ。京都ノ人、唯*面々構《めんめんこう》ノ職分ヲサヘスレバ京都ハ治ルト常ニ言テ、公家ハ歌ヲ詠*ミ、学文ヲスレバ、少々ノ悪キコトヲモ許シ、医者ハ療治ヲヨクシ、職人ハ其家職ヲ能《ク》スレバ、少々ノ過ハ許シタリト承ル。

或時周防守京都ノ中ノ田舎ヘ行タルニ、旧キ社ノ、宮居モ零落シタルニ、神主古キ装束ヲキテ、拝殿ニ書物ヲ見テ居タリ。周防守、「何ノ書ゾ」ト問ヘバ、「神書也」ト答フ。其後一年計過テ、周防守又行テ見タルニ、神主始ノ如シ。周防守大ニ感ジ、「此社ノ修復ハ公儀ヘハ難《シ》レ申《シ》。自分ニ修復シテ参ラスベシ」トテ修復シタリ。是モ神主ノ家業ヲ大切ニスルコトヲ賞翫シテノコトニテ、京都ノ治ト云コトニ、其身ノ全体ハマリ居タル故也。今モ右ノ社ヲ板倉ノ家ニテ修覆スルト言。是ハ又世ノ習シノ例ト云コトニ覚ヘテ、後ノ神主モ願ヒ、板倉ガ子孫モ周防守ガ本意ヲバ不レ知《ラ》、此社ヲ信仰シタリト思フハ浅間敷コト也。

総ジテ世間ニモ、周防守*ハ公事ヲ能ク捌タリト覚テ申伝ルハ、目モナク耳モナキ世ナルゾカシ。

一　当時ハ役儀ニ文武有ルコトヲシラズ。大坂御城代・御番頭・諸物頭*・船手ナドハ武役也。其外ノ御役人ハ、老中ヨリ以下皆々文官也。当時ハ何レモ武家也ト言テ、文官モ学文ヲセズ、武士ノ武士クサキハ悪シトテ、武官モ*上臈《じやうらふ》ノヤフニ成タリ。責テハ文武ノ差別ニテモ知ラセ度事也。

政談巻之三終

周防守ハ公事ヲ能捌…　板倉重宗の名裁判官ぶりは享保時代の町奉行大岡越前守忠相と並び称せられ、両者に仮托された逸話が混同している場合も少なくない。重宗の裁判物語は「板倉政要」としてすでに元禄期には成立し、また井原西鶴「本朝桜陰比事」(元禄二年刊)の主人公たる名判官も板倉重宗であると考えられていた(武野燭談廿一、宝永六年序)。

諸物頭　南本・丸本により補う。

上臈　巻一、二九六頁頭注参照。

政　談　巻之四

*一　*内《うち》*曲輪《くるわ》・*外曲輪ノ御門番ヲスル士・足軽、己ガ*主人ノ親類ニ下坐スル*謂レ無コト也。子細ハ*内曲輪・*外曲輪モ必竟ハ*郭門也。然バ皆公儀ノ御番所也。然ニ私《ノ》下坐ハ門違也。御門番ハ畢竟御城ノ警衛ナレバ、厳密ニスベキコト也。*総下坐ノ仁ノ外ハ*下座堅《ク》スマジキコト也。

*町人足ヲ*足軽・中間ニ拵置コト、*一比仰出サレノ趣キ有《レ》ドモ、今ニ内証ハ元ノ如シ。是ハ畢竟御城ノ警衛也ト云本意ヲ忘、番所ニ勤馴タル功者*モノヲ抱《ヘ》置、仕落無様ニスルコト如《ク》レ右《ノ》也。唯自分ノ*詰開《つめひらき》*ヲスルコトヲ第一トスルヨリ起《レ》リ。町人足ヲ中間・足軽ニスル事、*出替奉公人ノ止ヌ内ハ、此紛ラカシハ難《シ》レ止《ミ》。

一　*内曲輪・*外曲輪ノ御門ニテハ、笠ヲ脱スベシ。馬乗ハ片鐙《かたあぶみ》ヲ外シ、乗物ハ女中・病人ノ外、戸ヲ明ベシ。*箱根等ノ関所*ニテサヘ辞義有。畢竟御城ノ郭門ナル故、礼義如《ク》レ此《クノ》ナルベシ。古礼ニハ「*公門ニ*式《しょく》ス」ト言*コトアル也。

近比**内曲輪ニテ、供ノ者ニ日照*笠ヲ被《かぶ》セザルハ、是聞エヌコト也。総ジテ供ノ*者ノ*日照*笠ヲ被ルト*云コトハ昔ハ無コト也。*御先々前御代ニ、下々ノ者ドモ炎天ニ頭ヲ照サルヲ不便ニ思召《シシ》、上意有シヲ承伝テ、人々炎天ニ笠ヲ被セタリ。去ドモ屹トシタル仰渡《セサ》レ無レバ、二三年ノ間ハ被スル人有、被セヌ人有テ、其主人ノ心次第也。後ハ一同風俗ト成テ被セタ

一　宝本・丸本により補う。

内曲輪　半蔵・外桜田・日比谷・数寄屋橋・呉服橋・神田橋・一ツ橋・竹橋・田安の諸門を結ぶ堀の内側(享保六年の諸門の御定書による)。

曲輪　宝本・丸本による。底本「郭」。当時の幕令等にも「御曲輪」とあり。

外曲輪　浜御殿より幸橋・虎の門・赤坂・四ツ谷・市ケ谷・牛込・小石川・筋違橋・浅草橋の諸門を結ぶ堀の内側。

主人ノ親類ニ下坐　↓補。**ル・ハ**　宝本・南本・丸本により補う。

郭門　城の門。

総下坐ノ仁　↓補。**下座**　宝本・丸本により補う。

町人足ヲ足軽…　↓補。**足軽・中間**　巻一、二七一頁頭注参照。

一比…趣キ　宝本・丸本による。底本「御法度ニテ度々仰出レ」。**モノ**　宝本・丸本による。底本「々」。

詰開　巻二、三一六頁頭注参照。

スルコトヲ　宝本・南本・丸本により補う。**出替奉公人**　巻一、二六七頁頭注参照。

箱根等ノ関所…　関所通行の際には笠・頭巾をぬがせ、乗物は戸を開かせる規則であった。

ニテ　宝本・南本・丸本により補う。

公門ニ式ス　礼記、曲礼上「大夫士は公門に下り、路馬に式す」。大夫・士は君主の門前では車を下り、君主の馬にあえば式に手をのせ敬礼する。

リ。去ドモ其主人免シテ被レト云ザレバ被ズ。是元来己ガ主人ヘノ礼義ニテ被ヌコトヲ下ニモ知テ*如《シ》レ斯《クノ》。屹ト被二仰《セ》渡《サ》一無モ、*元来主人ヘノ礼義ニテ被ヌコト故、飛越テ公儀ヨリ被二仰《セ》渡《サ》一筋ニ非ズ。

然ニ*新井筑後*守*ト云フ者ノ申上ルコト、*御先々御代ニ御用《ヒ》ナサレ、何事モ*御先々前御代ノコトヲバ多ハ改メカユルコトニ成タリ。是モ其内ノ一也。去ドモ江戸中*徘徊ノ事ヲ一統ニ押ルコト仕悪サニ、*内曲輪計*ニテ抑ヘタルニヤ。上ヘノ礼義ナラバ、上下トモ可《シ》レ脱《グ》。供《ノ》者計脱《ガ》スルハ*聞ヱヌコト也。丸《ノ》内ハ大名ノ住居故、大名ヘノ礼カ。去バ大名ノ家来馬上ニテ被《かぶる》コト如何成コトゾ。*内曲輪計*ニテ君臣ノ礼ヲ立《ル》ハ聞エヌコト也。下々ノ*面々ノ主人ヘノ礼義ナレバ、主人ノ心次第、被ストモ脱ストモ*有ベキヲ、公儀ヨリ御目附ノ世話ヤキ触《ル》コト、是又聞ヘヌ也。*内曲輪ヲ御目附ノ世話ニテ被セヌヨリ、今ハ*下々モ*主人ヘノ礼義*ニテカブラヌト言事ヲ*忘、*外曲輪ナレバ主人許《サ》ズトモ被《ル》コトニシテ、一統被《ル》也。

是等ハ瑣細ノコトナレドモ、世移《リ》行《ク》ニ随テ、何ゴトモ理筋ヲ取違ヘ、御目附抔ノ与ラヌコトヲモ大切ニ触ル様ニ成、次第ニ重《リ》テハ、上ヲ侮《ル》心下ニ生ル者ナレバ、可《キ》レ改《ム》事也。

一 年始ノ礼ニ御老中ノ宅ヘ参《ル》日限ヲ御目附ヨリ触《ル》コト、近年始《リ》タルコトニテ、此亦門違也。御老中ヘノ*年始ノ礼ハ面々相対ノ礼義也。御老中ナリトモ、知人ナラズ、又存《ジ》寄《リ》有ハ年始ノ礼ニ参マジキ也。御老中迚モ傍輩成故也。夫ヲ御目附ヨリ触ル時ハ、私ノ礼ヲ公法ニスル者也。御目附ハ公儀ノ役人也。私ノ礼ヲ指図ハ有マジキコト也。是又昔ハ無コト也。近年御老中ノ*高挙《たかぶり》強《ク》成テ、*御目付ナドハ覚ヘズ御老中ノツカイ者トナリテ、己ガ作法ヲ咎ル職掌*ナルコトヲ忘タルヨリ、如《キ》レ此《クノ》間違ハ出来タルコト也。

式　宝本・丸本による。底本「軾」。車の前方にわたしてある横木。軾に同じ。これに手をのせ、身を俯せて敬礼するところから、敬礼の意味にも用いられる。　**コトアル**　南本・丸本により補う。
内曲輪ニテ供ノ者ニ…　↓補
照・ノ・ト云コト　宝本・南本・丸本により補う。
御先々前御代　五代将軍綱吉。
テ・元来　宝本・南本・丸本により補う。
新井筑後守ト…　新井白石自身も「我心に思ふ所は申さずといふ事なく、上もまた我申す所、御心を用ひられずといふ事もおはしまさず」(折たく柴の記巻下)と述べている。
守　宝本・南本により補う。
ト云フ者ノ　宝本・丸本による。底本「ガ」。
御先々御代　宝本・南本・丸本による。底本「御先々前御代」。
御先々前御代ノ…成タリ　宝本・丸本による。底本「多阦更有」。
徘徊ノ事ヲ　宝本・南本・丸本により補う。
曲輪　右三本による。底本「郭」。
ニテ・ハ・ニテ・ノ面々ノ・有ベキヲ・ハ・モ・ニテカブラヌ・事・ノ　宝本・南本・丸本により補う。
高挙　宝本・丸本「高ブリ」。
御目付ナドハ…トナリテ・ナルコト　宝本・南本・丸本により補う。

一　御城下ニテ、御用ノ外、*早馬ヲ禁ズルコト律ノ法ニテ、和漢トモニ古ハ如《シ》レ此《クノ》。当時御城下広大ナレバ、内*曲輪計《リ》*ヲ制ス可《キ》カ。此制法無《キ》故、大手ヘ馬ヲ乗《リ》込《ミ》タル類マヽ有シ也。

一　御城下ニテ大名ノ供廻《リ》大勢連テ大路ヲ塞ゲ、供ヲ割バ討捨抔ト云*コト、元来軍中ノ法ニテ、太平ノ世ニ有間敷コト也。上ヲ不レ憚《ラ》ト可《シ》レ云《フ》。今討捨*ナドト云事ハ止ヌ。*御先々前御代ノ比ヨリ、供ヲ幾切ニモ切《ル》*コトニ成テ、少ハ宜《シ》ケレドモ、路ヲ塞ゲ、手ヲ振、競《きほ》ヒ掛《リ》テ威《ゐ》勝《かつ》ガマシキハ同前也。

二巻目ニ云タル如《ク》、*御城下徘徊ノ人数ヲ殊《ノ》外《ニ》減《ジ》、*何レモ装束ニ成タラバ、自ラ此風ハ可《シ》レ止《ム》。去ドモ*大名ノ家来皆知行所*ニ住*スル様ニ成、徒《かち》士抔渡者ヲ不レ用《ヒ》、田舎士計《リ》連ナバ、彼者共偏固心ニテ、却テ供ヲ割バ討捨ト覚テ、喧嘩抔可《キ》レ有《ル》レ之カ。古法ハ、*車馬ハ途ノ中ヲ行、歩立ハ男女別レ、道ノ左右ヲ行事、是礼法也。御城下ニ於《テ》、何卒途中ノ礼譲見事成様ニ有度事也。

*小笠原佐渡守ハ殊《ノ》外軍法ヲ心掛タル人ト承ル。御先々前御代ノ比、途中ニテ人込合《フ》所ハ何《いつ》モ供廻ヲ一行ニシテ、道ノ片端ヲ手*敏《てばしか》ク通タルヲ見《ル》人感ゼリ。備ハ幅広ク立、供ヲ割バ討捨ト云様ナルハ、軍法ノ法《ノ》字ニ泥ミ、武家ノ作法ハ如《シ》レ此《クノ》*ト覚タル者ニテ、武道ノ衰微也。操練ノ法ヲ能《ク》熟《シ》タル士ハ、如《ク》レ此《クノ》可《キ》レ拘《ル》ニ非ズ。増テ太平ノ時、宜《シ》カラザル事也。

此外*御礼日抔ニ大手先殊《ノ》外込合コト、法制ノ不《ル》レ立《タ》故也。*大名ノ供廻ヲ減少シタラバ少ハ宜《カ》ルベケレドモ、夫モ法制ノ立ヌ内ハ、サマデノ替ハ有マジ。殿中モ出仕日ハ殊《ノ》外騒ガシ。是モ礼《ノ》無《キ》故也。何レモ御老中ヲ初、無学ナル故ニ、操練ノコト、礼ノコトモ不案内故如《シ》レ此《クノ》。

早馬ヲ禁ズルコト…　雑律「諸の城内街巷及び人衆中において、故なく車馬を走す者は、笞五十」。
曲輪　宝本・丸本による。底本「郭」。
ヲ・コト　宝本・南本・丸本により補う。　**ナドト云事**　宝本・丸本により補う。
御先々前御代ノ比ヨリ…　↓補
コトニ成　宝本・南本・丸本により補う。
御城下徘徊ノ人数…　巻二、三二四―三二五頁参照。　**何レモ装束ニ**…　巻二、三三九頁、巻三、三四九頁参照。　**大名ノ家来皆知行所**…　巻一、二九五―三〇二頁参照。　**所・ス**　宝本・南本・丸本により補う。
車馬ハ途ノ中…　礼記、王制「道路は、男子は右に由り、婦人は左に由り、車は中央に従ふ」。
小笠原佐渡守　↓補
手敏ク　宝本・南本「手バシカク」。「手ばしこし」の俗語。
ト　宝本・南本・丸本により補う。
御礼日　毎月朔日・十五日のほか、歳首(正月三ケ日)・上巳・端午・嘉定(嘉祥《かじよう》　六月十六日)・七夕・八朔・重陽・玄猪(十月上旬の亥の日)・歳暮など。
大名ノ供廻　大名の登下城・江戸市中通行の際の供廻人数制限令は初期以来幾度も繰返されている(御触書寛保集成十六、御城内外供廻等之部参照)。

高麗陣 文禄・慶長の豊臣秀吉の朝鮮出兵(一五九二―九八)。「陣」、宝本・南本・丸本により補う。
飯田覚兵衛 巻二、三三〇頁、巻三、三八〇頁参照。
晋州城 朝鮮慶尚南道にあり。文禄二年六月、加藤清正等激戦して攻略。
黄檗派 禅宗の一派。承応三年(一六五四)来朝した明の僧隠元隆琦がもたらした。もと臨済宗の一派であるが、日本では独立した宗派となる。儀式その他明風の特色をもつ。
ノ法事 宝本・南本・丸本にて補う。
御番衆其座敷計ヲ… ↓補
東照宮甲州へ… 天正十年(一五八二)家康、織田信長と共に甲州へ進撃、武田勝頼をほろぼす。
井上主計頭 ↓補
小十人 平常は小十人番所に詰め、将軍出行の際輿の前を警固する番士。
小十人組留… 青木義精(よしきよ)一五九六―一六二八)が豊島正次を組留めたが、義精も重傷を負い、死んだ。
大礼ノ時ハ警衛ノ… 例えば延喜式巻四十五(近衛府)・四十六(衛門府)・四十七(兵衛府)参照。
夾谷ノ会 魯の定公十年、定公は斉の景公とここに和親の会合を催した。その際、孔子は定公を補佐し、定公にすすめ、左右の司馬を具えさせた(史記、孔子世家)。
司馬 古代中国の陸軍大臣。
ト 宝本・南本・丸本により補う。
加藤清正ノ故老ノ物語ニ、*高麗陣ノ時、朝鮮人ト異テ、大明ノ軍法ニハ及ヌ事モ有。大軍ヲ引廻スニ殊《ノ》外自由ナルコト、日本ノ合戦ニハ遂ニ見ヌコト也。囲ミタル城ヲ巻解《まきほぐす》ニ、唯今迄城ヲ手痛ク攻《ル》カト思《ヘ》バ、忽ニ其人数何方ヘ行シヤラン、一人モ不《ル》レ見コト有。又城ヲ乗《ル》ニ、日本ニテハ其城早落《ル》者ナルニ、大明ノ勢籠タル城ヲ、本田玄蕃ト言者、日本ニテ城ヲ乗《ル》心得ニテ乗、犬死シタリ。清正ノ家来*飯田覚兵衛夫ヲ見テ、*晋州城ヲ乗《ル》時、国々ノ弓矢ノ風儀各別成ヲ了簡シテ、後詰ノ陣ヲ待合セ、塀ニ手ヲ掛《ケテ》居、続《ク》勢ヲ待《チ》受《ケ》、皆頻々《ひたひた》ト乗ントスル時、城へ飛入、一番乗ヲ仕タルト物語スト承《ル》。又日本ノ大軍陣取ノ跡ハ、人馬ノ糞満々、足ノ踏所モ無者也。大明ノ軍兵陣取ノ跡ハ、人馬ノ糞跡見エズ。如何《ナル》故ハ知ネドモ、兎角法令能《ク》手ニ入タル也ト覚兵衛感《ジ》、物語セリト承《ル》。是等ハ皆操練ニテ大勢ノ人数ヲ善《ク》自由ニ取廻《ス》コトヲ習故也。亦*黄檗《わうばく》派ノ法事ハ日本*ノ法事ト替《リ》、儀式見事ニ調テ、乱《ル》コト曾テ無。是亦異国ノ礼法ノ面影写《シ》タル故如《シ》レ此《クノ》。操練・礼法ノコト、少《シ》詮議有《リ》度《キ》事也。

一 *御番衆其座敷計ヲ守、御敷居外ニ何事有テモ不《ル》レ構《ハ》コト、聞エザル第一也。*東照宮甲州へ御打入ノ時、乱心者刀ヲ抜テ多《ク》人ヲアヤメタルヲ、御番衆組留タルコト有。又台徳院様御代カ、*井上主計頭ヲ突殺タル者ヲ、*小十人番所《ノ》後御廊下ニテ*小十人組留タルコト有。御敷居外ニ何事有テモ不レ構《ハ》ト云、打捨置コト、昔ハ無コト也。今ハ御敷居外ニ何事有テモ不レ構《ハ》、事有時ハ御目附ノ捌ニ成コト、不詮議ト云ベシ。

御番衆ハ警衛ノ役ナレバ、間ヲ幾間モ受取、御庭迄モ時ニ見廻、守護スベキコト也。御礼抔ノ節ハ御廊下ニ詰居、警固可《キ》レ仕《ル》事也。是日本ノ古モ異国ニテモ、*大礼ノ時ハ警衛ノ役人其位班ニ列坐スルコト古法ニテ、子細有コト也。孔子*夾谷《けふこく》ノ会ニ*司馬ヲ設ク*ト云ハ此事也。元来御番衆ハ三河ヨリ江戸詰ニ成シ砌、無骨者成故、*其行義ヲ鎮ントテ被二仰出《セサ》一*タルガ、定法ト成シ成べシ。当時ハ行儀ニ計拘《リ》、御番衆ヲ御敷居内ニ畏マラセ、*突々《つくつく》法師《ノ》様ニ列べ置コト、何ノ所用ニヤ。

先年*水野隼人正ガ*毛利主水ニ斫《リ》掛シ時、毛利ノ次ハ*南部、未《ダ》幼少故、*家来三人属《ついて》出シ也。万一隼人南部ニ切掛ナバ、家来其坐ニテ抜合べシ。其時御目附ノ手ニ余べシ。箇様ノコト無トハ云レズ。了簡可《キ》レ有《ル》コト也。

必竟御番衆ハ警衛ノ役ト云ヲ忘《レ》、行儀ダニ能《ク》セバ善《シ》ト覚ル故、武士武用ヲ忘《レ》、公家ノ様ニ成ハ、上ノ*セシムル所也。警衛ノ役成《ル》ヲ知《ラ》バ、上ノ御催促ナクトモ、*身ノ垣ナレバ、剣術・*取手ノコト嗜《ム》べキコト也。

一　御触《ノ》廻状、当時ハ翌日ノ昼比迄モ行渡ラズ。明日総出仕ト云ニ、出仕ハ済《メ》ドモ廻状未行渡《ラ》ズ。又*鳴物御《なりものご》停止《ちやうじ》抔ノ御触モ、一方ニテハ知《テ》物音セズ、一方ハ乱舞・琴・三絃最中ノ家有。公儀ハ大様也迚誉《ル》人有《レ》ドモ、御触ニハ急用ノコト有。天下ノ命令ハ箇様ニハ有間敷コト也。*サレドモ当時屋鋪割悪キ故、如《キ》レ此《クノ》不埒有也。異国ノ法、五千・一万ノ軍兵へモ号令即時ニ行渡《キル》様《さま》、頭《かしら》ヨリ支配へ触、其上異国ノ組割ノ法、頭ニ頭有、支配ニ支配有テ、段々重《かさなり》、七段八段モ有《レ》ドモ、如《ク》レ斯《ノ》神速成コト、皆其組・*其支配ヲ一所ニ指置故如《キ》レ斯《クノ》也。*当時モ一組ヲ一町ニ置《ク》*コトナラバ、此不埒ハ有間敷也。

一　公儀ヨリノ御触、*御入国以来*当時ニ至*ル迄、*数十百ニ余テ夥ク、御旗本輩《ノ》モ、国々モ、町方モ、*一々ニ難《キ》レ覚《エ》コト也。其内ニ昔ノ御触*ノ筋ヲ引違ヘテ替事《ル》モ有テ、何《いづれ》ハ*守ラザル法ヤラン、何レ〳〵計《リ》守ル法ヤラン、是又紛ハ敷、下ノ心ニ疑多《シ》。上*ヨリモ中比《ノ》御触*ノ趣

其行義ヲ…　↓補
タルガ　宝本による。底本「ノ」。
突々法師　つくねん(無為徒然)たる法師の意か。
水野隼人正・毛利主水・南部・家来三人…　↓補
セシムル所　宝本・南本・丸本による。底本「所置」。
身ノ垣　自己の領域を表示する物という意か。　**取手**　捕手。捕縛術。
鳴物御停止　皇族・幕府要人等が死去すると、数日間歌舞や楽器弾奏を禁止すること。
サレドモ　宝本・南本・丸本により補う。　**其**　宝本・丸本により補う。
当時　宝本・南本・丸本による。底本「今」。　**コトナラ**　右三本により補う。
御入国　天正十八年(一五九〇)徳川家康関東移封のこと。
ル迄　宝本・南本・丸本による。底本「テ」。　**十**　右に同じ。底本「千」。
一々ニ　宝本・丸本による。底本「悉」。　**ノ筋ヲ引違ヘテ**　宝本・南本・丸本による。底本「ニ違ヒ」。
守ラザル…法ヤラン是又　右三本による。底本「可守法ニヤ何ハ不守法ニヤ」。　**ヨリ**　宝本・南本・丸本により補う。　**ノ趣ヲバ…遠キ**　右三本による。底本「ヲ捨」。
アル事モ有之　右に同じ。底本「有」。　**守ラザル法ヲバ省キ**　右三本により補う。　**ル事**　右に同じ。

ヲバ用ズシテ、遠キ数十年前ノ御触ヲ取出《リシ》、下ヲ御咎*アル事モ有《ル》レ之様ニ承ル。故余《ニリ》法度多《ク》、下ノ迷ト成《ル》。昔ヨリノ御法度ノ趣ヲ調《ベ》、吟味シテ、*守ラザル法ヲバ省キ、可《キ》レ守《ル》法計ヲ擢《すぐり》出《シ》守セ度コト也。

法ハ少キヲ良トスル*事古ノ道也。数多《キ》時ハ下タル者覚《エ》難《ク》、不《ル》レ守《ラ》者也。是何事モ、御役人ノ勤、老中初《メ》、定タル職掌無シテ、何モ彼モ一人ヘ取込、*月番ト云*事ニテ、一月限ニ捌《ク》故忙キト、亦月番《ノ》違ニテ前後ノ相違出来ルト見エタリ。又其上御触ノ文言近年ハ悪ク成タリ。*正徳ノ頃ヨリ文言廻《リ》遠《ク》シテ聞《ヘ》憎シ。下ヘノ号令ハ、下ノ能《ク》合点スル様ニスルガ肝要也。是等ハ軽キコトノ様ナレドモ、御触ノコトハ諸大名モ写《シ》伝《ヘ》、遠国迄見コト成故、文言悪ケレバ必下ニテ評判*ヲスルモノナリ。去バ公儀ノ御役人ノ粗末成コトヲ天下ヘ知シムル道理*ナレバ、嗜《ム》ベキコト也。易ニ号令ノコトヲ「*観」ノ卦ニ是ヲ説テ、観ハ「シメス」ト読字也。人ニ見知ラスル事也。去バ号令ハ天下ニ知ラセ、其文言ヲモ天下ノ人ニ見スル事ナレバ、心ヲ附ルコト古ノ道也。

一　将軍宣下ノ御祝トテ、家々ニテ能ヲスルコト詮モナキ事也。*台徳院様将軍宣下ノ時ハ、*未ダ天下ヲ不レ二知《ロシ》召《サ》一バ、箇様ノコトハ有マジ。大方ハ*大猷院様将軍宣下ノ時分、*政宗・*三斎ナド言様ナル*游侠《いきり》者ノ仕始タルコトガ、今ハ作法ノ様ニ成タルナルベシ。去ドモ公辺ヲ敬フ筋ナレバ、誰止ルコトモナラズ。其仕方ヲ見レバ、老中ヲ招請シテ、食《ヒ》モセヌ膳ヲスヘ、親類・近附ヨリ末々出入ノ医者・町人迄ヲ呼集メ、*ムサトシタル奢リヲ仕、新ニ舞台ヲ立、其舞台ヲバ*猿楽ニトラセ、又猿楽ニスヘタル膳碗ヲ*カケ流《シ》ニスル類、興ガル奢、何ノ無《キ》レ益《モ》事也。是等ノ仕方、了簡可《キ》レ有《ル》事也。

月番　主要役人の月番制は寛永十二年(一六三五)十一月に制度化した。
事ニテ　右三本により補う。
正徳ノ頃ヨリ文言…　↓補
ヲスルモノナリ　宝本・丸本による。底本「ス」。　**ナレバ**　宝本・南本・丸本による。底本「也」。
「観」ノ卦　☴☷ 坤下巽上　観卦、彖伝「順にして巽、中正にして以て天下に観(しめ)す」。
台徳院様…　秀忠の将軍宣下は慶長十年(一六〇五)四月十六日、京都二条城で行われた。
未ダ天下ヲ…　当時なお大坂に豊臣秀頼がいたので、完全に徳川の天下とはいえぬとの意か。三〇六・四〇六頁参照。
大猷院様…　家光の将軍宣下は元和九年(一六二三)七月二十七日、伏見城で行われた。
政宗　伊達政宗(一五六七―一六三六)。近世初期の武将。仙台藩の開祖。
三斎　細川忠興(一五六三―一六四五)。近世初期の武将。幽斎細川藤孝の長男。父と共に細川家を大ならしめた。妻はガラシア夫人明智氏。
游侠者　宝本・丸本「イキリ者」。それを採って傍訓とす。いきり立つ者、血気にはやる、情熱的な人物。但、政宗・忠興がかかる性格であったか否かは疑問。
ムサ　巻一、二七一頁頭注参照。
猿楽　能役者。　**カケ流**　使い捨て。

一　能ト言物夥シキ費ナル物也。然ドモ当時武家ノ規式ノ様ニ成タル上ハ、此外ニ何ゾカヘ物ナクテハ可《キ》レ止《ム》様ナシ。*室町家ニテモ御*笙始ト云事有テ、其初ハ*楽ヲ用ヒラレタリ。*能ハ*東山殿ヨリ始リタル也。東山殿ヨリ室町家ハ衰ヘタルコトナレバ、衰タル世ノ事ヲ武家ノ法式トシテ、*今ノ御代迄モ儀式ノ様ニ用ヒラル、事、如何可《キ》レ有《ル》ヤ。

*猿楽ノ家ニテ、*聖徳太子ヨリ起レリト言ハ、大ナル僻事也。聖徳太子ノ時ヨリ、*猿楽ノ先祖舞曲ノコトヲ掌タル事ヲ混ジテ、猿楽ノ始ト云也。*南都ノ楽人*狛氏ノ輩、皆聖徳太子ヨリ以来ノ楽人ニテ、法隆寺ノ近所ニ楽人ノ苗字ノ地名皆々有《リ》レ之。

*今春《こんぱる》ガ家ニ天ヨリ降タル海士《あま》ノ面ト言物アリ。家ノ什宝トス。是ハ*能ノ海士ニ非ズ。楽ノ*安摩也。其面ハ紙ヲイタメテ拵タ物ナレバ、天ヨリ降タルコト左モ有ヌベシ。能ノ面ハ如何ニシテモ天ヨリハフルマジキ也。去バ猿楽ノ元ハ楽人ノ家ヨリ分レタリシ者ト見ヘタリ。

当時猿楽ニ物入多キ故、改テ楽ヲ用ントスレバ、舞楽ノ物入亦莫大也。其上楽ニ謡物絶タル故、人情ニ遠キ物也。是等ヲ考合セテ愚按ヲ運ラスニ、*後鳥羽帝ノ御作ニ*宴曲ト言物アリ。一二冊ハ世間ニモ有物也。*長門ノ家中ニ、*大内家ヨリ持伝タリトテ、全部十冊余*コレアル宴曲ノ譜アリ。其譜ノ体、謡ヨリハ*節少シ長ク、*声明《しやうみやう》ヨリハ短キ物也。間々ニ調子ヲ附ケテアレバ、謡物ヲ重ニシテ、楽ヲ附物ニシタル物ト見ヘタリ。一番ノ長サ、何レモ謡ノ*曲舞《くせまひ》程アリ。春・夏・秋・冬・雑・賀・神祇・釈教・恋・無常ヲ、和歌ノ題ノ如クニ一番々々ニ名ヲ附タル者也。折ニフレ時ニ取テ、其事ニ応ジテ取用ル様ニ拵タル物ト見ヘタリ。是等ヲ取立テ、楽ヲ附モノニシ、舞ヲ附ケ、装束ハ一統ニ*狩衣《かりぎぬ》カ*直垂《ひたたれ》ヲ用テ、能ノ

室町家　足利幕府。

笙　雅楽器。長短十七本の竹を環状に「匏(ほう)」の上に立て、各管にある「簧(した)」を「匏」の吹口から吹いて音を出す。　**楽**　雅楽。

能ハ東山殿ヨリ…　能楽の大成者観阿弥清次(一三三三―八四)・世阿弥元清(一三六三―一四四三)父子は、すでに室町幕府三代将軍足利義満に認められ、世に名声をえている。　**東山殿**　八代将軍足利義政(一四三六―九〇)。

今ノ　宝本・南本・丸本により補う。

聖徳太子ヨリ…　「近比、万人の翫ぶ所は、推古天皇の御宇に、聖徳太子、秦河勝に仰せて、(中略)六十六番の遊宴を成して、申楽と号せしより以来(下略)」(世阿弥「風姿華伝」)。

猿楽ノ先祖　能(猿楽)の前身たる散楽は職員令、雅楽寮の条にある雑楽の一種で、同集解にも「散楽師一人」とある。　**南都**　奈良。

狛氏　高麗・巨万等とも記す。高句麗の帰化人の子孫、宿禰姓。辻・上・窪・久保・奥・東の六家あり。

今春　現在は金春と記す。能楽五流の一。かなりの旧家のようであるが、室町時代に金春禅竹(一四〇五―六八)が世阿弥の女婿として芸道を伝授され、家を中興した。

能ノ海士　讃岐志度の海士が藤原不比等との間に房前を生んだ後、不比等が竜王に奪われた宝珠を海底から取りもどして来て死んだが、やがて

代《リ》ニセバ、物入・費モ少ク、又文物モ調フテ可《キ》レ然《ル》コトノ様ニ思ル、也。是ハ楽功者ナル仁ニ被《レ》二仰《セ》附《ケ》一、二三年モ四五年モカ、ラバ可《キ》二成就《ス》一コト也。去ドモ是等ノ事ハ、諸事ノ制度モ調リ、世上ノ豊カニユリスワリタル以後ノ事ナルベケレバ、可《キ》レ急《グ》事ニ非ズ。

扨*御謡初ハ重キ御規式ナレバ、此節計リ猿楽ヲ用ル様ニシ、猿楽ハ先規ノ如ク、御暇下サレ次第南都へ可《キ》レ上《ル》事也。彼輩モ、御先々前御代ヨリ、御暇被《サ》レ下テモ皆御城下ニ滞留シテ不レ上《ラ》。*其節ハ能流行《はやり》テ渡世モユタカナリシカドモ、今ハ渡世殊ノ外難儀スル類多シ。去ドモ年久ク御城下ニ住シテ、今ハ御城下ヲ常住ニ定タレバ、南都へモ上ラレズ。*シチヤウニ掛リタル様ナル事ニテ、*所ヲ失ヒタル有様也。

一　殿中御修理ノ時分、心得有べキ事アリ。古代ハ禁裏モ其外モ、皆*家ヲ作リ切ニシテ、間ニ空地多シ。故ニ火事・地震ノ節宜キ也。又人数ヲ廻スニモ自由也。天子ハ地ヲ蹈玉ハズト云事ハ皆後代ノ作リ事也。中比ヨリ家ヲ作リ続ケニスルコトニ成タリ。平日*ハ雨ニヌレズニ行来自由ナレドモ、古法*ニ違タル故、其害モ又多シ。殿中ナドハ無性ニ作リ続ケテ広大ナル故、火モ難《シ》レ消《シ》。又広大ニ作リ続ケル故、所々皆引窓*ニテ明リヲ取コトナレバ、火ノ子ノ防ギモ難カルべシ。御庭少ク、大地震ノ節、人々怪我ノ気遣ヒ無ニ非ズ。是等ハ御修理有《ル》レ之時、仕形心得可《キ》レ有《ル》コト也。

一　御城下ノ屋鋪割、大名ヲバ江戸ノ端ニ置キ、小身者ヲ御城近《キ》辺ニ置度コト也。小身者ハ*無人《ぶにん》ニテ、然モ勤モ世話シケレバ、御城近所相応也。大名ハ朔望ノ出仕計ノコトニテ、然モ大身ニテ人モ多《ケ》レバ、遠方相応也。御城近ニ大名ノ家居込合テ、火災ノ用心モ悪キ也。但、大名ノ屋敷ハ立派ニシテ、小身者ノ家ハ不立派故、御郭内外立派ノ為ニ、御城近所ニ

幽霊として房前にそれを物語るという謡曲。

安摩　案摩。長方形の白紙に眼・鼻・口の形と、左右に三巴を画いた仮面をつけ、二人で演ずる舞楽。

後鳥羽帝　（一一八〇—一二三九）。第八十二代天皇（在位一一八三—九八）。高倉天皇第四皇子。安徳天皇が平家と共に西海へ落ちて後践祚。譲位後も院政を行なったが、承久の変（一二二一）に敗れ、隠岐に流された。和歌・故実の道にすぐれたが、宴曲については不詳。

宴曲　鎌倉中期から始まり、南北朝室町中期にかけて、武士・僧侶間に流行した歌謡。遊宴に歌われる歌謡。

長門ノ家　長州藩毛利家。

大内家　南北朝から室町時代の守護大名。最盛期には山陽・山陰西部七国を支配。その本拠山口は戦国時代に文化の一中心地をなした。天文二十年（一五五一）大内義隆が家臣陶晴賢に殺されて滅亡。

コレアル　宝本による。底本「有テ」。

節　南本・丸本による。底本「筋」。

声明　奈良時代にインドから伝来した仏教歌謡。平家琵琶・謡曲・浄瑠璃・小唄など、わが国の歌謡に大きな影響を与えている。

曲舞　宴曲に白拍子（しらびょうし）の舞のついたものという。散文的詞章をうたいながら一人で舞う。観阿弥によって謡曲に採り入れられた。

狩衣　盤領（まるえり）、欠腋（わきあけ）で袖にく

くりがあり、裾を袴の外に出して着る。もと公家の略服であったが、江戸時代には礼服となる。
直垂 巻二、三四〇頁頭注参照。
御謡初 巻二、三一六頁頭注参照。
其節ハ能流行 将軍綱吉・家宣は能楽を甚だ愛好したが、吉宗は儀式的に催したのみであった。将軍の嗜好の差は当然能役者の生活に影響したであろう。
シチヤウ 宝本・丸本による。底本「紙帳」。囲碁の征(しちょう)か。眼のない石が逃げようとしても、どこ迄も「当り」で追いかけられて逃げきれぬ形。
所 右に同じ。底本「住所」。安住の場所の意味で、単なる住所とはやや語調を異にする。
家ヲ作リ切 棟を個々独立させる。
ハ 宝本・南本・丸本による。底本「モ」。
法 右に同じ。底本「道」。様式の意味で、「道」ではやや誇大。
引窓 綱を引いて開閉する屋根にあけた窓。
無人 家来・奉公人の少ないこと。

練塀 瓦と土とで積み築き上げ、上を瓦で葺いた土塀。
諸役人ハ… 巻三、三四八頁参照。
丸ノ内 江戸城曲輪の内。三九四頁頭注参照。現在は本丸大手門東側外曲輪の一郭の称となっている。

大名ヲ指置ル、コト成ベケレ共、小身者ノ屋シキ有ル所ハ、外ヲ一面ニ*練塀《ねりべい》ニシテ、内ニ屋シキ割ヲシタラバ、小身ニテモ成程立派ニ可《シ》レ成《ル》。

前ニ言タル通リ、*諸役人ハ頭《かみ》・助《すけ》・丞《じよう》・目《さくわん》ナドヲ立ルコトナラバ、頭・助・丞・目ノ居所ヲ役屋敷ニシテ一所ニ置キ、外ヲ一囲ニシテ、諸役人ハ御用多キコトナレバ、*丸ノ内ニ置度事也。去ドモ是等ハ大壮成ル事ナレバ、武家ヲ残ラズ知行所ニ指遣スニ非レバ難《キ》レ成《リ》コト也。

一 当時誓詞*ト云コト盛ニテ、御作法ノ様ニ成、*役替ノ度々ニ誓詞ヲシ、*駕籠ノ誓詞又ハ*病気ノ断リニ*誓文状ヲ出スコト不《ル》レ宜《カラ》事也。聖人ノ法ニ、*誓詞ハ出陣ノ前ニスル事也。夫モ軍兵ニサスル事ニハ非ズ。大将ヨリ士卒ヘ向テ、賞罰如《ク》二約束《ノ》一少シモ違ヘマジキト云誓詞也。総ジテ末長キ事ニハ誓詞ハ護ラレヌ者也。永キコトニハ*気弱《たゆ》ミ、失念モ有テ、誓詞ヲ破ル事有物ナル故、誓詞ハ一旦ノ事ニ可《シ》レ限《ル》。其上度々誓詞ヲスレバ、馴コニ成テ、神明ヲ畏ル、心薄クナル故、却テ偽ヲ教ル媒トナル也。誓詞ト言事モ、世間ニ無テ不《ル》レ叶《ハ》事ナルニ、誓詞ヲ破ル様ニスルハ不《ル》レ宜《カラ》事也。一旦ノコトニ用レバ、人ノ心ヲ堅シテ、誓詞ノ徳アリ。

駕籠《カゴ》ノ誓詞ハ、先《ツ》第一、*奉公人ノ年、多クハ実ノ年ニ非ザル故、最初ヨリ誓詞ヲ破ル也。駕籠ハ其頭・其主人ヨリ断リナレバ、誓詞ナクテ不《ル》レ苦《カラ》事也。奉公人ノ虚病ヲ構ルコトモ無《キ》二詮方一事也。虚病ニ様々ノ子細アリ。*勝手*ハタトナラザル故、虚病ヲ構ル事、当時多キコト也。扠ハ殊ノ外ニ*不足ナル人ヲ、親類寄合テ虚病ニ申立ルモアリ。扠ハ殊ノ外肥満シテ勤難《キ》レ成《リ》故、病気ト言モアリ。扠*ムラ気ナル事有ヲ*騒気ト云立レバ*身上不《ル》レ立《タ》故、病気ト申立サスルモアリ。又ハ*述懐ノ筋ニテ虚病ヲ構ルモアリ。又ハ強チニ述懐ニテハ無レドモ、時節ヲ考テ引込モアリ。又頭ト不和ナル故、可《キ》二引《キ》込《ム》一タメニ病気ト云モアリ。又ハ恥辱ヲカキタル事有テ、無《ク》二面目一テ引コムモ有リ。

先《ツ》不如意ニテ御奉公不《ル》レ勤《マラ》人ヲバ、其頭・其支配ノ、世話ニスル心深クバ、何様ニモ可《キ》レ成《ル》事也。不足成生レ付、或ハムラ気ナル者ハ、是又其頭・其支配ノ世ワニシテ家ノ不《ル》レ潰《レ》仕方尤モ也。肥迫《エリ》タル人ナドハ、皮満シテモ相応ノ勤ル役儀可《シ》レ有《ル》。当時ハ家筋極テ、外ノ役ニハ不《ル》レ成《ラ》事故、病気ト言ヨリ外ノ仕方ナシ。

述懐ノ筋カ、頭ト不和ナル等ハ、甚悪キ事ノ様ナレドモ、皆意地アル者ニ有事ニテ、箇様ナル人器量アル者多シ。古ノ明君・名将ハ、左ヤフナル者ヲバ様々誘ヒナダメテ、引出スヤフニ仕玉《ヘ》ル事多シ。恥辱ヲカキタル事有テ、*病ト称ルハ士ノ意地ナレバ、捨ラレヌ事也。古ヨリ、志アル人、奉公ヲセマジキト思トキハ、病ト称ル事、古礼也。

射ハ男子ノナサデ不《ル》レ叶《ハ》業故、*射礼ノ時ハ、不得手ノ人ハ、射ハ不得手ニテ候トハ言ズ。皆病ト称ル事アリ。亦堂上《たうしやう》方ニテ歌ノ御会ノ時、歌不得手ナル人ハ所労ノ子細アルト言コト、皆上ヘ対シテ偽ヲ言トテ、不忠ノ沙汰ニハ不《ル》レ成《ラ》事也。殊ニ時節ヲ考ヘ、悪人ノ上ニ有トキハ、ヤマイト称シテ引込ヨリ外ニ仕形ハ無事成故、古ヨリ虚病ヲ構ル人ニ賢者ハ多キ也。

唯若キ御主人ナドノ、虚病ノ疑甚キヲ、時ノ執政其疑ヲ晴サン為ニ誓文ヲ立サセタルニ、今ノ世ニハ例ト成タル可《シ》レ成《ル》。去ドモ当分ノ埒ヲ明タル迄ノ仕形ニテ、誓文ニ*テハ虚実ハ不《ル》レ知《レ》コトナレバ、詮モ無《キ》事ナル上ニ、跡ニ残《ル》ヲ見レバ、偽ヲ教ヘ、神明ヲナキ物ト思ハ

誓詞　起請文(きしようもん)。自分の述べることに偽りがない旨、神仏に誓った文書。

役替ノ度…　老中宅又は評定所において行なった。

駕籠ノ誓詞　旗本は原則として騎馬であるが、五十歳以上又は病気の時は、願書・誓詞の上乗物を許された。大名の重臣も同様であった。

病気ノ断リ　病気で欠勤の場合も誓詞を呈出して断った。

文　宝本・南本・丸本による。底本「詞」。

誓詞ハ出陣ノ前　書経、大禹謨に「禹乃ち群后を会し、師に誓つて曰く、済々たる有衆、咸(みな)朕が命を聴け」とある。

弱ミ　宝本・丸本「タユミ」。その意を採って傍訓とす。倦み、ゆるむこと。

奉公人ノ年…　五十歳に達せぬ者も五十歳と称して、乗物の許可を願出ること。

勝手…ナラザル　生計が成り立たぬ。

ハタト　事態急迫のさまを示す語。

不足　知恵たらず。愚昧。

ムラ気　精神状態が異常なこと。

騒気　躁気の宛て字か。躁気はせっかち、または狂気の意。

身上不立　家がつぶされる。

述懐　不平、不満。

病ト称ル…　史記、司馬相如列伝「人上書して言ふあり、相如使する

スルコトニ成テ、甚不《ル》ㇾ宜《カラ》事也。其支配・頭、組子ノ治《メ》ヲ職分ノ第一トスルナラバ、誓文状ヲ不ㇾ出《サ》トモ、自ラ虚病ハ少キ仕形可《キ》ㇾ有《ル》也。

*国方等ニテハ、組頭ト云者ハ、其一組ノ士ノ病気モ、幼少モ、息災ニテ勤ルモ、皆同ク支配シ、扨江戸ノ勤ハ別ニ番頭ト云者有テ、其下知ヲ承リテ勤ルコトニテ、其組頭ノ支配ノ中ヨリ番代《ばんがはり》ヲ以テ番頭ノ下ヘ遣ストキ、病気・幼少ノ者ニ当レバ、一組ノ内ヨリ外ノ人ヲ代ニ出シ、其本人ヨリ*割合ヲ遣ス故、身上ノ不《ル》ㇾ成《ラ》者ハ病気・幼少ノ代ヲモ願テ、*ヒタモノ勤ルコト、*御当地ノ取人ノ如シ。扨割合ヲ出スコト故、勝手ニ不《レ》ㇾ宜《カラ》バ、自ラ虚病ハ少キト承ル。箇様ナル仕形ヨク詮議セバ、如何様トモ可《キ》ㇾ成《ル》事也。

兎角当時ノ誓詞ハ御作法ノ様ニ成テ無《キ》ㇾ詮コトナレバ、一向ニ停止有テ、唯大名ノ国元ナドヘ御目附ニ行コトナド、其外ニモ、其時ニ取テ当坐切ノ御用ニ計リ、大切ナルコトニ誓詞ヲ被《レ》㆓仰《セ》付《ケ》㆒可《キ》ㇾ然《ル》也。

一　*宗旨手形ニ代々何宗ト書《カ》スルコト、偽ヲ教ル也。公法ノ第一ニ厳密ニスルコトニ偽ヲ教テ、夫ヲ定法ト覚《ユ》ルハ不詮議ノ至、云ン方ナシ。当時ハ何事モ如《ク》ㇾ此《クノ》、法ヲ立ルト云バ下ニ諂ヲ教ルコトニナル故、下ニ諂多キハ、畢竟上ノ教ヘ也ト可《シ》ㇾ言《フ》。

去ドモ*切支丹宗門ヲ御改ノ事ハ、僅ニ百年以前ニ始リタルコトニテ、右ノ文言ハ其時分ニ立タル法也。其時武家知行所ニ居住シ、家来多《ク》ハ譜代者也。無《キ》ㇾ左モ皆知行所ノ者ナレバ、右ノ文言全ク諂ニ非ズ。

然ニ世移リ、武家江戸住居トナリ、*譜代ナクナリテ*出替リ者ヲ使ヒ、其出替リ者皆不断ニ御城下ニテ召置コトニテ、其来歴ノ知レヌニ、御城下ニテ請人ノ寺ヲ旦那寺ニシ、又大

時、金を受くと。官を失ふ。居ること歳余、復た召して郎となす。(中略)病と称して間居し、官爵を慕はず」。

射礼　弓を射る儀式。正月十七日、建礼門で親王以下五位以上、並びに六衛府の者に行わせた。

テ　宝本により補う。

国方　大名の国もと。

割合　負担すべき費用。

ヒタモノ　ひたすら。

御当地ノ取人　江戸で召抱えた者の意か。

宗旨手形　巻一、二七〇頁頭注参照。

切支丹宗門ヲ御改…　宗門改役の設置は寛永十七年(一六四〇)であるが、本文は幕府がキリシタン禁制にのり出した慶長十七年(一六一二)以来のことをさすか。

譜代ナクナリ　巻一、二九〇頁参照。
↓補

出替リ者　巻一、二六七頁頭注参照。

江戸勝手　巻二、三〇六頁頭注参照。

名ノ家来モ*江戸勝手多クナリ、他所ノ浪人ナドヲ召置タルニ、江戸ニテ檀那寺ヲ拵ヘサスル故、右ノ文言大ナル偽トナリタリ。*一巻目ニ言タル如ク、出代リ奉公人ヲ皆地頭請ニセバ、宗門手形ハ在所ニテ済コトナル故、昔ニ復リテ、右ノ文言ノ通リニテ少シモイツハリニナルマジキ也。何事モ世ノ風俗ノ移リ行コトヲ心得ヌ故、如《キ》レ斯《クノ》誤リアリト知ルベシ。

一 誓詞ノ文言ニ「別シテハ*伊豆・*箱根両所権現」ト書クコト文盲ノ至リ也。是ハ*貞永式目ニ有事ヲ、*書*礼者ノ手本ニ書出シタルヲ、何ノ詮議モナク用タル也。貞永式目ハ北条家ノ「公事ノ裁断ハ依怙ヲサセマジキ」ト言《フ》誓文也。北条ノ在所ハ伊豆也。鎌倉ハ箱根ニ近キ故、伊豆・箱根ト書タル也。今ハ国隔リ、伊豆・箱根ノ権現ヲバ平生ハ信ゼヌニ、日本国中何方ニテモ如《ク》レ此《クノ》書コト、埒モナキ事也。其所ニテ第一ニ尊敬スル神社ヲ可《キ》レ用《フ》事也。

一 奉公人ノ年ヲ偽ルコト、是又定法ノ様ニ成テ、奉行御役人モ不レ怪《マ》、尤ノ事ノ様ニ覚テ居ルコト有間ジキコト也。御奉公ニ出ル最初ニ、先《ヅ》一番ニ謁ヲサスルコト如何ナルコトゾヤ。是ハ実子ナキトキハ必ズ養子ニテ跡ヲ継《ガ》スルコトト立テ、夫ヨリ*十七以下ニテハ養子ナラズト云法有ヨリ起レリ。

跡ヲ建ベキ家ナラバ、*伯父ニ甥ノ跡ヲ嗣セテモ苦シカルマジ。其子細ハ、先祖ノ勲忠ニ依テ其家ヲ断絶セヌ道理ナル故、其先祖ノ為ニ、子孫ナラバ、其死シタル人ノ養子ニセズトモ、跡ハ可《キ》レ立《ツ》事也。

其死タル人ニ勲功ニテモ有テ、迹ヲ可《キ》レ立《ツ》筋ナラバ、伯父ハ養子ニナラネバ難《キ》レ立《テ》也。当時十四五歳ニナル者ノ、未ダ*小普請ニテ御奉公モセヌ内ニ死タルガ、兼テ年ヲ謁テ十七満ニ成タルハ、其人ノ伯父ノ有ヲバ指置キ、従弟違ナドノ二三歳ナルヲ、他名ヲモ不レ構《ハ》、

一巻目ニ… 二六九頁参照。

伊豆 伊豆神社。熱海市伊豆山にあり。伊豆山権現。火牟須比(ほむすび)命神社(延喜式神名帳)。千手千眼大菩薩(伊豆国神階帳)。

箱根 箱根神社。元箱根にあり。天平宝字元年(七五七)僧満願創建という。

貞永式目 御成敗式目。貞永元年(一二三二)八月鎌倉幕府が制定した法典。その施行に先立ち、執権北条泰時以下評定衆は、同年七月十日、式目の精神たる「道理」に従って政治を行なう旨、伊豆・箱根両権現をはじめとする大小神祇に誓を立てた。

書礼 書札礼。書状の様式に関する規則。公家の礼式は弘安八年(一二八五)に、武家の様式は室町時代にととのった。

礼 宝本・丸本による。底本「札」。

十七以下ニテハ… 幕臣が嗣子ないまま急に死去した場合、臨終に願い置いたという形の養子(末期養子または急養子)は慶安四年(一六五一)以降認められたが、五十歳以上、十七歳以下の場合は厳しい制限があった。↓補

伯父ニ甥ノ跡ヲ… 寛文三年(一六六三)の諸士法度に、養子の対象として同姓の弟・甥・従弟・又甥・又従弟、あるいは入聟・娘方の孫、姉妹の子、種替りの弟をあげている。つまり養子は卑属に限っている。↓補

小普請 巻一、二六六頁頭注参照。

其年モ又五六歳程ヅヽノ過ニ偽テ、養子ヲ願ヘバ、願ノ通被《ルル》二仰《セ》付《ケ》一事也。然バ其先祖ノ御奉公故ニ跡ヲ立下サルヽニテハ無テ、其小普請ニテ未《ダ》御奉公モセズ十四五歳ニナル者ノ跡目ヲ立玉フ様ナル者ニテ、甚筋違フ也。是法ノ立様悪キ故、跡目ヲ立ラルヽ、本意ヲ忘レテ、例ニ拘ハル故也。

*大名ハ家督相続トテ、年ニモ不《ル》㆑拘《ラ》例ナレドモ、旗本ヲ支配スル輩此例ヲ引ヌハ、弘ク例ヲモ不㆑考《ヘ》、唯我扱ヒ習《ヒ》タル仕癖計ニテ申立レバ、何ノ詮議モナキコト、是又当時ハ何モ彼モ願ト云事*ハヤル故也。且又次男・三男ヲ、他苗ニテモ養子ニ遣シ度ト人々望ヲ掛テ、其支配ノ頭ニ頼ム故、頼レタル人*モダシ難クテ、斯ノ如ク仕為《ス》モアルベシ。是等ハ願ニ不㆑構《ハ》、其支配「同名ノ親類ハ無カ」ト吟味シテ可《キ》二申《シ》立《ツ》一コト也。必竟文盲ナレバ、同苗ニテモ他苗ニテモ、跡サヘ立バ同ジ事也ト心得ル故ノ事ナルベシ。

一　総ジテ願ト云コト不《ル》㆑宜《カラ》コト也。尤願ト伺ト届ケト断リトハ、各差別有べシ。当時ハ大方混雑セリ。御奉公ノ願ト云コト不《ル》㆑聞《エ》事也。是ハ元来関ガ原御陣ヨリ大坂御陣迄ノ間、*天下*イマダ全ク*ハ御手ニ不《ル》㆑入《ラ》トキ、大名其外国々ノ士・*社家等ノ大身ナル弓矢取タル類ニ御奉公ヲ願ハセ、御味方ニ志ヲ運《バ》セテ被《レ》二仰《セ》付《ケ》一タルガ例ト成テ、今ハ御旗本ノ小身者迄願ヲ出シテ*御番入ヲスル事不《ル》㆑聞《エ》事也。

十七歳ヨリ初陣ヲ勤ルコトナル故、畢竟*軍役ヲ以テ御番ヲ被《ルル》二仰《セ》付《ケ》一コトニテ、ネガウネガハザルハ不《ル》㆑構《ハ》コト也。十七歳ニナレドモ、未ダ微弱カ病身ナル人、願ヲ以テ今少シ遅ク御番入仕度ト云、延引ノ願ハ有べシ。又病身ニテ勤ヲ引《キ》居《リ》シ者ノ、*気色快気シタルガ、願ヲ以テ勤ル*ハ左モ可《シ》㆑有《ル》。又軽キ御尤《とがめ》ニテ召仕《レ》ザル徒《ともが》ラ、久ク御奉公致サヾル事ヲ歎キ

大名ハ家督相続トテ…　「柳営秘鑑」に「諸大名十七より内に而卒去之時、御大法之通、跡目不二仰付一。然共御三家は御幼年に而も御相続相違無㆑之、其余も、弟或は一類を以、思召次第新知被二仰付一」とあり。

ハヤル　宝本・南本・丸本による。底本「行ル」。或は底本「流」を脱するか。

モダシ難ク　黙止し難く。

天下イマダ…　三〇六・三九九頁参照。

イマダ　宝本・丸本により補う。

ハ　右に同じ。

社家　世襲の神職の家。

御番入　巻一、二六六頁頭注参照。

軍役　巻一、二九二頁頭注及び補注参照。

気色快気シタルガ　宝本・丸本により補う。

ハ　宝本・南本・丸本により補う。

テ願フ*筋ハ可《シ》レ有《ル》。右ノ子細ナケレバ、法ヲ以テ上ヨリ可《キ》レ被《ル》二仰付《セケ》一筋ニテ、ネガヒニ不《ル》レ及《バ》事也。

此差別*大名ト旗本ト混雑シテ、昔ヨリ分レヌ様也。当時ニ至テモ、大名ニ御役被《ルル》二仰附《セケ》一等モ願ニハ不《ル》レ及《バ》事也。御先々前御代ニ朱子学ヲ御崇敬有テ、*大学或問ニ「各得二分之願《ヲ》一」ト云文ノ意ヲ御取誤ニテ、何モ彼モ願ト云事時行《はやり》タルヨリ、一入盛ニ成タル也。

総ジテ願ト言ハ、定法ニ少シ違タル様ナルコト、亦上ノ思召忘レナド有ヲ、ネガヒニテ御気ヲ附ル筋可《シ》レ有《ル》。婚姻ハ両願ニテ被《ルル》二仰付《セケ》一事尤ノコト也。跡式ハ上ノ思召次第ニテ、ネガヒニ及ブ間敷コト也。養子・分地等ハネガヒ尤ノコト也。総ジテ何事モ願ネバ被《レ》二仰《セ》附《ケ》一ズト云コトハ有間敷事也。

御用ニテモ被《レ》二仰付《セケ》一タルトキ、御用ニテ入用ノ物ヲ請取コトハ、断ニテ可《キ》二相済《ヒム》一コト也。願ニハ及マジキ也。又組ヘ定リテ可《キ》レ被レ下《サ》物、御役料*ナドノ滞リタルハ、御役人マデ断ヲ申立テ可《キ》二相済《ヒム》一也。願ニハ及マジキ也。又組ノ中ニ並ヨリ小身ニテ勤難《メキ》ヲ、頭ノ申立テ*御《お》足米《たしまい》ヲ拝領サスル等ハ、定法ノコトニ非レバ、願ナルベキ也。

又伺ト云ハ、二筋モ三筋モ有事ヲ、此内何ノ方ニ可《キ》レ為ト頭迄伺フコト也。一筋ニ極リタルコトハ、手前ノ心ニテ決断シテ執行ヒ、跡ニテ頭ヘ可《キ》レ届《ク》也。然ニ若キ初心ノ者ノ、事ニナレヌガ、決断ナラヌヲ何事モ伺ハセツケタル癖付テ、今ハ一スヂニ極タル事ヲモ伺セ、ウカヾワネバ咎ル類多シ。如《ク》レ此《クノ》ニ人ヲ使フ故、何モ彼モ上ニモタレテ、自身ノ了簡ヲ用ルコトナク、人々阿房ニ成行キ、身ヲ蹈込テ勤メヌ也。

又伺ニモ差別アルコト也。*某ガ父、*御先々前御代ノ御部屋住ノ節、*御薬匕《おんやくひ》ニ被《シ》二召出《サ》一タ

フ　宝本・丸本による。底本「ヒ」。

大名ト旗本ト　右両本による。底本「大小名トモニ」。

大学或問ニ…　大学、伝十章の朱子の章句に「使三彼我之間、各得二分願一」とあり、これの記憶違いか。

役料　幕府の主要な役人に俸禄のほかに役料を支給する制度は、寛文六年(一六六六)創始。天和二年(一六八二)廃止されたが、元禄二年(一六八九)から五年にかけて復活。

御足米　創始時期は不詳。下級少禄の幕臣で、功労があるか、薄給のため勤務も思いのままにならぬ者に対し、その頭・支配の上申に基き米金を加給した。しかし享保九年(一七二四)、前年の主要役人に加えて、下級幕臣にも足高(たしだか)の制が設けられ、在職中その役相応の俸禄が支給されるようになり、足米の申請は厳しく制限された。

某ガ父　荻生景明(かげあきら　一六三六—一七〇六)。号方菴。綱吉に召し出された年は不明であるが、綱吉が将軍連枝として神田の館にいた時代であるから、慶安四年(一六五一)から延宝八年(一六八〇)の間である。

先々　宝本・南本・丸本による。底本「前々」。

御薬匕　薬を調合する匙(薬匙《やくし》)。ひいては医師を意味する。

ルミギリ、御薬部屋ノコトニ依テ御用人迄伺フコト有テ、御用人ノ*栢植平兵衛ニウカヾヒケル時、平兵衛「我等ハ不レ存《ぜ》」ト答シ故、某ガ父殊ノ外セマツテ、此人指図ヲシテハ後々身ノ誤ト成コトヲ厭ヒ、指図ヲセヌコト、御用人ニ似合ヌ卑怯成仕方也ト思ヒ、「御用人ニ伺フ筋故、ウカヾヒ候也。御指図ナサレヌ上ハ、自身ノ了簡ハ如《ク》レ此《クノ》可《シ》レ仕《ル》」ト言捨テ坐ヲ立タリ。其時平兵衛御廊下迄馳来リ、「其元ノ料簡ノ通リモ成程可《シ》レ然《ル》。然レドモ是々ノサヽハリ有ル故、同ジコトナレドモ如《ク》レ此《クノ》可《シ》レ為」ト指図セリ。夫ヨリ某ガ父ト無二ニナリ、「御用ニ可《キ》レ立《ツ》者也」ト陰ニテ云タリト。後ニキケバ、此平兵衛ト云男ハ、人ノ物ヲ伺フニ、我料簡ヲ一通リ云タルノミニテ指図ハセズ。*我了簡ヲ云ヒ、如何セント極《メ》テウカヾヘバ、此時指図ヲモシタリ。手前ノ了簡トテハ云ズ、唯如何スベキト*モタレテ伺フ人ヲバ、「御用ニ立マジキ人也」ト、殊ノ外気ニ不レ入《ラ》ト也。是モ御奉公ヲ身ニ蹈込テスル様ニ、人々ニサスベキ為ニ、平兵衛如《ク》レ此《クノ》取扱タルナルベシ。

是ハ*寛文・延宝ノ比也。此頃迄ハ箇様ノ人モ世間ニ有シ也。去ドモ其時分ヨリ、早世間ノ風トハ余程違テ、件ノ平兵衛ヲバ、人々「阿蘭陀人」ト異名ヲ附タルト也。今ノ世ハ下タル人ノ何ノ了簡モ無テ、上ノ指図承ルヲ頭モ役人モ好ム故、伺ニモ差別アルコトヲ不《ル》レ知《ラ》也。

一　*婚姻ニ金ヲトルコト、当時ノ風俗也。由《リ》レ是《ニ》女多ク持タル者ハ身上悪クナル。金ヲ望ム故、相手有ガタク、男女トモニ年ノ寄マデ独身ニテ、子孫ノ乏キ類モ多シ。又不相応ナル人ノ女ヲ、*取親《とりおや》ヲシテ妻トスル類モ多シ。独身ニテ久ク居ル故、傾城町へ歩行《あるき》、金ヲツカヒ、悪《キ》疾ヲ受、又ハ妾ヲ置キ、様々ノ悪キコト是ヨリ出ル。総ジテ堂上方又田舎ノ百姓

栢植平兵衛　栢植正弘(一六五一―一七一六)。

我了簡ヲ云ヒ如何セント　宝本・丸本により補う。

モタ　右両本による。底本「ヨ」。

寛文・延宝　四代将軍家綱時代の年号。寛文(一六六一―七三)、延宝(一六七三―八〇)。

婚姻ニ金ヲ…　寛文三年の諸士法度に「嫁娶幷養子之儀ニ付て貧たる作法」を禁じ、宝永七年(一七一〇)武家諸法度でも「近世の俗、婚を議するに、或は聘財の多少を論じ(中略)貴賤相当らざる者婚をなすに至る」ことを厳禁している。新井白石の娘がなかなか良縁を得られなかったのも、白石が持参金の弊風を拒んだのが一因という(白石、室鳩巣宛書簡)。

取親　仮りの親。養父。身分違の縁組の場合、娘を婚家と身分の均合った家に、仮りに養女とすること。

カタぐ　いずれにしても。武家が良縁を容易に得られず、そのため子孫が乏しくなることもよくないが、公家や百姓が早婚で子孫が多すぎるのも、共によくない。

他苗ノ養子　戸婚律に「異姓の男を養ふ者、徒一年、与ふる者、笞五十」

ハ、大方二十歳ヨリ内ニテ婚礼スル故、子孫多キ也。*カタ〳〵悪敷コトナレドモ、内証ノコトナレバスベキヤフナシ。武家ヲ知行所ニ置タラバ、自ラ此悪風ハ可《シ》ㇾ止《ム》。無ㇾ左《ク》バ当分縁組ヲ司ル役人ヲ立テ、願ヲ用ヒズ、上ヨリ極テ仰附ラレバ、此風可《シ》ㇾ止《ム》。

一 養子ト云コト、*他苗ノ養子・*婿養子ハ古無《キ》ㇾ之事也。北条家ノ時、*所領ヲ女子ニ譲ルコトヲ免サレタルヨリ、他苗ニテ相続スルコト起レリ。果ハ*頼朝卿ノ後ヲ藤原氏ニテ嗣セ、天下ハ北条ノ手ニ入ル謀計ノ所為ト云ベシ。其後*戦国ノ時分、人ノ国ヲ可《キ》ㇾ取《ル》計策ニ、他家ヘ我子ヲ遣シ、亡家ノ臣下ヲ懐ケンガ為ニ、其養子ト号シ、他苗ヲ名乗ラスル類アルヨリシテ、世ノ風俗トナリ、他名養子・婿養子ヲユルサデ不《ル》ㇾ叶《ハ》事ニ成タリ。古《ノ》道ニ違フタルコトナレバ、制禁有ベキコト也。

是ヨリシテ、*筋モナキ者金ニテ人ノ跡ヲ買ヒ、町人・*小普請手代・*座《ざ》頭《とう》ノ子ノ類御旗本ニ混ズル類、其数ヲ知ラズ。先祖ノ奉公ニヨリテ賜リタル知行ヲ、外ノ者ニ遣サルベキ様ナシ。

婿養子ニ成ト云事、元来男トシテ所存アラン者ノ可《キ》ㇾ為《ス》事ニ非ズ。武家ノ妻ニ法外ノコト有ルモ、婿養子ノ家ニ有コト也。但、上ノ御取立ニテ立身シタル者ノ、子ナク、同姓ノ親類モナキニハ、先祖ニ対スル筋ニモ非レバ、上ノ思召ニテ、他名ヲ養子ニ下サル、コトモ苦シカルマジキ也。其時ハ古例ニ任セ、苗字計リ養父ノ苗字ヲ名乗ラセ、姓ハ其者ノ本姓タルベシ。総ジテ他苗ノ相続ヲ免サヌコトハ聖人ノ法ニテ、深意アルコト也。国家ノ治《メ》ニ附テ子細アルコト、筆*紙ニ書シ難シ。

一 隠居シタル者、其子或ハ孫ニ子ナクテ後目《あとめ》断絶スルトキ、右ノ隠居*天竺浪人ニナル類

と罰則あり。

婿養子 ↓補

所領ヲ女子ニ… すでに養老令で女子の財産相続権を認めており、中世はむしろこれを制限する方向に進む。↓補

頼朝卿ノ後ヲ… 承久元年(一二一九)源実朝が殺されて源氏の血統が絶えると、幕府は九条道家の四男頼経を鎌倉に迎え、やがて嘉禄二年(一二二六)これを四代将軍とした。

戦国ノ時分… 織田信長が永禄十二年(一五六九)伊勢の北畠具教(とものり)と和睦し、二男信雄をその養子とした後、天正四年(一五七六)に具教を謀殺し、北畠氏をほろぼしたのは典型的一例である。

筋モナキ者… 巻三、三六四頁参照。

小普請手代 同右頁頭注参照。

座頭 盲人の官位の最下位。京都の久我(こが)家に金を納めて許された。検校(けんぎょう)の支配をうけ、琵琶・琴・三味線などの音曲や鍼・灸・按摩療治を業とし、また「座頭金(がね)」といって、高利貸を営むことも認められていた。

紙 宝本・丸本による。底本「記」。

天竺浪人 よるべなき浪人者。天竺の果まで流浪するとの意とも、逐電を逆にしたものともいう。江島其磧「傾城禁短気」一之巻(宝永七年)、近松門左衛門「生玉心中」上巻(正徳五年)などに見える。

多シ。是等ハ其身一代恙ナク御奉公ヲ仕舞タル者ナレバ、御扶持方可《キ》レ被レ下《サ》事也。潰レタル者ノ妻ニモ御扶持方可《キ》レ被レ下《サ》コト也。是等ハ大名ノ家ニモ有事ナルニ、御家ニ其沙汰ナキハ不詮議ト可《シ》レ言《フ》。此御手当ナキ故、弥下ヨリハ、隠《ク》シテナリトモ、*ツカモナキ者ナリトモ、養子ニシテ後ヲ立テ、家属ノ路ニ迷ハン事ヲ謀ルモ、亦余義ナキ事ナリ。

一　*大名ノ家ノ謀叛ノ筋モ御咎ノ筋モ無テ家ノ潰レタルハ、其家来ニ無《シ》レ咎。然ルニ家潰レバ家来流浪スル事、世ノ風俗トナリ、無《キ》二詮方一コトナレドモ、痛マシキコトナリ。元来武士ナレバ町人・百姓ノ業モナラズ、渡世ヲスベキ様ナケレバ、果ハ様々ノ悪事ヲ仕出スモ有リ。是其身ノ咎ナレドモ、畢竟上ノ政道ノ不《ル》レ足《ラ》所トモ可《キ》レ言《フ》カ。因《リ》レ是《ニ》婿或ハ養子ニテ跡ヲ立ルコト、世ノ穏ナル筋ニ叶ベケレ共、然ドモ*天道ヨリ滅シ玉ヘル家ヲ人作ニテ相続スルコト、是又*冥慮《みやうりよ》ニ恐レ有コト也。

外様大名ハ、其初家来ノ力ニテ一国一郡ヲ切随ヘ、其力ニテ今ニ至ル迄国郡ノ主トナル。御譜代ノ者モ、其初メ家来ノ力ニテ御奉公ヲ申上、国郡ヲモ賜リタリ。是其主人ハ己ノ力ノミニ非ズ。全ク家来ノ功ナリ。然バ御譜代・外様ノ大名ノ家来モ、全ク上ヘ対シ、天下ヘ対シテ御奉公ナキニシモ非ズ。

古《ヘ》郡県ノ代ハ大名ト云者ナキ故、其家来モ一人々々皆天子ヨリ*勲田ヲ賜リ、永久ニ子孫ニ伝ヘ、其大将ノ家トハ各別ニ成レドモ、今ハ封建ノ代ナレバ、主人一人ニ国郡ヲ下サルヽニテ事スミ、其家来ヘハ、主人ヘ下サレタル内ヲ割《リ》レ呉テ、其功ニ報ルコトニ成タリ。去バ主人ノ家潰《レ》テ、面々モ流浪スルニ、何レモ無《キ》二是非一コトニ思テ、上ヲ怨ル人モナシ。去共主人ノ家潰レバ、流浪シテ後ノ難儀アランコトヲ思ハヾ、此以後又如何様ノコト有ンモ、

ツカモナキ者ナリトモ　宝本・南本・丸本により補う。くだらぬ者であっても。

大名ノ家ノ…潰レタルハ　無嗣断絶をさしている。

天道　宇宙の主宰者。

冥慮　主宰者の意向。

勲田　「凡そ功田は、大功は世々に絶えず、上功は三世に伝へよ。中功は二世に伝へよ。下功は子に伝へよ」(田令、功田条)。「凡そ五位以上、功を以て封を食む者、其身亡(し)なば、大功は減半して三世に伝へよ。上功は三分が二を減じて二世に伝へよ。中功は四分が三を減じて子に伝へよ。下功は伝へざれ」(禄令、功封条)。つまり令制で世襲しうるのは、大功に対する功田のみである。

時代ニ連《レ》テハ計リ難シ。然バ此仕方可《キ》レ有《ル》事也。

総ジテ無罪ニテ潰タラン大名有《ラ》ントキ、其家中ノ士、百石以上ノ分ハ、仮令幾千石ニ至ル共地方《ちかた》ニテ知行五十石宛被レ下《サ》レ之《ヲ》、ヤハリ其国ニ差置レ、郷士トスベキ也。去バ十万石ノ家潰テ、公儀ヘ十万石上ルベキヲ、八万石程上リテ、二万石ハ件ノ郷士ノ領ニ成ベシ。五十石ヲ不足ト思ヒ、他所ヘ立去ル人ハ心次第ナルベシ。唯諸士ノ流浪ヲ不便ニ思《シ》召《シ》テ如《ク》レ此《クノ》ナシ玉フ事、莫大ノ御仁徳ナルベシ。然レバ大名ノ家ツブル共、流浪ノ者モ少ク、国ノ治《メ》ニモ可《シ》レ宜《カル》。其城*御番城ニナルトキモ、小身者ヲ遣ハサレテモ、番人ハ右ノ郷士ヲ加ヘテ事可《シ》レ足《ル》。又其城ヲ別人ニ被レ下《サ》時モ、其郷士ヲバ城附トシテ、城主ノ気ニ入取立テンモ、有《リ》レ罪テ刑戮センモ、元来ヨリノ家中ニカハリナク、心次第ニセヨト御定可《シ》レ有《ル》。如《ク》レ此《クノ》ナルトキハ、大名ノ家中ノ諸士、*永ク主人ノ悪道ニ組スルコト有マジ。其子孫永々迄モ謀叛ニ組スル気遣ヒ*有間ジ。

猶又仙台ノ臣*片倉・長門ノ*吉川《きつかは》・肥前ノ*諫早《いさはや》・阿波ノ*稲田ナドノ類ヲバ、兼テ時々参勤ヲモ被《レ》二仰《セ》附《ケ》一、別段ニ御目見ヘモ、御奉公ヲモ被《レ》二仰《セ》付《ケ》一置レテ、左様ノ時節ニ至ラバ、兼テノ御奉公ヲ以テ、知行ヲ半減ニモシテ被二召《シ》出《サ》一ベシ。如《ク》レ此《クノ》アラバ、外様大身ノ大名ヲ御潰《シ》アランコトモ、御心ノ儘成ベシ。

是大名ヲ可《キ》レ潰《ス》為ノ策ニハ非ズ。日本国中ハ上ノ御心ノ儘成様ニナサレ置レザルトキハ、時ニ取テハ政道ノ指支ユル*所アル事故、如《ク》レ此《クノ》愚按ニ及ベリ。

一　大名ノ家中ノ仕置悪ク、又ハ知行所騒動ニテ家潰ル、*ハ尤ノ事也。跡目ノ論ニテ家中二《ツ》ニ別レタルヲ御潰《シ》有事、如何アルベキ。総ジテ四五十万石・*百万石ニ余ル大名ハ、日本

御番城　幕府直属の城。

永　宝本・南本・丸本による。底本「長」。永久にの意なり。

有間ジ　宝本・丸本により改む。底本「有間ジク」。

片倉　仙台藩伊達氏の家老。代々陸奥白石城を領す。一万六千石。

吉川　周防岩国の城主。六万石。関ケ原の戦の後、徳川家康は敵対した毛利氏を潰し、内通の功により領地を吉川広家に与えようとしたが、広家の歎願により、毛利の家名存続が認められ、吉川氏は独立した大名にならなかった。

諫早　佐賀藩鍋島氏の家老。代々肥前諫早の領主。一万石。

稲田　阿波藩蜂須賀氏の家老。代々洲本城主、淡路島一万四千五百石を領す。

ユル　宝本・南本・丸本により補う。

ハ　宝本・丸本により補う。

百万石　右に同じ。

小国ニハ過タル者也。古《ヘ》ノ制度ト積リ合スルニ、三代*ノ時、公・侯ノ国ト云ハ今ノ現米百万石、伯ノ国ハ今ノ五十万石、子・男ノ国ハ二十五万石位ニ当ル。三代ノ時分ノ公侯伯子男ノ制度*、皆々小国ノ日本ニ有《ル》レ之事、「尾大*《ニシテ》而不レ掉《ふるハ》」ト云古語ニ似タリ。幸《ヒ》右ノ様ノ事アラバ、家ヲ二《ツ》ニ別テ、双*方トモニ御立可《キ》レ有《ル》事也。他名へ養子ニ行《ク》事ナラヌコトニ成タラン上ニ、此例出来セバ、末子ニテモ父ノ愛子アラバ、自ラ身上ヲ二ツニ分タキ願出モ有べキ也。其願ニ随テ家ヲ分サセバ、至極ノ兼合ナリ。大名ノ家、三十万石ヲ限ニ仕度事ナリ。

一　妻ハ夫ニ従《フ》事道也、礼也。然ニ今ノ世ノ風俗、夫ノ家ノ格ニハ構ハズ、其妻ノ家ノ格ヲ夫ノ家へ持行テ、奢リヲ恣ニスルコト、以《ノ》外ノコト也。天*子ノ姫宮サヘ、人臣ニ嫁《ス》ルトキハ、降嫁ト号シテ、天子ヲ親元ニ不レ立《テ》、同姓ノ諸侯ヲ親元ニシテ、天子ノ礼ヲ捨テ、諸侯ノ礼ヲ用ユ。諸侯ノ女モ、其家中へ嫁《ス》ルトキハ、父ノ諸侯ヲ親元ニ立ズ、同姓ノ家来ヲ親元ニシテ、諸侯ノ礼ヲ捨テ、大夫ノ礼ヲ用ユ。因《リ》レ是《ニ》天子ノ姫宮ヲ公主*ト云ハ、諸侯ヲ親元ニスル故也。諸侯ノ女ヲ翁主*ト云ハ、大夫ヲ親元ニスル故也。是古聖人ノ法也。後世ハ此礼捨《タ》レテ、公主ヲ尚*《しやう》スルト言事出来シテ、夫ハ妻ヲ主君ノ如クアシラヒ、諸事格式以ノ外ニ超過シ、様々ノ悪事生ジタルコト、歴代ノ前蹤明《カ》也。

当時ノ有様ハ異国ノ後代ノ例ノ如クニテ、其害甚ク、夫ノ家法ヲ破リ、物入莫大ニシテ、夫ノ身上以ノ外ニ悪クナル。公家ノ女、大名へ嫁シ、大名ノ女、旗本へカシ、又我家中へ嫁イリスルモ、皆此風俗ノ様ニ成テ、志有ル夫モ是ヲ制《ス》ル事ナラズ。是上ヨリ制度ヲ立玉ハザレバ不《ル》レ叶《ハ》事也。

三代　夏・殷・周。
公侯伯子男ノ制度　「王者の禄爵を制するは、公・侯・伯・子・男、およそ五等(中略)、天子の田は方千里、公侯の田は方百里、伯は七十里、子男は五十里」(礼記、王制)。
尾大而不掉　春秋左氏伝、昭公十一年にある語。獣の尾が大きすぎると自力でふるい動かしがたいように、下の力が強すぎると、上の者は制しがたくなるとの意。
双　宝本・南本・丸本による。底本「隻」。
天子ノ姫宮サヘ…　「天子、女を諸侯に嫁するに、必ず諸侯同姓の者をして之を主(つかさど)らしむ。諸侯、女を大夫に嫁するに、必ず大夫同姓の者をして之を主らしむ」(春秋公羊伝、荘公元年)。
公主　主として秦以後の称。三公(大司徒・大司空・大司馬―漢代)につかさどらせたことによる。
翁主　漢書、高祖紀、顔師古注に、「諸王即ち自ら婚を主どる。故に女を謂ひて翁主と曰ふ。翁は父也。父其婚を主どるを言ふ也」とあり。徂徠の説と異る。
尚スル　身分の低い者が身分の高い者と結婚することの特別用語。

一 大名ノ妻程*埒《らち》モナキ者ハナシ。女ノ第一ノ業トスル縫鍼モ不レ成《ラ》、三味線ヲ取ヲ常ノ慰トシ、大方ハ終夜不レ寝《ネ》、昼ハ四ツ・九ツ迄ネル也。*古ハ天子ノ后モ蚕ヲ仕始テ、後ハ宮女手伝テ*禁中ニ*カヒコヲ造リ玉ヒ、御自身天子ノ天ヲ祭リ玉フ時着シ玉フ冠ノ上ニ附ル*紞《たん》ト云物ヲ織玉フ事古礼也。諸侯ノ夫人ハ*紘綖《くわうえん》ヲ加ヘテ織ル、卿ノ妻ハ*大帯ヲ加ヘテオル、大夫ノ妻ハ祭服ヲオル、士ノ妻ハ夫ノ祭服・朝服迄ヲオル、庶人ハ夫ノ衣服ヲ不レ残《ラ》オルコト、聖人ノ定也。

是奢ヲ制シテ夫ニ仕ル道ヲ教玉フ也。某前方法華経ニ見事ナル錦ノ様ナル裁《きれ》ノ、糸目不調法ナルヲ附タルヲ見テ、夫ヲ其持タル人ニ、「如何ナル物ゾ」ト尋候ヒシガ、「昔ハ后ニ立玉フベキ御方ハ、禁裏ノ御作法ニテ、此裁ヲ一寸織出シ玉ハザレバ、キサキニ立玉フコト不レ成《ラ》ト也。是ハ十三歳ニ成玉フキサキノ織玉フキレ也。難《キ》レ有《リ》物ナレバ御経ニ附タリ」ト言シガ、日本ノ古礼モ皆異国ノ聖人ノ礼ヲ本トシ玉フコト、如《ク》レ斯《クノ》殊勝ナルコトモ古代ハ多ク有シニ、今ハ跡方モナク成タル也。

又上総ノ国ノ百姓ノ俗ニテ、女嫁入シテ二十日計リモ過レバ、里ヘ帰テ、三十日程里ニ居ル。其里ヘ帰ルトキニ、木綿一反オルベキ程ワタヲ夫ノ家ニテモラヒ持行キ、三十日ノ内ニ糸ニトリ、木綿一反オツテ夫ノ家ヘ持返リ、是ヲ夫ニ著スル事、定タル風俗ニテ、皆々如《ク》レ斯《クノ》スルコト、百姓ノ家ナドニハ箇様ノ古礼残テ殊勝ノコトナルニ、大名・武家ニハ何モ尤ナル古礼ノ無ハ、百姓ニハ無下ニ劣リタルコトナラズヤ。

又*宗廟ノ祭ニハ、天子ノ后ヨリシテ祭ノ供物ニ御世話有事也。是又夫ノ家ニ嫁《シ》テハ夫ノ先祖ヲ尊ビ、夫トトモニ是ニ事《つかふ》ル道ヲ教玉フ。当時ハ箇様ノ事ハ何モナク、女ノ諸礼ナド

埒モナキ だらしのない。秩序のない。埒は馬場の周囲の柵。臈次(らっ)は年臈(僧侶の修行の年数)の順序。ひいて物事の順序。

古ハ天子ノ后モ… 「是の月(中略)后妃斎戒し、親ら東郷(東に向う)し、躬ら桑とり、(中略)婦使を省きて(裁縫等の仕事を減ず)、以て蚕事を勧む」(礼記、月令、季春)。

禁中 天子の御所。侍御の者でなければ出入を禁ぜられたところから名付けられたという。

ニ 宝本・南本・丸本により補う。

紞ト云物ヲ織玉フ… 紞は冠の両側に垂れ、玉をかけるためのひも。「王后は親ら玄紞を織る。公侯の夫人はこれに加ふるに紘綖を以てし、卿の内子(本妻)は大帯をつくり、命婦(大夫の妻)は祭服を成し、列士の妻はこれに加ふるに朝服を以てし、庶士より以下はみなその夫に衣す」(国語、魯語下)。

紘綖 冠の紐と冠を覆う黒い布。

大帯 祭服をつける時の大きな帯。

宗廟ノ祭ニハ… 「季夏六月、禘礼(夏の祭)を以て周公を大廟に祀る。(中略)君巻冕(天子の冠)して胙(きざはし)に立ち、夫人副褘(首飾りと后の祭服)して房中(大廟の東南にある室)に立つ。君肉袒(肌ぬぎ)して牲を門に迎へ、夫人豆籩(黍・稷を盛った器)を薦む」(礼記、明堂位)。

、云者アレドモ、元来文盲ニ拵タル者故、唯奢ヲ教ル迄ニテ、箇様ノ筋ハナシ。何程上ニ倹約ヲ御用ヒ被レ遊《サ》共、礼ト言物ヲ立玉ハザル故、世上ノ人皆件ノ諸礼ト言物ヲ「礼也、故実也、尊キコト也」ト思居ル故ニ、「*上ニ倹約遊サル、ハ、唯御物好也」ト思ヒ、甚キ徒ハ、「吝《しわ》キ御事也」ナド、言テ、是ヲ守ル人ハ無キ也。古ノ聖人モ、「我身ニ道ヲ行テ自然ト風儀ノ移ル様ニ」トスル計リニテハ、下タル人ヘハ参リ届カザルヲ知召《シ》テ、礼ト云物ヲ立置玉ヘルコト、智慮広大ニシテ、甚深ク人情ヲ知玉ヘル故也。

一　子ヲ持タル妾ヲ御部屋ト名付テ、傍輩・諸親類ニモ取カハシヲサセ、家来ニハ様附ニサセテ、其召仕ノ女房ヨリ諸事ノ格式等ヲ、本妻ニ左迄違ハヌ様ニスルコト不ル宜カラ事也。此五六十年以前迄ハ箇様ニハナカリシヲ、御先々前御代ノ頃ヨリ始リテ、今ハ世ノ通例ノ様ニ成タリ。

*有職《いうそく》ノ輩、禁裏ニ*御息所《みやすどころ》ト言ハ、宮栖所ト云事ニテ、*皇子誕生ナレバ、其母御息所トナルト云事ヲ言テ、時世ニ諂テ、ナキ事ヲ作ルコト、以ノ外ノ事也。元来*女御《にょうご》ノ次ヲ御息所ト言ルハ、女御ハ*弘徽殿《こきでん》ノ女御ノ、何殿ノ女御ノナド、言テ、別ニ御殿ヲ建テ置カル、也。御息所ハ別ニ御殿ヲ建ラル、事ナク、天子ノ御休息所ノ心ニテ、定タル間ニ置ル、故、御息所ト言也。皇子誕生ナレバ必御息所ト号スルニ非ズ。

*皇子ヲ必親王ニスルコトハ後世ノ事ナリ。王代ハ親王ニナルモアリ、諸王ニテ果ルモアリ。*姓ヲ賜リテ人臣ニ成モ有リ。親王サヘ、*無品《むほん》親王ハ四位ニ当ル。増テ諸王ノ無位ハ平人同前也。然バ皇子誕生シタレバトテ、其御母ノ結構ニナルト云コトハ、*源氏物語ノ頃迄ハ無リシコト也。妾ノ子ヲ持タルヲ、御部屋ト称シテ結構ニ会釈《あひしら》フ時代ノ風俗ニ合スベキ

上ニ倹約遊サル…　将軍吉宗の倹約令に対する批判は、新井白石書簡・室鳩巣書簡(兼山秘策)・山下幸内上書・徳川宗春「温知政要」・太宰春台「経済録」などに見え、諷刺は「享保世話」「楓林腐草」などに載っている。

有職　公家・武家の儀式・旧例に通じている人。

御息所　宮中に仕える女性で、特に職名はなく、天皇の寵をうけて寝所に侍した者。↓補

皇子誕生ナレバ…　↓補

女御　皇后・中宮に次ぐ後宮の女性。平安時代に、令制の妃・夫人の代りに設けられるようになった。↓補

弘徽殿ノ女御　源氏物語の中の人物。桐壺帝の一の皇子の母。弘徽殿は後宮の一。清涼殿の北にあり、皇后・中宮などの在所。

皇子ヲ必親王ニスル…　↓補

姓ヲ賜リテ…　↓補

無品親王　まだ位に叙せられぬ親王。親王の位は一品乃至四品。

源氏物語ノ頃　執筆年代は明確ではないが、長保—寛弘(九九九—一〇一二)の頃という。

為ニ、有職ノ輩ノ作リ事シタル事明カ也。
古へ「*母《ハ》以《テ》レ子《ヲ》貴《シ》」ト言ルハ、其子ノ代ニ成テノ事也。*御先々前御代未ダ御部屋住ニテ御座在シ時、御家老共*桂昌院様へ御登城可《シ》レ有《ル》ト申上タレバ、「何ト名乗テカ登城ハナスベキゾ。大猷院様ノ召仕也ト名乗べキカ。館林殿ノ母也ト可《キ》二名乗《ル》一カ。何ト名乗テモ、大猷院様ノ御*面伏也。*館林殿ノ御ヲモテブセナリ」ト御意有《リ》レ之。*清揚院様ノ御実母様ハ折々御登城アリケレドモ、桂昌院様ハ遂ニ御登城ナカリシ也。此段某幼少ノ時ニ承ル。此時分迄ハ、女中方モ箇様ノ理筋ヲ御存知ナリ。今時ハ左様ノ理筋絶果タリ。

此御部屋ト言《へ》ル者、多クハ妓女風情ノ者也。夫ヲ寵愛スル男モ不学ニシテ、然モ不智ナレバ、今ハ定法ノ如クニ成ヌ。且又大名一年代リニ在所ニ居ル故、近年ハ公家ノ女ナドヲヒソカニ呼寄テ在所ニ居《す》へ置キ、本妻ノ如クスル類多《シ》ト云《フ》。是等モ妾ヲ重ク会釈《あひしら》フ風俗ヨリ如《ク》レ此《ノ》成タリ。去バ制度ヲ立テ、長子ヲ持タル妾ヲバ、家老ナドノ同格ニシテ、召仕ノ内ノ貴人ト定メ、其召仕フ女中ヨリ、衣服・器物・家居迄ニ微細ニ制度ヲ立ズンバ、此悪風ハ不《カラ》レ可《ム》レ止。

東照宮ノ御妾七人衆*トテアリ。駿府ヨリ毎年御鷹野ニ東金へ御成ノ時、七人衆御供也。女一人モ連ラレズ、馬ニテ御供ナル故、江戸ニ暫ク御滞留ノ内ハ、某ガ*曾祖母ノ許へ女ヲカリニ来テハ、カシテ遣ハシ、曾祖母モ折々七人衆ノ御部屋へ行《キ》、留リナドシテ、東照宮ヲモ見奉ルト、父・祖母ノ物語ニテ承ル。此七人衆ト申ハ、三家ノ御方ニハ何レモ御実母様ニテ、重キ御事ナリシカドモ、其御代ハ如《ク》レ此《ノ》ニテ有シ事也。

一 *妾ヲ妻トスル事不《ル》レ宜《カラ》事也。吾気ニ入タラバ、家来ヨリ崇メサスルコトハ、非法ナガ

母以子貴 春秋公羊伝、隠公元年に見ゆ。
御先々前御代未ダ御部屋住 四〇七頁頭注「某ガ父」参照。
桂昌院 一六二七—一七〇五。三代将軍徳川家光側室、五代将軍綱吉生母。光子、お玉の方。本庄宗利女。
面伏 面目失墜。
館林殿ノ御ヲモテブセナリ 宝本・南本・丸本により補う。
清揚院様ノ御実母 順性院(一六二三—一六八三)。家光側室。お夏の方。藤枝重家の女。清揚院は巻三、三五七頁頭注参照。
七人衆 明確ではないが、お亀(尾張義直母)・お万(紀州頼宣・水戸頼房母)のほか、晩年の家康に気に入られていたのは、茶阿局・阿茶局・おかち・おなつ・お六などである。
曾祖母 父方曾祖母は伊勢の人であるから、江戸にいたのは母方児島家の曾祖母か。巻一、二九八頁参照。
妾ヲ妻トスル 享保九年(一七二四)七月の幕令によると、「猥にハ有レ之間敷事」としながらも、事情に応じてはこれを認め、その場合は万石以上は月番の老中、万石以下はその頭・支配への届出を命じている。

ラモサモ有ベシ。親類・朋輩ニモ奥様ト云セ崇メサスル事、以ノ外ノ慮外也。如何ナルアツカマシキ事ナルヤ。去ドモ世ノ風俗ト成タレバ、可キレ有ル事ノ様ニ人々覚ヘ居ル。是皆礼*法ト言事ハ無テ、唯傍ヲ見合セ、人ノスル事ナレバ、何事ニテモ苦シカラズト覚ユル世ノ風俗ナル故也。

妾ヲ妻トスルヨリシテ、妓女体ノ者ヲモ無ク二遠慮一妻トシ、是ヨリ家ノ風悪クナリ、武義ヲ取失ヒ、子ノ育テヤフモ悪ク、様々ノ悪事生ズ。第一、妻ハ夫ノ身上同格ナル人ノ女ニテ婚礼ヲ調ヘ来ル者ナレバ、諸式モ取調リヘテアリ。妾ハ召仕ニテ、何モ持ヌ者ヲ俄ニ妻ニスル故、*妻ノ儀式ヲ調フトテ、色々ヲ新ニ拵ルニ因テ、夫ノ身上ノ害ニナル。大身小身如シレ此クノ。又其妾ノ親類下賤ナルヲ取立テ、大身ニシ、国政ヲ乱ルモ多キ也。

妾ヲ妻トスルハ、大形ハ其女ノ我ニ随ヘヌヲ、本妻トセント兼テヨリ約束シテ、我ニ随ハスル類多シ。是妾ヲ妻トスルコトハ不ルレ成ラ事也ト言法立テナキ故ニ、カヤフノ約束ヲモスル事也。何ニ附テモ礼法ト言コト無キハ悲キ事也。

一　妾ト言者ハ無テ不ルレ叶ハ物也。当時ハ妾ヲバ隠シ者ノ様ニ仕ル。是習ハシノ悪敷故也。古ハ天子・諸侯共ニ、*一娶九女トテ、*姪娣《てってい》迄八人附*来ル。皆妾ナリ。何レモ其后ノ親類ニテ、然モ家来ノ女ナリ。卿大夫ノ事ハ見ヘズ。古ハ*世官《せいくわん》ニテナケレバ、其法ナキナルベシ。去ドモ、子ナケレバ妾ヲ置事通法也。今ノ世ハ表向一妻ト高下共立置キ候故、妾ハ隠シ者ニ成テ、却テ色々ノ悪事生ル也。

*唐律ヲ按《ズ》ルニ、妻ノ次ニ媵《よう》ト云者アリ。是ハ賤キ者ニ非ズ。妻ト左迄替リ無キ家筋ノ人也。和律ハ此所闕巻ナレバ、事ノ様知レザレ共、総体日本ノ古法ハ唐朝ノ風ナレバ替リ有

礼　宝本・南本・丸本により補う。

妻　右三本による。底本「ソ」。

一娶九女　白虎通、嫁娶「天子諸侯一娶九女とは何ぞ、国継嗣を伝ふるを重んずればなり」。

姪娣　春秋公羊伝、荘公十九年に「諸侯一国に娶(めと)れば則ち二国往いてこれに媵(よう)し、姪娣を以て従ふ」とあり、周代、諸侯が一国から婦を迎えると、他の二国もこれに媵(おくりめ)し、姪(めい)・娣(いもと)など血縁者が従ったという。

来ル　宝本・南本による。底本「来ル者」。

世官　世襲の官。

唐律　名例律十二条「諸の婦人官品および邑号有り、罪を犯す者は各その品に依り、議請減贖当免の律に従ふ。親族を蔭するを得ず」の疏議に「婦人六品以上は、邑号なく直(だた)官品有り、即ち媵是なり」とある。

マジ。此媵ハ則古ノ姪娣也。兼テ如レ斯《クノ》キ人ヲ妾ノ役ニ仕テ、婚礼ノ時ヨリ連《レ》行《ク》時ハ、此風馴レコニナリテ、本妻ハ嫉妬モ薄キ道理也。又本妻ノ親類ニテ家来ノ内ヲスル事ナレバ、人ノ心ハ様々ナレドモ、先ハ妾ノ悪事薄キ道理也。兼テ余多設ケ置トキハ、大好色ノ人ハ格別ノ事、大形ハ男ノ心モ是ニテ可レ足《シル》。古ノ聖人ハ人情ヲ察シテ、男女ノ*間ニ事少キ為ニ、如《キ》レ斯《クノ》ノ礼ヲ立玉フ事也。唯今大名ノ家ニ*上臈《じやうらふ》ノ御方ト言モノアリ。是古ノ媵ナルベシ。中比ヨリ本妻ノ嫉妬ノ心ヨリシテ、夫ノ召仕フ者ノ様ニハ今ハセヌ可レ成《シル》。

備前ノ*松平伊予守ガ奥方ノ風儀宜シキトテ、*某ガ妻ノ母語ル。若キ時分其家ニ仕テ能《ク》知タリ。妾ニテ子ヲ持タル女モ、ヤハリ奥方へ仕ヘテ、外ノ女中並ニテ何ノ替リナシ。唯切《きり》米《まい》ノ少シ宜キト、奉公ノ楽ナル迄ノ事也。伊予守ガ奥方賢良ノ婦人ニテ、左様ノ者ト見レバ殊ニ念頃ニセラレタリ。奥方ニテノ遊ハ管絃・歌楽・手習迄也。三味線・*筑紫琴ナドハ大名ノセヌ事也トテ堅ク是ナシトナリ。

是ハ*新太郎少将、聖人ノ道ヲ深ク信ジテ、家内ノ宜ク治リタル余風残テ如《シ》レ斯《クノ》。去共礼ト言物ヲ立ザレバ、唯主人ノ物数奇ト思フ事ナル故、其風破レタリト承ル。去バ妾ノ事モ礼制ヲ立タキ事也。

一 女中ノ跡目立ラル丶事、謂レナキコト也。是モ婿養子ト云事有ヨリ混ジテ出来タル事也。去ドモ、*母アルコトヲ知リテ父有ル事ヲ不《ル》レ知《ラ》ハ禽獣ニテ、田舎ニテ百姓ノ家ニ生レタルテ、無子ヲ*竈譜代《かまふだい》ト言テ、殊ノ外イヤシムル事ニスルナルニ、如《キ》レ斯《クノ》恥辱ナル態ヲシテ御旗本ニ列スル様ナル事ヤ有ベキ。慈母ト言テ、無《キ》レ子女ヲ母分ニスル事ハ有ル事也。右ノ女中ノ親類続アル人ヲ、御旗本ニテモトヨリ禄アル人ノ中ニテサガシテ、其人ノ母分

間 宝本・南本による。底本「事」。

上臈 奥女中を取り締る老女。

松平伊予守 池田綱政(一六三八—一七一四)。備前岡山城主。妻は奥州二本松城主丹羽光重(一六二一—一七〇一)の長女。

某ガ妻ノ母 徂徠の先妻は幕府の徒士(かち)三宅与安(ともやす)の長女。その母は徒士組頭香取喜次の娘。後妻は水戸藩士佐々宗淳の姪であるが、結婚の時すでに両親はいなかったようであるから、先妻の母香取氏をさすものと思う。

筑紫琴 雅楽の箏から変化した十三弦の民間の琴。大永(一五二一—一五二七)年間、肥前の賢順が完成し、寛文(一六六一—一六七三)の頃、筑後善導寺の僧法水が関東に伝えた。今日の箏曲生田流・山田流の起源はここにある。

新太郎少将 池田光政(一六〇九—一六八二)。近世初期の名君。寛永九年(一六三二)備前岡山藩主となり、熊沢蕃山を登用し、学問・産業を奨励した。

母アルコトヲ知リテ… 儀礼、喪服、子夏伝に見ゆ。

竈譜代 宝本「カマフダイ」、丸本「釜譜代」とあり。

ニシテ、法事等ハ其家ニテ取《リ》行《ハ》セ可《キ》レ然《ル》事也。其女ノ苗字ヲ名乗ラセテ跡目ト号《ス》ルコト有間敷事也。

一　*比《び》丘《く》尼《に》ニ成タル女中ニ御扶持方被レ下《サ》、別居サスル事、有マジキ事也。女ハ男ニ便リテナラデハ居ルコトナラヌ者ナリ。女ノ比丘尼ニナル事、面弱キ者ナレバ、唯当坐ノ義理ニ搦メラレ出家スレドモ、後ニハ後悔スル類甚多シ。古モ*宮人ヲ嫁スルト言事、仁政ノ一ニシテ有ルコト也。人ニ所ヲ得ル様ニトスルヲ、仁政トスル故也。大形ハ法体ヲ御免ナサレズ、相応ニ縁附ルコト可《キ》レ然《ル》也。年寄タル女中計法体ヲ御免ナサレテ、其親類ニ御預ケ差置ルベキ也。京都ノ女中ナドハ京都へ御帰シ、永ク親類ニ御預ケ可《キ》レ有《ル》事也。女ヲ別居サスルヨリ悪事ハ生ル也。

一　*検《けん》校《げう》ノ迹目ヲ*両番ニ入ルコト謂レナキ事也。其初、*東照宮ノ御小姓盲目ニ成タルヲ検校ニ被《レ》ニ仰《セ》附《ケ》一タルヨリ事起ルト言。夫ハ元来士ナレバ尤ノ事也。*其以後唯御扶持ヲ下サレタル検校ノ嗣マデハ濫吹也。*座頭ハ其弟子ヨリ金ヲ取テ、夫ニテ渡世スル者ナレバ、畢竟乞食ニ似タル者ナリ。御扶持方ヲ下サレ、御側近ク召仕ルトモ、唯*坊主ナドノ格ナルベシ。*検校ハ紫衣ヲ著スル故、高位也ト思テ、不学ナル御老中ナドノ了簡ニテ両番へ入ル事ニシタルナルベシ。

*出家ノ紫衣ヲモ*官位ト思ハ文盲ナル事也。*紫衣ハ何レモ平僧ニテ、衣ノ色ヲ御免有ト言迄ノ事也。増テ検校ノ紫衣ハ、夫トハ間ノ有事也。検校・*勾《こう》当《たう》ト言名モ官名ニ非ズ。*高野ノ検校モ平僧ナリ。*勾当ト言ハ、何ニテモ事ヲ取捌《ク》事也。*勾当《ノ》内《ない》侍《し》ト言モ、内侍ニテ事ヲ取捌ク故ノ称号也。

比丘尼　出家して具足戒(ぐそくかい)仏の制する一切の戒)を受けた女性。尼僧。

宮人ヲ嫁ス…　「(斉の景公)宮婦の御(寝に侍)せざる者は出してこれを嫁す。(中略)徳を鬻(ひさ)ぎ恵を民に施すなり」(韓非子、外儲説右上)。

検校　盲人官位の最高。久我(こが)家より免許を受け、琴・三味線・鍼療治等を業とする盲人を支配した。

両番　書院番と小姓組。

東照宮ノ御小姓…　土屋円都(えんいち)伊豆検校、(一五四一―一六二三)のことか。もと武田氏の家臣。失明して遠州にあり、やがて家康に仕う。その子知貞(ともさだ)小姓組番士となる。

其以後唯御扶持ヲ…　幕府に召出された検校の中、子供が両番に入ったのは、右の他、貞享二年(一六八五)召出された杉山和一(一六一〇―九四)の子昌長が書院番士となった程度で、他は大番・小十人・奥医・小普請等様々である。

座頭　四〇九頁頭注参照。

坊主　巻二、三二三頁頭注参照。

検校ハ紫衣ヲ…　後小松天皇(在位一三八二―一四一二)の時、源照という盲人が許されたのに始まるという(多田南嶺「南嶺子」)。

出家ノ紫衣　高徳の僧に朝廷から与えられる紫の袈裟と法衣。

官位　僧官は僧正・僧都・律師。僧位は法印大和尚(かしょう)位・法眼和尚

又座頭ノ先祖ハ*蟬丸ト云事ハ、蟬丸ガ琵琶ノ上手ナルト言ヨリ先祖トスル*也。蟬丸ヲ*延喜ノ皇子ト云ハ大ナル誤也。又蟬丸ヲ盲人ト言、絵ナドニモ座頭ノ装束ニ画ク事、大ナル僻事也。座頭ノ装束ハ僧ノ装束ナリ。蟬丸ハ目明ニテ、蟬丸ノ丸ハ、*仲丸・田村丸ト同ジ事ニテ、俗人ノ名也。

一　*丸橋忠弥ヲ訴人シタル者ニ、今モ御奉公被《レ》二仰《セ》付《ケ》一ズト言事、ツマラヌ事也。総ジテ武家ノ風俗ニテ、訴人ヲスルヲ大ナル臆病トス。夫ハ己ガ意趣アル人ヲ討果ス事ハ命ガ惜ケレバ、其人ノ悪事ヲ訴人シテ、上ヨリ殺サスル故、臆病トスル事也。忠節ノ訴人ハ其ニ混ズルコトニ非ズ。去ドモ愚ナル風俗ニテ、何ノ差別モナク、兎角訴人ハ臆病ノ所為ト云ヨリ、武家ニ不レ限《ラ》、町人・百姓モ訴人ハセヌ事ニ覚テ居ル也。依《リ》レ之《ニ》、其時分何レモ我ヲ立タル事故、*人々刀ヲ一所ニ不《ル》レ置《カ》ヨリ、喧嘩ヲ気遣ヒ、其時ノ老中ノ申付タルヨリ、今ニ至ル迄御奉公被《レ》二仰《セ》付《ケ》一ザルナルベシ。

総ジテ訴人ヲ臆病ト云ハ私ノ義理也。右ノ訴人ハ大ナル忠節也。戦国ノ時分ハ幾人モ可《シ》レ有《ル》。何レモ皆忠節ニ立テ、其子孫今ニ大名ニモ御旗本ニモ可《シ》レ有《ル》。総ジテ私ノ義理ト公ノ義理・忠節トハ食違者也。国ノ治ニハ私ノ義理ヲ立ル筋モ有ドモ、公ノ筋ニ大ニ違テ有《ル》レ害事ニ至テハ、私ノ義理ヲ不《ル》レ立《テ》事也。如《キ》二忠弥一ノコトハ、此以後トテモ必有間敷事ニ非ズ。御詮議有テ、御奉公被《レ》二仰《セ》付《ケ》一可《キ》レ有《ル》事也。

一　*喧嘩両成敗ノ事、当時ノ定法ニテ、聖人ノ道ニ叶ヘリ。但*聖人ノ法ハ両成敗ニセズ、罪ノ有無ヲ正シテ、討タル人ニ無《キ》レ罪トキハ、討レタル者ノ子ヲ四夷ノ地ヘ移シテ、敵討ヲサセヌ様ニスル事也。是ハ「*父ノ讐ニハ共ニ天ヲ戴《カ》ズ」ト言ヲ立テ、四夷ノ地ハ天子ノ

位・法橋上人位・伝燈大法師位・伝燈法師位・伝燈満位・伝燈住位・伝燈入位。伝燈位の下に修行位があったというが、叙位稀で、消滅したという。

也　宝本・丸本による。底本「ナルベシ」。文調断定的なるによる。

勾当　検校に次ぐ盲人の官位。

高野ノ検校　高野山金剛峯寺の僧職の長。別当・座主・長吏等、宗派・寺院により称号異る。

勾当　事務を担当する。幹事。

勾当内侍　掌侍(女官の第三等官)の第一位。長橋(ながはし)の局(つぼね)。天皇への奏請、天皇よりの伝宣を担当する。

蟬丸　平安中期の人。宇多天皇の皇子敦実親王の雑色、又は醍醐天皇の第四皇子ともいう。盲目で和歌・琵琶をよくしたと伝えられる。

也　宝本・丸本による。底本「事」。

延喜　醍醐天皇(在位八九七―九三〇)。延喜は治世を代表する年号。

丸　宝本・丸本による。底本「麻呂」。

丸橋忠弥ヲ訴人…　丸橋忠弥は由井正雪と共に慶安の変(慶安四年＝一六五一)の首謀者の一人。松平信綱の臣奥村権之丞の弟八右衛門が忠弥の一味であったが、兄に怪まれて白状し、信綱に訴人したという。

人々　宝本・丸本により補う。

喧嘩両成敗　室町幕府の法令中にその傾向があらわれ、戦国大名の家法には明瞭にうたっているものが少な

御持場ハヅレニテ、天下ノ外ナル故、*四夷ノ地ニ移スコト也。去バ喧嘩両成敗ニハ非レドモ、*五倫ノ道ヲ重ク立テ、敵討ヲ許ス故、敵討ヲサセヌ為ニ、如《キ》レ此《クノ》委細ナル仕方有也。当時両成敗ト云ハ、片々ヲ生シ置トキハ敵討不《ル》レ絶《エ》ニ由テ、如《キ》レ斯《クノ》定メアルモ、五倫ヲ重ク立テ、敵討ヲ許ス子細ナル故、聖人ノ道ニ叶フ也。

異国ノ律ノ捌キ、日本ニテモ律ヲ執行タルトキハ、敵討ナド云コトヲ立ズ。其子細ハ、*人ヲ殺タル者ヲバ公儀ヨリ是ヲ殺ス故、敵討ニ不レ及《バ》。罪ノ有無ヲ糺シテ、ユルシ置ル、人ハ公儀ヨリ許シ置ル、故、是ヲ討テハ常ノ人殺ニ成テ、其敵討タル者ハ却テ死罪ニ成也。如《ク》レ此《クノ》立ルコトハ、公法ヲ丈夫ニ立テ、五倫ノ道ニ構ハズ、私ニ人ヲ殺ス事ヲ強ク戒タル仕方ニテ、郡県ノ世ノ治《メ》如《シ》レ此《クノ》。当時自ラ封建ニ成タル故、国々ハ公儀ヨリ御構ナク、諸大名面々ノ治也。五倫ノ意ヲ大切ニ不《レ》レ立《テ》バ不《ル》レ叶《ハ》事ナル故、郡県ノ法律ノ捌キハ当時ニハ難《シ》レ用《ヒ》ト可《シ》レ知《ル》。

是ニ付テ、喧嘩ニ相手ヲ殺タラバ、其殺タル者切腹仕テ、両成敗勿論ノ事也。双方手負タラバ、脇ヨリ取スクムル事如何成ベキ。殿中ナラバ取スクメテ、双方切腹タルベシ。私宅ナラバ、ヤハリ働セテ、一方生タル者切腹タルベシ。其者其場ヲ立去ントセバ、掛付タル者、搦《メ》捕《ル》トナリ、討《チ》捨《ル》トナリ仕ベキ事也。口論計ニテ未ダ*抜《キ》放サヾル内ナラバ、取スクメテ中直スコト尤ノ事也。

喧嘩両成敗ト法ヲ立ルカラハ、手負ヲ活シ置*テ、切ラズニ*罪ヲ詮議スルニ不《ル》レ及《バ》事也。罪ヲ詮議スルコトハ理非ヲ立ル仕方也。両成敗ト云ハ理非ヲ不《ル》レ立《テ》仕方也。此段相違ナリ。武士タラン者、喧嘩シテ手負タル上ニテ、活テタマリ可《キ》レ居《ル》様ナシ。当時ノ島津・鍋島ナ

くない。

聖人ノ法　↓補

父ノ讐ニハ…　礼記、曲礼上の語。

故　宝本・南本により補う。

五倫　君臣の義、父子の親、夫婦の別、長幼の序、朋友の信。

人ヲ殺タル者ヲバ…　闘訟律、闘殴殺人条「凡そ闘殴して人を殺す者は絞(謂ふこころは、もと殺心なく、相闘殴するによつて人を殺す者也)。刃を以てし、および故(ことさら)に人を殺す者は斬。闘によるといへども、しかも兵刃を用ひて殺す者は、故殺と同じ」。

抜　宝本・南本による。底本「打」。

置　宝本により補う。

罪ヲ　右に同じ。

ドニテハ、既ニ抜放シタル上ハ手ヲ指《ささ》ズ、仕合ヒサスルト云。尤ノ事也。

扠又人ニ抜カケラレテ其場ヲハヅシ、相手ニナラヌ者ヲ、武家ノ風俗ニテ臆病者ト言事、可《キ》レ有《ル》ニ如何一ヤ。是ハ元来戦場ニテ、士卒ノ逃ルヨリ軍ハ負ニ成ル事故、逃ルヲ臆病ト立テ、平日ニテモ逃ルヲ臆病ト言事也。去ドモ是ハ葉武者ヲ大将ノ仕込テ、箇様ニ癖ヲ付タルコトニテ、夫ガ風俗ニ成タル也。戦場ハ公ノ忠義也。喧嘩ハ私ノ闘争ナリ。場所各別之事也。

其上志有ル人、大キナル望有人、忠義ヲ重ジ、主人ノ御用ニ立度ト思フ人ハ、喧嘩ノ相手ニ成間敷也。韓*信ガ人ノ股ヲクヾリタル例モ有也。木村長門*ガ坊主ニ頭ヲハラレテ堪忍シ、仙台ノ政宗*ガ兼松又四郎*ニ頭ヲハラレタル類、何レモ臆病ト言ベカラズ。尤臆病ニテ其場ヲハヅス人モ在ベケレドモ、委細ニ其詮議ハ難《キ》レ成《シ》コト也。

畢竟私ノ闘争ハ、公禄ヲ食《ム》者ノ上ニハ大義ヲ忘タル筋成レバ、賞翫スベキコトニ非ズ。肝心ノ戦場ニテモ逃ル事ナキニ非ズ。軍ノ詞ニ引ト言ハ、逃ルト言事ヲ忌テ名ヲ附替タル迄ニテ、畢竟ハ逃ル、也。

一　博奕打《ばくちうち》ノ捌ニ異国ノ律ハ引難シ。今時ハ博奕打ニ通リ者ト言アリ。大形、強盗ト同様成者也。仲間在テ、仕組ヲシテ人々ノ金銀ヲ取ル様ニシ、勝タル者ヲバ殺ス也。当時捨物ト言物在テ、殺タル人ノ不《ル》レ知《レ》ハ、多ハ右ノ通リ者ノ為ル事也。田舎ニ究《きはめ》テ多キ事也。公儀ヨリ御詮議アレバ田舎へ逃行、詮議静レバ又帰ル。其仲間ハ遠国ト通ジテ一枚ナル者ニテ、仮令知《ル》人ニテ無クトモ、他国ニテモ仲間ニ仕《す》ル。男伊達*ヲ第一ニスル者也。強盗ノ所作ト替ナシ。律ニ言ル兇徒ト云者也。死罪赦シ難シ。其通リ者ニ欺レテ博奕ヲ打タル者ハ、

韓信　漢の高祖の功臣。若い頃少年に股をくぐれと侮辱されたが、怒らずにその股をくぐり、後に楚王に封ぜられると、その者を召して中尉に任じたという。紀元前一九六年謀叛の疑で殺された。

木村長門　木村重成。豊臣秀頼の部将。大坂の陣に奮戦し、夏の陣(一六一五)に戦死。その家系や種々の美談は史料的に明確でない。

政宗　伊達政宗。三九九頁頭注参照。

兼松又四郎　兼松正吉(一五四二—一六二七)。織田信長・豊臣秀吉・徳川家康に仕えた武士。伊達政宗の無礼を怒って顔を殴った逸話は「翁草」等にのっている。

男伊達　任俠の風。巻一、二七三頁頭注参照。但、近世中期になると、この気風は博徒など特定の犯罪者集団内の限られた習俗となった。

律*ノ捌キニテ相当可《シ》レ成《ル》。当*時過料ヲ取ラル、コト甚誤レリ。金銀ヲ自由ニ仕ル者ヨリ過料ヲ取ハ、博奕ヲ赦テ運上ヲ取ガ如シ。

博奕打ノ知レ憎キハ、宿賃ヲ能《ク》出ス物也。又仇ヲスル者也。是ニ依テ町人ハ恐テ、又悦ブ事也ト可《シ》レ知《ル》。又浅*草ノ御蔵前・小*田原町河岸ニ、競《きほ》ヒ組ト号《ス》ル者有テ、党ヲ組、溢レアルク者也。仲間ヲ立、仲間ノ者引ケヲトレバ意趣ヲ返ス故、平人ハ甚恐テ、奉行所ヘ不二申《シ》出《デ》一。是等モ律ニ謂ル兇徒也。重ク可《キ》レ制《ス》ナリ。

一　夜討・辻切・追剝ハ皆強盗也。古ヨリ律ノ掟ニ謀反・叛逆ノ次ニ必強盗ヲ出ス事、何故ナレバ強盗ヨリ一揆ハ生ル事、歴代ノシルシ皆如《ク》レ斯《クノ》ナル故也。当時ノ御役人文盲ニテ古今ノ事跡ニ疎キ故、強盗ノ甚重キ事ヲ不レ知《ラ》、此僉議疎ナリ。律*ノ掟ニ強盗ノ罪ハ首従ヲ不レ分《ケ》、皆斬罪ナリ。聖人ノ法ニモ、人ヲ貨ニ殺者ハ、罪死ヲ免サヾル事也。此類ノ者ハ、永引テ御詮議アレバ、江戸ヨリ田舎ヘ逃行、田舎ヨリ他国ヘ逃行ク。厳敷御詮議有度事也。田舎ニ武家居住セザル故、兎角御仕置ハ江戸計ノヤフ也。

一　大名ノ潰タル時、跡ノ江戸屋敷ヲ引払事余リ火急ナルコト也。近比水*野隼人正ガ節承リタル事アリ。家中ノ下々盗ヲシ、財宝ヲ捨売ニシ、町人共押込、不法ナル体故、跡*ヲ御預ケ成《サ》レタル親類ノ家来、槍ノ鞘ヲハズシ、町人ヲ制《シ》タル様子ナド、御城下ニ有間ジキ次第也。

隼*人正ガ養母、巣鴨ノ屋鋪ヨリ松*平安芸守ガ下屋鋪ヘ引取シガ、某ガ門前ヲ通リシヲ見タルニ、粗相ナル乗物一挺ニ、供ノ女共ハ皆跣《すあし》ニテ、シカトシタル侍モ不レ附《ケ》、長持ヲ荷《ヒ》タル棒ハ生木ノ杉ノ枝ヲ卸《おろ》シタル計ナリ。夜具・茵様ノ物モ何ニモ包マズ、物ニモ入ズ、

律ノ捌キ…　「凡そ博戯、財物を賭るは、各杖一百」(雑律、博戯賭財物条)。

当時過料ヲ…　博奕過料制は享保八年(一七二三)に始まる。同十一年主催者は遠島または死罪、客は過料。

浅草ノ御蔵前　江戸浅草の幕府の米倉前の市街。現台東区蔵前。

小田原町　日本橋室町の東にあった町名。魚河岸があった。

律ノ掟ニ…　賊盗律、共盗条「共に強盗するは、罪、首従なし」。但、同律、強盗条に「凡そ強盗、財を得ざるは徒二年、一尺は徒三年、二端ごとに一等を加へ、十五端および人を傷くるは絞、人を殺すは斬」とあり、皆斬罪ではない。

水野隼人正　三九八頁参照。

跡ヲ御預ケ…　水野忠恒の屋敷は奥州棚倉城主太田資晴に預けられ、美濃畑村領主戸田氏房も警固を命ぜられた。忠恒・資晴の妻と氏房とは姉弟である。

隼人正ガ養母　安芸広島城主浅野綱長の女、水野忠幹(ただもと)の妻。

松平安芸守ガ下屋鋪　築地にあった。

細引ニ引カラゲテ持タル様子、殊ノ外ニアワタヾシク、取乱《シ》タル体也。*隼人正ガ妻ヲ*戸田釆女正方ヘ引取タルハ、船ニテ夜中ニ引取タル故、見苦シキコトハ無リシト云。是ハ両家ヨリ迎ニ参リタル者ノ才不才ニモ因ルベケレドモ、総体余リ火急ナル事也。

是ハ昔主人ノ潰タル跡ニテ、其家来ガ籠タル事有シヨリ、火急ニ屋シキヲ引払事、上ヲ敬フ筋也トテ、其潰タル人ノ親類ノ下知シタル*ガ例トナリ、如《ク》レ此《ノ》仕来テ法ノ様ニ成タリ。上ヨリモ今ハ下知スル可《シ》レ成《ル》。去共昔ハ諸大名ノ江戸宅ハ何レモ当坐ノ旅宿ト不断心得居テ、陣小屋ノ心持ニ覚タル故、今ニ大名ノ長屋ヲバ小屋ト云習ス事ナレ共、今ハ*江戸勝手ノ家来多ナリ、常住ノ宅ノ如シ。大名ノ妻女モ昔ハ殊ノ外ニ甲斐々々シク取廻《シ》タレドモ、今ハ無《シ》レ左。当時ニ至テハ、其家内ニ御悪シミ無レバ、今少シ寛ニ有度事也。

但、其潰タル大名ノ家財ノ内、弓・鉄砲・借シ具足ナドハ、親類ノ方ヘ改《メ》預リ置キ、後ノ仰渡サレヲ待テ上ヘ伺ヒ、其親類ヘ下サルヽトモ、又上ヘ召上ラルヽ*トナリ*トモ可《キ》レ有《ル》事也。其子細ハ、右ノ類ノ武器ハ大名ノ国ヲ守ル道具ナレバ、後室ノ物ニ成ベキ様ナシ。町人ヘ可《キ》二売《リ》払《フ》一物ニモ非ズ。又家来ハ浪人スルナレバ、家財ヲ分散シテ取スベキ物ニ非ズ。家来ノ自分所持仕タル弓・矢・鉄砲・具足モ、主人ノ親類ナドヘ、右ノ品々ヲ取揃テ預置テ、跡ノ仰付ラレ済テ後、其主々ヘ可《キ》レ返《ス》事也。但、鉄炮ハ浪人ノ所持スベキモノニ非レバ、其親類方ヘ買取《ル》ベシ。如《ク》レ此《ノ》法ヲ立バ、家来ノ取籠ルニモ気遣アルマジ。去バ屋敷ヲ引取事ハ、相応ニ寛ニサスベキ事也。城ヲ請取節モ、右ノ類ノ武器ヲバ城ヨリ出シテ、城請取人ニ相渡シ、其後城ヲ可《キ》二引《キ》渡《ス》一事也。尤*城附ノ道具ハ引渡事ナレドモ、其外ノ武器ハ其沙汰ヲ不《ル》二承《リ》及《バ》一故ニ玆ニ記ス。

隼人正ガ妻　美濃大垣城主戸田氏定二女、兄氏長養女。

戸田釆女正　戸田氏定（一六五七―一七三三）。但、当時すでに隠居、当主は戸田氏長（一六八七―一七三五）。

ガ　宝本・南本・丸本により補う。

江戸勝手　巻二、三〇六頁頭注参照。

ト　宝本・南本・丸本により補う。

トモ　右に同じ。

城附ノ道具ハ…　城地没収に関する一般的な規則はなく、その都度法度を設けているが、万治三年（一六六〇）佐倉城主堀田正信改易の際の令に「佐倉城付之武具於レ有レ之は改レ之、注二帳面一」とあり、また「家中之輩、武具・諸道具可レ任二其身之心一事」とある。寛文六年（一六六六）丹後宮津城主京極高国改易の際の法度には「武具等改之事（中略）注二文面一道具ハ其儘蔵に入置」とあり、家中の道具等については堀田の場合と同文である。

国ヲ守ル武器ハ大名ナラデハ不《ル》レ入《ラ》事也。其家潰ル、カラハ、公儀ヘ悉ク上ルベシ。外ノ家財トハ各別ノ者也。町人・百姓ニ売渡スコト曾テ不《ル》レ可《カラ》レ有《ル》事也。異国ニテハ、三代モ後世モ、蔵甲ト云テ、甲冑ハ公儀ヘ納置テ、合戦ノ度々ニ渡シ、帰陣シテハ又納ル事也。日本ノ古モ同ジ事ニテ、*津ノ国ノ兵庫ハ神功皇后三韓征伐ノ武器ヲ収メタル所也。*武蔵ノ秩父ハ日本武尊東夷征伐ノ武器ヲ納タル所也。今武家ノ世ニ成テハ人々所持スルコトナレ共、大名ノ潰レ跡ハ右ノ如クナルベキ事也。

一　*大坂在番ノ御番頭モ、御城中ニテ病死スレバ、其夜中ニ家来ドモ御城中ヲ引払事、定法ナリト承ル。是又イカヾアルベ*キ。諸大名ノ家中モ、江戸屋敷ノ内ニテ病死スレバ、其夜中ニ送リ出ス。是モ右ノ法ニ準ジタルナリ。人ニハ頓死モアルモノナリ。死後三日ハ葬ラズ可《キ》レ置《ク》事也。死《ス》ルト其マヽ、其死骸ヲ送リ出ス事、人情ニ於テ死ヲアハレム道ニ欠タリ。大坂ハ御城ナレバ、江戸ノ御城ニテ死人モ病人モ其マヽ、御城ヲ下グルニ準ジテノ事カ。総ジテ城ト言物ハ、元来戦ノ為ニ設タル事ナレバ、死ヲ忌ムベキ場所ニ非ズ。江戸ノ御城ハ御坐城ナレバ尤ノ事也。大坂モ御城ナレドモ、不断御坐所ニテ無レバ、階級可《キ》レ有《ル》事也。其上、江戸ニハ御城外ニ面々ノ居屋舗アレバ、夫ヘ下ル也。大坂ハ直ニ寺ヘ遣シテ葬ルナレバ、人情ニ於テ欠タル也。且又主人死スル上ハ、主ナキ家来ヲ御城内ニ差置キ難キト云事カ。*外ノ御番城ハ家来計リニテ守ラスルモ有ナリ。*相番ノ番頭預テ下知セバ苦シカル間敷事也。

総ジテ大坂在番ハ余ニ法厳敷テ不《ル》レ宜《カラ》様ナリ。都テ人ハ唯居ラレヌ者也。御番所ハ各別、面々ノ小屋ニテハ、*一調《いってう》・独吟ノ謡ハ苦シカルマジキコト也。笛又ハ楽等ノ*笙・*ヒチリキ

津ノ国ノ兵庫ハ…　林羅山「本朝神社考」所引風土記逸文に「(神功)皇后、摂津の国の海辺の北岸の広田の郷に到りたまひき。(中略)其の兵器を埋めし処は武庫と曰ふ。今兵庫と曰ふ」とあり。但、古代の風土記とは認め難いという。

武蔵ノ秩父ハ…　「大和本紀」に、日本武尊兵具を秩父武甲山の岩蔵に納むと見ゆ(新編武蔵風土記稿巻二五四)。

大坂在番ノ御番頭　大坂城警備の大番頭(おおばんがしら)。

キ　宝本による。底本「シ」。

外ノ御番城　京都二条城・駿府城・甲府城・伏見城。但、「家来計リニテ云々」は不詳。

相番ノ番頭　大坂城・二条城へは各二組の大番士が派遣され(一組に番頭一人、組頭四人、番士五十人、与力十人、同心二十人)、隔日交代で番に当った。

一調　大鼓(おおつづみ)・小鼓・太鼓(たいこ)の中のいずれか一つを打って、謡曲の一段を独吟するもの。

笙　四〇〇頁頭注参照。

ヒチリキ　篳篥。雅楽用の管楽器。長さ約一八センチの竹管の表に七孔、裏に二孔をあけ、その間を樺の皮で巻く。竪(たて)にして吹き、音は哀調を帯びて強い。

墨　いれずみの刑。

劓　鼻を切り落す刑。

ナド覚ヘタラン人ハ、是又苦シカルマジキコト也。然ニ一切鳴物ヲ禁ジテ、忌中ニ似タルモ不《ル》レ宜《カラ》事也。御番衆鳴ヲ静メテ不断ニ居ル故、食物ノ物入夥シ。或ハ博奕ナド仕ル事ニナルナリ。総ジテ大名ノ屋鋪ニテモ、余リ法厳シキ家中ハ、必博奕・淫乱ハヤル者也。

且又大坂ニテハ、下々ノ欠落常ニ有事也。欠落ハ大方御城下ヘ出テ、定ノ刻限ニ帰ラヌ故、直ニ欠落ニナル也。又行方知レズ失ルモアリ。大方ハ博奕ナドノ意趣ニヨツテ、海ヘ突落シテ殺ス成ベシ。又欠落シタル者ガ、十日計リモ過テ又御城内ヘ来リ、其儘何方ヘヤラン行ク事モ有ト承。不思議千万ナル事也。畢竟御堀ヲ越来ルベキ様ナシ。御門ヨリ出入スルカ、御城中ニ隠レ居ルカ、此二ツニ不レ可《カラ》出《ヅ》。総ジテ余リニ法厳敷、一事アレバ詮議六箇敷故、面々ニ事ノナキ様ニト心得ル事ヲ、御番衆ノ伝授ニ仕ル事ニテ、カクノ如クノ事、却テ不レ知《レ》ト見ヘタリ。法ヲ末ニテ厳シク仕リテ、元来法ノ立様ニ行届カヌ所アレバ、必如《ク》レ斯《クノ》ナルモノ也。大坂御番ニ不レ限《ラ》、当時ハ何方モ〳〵皆如《シ》レ斯《クノ》。心得可《キ》レ有《ル》事也。

一 刑罰ノ事、古三代ノ時、*墨・*劓《ぎ》・*剕《ひ》・*宮・*大辟《たいへき》ノ五刑ヲ極刑トシテ、*五刑ヲ一等宥《なだ》ムルトキ流罪也。五刑ノ疑敷ハ*贖《あがな》フコト也。又*罪隷《ざいれい》ト言事有テ、是後世ノ*徒《づ》罪也。*笞《ち》杖罪ト言ハ此時ハ無《キ》事也。*漢ノ文帝ノ時ヨリ、墨・劓・剕・宮ノ肉刑ノ代リニ、笞・杖ヲ用テ笞杖数*五百ニノボル。罪重ケレバ千ニ及ブ。徒罪モ重キハ十年ニ及ブ。此時ハ笞・杖*ト徒・流ト各当リ前有テ、強《あな》ガチニ軽重ノ次第ニ非ズ。*宇文周・隋・唐ニ至テ、五刑ノ名ヲ笞・杖・徒・流・死ト言替テ、軽重ノ次第ト言。夫ヨリ明朝迄モ此通也。日本ノ古モ唐律ノ通リ也。

当時ニ至テハ、死刑ニ*磔《はりつけ》・*鋸引《のこぎりびき》・*梟首《けうしゆ》・*斬罪・切腹アリ。其次ハ流刑也。古ハ遠流《をんる》・

刵 足を膝から切り落す刑。

宮 男は陰部を除去し、女は閉す刑。

大辟 死刑。

五刑ヲ… 書経、舜典「流、五刑を宥む」。

贖 贖罪(しょくざい)。財物を出して罪をつぐなうこと。

罪隷 罪ある男子を官の奴とすること。罪隷は官名で、この官の下に服役させられる。女子は舂稾(しょうこう)の官の下に入れられた。

徒罪 懲役刑。

笞杖 ともに一メートル余りの木の棒で、笞は細く、杖はやや太い。

漢ノ文帝 前漢第三代皇帝(在位前一七九—一五七)。太宗孝文皇帝。

数 南本により補う。

杖 右に同じ。

宇文 宝本による。底本「扠又」。宇文周は北周(五五六—五八一)。中国南北朝の北朝の一。宇文はその王室の姓。隋に国を奪わる。

磔 罪人を高い柱に縛りつけ、左右から槍で突き殺す刑。

鋸引 戦国時代には実際に鋸で引き殺したが、江戸時代には、罪人を首だけ出して地中に埋め、二昼夜さらし、往来の者に竹の鋸でまね事に引かせ、その後磔にする刑。

梟首 獄門(ごくもん)ともいう。牢内で斬首し、その首を三日間さらし場の台の上にさらしておく刑。

斬罪 斬首刑。死罪と下手人(げしゅにん)

中流・近流ノ三品アリ。当時ハ八丈島ヲ遠島ト言。古ハ*其罪人ノ古郷ヨリ遠近ヲ分テ遠流・中流・近流ト言タル事ニテ、或ハ備後・出雲・土佐・伊勢・尾張・上総・伊豆・常陸・上野・陸奥・出羽等ヘ流サレタル事アリ。大島・八丈島ハ江戸ヨリハ遠流ニテハ有間敷也。大島ヨリ船ニテ蜊《あさり》ナド売ニ来ルト言。商人入込デ、島ト言様ナルコトニテハ無ト也。八丈島モ殊ノ外近ケレドモ、近キト言事ハ島代官ノ秘スル事也ト言。殊ニ安楽ナルヨシナレバ、遠流ト云事ハ当ル間敷也。

当時近流・中流ト云事ノナキモ、*戸籍ノ法立ズ、人ノ心儘ニ日本国中ヲ何方ヘモ、先ヨリ先ヘ歩行《ある》キ、居住スル事ナル世界ナル故、近流・中流ト言事ハ自ラ絶ヘ失ヒタルナリ。源平ノ比、*新大納言成親卿ノ備後ニ流サレ、*妙音院殿ノ土佐ニ流サレタル類、武士預リテ守護シタルハ、貴人ナル故ナルベシ。*頼朝・*文覚ガ伊豆ニ流サレ、*伊勢三郎ガ父ノ上野ニ流サレタル類ハ、武士ニ預ラレタル様ニモナキ事ハ、此時分迄ハ戸籍ノ法アル故、自由ニ他国ヘ行事ナラヌト見ヘタリ。

七八十年以前迄ハ庄内・最上ヘ流サレタル類アリ。是ハ流罪ト名ヲ付タル*マデニテ、大方ハ当時ノ御預ケ也。流罪ノ次ハ御預ケ也。是ハ大方貴人ニ有事ニテ、古ノ中流・近流ニモ可シレ当ル。厳ク番ヲ付テ、一間ナル所ニ置、刃物ナドヲ与ヘズ。又預リ主ヨリ随分馳走スルハ、貴人ナル故也。大名ノ家来ナドノ御預ケニ成タルハ、心儘ニ放シ置テ、其預リ主ノ国中ヲ出サヌモアレバ、弥《いよいよ》ヘ古ノ近流・中流ノ様也。*公家・大名・御旗本ナドヲ遠流ニ*処セラル、事ハ、其身ノ罪計リノ事ニ非ズ。其親類ニ歴々モ有故、日本ノ外ナル、通路モ希《まれ》ナル所ヘ遣シ置テ、恥辱ナル目ニ逢タル有様ノ不ルレ聞エ様ニ仕テ、其親類ニ無念ト思ハセヌ仕

とがあり、死罪には死体ためし斬りや家財没収、町中引廻しなどが附加されることがあった。武士の斬罪にはためし斬はなかった。

其罪人ノ古郷ヨリ…　獄令義解「其遠近を定むるは、京より計れ」。

戸籍ノ法　巻一、二七五頁参照。

新大納言成親　藤原成親(一一三八—七七)。治承元年(一一七七)僧西光・俊寛らと京都鹿ケ谷で平家討伐を企てたのが露見し、備前に配流の途中殺された。

妙音院　藤原師長(一一三八—九二)。藤原頼長の二男。保元の乱(一一五六)のため土佐に配流。長寛二年(一一六四)赦免。

頼朝　平治の乱に敗れ、翌永暦元年(一一六〇)伊豆に配流。

文覚　生歿年不詳。俗名遠藤盛遠。鎌倉初期の僧で、高雄山神護寺を中興。伊豆への配流は後白河法皇へ強いて勧進せるためという。

伊勢三郎　伊勢義盛。源義経四天王の一人。源平盛衰記巻四十六に、義盛罪を獲て禁獄、放免の後、上野国に住すとあり。

マデ　宝本により補う。

公　宝本による。底本「出」。出家は上下様々の階層から出るので、歴歴の親類を考慮するという文意からみて、公家が適当。

処　宝本による。底本「サ」。

方也。

軽キ者ヲ当時流罪ニ被《ルル》仰《セ》附《ケ》事、*コトノ情ニ合ヌ様也。町人・百姓ニテモ、*分限《ぶげん》ナル輩ニ艱苦サスルコト、刑ニモ可《シ》当《ル》。軽キ*ボテフリ・*水呑百姓ノ類ハ、此方ニテモ元ヨリ流人同前ノ境界也。艱苦モ常也。大島・八丈島ナドヘ行ケバ、江戸ニ在シ時ヨリモ仕合宜キ類多シト承ル。当時ハ何事モ名目計ニテ、刑モ実事ニハ不《ル》当《ラ》様也。

流罪・御預ケノ次ニ、*牢下シ・改易・追放ノ類アリ。牢下シト言事ハ、異国ノ律ニモ、日本ノ古モ無《キ》事也。牢舎仕ル事ハ、罪ノ詮議未ダ済ザル内ノ事也。*久ク牢ニ置ルヽ事ハ、淹囚《えんしう》トテ、却テ刑罪ヲ司ル官人ノ罪也。其子細ハ、賂ヲトリ、又ハ私ノ怨有テ無理ニ落シタレドモ、実ニ可《キ》申《シ》付《ク》罪ナキ故、未ダ僉議済ズト名ヲ附テ牢ニ入置キ、牢死サスル事多キニ由テ、官人ノ罪ニナル也。又公事ノ裁許ニ心ヲ不用《ヒ》、ブラツイテ延引ニ及ブモアリ。何レモ其官人ノ罪ニ成事也。又罪人ヲ牢ニ入置、*ヒタモノ問テ、人ヲ多ク*サヽスル事アリ。是亦律ノ禁ニテ不《ル》為事也。是ハ当時モ有事ニテ、律ノ戒ノ如ク不《ル》宜《カラ》事也。

去ドモ当時ハ牢舎多ク、久ク牢舎スレバ、牢ノ内ニテ名主ニ成ト言事ナドハ、有間敷事ノ第一也。当時奉行ノ取捌キ、唯懲シメノ為ニ、流罪ニモ牢舎ニモ仕テ、ヒタモノ其親類ニ訴訟ヲサセテ免スト云事、通法ノ様ナリ。是ニ因テ、訴訟スル人ナケレバ、自カラ遠流ニテハテ、亦牢下シニナル也。御先々前御代ニ、或百姓生類ヲ殺タル*罪ニテ縛ラレタルヲ、其下女ノ十三歳ニ成タルガ縄ヲ解テ遁シタルニ因テ、其下女ハ牢舎ス。百姓ノ譜代ナレバ、親類モナク、訴訟スル人ナシ。牢ニ二十年計居タル時、或人罪有テ牢舎ニナリ、牢ノ内ニテ洗濯ナド致シ呉タル故、子細ヲ問ヘバ、シカ〳〵ト答フ。右ノ人出牢仕テ後、彼ノ下女

コトノ 宝本・南本による。底本「人」。
分限 富裕。
ボテフリ 棒手振。巻一、二八五頁頭注参照。
水呑百姓 巻一、二八〇頁頭注参照。
牢下シ 牢朽(ろうくたし)。長く牢に入れられて朽ち果てること。
久ク牢ニ置ルヽ事 未決囚を長く牢内に置くことの弊害については、すでに正徳時代に新井白石が指摘して改革に努力し、享保期にもその方針が継承されている。↓補
ヒタモノ ひたすら。
サヽス 犯罪者として指名させる。
罪ニテ縛ラレタル 宝本により補う。

ヲ訴訟シテ、女モ免サレタレドモ、牢ニ二十年計住タル故、女ノ業《わざ》モ何モ知ズト云事ヲ、此七八年以前ニ承ル。

古ノ法ニ、刑罪ヲ司ル役人ハ、流*人・徒罪人・獄囚等ノ事、罪ノ軽重ヲ委細ニ帳面ニ記シ置、時々吟味仕テ、訴訟仕ル人ナクトモ、時節ヲ考ヘ申立テ免ス事、古法也。当時ハ何レモ治《メ》ト云事ヲ不レ知《ラ》、*何事モ下ヨリ申出ザレバ不《ル》レ構《ハ》ヲ立派トスル故、兎角訴訟ヲサスル事ニ成テ、如《キ》レ斯《ノ》不埒アル也。

大赦ニテ罪人ヲ免スモ上ノ御慈悲ナル故、訴訟ノ有無ニ不レ構《ハ》、罪ノ軽重ヲ、役人ノ役ト仕テ吟味シテ免ス事古法ナルニ、当時ハ兎角寺ヘ頼ンデ訴訟ヲシテ貰事ニ成故、上ノ御慈悲ト思ハズ、仏法ノ御蔭也ト思フ也。異国ニテモ日本ノ古ニテモ、*大赦ハ目出度時節ニ行ハル事ナルニ、御他界・御年忌ノ節ナラデハ無《キ》レ之事也。下ト上ト悦ヲ共ニスル事ハ失果テ、上ノ悲ヲ下ハ喜ビ候様ニ成行事ハ、*法ノ立様未熟ナル故也。

且又御旗本ノ牢舎仕ル事、古ハ承リ及ザル事也。罪有テ御詮議ノ内ハ、軽キハ親類ニ御預ケ、重キハ大名ニ御預也。然ニ、御先々前御代ノ比ヨリ、御旗本ノ牢舎多シ。此段如何有ベキ。御僉議未決ノ内ハ罪名未ダ極ラザレバ、牢舎ハサスマジキ事也。御旗本ヲ*下輩ニ会釈《あひしら》フハ、公儀ノ御耻ナルベシ。其親類ノ身ニ成テモ耻カ敷事也。ヒタモノニ耻ガ間敷目ニアヒ、馴コニナラバ、後ニハ耻ヲ不《ル》レ知《ラ》事ニナル物也。人ハ会釈ヒニ依テ、善クモ悪クモ成ル事ナルニ、御役人ノ心附ヌハ悲敷事也。

扨改易・追放ノ事、古代ニハ無《キ》事也。戸籍ノ法立トキハ、改易・追放ハ不《ル》レ成《ラ》事也。右ノ中流・近流ノ上ニ、御暇被《サ》レ下テ所々御構ヒ有ト、*御構無テ御扶持方被二召《シ》放一《タ》ト、是ニ

流　宝本・南本による。底本「罪」。

何事モ下ヨリ…　巻一、二七七頁および巻三、三五五頁参照。

大赦ハ目出度時節ニ…　新井白石も同様の意見を述べている。↓補

法ノ　宝本により補う。

下輩　卑しいともがら。

御構　宝本・南本により補う。

改易・追放ト云事ナクトモ　宝本に

テ改易*・追放ト云事ナクトモ、罪ノ階級ハ可キレ有ル也。

*追放ハ元来戦国割拠ノ時ノ法ニテ、其時分ハ流罪ト言事不ルレ成ラ故、其代リニ仕タル事也。当時太平ノ代ニ此法有故、遠国ノ追放人・欠落人ナド*御城下ニ集ル故、御城下ハ自ラ悪人ノ津トナル也。戸籍ノ法立ツ時ハ、何レノ国ニテモ、親類・知人ノ添状*無レバ其所ニ不レ構ハ置ク事ナラヌ故、改易・追放ハ差サヽユル事也。古ノ流罪ニ、*追立《おつたて》ノ官人《くわんにん》ト言事ノ有ヲ見レバ、今ノ追放ハヤハリ流罪ノ仕形ヲ、戦国ノ時仕替タル物ト見ヘタリ。

且又百姓ナドハ、田宅ヲ没入シテ、ヤハリ其所ニ置テ水呑百姓ニセバ、追放ニハ及間敷事也。田地モ持ヌ百姓、軽キ町人ハ、何方へ行テモ同様ナル物ナレバ、追放ハ何ノ詮モ無キ事也。追放ト言事アル故、世界ニ悪人ハ不ルレ絶エ事ナレバ、徒罪ヲ立テ、追放ハ*止メ度事也。

徒罪ハ三代ノ古モ、異国ノ後代モ、日本ノ古モ有ルレ之事ニテ、此法ナキトキハ、死罪・流罪ノ次ニ階級ナク、取捌キニ不ルレ足ラ所アリト可シレ知ル。米ヲ舂セ、籾ヲコナサセ、縄ヲナハセ、草履ヲ作ラセ、薪ヲトラセ、荷物ヲ運バセ、車ヲ引セ、其外普請洞突*ナド、其外ノ事ニモ召仕事也。年数ノ定ニ階級アル故、罪ノ階級幾段ニモ附也。戸籍ノ法・度牒*ノ法立トキハ、可キ二遁レ行ク一先ナク、紛レモナシ。中古*ヨリ戸籍ノ法・度牒ノ法破レテ、此法モ破レタリト見ヘタリ。

但シ三代ノ古モ、唐朝ノ法ニモ、日本ノ昔モ、官人ニハ徒罪ナシ。唐律ニ*、官人ノ罪ニ徒罪ニ当ルハ、官当《くわんたう》ト言事有テ、官ヲ一階ヅヽ奪テ、是ヲ徒罪ノ代ニ仕ル也。其仕形ハ、始ニ居ノ所官ヲ奪トテ、当官ヲ取上ル也。任官叙位ノ時、綸旨・位記一度々々ニアルコトナ

より補う。

追放ハ元来… 鎌倉時代に、営中追放・鎌倉中追放・関東御分国追放・所住地追放等あり、また追却ともいった。

ナ 宝本により補う。

添状 巻一、二七四頁参照。

追立ノ官人 平家物語巻二はじめ、保元物語・平治物語・源平盛衰記等に見ゆ。

追放ハ止メ度事 幕府は享保七年(一七二二)に追放制限令を出している。「(前略)悪事在レ之候者領内ニ差置候を嫌ひ、他所え放遣候儀は有レ之間敷事ニ候。近年於二公儀一は追放もの先は無レ之様に被二仰付一候間、於二国々所々一其旨を存、猥ニ追放有レ之間敷候(下略)」。

洞突 胴築。巻一、二九一頁頭注参照。

度牒ノ法 私に僧尼となる者を取締るため、官から出家に許可証を交付する制度。養老四年(七二〇)創始(続日本紀巻八)。度縁・公験(くんげ)ともいう。

古 宝本による。底本「興」。

唐律ニ… 名例律、官当条「諸私罪を犯し、官を以て徒に当るは、五品以上、一官を以て徒二年に当てよ。九品以上、一官を以て徒一年に当てよ。もし公罪を犯せば各一年を加へて当てよ。官を以て流に当るは、三流同じく徒四年に比せ」。

ル故、是ヲ一階ヅヽ取上ルニ依テ、一官奪レテモ、跡ニ前ノ官残テ有。タトヘバ少将ヨリ中将ヲ経テ三位宰相ニ昇リタル人、徒罪ヲオカス時ハ、三位宰相ヲ解官仕ル故、前宰相ト名乗事ナラズ、前中将ト名乗ル。又中将ノ綸旨ヲ取上ラルレバ、前中将ト名乗事不レ成《ラ》、前少将ト名乗ル。又四位ノ人位記ヲ取上ラルレバ、四位ノ*位田減ジテ五位ノ位田ヲトル類、是官当ノ法也。悉ク官位トモニ奪ヒ尽シタル時、庶人ニ成也。

当時武家ニハ役替ニ*書物無レバ、此法用ヒ難シ。*逼塞《ひっそく》・*閉門・役ヲ取上ゲ・坐席ヲ下ゲ・知行ヲ減ジ・御扶持被二召《シ》放《タ》一、其上ニモ大小ヲトラルヽ、ト取ラレヌトニテ、ヤハリ浪人ヲ立ルト立ル事ノ成ヌト差別アリ。又御構ノ場所ノ多少ト、御構ナキトノ差別ニテ、階級幾段モ出来テ、是ニテ大方徒罪ノ代ニ成ベシ。

扨閉門ト言事ハ、古《へ》*看督之長《かどのをさ》ノ*靫《ゆき》ヲ掛ルト言事ヨリ起ル。官人ノ上ニ有事也。当時町人・百姓ニ閉門ヲ申付ルハ、結構過タル仕方也。殊ニ百姓ハ農作幷ニ人夫ヲ出ス事公役也。閉門ノ間ハ家内ノ人此業不《ル》レ成《ラ》事也。有間敷事也。

扨過料ヲ出ス事、古ノ贖罪也。但シ*古ノ贖法ハ、五刑ノ法ヲ立テ置キ、夫ニ贖ノ多少ヲ割附置キ、其上ニテ罪ノ疑シキ時ハ贖ヲ出サスル、又*八九十ノ老人、十歳以下ノ小児ト、官人ノ笞杖罪ニ贖ヲ出ス事也。且又大分限ナル民ノ過悪アルトキ、*過怠トシテ、夥ク物入ル普請ヲサセテ贖セタルコト、明朝ニ是アリ。先年此方ニテモ、京都ノ町人*那波屋ガ奢ノ過怠トシテ、橋ヲ掛サセタル事此例也。是等ハ苦カル間敷事也。

当時ハ笞・杖・徒・流・死ノ沙汰モナク、兼テ*盛リツケノ定モナク、唯当分ノ見計ニテ、軽キ民ヨリ過怠トシテ金ヲ出サスル事不《ル》レ宜《カラ》事也。是ハ唯金ヲ出サセテ困ラセテ刑ニスル

位田　正四位廿四町、従四位廿町、正五位十二町、従五位八町。

書物　任官の辞令のことか。

逼塞　門をとざし、日中出入を許さず。夜中くぐり戸より目立たぬよう出入することはかまわぬ。閉門より軽い罰。

閉門　門をとざし、窓をふさがせる。病気の時、夜中医師をよぶのはよい。

看督之長　検非違使の下官。

靫　矢を入れて背に負う器。

古ノ贖法ハ…　笞罪―笞十贖銅一斤→笞五十贖銅五斤、杖罪―杖六十贖銅六斤→杖一百贖銅十斤、徒罪―徒一年贖銅二十斤→徒三年贖銅六十斤、流罪―近流贖銅一百斤、中流贖銅一百二十斤、遠流贖銅一百四十斤、死罪―絞斬贖銅各二百斤。

八九十ノ老人…　「凡そ年七十以上、十六以下および癈疾、流罪以下を犯さば贖をとれ。八十以上、十歳以下および篤疾(中略)盗および人を傷れば、亦贖をとれ」(名例律)。

過怠　過失・罪科に対する償い。

那波屋ガ奢…　那波屋は元禄前の大名貸を営んだ富豪。九郎左衛門・十右衛門の奢り甚しく、所司代板倉重矩(在職一六六八―七〇)に罰として宇治橋架橋を命ぜられたという(町人考見録)。

盛リツケノ定　各実刑の程度に相応すべき贖金の規定。

仕方、先第一古ニ無《キ》レ之事也。扨五刑ノ定無レバ、専ラ金ヲ取ベキ為ニナル也。五刑ノ定有ル時ハ、無《キ》レ金人ハ直ニ其刑ヲ請ケ、有《ル》レ金人ハ金ヲ出シテ詫言ヲ仕ル成レバ、刑法ノ名目立也。其内ニモ尚罪ノ疑敷計リニ用ユレバ、罪ノ決定仕タルハ、讐金ヲ出シテ詫度《ク》思ヘドモ不《ル》レ叶《ハ》故、過料ノ沙汰次ニナリ、刑法ノ方重ニ成ル子細ニテ、上ノ御慈悲ニナル也。初ヨリ金ヲ出サスルト言事、殊ノ外ニ下輩《げはい》ナル仕方ニテ、民ノ心ニ服セヌ事也。

*当時公儀ニテ此法ナドヲ学バルレドモ、*下心ニ尤ト存ゼヌト見ヘテ、諸大名ニテ行ハズ。公儀ノ御作法ヲ諸大名ノ真似ヌモ不《ル》レ宜《カラ》事也。此以後諸大名ニテモ公儀ヲ真似テ此法ヲ取行ハヾ、遠国ニ至テハ必不埒出来スベシ。其子細ハ、当時諸大名困窮甚シケレバ、必非道ノ過料ヲ取ベシ。総ジテ金銀ノ事ニテハ、人ノ争モ恨モ出来ル物也。年貢ナドハ昔ヨリハ強ク取事モ有ドモ、先年伯耆・安芸・肥後ニテハ、年貢ノ事ニテ百姓一揆程ノ事有シト承ル。*質地ノ捌キ、御役人ノ軽ハヅミニ申出タル事ノ行レテ、*山形ニテハ事出来セリ。右ノ過料、異国ニモ日本ニモ古例ナキ事ナレバ、遠国ノ人ハ必心服スマジキ事也。

当時世界ノ奢甚キヨリ諸々ノ悪事生《ズ》ル故、上ニ倹約ヲ御用ヒ被レ遊《サ》レバ、御役人共ハ金ヲ御好ミ被レ成《サ》ト了簡シタルヤラン、不《ル》レ宜《カラ》事ヲ申立《テ》、執《リ》行《フ》事アルナリ。

一 *鶴取ヲ張附ニ掛ルト言ハ、大形ハ太閤秀吉公ナドヨリ起タル事成ベシ。年始ニ*禁裏*へ鶴献上ト言事アルヨリ重キ取捌ト成シト見ヘタリ。去ドモ非法ノ制也。*厳有院様ノ御母公様ノ御事モ有レバ、彼御代ニ此法ハ御停止可《キ》レ有《ル》事ナリシヲ、御老中ナドノ了簡ノ不《ル》レ附《カ》ナルベシ。*水戸ノ義公ノ時、水戸ニ鶴取有テ、御耳ニ立タレバ、重キ御法ヲ破タル者ナレバ、御自身御成敗成サルベキト御意アリシヲ、夫ヨリ折々申上レドモ、何カト隙入ニテ延引ス。

当時公儀ニテ此法… 例えば享保六年(一七二一)、つとめて追放を制限し、過料を以てこれに代えるよう三奉行に将軍が命じている。

下心ニ尤ト… 享保六年目安(めやす)箱に投じた山下幸内上書にも「下より過料等多御取被レ遊」を吉宗批判の一にあげ、また当時の落書にも過料制度を諷している(享保世話)。

質地ノ捌キ… 田畑質流しは永代売同然だからとて、これを禁ずる法令を享保六年十二月に立案し、翌七年四月より施行したが、混乱を生じたので、同八年八月撤回した。

山形ニテハ… 出羽村山郡・越後頸城郡では、農民が質地返還要求の強訴・暴動を起した。

鶴取ヲ張附… 「公事方御定書」では禁猟地域での密猟者は過料とあるが、後の判例には追放刑もある(徳川禁令考後集巻十二)。

禁裏へ鶴献上 毎年寒に入ると将軍は「鶴の御成」と称する鷹狩に出て鶴をとり、二羽を朝廷へ献じたという。

へ 宝本・南本・丸本により補う。

厳有院様ノ御母公… 四代将軍家綱の生母は宝樹院、おらくの方、増山氏。その父は鶴を取って処刑されたという伝えがある。

水戸ノ義公 徳川光圀(一六二八—一七〇〇)。

後ニ頻ニ伺ヒタレバ、「サラバ切ン。御庭ニ引廻セ」ト有テ、御自身刀ヲ取テ二三度切ントシ玉ヒシガ、刀ヲ捨、内へ入セ玉フヲ、其後又伺ヘバ、兎角御自身切ラセラルベキトノ事ニテ、延々シタル内ニ、彼者何方ヘヤラム遁テ事止ヌト承リヌ。英雄寛仁ノ君ノ所以ハ、復格別ノ御事哉ト感ジ奉ル事ナリ。

一　出*家ノ公事ニ出ルニハ、三*衣ヲ不《ル》ㇾ著《セ》事、律ノ古法也。公事ハ元来仏ノ制戒ナル上、奉行所ニ出テ俗人ノ捌ヲ受、法ノ通《リ》取《リ》行《ハ》スル子細ナル故、衣ハ不ㇾ著《セ》也。出*家ヲ流罪ニモ死罪ニモ申付ルトキハ、度牒ヲ取挙テ還俗サセテ後申附ル事也。出家ハ徒罪・流罪等ニ申付ル法ナキ故、還俗サスル事ニテ、還俗ノシルシニ度牒ヲ取上ル事也。

当時脱衣追放ト言事アレ共、脇へ行テ心儘ニ衣ヲ著ス。出家ハ住所ヲ定メヌ者ナル故、追放ニモ込ラヌ者也。寺法ニ背ク時ハ一派ヲ擯出シ、国主ノ法ニ背クトキハ其国中ヲ追出ス事ハ有事也。六十余州ハ皆公儀ノ御領分ナルニ、追放ト言事、元来聞ヘヌ事也。度牒ヲ奪テ還俗サセテ、本在所へ返シ、民トスベキ也。

其ヨリ軽キハ、律*ノ古法ニ百日苦使ト言事、唐律ニモアリ。百日ノ間苦シメ使《フ》事也。是ハ仕方有ベシ。夫ヨリ軽キハ退院サセ、或ハ綸旨・公*帖ヲ奪テ平僧トスル仕方有ベシ。出*家ノ淫行ヲ磔ニスル事、余リ過タル刑也。還俗サセ、徒罪タルベシ。

一　出家程公事ヲ好ム物ハナシ。第一死刑ニアフ気遣ナシ。妻子ノ足手マトヒナシ。元来住所ヲ定メヌ者ナレバ、追放ヲ悲マズ。法問談議ヲ仕馴テ、理強ク、我慢ナル者也。扨出家ノ公事ハ、能《ク》捌キテモ国家ノ治メノ益ニナラズ、悪ク捌キテモ害ニモナラズ、無《キ》ㇾ詮事多シ。

出家ノ公事ニ…　僧尼令、有私事条「凡そ僧尼、私の事の訴訟有て官司に来り詣らば、権(かり)に俗の形によって事に参(まじ)れ」。

三衣　三種の袈裟。大衣(僧伽梨《そうぎゃ》り、王宮等で着用)、七条衣(鬱多羅僧《うったらそう》、聴講・礼仏用)、五条衣(安陀会《あんだえ》、院内の作務・旅行等の用)。

出家ヲ流罪ニモ…　僧尼令、准格律条参照。→補

律ノ古法ニ…　僧尼令、准格律条「もし百杖以下を犯せらば、杖十ごとに苦使十日せしめよ」。名例律、比徒条には「十日を笞十に比せ」とあり。

公帖　「公」宝本・南本・丸本により補う。禅宗の五山など官寺住持任命の辞令。

出家ノ淫行ヲ…　元文三年(一七三八)寺社奉行大岡越前守伺書に「破戒女犯之僧御仕置、先例逆罪同前、前々より江戸中引廻し磔」とあり。「公事方御定書」では密夫は獄門、女犯は住職は遠島、所化僧は本寺寺法によると決定(徳川禁令考後集巻二十三)。

勧請開山　本来その寺の開山でなかった僧を開山として仰ぐこと。

本末ノ公事、曹洞宗ニ多キ事也。*勧請開山《くわんじやうかいさん》ト言事有ヨリ起ル事也。勧請開山ト言事ハ、元来公事ヲ巧ミテ仕置タル事ナレバ偽也。宗派ノ祖師ノ御影ヲ其寺ニ居置事ハ有ベシ。住持モセヌ人ヲ第一世ニ仕ル事、有間敷事也。第一停止有べキ事也。臨済宗ハ宗派ヲ堅ク守リ、同宗派ノ寺ヨリ外ヘ直ル事ナラズ、何レノ派ヨリモ本寺ヘ*輪番仕ル故、寺ノ高下ニ構ハズ、*僧臘次第ナル故、公事少シ。曹洞宗ハ*伽藍相続ト言事ヲ仕テ、宗派乱レ居ル故、寺々格ヲ守リ、僧臘ニ構ハズ、本寺ヘモ直ル。是ニ依テ寺法ノ害ニ成也。

総ジテ寺ヲ争ヒ、金銀ヲ貯フ事ハ、仏法ニ背ク事ナレバ、公事ニハ勝タリトモ、綸旨・公帖ヲ奪テ平僧ト仕ル事也。其曲タル出家ハ徒刑タルベシ。カクテハ自ラ出家ノ公事少ナクナルベシ。

一　度牒再興セズンバ出家ノ治メハ成シ難カルベシ。古ハ*三戒壇ナレドモ、今ハ諸宗各別ニナリタル故、一宗々々ノ本寺ニ戒壇ヲ立テ、夫ヨリ度牒ヲ可《キ》レ出《ス》事也。第一僧ニ紛レ者有マジ。出家ノ数モ減少スベシ。戒律ノ方ヨリ、出家ノ奢モ止ミ、殊勝ニ成べシ。但、戒律ヲ*律宗ノ如クセバ諸宗ニ通用シ難シ。律宗ノ規則ハ仏制ナレ共、時代ノ風俗殊ノ外ニ替リ、国モ別ナルヲ、唯形計リヲ守タル者故、却テ偽リ多シ。唯当時ノ風俗ニ合セテ*大乗戒ヲ用ヒ、奢ヲ静メ、僧ノ悪風ヲ止ル事ヲ主トスベシ。是ハ学徳アル僧ヘ御相談有テ取立サセ、其僧ヲ早ク越テ本寺ヘ住持ヲサセ、*国師・*禅師・僧正ニモナシテ導カセタラバ、速ニナヲルベキ事也。

総ジテ僧ノ治メハ俗ヨリハ難《キャ》レ為《シ》事ハ、類ノ違タル者故、公儀ノ仰付ニテモ、俗人ノ下知ハ不《ル》レ聴《カ》者也。*祐天ナドノ様ナル僧ハ、人ノ帰伏シタル僧ナレ共、無学ナリシ故、僧衆ノ

輪番　順番で寺務を掌ること。

僧臘　僧侶としての修行年数。

伽藍相続　師弟の法脈に関係なく、ある寺の住職を相続すること。曹洞宗は戦国時代の頃からこれによって法脈と寺系とが混乱したが、元禄十六年(一七〇三)卍山(まんざん)道白(一六三六—一七一五)らの努力により、宗嗣法の復古成り、法脈宗統が正された。本文の記事はその復古前の事実を述べるものかと思われる(辻善之助「日本仏教史」近世篇之三・四、第十章第十三・十六節参照)。

三戒壇　奈良時代、大和東大寺・下野薬師寺・筑前観世音寺に設けられた僧尼受戒の場。

律宗　戒律の教えは仏教伝来と共に日本に伝ったであろうが、授戒の法は天平勝宝六年(七五四)唐から鑑真(がんじん)(六八八—七六三)が来朝して伝えた。律宗は鑑真を開祖とする。

大乗戒　「大」宝本・南本・丸本による。底本「ノ」。最澄が奈良の戒律を小乗戒とし、これと区別して新たに開いた。

国師　奈良時代、各国におかれ、国分寺を監督した僧官。

禅師　「禅」宝本・南本・丸本による。底本「祖」。奈良時代、宮中の仏間に奉仕した僧。

祐天　一六三六—一七一八。浄土宗の僧。増上寺第三十六代の主。剛直で権貴にへつらわなかったという。

方ニテハ帰伏セズ。学徳有テ、宗門ノ弊風ヲ正シ度ト志タル僧ヲ可《キ》レ用《フ》事也。

当時ハ諸宗一同ニ袈裟・衣・衣《(々)》服ノ体、奢甚シ。是ニ依テ物入多キ故、自然ト金銀ヲ集ル事ヲ巧ンデ、非法甚シ。且又年忌ト云事、仏経ニ無《キ》レ之事也。引導シ、戒*名ヲ附ルト言事、死人ヲ寺ヘ葬ル事、仏法ニ無《キ》レ之事也。此内、死人ヲ寺ニ葬ル事ハ、御城下ナド葬地ナケレバ是非ナシ。戒名ノ附様殊ノ外ニ濫ニテ、上下ノ階級出来シ、世間ノ*費ヘ夥シ。其外諸宗ノ規則モ今ハ乱レテ、多《ク》ハ我宗ニナキ他宗ノ事ヲモ、銭取ノ為ニ執《リ》行フ類ヒ多シ。

是等ハ皆学徳アル人ヲ本山ニ住持サセ、其僧ニ皆任《ス》ベキ事ナリ。不学ノ僧ハ利徳ヲ専トスル者也。学徳アル僧ハ名聞ノ心アル故、我功ヲ立テ、宗門ノ中興ト成事ヲ悦テ、力ヲ可《シ》レ尽《ス》。但、二宗カ三宗程風俗直ラバ、其外ノ宗門ハ夫ニ連テ直ルベシ。孔子ノ語ニ曰《ク》、「是*ヲ導クニ徳ヲ以テス」ト謂ル事、有《ル》レ徳人ニ導カスルト言事也。上ヨリ法度ヲ以テ風俗ヲ直サントシテハ、中々不《ル》レ直《ラ》事也。有《ル》レ徳人ヲ上ニ居《すゑ》テ、是ニ導《カ》スレバ、不二骨折《ラ》一直ル事也。下ノ信服スル人ナル故、是ニ随フ事、風ニ草ノ靡《ク》ガ如シ。夫*ニテモ行届カヌ所有《ル》者ナル故ニ、其上ニ制度ヲ立テ、是ヲ守ラスル事ヲ「斉《ととのふルニ》レ之以《テスヲ》レ礼《ヲ》」ト言リ。是一切ノ治如《メシ》レ斯《クノ》。就中、僧ハ類ヒ違タル者ナレバ、如《ク》レ斯《ノ》ナラネバ不《ル》レ叶《ハ》也。
一　吉利支丹ト云者、今ハ日本国中ニ有間敷事也。今ニ類族*ヲ吟味スル事、詮モ無《キ》事也。御旗本ニ列スル輩ニハ親類ノ詮議ナシ。大友宗麟《そうりん》*・竹中筑後守*ガ子孫ナドノ如キ是也。君子ノ沢《たく》*モ、小人ノ沢モ五世ニシテ絶ル事ナレバ、最初ニ転《ころび》タル者ヨリ五代立タラバ、平人ニ同ジカルベキ也。
一*　又吉利支丹宗門ノ書籍ヲ見ル人ナキ故ニ、其教如何ナルト云ヲ知ル人ナシ。儒道・仏

戒　宝本・南本により補う。
ノ　宝本・南本による。底本「ヘノ」。
是ヲ導クニ…　論語、為政「之れを道くに政を以てし、之を斉ふるに刑を以てすれば、民免れて恥づるなし。之れを道くに徳を以てし、之れを斉ふるに礼を以てすれば、恥づるありて且格(いた)す」。
夫ニテモ　宝本による。底本「天下ニモ」。
類族　吉利支丹信奉者の一族。
大友宗麟　一五三〇―八七。豊後臼杵城主。吉利支丹大名。受洗名フランシスコ。名は義鎮(よしげ)。子孫は高家。
竹中筑後守　竹中重信か。兄重義、長崎奉行として不正あり、寛永十一年(一六三四)切腹せしめられし際、連坐して佐竹氏召預。
沢　めぐみ。子孫に伝わる恩恵。「君子の沢は五世にして斬(た)え、小人の沢も五世にして斬ゆ」(孟子、離婁下)。
一　宝本・丸本により補い、項を改む。

道・神道ニテモ悪ク説タラバ、吉利支丹ニ紛ラフベキモ計リ難シ。是ニ依テ、吉利支丹ノ書籍御庫ニ有《ル》ヲモ、儒者共ニ見セ置レテ、邪宗ノ吟味サセ度事也。

一 *遊行上人《ゆぎやうしやうにん》ニ*伝馬《てんま》ヲ下サル、事ハ、各別ノ事也。埒モナキ者ノ、先ヨリ先ヘ著《キ》行《ありク》ハ不《ル》レ宜《カラ》事也。*藤沢ヲ出ルトキノ人数ヲ定テ、一人モ増マジキ事也。

一 当時名乗ト言者、常ニ不《ル》レ呼《バ》事故、幾度モ心儘ニ附替テ、同名夥シ。*名乗ヲ反スト云事、文盲至極*ナル、埒モ無キ事ナルニ、是モ作法ノ様ニ成テ、人々反ス上ニ、*通リ字ト言事アリ。姓ニ合セ、反字ノ佳《キ》ヲ用ルト云事有テ、是ニ因テ半バ同名也。

名乗ハ実名ニテ、何左衛門・何右衛門等ハ仮名也。当時ハ仮名ヲ*用ヒテ、名乗ハ仮ニナル故、右ノ如シ。去ドモ屹トシタル物ニハ名乗ヲ書《ク》事古法ナレバ、今モ*分限帳其外、上ヘ差出ス書《キ》物ニハ名乗ヲ書、仮名ハ小ク肩書ニスベシ。同名ヲ可《キ》レ為二吟味一事也。妄ニ更ル事有間敷事也。

如《ク》レ此《クノ》無レバ、古《キ》日記・覚書等ニテモ、人々ノ名、代々同名ナル故、当時*ヨリ幾代先ノ人也ト言事不《ル》レ知《レ》也。ラチモナキコト也。世間不学ナル故、何事モ鼻ノ先ニテラチサヘ明《ケ》バ、後ニモ先ニモ不レ構《ハ》ト言ハ悲キ事也。

一 京・江戸・大坂・伏見等、*地子銭《ぢしせん》ヲ不《ル》レ出《サ》事、古法ニ違フ事也。田舎ノ地ニハ年貢ヲ不《ル》レ出《サ》地ナシ。都モ古ハ如《シ》レ此《クノ》。百姓ヨリ計リ年貢ヲ取テ、町人*ヨリハ取《ラ》ヌハ、如何ナル故ニ因テ町人ノ会釈《あひしら》ヒハ箇様ニ結構ナル事ゾヤ。此起リハ*明智日向守ヨリ起ル。其悪例ヲ太閤用ヒ玉ヒテ、大坂ニテモトラレズ有シヨリ、江戸モ其通ニ成タリト見ヘタリ。明智ハ主君ヲ弑シタル人也。信長公ハ御当家ノ御味方也。然ルニ万代迄モ明智ガ恩徳ヲ人々ニ難《タ》

遊行上人 時宗(じしゆう)の僧。一遍の法灯をつぎ、諸国を遊行、勧化する。
伝馬ヲ下サル 応永三年(一三九六)遊行十二世尊観法親王の時、諸国遊行のための止宿・人馬の便宜の特権を得、江戸幕府も伝馬の朱印状を与えた(新編相模国風土記稿)。
藤沢 時宗の本山、藤沢山清浄光寺。一名遊行寺。
名乗ヲ反ス 名前をきめる際、二字の上の字の頭子音と、下の字の韻とを合せて一字をつくり、その字の吉凶によって名前を定めること。
ナル 宝本・丸本による。底本「ナル事」。
通リ字 その家に代々伝わる名前の文字。例えば平氏の「盛」、源氏の「頼」「義」など。
用ヒ 宝本・丸本による。底本「以」。
分限帳 家臣の名簿。家格・所領等を記す。
ヨリ 宝本・丸本により補う。
地子銭 屋敷地等に賦課した税銭。
ヨリ 宝本による。底本「ニ」。
明智日向守 明智光秀(一五二八―八二)。都市の地子免除はすでに永禄十年(一五六七)美濃加納に対する織田信長の楽市令にも見え、光秀に始まるものではない。

レ有《リ》カラスル事、如何ナル事ゾヤ。

又人夫*ヲ出スニ田地ノ高ニテ出ス事無理也。田地ヨリハ年貢ヲ出ス故、外ニ何モ出スベカラズ。二重ニ取ハ非道也。是ハ百姓ノ仲間ニテ年貢*ニテモ運ブハ、手前ヨリ運ブ事ナル故、年貢米ノ多少ニ応ジテ割合ヲスルニ因テ、田地ノ高ニ応ジテ人夫ヲ集ル事ノ有ヲ混ジテ、公儀ヨリ当ル人夫モ其法ヲ用タル也。

公役ノ人夫ハ、人ノ頭数ニテ、男子ノ二十歳ヨリ五十九歳迄ノ者ヲ、一*年ニ三日ヅヽ使フ事、是古ノ聖人ノ法也。唐朝ノ租*調庸ノ法ハ又別也。日本ノ古ハ唐朝ノ法ヲ用タリ。去ドモ其時ハ十*分一ノ年貢也。今年貢ノ高ク成タルハ、租調庸ヲ一ツニシテ米ニテ取タルナルベケレバ、古ノ租調庸ノ法ハ用ヒ難カルベキ事也。

一　田*地ヲ売買スル事、東照宮ノ御制禁也ト言。是ハ百姓ノ田地ヲ売テ町人ニ成ルヲ制シ玉ヒシカ、無《ク》レ左バ古ノ口分田ノ事ヲ取違テ、其時分ノ学者ノ申タルコトナルベシ。

田宅・家財・奴婢ハ売買スル事古法也。田宅モ奴婢モ家財ナレバ、貧ニ成テハ不レ売《ラ》シテ不《ル》レ叶《ハ》事也。口分田ト言ハ、古*令ノ定ニ、男子二十歳ニテ口分田ヲ賜リテ、六十一歳ニテ是ヲ返ス。口分田ハ公儀ヘ可《キ》レ返《ス》物ナル故、売買スル事ナラズ。*永業田《えいげふでん》ト云ハ、永ク其家ニ持伝タル田也。是ハ賜田タリト雖モ売買スト言《ヘ》リ。

此法ヲ以テ見ルトキハ、百姓ノ田地ハ面々ニ金ヲ出シテ買タル物ナレバ、是ヲ売事定《リ》タル道理也。夫ヲ売《ラ》セヌト云事、甚キ無理也。無理ナル法ヲ立ントスル故、或ハ譲《リ》タルナドヽ名ヲ附、或ハ借金ノ手形ヲ拵ヘ、種々ノ偽リ是ヨリ起*ル。奉行モイツハリト知ナガラ、法ヲ立ン為ニ是ヲ許ス事トナル。畢竟ハ民ニイツハリヲ教ル事ニナル也。

人夫ヲ出スニ…　街道の助郷(すけごう)、治水土木工事や江戸詰の人夫役、またはその代銭等は、村高に課せられた。これは領主に石高相応の軍役負担があり、一定人数の農民を陣夫として徴発する必要があったことに基いている。

年貢ニテモ運ブ…　年貢米を船積場迄運ぶのに、五里以内は百姓負担、それ以上の場合は駄賃が給せられた。

一年ニ三日…　「民の力を用ふるは歳ごと三日にすぎず」(礼記、王制)。

租調庸ノ法…　↓補

十分一ノ年貢　日本の令制の田租は百分の三ほどだったという。

田地ヲ売買…　「田畑永代売禁止」は三代将軍家光の寛永二十年(一六四三)に発布。当時連年の大飢饉対策の一と解せられている。

古令ノ定ニ…　唐では口分田は原則として丁男(十八歳以上六十歳迄の男子)に給せられた。日本の令制では六歳以上の男女すべてに終身班給された。

永業田　子孫に相続し、売買を許された田。北魏の均田制に始まり、隋唐に継承された。

起ル　宝本・丸本による。底本「起ル故」。

一巻目ニ…　巻一、二七一頁参照。

東照宮ノ御祥忌日　徳川家康の祥月命日。四月十七日。

養老ノ礼　後漢書、光武帝紀に「初

一　鰥寡孤独ノ者ニハ御扶持ヲ可《キ》レ被レ下《サ》事也。是ハ畢竟年七十ニ余タル者ノ、誰モ養フ人ナキヲ云也。田舎ナドニテハ、二三百石ノ村ニテモ、一両人ナラデハ無《キ》レ之事也。江戸ハ旅人ノ心儘ニ集リタル事ナレバ、箇様ノ人多カルベシ。*一巻目ニ言タル如ク、悉ク人返シヲシテ、余ル人ヲ江戸ノ人ト定テ、其中ニテ下サレバ、多モ有マジ。一人ニ米一俵ヅヽモ下サレバ、彼等ガ為ニハ大ナルコトナルベシ。九十・百ニ余ル人々ニハ、一度程*東照宮ノ御祥忌日ナドニ、餅ノ一重モ可《シ》レ被レ下《サ》。是又*養老ノ礼ニ可《シ》レ叶《フ》。

*道心者ト言者ハ畢竟鰥寡孤独也。都モ田舎モ、下ニテハ相応ニ*鉢ヲモ入ル也。其心根ヲ問ヘバ、「強チニ仏法ヲ信ズル計ニモ非ズ。鰥寡孤独ヲ恵ム心ニテ取ラスル也」ト。下ニハ如《ク》レ此《ノ》ナルニ、上ニテ其沙汰ナキハ如何ナル事ゾヤ。*御代々ノ御忌日ニ、*増上寺ノ裏門・*東叡山ノ裏門ニテ、公儀ノ御役人参リ、一人ニ一升宛ナリトモ鉢ヲ御入レ可《キ》レ有《ル》事也。

*文王ノ政ハ鰥寡孤独ヲ先トスト言《ヒ》、*文王ハ善《ク》養《フ》レ老《ヲ》ト言《ヘ》リ。是等ハ至極ノ御政道ニテ、上ノ御祈禱ニモ、是ニ過タル事ハ有マジ。御役人ノ文盲故、如《キ》レ此《クノ》事ハ取《リ》興サズ。*一度ニ子三人生タル者ニ米銭ヲ下サルヽ等言様ナル、衰世ノ埒モナキ故実計リヲ執《リ》行フ事、無《キ》レ詮事也。

一　総*ジテ貴人ニハ朋友ナキ事、闕タル事也。貴人ノ学問モ、一切ノ芸モ、大名芸ト云物ニ成テ、一切ニ蹈込テセヌハ是故也。殊ニ政務ノ道ハ、下ノ情ヲ能《ク》知ラザレバ、行フ所図ニ中《あた》ラザル者也。*忍ノ者等ヲ遣シテ遠国ノコトヲ見セ、*近習ノ臣ヨリ下ノ事ヲ聞モ善《キ》様ナレ共、人々面々ノ了簡程ナラデハ、見モ聞モナラヌ者也。軍ノ物見ヲ遣スニ、武功ノ人ヲ撰ブ事モ、手前ノ器量程ナラデハ得見ヘヌ故也。殊ニ人ノ情ニテ、*下ノ悪キ事計リヲ見出

めて養老の礼を行なふ」とあり。

道心者　巻一、二八二頁参照。

鉢ヲモ入ル　米銭を寄捨する。鉢とは托鉢の鉢に入れる米銭の意。

御代々ノ御忌日ニ…　幕府は享保九年(一七二四)十月十四日、六代将軍家宣十三回忌に、三田で乞食六千人に施米している。

増上寺　秀忠・家宣・家継の墓所。

東叡山　寛永寺。家光・家綱・綱吉の墓所。

文王ノ政ハ鰥寡孤独ヲ…　「文王政を発し仁を施すに、必ず斯の四者(鰥寡孤独)を先にす」(孟子、梁恵王下)。

文王ハ善養老　孟子、離婁上・尽心下に、伯夷・太公望の言として見ゆ。

一度ニ子三人…　元禄十六年(一七〇三)と宝永四年(一七〇七)江戸で三つ子が生れたのに対し、幕府はそれぞれ銭五十貫文を与えている(正宝事録)。

ジテ　宝本・南本・丸本により補う。

忍ノ者等ヲ…　将軍吉宗は締戸番(しめどばん)(後に庭番と改む)という役を設け、諸藩の事情等を探らせた。

近習ノ臣ヨリ…　吉宗は又奥坊主成島道筑など側近の臣を通じて種々の情報を集めていた。

下ノ悪キ事計リヲ…　吉宗は勘定吟味役萩原美雅(よしまさ)等に対し、近頃とかく悪人の事のみ耳に入り、善行者の事が報告されぬのは、諸役人が法度のことばかり気にかけるからだとて、善行者の上申、褒賞を命じてい

シ聞出シテ申上テ、善《キ》事ハ不《ル》レ申《サ》者也。去バ下ノ事ヲ見聞ントスルニモ、心得可《キ》レ有《ル》事也。殊ニ御用ヲ承ル筋ノ人ハ、手前ノ申立《シテ》度《キ》筋ノ益*ニナル様ナル事ヲ多ク申上ル也。依《リ》レ之《ニ》、何トシテモ下ノ情ニ疎キ事、是貴人ノ身ノ上ニ欠タル事也。

願クハ養老ノ宴ナド、名ヲ付テ、六七十以上ナル人ヲ、御旗本ノ隠居・儒者・医者・出家・町人・百姓ノ内ヨリモ撰ミ、二ノ丸ナドヘ一月ニ一両度モ召テ、御料理ニテモ被レ下《サ》、餅・酒*・菓子ナドモ下サレ、物ニ心得タル者ヲ一両人モ亭主ニシテ、話ヲ仕掛サセ、御城下ノ事ヲモ、遠国ノ事ヲモ、埒モナク、*益体《やくたい》モ無《キ》事ヲ話サセ、聞シ召様ニ有度事也。

「問ニハ不レ落《チ》、語ルニ落ル」ト言事アリ。無心ナル所ヨリ、事ノ情ハ能《ク》知レテ、益有事多キ者也。埒モナク、益モナキ様ナル事ニハ、益ハ多キ者也。古ノ聖君ニハ皆朋友有テ、有レ徳人ヲバ君臣ノ会釈《あひしらひ》ニハ仕玉ハヌ事也。是ヲ*布衣《ふい》ノ交ト云テ、貴賤ノ礼ニ不《ル》レ拘《ラ》事、古ノ道也。学者ナドニ治道ノ事御尋アルモ*其仲間ニテ、道理ノ詰合ヲサセテ、側ニテ聞シ召スニ益多キ者也。総ジテ上ヘ対シテ物ヲ申ハ、人々指扣《シヘ》ナクテ不《ル》レ叶《ハ》事也。仲間ニテ詰問ニナレバ、覚ヘズ遠慮ヲ忘レテ言事アルモノナリ。

一　総ジテ御蔵*ノ御書物ハ、儒者*共ニ望次第ニ御借《かし》可《キ》レ有《ル》事也。書籍ハ外ノ物ト替リ、兼テ見置カズシテハ、急ニ用ニ立ヌ物也。御庫ニ聚メ置レテモ、見ル人無レバ、反古ヲ詰置タルモ同前也。虫ニ食セテ捨ンハ惜キ事甚シ。外ノ物ハ、武具ニテモ、皆取出シテ用レバ、早速ニ用立トモ、書物ハ夫トハ違フ事也。

一*　軍法幷ニ弓馬・剣術・鉄砲等ノ書、家々ノ秘伝等モ、其流ノ人、皆跡ヨリ添事ヲシテ、今ハ本ト各別ノ物ニ成タリ。此以後モ復段々添事ヲシテ、埒モ無ナルベシ。漢*ノ高祖、張*

る(享保五年六月廿八日付室鳩巣書簡)。

益　宝本・南本・丸本による。底本「ミ」。

酒　宝本・南本・丸本により補う。

益体モ無事　とりとめもない事。

布衣ノ交　身分・地位にかかわりない交際。史記・後漢書等に見ゆ。

モ　宝本・丸本による。底本「ニモ」。

御蔵　江戸幕府の書庫、紅葉山文庫。徳川家康は江戸城内富士見亭に文庫を設けたが、家光がこれを紅葉山に移した。書物奉行が管理。

儒者　幕府の儒官。五人。二百俵高。林大学頭は別格。

一　宝本・丸本により補い、項を改む。

漢ノ高祖　劉邦(前一九五死)。前漢初代皇帝。漢書、芸文志「漢興りて、張良・韓信、兵法を序次す。凡そ百八十二家。要用を刪取し、三十五家を定著す」。

張良　前一八九死。劉邦の参謀として、その天下平定に功を立てた人。

韓信　四二一頁頭注参照。
イヅレノ御代ニ　宝本による。底本「上ノ」。
規模　ほまれ。面目。
六芸　礼・楽・射・御・書・数。周代の士以上の必須科目であった六種の技芸。
備前　岡山藩は池田光政が寛文九年(一六六九)に学校を設立し、儒学教育と併せて、演武教師をおいて武芸を習わせた。
長門　長州藩では毛利吉元が享保三年(一七一八)に明倫館を設立し、学館と共に武講所をおいた。
上ノ御世話ニテ…　↓補
御旗本ノ武士ニ…　当時の旗本の学問嫌いの様子は室鳩巣の書簡(兼山秘策四・五)にもしばしば見える。
家中ノ士　諸大名の家臣。

良・*韓信ニ命ゼラレテ、兵書ヲ吟味セラレシ事アリ。当時家々ノ秘書ヲ御取上有テ、御吟味ヲ加ヘラレ、御庫ヘモ一部ヅヽウツシテ納メ、其家本ト割印ヲ被《ルレ》ニ仰《セ》付《ケ》ニバ、末々迄*イヅレノ御代ニ御吟味ニ逢タル書也ト、其家ノ*規模トモ成ベシ。又後ニ添事モ成マジキ也。武芸ノ書ハ武士ノ大切ニスル物ナレバ、箇様ニ有《リ》度《キ》事也。

一　軍法幷ニ弓馬槍剣等ノ芸モ、其源ト*六芸ヨリ出タル事ニテ、古今ノ差別、和漢ノ相違ヲ不《レ》レ知《ラ》バ、其道明カナラズ。古今・和漢ヲ知ル事ハ、学文ニ因ラザレバ知レヌ事也。去バ*備前・*長門ナドノ仕形ノ如ク、学校ノ内ニ武芸ノ稽古所ヲ立テ、稽古サスベキ事也。当時儒者ハ武芸ニ疎ク、武芸者ハ学文ニ心掛ザル事不《ル》レ宜《カラ》事也。

一　学文ノ事、*上ノ御世話ニテ、昌平坂・高倉屋敷ニテ儒者講釈スレドモ、*御旗本ノ武士ニキク人絶テナシ。唯*家中ノ士・医者・町人ナド少々承ル。此輩ガ為ニ計リ御世話遊サルヽハ無《キ》レ詮事也。是仕形不《ル》レ宜《カラ》故、上ノ思召ト相違スルト見ヘタリ。

第一、稽古事ハ、公役ノ稽古ニハ人々勧マヌ物也。家中ナドニモ有事ニテ、某常々見及ビタル事也。其子細ハ、問返シテモ聞レズ、教ヲ親切ニ受ル事ナラヌ故也。手前ノ信仰ナル師ナレバ、附届ニ物ヲ入テモ、稽古ヲスル心ナレバ稽古スル也。是人情ノ必有事也。其上、師ハ尊ク、弟子ハ卑キ者ナル故、師ノ方ニ権ナケレバ、教ハ成ヌ者也。右ノ如ク講釈所ヘ出テ役目ニ講釈スルコトナレバ、師ノ方ニ権ナシ。是又道理ニ背ク故、教ノ益ナキ也。

昌平坂・高倉屋敷ハ場所悪キ也。唯儒者ヲ江戸中所々ニ配リ置、人々勝手次第ニ参ル様ニ有度事也。然バ教ル人モ学ブ人モ勝手ヨキ事也。学問ハ公儀ノ勤トハ違テ、畢竟内証事ナレバ、勝手ヨクアラネバ成ヌ事也。*新太郎少将ハ、備前一国ノ身上ニテサヘ、*学校ヲ三箇所ニ立サセタル也。是遠方ヘ通テハ、学ブ者ノ不勝手ナル故也。

当時屹ト学校ト云程ノ事ニテ無トモ、儒者共ノ宅ニ上ヨリ稽古所ヲ御立下サレ、屋鋪ヲモ弘ク下サレ、弟子共多ク、書写ノ*御用モ可《キ》レ勤《ム》程ナラバ、弟子共ニ御扶持ニテモ下シ置レ、当時与力ナド*ヘ被《ル》ニ仰《セ》付《ケ》一ル御写物御用ヲ、右ノ者ニ仰付ラレ、バ、学者ノ取扱事故、文字モ正ク、校合モ善ルベシ。儒者共ノ手前ニ書生多ク集リ居ルトキハ、自ラ学問モ怠リ無《キ》レ之者也。近所ノ御旗本ヘモ、望次第ニ弟子共ヲ指南ニ遣シ、又近所ナレバ、彼方ヨリモ稽古ニ参リ善《カ》ルベシ。

又*当時官板ナドヲヒタモノ仰付ラルレ共、板ノ納所ナキ故、町人ノ物入ニテ仕立、町人ノ利倍ニナリ、官板ト言*名モ実*ニ不《ル》レ叶《ハ》也。異国ニテモ*監本ト言事有テ、学校ニ板ヲ納置テ、夫ヲ摺テ売也。其価ヲ学校ノ物入料ニスル事也。官板ニ可《キ》レ被《ル》ニ仰《セ》附《ケ》一書籍ハ、上ヨリ金ヲ御借《かし》ナサレ、板ヲ刻セ、其板ヲ右ノ稽古所ニ指置キ、書物ヲ摺セテ売セバ、二三年ノ内ニ拝借金モ返納ナルベシ。末々稽古所ノ修理、書生ドモノ居所モ、上ノ御世話ナク出来シ、自然ト学校ノ様ニナルコトモ、其儒者ノ器量次第ナルベキ也。

扨御旗本ノ学*文アルヲ、其*向寄ノ儒者ドモヨリ、若年寄・御番頭ヘ申サスベシ。最モ学文左マデ無ヲ、ヒイキニテ有ト言様ナル事モ有ベケレドモ、兎角芸ノ事ハ、其芸者ノ方ヨリ申立ルヲ証拠ニセザレバ、可《キ》レ知《ル》様ナキ也。扨学文アル人ヲ撰テ御役人ニ仰付ラル、様ニアラバ、学文ハ流行《はやる》ベキ事也。唯無《ク》ニ学文一トモ、知行高ト家筋ニテ御役人ニハナル事ト人々覚居ル事ナル故、気ノ詰ル事ハ為ヌ道理也。

新太郎少将　池田光政(一六〇九—八二)。はじめ鳥取城主。寛永九年(一六三二)岡山城主となり、備前および備中四郡三十一万五千石を領す。通称新太郎。寛永三年左近衛権少将。寛文十二年(一六七二)家督を嫡子綱政に譲る。

学校ヲ三箇所…　光政は藩校のほかに郷学「閑谷(しずたに)学校」を建て、庶民教育機関とした。徂徠のいうもう一箇所は不詳。

御　宝本・南本・丸本により補う。

ヘ　宝本により補う。

当時官板ナドヲ…　幕府の書籍出版は家康の時代にかなり盛んであったが、その後中絶し、綱吉・吉宗の時にまた行なわれた。但、吉宗時代の官板は徂徠の死後の方が多い。

名　宝本・南本・丸本による。底本「事」。

ニ　右に同じ。底本「ハ」。

監本　国子監(国家の教育行政を統轄する官庁。隋より清に至る)で校定・刊行した書籍。

文　宝本・南本・丸本による。底本「門」。

向寄　近所。

古ハ学文無レバ…　↓補

源頼義　九八八—一〇七五。前九年の役(一〇五一—六二)に鎮守府将軍として陸奥の安倍氏を討伐した武将。父頼信に続いて東国に源氏の勢力を増大させ

*古ハ学文無レバ公辺ノ勤モナラヌ様ニ法ヲ立置タル故、自ラ武家モ学問ヲ仕タルト見ヘタリ。*源頼義、*大江匡房ト書翰往来ノ事、*本朝文粋《ほんてうもんずゐ》ニアリ。又*義家、*丹波掾ノ時、新田開発ノ下シ文ヲ先年見タリシガ、中々難キ文章也。当時ハ学文無テモ御奉公ノ手支ハナキ故、気ノ詰ル事ハ為ヌ筈ノ事也。当時モ*書札ノ礼法ヲ定テ、*庭訓《ていきん》位ノ文ナリトモ用ヒ、又ハ御役替・御加増ノ節、綸旨・位記ナドノ心持ニ書物ヲ添ラレ、其文言、学文ナキ人ハ読ヌ様ニ拵ヘ、又ハ御政務ナドノ留帳ヲ*真字ニテ認メ、*又ハ公事判断ノ書附ニ律ノ詞ヲ用ヒナドセバ、自ラ学文セズシテ成マジキ也。

総ジテ日記ナドヲ仮名ニテ書ク故、先例ヲ繰ル時、急ニ見分ラレヌ事ニテ、当時ハ何ゾ先例ヲ繰ル時ハ、日記ハ急ノ用ニ立ヌ也。依リレ之ニ、其事ヲ勤タル人ノ許ヘ尋ニ遣ス事、当時ノ風也。日記ヲ真字ニテ認ルトキハ、第一真ノ文章*ハ短クテ事スミ、其上真字ハ*目角《めかど》付ク者ナル故、何程大分ノ日記ニテモ即時ニ繰ル、得アリ。公事判断ニモ律ノ詞ヲ不ルレ用ヒ故、罪ノ名ヲ不ルレ附ケニ因テ、判断ノ筋ニモ間違アルト見ヘタリ。去バ如クレ右ノスル事*ハ、人ニ学文ヲサスベキ為計リニ非ズ。大ニ益アル事也。兎角学文ナクテハ公辺ノ勤ニ手支ル事有ル様ニ立置時ハ、人ハ我慢ナル者ニテ、学文ヲバ上ノ御催促ナクトモ可キレ為事也。

扨又大名参勤ナドノ節、御側衆・若年寄ノ内ニテ、学問アル人ヲ御使ニテ、其在所ノ事、又ハ政務ノ筋、又ハ名所古跡ノ事ナド即坐ニ御尋ネ有リレ之、又ハ一年ニ一度程ヅヽモ、御城ニテ詩ノ御会ニテモアル様ニ仕度事也。昔*二条行幸ノ時、*歌ノ御会モ有リレ之、又毎年御城ニテ、御嘉例ニテ*連歌ノ御会モ有ルレ之事ナレバ、有間敷筋ニモ非ズ。諸大名・御旗本ノ内ニテ出坐仰付ラレ、御料理ニテモ被レ下サレ之ヲ、管絃ニテモ跡ニテ仰付ラレバ、御代ノ飾ニ

た。

大江匡房 一〇四一―一一一一。院政時代初期の学者。とくに儀式典礼に通じていた。

本朝文粋 弘仁元年(八一〇)から長元九年(一〇三六)までの名家の漢詩文集。十四巻。藤原明衡(一〇六六死)編。↓補

義家 源義家(一〇三九―一一〇六)。頼義の長男。鎮守府将軍となり、後三年の役(一〇八三―八七)を鎮定。東国の源氏勢力の基盤を確立した。

丹波掾 丹波国司の第三等官。源義家が丹波掾任官の事実は不詳。徂徠の見た義家の下文は当然偽文書であろう。

書札ノ礼法 四〇五頁頭注「書札」参照。

庭訓 庭訓往来。書状の範例、日常生活上の用語を編集した初等教科書。室町時代以来広く用いられた。

真字 漢字。

又ハ 宝本・南本・丸本により補う。

章 宝本・丸本による。底本「字」。

目角付 一見して識別し得るの意か。

事 宝本・丸本による。底本「時」。

二条行幸 寛永三年(一六二六)九月六日、後水尾天皇二条城へ行幸。十日に還御。

歌ノ御会 行幸第三日の九月八日に催さる。

連歌ノ御会 徳川氏は三河以来の佳例として、毎年正月二十日、連歌の会を催した。

モ成ベシ。

詩ナドハ無益ノ筋ノ様ニ*理学者ノ申ニ依テ、白人《しろうと》ハ実ト思フベケレドモ、*文字ヲ取廻ハサネバ詩ハ作ラレヌ物也。*文字ヲ取廻セバ、自ラ経書モ歴史モ見ル事故ニ、日本ノ古ヘ、*四道ノ儒者ヲ立ルニモ、詩文章ノ学問ヲ経学ヨリハ上ニ置タル事也。御先々前御代ニ学文ヲサバカリ御好ミ遊バサレタリ。依リレ之ニ学問モ流行《はや》ル様ニ成シカドモ、講釈ヲ重ニ仕テ、詩文章流行ラザル故、文字ノ取廻シナキニ依テ、何ノ益モナシ。夫ヨリ御家ノ儒者モ皆不学ニナリタル事ナリ。サレバ詩ノ御会ナド有ンハ、御先々前御代ノ御講釈ヨリ遙ニ増ルベシ。

サテ又、日本国中ハ相持ナル道理ニテ、諸大名ノ家ニテ学文流行レバ、*学者ノ身上片付アルニヨリテ、ヨキ学者モ多ク出来、御家ノ儒者モ自然ト学文ヲ励ムベキ事ナレバ、十万石以上ノ大名ニハ、其在所ニ学校ノ様ナル物ヲ立サセ度事也。大抵五百石程ノ物入ニテハ学校ハ出来スル事也。

*松平民部大輔、*萩ニ学校ノ様ナル事ヲ立テ、*釈菜《せきさい》ヲモナシ、扶持方等ノ料ニ五百石附置キ、毎年書籍ヲ求ル料ニ又五百石、合セテ千石程ノ事ニテ家来ニ学文ヲサスル故、今ハ彼ノ家中ニ学者多ク出来タリ。去共西国大名ノ習ヒ、公儀ヲ憚テ深ク是ヲ隠ス也。

十万石以上ニハ、右程ノ物入ハ心安キ事也。上ヨリ被ルレ二仰セ付ケ一バ、何レモ出来スベシ。又不レ被レ二仰セ付ケ一トモ、仕方ニ依テ自ラ何レモ取立ル事ニモ可シレ成ル。兎角世ニ久ク絶タル学問ヲ取興ス事ナレバ、余程御世話無テハ、思様ニハ可キ二成リ難タカル一事也。

一　御家ニ罷リアル儒者ドモモ、心得ノ筋違ヒタル故、何レモ学文怠リ、御用ニ立ヌ者多シ。此以前、*林内記ガ父*春斎ニ、*人見友元異見ヲ言タル事アリ。「林家ノ学者ハ経学疎ク、

理学者　朱子学派の儒者。

文字　宝本・南本による。底本「学文」。

四道　紀伝・明経・明法・算の四道。なお後出四四三—四四四頁参照。

学者ノ身上片付　学者の身のふり方がつく。学者がそれぞれ然るべき職を得る。

松平民部大輔　毛利吉元(一六七七—一七三一)。

萩ニ学校…　享保三年(一七一八)明倫館を設立。四三九頁参照。

釈菜　牛羊などの犠牲を供せず、蔬菜類を供えて孔子を祭ること。

林内記　林信篤(一六四四—一七三二)。大学頭。享保八年(一七二三)大内記に改む。号鳳岡。林家三代目。

春斎　林春勝(一六一八—八〇)。号鵞峯。林家二代目。

人見友元　人見宜郷(よしたか　一六三七—九六)。幕府の儒者。

何レモ講釈下手也。心ヲ可《シ》レ被《ル》レ附《ケ》」ト言シカバ、春斎以ノ外ニ立腹シ、「某ガ家ハ、*道春以来御用ノ筋ヲ第一トシ、弟子共ニモ弘ク学問ヲサスル事ニテ、*嘉右衛門ナドノ様ニ講釈ヲ専ラニセヌ事、家風也。其方異見ノ如クセバ、家ノ学問ハ頓テ可《シ》レ廃《ス》」ト言シト也。

春斎ハ其時分上野ノ下屋敷ニ居住シ、屋敷ノ内ニ学寮ヲ作リ、弟子共三十人計リ付居タリ。其教方、五科十等ト言事ヲ立タリ。五科ト言ハ、経学科・読書科・文科・詩科・和学科也。是ハ人々学問ニ得手・不得手有事故、凡五科ニ分テ学文ヲサセタル也。十等ト言ハ、十段ニ階級ヲ立テ、五科トモニ、学文ノ進ミ次第階級ヲ升セテ褒美シ、公儀ヨリ被レ下《サ》タル*九十人扶持ヲ、一人半扶持ヨリ七人半扶持迄段々ニ弟子共ニ呉テ、是ニテ競《きほひ》ヲ附ケテ、貧学ノ者ノ助成ニモシタル也。此時分迄ハ総体世間ノ学文未ダ*前方《まへかた》ナル事ナレ共、道春ヨリ*ノ伝来ヲ失ハズ、宜キ仕方也。

然ルニ、御先々前御代ニ講釈ヲ専ニ被レ遊《サ》タルヨリ、儒者ドモ外ノ学文ハセズ、講釈ヲ役目ノ様ニ覚タル事ニ成テ、今ハ何レモ無学ニ成リ、御用ニ立ヌコトニナリタリ。且又*内記父子計リニ御用ヲ被《レ》二仰《セ》付《ケ》一、各別ニ結構ニナリタル故、外ノ儒者ドモ自カラ御用ナキ者ニ成テ、学文ヲセヌ*筋モ有ベシ。

総ジテ聖人ノ道ハ、元来治国平天下ノ道ナル故、政務ノ筋ニ入用ナル事*ヲ第一トスル事、古ヨリ如《シ》レ此《クノ》。其上、*人ノ器量ニ得手・不得手有テ、一人ニテ諸事ハ兼ラレヌ上ニ、小身ニテハ弘キ事ニハ力モ届キ兼ル事モ有ニ依テ、日本ノ古モ四道ノ儒者ト言事有テ、第一、*記伝道ト言ハ、歴史ヲ博ク見テ、詩文ヲ専ラトス。異国ノ御用、我国ノ晴レ業《わざ》ナル故、是ヲ第一トス。*菅家・江家《がうけ》是也。次ヲ明経道ト言。*十三経ヲ家業トス。*清家・中家是也。次

道春 林信勝(一五八三—一六五七)。号羅山。徳川家康に召出され、初代儒役となる。

嘉右衛門 山崎闇斎(一六一八—八二)。土佐の南学派の朱子学を学び、後に儒家神道の一流たる垂加神道を創始した。会津の保科正之に仕え、また多数の門弟を養成した。

九十人扶持 寛文四年(一六六四)幕府は「本朝通鑑」編纂のため、国史館を林家の上野忍岡の邸に設立し、その経費として附与した扶持であるが、同十年完成後は、書生教育費として与えられた。→補

前方 旧式。時代おくれ。

ノ 宝本・南本により補う。

内記父子 林信篤の子は信充(のぶみつ 一六八一—一七五八)、同信智(のぶのり 一六八七—一七四三)。

筋 宝本・丸本により補う。

ヲ 右に同じ。

人 宝本・南本・丸本による。底本「上人」。

記伝道 紀伝道。

菅家・江家 菅原氏・大江氏。

十三経 易経・詩経・書経・周礼・儀礼・礼記・春秋左氏伝・春秋公羊伝・春秋穀梁伝・孝経・爾雅・論語・孟子。

清家・中家 清原氏・中原氏。

ハ明法道。律令格式ヲ専トス。坂上・中原是也。次ハ算道。算数ニ暦学・天文ヲ兼テ勤ム。小槻・安倍等是也。此外、兵学ハ大江家ニ伝ヘテ、*八幡太郎モ大江匡房ヨリ兵学ヲ伝ヘ玉ヘリ。

当時モ詩・文章・歴史・律・和学・兵学・数学・書学ト八色程ニ分ケ、御家ノ儒者共、何レモ思寄次第ニ此内ヲ一色宛請取、弟子ドモニモ教ヘ、御用ニ立様ニ心掛ベシト被二仰《セ》出《サ》一度事也。経学ハ家業ナレバ、御催促ニ不《ル》レ及《バ》事也。*サテ其筋々ヲ請取次第ニ、御蔵ノ書籍ヲモ御借《おかし》有テ、一色成就シテ御用ニモ立タバ、芸料ヲモ*被二下《シ》置《カ》一、規模ナル様ニ有レバ、何レモ御用ニ立様ニナルベシ。白徒《しろうと》ノ学文モ、是ニ連テ御用ニ*立ツ筋ニ可《シ》レ成《ル》。何レモ、何ノ用ニモ立ヌ*心法ノ詮議、*理非ノ争ヒ等、無用ノ学文ト可《シ》レ言《フ》。

一　御医者ノ子供夥ク有テ、二代目ヨリハ大形御用ニ立ズ、費ナル者也。親々ハ療治ニ隙ナケレバ、子供ヲ可《キ》二教《ヘ》立《ツ》一様ナシ。小身ナレバ、学文ニ往《ゆか》スルニハ供人ノ入《ル》ニ困リ、彼是トシテ無学ニナル。人頼マネバ療治ヲ仕習フベキ様ナシ。偶療治ヲ能《ク》スル人モ、無学ナル故、肝心ノ時ハ仕損《ズ》ル物也。

総ジテ人ノ性質、学問ハ能ケレドモ、療治ノ不得手ナルモアリ。左様ノ人ヲ師範ニ被《レ》二仰《セ》付《ケ》一、学寮ヲ立テ、何レモ子供ヲ遣シテ学文サセ、大体事ヲモ覚ヘタル時、*田舎へ遣ハシテ療治ヲ仕習ハスル様ニアラバ、何レモ大抵御用ニ立程ニハナルベキ也。是等モ上ノ御世話ナクテハ、自ラ御用ニ立ヌ者多カルベキ事也。

右四冊ノ物語ニ些細ナル事迄ヲ記シタル事ハ、当時ハ法ノ立様未熟ニテ、大ナル所ニ法立ズ、末ニ計リ法立テ有ル*故、世界ニ紀《しま》リナク、風俗頻ニ移リ行《キ》、今ハ法ハ法ニテ立

八幡太郎モ…　源義家が前九年の役の模様を京都へもどってから物語ったところ、大江匡房がかげでこれを聞いて、兵法を知らぬとつぶやいた。これを義家の郎等が耳にして主君に告げると、義家は早速匡房について兵法を学んだ。これが後三年の役に役立ったという(奥州後三年記)。

サテ　宝本により補う。

モ　宝本・南本・丸本により補う。

ニ　右に同じ。

心法　宋学で説く心の修錬法。

理非ノ争ヒ　万物の本体としての理をめぐる論争。

田舎へ遣ハシ…　医者が江戸で修業しては名医になれないという意見は巻一、三〇〇頁にあり。

故　宝本・南本・丸本による。底本「故也」。

テ有ナガラ、下ハ下ニテ別々ニ成テ、法ニ詮モ無《キ》事ニ成タル事ヲ知セ奉ンガ為也。当時ノ事ナド、見及ビ聞及ビタルコトナド少々書タルニハ、定テ承リ違モ有ベシ。又愚按ノ違モ在ベシ。唯治《ノ》道ハ一ツ〳〵ニ離レタル事ニ非ズ。世ノ成行、世界ノ全体ヲ知シ召《ス》事肝要也。

肝心ノ所ハ、世界*旅宿ノ境界ナルト、諸事ノ*制度ナキト、此二ツニ帰スル事也。是ニ依テ*戸籍ヲ立テ、万民ヲ住所ニ在ツクルト、*町人・百姓ト武家ト制度ノ差別ヲ立ル事ト、*大名ノ家ニ制度ヲ立ルト、*御買上ト言事ノ無《キ》レ之様ニスルト、大体是等ニテ世界ハ*盪《ゆり》直リ、豊カニナルベシ。其外ノ事ハ、是ニ連テ自カラ可《シ》レ直ル。上ニ計リ御倹約有テ御勝手直リタリトモ、万民困窮セバ不《ル》レ宜《カラ》御事也。上下トモニ富《ミ》豊カニ成テ、御代ノ長久ニ有ン事願ヒ奉ル御事也。

扨、第三*冊目ニ記シタル役儀ノ事、人ノ使ヒ様、是又聖人ノ奥意也。法ノ立様ヲ何程宜ク仕タリトモ、其法ヲ取扱フ人ナキ時ハ、無益ノ物ニナル事也。

一部ノ大意如《シ》レ此《クノ》。「*幾事ノ密ナラザル時ハ害生ズル」ト言事有テ、御政務ノ上ノ事ハ明白ニ人ニ語ルベキ事ニ非ザル故、此物語ハ弟子ニモ書セ候ハズ、自身老眼・悪筆ニ認メ侍ルナリ。上覧ニ入レ奉ル後ハ、火中有リ度事也。

物部茂卿敬識

政談巻之四終

旅宿　巻一、二九五―二九六頁、巻二、三〇五―三〇六頁参照。
制度　巻二、三三九頁以下参照。
戸籍　巻一、二七五―二七六頁参照。
町人・百姓ト武家ト…　巻二、三一六頁、三二七―三二八頁参照。
大名ノ家ニ制度…　巻二、三二一―三二四頁参照。
御買上　巻二、三一七―三二一頁参照。
盪　宝本・丸本「ユリ」。ゆらぐ、動くという意味。
冊　宝本・南本・丸本による。底本「巻」。
幾事ノ…生ズル　宝本による。底本「機事不レ密則害生ル」。易経、繫辞上伝の語。

日本思想大系 36
荻生徂徠 上

1973年 4月10日　第 1 刷発行
1987年11月 5 日　第 9 刷発行
2019年 5 月10日　オンデマンド版発行

校注者　吉川幸次郎《よしかわこうじろう》　丸山真男《まるやままさお》
西田太一郎《にしだたいちろう》　辻《つじ》 達也《たつや》

発行者　岡 本　厚

発行所　株式会社 岩波書店
〒101-8002 東京都千代田区一ツ橋 2-5-5
電話案内 03-5210-4000
https://www.iwanami.co.jp/

印刷／製本・法令印刷

ISBN 978-4-00-730876-5　　Printed in Japan